OECD/G20 Projekt Gewinnverkürzung und Gewinnverlagerung



# Neutralisierung der Effekte hybrider Gestaltungen, Aktionspunkt 2 – Abschlussbericht 2015

OECD

BESSERE POLITIK FÜR EIN BESSERES LEBEN

Dieses Dokument und die darin enthaltenen Karten berühren weder den völkerrechtlichen Status von Territorien noch die Souveränität über Territorien, den Verlauf internationaler Grenzen und Grenzlinien sowie den Namen von Territorien, Städten oder Gebieten.

**Bitte zitieren Sie diese Publikation wie folgt:**
OECD (2017), *Neutralisierung der Effekte hybrider Gestaltungen, Aktionspunkt 2 – Abschlussbericht 2015*, OECD/G20 Projekt Gewinnverkürzung und Gewinnverlagerung, OECD Publishing, Paris.
*http://dx.doi.org/10.1787/9789264263185-de*

ISBN 978-92-64-26315-4 (Print)
ISBN 978-92-64-26318-5 (PDF)

Publikationsreihe: OECD/G20 Projekt Gewinnverkürzung und Gewinnverlagerung
ISSN 2517-9462 (Print)
ISSN 2517-9470 (Online)

Originaltitel: *Neutralising the Effects of Hybrid Mismatch Arrangements, Action 2 - 2015 Final Report*
Übersetzung durch den Deutschen Übersetzungsdienst der OECD.

**Foto(s):** Deckblatt © ninog – Fotolia.com

Korrigenda zu OECD-Veröffentlichungen sind verfügbar unter: *www.oecd.org/about/publishing/corrigenda.htm*.

# *Vorwort*

Internationale Steuerfragen standen niemals so weit oben auf der politischen Agenda wie heute. Die Integration der nationalen Volkswirtschaften und Märkte hat sich in den vergangenen Jahren deutlich erhöht, wodurch die – vor über einem Jahrhundert konzipierten – internationalen Steuerregeln zunehmend unter Druck gerieten. Schwachstellen im gegenwärtigen Regelwerk lassen Möglichkeiten der Gewinnverkürzung und Gewinnverlagerung (*Base Erosion and Profit Shifting* – BEPS) entstehen, was mutige Schritte seitens der politischen Entscheidungsträger erforderlich macht, um das Vertrauen in das Steuersystem wiederherzustellen und zu gewährleisten, dass Gewinne dort besteuert werden, wo die wirtschaftlichen Aktivitäten stattfinden und die Wertschöpfung erfolgt.

Im Anschluss an die Veröffentlichung des Berichts *Addressing Base Erosion and Profit Shifting* (*Gewinnverkürzung und Gewinnverlagerung – Situationsbeschreibung und Lösungsansätze*) im Februar 2013 haben die OECD- und G20-Staaten im September 2013 einen 15-Punkte-Aktionsplan gegen Gewinnverkürzung und Gewinnverlagerung verabschiedet. In diesem Aktionsplan wurden 15 Maßnahmen entlang drei großer Achsen identifiziert: Gewährleistung der Kohärenz der innerstaatlichen Vorschriften, die sich auf grenzüberschreitende Tätigkeiten auswirken, Stärkung der Substanzanforderungen in den bestehenden internationalen Standards und Erhöhung der Transparenz sowie der Planungssicherheit.

Alle G20- und OECD-Länder haben seitdem gleichberechtigt am BEPS-Projekt gearbeitet, und auch die Europäische Kommission hat während des gesamten Verlaufs des Projekts ihre Ansichten eingebracht. Entwicklungsländer wurden über eine Reihe verschiedener Mechanismen, einschließlich der direkten Mitwirkung im Ausschuss für Steuerfragen, umfassend in diesen Prozess einbezogen. Darüber hinaus haben auch regionale Steuerorganisationen wie das African Tax Administration Forum, das Centre de Rencontre des Administrations Fiscales (CREDAF) und das Centro Interamericano de Administraciones Tributarias (CIAT) zusammen mit internationalen Organisationen wie dem Internationalen Währungsfonds, der Weltbank und den Vereinten Nationen einen Beitrag zu diesen Arbeiten geleistet. Betroffene Akteure wurden umfassend konsultiert: Insgesamt gingen zum BEPS-Projekt über 1 400 Stellungnahmen von Wirtschaftsvertretern, Beratern, Nichtregierungsorganisationen und Wissenschaftlern ein. Vierzehn öffentliche Konsultationen wurden abgehalten, die live online übertragen wurden, ergänzt durch Webcasts, in denen das OECD-Sekretariat die Öffentlichkeit regelmäßig auf dem Laufenden hielt und Fragen beantwortete.

Nach zwei Jahren Arbeit sind die 15 Aktionspunkte nun abgeschlossen. Die verschiedenen Arbeitsergebnisse – einschließlich derjenigen, die 2014 in vorläufiger Form vorgelegt wurden – wurden zu einem umfassenden Maßnahmenpaket zusammengefasst. Dieses BEPS-Maßnahmenpaket stellt die erste wesentliche Überarbeitung der internationalen Steuerregeln seit fast einem Jahrhundert dar. Wenn die neuen Maßnahmen in Kraft getreten sind, wird erwartet, dass Gewinne dort ausgewiesen werden, wo die wirtschaftlichen Tätigkeiten, mit denen sie erzielt werden, stattfinden und wo die Wertschöpfung erfolgt. Steuerplanungsstrategien zur Gewinnverkürzung und Gewinnverlagerung, die auf veralteten Regeln oder unzureichend koordinierten innerstaatlichen Maßnahmen basieren, werden ihre Wirkung verlieren.

Somit kommt es in diesem Stadium entscheidend auf die Umsetzung an. Das BEPS-Maßnahmenpaket ist so konzipiert, dass es über Änderungen von innerstaatlichen Rechtsvorschriften und Verfahren sowie von Abkommensbestimmungen umgesetzt wird, wobei die Verhandlungen über ein multilaterales Instrument bereits begonnen haben und 2016 abgeschlossen werden sollen. Die OECD- und G20-Staaten sind ferner übereingekommen, ihre Zusammenarbeit fortzusetzen, um eine konsistente und koordinierte Umsetzung der BEPS-Empfehlungen zu gewährleisten. Globalisierung erfordert globale Lösungen und einen globalen Dialog, der über die OECD- und G20-Länder hinausreicht. Um auf dieses Ziel hinzuarbeiten, werden die OECD- und G20-Staaten 2016 einen inklusiven Monitoring-Rahmen entwerfen, an dem alle interessierten Länder gleichberechtigt mitwirken können.

Ein besseres Verständnis der konkreten Umsetzung der BEPS-Empfehlungen könnte Missverständnisse und Streitigkeiten zwischen verschiedenen Staaten verringern. Eine stärkere Fokussierung auf Umsetzung und Steuerverwaltung dürfte daher für die Staaten ebenso wie die Unternehmen von Vorteil sein. Die vorgeschlagenen Verbesserungen der Daten und Analysen werden die laufende Evaluierung des quantitativen Effekts von Gewinnverkürzungen und Gewinnverlagerungen sowie der Auswirkungen der im Rahmen des BEPS-Projekts entwickelten Gegenmaßnahmen unterstützen.

# Inhaltsverzeichnis

## Tabellen

# Abkürzungsverzeichnis

| | |
|---|---|
| AOA | Autorisierter OECD-Ansatz |
| APA | Vorabverständigung über die Verrechnungspreisgestaltung (Advance Pricing Agreement) |
| ATR | Steuervorbescheid (Advance Tax Ruling) |
| BEPS | Gewinnverkürzung und Gewinnverlagerung (Base Erosion and Profit Shifting) |
| BIAC | Beratender Ausschuss der Wirtschaft bei der OECD |
| CAN | Anwendungshandbuch (Consolidated Application Note) |
| CFA | OECD-Ausschuss für Steuerfragen (Committee on Fiscal Affairs) |
| CFC | Beherrschtes ausländisches Unternehmen (Controlled Foreign Company) |
| CRS | Gemeinsamer Meldestandard (Common Reporting Standard) |
| EU | Europäische Union |
| FATF | Arbeitsgruppe Finanzielle Maßnahmen (Financial Action Task Force) |
| FHTP | Forum Schädliche Steuerpraktiken (Forum on Harmful Tax Practices) |
| FuE | Forschung und Entwicklung |
| IP | Geistiges Eigentum (Intellectual Property) |
| OECD | Organisation für wirtschaftliche Zusammenarbeit und Entwicklung |
| TIN | Steueridentifikationsnummer (Taxpayer Identification Number) |

# Zusammenfassung

Hybride Gestaltungen nutzen Unterschiede in der steuerlichen Behandlung eines Rechtsträgers oder Instruments nach den Rechtsvorschriften von zwei oder mehr Staaten aus, um eine doppelte Nichtbesteuerung, einschließlich eines langfristigen Steueraufschubs, zu erzielen. Diese Arten von Gestaltungen sind weit verbreitet und führen in den betreffenden Staaten zu einer erheblichen Erosion der steuerlichen Bemessungsgrundlagen. Sie haben allgemein negative Auswirkungen auf Wettbewerb, Effizienz, Transparenz und Steuergerechtigkeit.

Um die Besteuerung von Unternehmenseinkünften auf internationaler Ebene besser abzustimmen, fordert das BEPS-Projekt von OECD und G20 Empfehlungen für die Formulierung innerstaatlicher Regeln und die Entwicklung von Musterbestimmungen für Abkommen zur Neutralisierung der steuerlichen Effekte hybrider Gestaltungen. In diesem Bericht sind die entsprechenden Empfehlungen dargelegt: Teil I enthält Empfehlungen für Änderungen des innerstaatlichen Rechts und Teil II beschreibt die empfohlenen Änderungen des OECD-Musterabkommens. Nach ihrer Umsetzung in innerstaatliches Recht und Steuerabkommen werden diese Empfehlungen die Effekte hybrider Gestaltungen neutralisieren, indem sie mehrfache Betriebsausgabenabzüge für einen einzigen Ausgabenposten, Abzüge ohne entsprechende Besteuerung sowie die mehrfache Anrechnung ausländischer Quellensteuern unterbinden. Indem sie Besteuerungsinkongruenzen ausmerzen, werden die Regeln verhindern, dass diese Gestaltungen als Instrument zur Gewinnverkürzung und Gewinnverlagerung genutzt werden, ohne sich negativ auf die grenzüberschreitende Handels- und Investitionstätigkeit auszuwirken.

Dieser Bericht ersetzt den Vorbericht *Neutralisierung der Effekte hybrider Gestaltungen* (OECD, 2014), der im Rahmen der ersten BEPS-Arbeitsergebnisse im September 2014 veröffentlicht wurde. Seit Erstellung des Vorberichts wurden die in Teil I enthaltenen Empfehlungen um weitere Anleitungen und konkrete Beispiele ergänzt, die die Funktionsweise der Regeln näher beschreiben. Weitere Arbeiten wurden zudem zu Vermögensübertragungen (wie Wertpapierleihen und Repogeschäften), importierten hybriden Gestaltungen sowie der Behandlung einer Zahlung durchgeführt, die im Rahmen der Hinzurechnungsbesteuerung als Einnahme berücksichtigt wird. Der im Hinblick auf diese Fragen erzielte Konsens ist im vorliegenden Bericht wiedergegeben. Wie im Bericht von September 2014 erläutert, bleibt die Politikentscheidung den Staaten überlassen, ob die Hybrid-Mismatch-Regeln auf Besteuerungsinkongruenzen angewendet werden sollen, die im Zusammenhang mit konzerninternem hybriden aufsichtsrechtlichen Kapital entstehen. Wenn ein Staat sich dafür entscheidet, die Regeln zur Neutralisierung einer hybriden Besteuerungsinkongruenz auf ein bestimmtes hybrides aufsichtsrechtliches Kapitalinstrument nicht anzuwenden, hat dies keine Auswirkungen auf die Politikentscheidung eines anderen Staats darüber, ob er die Regeln auf das betreffende Instrument anwendet.

## Teil I

Teil I des Berichts enthält Empfehlungen für Regeln, um Besteuerungsinkongruenzen entgegenzuwirken, die bei Zahlungen im Rahmen eines hybriden Finanzinstruments oder Zahlungen von einem bzw. an einen hybriden Rechtsträger entstehen. Darüber hinaus werden Regeln empfohlen, um indirekten Besteuerungsinkongruenzen entgegenzuwirken, die sich ergeben, wenn die Effekte einer hybriden Gestaltung in einen Drittstaat importiert werden. Die Empfehlungen nehmen die Form von Korrespondenzregeln (*linking rules*) an, die die steuerliche Behandlung eines Instruments bzw. Rechtsträgers mit der steuerlichen Behandlung im Kontrahentenstaat in Einklang bringen, ansonsten jedoch keinen Einfluss auf die geschäftlichen Resultate nehmen. Die Regeln finden automatisch Anwendung, wobei eine Regelhierarchie in Form einer vorrangigen Regel und einer ergänzenden Regel bzw. Abwehrregel existiert. Dies verhindert, dass mehr als ein Staat dieselbe Regel auf dieselbe Vereinbarung anwendet, während gleichzeitig eine Doppelbesteuerung vermieden wird.

Nach der empfohlenen vorrangigen Regel sollten die Staaten den Betriebsausgabenabzug eines Steuerpflichtigen für eine Zahlung versagen, soweit sie nicht in den steuerpflichtigen Einkünften des Empfängers im Kontrahentenstaat berücksichtigt wird oder sie im Kontrahentenstaat ebenfalls abzugsfähig ist. Wenn die vorrangige Regel keine Anwendung findet, kann der Kontrahentenstaat im Allgemeinen eine Abwehrregel anwenden, die je nach Art der Inkongruenz die Berücksichtigung der abzugsfähigen Zahlung als Einnahme oder die Versagung des nochmaligen Betriebsausgabenabzugs vorsieht.

Der Bericht betont, wie wichtig ein koordiniertes Vorgehen bei der Umsetzung und Anwendung der Hybrid-Mismatch-Regeln ist, um zu gewährleisten, dass die Regeln wirksam sind, und die Befolgungs- und Verwaltungskosten für die Steuerpflichtigen und die Steuerverwaltungen zu minimieren. Zu diesem Zweck enthält er einen einheitlichen Katalog von Ausarbeitungsprinzipien und Begriffsbestimmungen, um eine konsistente Anwendung der Regeln sicherzustellen.

## Teil II

Teil II setzt sich mit dem Teil von Aktionspunkt 2 auseinander, der sicherstellen soll, dass hybride Instrumente und Rechtsträger, sowie Rechtsträger mit doppelter Ansässigkeit, nicht dazu genutzt werden, die Vorteile von Steuerabkommen missbräuchlich in Anspruch zu nehmen, und dass Steuerabkommen nicht die Umsetzung der in Teil I empfohlenen Änderungen des innerstaatlichen Rechts verhindern.

Die erste Frage, die in Teil II untersucht wird, betrifft Rechtsträger mit doppelter Ansässigkeit, d.h. Rechtsträger, die in zwei Staaten steuerlich ansässig sind. Es wird festgestellt, dass die im Rahmen zu Aktionspunkt 6 durchgeführten Arbeiten einigen Aspekten der BEPS-Problematik in Bezug auf doppelt ansässige Rechtsträger begegnen, indem festgelegt wird, dass Fälle von doppelter Ansässigkeit im Rahmen eines Steuerabkommens auf Einzelfallbasis gelöst werden sollten, anstatt auf der Basis der derzeitigen Regel in Bezug auf den Ort der tatsächlichen Geschäftsleitung der Rechtsträger. Diese Änderung löst jedoch nicht alle Fragen der BEPS-Problematik in Bezug auf doppelt ansässige Rechtsträger. Änderungen des innerstaatlichen Rechts sind erforderlich, um anderen Umgehungsstrategien zu begegnen, bei denen die doppelte Ansässigkeit eine Rolle spielt.

Teil II befasst sich auch mit der Anwendung von Steuerabkommen auf hybride Rechtsträger, d.h. Rechtsträger, die von einem oder von beiden Staaten, die ein Steuerabkommen geschlossen haben, nicht als Steuerpflichtige behandelt werden (wie es in vielen Ländern bei Personengesellschaften der Fall ist). Der Bericht schlägt vor, dass in das OECD-Musterabkommen (OECD, 2010) eine neue Bestimmung und ein ausführlicher Kommentar aufgenommen werden, die sicherstellen, dass die Vorteile von Steuerabkommen in den richtigen Fällen auf die Einkünfte dieser Rechtsträger gewährt werden, aber auch, dass diese Vorteile nicht gewährt werden, wenn keiner der Staaten die Einkünfte eines solchen Rechtsträgers nach seinem innerstaatlichen Recht als Einkünfte eines Gebietsansässigen behandelt.

Abschließend werden in Teil II potenzielle Abkommensfragen behandelt, die sich aus den in Teil I enthaltenen Empfehlungen ergeben könnten. Teil II untersucht zunächst Abkommensfragen in Bezug auf Regeln, die zu einer Versagung des Abzugs führen oder die Berücksichtigung einer Zahlung in den ordentlichen Einnahmen verlangen, und kommt zu dem Schluss, dass Steuerabkommen im Allgemeinen die Anwendung dieser Regeln nicht verhindern. Im Anschluss daran werden die Auswirkungen der in Teil I formulierten Empfehlungen für Steuerabkommensregeln untersucht, die auf die Vermeidung von Doppelbesteuerung abzielen, und es wird darauf hingewiesen, dass sich Probleme im Fall von bilateralen Steuerabkommen ergeben könnten, die in Bezug auf Dividenden, die von ausländischen Unternehmen bezogen werden, die Anwendung der Befreiungsmethode vorsehen. Der Bericht beschreibt mögliche Abkommensänderungen, um diese Probleme zu lösen. Der letzte Aspekt, auf den in Teil II eingegangen wird, sind die möglichen Auswirkungen, die die Steuerabkommensregeln im Bereich der Gleichbehandlung auf die in Teil I aufgeführten Empfehlungen haben könnten; der Bericht gelangt zu dem Schluss, dass es keinen Konflikt mit den Gleichbehandlungsbestimmungen geben dürfte, solange die innerstaatlichen Regeln, die zur Umsetzung dieser Empfehlungen erstellt werden, angemessen formuliert sind.

# Teil I

# Empfehlungen für innerstaatliches Recht

# Einführung zu Teil I

## Hintergrund

1. Die Rolle, die hybride Gestaltungen für die aggressive Steuerplanung spielen, wurde in mehreren OECD-Berichten erörtert. Im OECD-Bericht *Addressing Tax Risks Involving Bank Losses* (OECD, 2010) wurde beispielsweise auf ihre Nutzung im Bereich des internationalen Bankgeschäfts hingewiesen und den Finanzbehörden empfohlen, die für die Finanzpolitik zuständigen Regierungsvertreter auf Situationen aufmerksam zu machen, die Fragen für die Politik aufwerfen könnten, insbesondere Situationen, in denen für ein und denselben steuerlichen Verlust auf Grund von zwischen den Staaten bestehenden Unterschieden bei der steuerlichen Behandlung in mehr als einem Staat ein Verlustausgleich gewährt wird; so könne dann entschieden werden, welche Schritte zur Beseitigung solcher Arbitragemöglichkeiten/ Besteuerungsinkongruenzen unternommen werden sollten. Der OECD-Bericht *Corporate Loss Utilisation through Aggressive Tax Planning* (OECD, 2011) rät den Staaten des Weiteren, darüber nachzudenken, Beschränkungen für die Mehrfachgeltendmachung von Verlusten einzuführen, soweit sie von diesen Ergebnissen betroffen sind.

2. Angesichts der von mehreren OECD-Ländern geäußerten Besorgnis führte die OECD gemeinsam mit betroffenen Mitgliedsländern eine Prüfung durch, um Beispiele von auf hybriden Gestaltungen beruhenden Steuerplanungsmethoden zu identifizieren und die Wirksamkeit der von diesen Staaten ergriffenen Gegenmaßnahmen zu beurteilen. Diese Prüfung mündete in den Bericht *Hybrid Mismatch Arrangements: Tax Policy and Compliance Issues* (OECD, 2012). Dieser Bericht kommt zu dem Schluss, dass durch die Wirkung hybrider Gestaltungen die Steuerbasis der Staaten insgesamt bedroht ist, auch wenn es häufig schwierig ist, eindeutig zu bestimmen, welchen Staaten durch solche Vereinbarungen im Einzelnen Steuereinnahmen entgangen sind. Dem Bericht zufolge schmälern hybride Gestaltungen nicht nur die Steuereinnahmen, sondern haben auch negative Auswirkungen auf Wettbewerb, Effizienz, Transparenz und Steuergerechtigkeit. In diesem Zusammenhang nennt der Bericht eine Reihe von Politikoptionen, um solchen hybriden Gestaltungen zu begegnen, und kommt zu dem Ergebnis, dass innerstaatliche Rechtsvorschriften, die die steuerliche Behandlung von Rechtsträgern, Instrumenten oder Übertragungen an deren steuerliche Behandlung in einem anderen Staat knüpfen, erhebliches Potenzial als Instrumente besitzen, um hybriden Gestaltungen entgegenzuwirken. Solche Korrespondenzregeln (*linking rules*) erschweren zwar die Anwendung des innerstaatlichen Rechts, der Bericht weist jedoch darauf hin, dass wir damit kein Neuland betreten, da die Regeln für die Anrechnung ausländischer Steuerzahlungen vorbehaltlich bestehender Steuerklauseln und die Vorschriften zur Hinzurechnungsbesteuerung (CFC-Regeln) im Prinzip oft genau dasselbe tun.

## Aktionspunkt 2 des BEPS-Aktionsplans

3. Punkt 2 des Aktionsplans fordert daher die Entwicklung von Musterbestimmungen für Abkommen und Empfehlungen für die Formulierung innerstaatlicher Regeln zur Neutralisierung der Effekte hybrider Instrumente und Rechtsträger. Dazu können zählen:

(a) Änderungen am OECD-Musterabkommen, damit hybride Instrumente und Rechtsträger (sowie Rechtsträger mit doppelter Ansässigkeit) nicht dazu genutzt werden, die Vorteile von Abkommen missbräuchlich in Anspruch zu nehmen;

(b) Bestimmungen für innerstaatliche Rechtsvorschriften, mit denen eine Befreiung oder Nichtberücksichtigung von Zahlungen verhindert wird, die vom Zahlungsleister abgesetzt werden können;

(c) Bestimmungen für innerstaatliche Rechtsvorschriften, die die Abzugsfähigkeit von Zahlungen ausschließen, die keinen Einkünften des Empfängers zugerechnet werden können (und keiner Hinzurechnungsbesteuerung oder ähnlichen Regeln unterliegen);

(d) Bestimmungen für innerstaatliche Rechtsvorschriften, die die Abzugsfähigkeit von Zahlungen ausschließen, die in einem anderen Staat ebenfalls abziehbar sind;

(e) gegebenenfalls Leitlinien zu Koordinierungs- oder Kollisionsregeln für den Fall, dass mehr als ein Staat diese Regeln auf einen Vorgang oder eine Konstruktion anzuwenden beabsichtigt.

## Teil I Empfehlungen

4. Teil I dieses Berichts enthält die Empfehlungen für die Gestaltung von innerstaatlichen Rechtsvorschriften, die im Rahmen von Aktionspunkt 2 vorgesehen sind. Es wird empfohlen, spezifische Verbesserungen des innerstaatlichen Rechts vorzunehmen, um die Rechtsvorschriften und die beabsichtigten steuerpolitischen Ergebnisse (spezifische Empfehlungen) besser aufeinander abzustimmen, sowie Korrespondenzregeln *(linking rules)* einzuführen, die die Besteuerungsinkongruenzen im Rahmen einer hybriden Gestaltung neutralisieren, ohne Einfluss auf die anderen steuerlichen, wirtschaftlichen oder regulatorischen Folgen zu nehmen (Hybrid-Mismatch-Regeln).

5. Was die spezifischen Änderungen des innerstaatlichen Rechts anbelangt, werden in Kapitel 2 und 5 des vorliegenden Berichts folgende Verbesserungen der innerstaatlichen Rechtsvorschriften empfohlen:

(a) eine Dividendenfreistellung oder vergleichbare Entlastung von wirtschaftlicher Doppelbesteuerung bei abzugsfähigen Zahlungen im Rahmen von Finanzinstrumenten versagen;

(b) Maßnahmen einführen, die verhindern, dass hybride Übertragungen dazu eingesetzt werden, eine zweifache Steueranrechnung für Quellensteuern zu erlangen;

(c) den Effekt der Vorschriften zur Hinzurechnungsbesteuerung und anderer Besteuerungsregelungen für Offshore-Investments ändern, um die Einnahmen hybrider Rechtsträger nach den Rechtsvorschriften des Staats des Investors der Besteuerung zu unterwerfen;

(d) die Länder dazu anhalten, steuerlich transparenten Rechtsträgern, die in ihrem Staat ansässig sind, angemessene Dokumentations- und Steuererklärungsanforderungen aufzuerlegen;

(e) die steuerliche Transparenz von Reverse Hybrids innerhalb eines Konzerns beschränken.

6. Zusätzlich zu diesen spezifischen Empfehlungen enthält Teil I auch Empfehlungen für Hybrid-Mismatch-Regeln, die die Besteuerung im Rahmen einer hybriden Gestaltung in einem Staat anpassen, um sie auf die Besteuerungsinkongruenzen in einem anderen Staat abzustimmen. Diese Empfehlungen sind auf Zahlungen im Rahmen einer hybriden Gestaltung gerichtet, die zu einem der drei folgenden Ergebnisse führen:

(a) *Zahlungen, die zu einem D/NI-Ergebnis führen (Betriebsausgabenabzug/Nichtberücksichtigung als Einnahme)*, d.h. Zahlungen, die nach den Regeln des Staats des Zahlungsleisters abzugsfähig sind und nicht in den ordentlichen Einnahmen des Zahlungsempfängers berücksichtigt werden.

(b) *Zahlungen, die zu einem DD-Ergebnis führen (doppelter Betriebsausgabenabzug)*, d.h. Zahlungen, die zu einem zweimaligen Betriebsausgabenabzug für ein und dieselbe Zahlung führen.

(c) *Zahlungen, die zu einem indirekten D/NI-Ergebnis führen*, d.h. Zahlungen, die nach den Regeln des Staats des Zahlungsleisters abzugsfähig sind und vom Zahlungsempfänger mit einem Betriebsausgabenabzug im Rahmen einer hybriden Gestaltung verrechnet werden.

## *D/NI-Ergebnisse*

7. Sowohl Zahlungen im Rahmen hybrider Finanzinstrumente als auch Zahlungen von hybriden Rechtsträgern und Zahlungen an diese können zu D/NI-Ergebnissen führen. Im Hinblick auf solche hybriden Gestaltungen empfiehlt dieser Bericht als Gegenmaßnahme die Versagung des Betriebsausgabenabzugs im Staat des Zahlungsleisters. Für den Fall, dass der Staat des Zahlungsleisters die Besteuerungsinkongruenz nicht neutralisiert, empfiehlt der Bericht eine Abwehrregel, die eine Berücksichtigung der Zahlung als ordentliche Einnahme im Staat des Zahlungsempfängers vorschreibt. Die spezifischen Empfehlungen und die Empfehlungen für Hybrid-Mismatch-Regeln, die D/NI-Ergebnissen entgegenwirken sollen, werden in den Kapiteln 1 bis 5 erörtert.

## *DD-Ergebnisse*

8. Außer zu D/NI-Ergebnissen können Zahlungen hybrider Rechtsträger unter bestimmten Umständen auch zu DD-Ergebnissen führen. Im Hinblick auf solche Zahlungen empfiehlt der Bericht als vorrangige Maßnahme die Versagung des nochmaligen Betriebsausgabenabzugs im Staat der Muttergesellschaft. Eine Abwehrregel, die eine Versagung des Abzugs im Staat des Zahlungsleisters vorschreibt, würde nur für den Fall gelten, dass der Staat der Muttergesellschaft die vorrangige Maßnahme nicht eingeführt hat. Die spezifischen Empfehlungen und die Empfehlungen für Hybrid-Mismatch-Regeln, die DD-Ergebnissen entgegenwirken sollen, werden in den Kapiteln 6 und 7 erörtert.

## *Indirekte D/NI-Ergebnisse*

9. Wenn Steuerpflichtige eine hybride Gestaltung zwischen zwei Staaten ohne wirksame Hybrid-Mismatch-Regeln eingerichtet haben, lässt sich der Effekt dieser hybriden Gestaltung relativ leicht in einen Drittstaat verlagern (beispielsweise mittels eines gewöhnlichen Darlehens). Um die Integrität der Empfehlungen zu gewährleisten, empfiehlt dieser Bericht daher außerdem, dass der Staat des Zahlungsleisters den Abzug für eine Zahlung versagen sollte, wenn der Zahlungsempfänger auf die Einkünfte aus dieser Zahlung Betriebsausgaben im Rahmen einer gesonderten hybriden Gestaltung anrechnet. Die Empfehlungen für die Gestaltung und die Anwendung einer Regel für importierte Besteuerungsinkongruenzen zur Neutralisierung solcher indirekter D/NI-Ergebnisse werden in Kapitel 8 erörtert.

## *Besteuerungsinkongruenz*

10. Das Ausmaß einer Besteuerungsinkongruenz wird bestimmt, indem die steuerliche Behandlung der Zahlung nach den Rechtsvorschriften aller Staaten, in denen die Inkongruenz entsteht, verglichen wird. Ein D/NI-Ergebnis (Betriebsausgabenabzug/Nichtberücksichtigung als Einnahme) entsteht im Allgemeinen, wenn eine Zahlung nach den Rechtsvorschriften eines Staats als vollständig oder teilweise steuerlich abzugsfähig behandelt wird, ohne dass der Betrag des Abzugs in einem anderen Staat als ordentliche Einnahme erfasst wird. Ein DD-Ergebnis (doppelter Betriebsausgabenabzug) tritt ein, soweit die nach den Rechtsvorschriften eines anderen Staats vollständig oder teilweise abzugsfähige Zahlung mit nicht doppelt berücksichtigten Einnahmen *(non dual inclusion income)* verrechnet wird.

11. Die Hybrid-Mismatch-Regeln beziehen sich auf Zahlungen und darauf, ob die Art einer Zahlung für den Zahlungsleister zu einem Betriebsausgabenabzug und für den Zahlungsempfänger zu ordentlichen Einnahmen führt. Regeln, die Steuerpflichtigen Anspruch auf einen unilateralen Steuerabzug für im Unternehmen investiertes Eigenkapital gewähren, ohne sie zu verpflichten, eine entsprechende Zahlung zu leisten, wie z.B. Bestimmungen, die einen „fiktiven“ Eigenkapitalzinsabzug gewähren, sind wirtschaftlich eher mit einer Steuerbefreiung oder ähnlichen auf Steuerpflichtige zugeschnittenen Vergünstigungen zu vergleichen und führen nicht zu einer inkongruenten Besteuerung im Sinne von Aktionspunkt 2. Derartige Regeln sowie Regeln mit ähnlichem Effekt werden jedoch im Rahmen der Umsetzung dieser Empfehlungen separat geprüft.

12. Die Hybrid-Mismatch-Regeln zielen normalerweise nicht darauf ab, Besteuerungsinkongruenzen aufzugreifen, die auf Unterschiede beim Wert zurückzuführen sind, der einer Zahlung zugeschrieben wird. So kann beispielsweise davon ausgegangen werden, dass Gewinne und Verluste, die sich bei einem Kredit aus Wechselkursschwankungen ergeben, zu Besteuerungsinkongruenzen führen, doch diese Inkongruenzen resultieren aus Unterschieden bei der Messung des Werts der Zahlung (und nicht aus ihrer Qualifizierung) und können im Allgemeinen für die Zwecke der Hybrid-Mismatch-Regeln außer Acht gelassen werden.

## *Hybride Elemente*

13. Grenzüberschreitende Besteuerungsinkongruenzen entstehen zwar auch in anderen Zusammenhängen (z.B. bei der Zahlung abzugsfähiger Zinsen an einen von der Steuer befreiten Rechtsträger), in diesem Bericht werden jedoch nur Inkongruenzen behandelt, die auf einem hybriden Element zur Erzielung solcher Ergebnisse basieren. Einige Gestaltungen nutzen die Unterschiede beim Steuerstatus eines Rechtsträgers, d.h. ob er für Steuerzwecke transparent oder intransparent ist (hybride Rechtsträger), während andere auf hybriden Instrumenten fußen, wobei die Qualifizierung des Instruments im Allgemeinen mit Konflikten verbunden ist (was sich folglich auf die steuerliche Behandlung der im Rahmen des Instruments getätigten Zahlungen auswirkt). Hybride Instrumente und Rechtsträger können auch in eine breiter gefasste Gestaltung oder eine Konzernstruktur eingebunden sein, um indirekte D/NI-Ergebnisse zu erzielen.

14. Der Kausalzusammenhang zwischen dem hybriden Element und der Besteuerungsinkongruenz ist in den meisten Fällen offensichtlich. Im Kontext von hybriden Finanzinstrumenten ist es jedoch schwierig, das hybride Element zu identifizieren. Angesichts der großen Vielfalt an Finanzinstrumenten und ihrer unterschiedlichen Besteuerung in den einzelnen Staaten hat es sich in der Praxis als unmöglich erwiesen, für diesen Bericht alle Sachverhalte zu identifizieren und genau zu definieren, in denen grenzüberschreitende

Konflikte bei der Qualifizierung einer Zahlung im Rahmen eines Finanzinstruments zu einer Besteuerungsinkongruenz führen können. Anstatt sich mit diesen technischen Unterschieden auseinanderzusetzen, liegt in diesem Bericht der Schwerpunkt darauf, die Behandlung von grenzüberschreitenden Zahlungen im Rahmen eines Finanzinstruments so anzugleichen, dass Beträge, die im Staat des Emittenten als Finanzierungsausgaben eingestuft werden, im Staat des Inhabers als ordentliche Einnahmen behandelt werden. Dieser Bericht empfiehlt deshalb, dass ein Finanzinstrument als hybrid behandelt werden sollte, wenn eine Zahlung im Rahmen des Instruments zu einer Besteuerungsinkongruenz führt, die auf die Konditionen des Instruments zurückgeführt werden kann.

### *Regelhierarchie*

15. Um die Gefahr einer Doppelbesteuerung zu vermeiden, fordert Aktionspunkt 2 außerdem „Leitlinien zu Koordinierungs- oder Kollisionsregeln für den Fall, dass mehr als ein Staat diese Regeln auf einen Vorgang oder eine Konstruktion anzuwenden beabsichtigt". Aus diesem Grund sind die in diesem Bericht empfohlenen Regeln hierarchisch konzipiert, so dass ein Staat die Hybrid-Mismatch-Regel nicht anwenden muss, wenn im Kontrahentenstaat eine andere Regel gilt, die den Effekt der hybriden Gestaltung hinreichend neutralisiert. Der Bericht empfiehlt, dass jeder Staat alle empfohlenen Regeln einführen sollte, damit die Effekte hybrider Gestaltungen selbst dann neutralisiert werden, wenn der Kontrahentenstaat über keine wirksamen Hybrid-Mismatch-Regeln verfügt.

### *Geltungsbereich*

16. Zu weit gefasste Hybrid-Mismatch-Regeln sind möglicherweise schwer anzuwenden und zu verwalten. Dementsprechend wurde für jede Hybrid-Mismatch-Regel ein eigener Geltungsbereich definiert. Dies soll bewirken, dass die Regeln gleichermaßen umfassend, zielgerichtet und anwendbar sind.

17. Tabelle 1.1 bietet einen allgemeinen Überblick über die in diesem Bericht empfohlenen Hybrid-Mismatch-Regeln.

Tabelle 1.1 **Allgemeiner Überblick über die Empfehlungen**

| Inkongruenz | Gestaltung | Spezifische Empfehlungen für Verbesserungen des innerstaatlichen Rechts | Empfohlene Hybrid-Mismatch-Regel | | |
|---|---|---|---|---|---|
| | | | Vorrangige Maßnahme | Abwehrregel | Geltungsbereich |
| **D/NI-Ergebnis** | Hybrides Finanz-instrument | Keine Dividendenfreistellung bei abzugsfähigen Zahlungen<br>Proportionale Beschränkung der Anrechenbarkeit von Quellensteuern | Versagung des Abzugs für den Zahlungsleister | Berücksichtigung als ordentliche Einnahme | Nahestehende Dritte und strukturierte Gestaltungen |
| | Von hybridem Rechts-träger getätigte nicht berücksichtigte Zahlung | | Versagung des Abzugs für den Zahlungsleister | Berücksichtigung als ordentliche Einnahme | Konzerninterne und strukturierte Gestaltungen |
| | Zahlung an einen Reverse Hybrid | Verbesserung der Besteuerungsregelungen für Offshore-Investments<br>Beschränkung der steuerlichen Transparenz von intermediären Rechtsträgern in Fällen, in denen gebietsfremde Investoren den Rechtsträger als intransparent behandeln | Versagung des Abzugs für den Zahlungsleister | – | Konzerninterne und strukturierte Gestaltungen |
| **DD-Ergebnis** | Von hybridem Rechts-träger getätigte abzugs-fähige Zahlung | | Versagung des Abzugs für die Muttergesellschaft | Versagung des Abzugs für den Zahlungsleister | Vorrangige Maß-nahme: Keinerlei Einschränkung; Abwehrregel: Konzerninterne und strukturierte Gestaltungen |
| | Von doppelt ansässigem Rechtsträger getätigte abzugsfähige Zahlung | | Versagung des Abzugs für den Gebietsansässigen | – | Vorrangige Maß-nahme: Keinerlei Einschränkung |
| **Indirektes D/NI-Ergebnis** | Zu einer importierten Besteuerungsinkongruenz führende Gestaltung | | Versagung des Abzugs für den Zahlungsleister | – | An konzerninternen und strukturierten Gestaltungen Beteiligte |

## Literaturverzeichnis

OECD (2014), *Aktionsplan zur Bekämpfung der Gewinnverkürzung und Gewinnverlagerung*, OECD Publishing, Paris, *http://dx.doi.org/10.1787/9789264209688-de*.

OECD (2012), *Hybrid Mismatch Arrangements: Tax Policy and Compliance Issues*, OECD Publishing, Paris, *www.oecd.org/tax/exchange-of-tax- information/HYBRIDS_ENG_Final_October2012.pdf*.

OECD (2011), *Corporate Loss Utilisation through Aggressive Tax Planning*, OECD Publishing, Paris. *http://dx.doi.org/10.1787/9789264119222-en*.

OECD (2010), *Addressing Tax Risks Involving Bank Losses*, OECD Publishing, Paris, *http://dx.doi.org/10.1787/9789264088689-en*.

*Kapitel 1*

# Regel für hybride Finanzinstrumente

**Empfehlung 1**

**1. Die Inkongruenz neutralisieren, soweit die Zahlung zu einem D/NI-Ergebnis führt (Betriebsausgabenabzug/Nichtberücksichtigung als Einnahme)**

Die folgende Regel sollte für Zahlungen im Rahmen eines Finanzinstruments, die zu einer hybriden Besteuerungsinkongruenz führen, sowie für Substitutionszahlungen im Rahmen einer Gestaltung zur Übertragung eines Finanzinstruments gelten:

(a) Der Staat des Zahlungsleisters versagt den Abzug der Zahlung, soweit diese zu einem D/NI-Ergebnis führt.

(b) Wenn der Staat des Zahlungsleisters die Inkongruenz nicht neutralisiert, schreibt der Staat des Zahlungsempfängers eine Berücksichtigung der Zahlung als ordentliche Einnahme vor, soweit diese Zahlung zu einem D/NI-Ergebnis führt.

(c) Abweichungen beim Zeitpunkt der Erfassung von Zahlungen werden nicht so behandelt, als führten sie zu einem D/NI-Ergebnis für eine Zahlung im Rahmen eines Finanzinstruments, sofern der Steuerpflichtige zur Zufriedenheit der Steuerverwaltung nachweisen kann, dass die Zahlung innerhalb eines vertretbaren Zeitraums als ordentliche Einnahme berücksichtigt wird.

**2. Definition von Finanzinstrument und Substitutionszahlung**

Für die Zwecke dieser Regel gilt:

(a) Finanzinstrumente umfassen alle Gestaltungen, die sowohl nach den Rechtsvorschriften des Staats des Zahlungsempfängers als auch nach den Rechtsvorschriften des Staats des Zahlungsleisters gemäß den Regeln für die Besteuerung von Fremdkapital, Eigenkapital oder Derivaten besteuert werden, einschließlich hybrider Übertragungen.

(b) Hybride Übertragungen umfassen alle Gestaltungen zur Übertragung eines Finanzinstruments zwischen einem Steuerpflichtigen und einer anderen Person, bei denen:

   (i) der Steuerpflichtige der Eigentümer des übertragenen Vermögenswerts ist und die Rechte des Kontrahenten im Hinblick auf diesen Vermögenswert als Pflichten des Steuerpflichtigen behandelt werden, und

   (ii) nach den Rechtsvorschriften des Kontrahentenstaats der Kontrahent der Eigentümer des übertragenen Vermögenswerts ist und die Rechte des Steuerzahlers im Hinblick auf diesen Vermögenswert als Pflichten des Kontrahenten behandelt werden.

*(Fortsetzung nächste Seite)*

*(Fortsetzung)*

Das Eigentum an einem Vermögenswert schließt für diese Zwecke alle Regelungen ein, die bewirken, dass der Steuerpflichtige als Eigentümer der zugehörigen Cashflows aus diesem Vermögenswert besteuert wird.

(c) Ein Staat sollte jede Gestaltung, bei der eine Person einer anderen Geld als Gegenleistung für einen Finanzierungs- oder Eigenkapitalertrag bereitstellt, im Umfang dieses Finanzierungs- oder Eigenkapitalertrags als Finanzinstrument behandeln.

(d) Eine Zahlung im Rahmen einer Gestaltung, die gemäß den Rechtsvorschriften des Kontrahentenstaats nicht als Finanzinstrument behandelt wird, ist nur als inkongruenzbegründend zu behandeln, soweit die Zahlung einen Finanzierungs- oder Eigenkapitalertrag darstellt.

(e) Eine Substitutionszahlung ist jede Zahlung im Rahmen einer Gestaltung zur Übertragung eines Finanzinstruments, soweit sie einen Betrag enthält oder die Zahlung eines Betrags darstellt, der eine Finanzierungs- oder Eigenkapitalvergütung auf das zugrunde liegende Finanzinstrument verkörpert, bei der die Zahlung oder Vergütung

(i) nicht als ordentliche Einnahme des Zahlungsleisters berücksichtigt worden wäre,

(ii) als ordentliche Einnahme des Zahlungsempfängers berücksichtigt worden wäre oder

(iii) eine hybride Besteuerungsinkongruenz verursacht hätte,

wenn sie direkt im Rahmen des Finanzinstruments entrichtet worden wäre.

**3. Die Regel gilt nur für Zahlungen im Rahmen eines Finanzinstruments, die zu einer hybriden Besteuerungsinkongruenz führen**

Eine Zahlung im Rahmen eines Finanzinstruments führt zu einer hybriden Besteuerungsinkongruenz, wenn die Inkongruenz auf die Konditionen des Instruments zurückzuführen ist. Eine Zahlung kann nicht auf die Konditionen des Instruments zurückgeführt werden, wenn die Inkongruenz allein durch den Status des Steuerpflichtigen oder die Umstände, unter denen das Instrument gehalten wird, bedingt ist.

**4. Geltungsbereich der Regel**

Diese Regel gilt nur für Zahlungen an nahestehende Personen oder Fälle, in denen die Zahlung im Rahmen einer strukturierten Gestaltung getätigt wird und der Steuerpflichtige an dieser strukturierten Gestaltung beteiligt ist.

**5. Ausnahmen von der Regel**

Die vorrangige Maßnahme unter Empfehlung 1.1(a) sollte nicht für Zahlungen eines Investmentvehikels gelten, das einer besonderen Regulierung und steuerlichen Behandlung nach den Rechtsvorschriften des Errichtungsstaats unterliegt, wenn folgende Umstände vorliegen:

(a) Das steuerpolitische Prinzip des Errichtungsstaats besteht darin, den Abzug für die Zahlung im Rahmen des Finanzinstruments aufrechtzuerhalten, um sicherzustellen, dass

(i) der Steuerpflichtige keiner bzw. lediglich einer minimalen Besteuerung seiner Anlageerträge unterliegt, und

(ii) dass die Inhaber von Finanzinstrumenten, die von dem Steuerpflichtigen begeben wurden, der Besteuerung dieser Zahlung als ordentliche Einnahme auf laufender Basis unterliegen.

(b) Der aufsichts- und steuerrechtliche Rahmen im Errichtungsstaat hat den Effekt, dass die von dem Investmentvehikel begebenen Finanzinstrumente dazu führen, dass alle oder fast alle Anlageerträge des Steuerzahlers innerhalb eines vertretbaren Zeitraums nach Bezug oder Erhalt durch den Steuerpflichtigen an die Inhaber dieser Finanzinstrumente gezahlt und ausgeschüttet werden.

*(Fortsetzung nächste Seite)*

*(Fortsetzung)*

(c) Das steuerpolitische Prinzip des Errichtungsstaats besteht darin, dass der volle Betrag der Zahlung:

(i) berücksichtigt ist in den ordentlichen Einnahmen jeder Person, die ein Zahlungsempfänger im Errichtungsstaat ist, und

(ii) nicht gemäß einem Abkommen zwischen dem Errichtungsstaat und dem Staat des Zahlungsempfängers unberücksichtigt ist in den ordentlichen Einnahmen einer Person, die ein Zahlungsempfänger nach den Rechtsvorschriften des Staats des Zahlungsempfängers ist.

(d) Die Zahlung erfolgt nicht im Rahmen einer strukturierten Gestaltung.

Die Abwehrregel in Empfehlung 1.1(b) wird weiterhin für alle Zahlungen gelten, die von einem solchen Investmentvehikel getätigt werden.

## Überblick

18. Das Empfehlung 1 zugrunde liegende steuerpolitische Prinzip besteht darin, Steuerpflichtige davon abzuhalten, strukturierte Gestaltungen oder Gestaltungen mit nahestehenden Personen einzugehen, die Unterschiede in der steuerlichen Behandlung eines Finanzinstruments nutzen, um ein D/NI-Ergebnis zu erzielen. Die Regel sorgt für eine Abstimmung der steuerlichen Behandlung von Zahlungen im Rahmen eines Finanzinstruments, indem je nach Sachlage entweder der Umfang der nach den Rechtsvorschriften des Staats des Zahlungsleisters zulässigen Abzüge oder der Umfang der im Staat des Zahlungsempfängers zu berücksichtigenden Einnahmen angepasst wird, um die Besteuerungsinkongruenz zu beseitigen. Empfehlung 1 gilt für drei verschiedene Arten von Finanzierungsgestaltungen:

(a) Gestaltungen, die nach inländischem Recht als Fremdkapital, Eigenkapital oder Derivate behandelt werden („Finanzinstrumente").

(b) Gestaltungen, die eine Übertragung von Finanzinstrumenten beinhalten, wobei Unterschiede in der steuerlichen Behandlung der betreffenden Gestaltung dazu führen, dass ein und dasselbe Finanzinstrument als von mehr als einem Steuerpflichtigen gehalten behandelt wird („hybride Übertragungen").

(c) Gestaltungen, die eine Übertragung von Finanzinstrumenten beinhalten, wobei eine Ersatzzahlung für den Finanzierungs- oder Eigenkapitalertrag aus dem übertragenen Vermögenswert entrichtet wird, und durch den Nettoeffekt der Unterschiede bei der steuerlichen Behandlung dieser Zahlung und des zugrunde liegenden Ertrags aus dem Instrument die Integrität der Regel für hybride Finanzinstrumente untergraben wird („Substitutionszahlungen").

### *Gestaltungen, die nach inländischem Recht als Finanzinstrumente behandelt werden*

19. Empfehlung 1 zielt vorwiegend auf Gestaltungen ab, die nach den Rechtsvorschriften des Staats des Zahlungsleisters und des Staats des Zahlungsempfängers als Fremdkapital, Eigenkapital oder Derivate (d.h. Finanzinstrumente) besteuert werden. Die Empfehlung hält zwar die Staaten dazu an, ihre bestehenden Regeln für die Besteuerung von Finanzinstrumenten auf alle Gestaltungen auszuweiten, soweit sie einen Eigenkapital- oder Finanzierungsertrag hervorbringen, es wird jedoch anerkannt, dass die endgültige Entscheidung

darüber, welche Arten von Gestaltungen unter die Definition eines Finanzinstruments fallen (und somit potenziell einer Anpassung gemäß der Regel für hybride Finanzinstrumente unterliegen), letztlich den einzelnen Staaten überlassen werden muss.

20. Empfehlung 1 gilt zwar erklärtermaßen für „hybride Finanzinstrumente", geht jedoch nicht darauf ein, welche besonderen Merkmale ein Finanzinstrument „hybrid" machen. Angesichts der großen Vielfalt an Finanzinstrumenten und der unterschiedlichen Möglichkeiten ihrer Qualifizierung und Behandlung für Steuerzwecke ist es unmöglich, umfassend und exakt alle Situationen zu identifizieren, in denen eine Zahlung im Rahmen des Instruments eine hybride Besteuerungsinkongruenz bewirken kann. Stattdessen konzentriert sich die Regel für hybride Finanzinstrumente darauf, ob zu erwarten ist, dass die Zahlung eine Besteuerungsinkongruenz bewirkt, und ob diese Inkongruenz auf Unterschiede bei der Besteuerung des Instruments nach den Rechtsvorschriften des Staats des Zahlungsleisters einerseits und des Staats des Zahlungsempfängers andererseits zurückzuführen ist.

21. Wenn die Bedingungen für die Anwendung der Regel für hybride Finanzinstrumente erfüllt sind, besteht die in dem Bericht empfohlene Reaktion darin, die steuerliche Behandlung der im Rahmen der Gestaltung getätigten Zahlungen abzustimmen, so dass der Zahlungsleister nicht berechtigt ist, einen Abzug für die im Rahmen der Gestaltung gezahlte Finanzierungs- oder Eigenkapitalvergütung geltend zu machen, sofern die Zahlung nicht als ordentliche Einnahme des Zahlungsempfängers behandelt wird. Die Mechanismen und die Regelhierarchie für die Anpassungen sind in Empfehlung 1.1 dargelegt. Als vorrangige Maßnahme sieht die Empfehlung vor, dass der Staat des Zahlungsleisters einen Abzug versagt, soweit die Zahlung zu einem D/NI-Ergebnis führt. Für den Fall, dass der Staat des Zahlungsleisters die empfohlene Maßnahme nicht anwendet, sieht die Abwehrregel vor, dass der Staat des Zahlungsempfängers die abzugsfähige Zahlung als ordentliche Einnahme im Rahmen eines Finanzinstruments behandelt.

22. Die vorrangige Regel und die Abwehrregel beschränken sich auf die Anpassung der Besteuerungskonsequenzen, die sich aus der unterschiedlichen steuerlichen Behandlung des Instruments ergeben, und sollten keine generellen Auswirkungen auf die grundlegende Qualifizierung der Zahlung (z.B. ob sie als Zins- oder Dividendenzahlung behandelt wird) oder auf die Quantifizierung oder steuerliche Behandlung des Gesamtgewinns oder -verlusts eines Steuerpflichtigen bei Erwerb oder Veräußerung eines im Rahmen eines Finanzinstruments erworbenen Vermögenswerts haben.

## Hybride Übertragungen

23. Eine hybride Übertragung ist eine Gestaltung zur Übertragung eines Finanzinstruments, bei der auf Grund der wirtschaftlichen Merkmale und der Struktur der betreffenden Transaktion nach den Rechtsvorschriften zweier Staaten entgegengesetzte Auffassungen darüber herrschen, wer der Eigentümer des zugrunde liegenden Ertrags aus dem übertragenen Vermögenswert ist. Zahlungen im Rahmen einer hybriden Übertragung führen im Allgemeinen zu einem D/NI-Ergebnis, wenn einer der an der Übertragung Beteiligten einen Abzug für den zugrunde liegenden Finanzierungs- oder Eigenkapitalertrag aus dem übertragenen Vermögenswert, der nach den Konditionen der hybriden Übertragung an den Kontrahenten gezahlt wird (oder als gezahlt behandelt wird), geltend macht, während der Kontrahent dieselbe Zahlung als direkten Ertrag aus dem zugrunde liegenden Finanzinstrument selbst (und folglich als steuerlich unberücksichtigt oder steuerbefreit) behandelt. Empfehlung 1 betrachtet diese Art von Vermögensübertragung als Finanzinstrument, so dass das im Rahmen einer derartigen Gestaltung resultierende D/NI-Ergebnis in den Geltungsbereich der

Regel für hybride Finanzinstrumente fällt, unabhängig davon, wie die hybride Übertragung nach inländischem Recht qualifiziert wird.

24. Da hybride Übertragungen als eine Art von Finanzinstrument behandelt werden, gelten für die Entscheidung, ob es sich bei der Besteuerungsinkongruenz um eine hybride Inkongruenz handelt, dieselben Regeln. Ein D/NI-Ergebnis bei einer hybriden Übertragung unterliegt nur dann einer Anpassung gemäß der Regel für hybride Finanzinstrumente, wenn die Inkongruenz auf Unterschiede bei der steuerlichen Behandlung der Gestaltung nach den Rechtsvorschriften des Staats des Zahlungsleisters einerseits und des Staats des Zahlungsempfängers andererseits zurückzuführen ist, und eine etwaige gemäß dieser Regel erforderliche Anpassung beschränkt sich auf die Besteuerungskonsequenzen, die sich aus dieser unterschiedlichen steuerlichen Behandlung ergeben.

### *Substitutionszahlungen*

25. Die letzte Kategorie von Gestaltungen, die unter den Geltungsbereich von Empfehlung 1 fallen, sind Übertragungen von Finanzinstrumenten, bei denen der Übernehmer eine Ersatzzahlung für den Finanzierungs- oder Eigenkapitalertrag aus dem übertragenen Vermögenswert erhält (eine Substitutionszahlung), wobei die unterschiedliche steuerliche Behandlung der Substitutionszahlung und des zugrunde liegenden Ertrags aus dem Instrument die Integrität der Regel für hybride Finanzinstrumente untergraben kann. Eine Substitutionszahlung, die zu einem D/NI-Ergebnis führt, wird einer Anpassung gemäß der Regel für hybride Finanzinstrumente unterworfen, wenn der zugrunde liegende Finanzierungs- oder Eigenkapitalertrag aus dem übertragenen Vermögenswert andernfalls beim Übertragenden steuerpflichtig gewesen wäre oder beim Übernehmer als steuerbefreit oder nicht in den Einnahmen berücksichtigt behandelt wird oder wenn die Übertragung den Effekt hat, das Finanzinstrument dem Geltungsbereich der Regel für hybride Finanzinstrumente zu entziehen.

26. Im Gegensatz zu den anderen Regeln in Empfehlung 1, die nur gelten, wo und soweit die Inkongruenz auf die Konditionen des Instruments zurückzuführen ist, gelten die Regeln für Substitutionszahlungen für jede Art von D/NI-Ergebnis, unabhängig davon, wie es zustande kommt.

## Empfehlung 1.1 – Die Inkongruenz neutralisieren, soweit die Zahlung zu einem D/NI-Ergebnis führt (Betriebsausgabenabzug/Nichtberücksichtigung als Einnahme)

27. Die Regel für hybride Finanzinstrumente gilt für Substitutionszahlungen und Zahlungen im Rahmen eines Finanzinstruments, soweit diese Zahlungen zu einem D/NI-Ergebnis führen.

### *Zahlung*

28. Eine ausführlichere Definition von „Zahlung" findet sich in Empfehlung 12. Unter einer Zahlung ist eine Wertübertragung zu verstehen, was auch Beträge einschließt, die *bezahlt werden können*, wie z.B. zukünftige oder Eventualverpflichtungen zur Entrichtung einer Zahlung. Wie **Beispiel 1.13** zeigt, umfasst die Definition einer Zahlung auch Rückstellungen für zukünftige Zahlungsverpflichtungen, selbst wenn den zurückgestellten Beträgen keine entsprechende Erhöhung der Zahlungsverpflichtung während des betreffenden Zeitraums gegenübersteht. Die Definition schließt jedoch explizit Zahlungen aus, die nur für Steuerzwecke unterstellt werden und nicht zur Entstehung neuer wirtschaftlicher Ansprüche zwischen den Beteiligten

führen. Folglich gilt die Regel für hybride Finanzinstrumente nicht für Anpassungen, die aus einem fiktiven Zinsaufwand resultieren, wie in **Beispiel 1.14** dargelegt wird. Derartige Anpassungen werden ausschließlich zu Steuerzwecken vorgenommen und verkörpern keinerlei gegenwärtige oder zukünftige Wertübertragung.

## D/NI-Ergebnis

29. Eine Zahlung führt zu einem D/NI-Ergebnis, soweit sie nach den Rechtsvorschriften des Staats des Zahlungsleisters abzugsfähig ist und nach den Rechtsvorschriften eines Staats, in dem die Zahlung als eingegangen behandelt wird (Staat des Zahlungsempfängers), nicht als Einnahme berücksichtigt wird. Die Regel für hybride Finanzinstrumente stützt sich bei der Entscheidung, ob die Zahlung zu einer Inkongruenz führt, lediglich auf die erwartete steuerliche Behandlung der Gestaltung auf Basis der Konditionen des Instruments und der Qualifizierung der im Rahmen des Instruments getätigten Zahlungen.

### *Steuerlich abzugsfähig*

30. Eine Zahlung wird als „abzugsfähig" behandelt, wenn nach angemessener Prüfung der Qualifizierung der Zahlung und ihrer steuerlichen Behandlung nach den Rechtsvorschriften des Staats des Zahlungsleisters der Zahlungsleister berechtigt ist, bei der Berechnung seiner steuerpflichtigen Einkünfte einen Abzug für die Zahlung geltend zu machen. Eine Zahlung im Rahmen eines Finanzinstruments wird als abzugsfähig behandelt, soweit diese Zahlung nach inländischem Recht als gesonderter abzugsfähiger Posten behandelt wird. Abzugsfähige Zahlungen im Rahmen eines Finanzinstruments umfassen im Allgemeinen Zinsen sowie Emissionsdisagios und Rückzahlungsagios, Bereitstellungs- und Leihgebühren sowie Zahlungen im Rahmen eines Derivatkontrakts, soweit sie als gesonderte abzugsfähige Betriebsausgabenposten behandelt werden.

31. Das Konzept der „Abzugsfähigkeit" schließt auch Zahlungen ein, die anderweitige „gleichwertige Steuererleichterungen" bewirken. Die Bedeutung dieses Begriffs wird in **Beispiel 1.11** veranschaulicht, wo eine Dividendenzahlung eine Steueranrechnung auslöst, die entweder mit einer Steuerschuld des Zahlungsleisters verrechnet oder an den Anteilseigner ausgezahlt werden kann. Während solche Steueranrechnungen in der Regel zur Entlastung von der wirtschaftlichen Doppelbesteuerung ausgeschütteter Gewinne gewährt werden, unterliegt in diesem Beispiel die Dividende, die die Steueranrechnung auslöst, nach den Rechtsvorschriften des Staats des Zahlungsleisters keiner zweiten Besteuerungsebene. Die Steueranrechnung ist daher insofern einem Steuerabzug wirtschaftlich gleichzusetzen, als sie mangels Besteuerung auf der Ebene des Anteilseigners bewirkt, dass sich der Betrag der Einkünfte im Rahmen der Gestaltung, der der Besteuerung zum vollen Steuersatz im Staat des Zahlungsleisters unterliegt, verringert.

### *Berücksichtigung als ordentliche Einnahme*

32. Ordentliche Einnahmen bezeichnet jene Kategorien von Einnahmen, die dem vollen Grenzsteuersatz des Steuerpflichtigen unterliegen und keine Befreiung, Nichtberücksichtigung, Steueranrechnung oder sonstige Steuererleichterung für bestimmte Arten von Zahlungen (wie z.B. indirekte Steueranrechnung für die zugrunde liegende Besteuerung der Einkünfte des Zahlungsleisters) genießen. Eine Zahlung gilt als den ordentlichen Einnahmen zugerechnet, soweit sie nach angemessener Bestimmung der Qualifizierung und Behandlung der Zahlung gemäß den Rechtsvorschriften des Staats des Zahlungsempfängers bei der Berechnung der steuerpflichtigen Einkünfte des Zahlungsempfängers als ordentliche Einnahme berücksichtigt werden muss. Eine Zahlung ordentlicher Einnahmen im Rahmen eines Finanzinstruments

umfasst im Allgemeinen Zinsen, Dividenden und andere Anlageerträge, die der Besteuerung mit dem vollen Grenzsteuersatz des Zahlungsempfängers unterliegen. Die Einnahmen werden jedoch auch dann als dem vollen Grenzsteuersatz des Steuerpflichtigen unterliegend betrachtet, wenn die auf den berücksichtigten Betrag zu entrichtende Steuer durch eine Steueranrechnung oder eine andere gleichwertige Steuererleichterung reduziert wird, die vom Staat des Zahlungsempfängers für durch den Quellenstaat auf die Zahlung selbst erhobene Quellensteuern oder sonstige Steuern gewährt wird.

### *D/NI-Ergebnisse bei Zahlungen im Rahmen eines Finanzinstruments*

33. Da die Regel für hybride Finanzinstrumente lediglich die erwartete steuerliche Behandlung der Zahlung nach den Rechtsvorschriften des Kontrahentenstaats anstelle ihrer tatsächlichen steuerlichen Behandlung beim Kontrahenten berücksichtigt, ist es für den Steuerpflichtigen bzw. die Steuerverwaltung nicht erforderlich, den Steuerstatus des Kontrahenten zu kennen oder zu wissen, wie diese Zahlung tatsächlich für Steuerzwecke behandelt wurde, um zu bestimmen, ob die Zahlung eine Besteuerungsinkongruenz verursacht hat. Die Anwendung dieses Prinzips wird in **Beispiel 1.26** veranschaulicht, wo ein Wertpapierhändler Aktien im Rahmen einer Vermögensübertragungsvereinbarung erwirbt. In diesem Beispiel wird dargelegt, dass der Steuerabzug, den der Wertpapierhändler für die Anschaffungskosten der Aktien geltend machen kann, nicht auf die Konditionen des Instruments oder die Qualifizierung der im Rahmen des Instruments getätigten Zahlungen zurückzuführen ist, sondern auf den besonderen Status des Zahlungsleisters. Daher führt die Tatsache, dass die Übertragungsvereinbarung eine hybride Übertragung darstellen könnte (so dass die für die Aktien bezahlte Gegenleistung als Zahlung im Rahmen eines Finanzinstruments behandelt wird), nicht dazu, dass die Zahlung so behandelt wird, als bewirke sie ein D/NI-Ergebnis im Rahmen eines hybriden Finanzinstruments. Dasselbe Prinzip wird auch in **Beispiel 1.29** verdeutlicht, wo ein Aktienhändler einen Anspruch auf Zinsen für den unbezahlten Kaufpreis im Rahmen einer Aktienverkaufsvereinbarung hat. Die Zinskomponente des Kaufpreises wird nach den Rechtsvorschriften des Staats des Käufers so behandelt, als führte sie zu einer gesonderten abzugsfähigen Betriebsausgabe, während der Aktienhändler den gesamten im Rahmen der Aktienverkaufsvereinbarung zu zahlenden Betrag als Gegenleistung für den Verkauf der Aktien behandelt. In diesem Fall wird die Zahlung als Auslöser einer Besteuerungsinkongruenz behandelt, obwohl die Zahlung von dem Aktienhändler als Erlös aus der Veräußerung eines zu Handelszwecken gehaltenen Vermögenswerts den ordentlichen Einnahmen zugerechnet wird.

### *D/NI-Ergebnisse bei Substitutionszahlungen*

34. Die Regeln für Substitutionszahlungen gelten für jede tatsächliche Besteuerungsinkongruenz, unabhängig von den Umständen, unter denen der Steuerabzug zustande kommt, einschließlich aller Beträge, die bei der Berechnung des Veräußerungsgewinns oder -verlusts auf einen zu Handelszwecken gehaltenen Vermögenswert berücksichtigt werden. Die Anwendung der Regel für Substitutionszahlungen wird in **Beispiel 1.34** veranschaulicht, wo ein Wertpapierhändler Aktien im Rahmen einer hybriden Übertragung erwirbt. Obwohl in diesem Fall der von dem Wertpapierhändler für die Entrichtung der Dividendenausgleichszahlung geltend gemachte Abzug nicht auf die Konditionen des Instruments zurückzuführen ist (und daher keine hybride Besteuerungsinkongruenz im Rahmen eines Finanzinstruments bewirkt), wird in dem Beispiel dargelegt, dass die Zahlung dennoch eine Substitutionszahlung sein kann, die gemäß der Regel für hybride Finanzinstrumente einer Anpassung unterliegt.

### *Interaktion zwischen Empfehlung 1.1(a) und Empfehlung 2.1*

35. Die Bestimmung, ob ein D/NI-Ergebnis vorliegt, erfordert eine angemessene Beurteilung der rechtlichen Qualifizierung des Instruments und der steuerlichen Behandlung der Zahlung in den einzelnen Staaten. Eine Zahlung im Rahmen eines hybriden Finanzinstruments wird nicht als Auslöser für ein D/NI-Ergebnis betrachtet, wenn die Inkongruenz im Kontrahentenstaat durch eine spezifische Regel neutralisiert wird, die dazu konzipiert ist, die steuerliche Behandlung der Zahlung auf die steuerpolitischen Zielsetzungen abzustimmen, die für ein derartiges Instrument gelten. Solche spezifischen Regeln umfassen alle Regeln im Staat des Zahlungsempfängers, die – im Einklang mit Empfehlung 2.1 – die Verfügbarkeit einer Dividendenfreistellung oder gleichwertigen Steuererleichterung auf Zahlungen beschränken, die nicht steuerlich abzugsfähig sind. Dieses Prinzip wird in **Beispiel 1.1** veranschaulicht, in dem sich ein Steuerpflichtiger im Rahmen eines verzinslichen Darlehens Geld von einem nahestehenden Steuerpflichtigen in einem anderen Staat leiht. Dem Darlehensnehmer wird ein Abzug für die gezahlten Darlehenszinsen gewährt, wohingegen der Darlehensgeber die Zahlung als Dividende behandelt. Bei einer angemessenen Prüfung der Qualifizierung der Zahlung und ihrer steuerlichen Behandlung in beiden Staaten werden Regeln im Staat des Zahlungsempfängers berücksichtigt, die dazu konzipiert sind, Entlastungen von der Doppelbesteuerung bei Dividendenzahlungen aus Nachsteuergewinnen einzuschränken. Wenn dementsprechend der Staat des Zahlungsempfängers für Zahlungen, die nach den Rechtsvorschriften des Staats des Zahlungsleisters abzugsfähig sind, keine Dividendenfreistellung gewährt, wird folglich keine Inkongruenz im Sinne der Regel für hybride Finanzinstrumente entstehen. Ähnliche Ergebnisse werden in **Beispiel 1.2, Beispiel 1.3** und **Beispiel 1.4** identifiziert.

### *Hinzurechnungsbesteuerung*

36. Die Regel für hybride Finanzinstrumente soll nur dann greifen, wenn die Zahlung eine Besteuerungsinkongruenz auslöst, und soll keine wirtschaftliche Doppelbesteuerung bewirken. In bestimmten Fällen kann eine Zahlung im Rahmen eines hybriden Finanzinstruments, die zu einem D/NI-Ergebnis z.B. zwischen dem Staat des Zahlungsleisters und dem Staat des Zahlungsempfängers führt, im Rahmen der Hinzurechnungsbesteuerung den Einnahmen zugerechnet werden. Ein Staat, der eine wirtschaftliche Doppelbesteuerung in diesen Fällen vermeiden will, sollte abwägen, wie der Besteuerungsinkongruenz gemäß der Regel für hybride Finanzinstrumente angesichts der Tatsache zu begegnen ist, dass die Zahlung von dem Anteilseigner im Rahmen der Hinzurechnungsbesteuerung als ordentliche Einnahme berücksichtigt wurde, und entscheiden, ob die Hinzurechnungsbesteuerung für die Zwecke der Entscheidung, ob ein D/NI-Ergebnis gemäß der Regel für hybride Finanzinstrumente vorliegt, als Berücksichtigung als ordentliche Einnahme gilt.

37. Wenn ein Staat eine Hinzurechnungsbesteuerung im Staat der Muttergesellschaft berücksichtigt, sollte ein Steuerpflichtiger, der diese Hinzurechnungsbesteuerung geltend machen möchte, um eine Anpassung gemäß der Regel für hybride Finanzinstrumente zu vermeiden, dazu nur in der Lage sein, wenn er der Steuerverwaltung überzeugend darlegen kann, dass die Zahlung in vollem Umfang nach den Rechtsvorschriften des betreffenden Staats berücksichtigt wurde und der Besteuerung zum vollen Steuersatz unterliegt. Dazu muss nachgewiesen werden, dass:

(a) die Zahlung normalerweise nach den Vorschriften zur Hinzurechnungsbesteuerung im Staat der Muttergesellschaft zu berücksichtigen ist;

(b) die Regelungen zur Hinzurechnungsbesteuerung tatsächlich eine Zurechnung der Zahlung zum Anteilseigner vorschreiben (d.h. für die Zahlung keine Befreiung für aktive Einkünfte geltend gemacht werden kann);

(c) die bei der Hinzurechnungsbesteuerung geltenden Regeln zur Quantifizierung und zeitlichen Abgrenzung tatsächlich die Berücksichtigung dieser Zahlung als ordentliche Einnahme in der Steuererklärung des Anteilseigners bewirkt haben.

38. Darüber hinaus sollten Zahlungen, die auf Grund einer Hinzurechnungsbesteuerung als von der Regel für hybride Finanzinstrumente befreit behandelt werden, nur soweit Anspruch auf eine solche Befreiung haben, als die Zahlung:

(a) nicht als durch einen Steuerabzug oder anderweitige Steuererleichterungen verringert oder ausgeglichen behandelt worden ist, es sei denn, dieser Steuerabzug bzw. diese Steuererleichterungen beziehen sich auf Aufwendungen, die der Muttergesellschaft nach den Rechtsvorschriften des Staats der Muttergesellschaft entstanden sind;

(b) mit keinem Anspruch auf eine Steueranrechnung oder anderweitige Steuererleichterung verbunden ist;

(c) keine importierte Inkongruenz bewirkt.

39. Die Anwendung dieses Prinzips wird in **Beispiel 1.24** veranschaulicht, wo ein Unternehmen eine konzerninterne Zahlung im Rahmen eines hybriden Finanzinstruments tätigt. In diesem Beispiel behandelt die Regelung zur Hinzurechnungsbesteuerung im Staat der Muttergesellschaft bestimmte passive Einkünfte (z.B. Mieten, Lizenzgebühren und Zinsen), die von einer beherrschten ausländischen Gesellschaft (*controlled foreign company* – CFC) stammen, als „CFC-Einkünfte", die den Anteilseignern proportional zu ihrer Beteiligung an der beherrschten ausländischen Gesellschaft zuzurechnen sind. In diesem Beispiel ist der Steuerpflichtige nicht in der Lage, einen CFC-Einkunftsposten als in den ordentlichen Einnahmen nach den Rechtsvorschriften des Staats der Muttergesellschaft berücksichtigt zu behandeln, soweit diese Einkünfte als durch dem Zahlungsempfänger entstandene Aufwendungen verringert behandelt wurden oder soweit die Zahlung durch eine Steueranrechnung oder anderweitige Steuererleichterung im Staat der Muttergesellschaft von der Besteuerung abgeschirmt wurde. In dem Beispiel wird auch dargelegt, dass der Steuerpflichtige ferner der Steuerverwaltung gegenüber nachweisen müsste, dass die Zahlung nicht mit einem hybriden Betriebsausgabenabzug im Rahmen einer zu einer importierten Besteuerungsinkongruenz führenden Gestaltung verrechnet wurde.

40. Auf Grund der Regeln im Hinblick auf die Art, die Höhe und die zeitliche Abgrenzung zugerechneter Einkünfte bei der Hinzurechnungsbesteuerung kann die Entscheidung, ob ein Betrag im Rahmen der Hinzurechnungsbesteuerung als ordentliche Einnahme berücksichtigt wurde, schwierig und faktenintensiv sein. Dementsprechend dürfte den Staaten daran gelegen sein, bei der Umsetzung der Regel für hybride Finanzinstrumente in inländisches Recht einen Ausgleich zwischen dem Erfordernis zur Vermeidung der Doppelbesteuerung und dem Aufwand für eine solche Entscheidung zu schaffen, indem sie angemessene Wesentlichkeitsgrenzen festlegen, die ein Steuerpflichtiger erreichen muss, bevor er eine Hinzurechnungsbesteuerung so behandeln kann, dass sich dadurch die Höhe der gemäß der Regel erforderlichen Anpassung verringert.

## Anwendung der Regel im Fall von Steuerbefreiungen, ermäßigten Steuersätzen oder Steueranrechnung

41. Eine abzugsfähige Zahlung wird immer als inkongruenzbegründend behandelt, wenn der Staat des Zahlungsempfängers die Zahlung mit einem Steuersatz besteuert, der niedriger ist als der auf die ordentlichen Einnahmen erhobene volle Grenzsteuersatz, unabhängig davon, in welcher Form diese Steuererleichterung gewährt wird. Der Mechanismus für die Gewährung der Steuererleichterung im Staat des Zahlungsempfängers – ob durch Nichtberücksichtigung oder Steuerbefreiung, ermäßigte Steuersätze, Steueranrechnung oder eine andere Methode – sollte im Allgemeinen keinen Einfluss auf das Ergebnis gemäß der Regel für hybride Finanzinstrumente haben.

42. Bestimmte Länder besteuern verschiedene Arten von Einkünften mit unterschiedlich hohen Steuersätzen. So können beispielsweise Unternehmens- oder Erwerbseinkommen mit einem anderen Steuersatz besteuert werden als Anlageerträge. Diese Unterschiede sollten bei der Ermittlung, ob die Zahlung der Besteuerung zum vollen Grenzsteuersatz des Steuerpflichtigen unterliegt, berücksichtigt werden. Im Kontext der Regel für hybride Finanzinstrumente ist der *volle Grenzsteuersatz* des Zahlungsempfängers der Steuersatz, den der Zahlungsempfänger erwartungsgemäß auf ordentliche Einnahmen aus einem Finanzinstrument zu entrichten hätte, weshalb die bloße Tatsache, dass der Staat des Zahlungsempfängers die Einkünfte aus Finanzinstrumenten zu einem niedrigeren Satz besteuert als andere Arten von Einkünften, keine Inkongruenz im Sinne der Regel für hybride Finanzinstrumente bewirkt. Dies wird in **Beispiel 1.3** veranschaulicht, in dem eine Zinszahlung nach den Rechtsvorschriften des Staats des Zahlungsempfängers der Besteuerung zu einem ermäßigten Steuersatz unterliegt. In **Beispiel 1.3** wird erläutert, dass in Fällen, in denen der ermäßigte Steuersatz nicht niedriger ist als der Steuersatz, der für jede andere Zahlung ordentlicher Einnahmen im Rahmen eines Finanzinstruments gilt (wie z.B. gewöhnliche Darlehenszinsen), keine Inkongruenz im Sinne der Regel für hybride Finanzinstrumente entsteht.

## Teilweise Befreiung oder ermäßigter Steuersatz

43. In jenen Fällen, in denen der Staat des Zahlungsempfängers den Steuerpflichtigen nur eine teilweise Befreiung oder einen ermäßigten Steuersatz auf eine Zahlung im Rahmen eines hybriden Finanzinstruments gewährt, sollte der versagte Abzugsbetrag generell nicht höher sein als notwendig ist, um die Besteuerungsinkongruenz zwischen dem Staat des Zahlungsleisters und dem Staat des Zahlungsempfängers zu beseitigen, und ein Abzug sollte weiterhin in dem Umfang gewährt werden, wie die Zahlung im Staat des Zahlungsempfängers der Besteuerung mit dem vollen Steuersatz unterliegt. Beispiele für die Anwendung dieses Prinzips finden sich in **Beispiel 1.2**, in dem der Staat des Zahlungsempfängers eine teilweise Steuerbefreiung für eine Zinszahlung auf ein Nachrangdarlehen gewährt, und in **Beispiel 1.3**, in dem die Zahlung im Rahmen des hybriden Finanzinstruments im Staat des Zahlungsempfängers einer Besteuerung mit 10% des normalen Körperschaftsteuersatzes unterliegt.

44. Fälle einer teilweisen Steuerentlastung treten in der Regel im Zusammenhang mit Hybridinstrumenten auf, bei denen der Staat des Zahlungsempfängers die Zahlung als Dividende behandelt und eine Steueranrechnung, einen ermäßigten Steuersatz oder eine teilweise Steuerbefreiung gewährt, durch die der Anteilseigner nicht in vollem Umfang von der Besteuerung dieser Dividende entlastet wird. In den meisten Fällen fallen diese Arten von Zahlungen unter den Geltungsbereich von Empfehlung 2.1, die sich mit der Gewährung

von Steuerentlastungen für abzugsfähige Dividenden befasst, so dass in der Praxis die Anzahl der Fälle begrenzt sein dürfte, in denen tatsächlich der Staat des Zahlungsleisters aufgefordert ist, den Abzug für eine Zahlung, die einer teilweisen Steuerentlastung unterliegt, zu versagen.

45. Bei Gewährung einer teilweisen Steuerentlastung für Dividenden kann die Begrenzung der Steuerentlastung im Staat des Zahlungsempfängers auf der Intention beruhen, die Inanspruchnahme eines ermäßigten Steuersatzes oder eines Steueraufschubs auf der Unternehmensebene oder die Inanspruchnahme anderer Steuerentlastungen für Anteilseigner (wie z.B. die Abzugsfähigkeit von Zinsausgaben) auszugleichen. In diesen Fällen wäre eine vollständige Versagung des Steuerabzugs wirksamer, um die steuerpolitischen Zielsetzungen im Staat des Zahlungsempfängers zu wahren und eine stärkere steuerliche Gleichstellung mit Zahlungen im Rahmen eines gewöhnlichen Eigenkapitalinstruments zu erreichen. Dieser Ansatz müsste von Staat zu Staat individuell unter Berücksichtigung der steuerpolitischen Effekte im Kontrahentenstaat angewandt werden und könnte sich erübrigen, wenn der Staat des Zahlungsempfängers umfassende Regeln zur Begrenzung der Steuerentlastung für abzugsfähige Dividenden gemäß Empfehlung 2.1 einführt.

### *Berechnung des Anpassungsbetrags im Fall einer Anrechnung ausländischer Steuern*

46. Sofern der Staat des Zahlungsempfängers nicht Empfehlung 2.1 umgesetzt hat und die Inanspruchnahme einer Anrechnung ausländischer Steuern für eine abzugsfähige Dividende versagt, besteht die vorrangige Maßnahme gemäß der Regel für hybride Finanzinstrumente darin, einen Abzug für eine derartige Zahlung zu versagen, soweit sie im Staat des Zahlungsempfängers von der Besteuerung abgeschirmt ist.

47. Im Gegensatz zu anderen Methoden der Doppelbesteuerungsentlastung, bei denen die Einnahmen im Staat des Zahlungsempfängers entweder steuerbefreit sind oder der Besteuerung zu einem ermäßigten Steuersatz unterliegen, werden Steuergutschriften für ausländische Steuern durch Veränderungen bei der Berechnung der steuerpflichtigen Einkünfte des Zahlungsleisters und Unterschiede zwischen den Steuersätzen der einzelnen Staaten beeinflusst. Die Interaktion zwischen der Regel für hybride Finanzinstrumente (die sicherstellt, dass eine Zahlung nicht abzugsfähig ist, soweit sie durch eine Anrechnung ausländischer Steuern von der Besteuerung abgeschirmt ist) und der Anrechnung ausländischer Steuern (bei der dem Anteilseigner eine Steuergutschrift für Steuern gewährt wird, die durch das Unternehmen entrichtet wurden) kann auch zu einem zirkulären Prozess führen, bei dem die Versagung eines Abzugs im Staat des Zahlungsleisters gemäß der Regel für hybride Finanzinstrumente (auf Grund der Tatsache, dass die Zahlung nicht als ordentliche Einnahme berücksichtigt wird) den in diesem Staat zu entrichtenden Steuerbetrag erhöht, was wiederum den Effekt hat, dass sich der im Staat des Zahlungsempfängers verfügbare Anrechnungsbetrag für gezahlte ausländische Steuern erhöht und der Betrag der Zahlung, der als in den ordentlichen Einnahmen berücksichtigt gilt, sinkt.

48. In der Praxis kann es für die Steuerpflichtigen auf Grund der Komplexität der Berechnung ausländischer Steueranrechnungen (sowie einer möglichen Zirkularität) schwierig sein, die gemäß der Regel für hybride Finanzinstrumente erforderliche Anpassung zu berechnen. Bei der Festlegung des Umfangs der Anpassung, die ein Steuerpflichtiger für eine Zahlung vornehmen muss, die zu einer Anrechnung ausländischer Steuern berechtigt, sollten die Staaten folglich ein ausgewogenes Verhältnis zwischen klaren und einfach anzuwendenden Regeln und der Vermeidung einer Doppelbesteuerung anstreben. In **Beispiel 1.4** wird die Art von Anpassung veranschaulicht, die gemäß einer Regel für hybride Finanzinstrumente

an einer Zahlung vorgenommen werden kann, die einer Steueranrechnung für ausländische Steuern unterliegt. In diesem Fall versagt der Staat des Zahlungsleisters den Abzug nur insoweit, als die Steueranrechnung ausreicht, um die Zahlung von der Besteuerung abzuschirmen. In diesem Beispiel kann eine potenzielle Zirkularität vermieden werden, wenn der Staat des Zahlungsempfängers die Anrechnung höherer ausländischer Steuern, die aus der Anwendung der Regel für hybride Finanzinstrumente resultieren, nicht zulässt oder wenn die zusätzliche Steuerbelastung in der Praxis keinen wesentlichen Einfluss auf die Höhe der Steueranrechnung für ausländische Steuern hat, die für die Zahlung geltend gemacht werden kann.

## Art und Umfang der erforderlichen Anpassung

49. Das Grundprinzip der Regel für hybride Finanzinstrumente besteht darin, die steuerliche Behandlung von Zahlungen im Rahmen eines Finanzinstruments so anzupassen, dass ein Steuerpflichtiger keinen Abzug für Finanzierungsausgaben geltend machen kann, sofern diese Zahlung nicht im Staat des Zahlungsempfängers als ordentliche Einnahme berücksichtigt werden muss. Die vorrangige und ergänzende Regel erzielen dieses Ergebnis, indem entweder die Höhe des Abzugs, der nach den Rechtsvorschriften des Staats des Zahlungsleisters gewährt wird, oder die Höhe der im Staat des Zahlungsempfängers zu berücksichtigenden Einnahmen angepasst wird, um sicherzustellen, dass die steuerliche Behandlung der Gestaltung unabhängig davon, welche Art von Instrument genutzt wird oder ob die Anpassung im Staat des Zahlungsempfängers oder im Staat des Zahlungsleisters erfolgt, letztlich den gleichen Gesamteffekt hat. Die Anpassung sollte den Umfang nicht übersteigen, der notwendig ist, um den Hybrideffekt des Instruments zu neutralisieren, und sollte ein Ergebnis hervorbringen, das verhältnismäßig ist und nicht zu Doppelbesteuerung führt.

### *Keine Auswirkungen auf andere Besteuerungskonsequenzen*

50. Die Anpassung in Bezug auf eine Zahlung im Rahmen eines hybriden Finanzinstruments hat keine Auswirkungen auf die Qualifizierung der Zahlung. Obwohl der Effekt der vorrangigen Regel darin besteht, dem Zahlungsleister einen Abzug zu versagen, um die steuerliche Behandlung der Zahlung mit der steuerlichen Behandlung im Staat des Zahlungsempfängers in Einklang zu bringen, erfordert die Regel keine Änderung der Qualifizierung des Instruments bzw. der Zahlung im Rahmen des Instruments für Steuerzwecke. Dies wird in **Beispiel 1.1** veranschaulicht, in dem die Regel für hybride Finanzinstrumente dem Zahlungsleister einen Abzug für die im Rahmen eines Hybridinstruments getätigte Zinszahlung versagt, aber den Staat des Zahlungsleisters nicht verpflichtet, die Zahlung für Steuerzwecke als Dividende zu behandeln.

### *Beschränkung der Anpassungen auf Besteuerungskonsequenzen, die auf die Konditionen des Instruments zurückzuführen sind*

51. Die Anpassung der Besteuerungskonsequenzen einer Zahlung im Rahmen eines hybriden Finanzinstruments sollte sich auf jene beschränken, die auf die steuerliche Behandlung des Instruments selbst zurückzuführen sind. Die Anpassung soll sich nicht auf Besteuerungsergebnisse auswirken, die ausschließlich auf den Status des Steuerpflichtigen oder den Kontext, in dem das Instrument gehalten wird, zurückzuführen sind. In **Beispiel 1.5** und **Beispiel 1.8** werden Fälle beschrieben, in denen eine Anpassung gemäß der Abwehrregel im Staat des Zahlungsempfängers keine Auswirkungen auf die Steuerposition des Steuerpflichtigen hat, weil der betreffende Steuerpflichtige entweder keiner Besteuerung seiner ordentlichen Einnahmen unterliegt oder weil er diese Einnahmen

über eine steuerbefreite Zweigniederlassung bezieht. Selbst wenn der Zahlungsempfänger durch eine Anpassung gemäß der ergänzenden Regel u.U. keiner zusätzlichen Steuerschuld unterworfen wird, kann dennoch die vorrangige Regel greifen, um den Abzug im Staat des Zahlungsleisters zu versagen, wenn die Zahlung voraussichtlich zu einer Besteuerungsinkongruenz führen würde.

52. Dieses Prinzip lässt sich durch eine Gegenüberstellung der in **Beispiel 1.27** und **Beispiel 1.28** erläuterten Sachverhalte verdeutlichen. In beiden Beispielen handelt es sich bei der beschriebenen Gestaltung um eine Vereinbarung über den Verkauf von Vermögenswerten, bei der vorgesehen ist, dass die Zahlung des Kaufpreises um ein Jahr aufgeschoben wird und der Kaufpreis einen Ausgleichsbetrag beinhaltet, der den Zinsen auf den unbezahlten Kaufpreis für zwölf Monate entspricht. Der Staat des Käufers behandelt den Zinsanteil des Kaufpreises so, als führe er zu einer gesonderten steuerlich abzugsfähigen Zahlung, während nach den Rechtsvorschriften des Staats des Verkäufers der gesamte Kaufpreis (einschließlich der Zinskomponente) als Gegenleistung für die Übertragung des Vermögenswerts behandelt wird. Wie in **Beispiel 1.27** beschrieben, wird die Vermögensverkaufsvereinbarung so behandelt, als führe sie zu einer abzugsfähigen Finanzierungsausgabe für den Käufer, und der Staat des Käufers sollte daher einen Abzug für diese Zahlung gemäß der Regel für hybride Finanzinstrumente versagen. In **Beispiel 1.28** hingegen erwirbt der Käufer den Vermögenswert im Rahmen seiner Tätigkeit als Wertpapierhändler und kann bei der Berechnung seiner zu versteuernden Gewinne/Verluste mit dem Vermögenswert den Kaufpreis als Betriebsausgabe berücksichtigen. **Beispiel 1.28** kommt zu dem Schluss, dass die Regel für hybride Finanzinstrumente keine Auswirkungen auf die Möglichkeiten des Wertpapierhändlers haben sollte, bei der Berechnung seiner Gewinne oder Verluste bei Veräußerung des Vermögenswerts den gesamten im Rahmen der Vermögensübertragungsvereinbarung zahlbaren Betrag zu berücksichtigen. Steuerpflichtige, die im Rahmen einer gewöhnlichen Geschäftstätigkeit im Bereich des Wertpapierhandels (z.B. als Wertpapierhändler, Banken oder Broker) Wertpapiere kaufen und verkaufen, behandeln den Nettogewinn bzw. -verlust aus jedem Handelsgeschäft als in den steuerpflichtigen Einkünften berücksichtigt bzw. steuerlich abzugsfähig, unabhängig davon, auf welche Weise der Ertrag aus der Transaktion verbucht wird oder die Transaktion für Steuerzwecke beurteilt wird. In **Beispiel 1.34** wird ein Finanzinstrument von einem Wertpapierhändler im Rahmen einer hybriden Übertragung erworben. Obwohl die Dividendenausgleichszahlung im Zusammenhang mit der Wertpapierleihe als Zahlung im Rahmen eines Finanzinstruments betrachtet wird, verlangt die Regel für hybride Finanzinstrumente lediglich die Versagung eines Abzugs, der auf die Konditionen des Instruments selbst zurückzuführen ist, und hindert einen Wertpapierhändler nicht daran, die im Rahmen der hybriden Übertragung entstandenen Betriebsausgaben bei der Berechnung seines (zu versteuernden) Gesamtgewinns oder -verlusts mit dem betreffenden Vermögenswert zu berücksichtigen.

## *Inkongruenz, die ausschließlich auf Unterschiede bei der Bewertung einer Zahlung zurückzuführen ist*

53. Ein D/NI-Ergebnis kann nur dann entstehen, wenn bei der Art und Weise, wie eine Zahlung gemessen und qualifiziert wird, Unterschiede zwischen den Rechtsvorschriften des Staats des Zahlungsleisters und des Staats des Zahlungsempfängers bestehen. Besteuerungsunterschiede, die ausschließlich auf Unterschiede beim Wert, der einer Zahlung zugeschrieben wird (darunter auch durch die Anwendung von Verrechnungspreisen), zurückzuführen sind, fallen nicht unter den Geltungsbereich der Hybrid-Mismatch-Regel. Wenn der Betrag der Zahlung nach den Rechtsvorschriften beider Staaten in der gleichen

Weise qualifiziert und berechnet wird, führen Unterschiede beim Wert, der diesem Betrag nach den Rechtsvorschriften des Staats des Zahlungsleisters und des Staats des Zahlungsempfängers zugeschrieben wird, nicht zu einem D/NI-Ergebnis. In bestimmten Fällen aber, insbesondere im Fall komplexerer Finanzinstrumente, die sowohl Finanzierungs- als auch Eigenkapitalerträge umfassen, kann die Art und Weise, wie eine Zahlung nach inländischem Recht gemessen und qualifiziert wird, von dem Wert abhängen, der jedem ihrer Bestandteile zugeschrieben wird, und diese Qualifizierungsunterschiede können eine Inkongruenz bewirken.

54. Unterschiede, die durch die Umrechnung von ausländischen Währungen in eine inländische oder funktionale Währung zustande kommen, stellen für sich genommen keine Inkongruenz dar. Dieses Prinzip wird in **Beispiel 1.17** veranschaulicht, wo Zahlungen im Rahmen eines Darlehens, die in ausländischer Währung zu entrichten sind, in inländischer Währung gerechnet teurer werden, weil die inländische Währung an Wert verloren hat. Nach inländischem Recht ist der Zahlungsleister berechtigt, für diese höheren Kosten einen Steuerabzug geltend zu machen. Diesem Abzug steht jedoch keine entsprechende Berücksichtigung als Einnahme im Staat des Zahlungsempfängers gegenüber. Allerdings bewirkt die unterschiedliche steuerliche Behandlung kein D/NI-Ergebnis, da der Anteil des im Rahmen des Darlehens zu zahlenden Tilgungs- und Zinsbetrags nach den Rechtsvorschriften beider Staaten gleich hoch ist. Dieses Prinzip wird auch in **Beispiel 1.15** veranschaulicht. Dieses Beispiel befasst sich mit der steuerlichen Behandlung der Aktienprämie, die der Inhaber einer Wandelanleihe am Ende der Laufzeit erhält. Die bloße Tatsache, dass der Staat des Zahlungsleisters und der Staat des Zahlungsempfängers den bei der Wandlung erhaltenen Aktien für steuerliche Zwecke einen unterschiedlich hohen Wert zuschreiben, bewirkt keine Behandlung der Prämie als zu einem D/NI-Ergebnis führend. **Beispiel 1.16** beschreibt eine Situation, in der eine Wandelanleihe sowohl vom Emittenten als auch vom Inhaber als eine mit Abschlag emittierte Wandelanleihe behandelt wird, bei der der Abschlag dem Wert der Aktienoption entspricht. Die höhere Bewertung, die der Aktienoptionskomponente der Wandelanleihe im Staat des Emittenten zugeschrieben wird, resultiert in der Verbuchung eines höheren aufgelaufenen Abschlags beim Emittenten, was dazu führt, dass im Staat des Emittenten ein höherer Anteil der Zahlungen als abzugsfähig behandelt wird. In dem Beispiel wird der Schluss gezogen, dass in diesem Fall die Art und Weise, wie die einzelnen Komponenten der Wandelanleihe bewertet werden, unmittelbare Auswirkungen darauf hat, wie eine Zahlung für steuerliche Zwecke gemessen und qualifiziert wird, und dementsprechend die unterschiedliche Besteuerung als Besteuerungsinkongruenz behandelt werden sollte.

### *Zeitliche Abweichungen*

55. Die Regel für hybride Finanzinstrumente gilt im Allgemeinen nicht für Abweichungen beim Zeitpunkt der Verbuchung von Zahlungen im Rahmen eines Finanzinstruments. Die Regel für hybride Finanzinstrumente sollte aber zur Anwendung kommen, wenn der Steuerpflichtige nicht nachweisen kann, dass die Besteuerungsinkongruenz lediglich auf zeitliche Abweichungen zurückzuführen ist. Empfehlung 1.1(c) stellt daher klar, dass eine Zahlung nicht so behandelt wird, als führe sie zu einem D/NI-Ergebnis, wenn der Steuerverwaltung überzeugend dargelegt werden kann, dass die Zahlung im Rahmen des Instruments voraussichtlich innerhalb eines vertretbaren Zeitraums als Einnahme berücksichtigt werden wird.

### *Anwendung von Empfehlung 1.1(c)*

56. Eine Zahlung sollte nicht als inkongruenzbegründend behandelt werden, wenn sie vom Zahlungsempfänger in einer Abrechnungsperiode, die innerhalb von 12 Monaten nach dem Ende der Abrechnungsperiode des Zahlungsleisters beginnt, als ordentliche Einnahme berücksichtigt werden muss. Wenn die Zahlung die Bedingungen dieser Safe-Harbour-Regelung nicht erfüllt, sollte der Zahlungsleister dennoch berechtigt sein, einen Abzug für die Zahlung geltend zu machen, wenn er der Steuerverwaltung hinreichend überzeugend darlegen kann, dass der Zahlungsempfänger die Zahlung voraussichtlich innerhalb eines vertretbaren Zeitraums als ordentliche Einnahme berücksichtigen wird.

### *Voraussichtliche Berücksichtigung als Einnahme*

57. Von einer voraussichtlichen Berücksichtigung einer Zahlung als ordentliche Einnahme kann dann ausgegangen werden, wenn zum Zeitpunkt der Emission des Instruments vernünftigerweise erwartet werden konnte, dass die Zahlung getätigt werden würde und dass diese Zahlung vom Zahlungsempfänger zum Zeitpunkt ihrer Zahlung als ordentliche Einnahme berücksichtigt werden würde. Falls die Konditionen des Instruments und andere Gegebenheiten und Umstände darauf hindeuten, dass die Beteiligten der Tatsache, ob die Zahlung getätigt wird, nur geringe geschäftliche Bedeutung beimessen, oder falls die Konditionen des Instruments so strukturiert sind, dass eine solche Zahlung, wenn sie getätigt wird, nicht so behandelt wird, als führe sie zu ordentlichen Einnahmen beim Zahlungsempfänger, kann nicht vernünftigerweise von einer voraussichtlichen Berücksichtigung der Zahlung als Einnahme ausgegangen werden.

### *Vertretbarer Zeitraum*

58. Die Einschätzung, ob diese Zahlung innerhalb eines *vertretbaren Zeitraums* getätigt werden wird, sollte auf dem Zeitraum beruhen, der erwartungsgemäß zwischen fremden Dritten, die nach dem Fremdvergleichsgrundsatz handeln, vereinbart werden würde. Diese Einschätzung sollte anhand von Faktoren wie den Konditionen des Instruments, den Umständen, unter denen es gehalten wird, und den geschäftlichen Zielsetzungen der Beteiligten getroffen werden, wobei der Charakter der auflaufenden Verpflichtungen sowie etwaige Eventualverbindlichkeiten oder andere geschäftliche Faktoren, die sich auf die Zahlung auswirken, zu berücksichtigen sind. Beispielsweise kann bei einem besicherten Darlehen, das zur Finanzierung von Infrastrukturinvestitionen eingesetzt wird, von längeren Zahlungsfristen ausgegangen werden als bei einem unbesicherten Darlehen, das zur Finanzierung von Betriebskapital verwendet wird.

59. **Beispiel 1.22** veranschaulicht die Anwendung dieser Grundsätze bei einem Nachrangdarlehen, bei dem die Zinsen vom Zahlungsleister in dem Jahr als abzugsfähig behandelt werden, in dem sie anfallen, vom Zahlungsempfänger aber erst als Einnahme behandelt werden, wenn sie tatsächlich bezahlt werden. In diesem Beispiel ist der Kreditgeber ein Minderheitsaktionär des Kreditnehmers und für die Aktien gilt eine Dividendensperre, die den Kreditnehmer daran hindert, Ausschüttungen an seinen Mehrheitsaktionär vorzunehmen, solange aufgelaufene, aber noch unbezahlte Zinsen auf das Darlehen ausstehen. Diese Art von Vertragsbedingung stellt einen Anreiz für den Zahlungsleister dar, regelmäßige Zinszahlungen für das Darlehen zu tätigen, um weiterhin Dividenden an seinen Mehrheitsaktionär ausschütten zu können; dementsprechend kann daraus gefolgert werden, dass die Zinszahlungen voraussichtlich innerhalb eines vertretbaren Zeitraums erfolgen werden – selbst unter Umständen, in denen die Laufzeit des Darlehens unbegrenzt ist und die Zinszahlungen dem Ermessen des Kreditnehmers unterliegen.

60. Im Gegensatz dazu kommt die Steuerverwaltung bei der in **Beispiel 1.21** beschriebenen Darlehensvereinbarung angesichts des Zeitraums, über den die Zinsen auflaufen, zu dem Schluss, dass die Beteiligten der Frage, ob die Zahlungen im Rahmen des Darlehens getätigt werden, wenig geschäftliche Bedeutung beimessen. In diesem Beispiel besteht auch die Möglichkeit, dass der Zeitraum, über den die Zinsen auflaufen, verkürzt wird, der Kreditgeber ist jedoch in der Lage, ohne negative Besteuerungskonsequenzen jederzeit vor einer tatsächlich erfolgenden Zahlung auf seine Zinsansprüche zu verzichten. In diesem Beispiel wird gefolgert, dass der Steuerpflichtige zu dem Zeitpunkt, zu dem die Zinsen anfallen, nicht nachweisen kann, dass vernünftigerweise von einer voraussichtlichen Berücksichtigung der Zahlung als Einnahme innerhalb eines vertretbaren Zeitraums ausgegangen werden kann.

## Empfehlung 1.2 – Definition von Finanzinstrument und Substitutionszahlung

61. Empfehlung 1.2 definiert, wann eine Gestaltung als Finanzinstrument und wann eine Zahlung als Substitutionszahlung behandelt werden sollte.

### *Nach inländischem Recht festzulegende Definition von „Finanzinstrument"*

62. Das Empfehlung 1 zugrunde liegende Prinzip besteht darin, die steuerliche Behandlung der im Rahmen eines Finanzierungs- oder Eigenkapitalinstruments geleisteten Zahlungen so aufeinander abzustimmen, dass Beträge, die im Staat des Zahlungsempfängers nicht in voller Höhe besteuert werden, im Staat des Zahlungsleisters nicht als abzugsfähige Betriebsausgabe behandelt werden. Dementsprechend hält Empfehlung 1.2(c) die Staaten dazu an, jede Gestaltung, die einen Finanzierungs- oder Eigenkapitalertrag bringt, als Finanzinstrument zu behandeln und solche Gestaltungen nach den innerstaatlichen Regeln für die Besteuerung von Fremdkapital, Eigenkapital oder Derivaten zu besteuern.

63. Die in Empfehlung 12.1 dargelegten Definitionen der Begriffe „Eigenkapitalertrag bzw. -vergütung" und „Finanzierungsertrag bzw. -vergütung" liefern nähere Einzelheiten zu den Arten von Zahlungen, die in den Geltungsbereich der Regel für hybride Finanzinstrumente nach innerstaatlichem Durchführungsrecht aufgenommen werden sollten. Diese Begriffe sollen mit denen in Einklang stehen, die in internationalen und allgemein anerkannten Rechnungslegungsstandards verwendet werden, und sollen alle Instrumente erfassen, die von einer Person begeben werden, die dem Inhaber des betreffenden Instruments eine Vergütung zahlt, die auf dem Zeitwert des Geldbetrags oder auf dem Risiko der Unternehmung basiert.

64. Die Regel für hybride Finanzinstrumente sollte jedoch nicht gelten für: Vereinbarungen bezüglich der Erbringung von Dienstleistungen wie Leasing- oder Lizenzvereinbarungen, Gestaltungen zur Übernahme nichtfinanzieller Risiken (z.B. Versicherungen) oder Vermögensübertragungen, die keine Zahlung einer Eigenkapital- oder Finanzierungsvergütung beinhalten.

65. Ungeachtet der Tatsache, dass die Staaten vernünftige Anstrengungen unternehmen sollten, um vergleichbare Definitionen von Finanzinstrumenten einzuführen, wird es weiterhin Fälle geben, in denen sich schwer bestimmen lässt, ob ein Vertrag als Finanzinstrument oder als andere Art von Vereinbarung behandelt werden sollte, z.B. als Verkaufsvertrag oder als Risikoübernahmevertrag. Auch wenn Empfehlung 1.2(c) die Staaten dazu anhält, sicherzustellen, dass die Regeln für hybride Finanzinstrumente für alle Gestaltungen gelten, soweit diese einen Finanzierungs- oder Eigenkapitalertrag bringen, sind die Regeln nicht dazu gedacht, die verschiedenen Kategorien von Finanzinstrumenten

zu standardisieren oder deren steuerliche Behandlung zu harmonisieren, und falls die Abgrenzung unklar ist und die Zahlung, die der Finanzierungs- oder Eigenkapitalvergütung entspricht, in Wirklichkeit in einen anderen Geschäftsvorfall mit anderer Qualifizierung eingebunden ist, sollte es den Rechtsvorschriften der einzelnen Länder überlassen bleiben, zu bestimmen, ob und inwieweit die betreffende Zahlung im Rahmen eines Finanzinstruments geleistet wurde. Daher sollte je nach der Sachlage des konkreten Falls die Frage, ob eine Gestaltung ein Finanzinstrument ist (und somit potenziell einer Anpassung nach der Regel für hybride Finanzinstrumente unterliegt) unter Bezugnahme auf die innerstaatliche steuerliche Behandlung dieser Gestaltung beantwortet werden.

### *Anwendung der Definition von Finanzinstrumenten auf Vermögensübertragungen*

66. Eine Gestaltung, die nach inländischem Recht als Vermögensübertragung behandelt wird, wird im Allgemeinen nicht als Finanzinstrument gemäß Empfehlung 1 behandelt, auch wenn sie, falls die betreffende Gestaltung eine hybride Übertragung ist oder eine Substitutionszahlung beinhaltet, dennoch in den Geltungsbereich der Regel fallen könnte (siehe weiter unten). Die Anwendung der Regel für hybride Finanzinstrumente auf eine gewöhnliche Vermögensübertragungsvereinbarung ist in **Beispiel 1.26** veranschaulicht, wo der Kaufpreis, den ein Tradingunternehmen für den Kauf von Aktien zahlt, zu einem D/NI-Ergebnis führt, weil der Händler berechtigt ist, den Kaufpreis als abzugsfähige Betriebsausgabe zu behandeln, während der Verkäufer die Zahlung nicht in seinen ordentlichen Einnahmen berücksichtigt. Obwohl die Zahlung zu einem D/NI-Ergebnis führt, ist die in **Beispiel 1.26** beschriebene Vermögensübertragungsvereinbarung nicht mit einem Eigenkapital- oder Finanzierungsertrag verbunden und liegt somit außerhalb des Wortlauts sowie des beabsichtigten Geltungsbereichs von Empfehlung 1.

67. **Beispiel 1.27** veranschaulicht die Art von Geschäftsvorfall, die in einem Staat als Finanzinstrument und in einem anderen als Vermögensübertragung behandelt werden könnte. In diesem Fall enthält der Kaufpreis für die Übertragung eines Vermögenswerts eine Zinskomponente, die den Zahlungsempfänger für den Zahlungsaufschub entschädigen soll. Der Käufer behandelt den Zinsanteil des Kaufpreises so, als entspräche er einer gesonderten steuerlich abzugsfähigen Betriebsausgabe, während der Käufer den gesamten Betrag (einschließlich der Zinskomponente) als Gegenleistung für die Übertragung des Vermögenswerts behandelt. In diesem Fall wird in dem Beispiel der Schluss gezogen, dass die Zahlung im Staat des Verkäufers keiner Anpassung nach der Regel für hybride Finanzinstrumente unterliegt, da die Gestaltung nach inländischem Recht nicht unter die Regeln für die Besteuerung von Fremdkapital, Eigenkapital oder Finanzderivate fällt. Aus Sicht des Verkäufers ist der Geschäftsvorfall nicht von der Transaktion in **Beispiel 1.26** zu unterscheiden. Eine weitere Veranschaulichung liefert **Beispiel 1.30**, wo eine Vereinbarung über den Kauf und Verkauf von Aktien in einer operativen Tochtergesellschaft eine Earn-Out-Vereinbarung beinhaltet, die dem Verkäufer eine auf dem Risiko der Unternehmung basierende Vergütung zusichert. Während einige Staaten diese Zahlung möglicherweise als abzugsfähig behandeln, würden andere diese Art von Earn-Out-Klausel einfach als einen Mechanismus für die Berechnung des Kaufpreises für die Veräußerung eines Vermögenswerts behandeln und im Rahmen einer solchen Klausel getätigte Zahlungen nicht als eine Eigenkapitalvergütung im Rahmen eines Finanzinstruments behandeln. Es ist daher Sache des inländischen Rechts festzulegen, ob der Eigenkapitalertrag als Vergütung im Rahmen eines Finanzinstruments zu qualifizieren ist und in den Geltungsbereich der Regel für hybride Finanzinstrumente fallen sollte.

## *Anwendung der Regel in Fällen, in denen der Kontrahent die Gestaltung nicht als Finanzinstrument behandelt*

68. Steuerpflichtige, die eine Vereinbarung eingehen, die in den Geltungsbereich der Regel für hybride Finanzinstrumente fällt, sollten die Regel auch dann noch anwenden, wenn der Kontrahent die betreffende Gestaltung nicht als Finanzinstrument behandelt und/oder der Staat des Kontrahenten die Empfehlungen des Berichts nicht umgesetzt hat. In solchen Fällen beschränkt sich der Betrag der Anpassung im Rahmen der Regel jedoch auf den Betrag des mit dem Instrument erzielten Eigenkapital- oder Finanzierungsertrags. Dieses Prinzip ist in **Beispiel 1.25** veranschaulicht, wo der Darlehensgeber einem nahestehenden Unternehmen im Rahmen eines Finanzierungsleasingvertrags Finanzmittel zur Verfügung stellt. Obwohl es sich bei diesem Vertrag der Substanz nach um eine Finanzierungsvereinbarung handelt, behandelt der Leasingnehmer die Gestaltung als gewöhnlichen Operating-Leasingvertrag und die im Rahmen dieses Vertrags getätigten Zahlungen als abzugsfähige Leasinggebühren. Der Leasinggeber ist in einem Staat ansässig, der die Regeln für hybride Finanzinstrumente umgesetzt hat und ist nach Empfehlung 1.2 verpflichtet, die Vereinbarung als Darlehen und die Leasinggebühren als in regelmäßigen Zeitabständen zu leistenden Zins- und Kapitalzahlungen für dieses Darlehen zu behandeln. Die Regel für hybride Finanzinstrumente soll jedoch nur bei Besteuerungsinkongruenzen greifen, zu denen es in Bezug auf Eigenkapital- oder Finanzierungserträge kommt, und so begrenzt Empfehlung 1.2(d) die Anpassung nach der Regel für hybride Finanzinstrumente auf den Umfang des im Rahmen des betreffenden Instruments erzielten Finanzierungsertrags.

## *Bestimmte zur Anschaffung eines Finanzinstruments getätigte Zahlungen, die als im Rahmen dieses Finanzinstruments geleistete Zahlungen gelten*

69. Eine Zahlung wird als im *Rahmen eines Finanzinstruments* getätigt behandelt, wenn die Zahlung entweder durch das Instrument verlangt wird oder es sich um eine Gegenleistung für eine Befreiung von einer Verpflichtung im Rahmens des Instruments handelt. Die Befreiung von einer Verpflichtung im Rahmen eines Finanzinstruments stellt indessen keine Zahlung im Sinne der Regel für hybride Finanzinstrumente dar. Dieses Prinzip ist in **Beispiel 1.18** und **Beispiel 1.20** veranschaulicht. In **Beispiel 1.18** erhält ein Inhaber eine Einmalzahlung als Gegenleistung dafür, dass er einer Änderung der Bedingungen eines Darlehens zustimmt. In dem Beispiel wird der Schluss gezogen, dass die Zahlung als eine im Rahmen des Instruments geleistete Zahlung behandelt werden sollte, da es sich um eine Zahlung als Gegenleistung für die Befreiung von einer Verpflichtung im Rahmen dieses Instruments handelt. In **Beispiel 1.20** verzichtet eine Muttergesellschaft auf die Rückzahlung eines Darlehens, das eine ihrer Töchter bei ihr aufgenommen hat, und macht einen Betriebsausgabenabzug für die nicht erhaltenen Zins- und Kapitalbeträge geltend. Obwohl die Befreiung von der Darlehensschuld für die Tochtergesellschaft nicht zu ordentlichen Einnahmen führt, fällt das daraus resultierende D/NI-Ergebnis nicht unter die Regel für hybride Finanzinstrumente, weil die Aufgabe von Ansprüchen im Rahmen eines Finanzinstruments keine Zahlung im Rahmen dieses Finanzinstruments darstellt.

70. Eine Zahlung, die von einer Person als Gegenleistung für die Übertragung eines existierenden Finanzinstruments getätigt wird, ist eine Zahlung für die Veräußerung dieses Finanzinstruments und keine Zahlung, die in dessen Rahmen erfolgt (auch wenn die Zahlung für den Erwerb der betreffenden Aktie oder Anleihe eine Substitutionszahlung umfassen oder im Rahmen eines anderen Finanzinstruments getätigt werden kann). Dieses Prinzip ist in **Beispiel 1.36** in Bezug auf die Übertragung einer Anleihe veranschaulicht, die mit einem

Anspruch auf auflaufende, aber nicht ausgezahlte Zinsen verbunden ist. Der Käufer zahlt einen Aufpreis für die Anleihe, der diese Zinskomponente widerspiegelt. Der Aufpreis ist nach den Rechtsvorschriften des Staats des Käufers abzugsfähig und wird nach den Rechtsvorschriften des Staats des Verkäufers so behandelt, als führe er zu einem steuerbefreiten Gewinn. Obwohl die betreffende Zahlung zu einer Besteuerungsinkongruenz führt, wird sie nicht als „Zahlung im Rahmen eines Finanzinstruments" behandelt, es sei denn, der Vertrag über den Kauf der Anleihe wird anderweitig als Finanzinstrument nach Empfehlung 1 behandelt.

71. Eine Zahlung, die für den Kauf eines Finanzinstruments geleistet wird, sollte jedoch als Zahlung im Rahmen dieses Instruments behandelt werden, falls der Kauf in Teilen oder vollständig von Verpflichtungen befreit, die im Rahmen des Instruments bestehen, oder die wirtschaftlichen und steuerlichen Folgen für den Emittenten neutralisiert. Dies wird in **Beispiel 1.19** veranschaulicht, wo der Emittent einer Anleihe einen Preis zahlt, um die Anleihe von deren Inhaber zurückzukaufen. Auch wenn die Kosten des Kaufs der Anleihe bei deren Inhaber eine Gegenleistung für die Übertragung der Anleihe sind und keine Zahlung, die die Anleihekonditionen selbst vorschreiben, befreien sie den Emittenten doch von den Verpflichtungen, die er mit diesem Instrument eingegangen ist, und werden daher als Zahlung im Rahmen dieses Finanzinstruments behandelt.

## *Hybride Übertragungen*

72. Der Bericht empfiehlt, dass die Staaten bestimmte Übertragungen von Finanzinstrumenten (*hybride Übertragungen*) als Finanzinstrumente behandeln, die in den Geltungsbereich der Regel für hybride Finanzinstrumente fallen, selbst wenn der betreffende Staat Zahlungen, die im Rahmen einer solchen Gestaltung getätigt werden, normalerweise als im Rahmen einer Vermögensübertragungsvereinbarung geleistet behandeln würde. Eine hybride Übertragung ist jede Gestaltung zur Übertragung eines Finanzinstruments, bei der auf Grund der wirtschaftlichen Merkmale und der Struktur der betreffenden Transaktion nach den Rechtsvorschriften zweier Staaten entgegengesetzte Auffassungen darüber herrschen, ob der Übertragende oder der Übernehmende Eigentümer des zugrunde liegenden Vermögenswerts sind. Eigentum bezieht sich in diesem Zusammenhang auf den Eigentümer der Zahlungsströme für den zugrunde liegenden Vermögenswert und nicht auf das rechtliche Eigentum am Vermögenswert selbst.

73. Auch wenn es im Kontext einer gewöhnlichen Verkaufs- und Kaufvereinbarung zu einer hybriden Übertragung kommen kann, falls ein Konflikt in Bezug auf die Bestimmung des Zeitpunkts der Vermögensübertragung besteht (vgl. **Beispiel 1.37**), zielen die Regeln für hybride Übertragungen doch besonders auf Rückkaufvereinbarungen (Repogeschäfte) und Wertpapierleihgeschäfte ab, bei denen die Rechte und Pflichten der Beteiligten so strukturiert sind, dass der Übertragende weiterhin dem Finanzierungs- oder Eigenkapitalertrag aus dem im Rahmen der Vereinbarung übertragenen Finanzinstrument ausgesetzt ist.

74. Im Fall eines Repogeschäfts, das zu einer hybriden Übertragung führt, wird der Übertragende in Bezug auf die Gestaltung entsprechend ihrer Substanz besteuert, so dass die eigentliche Übertragung nicht berücksichtigt wird und Zahlungen im Rahmen der hybriden Übertragung als Zahlungen behandelt werden, die im Rahmen eines Finanzinstruments getätigt werden, während der Übernehmende im Allgemeinen die rechtlichen Vereinbarungen respektiert, die die Beteiligten eingegangen sind, und die hybride Übertragung als Vermögensveräußerung behandelt. Ein Repogeschäft, das als hybride Übertragung behandelt wird, ist in **Beispiel 1.31** veranschaulicht. In diesem Beispiel gehen die Beteiligten ein besichertes Darlehensgeschäft ein, das als Aktien-Repo gestaltet ist. Der Staat des Übertragenden besteuert die Gestaltung entsprechend ihrer Substanz (indem er den Kaufpreis für die

Aktien als Darlehen und die übertragenen Aktien als Sicherheit für das Darlehen behandelt), während das Repogeschäft im Staat des Übernehmenden entsprechend seiner Form besteuert wird (d.h. als Kauf und Rückkauf eines Vermögenswerts). Beide Steuerpflichtigen behandeln sich somit selbst als Eigentümer des Gegenstands des Repogeschäfts (der übertragenen Aktien), und so fällt die Gestaltung unter die Definition einer hybriden Übertragung.

75. Wertpapierleihgeschäfte, die zu hybriden Übertragungen führen, sind in **Beispiel 1.32, Beispiel 1.33** und **Beispiel 1.34** wie auch in **Beispiel 2.2** veranschaulicht. In diesen Fällen erklärt sich der Übernehmende (der Kreditnehmer in der Gestaltung) bereit, die übertragenen Wertpapiere (oder deren Entsprechung) zuzüglich aller Dividenden oder Zinszahlungen, die er während der Laufzeit des Darlehens für diese Wertpapiere erhalten hat, zurückzugeben. Der Staat des Übertragenden besteuert die Gestaltung entsprechend ihrer Substanz, indem er die Übertragung nicht berücksichtigt und den Übertragenden so behandelt, als wäre er weiterhin Inhaber der zugrunde liegenden Wertpapiere, während der Staat des Übernehmenden die Übertragung entsprechend ihrer Form behandelt und die Gestaltung als Kauf und Verkauf von Wertpapieren besteuert.

76. Hybride Übertragungen führen im Allgemeinen zu einem D/NI-Ergebnis, weil ein Staat die mit dem übertragenen Instrument verbundene Eigenkapital- oder Finanzierungsvergütung als abzugsfähige Aufwendung im Rahmen dieser hybriden Übertragung behandelt, während der andere Staat den gleichen Betrag als Ertrag aus dem zugrunde liegenden Vermögenswert (und folglich als steuerlich unberücksichtigt oder steuerbefreit oder für eine Art von Steuervergünstigung in Betracht kommend) behandelt. Bei der Anwendung der ergänzenden Regel kann der Zahlungsempfänger daher verpflichtet sein, eine Anpassung der steuerlichen Behandlung der Zahlung für das zugrunde liegende Instrument vorzunehmen, selbst wenn diese Zahlung vom Staat des Zahlungsempfängers nicht als Zahlung im Rahmen der hybriden Übertragung selbst behandelt wird. In **Beispiel 1.31** ist der Übernehmende demnach verpflichtet, die ergänzende Regel anzuwenden, um eine Dividendenzahlung auf die übertragenen Aktien in seine ordentlichen Einnahmen aufzunehmen, obwohl diese Zahlung nach inländischem Recht als Zahlung für die zugrunde liegenden Aktien und nicht als Zahlung im Rahmen des Repogeschäfts selbst betrachtet würde. In **Beispiel 1.32** tätigt der Übernehmende im Rahmen einer Aktienleihe eine abzugsfähige Dividendenausgleichszahlung. Obwohl der Empfänger der Dividendenausgleichszahlung diese Dividende so behandelt, als sei sie für die zugrunde liegenden Aktien geleistet worden, wird die Zahlung wegen des vom Kontrahenten der Aktienleihe geltend gemachten Abzugs so behandelt, als führe sie zu einem D/NI-Ergebnis.

77. Hybride Übertragungen werden wie eine Art hybrides Finanzinstrument behandelt, weil sie der Substanz nach eher Finanzinstrumente sind als Vermögensübertragungen und zu einer unterschiedlichen steuerlichen Behandlung Anlass geben, wegen der sie als Teil einer strukturierten Gestaltung zur Herbeiführung einer Besteuerungsinkongruenz zwischen verschiedenen Staaten eingesetzt werden können. Wie bei anderen Arten von Finanzinstrumenten auch berücksichtigen die Regeln für hybride Übertragungen nicht, ob die im Rahmen der Übertragung erhaltenen Mittel in Vermögenswerte investiert wurden, die einen steuerpflichtigen oder einen steuerbefreiten Ertrag bringen. Die Anpassung, die der Übertragende in Bezug auf eine Zahlung im Rahmen eines Repogeschäfts oder einer Aktienleihe vornehmen muss, wird daher nicht davon berührt, ob der Übertragende auf den mit dem übertragenen Vermögenswert erzielten Finanzierungs- oder Eigenkapitalertrag steuerpflichtig ist. So werden die in **Beispiel 1.31** und **Beispiel 1.33** beschriebenen Ergebnisse nicht davon berührt, ob der Übertragende im Rahmen des Repogeschäfts oder der Aktienleihvereinbarung auf die Dividende, die er für die Aktien bezieht, Steuern entrichten muss.

78. Da hybride Übertragungen eine Art Finanzinstrument sind, verlangt die Regel nur dann eine Anpassung, wenn die Besteuerungsinkongruenz auf die steuerliche Behandlung der hybriden Übertragung nach den Rechtsvorschriften des Staats des Zahlungsleisters und des Staats des Zahlungsempfängers zuzuschreiben ist. Eine Anpassung der steuerlichen Behandlung von Zahlungen im Rahmen einer hybriden Übertragung hat keine Auswirkungen auf die Fähigkeit eines Tradingunternehmens, einen echten Handelsverlust in Bezug auf die Veräußerung eines Vermögenswerts geltend zu machen. Dieses Prinzip wird in **Beispiel 1.34** und **Beispiel 1.37** eingehender erläutert.

## *Substitutionszahlungen*

79. Die andere Kategorie von Vermögensübertragungen, die einer Anpassung nach Empfehlung 1 unterliegen, sind Übertragungen von Finanzinstrumenten, bei denen die Zahlung einer Finanzierungs- oder Eigenkapitalvergütung im Rahmen der Vermögensübertragung zu einem D/NI-Ergebnis führt, dessen Effekt es ist, die Integrität der Regeln für hybride Finanzinstrumente zu untergraben. Einen solchen Effekt hat die Übertragung wenn:

(a) der Übertragende sich eine günstigere Besteuerung der Zahlung im Rahmen der Vermögensübertragung sichert, als der Fall gewesen wäre, wenn er Inhaber des zugrunde liegenden Instruments geblieben wäre;

(b) der Übernehmende die Zahlung im Rahmen der Vermögensübertragung als abzugsfähig behandelt, während der Ertrag aus dem zugrunde liegenden Instrument als steuerbefreit behandelt oder in den Einnahmen nicht berücksichtigt wird; oder

(c) die Übertragung den Effekt hat, das Finanzinstrument dem Geltungsbereich der Regel für hybride Finanzinstrumente zu entziehen.

80. Die Regel für Substitionszahlungen neutralisiert alle D/NI-Ergebnisse in Bezug auf die Zahlung einer Finanzierungs- oder Eigenkapitalvergütung im Rahmen einer Vermögensübertragungsvereinbarung, wenn die Übertragung des zugrunde liegenden Finanzinstruments zu einem der obigen Ergebnisse führen würde. Nach dieser Regel wird einem Steuerpflichtigen, der für den Kauf eines Finanzinstruments einen Betrag entrichtet, der eine Finanzierungs- oder Eigenkapitalvergütung umfasst, der Abzug der betreffenden Zahlung versagt, falls: diese Vergütung in den ordentlichen Einnahmen des Zahlungsempfängers berücksichtigt worden wäre, nicht in den ordentlichen Einnahmen des Zahlungsleisters berücksichtigt worden wäre oder eine Besteuerungsinkongruenz verursacht hätte, wenn sie direkt mit dem Finanzinstrument erfolgt wäre.

81. Die Regeln für Ausgleichszahlungen gelten für alle Arten von D/NI-Ergebnissen (unabhängig davon, ob ein solches Ergebnis den Bedingungen des Instruments, dem Steuerstatus der Beteiligten oder dem Kontext, in dem der betreffende Vermögenswert gehalten wird, zuzuschreiben ist). Die Regel gilt allerdings nur für Zahlungen, die zu einem Finanzierungs- oder Eigenkapitalertrag in Bezug auf das zugrunde liegende Instrument führen. So wäre sie z.B. normalerweise nicht auf eine Zahlung anwendbar, die zur Begleichung einer Forderung aus einer Garantieverletzung im Rahmen einer Vereinbarung über eine Vermögensveräußerung getätigt wurde.

82. **Beispiel 1.30**, **Beispiel 1.35** und **Beispiel 1.36** erläutern die Anwendung der Regel für hybride Finanzinstrumente auf Substitutionszahlungen. In **Beispiel 1.30** wird die Regel für hybride Finanzinstrumente auf eine Anpassung des Kaufpreises im Rahmen einer Aktienverkaufsvereinbarung angewandt, wenn Unterschiede zwischen der steuerlichen Behandlung von Dividenden und Verkauferlösen im Staat des Zahlungsempfängers/

Übertragenden es dem Zahlungsempfänger/Übertragenden ermöglichen, eine ansonsten steuerpflichtige Dividende durch einen nicht steuerpflichtigen Wechselkursgewinn zu ersetzen. **Beispiel 1.35** veranschaulicht, wie die Substitutionszahlungsdefinition einen Zahlungsleister/Übernehmenden daran hindert, einen Abzug für eine Zahlung im Rahmen einer Vermögensübertragungsvereinbarung herbeizuführen, wenn dem Übernehmenden kein wirtschaftlicher Verlust entstanden ist. **Beispiel 1.36** beschreibt eine Situation, in der die Übertragung eines Finanzinstruments dazu führt, dass dieses Instrument nicht mehr in den Geltungsbereich der Regel für hybride Finanzinstrumente fällt. In diesem Beispiel wird die Substitutionszahlungsdefinition angewandt, um die Besteuerungskonsequenzen für die an der Übertragung Beteiligten so anzupassen, dass etwaige Besteuerungsinkongruenzen aufgehoben werden.

## Empfehlung 1.3 – Die Regel gilt nur für eine Zahlung im Rahmen eines Finanzinstruments, die zu einer hybriden Besteuerungsinkongruenz führt

83. In Abschnitt 1.3 ist die allgemeine Regel dargelegt, um zu bestimmen, wann es sich bei einer Besteuerungsinkongruenz um eine hybride Besteuerungsinkongruenz handelt.

### *Identifizierung der Inkongruenz*

84. In Bezug auf eine im Rahmen eines Finanzinstruments getätigte Zahlung kommt es zu einer Besteuerungsinkongruenz, soweit die Zahlung nach den Rechtsvorschriften eines Staats (des Staats des Zahlungsleisters) abzugsfähig ist und von einem Steuerpflichtigen nach den Rechtsvorschriften eines anderen Staats, in dem die Zahlung als empfangen behandelt wird (dem Staat des Zahlungsempfängers), nicht in den ordentlichen Einnahmen berücksichtigt wird.

85. Die Identifizierung einer Besteuerungsinkongruenz als hybride Besteuerungsinkongruenz im Rahmen eines Finanzinstruments ist in erster Linie eine rechtliche Frage, die eine Analyse der allgemeinen Regeln für die Qualifizierung sowie die Bestimmung der Höhe und des Zeitpunkts der Zahlungen im Rahmen eines Finanzinstruments im Staat des Zahlungsleisters und im Staat des Zahlungsempfängers voraussetzt. Im Allgemeinen wird es für den Steuerpflichtigen oder die Steuerverwaltung nicht notwendig sein, genau zu wissen, wie die Zahlungen im Rahmen eines Finanzinstruments effektiv in der Berechnung der steuerpflichtigen Einkünfte des Kontrahenten berücksichtigt wurden, um die Regel anzuwenden. Es wird erwartet, dass die Steuerpflichtigen ihre eigene Steuerposition in Bezug auf eine Zahlung kennen, so dass eine Besteuerungsinkongruenz in der Praxis identifiziert werden kann, indem die tatsächliche steuerliche Behandlung eines Instruments im Staat des Steuerpflichtigen mit dessen voraussichtlicher steuerlicher Behandlung im Staat des Kontrahenten verglichen wird.

86. Um zu bestimmen, ob eine Zahlung zu einer Besteuerungsinkongruenz geführt hat, ist es notwendig, die Identität des Kontrahenten und die im Staat des Kontrahenten geltenden Steuerregeln zu kennen. In den meisten Fällen ist der Kontrahent die Person, die verpflichtet (bzw. berechtigt) ist, die Zahlung zu tätigen (bzw. zu erhalten), wobei der Staat des Kontrahenten der Staat ist, in dem diese Person steuerlich ansässig ist. In bestimmten Fällen allerdings, in denen der Kontrahent transparent ist oder in mehr als einem Staat steuerlich ansässig ist, kann es notwendig sein, die Rechtsvorschriften von mehr als einem Staat zu betrachten, um zu bestimmen, ob die Zahlung eine Besteuerungsinkongruenz bewirkt.

### *Ein Betriebsausgabenabzug in einem Staat ist ausreichend, um die Anwendung der Regel auszulösen*

87. Eine Zahlung, die nach den Rechtsvorschriften von mehr als einem Staat als geleistet behandelt wird, muss nur nach den Rechtsvorschriften eines Staats abzugsfähig sein, um zu einem potenziellen D/NI-Ergebnis zu führen. Dieses Prinzip wird in **Beispiel 1.23** veranschaulicht, in dem ein hybrider Rechtsträger Geld bei einer nahestehenden Person im selben Staat im Rahmen eines Instruments ausleiht, das nach inländischem Recht als Eigenkapital behandelt wird. Der hybride Rechtsträger wird für die Zwecke des inländischen Rechts so behandelt, als leiste er eine nichtabzugsfähige/steuerbefreite Dividendenzahlung, nach den Rechtsvorschriften des Staats der Muttergesellschaft wird die Zahlung im Rahmen des Instruments jedoch als abzugsfähig behandelt. Die Gestaltung führt somit zu einem D/NI-Ergebnis, obwohl – wie zwischen dem direkten Zahlungsleister und dem Zahlungsempfänger – keine Besteuerungsinkongruenz besteht.

88. In den Fällen, in denen der Zahlungsleister transparent ist, obliegt es dem Steuerpflichtigen, der die Steuerbefreiung bzw. -erleichterung geltend macht, der Steuerverwaltung gegenüber hinreichend überzeugend darzulegen, dass die Zahlung nicht nach den Rechtsvorschriften eines anderen Staats zu einem Betriebsausgabenabzug Anlass gegeben hat.

### *Eine Berücksichtigung in einem Staat ist ausreichend, um von der Anwendung der Regel zu entbinden*

89. Wenn die Zahlung in mindestens einem Staat als ordentliche Einnahme berücksichtigt wird, liegt keine Besteuerungsinkongruenz vor, auf die die Regel angewendet werden müsste. Dieses Prinzip ist in **Beispiel 1.8** veranschaulicht, wo es um die Zahlung von Zinsen an eine Zweigniederlassung eines Unternehmens geht, die in einem anderen Staat ansässig ist. In diesem Fall ist es notwendig, auch die Rechtsvorschriften sowohl des Ansässigkeitsstaats als auch des Staats der Zweigniederlassung zu betrachten, um abschließend zu bestimmen, ob es zu einer Inkongruenz gekommen ist.

90. Es obliegt dem Steuerpflichtigen, der Steuerverwaltung gegenüber in hinreichend überzeugender Weise darzulegen, wie sich die steuerliche Behandlung im Staat des anderen Zahlungsempfängers auf die Höhe der nach der Regel erforderlichen Anpassung auswirkt. Der Steuerpflichtige kann sich der ursprünglichen Beweislast entledigen, indem er nachweist, dass die Zahlung effektiv als ordentliche Einnahme in der Steuererklärung im anderen Staat berücksichtigt wurde.

## *Auf die Konditionen des Instruments zurückzuführende Besteuerungsinkongruenz*

91. Die Regel für hybride Finanzinstrumente gilt nur, wenn die Besteuerungsinkongruenz den Konditionen des Instruments zuzuschreiben ist und nicht dem Status des Steuerpflichtigen oder dem Kontext, in dem das Instrument gehalten wird.

92. Unterschiede in der steuerlichen Behandlung, die sich aus der Anwendung unterschiedlicher Rechnungslegungsgrundsätze auf das gleiche Instrument ergeben, gelten als den Konditionen des Instruments zuzuschreiben, wenn die Unterschiede bei den Rechnungslegungsergebnissen den Konditionen des Instruments selbst zuzuschreiben sind. Dies wird in **Beispiel 1.21** in Bezug auf eine Zahlung im Rahmen einer Anleihe veranschaulicht, die mit einem bedingten Zinsanspruch ausgestattet ist. Der betreffende Kredit wird nach den Rechtsvorschriften sowohl des Staats des Zahlungsempfängers als auch des Staats des

Zahlungsleisters als Fremdkapital behandelt. Allerdings werden die Zinsen auf Grund von Unterschieden in der steuerlichen Berücksichtigung von Zinsen in den beiden Staaten als für den Zahlungsleister in dem Jahr abzugsfähig behandelt, in dem sie anfallen, während sie vom Zahlungsempfänger nur dann (und falls) als Einnahme behandelt werden, wenn sie effektiv ausgezahlt werden. In diesem Fall führt die unterschiedliche buchmäßige Behandlung zu einer hybriden Besteuerungsinkongruenz, sofern der Steuerpflichtige nicht in für die Steuerverwaltung überzeugender Weise nachweisen kann, dass die Zahlung innerhalb einer vertretbaren Frist nach den Rechtsvorschriften des Staats des Zahlungsempfängers in den Einnahmen berücksichtigt wird.

93. Es ist nicht unüblich, dass die steuerliche Behandlung eines Instruments von Faktoren wie der Frage, ob der Emittent und der Inhaber miteinander verbunden sind, oder dem Zeitraum, während dessen ein Instrument gehalten wurde, abhängig ist. Solche Faktoren wirken sich unmittelbar auf die Beziehung zwischen dem Inhaber und dem Emittenten aus und sollten als Teil der Konditionen des Instruments behandelt werden. In **Beispiel 1.1** wird die Regel für hybride Finanzinstrumente auf eine Dividendenzahlung angewandt, obwohl die Steuerbefreiung nur gilt, wenn der Zahlungsempfänger mehr als 10% der Aktien des Zahlungsleisters während eines Zeitraums von mindestens einem Jahr vor dem Auszahlungstermin gehalten hat. **Beispiel 1.13** veranschaulicht dieses Prinzip in Bezug auf einen Zahlungsleister, wenn die Bedingungen für die Abzugsfähigkeit teilweise davon abhängig sind, ob die Zahlung konzernintern erfolgt. Die Tatsache, dass der Kreditnehmer und der Kreditgeber demselben Konzern angehören, ist ein Element der Beziehung zwischen den Beteiligten und sollte daher für die Zwecke der Entscheidung über die Anwendung der Regel für hybride Finanzinstrumente unter den Bedingungen des Kreditinstruments berücksichtigt werden, auch wenn möglicherweise keine Auflage besteht, dass der Kredit konzernintern gehalten werden muss.

94. *Die Konditionen des Instruments* sollten auch alle Elemente umfassen, die sich unmittelbar auf die Beziehung zwischen dem Zahlungsleister und dem Zahlungsempfänger sowie die Umstände auswirken, unter denen ein Instrument begeben oder gehalten wurde, falls diese Umstände für die Beziehung zwischen den Beteiligten wirtschaftlich und kommerziell relevant sind und sich auf die steuerliche Behandlung des Instruments auswirken. Dies wird in **Beispiel 1.12** veranschaulicht, wo alle Aktionäre proportional zu ihrer Beteiligung am Kapital des Emittenten Anleihen zeichnen. Nach den Rechtsvorschriften des Staats des Inhabers werden Anleihen, die proportional zum Eigenkapital aufgelegt werden, als Aktien neu qualifiziert und werden Zahlungen für solche Schuldtitel als steuerbefreite Dividenden behandelt. Der daraus resultierende Qualifizierungsunterschied zwischen dem Staat des Emittenten und dem des Inhabers führt zu einer Besteuerungsinkongruenz. Die Tatsache, dass der Aktionär proportional zu seiner Kapitalbeteiligung Anleihen zeichnet, ist für die Beziehung zwischen den Beteiligten kommerziell von Bedeutung, so dass eine Besteuerungsinkongruenz, die von solchen Sachverhalten abhängig ist, so behandelt werden sollte, als sei sie den Konditionen des Instruments zuzuschreiben.

### Allein auf den Status des Steuerpflichtigen oder den Kontext, in dem das Instrument gehalten wird, zurückzuführende Besteuerungsinkongruenz

95. Der nach Empfehlung 1.3 durchzuführende Vergleich, um zu bestimmen, ob eine Zahlung im Rahmen eines Finanzinstruments zu einer *hybriden* Besteuerungsinkongruenz geführt hat, richtet sich auf die reguläre bzw. voraussichtliche steuerliche Behandlung des Instruments. Eine Inkongruenz, die nur auf den Status des Steuerpflichtigen oder den Kontext, in dem das Finanzinstrument gehalten wird, zurückzuführen ist, gilt nicht

als eine hybride Besteuerungsinkongruenz. Eine Möglichkeit, um festzustellen, ob eine Besteuerungsinkongruenz den Konditionen des Instruments zuzuschreiben ist, besteht in einem kontrafaktischen Test, bei dem untersucht wird, ob die Konditionen des Instruments ausreichen würden, um die Besteuerungsinkongruenz herbeizuführen. Ein solcher Vergleich kann vorgenommen werden, indem die tatsächliche steuerliche Behandlung der Beteiligten mit der Behandlung verglichen wird, die ihnen zuteil geworden wäre, wenn das Instrument unmittelbar gehalten worden wäre und sowohl der Zahlungsleister als auch der Zahlungsempfänger gewöhnliche Steuerpflichtige gewesen wären, die ihre Einnahmen und Ausgaben im Einklang mit den regulären für Steuerpflichtige derselben Art geltenden Regeln berechnet hätten. Wenn es zu der gleichen Besteuerungsinkongruenz gekommen wäre, wenn das Instrument direkt von einem Steuerpflichtigen mit regulärem Status gezeichnet worden wäre, dann wäre die Inkongruenz den Konditionen des Instruments selbst zuzuschreiben und nicht dem Status des Steuerpflichtigen oder dem Kontext, in dem das Instrument gehalten wird.

### *Steuerstatus des Kontrahenten*

96. Die Regel für hybride Finanzinstrumente gilt nicht für Besteuerungsinkongruenzen, die allein dem Status des Steuerpflichtigen zuzuschreiben sind. Wenn die Besteuerungsinkongruenz allerdings auch auf die steuerliche Behandlung des Instruments zurückzuführen ist (d.h. wenn es zu der Inkongruenz auch in Bezug auf eine Zahlung zwischen Steuerpflichtigen mit regulärem Status gekommen wäre), findet die Regel für hybride Finanzinstrumente weiter Anwendung, auch wenn die Anpassung in der Praxis möglicherweise keine Auswirkungen auf die Steuerposition der an der Gestaltung Beteiligten hat. Die Anwendung dieses Prinzips ist in **Beispiel 1.5** veranschaulicht, wo eine abzugsfähige Zinszahlung an einen Staatsfonds geleistet wird, bei dem es sich nach den Rechtsvorschriften von dessen eigenem Staat um einen steuerbefreiten Rechtsträger handelt. Die Regel gilt nicht, falls die Steuerbefreiung des Fonds der einzige Grund für das D/NI-Ergebnis ist. Würde die Regel für hybride Finanzinstrumente normalerweise auf das betreffende Instrument Anwendung finden, dann würde sie allerdings weiterhin gelten und könnte zur Versagung des Abzugs eines im Rahmen der Gestaltung gezahlten Betrags führen.

### *Umstände, unter denen das Instrument gehalten wird*

97. Die Regel für hybride Finanzinstrumente gilt nicht für Besteuerungsinkongruenzen, die allein den Umständen zuzuschreiben sind, unter denen ein Instrument gehalten wird. Dieses Prinzip ist in **Beispiel 1.8** veranschaulicht, wo der Zahlungsempfänger das betreffende Instrument über eine ausländische Zweigniederlassung hält. Die Tatsache, dass der Kredit über eine ausländische Zweigniederlassung gehalten wird, ist keine Bedingung des Instruments oder Teil der Beziehung zwischen den Beteiligten. Wenn die Besteuerungsinkongruenz allein infolge des Wirksamwerdens der Steuerbefreiung für Zweigniederlassungen im Ansässigkeitsstaat entsteht, handelt es sich bei dieser Inkongruenz folglich nicht um eine hybride Besteuerungsinkongruenz. Dieses Prinzip ist auch in **Beispiel 1.9** veranschaulicht, wo ein Steuerpflichtiger eine von einem Unternehmen aufgelegte Anleihe über ein steuerbefreites Sparkonto hält. In diesem Fall sind etwaige Besteuerungsinkongruenzen nicht den Konditionen des Instruments zuzuschreiben, sondern den Bedingungen, unter denen dieses Instrument gehalten wird.

### *Zahlungen an einen Steuerpflichtigen in einem rein territorialen Steuersystem*

98. Eine Besteuerungsinkongruenz, zu der es in Bezug auf eine grenzüberschreitende Zahlung kommt, die an einen Steuerpflichtigen in einem rein territorialen Steuersystem geleistet wurde (d.h. in einem Staat, in dem alle Einkünfte ausländischer Herkunft steuerlich unberücksichtigt oder steuerbefreit sind), fällt nicht in den Geltungsbereich der Regel für hybride Finanzinstrumente, weil die Besteuerungsinkongruenz der Art des Zahlungsleisters zuzuschreiben ist (d.h. der Tatsache, dass der Zahlungsleister ein Gebietsfremder ist, bei dessen Zahlungen es sich um Einkünfte ausländischer Herkunft handelt) und nicht etwa den Konditionen des Instruments selbst. Dieses Prinzip ist in **Beispiel 1.7** veranschaulicht, wo der Staat des Zahlungsempfängers Einkünfte aus ausländischen Quellen nicht besteuert. In dem Beispiel tätigt ein nahestehender gebietsfremder Zahlungsleister eine abzugsfähige Zinszahlung, die als Einnahme aus einer ausländischen Quelle behandelt wird. Die daraus resultierende Inkongruenz ist nicht den Konditionen des Instruments zuzuschreiben, sondern der Tatsache, dass der Zahlungsempfänger auf sämtliche Einkünfte ausländischer Herkunft keine Steuern entrichten muss. Die Besteuerungsinkongruenz fällt daher nicht in den Geltungsbereich der Regel für hybride Finanzinstrumente. Dieses Ergebnis sollte **Beispiel 1.1** gegenübergestellt werden, wo der Staat des Zahlungsempfängers nur Dividendenzahlungen ausländischer Herkunft von der Steuer freistellt. In diesem Fall gilt die Steuerbefreiung für Einkünfte aus ausländischen Quellen nur für eine bestimmte Kategorie von Einkünften (nämlich Dividenden), so dass die Steuerbefreiung nicht nur von der Herkunft der Zahlung, sondern auch von der Qualifizierung des Instruments nach den Rechtsvorschriften des Staats des Zahlungsempfängers und somit von den Konditionen des Instruments selbst abhängig ist.

## Empfehlung 1.4 – Geltungsbereich der Regel

99. Um eine Regel zu gewährleisten, die klar und umfassend und zugleich zielgenau und administrierbar ist, begrenzt Empfehlung 1.4 den Geltungsbereich der Regel für hybride Finanzinstrumente auf Zahlungen, die an nahestehende Personen gehen, sowie Zahlungen im Rahmen strukturierter Gestaltungen. Vgl. die Empfehlungen 10 und 11 in Bezug auf die Definition der Begriffe „strukturierte Gestaltungen" und „nahestehende Personen".

## Empfehlung 1.5 – Ausnahmen von der Regel

100. Empfehlung 1.5 sieht eine Ausnahme für Rechtsträger vor, in deren Fall das steuerpolitische Prinzip des Abzugs nach den Rechtsvorschriften des Staats des Zahlungsleisters darin besteht, die Steuerneutralität für den Zahlungsleister und den Zahlungsempfänger zu wahren.

### ***Rechtsträger, denen der Abzug von Dividendenzahlungen gestattet ist, fallen nicht in den Geltungsbereich der Regel für hybride Finanzinstrumente***

101. Um dessen Steuerneutralität zu wahren, kann ein Staat einem Investmentvehikel wie einem offenen Investmentfond (Mutual Fund) oder einem Real-Estate-Investment-Trust (REIT) das Recht gewähren, Dividendenzahlungen in Abzug zu bringen. Obwohl die Zahlung einer abzugsfähigen Dividende zu einer Besteuerungsinkongruenz führen dürfte, bewirkt eine solche Zahlung im Allgemeinen keine hybride Inkongruenz nach Empfehlung 1, vorausgesetzt jede entstehende Inkongruenz ist dem Steuerstatus des Zahlungsleisters zuzuschreiben und nicht der gewöhnlichen steuerlichen Behandlung von Dividenden nach

den Rechtsvorschriften des betreffenden Staats. Wie in **Beispiel 1.10** erwähnt, sollte der Staat des Zahlungsempfängers es einem Steuerpflichtigen nach Empfehlung 2.1 jedoch nicht gestatten, eine Steuerbefreiung oder äquivalente Entlastung von Doppelbesteuerung in Bezug auf eine von einem solchen Rechtsträger gezahlte abzugsfähige Dividende geltend zu machen.

### *Anwendung der Ausnahme für Verbriefungsvehikel und sonstige Investmentfonds*

102. In bestimmten Fällen ist die Steuerneutralität eines Investmentvehikels nicht vom besonderen Steuerstatus des Vehikels abhängig, sondern von Annahmen bezüglich der steuerlichen Behandlung der von dem Vehikel begebenen Instrumente. Ein Beispiel hierfür ist ein Verbriefungsvehikel oder ein Infrastrukturinvestmentfonds, der fast vollständig über Kreditaufnahme finanziert ist und wo alle bzw. fast alle Erträge an die Kreditgeber über abzugsfähige Zinszahlungen ausgeschüttet werden. Die Ausnahme von der Regel für hybride Finanzinstrumente, die in Empfehlung 1.5 dargelegt ist, soll die Steuerneutralität dieser Vehikel schützen und zugleich sicherstellen, dass sie nicht genutzt werden können, um die Steuer auf Ebene des Zahlungsempfängers aufzuschieben oder zu vermeiden. Folglich gilt die Ausnahme, wenn der aufsichts- und steuerrechtliche Rahmen im Errichtungsstaat den Effekt hat, dass die von dem Investmentvehikel begebenen Finanzinstrumente dazu führen, dass alle bzw. fast alle Erträge des Vehikels innerhalb eines vertretbaren Zeitraums an die Inhaber gezahlt und ausgeschüttet werden, und wenn das steuerpolitische Prinzip des Errichtungsstaats vorsieht, dass solche Zahlungen bei den Investoren besteuert werden. Empfehlung 1.5 weist speziell darauf hin, dass die Abwehrregel in Empfehlung 1.1(b) weiterhin für solche Zahlungen beim Erhalt gelten sollte.

*Kapitel 2*

# Spezifische Empfehlungen für die steuerliche Behandlung von Finanzinstrumenten

**Empfehlung 2**

**1. Versagung der Dividendenfreistellung bei abzugsfähigen Zahlungen**

Um zu verhindern, dass es bei einem Finanzinstrument zu D/NI-Ergebnissen kommt (Betriebsausgabenabzug/Nichtberücksichtigung als Einnahme), sollte eine Dividendenfreistellung, die der Entlastung von wirtschaftlicher Doppelbesteuerung dient, nach nationalem Recht nicht gewährt werden, soweit die Dividendenzahlung beim Zahlungsleister abzugsfähig ist. Die Staaten sollten ebenfalls erwägen, ähnliche Einschränkungen für andere Arten der Steuererleichterung für Dividenden einzuführen, die zur Entlastung von wirtschaftlicher Doppelbesteuerung der zugrunde liegenden Gewinne gewährt werden.

**2. Beschränkung der Anrechnung ausländischer Quellensteuern bei einer hybriden Übertragung**

Um eine mehrfache Steueranrechnung bei einer hybriden Übertragung zu verhindern, sollten Staaten, die eine Steuerentlastung für Quellensteuern auf eine Zahlung im Rahmen einer hybriden Übertragung gewähren, den Steuervorteil einer solchen Entlastung im Verhältnis zu den steuerpflichtigen Nettoeinnahmen des Steuerpflichtigen im Rahmen der Gestaltung beschränken.

**3. Geltungsbereich der Regel**

Diese Empfehlungen unterliegen keinerlei Einschränkungen hinsichtlich ihres Geltungsbereichs.

## Überblick

103. Empfehlung 2 enthält zwei spezifische Empfehlungen für Änderungen der steuerlichen Behandlung grenzüberschreitender Finanzinstrumente.

(a) Unter Empfehlung 2.1 wird in dem Bericht empfohlen, dass die Staaten keine Dividendenfreistellung oder gleichwertige Steuererleichterung für Zahlungen gewähren, die von dem Zahlungsleister als abzugsfähig behandelt werden.

(b) Unter Empfehlung 2.2 wird in dem Bericht empfohlen, die Möglichkeiten eines Steuerpflichtigen einzuschränken, die Anrechnung ausländischer Quellensteuern bei Instrumenten zu beantragen, die im Rahmen einer hybriden Übertragung gehalten werden.

104. Anstatt einfach die steuerliche Behandlung einer Zahlung anzupassen, um sie auf die Besteuerungskonsequenzen in einem anderen Staat abzustimmen, geht der Zweck dieser Empfehlungen weiter, indem versucht wird, die Behandlung dieser Instrumente mit den steuerpolitischen Zielsetzungen in Einklang zu bringen, die allgemein für die gleichen Instrumente im rein innerstaatlichen Kontext gelten.

105. Die Änderungen des innerstaatlichen Rechts, die zur Umsetzung von Empfehlung 2 erforderlich sind, hängen vom aktuellen Stand des innerstaatlichen Rechts eines Staates ab. Es gibt eine Reihe unterschiedlicher Möglichkeiten, um den Vorteil der Entlastung von der Doppelbesteuerung einzuschränken, und die vorliegenden Empfehlungen legen lediglich die empfohlenen Ergebnisse dar, anstatt festzulegen, wie solche Änderungen umgesetzt werden sollten.

## Empfehlung 2.1 – Versagung der Dividendenfreistellung bei abzugsfähigen Zahlungen

106. Der Zweck der Dividendenfreistellung besteht im Allgemeinen darin, zu vermeiden, dass bereits auf Unternehmensebene besteuerte Einkünfte zusätzlich auf der Ebene der Anteilseigner besteuert werden. In Empfehlung 2.1 wird empfohlen, dass Staaten, die Zahlungsempfängern zur Entlastung von einer wirtschaftlichen Doppelbesteuerung von Unternehmensgewinnen eine Steuerbefreiung für Dividenden gewähren, diese Befreiung nicht für Zahlungen gewähren, die auf Unternehmensebene keiner vorherigen Besteuerung unterworfen wurden.

107. Die praktische Anwendung dieser Empfehlung wird in **Beispiel 1.1** dargelegt. In diesem Beispiel leiht sich ein Steuerpflichtiger Geld im Rahmen eines verzinslichen Darlehens von einem nahestehenden Steuerpflichtigen in einem anderen Staat. Dem Emittenten des Darlehens wird ein Abzug für die Zinsausgaben gewährt, wohingegen der Inhaber die Zahlung als Dividende behandelt. Besteuerungsinkongruenzen werden jedoch beseitigt, wenn der Staat des Zahlungsempfängers verhindert, dass der Zahlungsempfänger eine Dividendenfreistellung im Hinblick auf eine Zahlung nutzt, die nach den Rechtsvorschriften des Staates des Zahlungsleisters abzugsfähig ist. Ähnliche Ergebnisse werden in **Beispiel 1.2, Beispiel 1.3** und **Beispiel 1.4** identifiziert.

### *Die Empfehlung gilt auch für andere Arten von Steuererleichterungen für Dividenden*

108. Empfehlung 2.1 fordert die Staaten zudem auf, zu erwägen, Beschränkungen für andere Arten von Steuererleichterungen für Dividenden einzuführen. **Beispiel 1.3** veranschaulicht

die potenzielle Anwendung der Empfehlung auf eine abzugsfähige Dividende, die mit einem ermäßigten Steuersatz besteuert wird, **Beispiel 1.4** verdeutlicht die Anwendung der Empfehlung auf eine Zahlung, für die eine Anrechnung ausländischer Steuern möglich ist, und **Beispiel 2.1** stellt die mögliche Anwendung der Empfehlung auf eine Zahlung dar, für die eine Anrechnung inländischer Steuern in Frage kommt.

### *Die Empfehlung gilt lediglich für Zahlungen, die als Dividenden eingestuft werden*

109. Die Empfehlung betrifft lediglich Zahlungen, für die andernfalls eine Dividendenfreistellung oder gleichwertige Steuererleichterung geltend gemacht werden könnte, und behandelt keine anderen Arten der Nichtberücksichtigung (z.B. Zahlungen, die als Aktienkapitalrendite behandelt werden). Dieses Prinzip wird in **Beispiel 1.13** veranschaulicht, in dem ein Steuerpflichtiger ein Darlehen von seiner Muttergesellschaft so behandelt, als sei dieses auf abgezinster Basis gewährt worden, und diese Abzinsung über die Laufzeit des Darlehens als Aufwendung ausweist. Der Staat der Muttergesellschaft wendet jedoch nicht dieselbe Behandlung für Rechnungslegungszwecke an wie die Tochtergesellschaft und behandelt alle Zahlungen im Rahmen des Instruments als Tilgung des Darlehensbetrags oder als Aktienkapitalrendite. Eine Regel, die die Entlastung von der Doppelbesteuerung für abzugsfähige Dividendenzahlungen einschränkt, gilt nicht für den Sachverhalt dieses Beispiels, da die Zahlung nach dem innerstaatlichen Recht des Staates des Zahlungsempfängers nicht als Dividende behandelt wird.

### *Die Empfehlung gilt lediglich für Dividenden, die beim Emittenten abzugsfähig sind*

110. Zur Feststellung, ob eine Dividende im Sinne der Empfehlung 2.1 abzugsfähig ist, prüft der Steuerpflichtige in der Regel das Instrument, in dessen Rahmen die Zahlung erfolgt ist, und ob der Emittent dieses Instruments für eine solche Zahlung zu einem Abzug berechtigt war. Die Tatsache, dass eine Dividende auf Grund des Vorliegens einer hybriden Gesellschaftsstruktur oder im Rahmen einer hybriden Übertragung einen Abzug in einem anderen Staat für einen separaten Steuerpflichtigen auslöst, löst in der Regel keine Versagung der Dividendenfreistellung im Staat des Zahlungsempfängers aus.

111. Dieser Grundsatz wird in **Beispiel 1.31** veranschaulicht, in dem die Zahlung einer Dividende auf Aktien, für die eine Rückkaufsvereinbarung vorliegt, einen Abzug für den Kontrahenten des Repogeschäfts in einem Drittstaat auslöst. Die Zahlung löst jedoch keinen Abzug für den Aktienemittenten aus, so dass nicht zu erwarten wäre, dass die in Empfehlung 2.1 empfohlenen Änderungen des innerstaatlichen Rechts den Anspruch des Inhabers auf eine Steuerbefreiung für die Dividende beschränken. Der Grundsatz wird in **Beispiel 1.23** weiter veranschaulicht, in dem ein hybrider Rechtsträger Geld von einer nahestehenden Person im selben Staat im Rahmen eines Instruments ausleiht, das nach inländischem Recht als Eigenkapital betrachtet wird. Der hybride Rechtsträger wird für inländische Rechtszwecke so behandelt, als würde er eine nicht abzugsfähige Zahlung leisten, die Zahlung im Rahmen des Instruments wird jedoch nach den Rechtsvorschriften des Staats der Muttergesellschaft als abzugsfähig behandelt. Es wäre nicht zu erwarten, dass Empfehlung 2.1 den Anspruch des Inhabers auf eine Steuerbefreiung für die Dividende beschränkt, da die Zahlung im Rahmen des hybriden Finanzinstruments keinen Abzug für den Aktienemittenten auslöst.

## Empfehlung 2.2 – Beschränkung der Anrechnung ausländischer Quellensteuern bei einer hybriden Übertragung

112. Bei einer hybriden Übertragung werden Unterschiede zwischen zwei Staaten im Hinblick auf ihre Regeln für die Zurechnung von Einkünften aus einem Vermögenswert genutzt, was den Effekt hat, dass dieselbe Zahlung so behandelt wird, als würde sie gleichzeitig von verschiedenen Steuerpflichtigen bezogen, die in verschiedenen Staaten ansässig sind. Da jedoch lediglich eine Zahlung zugrunde liegt, wird der wirtschaftliche Vorteil dieser Zahlung auf Basis der Konditionen der hybriden Übertragung zwischen den Parteien aufgeteilt. Empfehlung 2.2 enthält eine Regel, die die Regeln für die Anrechnung ausländischer Quellensteuern mit dem anteiligen wirtschaftlichen Vorteil der Zahlung entsprechend den Konditionen der hybriden Übertragung in Einklang bringt. Dies erfolgt durch Beschränkung der Anrechnungshöhe im Verhältnis zu den steuerpflichtigen Nettoeinnahmen des Steuerpflichtigen im Rahmen der Gestaltung.

113. Die praktische Anwendung dieser Empfehlung wird in **Beispiel 2.2** dargelegt. In diesem Beispiel leiht ein Steuerpflichtiger Wertpapiere im Rahmen einer Gestaltung aus, die im Allgemeinen die Leistung von Ausgleichszahlungen für alle Beträge an den Verleiher vorsieht, die während der Leihdauer auf die zugrunde liegenden Wertpapiere gezahlt werden. Zu einer hybriden Übertragung kommt es dann, wenn der Verleiher so behandelt wird, als würde er weiterhin Zahlungen auf die zugrunde liegenden Wertpapiere erhalten. Der Entleiher behandelt sich selbst jedoch ebenfalls so, als würde er dieselben Einkünfte aus dem zugrunde liegenden Vermögenswert erhalten, und kann für die an den Verleiher geleisteten Ausgleichszahlungen einen Abzug erhalten. Die hybride Übertragung erlaubt es daher beiden Parteien, die Anrechnung der auf die Zahlung erhobene Quellensteuer zu beantragen, was den Effekt hat, ihre effektive Steuerbelastung mit Hilfe des Instruments zu senken. Durch Beschränkung der Anrechnungshöhe im Verhältnis zu den Nettoeinnahmen des Steuerpflichtigen im Rahmen der Gestaltung wird die steuerliche Behandlung mit der steuerlichen Behandlung einer nichthybriden Finanztransaktion in Einklang gebracht.

## Empfehlung 2.3 – Geltungsbereich

114. In dem Bericht wird empfohlen, dass diejenigen Staaten, die die Empfehlungen 2.1 und 2.2 anwenden, die Möglichkeit haben sollten, den Vorteil der Freistellung oder der Steueranrechnung ohne Qualifizierung des Geltungsbereichs zu versagen.

# *Kapitel 3*

# Regel für nicht berücksichtigte hybride Zahlungen

**Empfehlung 3**

**1. Die Inkongruenz neutralisieren, soweit die Zahlung zu einem D/NI-Ergebnis führt (Betriebsausgabenabzug/Nichtberücksichtigung als Einnahme)**

Die folgende Regel sollte für eine nicht berücksichtigte Zahlung hybrider Zahlungsleister gelten, die zu einer hybriden Besteuerungsinkongruenz führt.

(a) Der Staat des Zahlungsleisters versagt den Abzug der Zahlung, soweit diese zu einem D/NI-Ergebnis führt.

(b) Wenn der Staat des Zahlungsleisters die Inkongruenz nicht neutralisiert, schreibt der Staat des Zahlungsempfängers eine Berücksichtigung der Zahlung als ordentliche Einnahme vor, soweit diese Zahlung zu einem D/NI-Ergebnis führt.

(c) Es kommt zu keiner Inkongruenz, soweit der Abzug im Staat des Zahlungsleisters auf Einnahmen geltend gemacht wird, die nach den Rechtsvorschriften sowohl des Staats des Zahlungsempfängers als auch des Staats des Zahlungsleisters in den Einnahmen berücksichtigt werden (doppelt berücksichtigte Einnahmen).

(d) Ein Abzug, der den Betrag der doppelt berücksichtigten Einnahmen übersteigt (überschießende Betriebsausgaben), kann auf doppelt berücksichtigte Einnahmen eines anderen Zeitraums geltend gemacht werden.

**2. Die Regel gilt nur für nicht berücksichtigte Zahlungen eines hybriden Zahlungsleisters**

Für die Zwecke dieser Regel gilt:

(a) Eine nicht berücksichtigte Zahlung ist eine Zahlung, die nach den Rechtsvorschriften des Staats des Zahlungsleisters abzugsfähig ist und nach den Rechtsvorschriften des Staats des Zahlungsempfängers nicht berücksichtigt wird.

(b) Eine Person ist ein hybrider Zahlungsleister, wenn die steuerliche Behandlung des Zahlungsleisters nach den Rechtsvorschriften des Staats des Zahlungsempfängers dazu führt, dass die Zahlung eine nicht berücksichtigte Zahlung ist.

**3. Die Regel gilt nur für Zahlungen, die zu einer hybriden Besteuerungsinkongruenz führen**

Eine nicht berücksichtigte Zahlung eines hybriden Zahlungsleisters führt zu einer hybriden Besteuerungsinkongruenz, wenn der Abzug nach den Rechtsvorschriften des Staats des Zahlungsleisters auf Einnahmen geltend gemacht werden kann, bei denen es sich nicht um doppelt berücksichtigte Einnahmen handelt.

*(Fortsetzung nächste Seite)*

*(Fortsetzung)*

**4. Geltungsbereich der Regel**

Diese Regel gilt nur, falls die an der hybriden Gestaltung beteiligten Parteien zu demselben Konzern gehören oder wenn die Zahlung im Rahmen einer strukturierten Gestaltung erfolgt und der Steuerpflichtige an dieser strukturierten Gestaltung beteiligt ist.

## Überblick

115. Eine abzugsfähige Zahlung kann zu einem D/NI-Ergebnis führen, wenn die Zahlung von einem hybriden Rechtsträger geleistet wird, der nach den Rechtsvorschriften des Staats des Zahlungsempfängers nicht berücksichtigt wird. Solche nicht berücksichtigten Zahlungen können steuerpolitische Fragen aufwerfen, wenn dieser Betriebsausgabenabzug auf einen Betrag geltend gemacht werden kann, der nach den Rechtsvorschriften des Staats des Zahlungsempfängers nicht als Einkommen behandelt wird (d.h. auf Einnahmen, bei denen es sich nicht um „doppelt berücksichtigte Einnahmen" handelt). Der Zweck der Regel für nicht berücksichtigte hybride Zahlungen besteht darin, Steuerpflichtige davon abzuhalten, strukturierte Gestaltungen oder Gestaltungen mit Teilen desselben Konzerns einzugehen, die Unterschiede in der steuerlichen Behandlung eines Zahlungsleisters nutzen, um solche Ergebnisse zu erzielen.

116. Als vorrangige Maßnahme empfiehlt die Regel für abzugsfähige hybride Zahlungen, dass der Staat des Zahlungsleisters den Betrag des Betriebsausgabenabzugs, der auf eine nicht berücksichtigte Zahlung geltend gemacht werden kann, auf den Gesamtbetrag der doppelt berücksichtigten Einnahmen beschränken sollte. Die Abwehrregel verpflichtet den Staat des Zahlungsempfängers, einen entsprechenden Betrag in den ordentlichen Einnahmen zu berücksichtigen.

117. Ein Einnahmeposten sollte als doppelt berücksichtigte Einnahme behandelt werden, wenn er nach den Rechtsvorschriften sowohl des Staats des Zahlungsleisters als auch des Staats des Zahlungsempfängers als Einnahme berücksichtigt wird. In einfachen Fällen, in denen der hybride Zahlungsleister nur an wenigen Geschäftsvorfällen beteiligt ist, kann es möglich sein, einen präzisen Vergleich der einzelnen Einnahmeposten vorzunehmen. In komplexeren Fällen sollten die Länder jedoch möglicherweise eine einfachere Umsetzungslösung für die Rückverfolgung von Betriebsausgabenabzügen und doppelt berücksichtigten Einnahmeposten wählen, die sich so weit wie möglich auf bestehende innerstaatliche Regelungen, Verwaltungsanweisungen, Annahmen und Steuerberechnungen stützt und zugleich weiterhin den grundlegenden Politikzielen der Regel für nicht berücksichtigte hybride Zahlungen gerecht wird. In den Kapiteln 3, 6 und 7 werden Beispiele möglicher Umsetzungslösungen aufgeführt und näher beschrieben.

118. Die Staaten verwenden unterschiedliche Abgrenzungszeiträume und haben unterschiedliche Regeln für die Erfassung des Zeitpunkts, an dem Einnahme- oder Ausgabeposten angefallen sind. Diese zeitlichen und quantitativen Abweichungen sollten nicht so behandelt werden, als führten sie zu Besteuerungsinkongruenzen nach Empfehlung 3. Überschießende Betriebsausgaben, die im Staat des Zahlungsleisters nach der Regel für nicht berücksichtigte hybride Zahlungen Beschränkungen unterliegen, können nach den gewöhnlichen Regeln für die Behandlung von Nettoverlusten in einen anderen

Veranlagungszeitraum übertragen und in diesem Zeitraum auf doppelt berücksichtigte Einnahmen geltend gemacht werden.

## Empfehlung 3.1 – Die Inkongruenz neutralisieren, soweit die Zahlung zu einem D/NI-Ergebnis führt (Betriebsausgabenabzug/Nichtberücksichtigung als Einnahme)

119. Die Empfehlung für nicht berücksichtigte hybride Zahlungen besteht darin, den Effekt der Inkongruenz durch die Einführung einer Korrespondenzregel (*linking rule*) zu neutralisieren, die die Besteuerungskonsequenzen für den Zahlungsleister und den Zahlungsempfänger aufeinander abstimmt. Dieser Bericht empfiehlt als vorrangige Maßnahme, dem Zahlungsleister einen Abzug für Zahlungen zu versagen, die im Rahmen einer nicht berücksichtigten Zahlung geleistet werden. Für den Staat des Zahlungsempfängers wird die Anwendung einer Abwehrregel empfohlen, die die Berücksichtigung der unberücksichtigten Zahlung als ordentliche Einnahme vorschreibt, wenn der Zahlungsleister in einem Staat ansässig ist, der die Regel für nicht berücksichtigte hybride Zahlungen nicht anwendet.

120. Die Hybrid-Mismatch-Regel kommt jedoch nicht zur Anwendung, soweit der Betriebsausgabenabzug für die unberücksichtigte Zahlung in Bezug auf doppelt berücksichtigte Einnahmen (*dual inclusion income*) geltend gemacht wird, d.h. Einnahmen, die nach den Rechtsvorschriften sowohl des Staats des Zahlungsleisters als auch des Staats des Zahlungsempfängers als Einnahmen berücksichtigt werden. Um zeitlichen Abweichungen bei der Erfassung von Steuerabzügen für nicht berücksichtigte Zahlungen und doppelt berücksichtigte Einnahmen Rechnung zu tragen, können überschießende Betriebsausgaben (d.h. Nettoverluste) aus derartigen nicht berücksichtigten Zahlungen, die im laufenden Veranlagungszeitraum nicht von doppelt berücksichtigten Einnahmen in Abzug gebracht werden können, nach den gewöhnlichen Regeln, die den Verlustvortrag (oder -rücktrag) in andere Veranlagungszeiträume ermöglichen, weiterhin mit in einem anderen Veranlagungszeitraum anfallenden doppelt berücksichtigten Einnahmen verrechnet werden.

### *Von der Regel erfasste abzugsfähige Zahlungen*

121. Um als unberücksichtigte Zahlung zu gelten, muss die Zahlung nach den Rechtsvorschriften des Staats des Zahlungsleisters abzugsfähig sein. Die Bedeutung der Begriffe „steuerlich abzugsfähig“ und „Betriebsausgabenabzug“ entspricht der in den anderen Empfehlungen dieses Berichts verwendeten Bedeutung und erfasst im Allgemeinen Posten der laufenden Ausgaben wie Zahlungen für Dienstleistungen, Miete, Lizenzen, Zinsen und andere Beträge, die direkt von den ordentlichen Einnahmen in Abzug gebracht werden können. Die durch die Anschaffung von Investitionsgütern entstandenen Kosten und Abschreibungen auf materielle oder immaterielle Vermögensgegenstände werden von diesem Begriff nicht erfasst.

122. Im Gegensatz zur Regel für hybride Finanzinstrumente, die nur auf die steuerliche Behandlung des Instruments und nicht auf den Status des Kontrahenten oder den Kontext, in dem das Instrument gehalten wird, abzielt, sollte die Regel für nicht berücksichtigte hybride Zahlungen nur angewendet werden, soweit der Zahlungsleister nach inländischem Recht tatsächlich zu einem Abzug für eine Zahlung berechtigt ist. Dementsprechend gilt die Regel nicht, soweit der Steuerpflichtige Regeln hinsichtlich bestimmter Geschäftsvorfälle oder Rechtsträger unterliegt (einschließlich der Regel für hybride Finanzinstrumente), denen zufolge die Zahlung nicht abzugsfähig ist.

123. Die Wechselwirkung zwischen Empfehlung 1 und Empfehlung 3 wird in **Beispiel 3.2** erläutert, in dem sich eine Betriebsstätte im Staat des Zahlungsleisters Geld von der Muttergesellschaft des Konzerns leiht. Sowohl die Tilgungs- als auch die Zinszahlungen bleiben nach den Rechtsvorschriften des Staats des Zahlungsempfängers unberücksichtigt. In dem Beispiel wendet der Staat des Zahlungsleisters zunächst die Regel für hybride Finanzinstrumente an, um zu ermitteln, ob Zinsen auf das Darlehen abzugsfähig sind, bevor nach der Regel für nicht berücksichtigte hybride Zahlungen eine Anpassung vorgenommen wird.

### *Keine Inkongruenz soweit der Betriebsausgabenabzug die doppelt berücksichtigten Einnahmen nicht übersteigt*

124. Eine abzugsfähige Zahlung wird nicht so behandelt, als führte sie zu einer Besteuerungsinkongruenz, wenn der Betriebsausgabenabzug die doppelt berücksichtigten Einnahmen nicht übersteigt. Dies wird in **Beispiel 3.1** veranschaulicht, in dem ein hybrider Rechtsträger (ein Rechtsträger, der in seinem Niederlassungsstaat als eigenständiges Steuersubjekt, nach den Rechtsvorschriften des Staats seiner Muttergesellschaft jedoch als transparent behandelt wird) eine Zinszahlung an seine gebietsfremde Muttergesellschaft leistet, die nach den Rechtsvorschriften des Staats der Muttergesellschaft nicht berücksichtigt wird. Die Anpassung nach der Regel für nicht berücksichtigte hybride Zahlungen wird nur vorgenommen, soweit die Zinszahlung des hybriden Rechtsträgers im Staat des Zahlungsleisters die doppelt berücksichtigten Einnahmen übersteigt.

### *Doppelt berücksichtigte Einnahmen*

125. Ein Posten gilt als doppelt berücksichtigte Einnahme, wenn er nach den Rechtsvorschriften sowohl des Staats des Zahlungsleisters als auch des Staats des Zahlungsempfängers den Einnahmen zugerechnet wird. Die Klärung der Frage, ob ein Posten als doppelt berücksichtigte Einnahme behandelt werden sollte, ist in erster Linie eine rechtliche Frage, die einen Vergleich der Behandlung der Einnahmen nach den Rechtsvorschriften des Staats des Zahlungsleisters und des Staats des Zahlungsempfängers erfordert. Ein Betrag sollte als doppelt berücksichtigte Einnahme behandelt werden, wenn er nach den Rechtsvorschriften beider Staaten den Einnahmen zugerechnet wird, selbst wenn diese Staaten diesen Posten unterschiedlich bewerten oder die Einnahmen in verschiedenen Perioden bezogen werden. In **Beispiel 6.1**, das die Anwendung der Regel für abzugsfähige hybride Zahlungen behandelt, werden im Staat der Muttergesellschaft und im Staat der Tochtergesellschaft bei der Erfassung der Einkünfte und Betriebsausgaben eines hybriden Rechtsträgers unterschiedliche zeitliche und Bewertungsregeln angewendet. In diesem Fall wenden beide Staaten bei der Berechnung des in den einzelnen Perioden anfallenden Betrags an doppelt berücksichtigten Einnahmen und des nochmaligen Betriebsausgabenabzugs ihre eigenen zeitlichen und Bewertungsregeln an, und die daraus resultierende zeitliche Differenz hat keinen Einfluss auf die Anwendung der Regel.

126. Eine Entlastung von der Doppelbesteuerung, wie beispielsweise eine vom Staat des Zahlungsleisters gewährte innerstaatliche Dividendenfreistellung oder eine vom Staat des Zahlungsempfängers gewährte Anrechnung ausländischer Steuerzahlungen sollten nicht verhindern, dass ein Posten als doppelt berücksichtigte Einnahme behandelt wird, wenn der Effekt dieser Entlastung lediglich darin besteht, eine zusätzliche Besteuerungsebene für die Einnahmen in einem der beiden Staaten zu vermeiden. Während eine Zahlung, die von doppelt berücksichtigten Einnahmen in Abzug gebracht werden kann, im Allgemeinen nach den Rechtsvorschriften beider Staaten als ordentliche Einnahme ausgewiesen wird, sollte ein Eigenkapitalertrag auch dann als doppelt berücksichtigte Einnahme gelten,

wenn die Zahlung im Staat des Zahlungsleisters oder im Staat des Zahlungsempfängers Gegenstand einer Steuerbefreiung, Nichtberücksichtigung, Steueranrechnung oder sonstigen Entlastung von der Doppelbesteuerung ist, durch die die Zahlung von wirtschaftlicher Doppelbesteuerung befreit wird. Ein derartiger Fall doppelt berücksichtigter Einnahmen findet sich in **Beispiel 6.3** in Bezug auf eine Struktur, die zu DD-Ergebnissen führt, und in **Beispiel 7.1** in Bezug auf die Regel für doppelt ansässige Steuerpflichtige. In **Beispiel 6.3** werden die Betriebsausgaben eines hybriden Rechtsträgers durch eine konzerninterne Dividende finanziert, die in dem Staat, in dem die Dividende bezogen wird, steuerbefreit ist, nach den Rechtsvorschriften des Staats der Muttergesellschaft jedoch den Einnahmen zugerechnet wird. Wenn der hybride Rechtsträger berechtigt ist, einen Betriebsausgabenabzug auf einen derartigen steuerbefreiten oder unberücksichtigten Eigenkapitalertrag geltend zu machen, werden in beiden Staaten die beabsichtigten steuerpolitischen Ergebnisse erzielt, und die Dividende sollte dementsprechend für die Zwecke der Regel für nicht berücksichtigte hybride Zahlungen selbst dann als doppelt berücksichtigte Einnahme behandelt werden, wenn diese Dividende im Staat des Zahlungsempfängers mit dem Anspruch auf eine Anrechnung ausländischer Steuern verbunden ist. Eine solche Entlastung von der Doppelbesteuerung kann jedoch steuerpolitische Fragen aufwerfen, wenn sie den Effekt hat, überschießende Steuererleichterungen zu generieren, die genutzt werden können, um die Steuern auf nicht doppelt berücksichtigte Einnahmen zu reduzieren oder zu verrechnen. Bei der Feststellung, ob ein Einnahmeposten, der mit einem Anspruch auf eine solche Entlastung von der Doppelbesteuerung verbunden ist, als doppelt berücksichtigte Einnahme behandelt werden sollte, sollten die Länder versuchen, ein Gleichgewicht zwischen den Regeln zu schaffen, die die Befolgungskosten minimieren, den beabsichtigten Effekt einer solchen Entlastung von der Doppelbesteuerung sichern und die Steuerpflichtigen daran hindern, Strukturen einzurichten, die die Integrität der Regeln beeinträchtigen.

127. Eine Steuerverwaltung kann das Nettoeinkommen eines beherrschten ausländischen Unternehmens, das einem Anteilseigner dieses Unternehmens im Rahmen der Hinzurechnungsbesteuerung oder einer anderen Berücksichtigung ausländischer Einkünfte zugerechnet wird, als doppelt berücksichtigte Einnahmen behandeln, wenn der Steuerpflichtige der Steuerverwaltung überzeugend darlegen kann, dass der Effekt der Hinzurechnungsbesteuerung darin besteht, diese Einkünfte nach den Rechtsvorschriften beider Staaten zum vollen Steuersatz zu besteuern. **Beispiel 6.4** beschreibt eine vereinfachte Berechnung, um zu veranschaulichen, wie im Rahmen der Hinzurechnungsbesteuerung zugeordnete Einkünfte berücksichtigt werden können, um in einer hybriden Struktur den Betrag doppelt berücksichtigter Einnahmen zu bestimmen.

### *Vorrangige Maßnahme und Abwehrregel*

128. Wenn eine Zahlung zu einem D/NI-Ergebnis führt, sollte der Staat des Zahlungsleisters die empfohlene Maßnahme anwenden und den Betriebsausgabenabzug für die Zahlung versagen, soweit der Abzug die doppelt berücksichtigten Einnahmen übersteigt. Die Abwehrregel ist insoweit das Spiegelbild der vorrangigen Empfehlung, als der Staat des Zahlungsempfängers den gleichen Betrag als ordentliche Einnahme ausweist. Die Anwendung der vorrangigen und ergänzenden Regeln wird in **Beispiel 3.2** näher beschrieben.

### *Vortrag des Betriebsausgabenabzugs in einen anderen Zeitraum*

129. Da die Hybrid-Mismatch-Regeln sich normalerweise nicht auf zeitliche Abweichungen auswirken oder davon betroffen sind, enthalten die Regeln für nicht berücksichtigte hybride Zahlungen einen Mechanismus, der es dem Staat des Zahlungsleisters gestattet,

einen hybriden Betriebsausgabenabzug in eine Periode vorzutragen (oder zurückzutragen, wenn dies nach inländischem Recht erlaubt ist), in der dieser auf überschießende doppelt berücksichtigte Einnahmen geltend gemacht werden kann. Die Empfehlung sieht vor, dass die gewöhnlichen nationalen Regeln für die Nutzung von Verlusten auch für derartige Betriebsausgabenabzüge gelten sollten. **Beispiel 6.1** beschreibt eine Anwendung des Vortrags von überschießenden Betriebsausgaben.

### *Umsetzungslösung auf der Basis bestehender innerstaatlicher Regeln*

130. Die Regel für nicht berücksichtigte hybride Zahlungen begrenzt den Gesamtbetrag hybrider Betriebsausgabenabzüge, der geltend gemacht werden kann, auf den Gesamtbetrag der doppelt berücksichtigten Einnahmen. Empfehlung 3 verpflichtet den Steuerpflichtigen grundsätzlich, die Einkommensposten, die sich nach den Rechtsvorschriften beider Staaten ergeben, einzeln zu benennen und anzugeben, welche davon doppelt berücksichtigt wurden. In den Fällen, in denen der Steuerpflichtige an vielen Geschäftsvorfällen beteiligt ist, könnte dieser Ansatz einen erheblichen Befolgungsaufwand für Steuerpflichtige mit sich bringen. Um die Umsetzung zu erleichtern und die Befolgungskosten zu minimieren, sollten die Steuerverwaltungen einfachere Umsetzungslösungen in Erwägung ziehen. Diese Lösungen sollten so gestaltet werden, dass sie Ergebnisse liefern, die den in diesem Kapitel beschriebenen Ergebnissen im Wesentlichen ähnlich sind und zugleich unnötige Komplexität vermeiden.

131. Bei den von Empfehlung 3 erfassten Strukturen ist es im Allgemeinen der Fall, dass die Geschäftsbücher, die die Einnahmen und Ausgaben des Steuerpflichtigen ausweisen, die Rechtsvorschriften beider Staaten erfüllen. Diese Geschäftsbücher werden normalerweise nach inländischem Recht unter Verwendung nationaler Steuerkonzepte erstellt. Die Steuerverwaltungen sollten diese bestehenden Informationsquellen und Steuerberechnungen als Ausgangspunkt für die Identifizierung von doppelt berücksichtigten Einnahmen nutzen. **Beispiel 3.2** untersucht beispielsweise den Fall, dass der Staat des Zahlungsleisters einem hybriden Rechtsträger untersagen könnte, die Inanspruchnahme eines Nettoverlustes an eine andere Konzerneinheit zu übertragen, soweit der Rechtsträger abzugsfähige Zahlungen geleistet hat, die nach den Rechtsvorschriften des Staats des Zahlungsempfängers nicht berücksichtigt wurden, und dass dieser Staat andere geschäftsvorfallspezifische Regeln einführen könnte, die diesen Rechtsträger daran hindern, Gestaltungen einzugehen, die nicht doppelt berücksichtigte Einnahmen auf den hybriden Rechtsträger übertragen, um ungenutzte Verluste in Anspruch nehmen zu können. **Beispiel 3.2** erfasst ferner den Fall, dass der Staat des Zahlungsempfängers die von dem hybriden Zahlungsleister erstellten Geschäftsbücher als Ausgangspunkt nutzen könnte und (nach Anpassung der einzelnen Geschäftsvorfälle zur Bestimmung des Betrags der von dem hybriden Zahlungsleister bezogenen doppelt berücksichtigten Einnahmen) den Zahlungsempfänger verpflichten könnte, in jedem Abrechnungszeitraum den Betrag aller abzugsfähigen konzerninternen Zahlungen als ordentliche Einnahmen auszuweisen, soweit diese Zahlungen nach den Rechtsvorschriften des Staats des Zahlungsleisters einen Nettoverlust generieren.

## Empfehlung 3.2 – Die Regel gilt nur für nicht berücksichtigte Zahlungen eines hybriden Zahlungsleisters

132. Die Regel für nicht berücksichtigte hybride Zahlungen gilt, wenn die Nichtberücksichtigung der abzugsfähigen Zahlung durch den Zahlungsempfänger auf die steuerliche Behandlung des Zahlungsleisters nach den Rechtsvorschriften des Staats des Zahlungsempfängers zurückzuführen ist. Empfehlung 3 schränkt den Geltungsbereich der Regel auf *nicht berücksichtigte Zahlungen* eines *hybriden Zahlungsleisters* ein.

### *Nicht berücksichtigte Zahlung*

133. Eine nicht berücksichtigte Zahlung ist eine Zahlung, die nach den Rechtsvorschriften des Staats des Zahlungsempfängers nicht als Zahlung behandelt und auch nicht anderweitig für Steuerzwecke als Einnahme berücksichtigt wird. Sowohl **Beispiel 3.1** als auch **Beispiel 3.2** beschreiben Fälle nicht berücksichtigter Zahlungen. In **Beispiel 3.1** erfolgt die Zahlung durch einen hybriden Rechtsträger, der nach den Rechtsvorschriften des Staats des Zahlungsempfängers nicht berücksichtigt wird, so dass eine abzugsfähige Zahlung des hybriden Rechtsträgers an seinen direkten Eigentümer für Steuerzwecke ebenfalls unberücksichtigt bleibt und in den Händen des Zahlungsempfängers keine Einkünfte generiert. In **Beispiel 3.2** erfolgt die Zahlung nach steuerlichen Konsolidierungsregeln, die alle Geschäftsvorfälle und Zahlungen zwischen konsolidierten Konzerneinheiten für Steuerzwecke als nicht berücksichtigt behandeln.

### *Hybrider Zahlungsleister*

134. Eine Person, die eine Zahlung leistet, wird als hybrider Zahlungsleister behandelt, wenn die steuerliche Behandlung des Zahlungsleisters nach den Rechtsvorschriften des Staats des Zahlungsempfängers dazu führt, dass die Zahlung in den Händen des Zahlungsempfängers für Steuerzwecke nicht berücksichtigt wird. Gestaltungen, die dazu führen, dass eine Person gemäß Empfehlung 3 ein hybrider Zahlungsleister ist, führen generell auch dazu, dass diese Person nach Empfehlung 6, die für DD-Ergebnisse unter Verwendung hybrider Rechtsträger gilt, ein hybrider Zahlungsleister ist.

## Empfehlung 3.3 – Die Regel gilt nur für Zahlungen, die zu einer hybriden Besteuerungsinkongruenz führen

135. Ein Abzug für eine nicht berücksichtigte Zahlung eines hybriden Zahlungsleisters wirft steuerpolitische Fragen auf, wenn die Zahlung nach den Rechtsvorschriften des Staats des Zahlungsleisters mit einem Betrag in Abzug verrechnet werden kann, bei dem es sich nicht um doppelt berücksichtigte Einnahmen handelt. Empfehlung 3.3 beschränkt die Anwendung der Regel für nicht berücksichtigte hybride Zahlungen dementsprechend auf die Fälle, in denen der Abzug mit doppelt berücksichtigten Einnahmen verrechnet werden kann.

136. Ein Steuerpflichtiger kann im Staat des Zahlungsleisters verschiedene Techniken anwenden, um einen doppelten Betriebsausgabenabzug mit nicht doppelt berücksichtigten Einnahmen zu verrechnen. Der gängigste Mechanismus, einen Betriebsausgabenabzug mit nicht doppelt berücksichtigten Einnahmen zu verrechnen, ist ein steuerliches Konsolidierungs- oder Abgrenzungssystem, das es dem Zahlungsleister gestattet, den Betriebsausgabenabzug auf die Einkünfte eines Rechtsträgers innerhalb desselben Konzerns anzuwenden. Diese Technik wird in **Beispiel 3.2** beschrieben. Zu den anderen Techniken zählt das Tätigen einer Investition über einen Reverse Hybrid (ein Rechtsträger, der nur nach den Rechtsvorschriften des Staats des Zahlungsleisters als transparent behandelt wird), so dass die resultierenden Einkünfte nur nach den Rechtsvorschriften des Staats des Zahlungsleisters berücksichtigt werden. Eine solche Struktur ist in **Beispiel 6.1** dargestellt. Alternativ dazu kann der Steuerpflichtige, wie in **Beispiel 3.1** näher beschrieben, Finanzinstrumente oder andere Gestaltungen nutzen, bei denen die Zahlungen nur im Staat des Zahlungsleisters als Einkommen berücksichtigt werden. Zahlungen können auch über fusionsähnliche Geschäftsvorfälle mit nicht doppelt berücksichtigten Einnahmen verrechnet werden.

137. Wenn der Effekt der Struktur darin besteht, die Möglichkeit zu schaffen, einen Betriebsausgabenabzug im Rahmen einer nicht berücksichtigten Zahlung mit Einkünften zu verrechnen, die nach den Rechtsvorschriften des Staats des Zahlungsempfängers nicht als ordentliche Einnahmen berücksichtigt werden, reicht dies unabhängig von dem angewendeten Mechanismus aus, um die Zahlung in den Geltungsbereich der Regel für nicht berücksichtigte hybride Zahlungen zu bringen.

## Empfehlung 3.4 – Geltungsbereich der Regel

138. Empfehlung 3.4 beschränkt den Geltungsbereich der Regel auf strukturierte Gestaltungen und Besteuerungsinkongruenzen, die innerhalb eines Konzerns entstehen. Vgl. Empfehlungen 10 und 11 in Bezug auf die Definition der Begriffe „strukturierte Gestaltung“ und „Konzern“.

*Kapitel 4*

# Regel für umgekehrt hybride Rechtsträger (Reverse Hybrids)

**Empfehlung 4**

**1. Die Inkongruenz neutralisieren, soweit die Zahlung zu einem D/NI-Ergebnis führt (Betriebsausgabenabzug/Nichtberücksichtigung als Einnahme)**

Im Hinblick auf eine Zahlung an einen umgekehrt hybriden Rechtsträger (Reverse Hybrid), die zu einer hybriden Besteuerungsinkongruenz führt, sollte der Staat des Zahlungsleisters eine Regel anwenden, mit der der Abzug für eine solche Zahlung versagt wird, soweit diese zu einem D/NI-Ergebnis führt.

**2. Die Regel gilt nur für Zahlungen an einen umgekehrt hybriden Rechtsträger**

Ein umgekehrt hybrider Rechtsträger ist eine Person, die von einem Investor als selbstständiger Rechtsträger und nach den Rechtsvorschriften des Errichtungsstaats als transparent behandelt wird.

**3. Die Regel gilt nur für hybride Besteuerungsinkongruenzen**

Eine Zahlung führt zu einer hybriden Besteuerungsinkongruenz, wenn es bei einer direkten Zahlung der aufgelaufenen Einnahmen an den Investor nicht zu einer Inkongruenz gekommen wäre.

**4. Geltungsbereich der Regel**

Die Empfehlung gilt nur, wenn der Investor, der umgekehrt hybride Rechtsträger und der Zahlungsleister zu demselben Konzern gehören oder wenn die Zahlung im Rahmen einer strukturierten Gestaltung erfolgt und der Zahlungsleister an dieser strukturierten Gestaltung beteiligt ist.

## Überblick

139. Eine abzugsfähige Zahlung an einen umgekehrt hybriden Rechtsträger (Reverse Hybrid) kann zu einer Besteuerungsinkongruenz führen, wenn die Zahlung weder in dem Staat, in dem der Zahlungsempfänger niedergelassen ist (dem Errichtungsstaat), noch in dem Staat eines Investors dieses Zahlungsempfängers (dem Staat des Investors) in den ordentlichen Einnahmen berücksichtigt wird. Die empfohlene Regel neutralisiert diejenigen Besteuerungsinkongruenzen, zu denen es bei einer Struktur mit einem umgekehrt hybriden Rechtsträger kommt, wenn die Inkongruenz dadurch entsteht, dass sowohl der Errichtungsstaat als auch der Staat des Investors die Zahlung an den umgekehrt hybriden Rechtsträger so behandeln, als würde sie einem Steuerpflichtigen in dem anderen Staat gehören. Ebenso wie die anderen Regeln für Zahlungen von hybriden Rechtsträgern kann die Regel für umgekehrt hybride Rechtsträger für ein breites Spektrum abzugsfähiger Zahlungen (einschließlich Zinsen, Lizenzgebühren, Mieten und Zahlungen für Dienstleistungen) gelten. Die Regel gilt jedoch nur in folgenden Fällen:

(a) für Zahlungen, die an einen umgekehrt hybriden Rechtsträger (laut der Definition in Empfehlung 4) erfolgen, und

(b) wenn die Besteuerungsinkongruenz nicht aufgetreten wäre, wenn die Zahlung direkt an den Investor erfolgt wäre.

140. Ein umgekehrt hybrider Rechtsträger ist eine Person (einschließlich einer Personenvereinigung ohne eigene Rechtspersönlichkeit), die nach den Rechtsvorschriften des Staats, in dem sie errichtet wurde, als transparent, aber nach den Rechtsvorschriften des Staats des Investors als selbstständiger Rechtsträger (d.h. als intransparent) behandelt wird. Ob ein Rechtsträger transparent oder intransparent ist, muss anhand der Zahlung überprüft werden, die der Regel für umgekehrt hybride Rechtsträger unterliegt. Eine Person wird im Hinblick auf eine Zahlung als steuerlich transparent behandelt, wenn der umgekehrt hybride Rechtsträger eine Zahlung, die er erhalten hat, einem Investor zurechnet bzw. zuordnet und der Effekt dieser Zurechnung bzw. Zuordnung nach den Rechtsvorschriften des Errichtungsstaats darin besteht, die Zahlung so zu behandeln, wie sie behandelt worden wäre, wenn sie direkt an diesen Investor erfolgt wäre. Dieselbe Person wird aus Sicht des Staats des Investors als steuerlich intransparent behandelt, wenn der Effekt dieser Zurechnung bzw. Zuordnung im Staat des Investors für Steuerzwecke nicht berücksichtigt wird.

141. Die Besteuerungsinkongruenz, zu der es in Bezug auf eine Zahlung an einen umgekehrt hybriden Rechtsträger kommt, wird nur dann als hybride Inkongruenz behandelt, wenn es zu dieser Inkongruenz nicht gekommen wäre, wenn die zugerechnete Zahlung direkt an den Investor erfolgt wäre. Um zu verhindern, dass ein umgekehrt hybrider Rechtsträger in eine Struktur eingebunden wird, um die Anwendung der Regel für hybride Finanzinstrumente zu umgehen, gilt auch die Regel für umgekehrt hybride Rechtsträger, soweit eine Direktzahlung nach der vorrangigen Regel in Empfehlung 1 einer Anpassung unterlegen hätte.

142. Die empfohlene Maßnahme nach der Regel für umgekehrt hybride Rechtsträger ist die Versagung des Betriebsausgabenabzugs für die Zahlung, soweit eine hybride Besteuerungsinkongruenz vorliegt.

143. Die Regel für umgekehrt hybride Rechtsträger gilt nur, wenn der Zahlungsleister, der umgekehrt hybride Rechtsträger und der Investor zu demselben Konzern gehören oder der Zahlungsleister an einer strukturierten Gestaltung beteiligt ist.

## Empfehlung 4.1 – Die Inkongruenz neutralisieren, soweit die Zahlung zu einem D/NI-Ergebnis führt (Betriebsausgabenabzug/Nichtberücksichtigung als Einnahme)

144. Als Gegenmaßnahme empfiehlt dieser Bericht, den Effekt der hybriden Besteuerungsinkongruenzen, zu denen es bei Zahlungen an umgekehrt hybride Rechtsträger kommt, durch die Einführung einer Korrespondenzregel zu neutralisieren, die einen Abzug für solche Zahlungen versagt, soweit sie zu einem D/NI-Ergebnis führen. Dieser Bericht empfiehlt nur die Einführung der vorrangigen Maßnahme, die darin besteht, dem Zahlungsleister einen Betriebsausgabenabzug für Zahlungen an einen umgekehrt hybriden Rechtsträger zu versagen. Eine Abwehrregel ist in Anbetracht der spezifischen Empfehlungen in Kapitel 5 für die Anpassung der Hinzurechnungsbesteuerung und anderer Besteuerungsregelungen für Offshore-Investments unnötig, die verlangen, dass Zahlungen an einen umgekehrt hybriden Rechtsträger im Staat des Investors in den Einnahmen berücksichtigt werden.

### *Zahlung*

145. Die Definition einer Zahlung wird in Empfehlung 12 ausführlicher dargelegt und umfasst jeden Betrag, der bezahlt werden kann, einschließlich Ausschüttungen, Gutschriften oder Rückstellungen. Eine Zahlung wird als „abzugsfähig" behandelt, wenn sie geltend gemacht wird bzw. geltend gemacht werden kann, um die Nettoeinkünfte eines Steuerpflichtigen zu verringern. Abzugsfähige Zahlungen umfassen im Allgemeinen laufende Ausgaben wie Mieten, Lizenzgebühren, Zinsen, Zahlungen für Dienstleistungen und andere Zahlungen, die nach den Rechtsvorschriften des Staats des Zahlungsleisters in dem Zeitraum, in dem sie als getätigt behandelt werden, von den ordentlichen Einnahmen in Abzug gebracht werden können. Dieser Begriff erfasst in der Regel nicht die durch die Anschaffung von Investitionsgütern entstandenen Kosten und erstreckt sich nicht auf Abschreibungen.

146. Eine „Zahlung" führt nach einer Regel für umgekehrt hybride Rechtsträger zu einem D/NI-Ergebnis, wenn sie nach den Rechtsvorschriften des Staats des Zahlungsleisters abzugsfähig ist und wenn sie in Situationen, in denen sie zu Besteuerungsinkongruenzen führt, von dem umgekehrt hybriden Rechtsträger dem Investor zugerechnet bzw. zugeordnet wird. Die Zahlung umfasst keine Ausschüttung bzw. Berechtigung zur Ausschüttung durch den umgekehrt hybriden Rechtsträger, zu der es als Folge der Leistung einer Zahlung an den umgekehrt hybriden Rechtsträger kommt. Der Effekt der Zurechnung bzw. Zuordnung einer Zahlung an einen Investor kann zwar eine Verpflichtung seitens des umgekehrt hybriden Rechtsträgers auslösen, eine weitere Zahlung an den Investor zu leisten (beispielsweise in Form einer Ausschüttung), die steuerliche Behandlung dieser Ausschüttung ist im Allgemeinen jedoch unerheblich, um festzustellen, ob nach der Regel ein D/NI-Ergebnis vorliegt.

### *D/NI-Ergebnis bei einer Zahlung an einen umgekehrt hybriden Rechtsträger*

147. Es kommt in Bezug auf eine Zahlung an einen umgekehrt hybriden Rechtsträger zu einem D/NI-Ergebnis, soweit die Zahlung nach den Rechtsvorschriften in einem Staat (dem Staat des Zahlungsleisters) abzugsfähig ist und nach den Rechtsvorschriften eines anderen Staats, in dem die Zahlung als eingegangen behandelt wird (Staat des Zahlungsempfängers), nicht als ordentliche Einnahme eines Steuerpflichtigen berücksichtigt wird.

### *Ein Betriebsausgabenabzug in einem Staat ist ausreichend, um die Anwendung der Regel auszulösen*

148. In bestimmten Fällen, in denen der Zahlungsleister transparent ist oder in mehr als einem Staat eine steuerpflichtige Präsenz unterhält, kann eine Zahlung so behandelt werden, als sei sie aus mehr als einem Staat geleistet worden. In diesen Fällen ist der Betriebsausgabenabzug für diese Zahlung in dem anderen Staat für die Frage, ob die Zahlung nach den Rechtsvorschriften des Staats, der die Regel für umgekehrt hybride Rechtsträger anwendet, zu einem D/NI-Ergebnis führt, jedoch unerheblich. Dieser Grundsatz wird in **Beispiel 4.4** veranschaulicht, bei dem eine Zahlung durch einen hybriden Rechtsträger an einen umgekehrt hybriden Rechtsträger erfolgt. In diesem Fall wird in dem Beispiel der Schluss gezogen, dass die Hybrid-Mismatch-Regel in Empfehlung 4 sowohl im Staat der Muttergesellschaft als auch im Staat der Tochtergesellschaft angewendet werden sollte, um den Effekt der Besteuerungsinkongruenz zu neutralisieren, und dass die Anwendung der Regel für umgekehrt hybride Rechtsträger in einem Staat keine Auswirkungen auf ihre Anwendung im anderen Staat hat.

### ***Eine Berücksichtigung in einem Staat ist ausreichend, um von der Anwendung der Regel zu entbinden***

149. Wenn die Zahlung in mindestens einem Staat als ordentliche Einnahme berücksichtigt wird, liegt keine Besteuerungsinkongruenz vor, die die Anwendung der Regel erforderlich machen würde. Eine Zahlung an einen umgekehrt hybriden Rechtsträger wird nicht so behandelt, als führe sie zu D/NI-Ergebnissen, wenn die Inkongruenz durch Einführung einer spezifischen Regel durch den Staat des Investors oder den Errichtungsstaat neutralisiert wird, die so gestaltet ist, dass die an einen umgekehrt hybriden Rechtsträger gezahlten ordentlichen Einnahmeposten berücksichtigt werden. Hierzu zählen im Einklang mit Empfehlung 5.1 alle Regeln, die von einem Steuerpflichtigen im Staat des Investors verlangen, für Steuerzwecke alle Posten der ordentlichen Einnahmen zu berücksichtigen, die ihm durch einen umgekehrt hybriden Rechtsträger (einschließlich im Rahmen der Hinzurechnungsbesteuerung) zugeordnet werden, sowie im Einklang mit Empfehlung 5.2 alle Regeln im Errichtungsstaat, die einem gebietsfremden Investor oder einer gebietsfremden Gruppe von Investoren die Inanspruchnahme steuerlicher Transparenz versagen, wenn von ihnen nicht verlangt wird, zu Steuerzwecken einen Posten der ordentlichen Einnahmen zu berücksichtigen, der ihnen durch den transparenten Rechtsträger zugeordnet wird.

### *Einbeziehung in die Hinzurechnungsbesteuerung*

150. Eine Zahlung, die im Rahmen der Hinzurechnungsbesteuerung vollständig der obersten Muttergesellschaft des Konzerns zugeordnet wurde und zum vollen Satz versteuert wurde, sollte für den Zweck der Regel für umgekehrt hybride Rechtsträger so behandelt werden, als sei sie in den ordentlichen Einnahmen berücksichtigt worden. Wie bei Empfehlung 1 und Empfehlung 3 obliegt es dem Steuerpflichtigen, der Steuerverwaltung hinreichend überzeugend darzulegen, inwieweit die Zahlung:

(a) nach den Rechtsvorschriften des Staats des Investors in vollem Umfang berücksichtigt wurde und der Besteuerung zum vollen Steuersatz unterliegt;

(b) nicht als durch einen Betriebsausgabenabzug oder anderweitige Steuererleichterungen verringert oder ausgeglichen behandelt wird, außer in Bezug auf Aufwendungen, die dem Investor nach den Rechtsvorschriften des Staats des Investors entstanden sind;

(c) mit keinem Anspruch auf eine Steueranrechnung oder anderweitige Steuererleichterung verbunden ist;

(d) keine importierte Inkongruenz bewirkt.

151. In **Beispiel 4.3** wird eine Gebühr für konzerninterne Dienstleistungen an einen umgekehrt hybriden Rechtsträger entrichtet, die oberste Muttergesellschaft des Konzerns berücksichtigt diese Zahlung nach ihren Vorschriften zur Hinzurechnungsbesteuerung (CFC-Regeln) jedoch in voller Höhe als ordentliche Einnahmen. In dem Beispiel wird der Schluss gezogen, dass, sofern der Steuerpflichtige zur Zufriedenheit der Steuerverwaltung nachweisen kann, dass die Zahlung gemäß der Regelung zur Hinzurechnungsbesteuerung im Staat des Investors in voller Höhe in den Einnahmen berücksichtigt wurde und nicht einem Abzug, einer Steueranrechnung oder einer anderweitigen Steuererleichterung unterliegt, die Regel für umgekehrt hybride Rechtsträger keine Anwendung findet, da die Zahlung nicht zu einer Besteuerungsinkongruenz geführt hat.

### *Andere Arten der Einbeziehung*

152. Dasselbe Prinzip ist in **Beispiel 1.8** veranschaulicht, in dem Zinsen an eine Zweigniederlassung eines Unternehmens gezahlt werden, das in einem anderen Staat ansässig ist. Bei der Ermittlung, ob die Zahlung zu einem D/NI-Ergebnis geführt hat, wird in **Beispiel 1.8** die steuerliche Behandlung der Zahlung nach den Rechtsvorschriften sowohl des Ansässigkeitsstaats als auch des Staats der Zweigniederlassung betrachtet. **Beispiel 1.8** betrifft zwar die Ermittlung von D/NI-Ergebnissen nach der Regel für hybride Finanzinstrumente, im Hinblick auf die Ermittlung von D/NI-Ergebnissen nach der Regel für umgekehrt hybride Rechtsträger stellen sich jedoch dieselben Fragen, und eine ähnliche Interpretation gilt in Fällen, in denen der umgekehrt hybride Rechtsträger eine Zweigniederlassung in einem Drittstaat unterhält und die Zahlung in jenem Staat in den ordentlichen Einnahmen berücksichtigt wird.

### *Quellenbesteuerung im Errichtungsstaat*

153. Im Fall von transparenten Intermediären wie Treuhandvermögen und Personengesellschaften behandelt der Errichtungsstaat den Intermediär häufig nicht als eigenständigen Steuerpflichtigen. Stattdessen werden Zahlungen, die an den Intermediär geleistet werden, so behandelt, als seien sie direkt durch die zugrunde liegenden Gesellschafter bzw. Begünstigten im Einklang mit den im Gesellschaftsvertrag der Personengesellschaft oder im Treuhandvertrag festgelegten Allokationsmechanismen erfolgt. In diesen Fällen können solche Zahlungen dennoch im Errichtungsstaat als ordentliche Einnahmen berücksichtigt werden, da die Zahlungen so behandelt werden, als seien sie in jenem Staat erwirtschaftet worden, entweder weil die Zahlung durch eine Person geleistet wurde, die in dem Errichtungsstaat steuerpflichtig ist, oder weil die Personengesellschaft bzw. das Treuhandvermögen eine ausreichende steuerpflichtige Präsenz im Errichtungsstaat unterhält, um den Einkünften eine innerstaatliche Quelle zu verleihen. In solchen Fällen dürften die Zahlungen, sofern der Errichtungsstaat solche Zahlungen ordentlich besteuert, nach den Regeln für umgekehrt hybride Rechtsträger im Allgemeinen nicht zu einem D/NI-Ergebnis führen.

### *Nachweisen, dass eine Zahlung nicht zu einem D/NI-Ergebnis geführt hat*

154. Es obliegt dem Steuerpflichtigen, der Steuerverwaltung gegenüber in hinreichend überzeugender Weise darzulegen, wie sich die steuerliche Behandlung der Zahlung im Staat des Zahlungsempfängers auf die Höhe der nach der Regel erforderlichen Anpassung

auswirkt. Der Steuerpflichtige kann sich der ursprünglichen Beweislast entledigen, indem er nachweist, dass die Zahlung effektiv als ordentliche Einnahme in der Steuererklärung im anderen Staat berücksichtigt wurde.

### *Der Betriebsausgabenabzug sollte nur in dem Umfang der Besteuerungsinkongruenz versagt werden*

155. Die Anpassung sollte den Umfang nicht übersteigen, der notwendig ist, um den auf Grund der Zwischenschaltung des umgekehrt hybriden Rechtsträgers zwischen den Zahlungsleister und den Investor entstehenden Hybrideffekt zu neutralisieren. Wenn ein Teil der Zahlung im Staat des Investors oder im Errichtungsstaat weiterhin der Besteuerung unterliegt, sollte für diesen Teil der Zahlung keine Anpassung nach der Regel für hybride Finanzinstrumente erfolgen. Dies wird in **Beispiel 4.2** veranschaulicht, in dem ein Steuerpflichtiger eine Zinszahlung an einen umgekehrt hybriden Rechtsträger leistet, die nach den Rechtsvorschriften des Errichtungsstaats nur teilweise als steuerfreier Ertrag behandelt wird. In dem Beispiel wird der Schluss gezogen, dass der Staat des Zahlungsleisters keinen Betriebsausgabenabzug für den Teil der Zahlung versagen sollte, der nach den Rechtsvorschriften des Errichtungsstaats als ordentliche Einnahme weiterhin der Besteuerung unterliegt.

### *Behandlung von Ausschüttungen eines umgekehrt hybriden Rechtsträgers*

156. Die Regel für umgekehrt hybride Rechtsträger gilt selbst dann, wenn der Investor letztlich im Hinblick auf die durch den umgekehrt hybriden Rechtsträger erfolgten Ausschüttungen der Besteuerung unterliegt. Die bloße Tatsache, dass die aufgelaufenen Einnahmen des umgekehrt hybriden Rechtsträgers als ordentliche Einnahmen steuerpflichtig sind, wenn sie an den Investor ausgeschüttet werden, reicht nicht aus, um zu zeigen, dass die Zahlung nicht zu einer Besteuerungsinkongruenz führt. Die Regel für umgekehrt hybride Rechtsträger soll das D/NI-Ergebnis zu dem Zeitpunkt neutralisieren, an dem die Zahlung an den umgekehrt hybriden Rechtsträger erfolgt. Die steuerliche Behandlung einer gesonderten Zahlung, die der umgekehrt hybride Rechtsträger an einem künftigen Zeitpunkt an den Investor leistet (unabhängig davon, ob sie aus von der Regel für umgekehrt hybride Rechtsträger erfassten Zahlungen geleistet wird oder nicht), erfolgt im Allgemeinen mit zu großem Abstand gegenüber der Inkongruenz, um für die Zwecke der Regel berücksichtigt zu werden.

## Empfehlung 4.2 – Die Regel gilt nur für Zahlungen an einen umgekehrt hybriden Rechtsträger

157. Ein umgekehrt hybrider Rechtsträger ist eine Person (einschließlich einer Personenvereinigung ohne eigene Rechtspersönlichkeit wie ein Treuhandvermögen), die nach den Rechtsvorschriften des Staats, in dem sie errichtet wurde, als transparent, aber durch einen Investor dieses umgekehrt hybriden Rechtsträgers als selbstständiger Rechtsträger behandelt wird.

158. Ein Investor beschränkt sich nicht auf Personen, die Geld gegen Zinsen in einen umgekehrt hybriden Rechtsträger investieren, und umfasst sämtliche Personen, denen der umgekehrt hybride Rechtsträger eine Zahlung zurechnet oder zuordnet.

### Errichtungsstaat

159. Der Errichtungsstaat ist im Falle von Rechtsträgern, die durch Gründung einer Kapitalgesellschaft oder Registrierung errichtet wurden, der Staat, in dem diese Person registriert oder errichtet ist. Bei Rechtsträgern, die ohne Formvorschriften in Bezug auf die Gründung einer Kapitalgesellschaft oder die Registrierung gegründet werden können (z.B. Personengesellschaften und Treuhandvermögen), ist der Errichtungsstaat der Staat, in dem der Rechtsträger gegründet wurde und/oder in dem die Geschäftsführer (oder gleichwertige Personen) ihre Funktionen ausüben.

### Transparente Behandlung im Errichtungsstaat

160. Eine Person wird nach den Rechtsvorschriften des Errichtungsstaats als transparent behandelt, wenn die Rechtsvorschriften dieses Staats einer Person gestatten bzw. von ihr verlangen, die ordentlichen Einnahmen einem Investor zuzurechnen oder zuzuordnen, und diese Zurechnung bzw. Zuordnung den Effekt hat, dass die Zahlung nicht in den Einnahmen eines anderen Steuerpflichtigen berücksichtigt wird.

161. Das einfachste Beispiel für eine transparente Person ist ein Treuhandvermögen oder eine Personengesellschaft, die nicht als eigenständige Steuerpflichtige behandelt werden, sondern bei denen die durch die betreffende Person bezogenen Einkünfte den Gesellschaftern bzw. Begünstigten zugerechnet bzw. zugeordnet werden und diese Gesellschafter bzw. Begünstigten im Hinblick auf diese Einkünfte steuerpflichtig sind, als hätten sie diese direkt bezogen. Andere Steuertransparenzregelungen können jedoch denselben Effekt erzielen, ohne eine unmittelbare Steuerschuld für den Investor auszulösen. So kann ein Errichtungsstaat einem Intermediär beispielsweise gestatten oder von ihm verlangen, einem Investor Einnahmeposten zuzurechnen bzw. zuzuordnen, die Steuern auf diese Einnahmen jedoch für den Investor und zum Grenzsteuersatz des Investors zu zahlen. Alternativ können die Regelungen im Errichtungsstaat bestimmte Zahlungen mit der Begründung von der Steuer befreien, dass die Einnahmen Einkünfte aus ausländischen Quellen darstellen, die einem gebietsfremden Investor zugerechnet bzw. zugeordnet werden, der nicht der Besteuerung unterliegen würde, wenn der Investor die Zahlung direkt erhalten hätte.

162. Die oben beschriebenen Regelungsarten sollten als Transparenzregelungen behandelt werden, wenn der Effekt der Zurechnung bzw. Zuordnung einer Zahlung zu den ordentlichen Einnahmen des Investors nach den Rechtsvorschriften des Errichtungsstaats zur Besteuerung der Zahlung führen würde, als wäre sie direkt an diesen Investor gezahlt worden. **Beispiel 4.2** veranschaulicht eine Transparenzregelung, bei der die Steuerschuld dem umgekehrt hybriden Rechtsträger anstatt dem Investor zufällt. In diesem Beispiel ist der Zahlungsempfänger berechtigt, eine Befreiung für eine Zinszahlung ausländischer Herkunft geltend zu machen, sofern die Zinszahlung zu Gunsten eines Gebietsfremden aufgelaufen ist. In dem Beispiel wird der Schluss gezogen, dass der Zahlungsempfänger ein umgekehrt hybrider Rechtsträger ist und die Zahlung zu einer hybriden Besteuerungsinkongruenz führt, soweit diese Zahlung in den ordentlichen Einkünften berücksichtigt worden wäre, wenn sie direkt an den Investor geleistet worden wäre.

### Behandlung als selbstständiger Rechtsträger im Staat des Investors

163. In den meisten Fällen hat die Zurechnung bzw. Zuordnung ordentlicher Einnahmen durch den Intermediär nach den Rechtsvorschriften des Staats des Investors keine steuerlichen Folgen für den Investor. Trifft dies zu, so sollte der Intermediär nach den Rechtsvorschriften des Staats des Investors als intransparent betrachtet werden.

## Empfehlung 4.3 – Die Regel gilt nur für hybride Besteuerungsinkongruenzen

164. Eine an einen umgekehrt hybriden Rechtsträger geleistete Zahlung, die zu einem D/NI-Ergebnis führt, unterliegt nach der Regel für umgekehrt hybride Rechtsträger nur dann einer Anpassung, wenn dieses D/NI-Ergebnis eine hybride Besteuerungsinkongruenz gemäß Empfehlung 4.3 darstellt.

165. Die Ermittlung einer Besteuerungsinkongruenz als hybride Inkongruenz im Rahmen einer umgekehrt hybriden Struktur ist in erster Linie eine rechtliche Frage, die die Anwendung der allgemeinen Regeln des Staats des Investors auf die an den umgekehrt hybriden Rechtsträger geleistete Zahlung voraussetzt, um Art, Höhe und Zeitpunkt dieser Zahlung zu bestimmen und festzustellen, ob sie als ordentliche Einnahme behandelt worden wäre, wenn sie direkt an den Investor geleistet worden wäre.

166. Im Gegensatz zur Regel für hybride Finanzinstrumente, die immer dann gilt, wenn die Konditionen des Instruments ausreichen würden, um eine Besteuerungsinkongruenz herbeizuführen, gilt die Regel für umgekehrt hybride Rechtsträger nicht, sofern die dem Investor zugeordnete Zahlung nicht in den ordentlichen Einnahmen berücksichtigt worden wäre, wenn sie direkt an den Investor geleistet worden wäre (d.h. die Zwischenschaltung des umgekehrt hybriden Rechtsträgers muss notwendig gewesen sein, um die Besteuerungsinkongruenz herbeizuführen). Dies wird in **Beispiel 4.1** veranschaulicht, in dem einem steuerbefreiten Rechtsträger durch einen umgekehrt hybriden Rechtsträger Einnahmen zugeordnet werden. In diesem Fall wäre die Zahlung selbst dann nicht steuerpflichtig gewesen, wenn sie direkt an den Investor geleistet worden wäre, und die Regel für umgekehrt hybride Rechtsträger gilt nicht, um den Betriebsausgabenabzug zu versagen.

### *Umgekehrt hybride Rechtsträger können nicht eingesetzt werden, um die Anwendung von Empfehlung 1 zu umgehen*

167. Um zu verhindern, dass ein umgekehrt hybrider Rechtsträger eingesetzt wird, um die Anwendung der Regel für hybride Finanzinstrumente zu umgehen, gilt die Regel für umgekehrt hybride Rechtsträger weiterhin, soweit eine Direktzahlung nach der vorrangigen Regel in Empfehlung 1 einer Anpassung unterlegen hätte. Ein Beispiel, in dem dieses Prinzip gelten könnte, ist in **Beispiel 4.4** dargelegt, in dem im Rahmen eines Finanzinstruments eine Zahlung an einen umgekehrt hybriden Rechtsträger geleistet wird. In diesem Fall wird der Zahlungsleister den Betriebsausgabenabzug für die Zahlung weiterhin versagen, da die Regel für hybride Finanzinstrumente *im Staat des Zahlungsleisters* angewandt worden wäre, um die Besteuerungsinkongruenz zu neutralisieren, wenn die Zahlung direkt an den Investor geleistet worden wäre. Die Besteuerungsinkongruenz fällt somit nach wie vor unter den Wortlaut und die Absicht der Regel.

## Empfehlung 4.4 – Geltungsbereich der Regel

168. Empfehlung 4.4 schränkt den Geltungsbereich der Regel für umgekehrt hybride Rechtsträger auf strukturierte Gestaltungen und Besteuerungsinkongruenzen ein, die innerhalb eines Konzerns entstehen. Vgl. Empfehlungen 10 und 11 in Bezug auf die Definition der Begriffe „strukturierte Gestaltung" und „Konzern".

*Kapitel 5*

# Spezifische Empfehlungen für die steuerliche Behandlung von Reverse Hybrids

**Empfehlung 5**

**1. Verbesserung der Hinzurechnungsbesteuerung und anderer Besteuerungsregelungen für Offshore-Investments**

Die Staaten sollten Besteuerungsregelungen für Offshore-Investments einführen bzw. ändern, um zu verhindern, dass es bei Zahlungen an einen Reverse Hybrid zu D/NI-Ergebnissen kommt. Die Staaten sollten auch die Einführung bzw. Anpassung von Besteuerungsregelungen für Offshore-Investments im Hinblick auf Gestaltungen erwägen, die zu importierten Besteuerungsinkongruenzen führen (Imported Mismatch Arrangements).

**2. Beschränkung der steuerlichen Transparenz für gebietsfremde Investoren**

Ein Reverse Hybrid sollte als gebietsansässiger Steuerpflichtiger im Errichtungsstaat behandelt werden, wenn die Einnahmen des Reverse Hybrid nach den Rechtsvorschriften des Errichtungsstaats nicht der Besteuerung unterworfen werden und die aufgelaufenen Einnahmen eines gebietsfremden Investors, der demselben Konzern wie der Reverse Hybrid angehört, nach den Rechtsvorschriften des Staats des Investors nicht der Besteuerung unterworfen werden.

**3. Dokumentationsanforderungen für Intermediäre**

Die Staaten sollten Personen, die in ihrem Staat ansässig sind, angemessene Steuererklärungs- und Dokumentationsanforderungen auferlegen, um sowohl den Steuerpflichtigen als auch den Steuerverwaltungen dabei zu helfen, die diesem gebietsfremden Investor zugeordneten Zahlungen ordnungsgemäß zu bestimmen.

## Überblick

169. Empfehlung 5 enthält drei spezifische Empfehlungen für die steuerliche Behandlung von Reverse Hybrids (umgekehrt hybriden Rechtsträgern). Diese Empfehlung betrifft die steuerliche Behandlung von Zahlungen, die nach den Rechtsvorschriften des Staats des Investors und des Errichtungsstaats an einen umgekehrt hybriden Rechtsträger geleistet wurden, und umfasst Empfehlungen zu Steuererklärungs- und Dokumentationsanforderungen, die sowohl den Steuerpflichtigen als auch den Steuerverwaltungen dabei helfen sollen, die diesem gebietsfremden Investor zugeordneten Zahlungen ordnungsgemäß zu bestimmen.

170. Bei diesen spezifischen Empfehlungen handelt es sich nicht um Hybrid-Mismatch-Regeln. Das bedeutet, dass die Besteuerungskonsequenzen einer Zahlung auf Grund von Unterschieden bei ihrer steuerlichen Behandlung in einem anderen Staat nicht angepasst werden. Stattdessen schlägt Empfehlung 5 Verbesserungen vor, die die Staaten an ihrem innerstaatlichen Recht vornehmen könnten, um die Häufigkeit hybrider Besteuerungsinkongruenzen zu reduzieren, indem die steuerliche Behandlung von grenzüberschreitenden Zahlungen an transparente Rechtsträger mit den steuerpolitischen Zielsetzungen in Einklang gebracht wird, die erwartungsgemäß allgemein für Zahlungen zwischen innerstaatlichen Steuerpflichtigen gelten.

## Empfehlung 5.1 – Verbesserung der Hinzurechnungsbesteuerung und anderer Besteuerungsregelungen für Offshore-Investments

171. Zahlungen, die durch eine Reverse-Hybrid-Struktur geleistet werden, führen nicht zu D/NI-Ergebnissen, wenn die Einkünfte im Rahmen einer CFC-Regel, einer Bestimmung über ausländische Investitionsfonds oder einer ähnlichen Vorschrift zur Vermeidung von Steueraufschüben im Staat des Investors, die vom Investor verlangt, dass er den Anteil berücksichtigt, der ihm aus jeder an den Intermediär auf laufender Basis geleisteten Zahlung in Form einer ordentlichen Einnahme zugeordnet wurde, in voller Höhe besteuert werden. Empfehlung 5.1 empfiehlt daher, dass die Staaten Besteuerungsregelungen für Offshore-Investments einführen oder ausweiten, die von einem Steuerpflichtigen verlangen, für Steuerzwecke alle Posten der ordentlichen Einnahmen zu berücksichtigen, die ihm durch einen umgekehrt hybriden Rechtsträger zugeordnet werden.

172. Es gibt mehrere Methoden, wie ein Staat die steuerliche Behandlung der Zahlung im Staat des Investors an ihre steuerliche Behandlung im Errichtungsstaat anpassen kann. Ein Staat kann eine Maßnahme oder eine Kombination von Maßnahmen nutzen, die Änderungen der Ansässigkeitsregeln, der CFC-Regeln und der Regeln vorsehen können, in deren Rahmen Marktwertveränderungen der Investition bei einem gebietsansässigen Investor besteuert werden. Wenn die Staaten Änderungen ihrer Besteuerungsregelungen für Offshore-Investments erwägen, sollten sie auch den Effekten geltender Steuerbefreiungen, Schutzklauseln und Steuerfreigrenzen Rechnung tragen, die die Wirksamkeit dieser Regelungen bei der Berücksichtigung der Einkünfte eines umgekehrt hybriden Rechtsträgers verringern können.

173. Ein umgekehrt hybrider Rechtsträger wird nach den Rechtsvorschriften des Errichtungsstaats als transparent behandelt. Diese transparente Betrachtung bedeutet, dass es die Rechtsvorschriften des Errichtungsstaats dem Reverse Hybrid gestatten oder von ihm verlangen, einem Investor die Zahlungen so zuzurechnen oder zuzuordnen, dass die Zahlung in den Einkünften eines anderen Steuerpflichtigen nicht berücksichtigt wird. Eine Besteuerungsregelung für Offshore-Investments im Staat des Investors könnte diese

Anforderung einschränken und bei den Investoren den Anteil der Einkünfte besteuern, der diesem Investor zugeordnet wurde. Werden die einem umgekehrt hybriden Rechtsträger zugeordneten Einkünfte nach den Rechtsvorschriften des Staats des Investors als steuerpflichtig behandelt, würde dies bei einer Zahlung an einen transparenten Rechtsträger eine Neutralisierung hybrider Besteuerungsinkongruenzen bewirken. Eine solche Regel würde gewährleisten, dass der Staat des Zahlungsleisters die Anwendung der Hybrid-Mismatch-Regel aussetzen könnte, insofern die Zahlungen Investoren im Staat des Investors zugeordnet wurden.

## Empfehlung 5.2 – Beschränkung der steuerlichen Transparenz für gebietsfremde Investoren

174. Steuerliche Transparenz ist ein wirksames Mittel für Organismen für die gemeinsame Anlage in Wertpapieren, um die Steuerneutralität der Ergebnisse für verschiedene Investoren zu gewährleisten, die unterschiedlichen Grenzsteuersätzen unterliegen. Die Steuertransparenz fußt jedoch auf der Annahme, dass die dem Investor zugeordneten Einkünfte vom Investor zu versteuern sind. Im grenzüberschreitenden Kontext ist dies nicht immer der Fall. Empfehlung 5.2 soll verhindern, dass ein Gebietsfremder die steuerliche Transparenz einer Person ausnutzt, um Besteuerungsinkongruenzen zu erzielen.

175. Empfehlung 5.2 des Berichts gilt, wenn eine steuerlich transparente Person beherrscht wird oder sich anderweitig im Besitz eines gebietsfremden Investors befindet und von diesem Investor nicht verlangt wird, Zahlungen in Form ordentlicher Einnahmen zu berücksichtigen, die ihm durch diese Person zugeordnet werden. Die Regel hält die Staaten effektiv dazu an, ihre Transparenzregeln auszusetzen, wenn diese Regeln in erster Linie dazu verwendet werden, um hybride Besteuerungsinkongruenzen zu erzielen. Die Empfehlung findet nur in Fällen Anwendung, in denen

(a) die Person nach den Rechtsvorschriften des Errichtungsstaats steuerlich transparent ist;

(b) die Person Einkünfte aus ausländischen Quellen oder Einkünfte bezieht, die im Errichtungsstaat sonst keiner Besteuerung unterliegen;

(c) diese Einkünfte vollständig oder teilweise nach den Rechtsvorschriften des Errichtungsstaats einem gebietsfremden Investor zugeordnet werden, der demselben Konzern angehört wie diese Person.

Unter diesen Umständen sieht Empfehlung 5.2 vor, dass der Errichtungsstaat den umgekehrt hybriden Rechtsträger so behandeln sollte, als ob er ein gebietsansässiger Steuerpflichtiger wäre. Wenn der umgekehrt hybride Rechtsträger als gebietsansässiger Steuerpflichtiger behandelt wird, ist es nicht mehr erforderlich, die Reverse-Hybrid-Regel auf ihn anzuwenden, und der Staat des Investors kann die Zahlungen weiterhin in den Einkünften gemäß Empfehlung 5.1 berücksichtigen und eine Steueranrechnung für alle im Errichtungsstaat gezahlten Steuern auf die Einkünfte gewähren, die im Rahmen dieser Regeln erfasst werden.

## Empfehlung 5.3 – Dokumentationsanforderungen für Intermediäre

176. Empfehlung 5.3 soll die Staaten dazu anhalten, steuerlich transparenten Rechtsträgern, die in diesem Staat ansässig sind, weiterhin angemessene Dokumentations- und Steuererklärungsanforderungen aufzuerlegen. Dies beinhaltet die Führung von exakten Aufzeichnungen zur Identität der Investoren, dem Umfang ihrer jeweiligen Beteiligung an dem Rechtsträger sowie dem Betrag der Einnahmen und der Ausgaben, der diesen Investoren

zugeordnet wird. Diese Aufzeichnungen sollten auf Ersuchen sowohl den Investoren als auch der Steuerverwaltung im Errichtungsstaat zur Verfügung gestellt werden.

177. In Brisbane verabschiedeten die Staats- und Regierungschefs der G20 den *Standard für den automatischen Informationsaustausch über Finanzkonten* (Gemeinsamer Meldestandard, OECD 2014a). Im Rahmen dieses Standards wird von Investmentunternehmen verlangt, dass sie den inländischen Steuerverwaltungen bestimmte Informationen über ihre Investoren zur Verfügung stellen, einschließlich des Werts der Beteiligung, die jeder Investor am Ende des betreffenden Veranlagungszeitraums hält. Diese Informationen werden automatisch mit der Steuerverwaltung im Staat des Investors ausgetauscht, was es den Steuerbehörden erleichtert, Offshore-Beteiligungen zu identifizieren (und deren Umfang zu ermitteln), die von gebietsansässigen Investoren gehalten werden.

178. Die Rechtsgrundlage für den Informationsaustausch zwischen Steuerverwaltungen bildet im Allgemeinen Artikel 26 des OECD-Musterabkommens zur Vermeidung der Doppelbesteuerung des Einkommens und des Vermögens (OECD-Musterabkommen, OECD, 2014b) oder das Übereinkommen über die gegenseitige Amtshilfe in Steuersachen, in der Fassung des Protokolls von 2010 (OECD, 2010). Dieses Übereinkommen sieht sämtliche möglichen Formen der Verwaltungszusammenarbeit zwischen Staaten vor und enthält strenge Regeln zur Vertraulichkeit und ordnungsgemäßen Verwendung von Informationen.

179. Darüber hinaus werden die Steuerbehörden dazu angehalten, von in ihrem Staat ansässigen Intermediären zu verlangen, dass sie Aufzeichnungen zu den Investoren, die Beteiligungen an diesen Intermediären halten, sowie zu den Beträgen der Einnahmen und der Ausgaben führen, die diesen Investoren zugeordnet werden (einschließlich der Einnahmen- und Ausgabenkategorien gemäß dem geltenden Steuer- oder Rechnungslegungsstandard).

## *Literaturverzeichnis*

OECD (2014a), *Standard für den automatischen Informationsaustausch über Finanzkonten – Gemeinsamer Meldestandard*, OECD Publishing, Paris, *www.oecd.org/ctp/exchange-of-tax-information/standard-fur-den-automatischen-informationsaustausch-von-finanzkonten.pdf*.

OECD (2014b), *Model Tax Convention on Income and on Capital, Condensed Version 2014*, OECD Publishing, Paris, *http://dx.doi.org/10.1787/mtc_cond-2014-en*.

OECD (2010), *The Multilateral Convention on Mutual Administrative Assistance in Tax Matters, Amended by the 2010 Protocol*, OECD Publishing, Paris, *http://dx.doi.org/10.1787/9789264115606-en*.

*Kapitel 6*

# Regel für abzugsfähige hybride Zahlungen

## Empfehlung 6

**1. Die Besteuerungsinkongruenz neutralisieren, soweit die Zahlung zu einem doppelten Betriebsausgabenabzug führt (DD-Ergebnis)**

Die folgende Regelung sollte für hybride Zahlungsleister gelten, die eine Zahlung tätigen, die nach den Rechtsvorschriften des Staats des Zahlungsleisters abzugsfähig ist und die im Staat der Muttergesellschaft einen nochmaligen Abzug auslöst, was zu einer hybriden Besteuerungsinkongruenz führt:

(a) Der Staat der Muttergesellschaft versagt den nochmaligen Abzug der Zahlung, soweit diese zu einem DD-Ergebnis führt.

(b) Wenn der Staat der Muttergesellschaft die Besteuerungsinkongruenz nicht neutralisiert, wird der Staat des Zahlungsleisters den Abzug der Zahlung versagen, soweit diese zu einem DD-Ergebnis führt.

(c) Es kommt zu keiner Besteuerungsinkongruenz, soweit ein Betriebsausgabenabzug mit Einnahmen verrechnet wird, die nach den Rechtsvorschriften des Staats der Muttergesellschaft und denen des Staats des Zahlungsleisters als Einnahmen berücksichtigt werden („doppelt berücksichtigte Einnahmen").

(d) Ein Abzug, der den Betrag der doppelt berücksichtigten Einnahmen übersteigt (überschießende Betriebsausgaben), kann mit doppelt berücksichtigten Einnahmen eines anderen Zeitraums verrechnet werden. Um nicht ausgeglichene Verluste zu vermeiden, kann der Abzug überschießender Betriebsausgaben zugelassen werden, soweit es dem Steuerpflichtigen möglich ist, in einer für die Steuerverwaltung zufriedenstellenden Weise nachzuweisen, dass die überschießenden Ausgaben in dem anderen Staat nicht nach den Rechtsvorschriften des anderen Staats mit Einnahmen einer Person verrechnet werden können, die keine doppelt berücksichtigten Einnahmen sind.

**2. Die Regel gilt nur für abzugsfähige Zahlungen eines hybriden Zahlungsleisters**

Eine Person gilt in Bezug auf eine Zahlung, die nach den Rechtsvorschriften des Staats des Zahlungsleisters abzugsfähig ist, als hybrider Zahlungsleister, wenn

(a) der Zahlungsleister keine im Staat des Zahlungsleisters ansässige Person ist und die Zahlung für den Zahlungsleister (oder eine nahestehende Person) nach den Rechtsvorschriften des Staats, in dem der Zahlungsleister ansässig ist (Staat der Muttergesellschaft), einen nochmaligen Abzug auslöst, oder

(b) der Zahlungsleister im Staat des Zahlungsleisters ansässig ist und die Zahlung für eine in den Zahlungsleister investierende Person (oder eine nahestehende Person) nach den Rechtsvorschriften des anderen Staats (Staat der Muttergesellschaft) einen nochmaligen Abzug auslöst.

**3. Die Regel gilt nur für Zahlungen, die zu einer hybriden Besteuerungsinkongruenz führen**

Eine Zahlung führt zu einer hybriden Besteuerungsinkongruenz, wenn der Betriebskostenabzug für die Zahlung nach den Rechtsvorschriften des Staats des Zahlungsleisters mit Einnahmen verrechnet werden kann, bei denen es sich nicht um doppelt berücksichtigte Einnahmen handelt.

*(Fortsetzung nächste Seite)*

*(Fortsetzung)*

**4. Geltungsbereich der Regel**

Die Abwehrregel gilt nur, falls die an der Inkongruenz beteiligten Parteien zu demselben Konzern gehören oder wenn es zu der Besteuerungsinkongruenz im Rahmen einer strukturierten Gestaltung kommt und der Steuerpflichtige an dieser strukturierten Gestaltung beteiligt ist. Es gibt keine Begrenzung für den Geltungsbereich der empfohlenen Maßnahme.

## Überblick

180. Wenn ein Steuerpflichtiger eine Zahlung über eine grenzüberschreitende Struktur, wie beispielsweise eine doppelt ansässige Person, eine ausländische Zweigniederlassung oder eine hybride Person tätigt, kann diese Zahlung ein DD-Ergebnis auslösen, wenn:

(a) die Betriebsausgaben nach den Rechtsvorschriften von zwei oder mehr Staaten bei der Berechnung der Nettoeinkünfte berücksichtigt werden müssen, oder

(b) im Fall einer Zahlung einer hybriden Person, die von einem ihrer Investoren als transparent behandelt wird, die Zahlung bei der Berechnung der Nettoeinkünfte dieses Investors ebenfalls als abzugsfähig behandelt wird.

181. Ein solches DD-Ergebnis wirft steuerpolitische Fragen auf, wenn die Rechtsvorschriften beider Staaten es zulassen, dass dieser Betriebsausgabenabzug mit einem Betrag verrechnet wird, der nach den Rechtsvorschriften des anderen Staats nicht als Einnahme behandelt wird (d.h. mit Einnahmen, bei denen es sich nicht um „doppelt berücksichtigte Einnahmen" handelt). Der Grundsatz der Regel für abzugsfähige hybride Zahlungen besteht darin, den Betriebsausgabenabzug eines Steuerpflichtigen auf den Betrag der doppelt berücksichtigten Einnahmen zu begrenzen, wenn der in dem anderen Staat bewirkte Abzug keinen äquivalenten Beschränkungen hinsichtlich der Abzugsfähigkeit unterliegt.

182. Empfehlung 6 gilt für DD-Ergebnisse in Bezug auf Ausgaben, die über eine ausländische Zweigniederlassung oder eine hybride Person getätigt werden. Die Definition des Begriffs „hybrider Zahlungsleister" hat zur Folge, dass die Regel für abzugsfähige hybride Zahlungen nur gilt, wenn eine abzugsfähige Zahlung in einem Staat (dem Staat des Zahlungsleisters) einen nochmaligen Abzug in einem anderen Staat (dem Staat der Muttergesellschaft) bewirkt, weil:

(a) der Zahlungsleister im Staat der Muttergesellschaft ansässig ist (d.h. die Ausgaben wurden über eine Zweigniederlassung getätigt), oder

(b) ein Investor im Staat der Muttergesellschaft einen Betriebsausgabenabzug für dieselbe Zahlung geltend macht (d.h. die Ausgabe wurde von einer hybriden Person getätigt, die nach den Rechtsvorschriften des Staats der Muttergesellschaft als transparent behandelt wird).

183. Als vorrangige Maßnahme empfiehlt die Regel für abzugsfähige hybride Zahlungen, dass der Staat der Muttergesellschaft den Betrag des nochmaligen Abzugs auf den Gesamtbetrag der doppelt berücksichtigten Einnahmen beschränken sollte. Es gibt keine Begrenzung für den Geltungsbereich der vorrangigen Maßnahme. Die Abwehrregel, die dem Staat des Zahlungsleisters die gleiche Art von Beschränkung auferlegt, gilt nur, wenn der Effekt der Inkongruenz im Staat der Muttergesellschaft nicht neutralisiert wird, und sie ist auf diejenigen Fälle begrenzt, in denen die an der Inkongruenz beteiligten Parteien zu demselben Konzern gehören, oder in denen der Steuerpflichtige an einer strukturierten Gestaltung beteiligt ist.

184. Die Festlegung, welche Zahlungen zu einem doppelten Betriebsausgabenabzug geführt haben und bei welchen Posten es sich um doppelt berücksichtigte Einnahmen handelt, erfordert einen Vergleich zwischen der innerstaatlichen steuerlichen Behandlung dieser Posten und ihrer Behandlung nach den Rechtsvorschriften des anderen Staats. In einfachen Fällen, in denen der hybride Zahlungsleister nur an wenigen Geschäftsvorfällen beteiligt ist, kann es möglich sein, jeden einzelnen Einnahme- oder Ausgabeposten genau zu vergleichen. In komplexeren Fällen, in denen der Steuerpflichtige an einer erheblichen Zahl von Geschäftsvorfällen beteiligt ist, die zu unterschiedlichen Arten von Einnahmen und Ausgaben führen, sollten die Staaten möglicherweise eine einfachere Umsetzungslösung für die Rückverfolgung von doppelten Betriebsausgabenabzügen und doppelt berücksichtigten Einnahmen in Erwägung ziehen. Die Art und Weise, in der DD-Ergebnisse entstehen, unterscheidet sich von Staat zu Staat, und die Staaten sollten eine Umsetzungslösung wählen, die sich soweit wie möglich auf bestehende innerstaatliche Regelungen, Verwaltungsanweisungen, Annahmen und Steuerberechnungen stützt und zugleich den grundlegenden Politikzielen der Regel für abzugsfähige hybride Zahlungen gerecht wird. In diesen Leitlinien werden mögliche Umsetzungslösungen in den **Beispielen 6.1** bis **6.5** aufgeführt.

185. Die Staaten verwenden unterschiedliche steuerliche Abrechnungsperioden und haben unterschiedliche Regeln für die Erfassung des Zeitpunkts, an dem Einnahmen bezogen bzw. Ausgaben getätigt wurden. Diese Abweichungen bei der zeitlichen Einordnung sollten nicht so behandelt werden, als führten sie zu Besteuerungsinkongruenzen nach Empfehlung 6. Deshalb ist es nach Empfehlung 6.1(d) zulässig, den Abzug überschießender Betriebsausgaben, der nach der Regel für abzugsfähige hybride Zahlungen Beschränkungen unterliegt, in Einklang mit den gewöhnlichen Regeln für die Behandlung von Nettoverlusten in einen anderen Veranlagungszeitraum zu übertragen und in diesem Zeitraum mit doppelt berücksichtigten Einnahmen zu verrechnen. Um nicht ausgeglichene Verluste zu vermeiden, können die Staaten außerdem die Verrechnung von überschießenden Ausgaben mit nicht doppelt berücksichtigten Einnahmen gestatten, wenn ein Steuerpflichtiger nachweisen kann, dass diese Betriebsausgabenabzüge nach den Rechtsvorschriften des anderen Staats nicht mit Einnahmen verrechnet werden können, bei denen es sich nicht um doppelt berücksichtigte Einnahmen handelt.

## Empfehlung 6.1 – Die Besteuerungsinkongruenz neutralisieren, soweit die Zahlung zu einem doppelten Betriebsausgabenabzug führt (DD-Ergebnis)

186. Als Gegenmaßnahme empfiehlt dieser Bericht, den Effekt der hybriden Besteuerungsinkongruenz durch die Einführung einer Korrespondenzregel (*linking rule*) zu neutralisieren, die die Besteuerung im Staat des Zahlungsleisters und im Staat der Muttergesellschaft aufeinander abstimmt. Die Hybrid-Mismatch-Regel isoliert das hybride Element in der Struktur durch die Identifizierung einer von einem hybriden Zahlungsleister getätigten abzugsfähigen Zahlung im Staat des Zahlungsleisters und des entsprechenden nochmaligen Abzugs, zu dem es im Staat der Muttergesellschaft kommt. Die vorrangige Maßnahme ist, dass der nochmalige Abzug im Staat der Muttergesellschaft nicht geltend gemacht werden kann, soweit er die doppelt berücksichtigten Einnahmen (nach den Rechtsvorschriften beider Staaten für Steuerzwecke berücksichtigte Einnahmen) des Antragsstellers übersteigt. Eine Abwehrregel gilt im Staat des Zahlungsleisters, um zu verhindern, dass der hybride Zahlungsleister den mit einer abzugsfähigen Zahlung verbundenen Steuervorteil in Bezug auf nicht doppelt berücksichtigte Einnahmen geltend macht, wenn die vorrangige Regel nicht greift.

187. Im Fall der vorrangigen Regel wie auch der Abwehrregel können überschießende Betriebsausgaben von den doppelt berücksichtigten Einnahmen eines anderen Zeitraums in Abzug gebracht werden. Um nicht ausgeglichene Verluste zu vermeiden, wird empfohlen, den Abzug von überschießenden Betriebsausgaben zuzulassen, soweit es dem Steuerpflichtigen möglich ist, in einer für die Steuerverwaltung zufriedenstellenden Weise nachzuweisen, dass die fraglichen Ausgaben nicht mit den Einnahmen einer den Rechtsvorschriften des anderen Staats unterliegenden Person verrechnet werden können.

## *Von der Regel erfasste abzugsfähige Zahlungen*

188. Die Bedeutung des Begriffs „steuerlich abzugsfähige Zahlung" entspricht der in den anderen Empfehlungen dieses Berichts verwendeten Bedeutung und erfasst im Allgemeinen die laufenden Ausgaben eines Steuerpflichtigen, wie beispielsweise Zahlungen für Dienstleistungen, Miete, Lizenzen, Zinsen und andere Beträge, die nach den Rechtsvorschriften des Staats des Zahlungsleisters in der Periode, in der sie ausgewiesen werden, von den ordentlichen Einnahmen in Abzug gebracht werden können.

189. Die Einschätzung, ob eine Zahlung abzugsfähig ist, erfordert eine angemessene Beurteilung des Charakters und der Behandlung der Zahlung nach den Rechtsvorschriften sowohl des Staats des Zahlungsleisters als auch des Staats der Muttergesellschaft. Bei der Analyse der steuerlichen Behandlung der Zahlung sollte ein ähnlicher Ansatz gewählt werden wie bei der Ermittlung von Inkongruenzen im Rahmen eines Finanzinstruments, mit der Ausnahme, dass Empfehlung 6 einen Vergleich zwischen den Staaten erfordert, in denen die Zahlung getätigt wird, und keinen Vergleich zwischen dem Staat, in dem die Zahlung getätigt wird, und dem Staat, in dem sie eingeht.

190. Im Gegensatz zur Regel für hybride Finanzinstrumente, die nur auf die steuerliche Behandlung des Instruments und nicht auf den Status des Kontrahenten oder den Kontext, in dem das Instrument gehalten wird, abzielt, sollte die Regel für abzugsfähige hybride Zahlungen nur angewendet werden, soweit ein Steuerpflichtiger nach inländischem Recht tatsächlich zu einem Abzug für eine Zahlung berechtigt ist. Dementsprechend gilt die Regel nicht, soweit der Steuerpflichtige nach den Rechtsvorschriften des Staats der Muttergesellschaft oder des Staats des Zahlungsleisters Regeln hinsichtlich bestimmter Geschäftsvorfälle oder Rechtsträger unterliegt, denen zufolge die Zahlung nicht abzugsfähig ist. Zu diesen Beschränkungen der Abzugsfähigkeit können Hybrid-Mismatch-Regeln gehören, die dem Steuerpflichtigen einen Betriebsausgabenabzug versagen, um ein direktes oder indirektes D/NI-Ergebnis zu neutralisieren.

191. Die Interaktion zwischen Empfehlung 6 und anderen Regeln in Bezug auf die Abzugsfähigkeit von Zahlungen wird in **Beispiel 6.3** verdeutlicht, in dem die Muttergesellschaft in einem anderen Staat eine hybride Tochtergesellschaft gründet, bei der Personalaufwendungen anfallen. In **Beispiel 6.3** wird dargelegt, dass es zu keinem DD-Ergebnis kommt, wenn die Muttergesellschaft nach den Rechtsvorschriften ihres eigenen Staats steuerbefreit ist und nicht dazu in der Lage ist, Abzüge für ihre Ausgaben geltend zu machen. In **Beispiel 4.4** leistet eine hybride Person eine Zinszahlung an einen Reverse Hybrid, der demselben Konzern angehört. In diesem Fall wird der Schluss gezogen, dass die in Kapitel 3 des Berichts aufgeführte Regel für umgekehrt hybride Rechtsträger bei der Gestaltung Anwendung findet, um den Betriebsausgabenabzug zu versagen, so dass es keinen Spielraum für die Anwendung der Regel für abzugsfähige hybride Zahlungen gibt.

## *Erweiterung des Geltungsbereichs der Grundsätze von Empfehlung 6 auf andere abzugsfähige Posten*

192. Wie in **Beispiel 6.1** veranschaulicht, können Strukturen, die zu DD-Ergebnissen in Bezug auf Zahlungen führen, auch genutzt werden, um doppelte Betriebsausgabenabzüge für nicht liquiditätswirksame Posten wie Abschreibungen auf materielle oder immaterielle Vermögenswerte zu generieren. Ein DD-Ergebnis wirft die gleichen steuerpolitischen Fragen auf, unabhängig davon, wie der Betriebsausgabenabzug ausgelöst wurde, und eine Unterscheidung der abzugsfähigen Posten auf der Basis der Frage, ob sie einer Zahlung zuzuordnen sind, würde die Umsetzung dieser Empfehlungen eher erschweren als vereinfachen. Bei der Umsetzung der Hybrid-Mismatch-Regeln in innerstaatliches Recht könnte den Staaten dementsprechend daran gelegen sein, die Grundsätze von Empfehlung 6 und 7 auf alle abzugsfähigen Posten anzuwenden, unabhängig davon, ob sie einer Zahlung zuzuordnen sind. **Beispiel 6.1** behandelt die Anwendung der Regel für abzugsfähige hybride Zahlungen auf Abschreibungen, wobei sowohl der Staat des Zahlungsleisters als auch der Staat der Muttergesellschaft eine steuerliche Abschreibung desselben Vermögenswerts gestatten.

## *Ermittlung der Existenz und Höhe eines DD-Ergebnisses*

193. Die Frage, ob eine Zahlung ein „DD-Ergebnis" bewirkt hat, ist in erster Linie eine rechtliche Frage, die anhand einer Analyse der Qualifizierung und der steuerlichen Behandlung der Zahlung nach den Rechtsvorschriften des Staats des Zahlungsleisters und des Staats der Muttergesellschaft beantwortet werden sollte. Lassen die Rechtsvorschriften beider Staaten einen Abzug für dieselbe Zahlung (oder die Abschreibung desselben Vermögenswerts) zu, kann davon ausgegangen werden, dass der Abzug zu einem DD-Ergebnis führt.

194. Dieser Grundsatz wird in **Beispiel 6.3** angewendet, in dem ein Steuerpflichtiger einen Betriebsausgabenabzug auf Lohnzahlungen und Lohnnebenleistungen an einen Beschäftigten geltend macht. Um zu bestimmen, ob diese Zahlungen zu einem DD-Ergebnis geführt haben, muss der Steuerpflichtige die Gegebenheiten und Umstände, die nach inländischem Recht zu dem Betriebsausgabenabzug geführt haben, angemessen beurteilen und ermitteln, ob in dem anderen Staat ein Abzug auf der gleichen Basis gewährt wurde. Wenn beispielsweise ein Staat den Steuerpflichtigen gestattet, den Wert von im Rahmen eines Mitarbeiterbeteiligungsprogramms gewährten Aktienoptionen in Abzug zu bringen, dies in dem anderen Staat jedoch nicht der Fall ist, führt dieser abzugsfähige Betriebsausgabenposten nicht zu einem DD-Ergebnis. Wenn andererseits ein Staat einen Fahrtkostenzuschuss als steuerlichen Abzugsposten behandelt, während der andere Staat die Zahlung lediglich als Teil des (abzugsfähigen) Gehalts oder Lohns des Steuerpflichtigen einstuft, wird die Zahlung trotz der unterschiedlichen Qualifizierung der Zahlung nach den Rechtsvorschriften der einzelnen Staaten dennoch so behandelt, als führe sie zu einem DD-Ergebnis.

### *Bewertungsunterschiede sollten den Betrag, der so behandelt wird, als führe er zu einem DD-Ergebnis, nicht beeinflussen*

195. Wenn eine Zahlung nach den Rechtsvorschriften von zwei oder mehr Staaten zu einem Betriebsausgabenabzug geführt hat, haben Bewertungsunterschiede zwischen dem Staat des Zahlungsleisters und dem Staat der Muttergesellschaft in Bezug auf die Höhe dieser Zahlung generell keine Auswirkungen auf das Ausmaß der durch diese Zahlung verursachten Besteuerungsinkongruenz. Dieser Grundsatz wird in **Beispiel 6.3** veranschaulicht, in dem ein hybrider Zahlungsleister einem Beschäftigten Aktienoptionen gewährt. In diesem Beispiel

wird der Schluss gezogen, dass die Gewährung der Aktienoptionen so behandelt werden sollte, als führe sie zu einem DD-Ergebnis, wenn die Rechtsvorschriften sowohl des Staats des Zahlungsleisters als auch des Staats der Muttergesellschaft einen Betriebsausgabenabzug für die Gewährung solcher Optionen gestatten. In dem Beispiel wird festgestellt, dass die Unterschiede zwischen den Staaten in Bezug auf den anzusetzenden Wert der Aktienoptionen generell nicht verhindern, dass die Regel für abzugsfähige hybride Zahlungen für den Gesamtbetrag gilt, der nach den Rechtsvorschriften in einem der beiden Staaten abzugsfähig ist.

### *Abweichungen bei der zeitlichen Einordnung sollten den Betrag, der so behandelt wird, als führe er zu einem DD-Ergebnis, nicht beeinflussen*

196. Die Hybrid-Mismatch-Regeln zielen normalerweise nicht darauf ab, Inkongruenzen bei der zeitlichen Einordnung von Einnahmen und Aufwendungen zu beeinflussen. Die Anwendung der Regeln hängt ebenso wenig von der zeitlichen Einordnung des Betriebsausgabenabzugs oder der Einnahme im anderen Staat ab. Wenn eine Zahlung nach den Rechtsvorschriften des anderen Staats abzugsfähig ist (oder wenn ein Einnahmeposten nach den Rechtsvorschriften eines anderen Staats berücksichtigt wird), wird der Posten zu dem Zeitpunkt, an dem er nach inländischem Recht als getätigt (oder bezogen) gilt, als doppelter Betriebsausgabenabzug (oder doppelt berücksichtigte Einnahme) behandelt. Dieser Grundsatz wird in **Beispiel 6.1** veranschaulicht, in dem sowohl die hybride Person als auch ihre unmittelbare Muttergesellschaft zu einem Abzug für dieselbe Zinszahlung berechtigt sind. Auf Grund von unterschiedlichen Regeln über die zeitliche Einordnung ist der Steuerpflichtige jedoch in einem Staat verpflichtet, den Betriebsausgabenabzug für die aufgelaufenen Zinszahlungen teilweise in die nächste Abrechnungsperiode zu verschieben. Die daraus zwischen den Staaten entstehende Abweichung bei der zeitlichen Einordnung verhindert nicht, dass die Regel für abzugsfähige hybride Zahlungen in beiden Staaten für die gesamten Zinszahlungen gilt.

## *Doppelt berücksichtigte Einnahmen*

197. Ein Einnahmeposten gilt als doppelt berücksichtigte Einnahme, wenn ein und derselbe Posten nach den Rechtsvorschriften der Staaten, in denen das DD-Ergebnis entsteht, in den Einnahmen berücksichtigt wird. Im Hinblick auf Betriebsausgabenabzüge ist die Klärung der Frage, ob ein Posten als doppelt berücksichtigte Einnahme behandelt werden sollte, in erster Linie eine rechtliche Frage, die einen Vergleich der Behandlung dieses Postens nach den Rechtsvorschriften beider Staaten erfordert. Ein Betrag sollte selbst dann als doppelt berücksichtigte Einnahme behandelt werden, wenn dieser Posten in den einzelnen Staaten zu Steuerzwecken unterschiedlich bewertet oder verschiedenen Abrechnungszeiträumen zugeordnet wird. Dieser Grundsatz wird in **Beispiel 6.1** und **Beispiel 6.3** angewendet, in denen die Rechtsvorschriften des Staats der Muttergesellschaft und des Staats des Zahlungsleisters bei der Erfassung der Einnahmen eines hybriden Rechtsträgers unterschiedliche Regeln für die zeitliche Zuordnung und die Bewertung vorsehen. In diesem Fall wenden beide Staaten bei der Berechnung des in den einzelnen Perioden anfallenden Betrags an doppelt berücksichtigten Einnahmen ihre eigenen Regeln an, und der daraus resultierende Messungsunterschied hat keinen Einfluss auf die Anwendung der Regel.

198. Eine Entlastung von der Doppelbesteuerung, wie beispielsweise eine vom Staat des Zahlungsleisters gewährte innerstaatliche Dividendenfreistellung oder eine vom Staat des Zahlungsempfängers/der Muttergesellschaft gewährte Anrechnung ausländischer Steuerzahlungen sollten nicht verhindern, dass ein Posten als doppelt berücksichtigte

Einnahme behandelt wird, wenn der Effekt dieser Entlastung lediglich darin besteht, eine zusätzliche Besteuerungsebene für diesen Posten in einem der beiden Staaten zu vermeiden. Während eine Zahlung also generell nach den Rechtsvorschriften beider Staaten als ordentliche Einnahme ausgewiesen werden muss, bevor sie als doppelt berücksichtigte Einnahme behandelt werden kann, sollte ein Eigenkapitalertrag auch dann als doppelt berücksichtigte Einnahme geltend gemacht werden können, wenn die Zahlung im Staat des Zahlungsleisters oder im Staat der Muttergesellschaft Gegenstand einer Steuerbefreiung, Nichtberücksichtigung, Steueranrechnung oder sonstigen Entlastung von der Doppelbesteuerung ist, durch die die Zahlung von wirtschaftlicher Doppelbesteuerung befreit wird. Ein solcher Fall von doppelt berücksichtigten Einnahmen wird in **Beispiel 6.3** behandelt, in dem die Betriebsausgaben eines hybriden Rechtsträgers durch eine konzerninterne Dividende finanziert werden, die in dem Staat, in dem die Dividende bezogen wird, steuerbefreit ist, nach den Rechtsvorschriften des Staats der Muttergesellschaft jedoch den Einnahmen zugerechnet wird. Wenn der hybride Rechtsträger berechtigt ist, einen Betriebsausgabenabzug auf einen derartigen steuerbefreiten oder unberücksichtigten Eigenkapitalertrag geltend zu machen, werden in beiden Staaten die beabsichtigten steuerpolitischen Ergebnisse erzielt. Die Dividende sollte für die Zwecke der Regel für abzugsfähige hybride Zahlungen selbst dann als doppelt berücksichtigte Einnahme behandelt werden, wenn diese Dividende im Staat der Muttergesellschaft mit dem Anspruch auf eine Anrechnung ausländischer Steuern verbunden ist. Eine solche Entlastung von der Doppelbesteuerung kann jedoch steuerpolitische Fragen aufwerfen, wenn sie den gleichen Nettoeffekt hat, wie die Zulassung eines DD-Ergebnisses. Bei der Feststellung, ob ein Einnahmeposten, der mit einem Anspruch auf eine solche Entlastung von der Doppelbesteuerung verbunden ist, als doppelt berücksichtigte Einnahme behandelt werden sollte, sollten die Staaten versuchen, ein Gleichgewicht zwischen den Regeln zu schaffen, die die Befolgungskosten minimieren, den beabsichtigten Effekt einer solchen Entlastung von der Doppelbesteuerung sichern und die Steuerpflichtigen daran hindern, Strukturen einzurichten, die die Integrität der Regeln beeinträchtigen.

199. Eine Steuerverwaltung kann die Nettoeinkünfte eines beherrschten ausländischen Unternehmens, die einem Anteilseigner dieses Unternehmens im Rahmen der Hinzurechnungsbesteuerung oder einer anderen Berücksichtigung ausländischer Einkünfte zugerechnet werden, als doppelt berücksichtigte Einnahmen behandeln, wenn der Steuerpflichtige der Steuerverwaltung überzeugend darlegen kann, dass diese Einkünfte nach den Rechtsvorschriften beider Staaten als Einnahmen berücksichtigt und zum vollen Steuersatz besteuert werden. **Beispiel 6.4** beschreibt eine vereinfachte Berechnung, die veranschaulicht, wie im Rahmen der Hinzurechnungsbesteuerung zugeordnete Einkünfte berücksichtigt werden können, um in einer hybriden Struktur den Betrag doppelt berücksichtigter Einnahmen zu bestimmen.

## *Das Ausmaß der Inkongruenz als Richtwert*

200. Die Anpassung sollte den Umfang nicht übersteigen, der notwendig ist, um die hybride Besteuerungsinkongruenz zu neutralisieren, und sollte ein Ergebnis hervorbringen, das verhältnismäßig ist und nicht zu Doppelbesteuerung führt. Bei der Anwendung der Abwehrregel kann der Abzugsbetrag, der versagt werden muss, um die Inkongruenz zu neutralisieren, jedoch den Abzugsbetrag übersteigen, der vom Staat der Muttergesellschaft in Bezug auf dieselbe Zahlung versagt worden wäre. Dies ist beispielsweise der Fall, wenn die bei einer hybriden Person aufgelaufenen abzugsfähigen Zinsen so behandelt werden, als wären sie einer Reihe von Investoren im Verhältnis zu ihrer Beteiligung an dem Rechtsträger zugeordnet worden. Wie in **Beispiel 6.5** beschrieben, muss der Betriebsausgabenabzug nach der Abwehrregel für die gesamte Zinszahlung versagt werden, um eine Besteuerungsinkongruenz zu beseitigen,

selbst wenn nach den Rechtsvorschriften des Staats des Investors nur ein Teil der Zinszahlung so behandelt wird, als führe er zu einem nochmaligen Betriebsausgabenabzug.

## Überschießende Betriebsausgaben

### *Vortrag des Betriebsausgabenabzugs in einen anderen Zeitraum*

201. Da die Hybrid-Mismatch-Regeln sich normalerweise nicht auf Abweichungen bei der zeitlichen Einordnung auswirken oder davon betroffen sind, enthalten die Regeln für abzugsfähige hybride Zahlungen einen Mechanismus, der es den Staaten gestattet, doppelte Betriebsausgabenabzüge in eine Periode vorzutragen (oder zurückzutragen, wenn dies nach inländischem Recht erlaubt ist), in der sie mit überschießenden doppelt berücksichtigten Einnahmen verrechnet werden können. Die Empfehlung sieht vor, dass die gewöhnlichen nationalen Regeln für die Nutzung von Verlusten auch für derartige Betriebsausgabenabzüge gelten sollten. **Beispiel 6.1** beschreibt eine Anwendung des Vortrags von überschießenden Betriebsausgaben.

### *Nicht ausgeglichene Verluste*

202. In bestimmten Fällen kann die Regel angewendet werden, um einen Abzug im Staat des Zahlungsleisters oder im Staat der Muttergesellschaft zu beschränken, selbst wenn der in dem anderen Staat ausgelöste Abzug nicht genutzt werden kann, um Einkünfte in diesem Staat zu verrechnen (weil beispielsweise das Unternehmen in diesem Staat Nettoverluste ausweist). In diesem Fall kann die Regel zu „nicht ausgeglichenen Verlusten" führen, die in dem einen Staat aus praktischen und wirtschaftlichen Gründen und in dem anderen Staat auf Grund von Empfehlung 6 nicht genutzt werden können. Empfehlung 6.1(d) sieht vor, dass eine Steuerverwaltung die Verrechnung dieser überschießenden Betriebsausgaben mit nicht doppelt berücksichtigten Einnahmen gestatten kann, wenn der Steuerpflichtige nachweisen kann, dass der Abzug in dem anderen Staat nicht mit Einnahmen verrechnet werden kann, bei denen es sich nicht um doppelt berücksichtigte Einnahmen handelt. Die Behandlung von nicht ausgeglichenen Verlusten wird in **Beispiel 6.2** erörtert, in dem ein Steuerpflichtiger Verluste in einer ausländischen Zweigniederlassung erleidet. In diesem Beispiel kann die Regel für abzugsfähige hybride Zahlungen „nicht ausgeglichene Verluste" generieren, wenn der Steuerpflichtige seinen Betrieb im Staat des Zahlungsleisters einstellt und die Zweigniederlassung zu einem Zeitpunkt abwickelt, an dem er noch ungenutzte Verlustvorträge aus einem früheren Zeitraum hat. In dem Beispiel wird festgestellt, dass die Steuerverwaltung dem Steuerpflichtigen gestatten kann, überschießende Betriebsausgaben mit nicht doppelt berücksichtigten Einnahmen zu verrechnen, sofern der Steuerpflichtige nachweisen kann, dass die Abwicklung der Zweigniederlassung den Steuerpflichtigen daran hindert, diese Verluste andernorts zu nutzen. In **Beispiel 7.1** werden nicht ausgeglichene Verluste in Bezug auf Rechtsträger mit doppelter Ansässigkeit erörtert.

## Umsetzungslösung auf der Basis bestehender innerstaatlicher Regeln

203. Empfehlung 6 verpflichtet den Steuerpflichtigen grundsätzlich, die abzugsfähigen Ausgabenposten, die sich nach den Rechtsvorschriften beider Staaten ergeben, zu benennen und anzugeben, welche dieser Posten zu DD-Ergebnissen führen. Die Regel begrenzt den Gesamtbetrag des nochmaligen Abzugs, der geltend gemacht werden kann, auf den Gesamtbetrag der doppelt berücksichtigten Einnahmen. Doppelt berücksichtigte Einnahmen sollten grundsätzlich genauso ermittelt werden (d.h. durch die Identifizierung

jedes Einnahmepostens im Inland und die Feststellung, ob und inwieweit diese Posten in dem anderen Staat als Einnahmen berücksichtigt werden).

204. In einfachen Fällen, in denen der hybride Zahlungsleister oder die ausländische Zweigniederlassung nur an wenigen Geschäftsvorfällen beteiligt ist, kann es möglich sein, jeden einzelnen Posten zu vergleichen, in komplexeren Fällen, in denen der Steuerpflichtige an einer großen Zahl von Geschäftsvorfällen beteiligt ist, die zu DD-Ergebnissen oder doppelt berücksichtigten Einnahmen führen können, könnte eine derartige Vorgehensweise jedoch einen erheblichen Befolgungsaufwand mit sich bringen. Um die Umsetzung zu erleichtern und die Befolgungskosten zu minimieren, sollten die Steuerverwaltungen einfachere Umsetzungslösungen in Erwägung ziehen, die den Politikzielen der Regel für abzugsfähige hybride Zahlungen gerecht werden und im Wesentlichen ähnliche Ergebnisse liefern, sich aber so weit wie möglich auf bestehende innerstaatliche Regelungen, Verwaltungsanweisungen, Annahmen und Steuerberechnungen stützen.

205. Bei den von Empfehlung 6 erfassten Strukturen ist es im Allgemeinen der Fall, dass die Geschäftsbücher in beiden Staaten die Einnahmen und Ausgaben des Steuerpflichtigen ausweisen. Diese Geschäftsbücher werden normalerweise nach inländischem Recht unter Verwendung nationaler Steuerkonzepte erstellt. Die Steuerverwaltungen sollten diese bestehenden Informationsquellen und Steuerberechnungen als Ausgangspunkt für die Identifizierung von nochmaligen Abzügen und doppelt berücksichtigten Einnahmen nutzen.

206. Wenn der Staat der Muttergesellschaft eine separate Rechnungslegung auf der Ebene der Zweigniederlassung vorschreibt, könnte er beispielsweise die Möglichkeiten des Steuerpflichtigen einschränken, daraus resultierende Verluste der Zweigniederlassung von den Einkünften der Muttergesellschaft oder eines verbundenen Unternehmens in Abzug zu bringen. Alternativ dazu könnte der Staat der Muttergesellschaft die Zweigniederlassung verpflichten, Anpassungen an den nach den Rechtsvorschriften des Staats des Zahlungsleisters erstellten Geschäftsbüchern vorzunehmen (und die Einnahme- und Ausgabenposten zu streichen, die nach den Rechtsvorschriften des Staats der Muttergesellschaft nicht berücksichtigt werden), um zu ermitteln, ob die Tätigkeiten der Zweigniederlassung (nach den Regeln des Staats der Muttergesellschaft) zu einem Nettoverlust geführt haben.

207. Bei der Anwendung der Abwehrregel könnte der Staat des Zahlungsleisters die Einnahmen und Ausgaben einer hybriden Person oder einer Zweigniederlassung unter Berücksichtigung von Bedenken in Bezug auf den Befolgungs- und Verwaltungsaufwand (insbesondere wenn mehrere Einnahme- und Ausgabenposten betroffen sind) anpassen, um alle wesentlichen Einnahmeposten oder Betriebsausgabenabzüge, die nach den Rechtsvorschriften des Staats der Muttergesellschaft nicht berücksichtigt werden, zu streichen. Der Staat des Zahlungsleisters könnte einen Abzug im Umfang des angepassten Nettoverlusts versagen und einen Vortrag des Nettoverlusts in eine folgende Periode im Fall einer Änderung der Unternehmenskontrolle verhindern. In den **Beispielen 6.1** bis **6.5** werden Umsetzungslösungen beschrieben, die darauf abzielen, DD-Ergebnissen entgegenzuwirken.

## Empfehlung 6.2 – Die Regel gilt nur für abzugsfähige Zahlungen eines hybriden Zahlungsleisters

208. Empfehlung 6.2 beschränkt die Anwendung der Regel für abzugsfähige hybride Zahlungen auf DD-Ergebnisse, die sich durch die Nutzung einer ausländischen Zweigniederlassung oder eines hybriden Rechtsträgers ergeben.

209. Empfehlung 6 setzt nicht voraus, dass die Person, die die Zahlung tätigt, in einem Staat als transparent und in dem anderen Staat als steuerlich intransparent betrachtet wird. Absatz (a) der Definition des Begriffs „hybrider Zahlungsleister" gilt in Fällen wie ausländischen Zweigniederlassungen, in denen der Zahlungsleister nach den Rechtsvorschriften beider Staaten als transparent behandelt wird. Die Anwendung der Regel für abzugsfähige hybride Zahlungen auf eine Zweigniederlassung wird in **Beispiel 6.2** beschrieben.

210. Absatz (b) von Empfehlung 6.2 erfasst diejenigen Fälle, in denen der Zahlungsleister eine hybride Person ist, d.h. in denen der Zahlungsleister von einem seiner Investoren als transparent behandelt wird, so dass für diesen Investor in einem anderen Staat ein nochmaliger Abzug ausgelöst wird. In diesem Fall kann die transparente Person eine nicht berücksichtigte Person sein oder eine Person, die so behandelt wird, als handele es sich nach den Rechtsvorschriften des Staats der Muttergesellschaft um eine Personengesellschaft. **Beispiel 6.3** beschreibt einen Fall, in dem die Regel für eine abzugsfähige Zahlung einer nicht berücksichtigten Person gilt, und **Beispiel 6.5** veranschaulicht die Anwendung der Regel auf Rechtsträger, die als Personengesellschaft behandelt werden.

## Empfehlung 6.3 – Die Regel gilt nur für Zahlungen, die zu einer hybriden Besteuerungsinkongruenz führen

211. Ein DD-Ergebnis wirft steuerpolitische Fragen auf, wenn die Rechtsvorschriften beider Staaten die Verrechnung eines Betriebsausgabenabzugs für dieselbe Zahlung mit einem Betrag zulassen, bei dem es sich nicht um doppelt berücksichtigte Einnahmen handelt (vgl. **Beispiel 6.2**). Empfehlung 6.3 beschränkt die Anwendung der Regel für abzugsfähige hybride Zahlungen auf die Fälle, in denen der Abzug mit doppelt berücksichtigten Einnahmen verrechnet werden kann. Es ist nicht erforderlich, dass eine Steuerverwaltung weiß, ob der Betriebsausgabenabzug in dem anderen Staat effektiv mit nicht doppelt berücksichtigten Einnahmen verrechnet worden ist, damit Beschränkungen nach der Regel greifen.

212. Der im Staat der Muttergesellschaft entstehende Betriebsausgabenabzug kann generell mit nicht doppelt berücksichtigten Einnahmen (d.h. sonstigen Einnahmen des Steuerpflichtigen) verrechnet werden, sofern der Staat der Muttergesellschaft die Regel für abzugsfähige hybride Zahlungen nicht umgesetzt hat.

213. Der gängigste Mechanismus, einen im Staat des Zahlungsleisters entstehenden doppelten Betriebsausgabenabzug zu verrechnen, ist ein steuerliches Konsolidierungs- oder Organschaftssystem, das es einem innerstaatlichen Steuerpflichtigen gestattet, einen Betriebsausgabenabzug auf die Einkünfte einer anderen Person innerhalb desselben Konzerns geltend zu machen. Es gibt mehrere Methoden, diese Verrechnung zu erreichen. Einige Staaten gestatten den Steuerpflichtigen, Verluste, Abzüge, Einkünfte und Gewinne an andere Konzerneinheiten zu übertragen. Andere Staaten behandeln alle Konzerneinheiten einfach als einen einzigen Steuerpflichtigen. Einige Konsolidierungsregeln gestatten den Steuerpflichtigen desselben Konzerns, steuerpflichtige konzerninterne Zahlungen zu tätigen, um Nettoeinkünfte innerhalb des Konzerns zu verlagern. Wenn ihr Effekt darin besteht, die Möglichkeit zu schaffen, einen doppelten Betriebsausgabenabzug mit Einnahmen zu verrechnen, die nach den Rechtsvorschriften des Staats der Muttergesellschaft nicht berücksichtigt werden, reicht dies unabhängig von dem für die Einrichtung des steuerlichen Organschafts- oder Konsolidierungssystems angewendeten Mechanismus aus, um den doppelten Betriebsausgabenabzug in den Geltungsbereich der Regel für abzugsfähige hybride Zahlungen zu bringen.

214. Ein Steuerpflichtiger kann im Staat des Zahlungsleisters verschiedene andere Techniken anwenden, um einen doppelten Betriebsausgabenabzug mit nicht doppelt berücksichtigten Einnahmen zu verrechnen. Zu diesen Techniken gehört der Fall, dass der Steuerpflichtige:

(a) eine Investition über einen umgekehrt hybriden Rechtsträger tätigt, so dass die Einkünfte des umgekehrt hybriden Rechtsträgers nur nach den Rechtsvorschriften des Staats des Zahlungsleisters berücksichtigt werden. Eine solche Struktur wird in **Beispiel 6.1** beschrieben;

(b) Finanzinstrumente oder andere Gestaltungen nutzt, bei denen die Zahlungen im Staat des Zahlungsleisters als ordentliche Einnahmen berücksichtigt werden, im Staat der Muttergesellschaft jedoch nicht als Einnahmen berücksichtigt werden. In **Beispiel 3.1** wird eine solche Struktur in Bezug auf eine Anpassung nach der Regel für nicht berücksichtigte hybride Zahlungen beschrieben;

(c) eine Fusion oder sonstige Unternehmensumstrukturierung durchführt, die es ermöglicht, Verlustvorträge mit den Einnahmen anderer Konzerneinheiten zu verrechnen.

## Empfehlung 6.4 – Geltungsbereich der Regel

215. Empfehlung 6.4 schränkt den Geltungsbereich der Abwehrregel auf strukturierte Gestaltungen und Besteuerungsinkongruenzen ein, die innerhalb eines Konzerns entstehen. Vgl. Empfehlungen 10 und 11 in Bezug auf die Definition der Begriffe „strukturierte Gestaltung“ und „Konzern“.

*Kapitel 7*

# Regel für doppelt ansässige Steuerpflichtige (Dual Residents)

**Empfehlung 7**

**1. Die Inkongruenz neutralisieren, soweit die Zahlung zu einem doppelten Betriebsausgabenabzug (DD-Ergebnis) führt**

Die folgende Regel sollte für einen doppelt ansässigen Steuerpflichtigen gelten, der eine Zahlung tätigt, die nach den Rechtsvorschriften beider Staaten, in denen der Zahlungsleister ansässig ist, in Abzug gebracht werden kann, wobei dieser doppelte Betriebsausgabenabzug zu einer hybriden Besteuerungsinkongruenz führt:

(a) Jeder Ansässigkeitsstaat versagt den Abzug der Zahlung, soweit diese zu einem DD-Ergebnis führt.

(b) Es kommt zu keiner Besteuerungsinkongruenz, soweit der Abzug mit Einnahmen verrechnet wird, die nach den Rechtsvorschriften beider Staaten als Einnahmen berücksichtigt werden (d.h. „doppelt berücksichtigte Einnahmen").

(c) Ein Abzug, der den Betrag der doppelt berücksichtigten Einnahmen übersteigt (überschießende Betriebsausgaben), kann mit doppelt berücksichtigten Einnahmen eines anderen Zeitraums verrechnet werden. Um nicht ausgleichsfähige Verluste zu vermeiden, kann der Abzug überschießender Betriebsausgaben zugelassen werden, soweit es dem Steuerpflichtigen möglich ist, in einer für die Steuerverwaltung zufriedenstellenden Weise nachzuweisen, dass die überschießenden Ausgaben nicht nach den Rechtsvorschriften des anderen Staats mit Einnahmen verrechnet werden können, die keine doppelt berücksichtigten Einnahmen sind.

**2. Die Regel gilt nur für abzugsfähige Zahlungen eines doppelt ansässigen Steuerpflichtigen**

Ein Steuerpflichtiger gilt als doppelt ansässig, wenn er nach den Rechtsvorschriften von zwei oder mehr Staaten steuerlich ansässig ist.

**3. Die Regel gilt nur für Zahlungen, die zu einer hybriden Besteuerungsinkongruenz führen**

Der steuerliche Abzug einer Zahlung führt zu einer hybriden Besteuerungsinkongruenz, wenn diese Zahlung nach den Rechtsvorschriften des anderen Staats mit Einnahmen verrechnet werden kann, bei denen es sich nicht um doppelt berücksichtigte Einnahmen handelt.

**4. Geltungsbereich der Regel**

Diese Regel unterliegt keinerlei Einschränkungen hinsichtlich ihres Geltungsbereichs.

## Überblick

216. Eine von einem doppelt ansässigen Rechtsträger getätigte Zahlung führt zu einem DD-Ergebnis, wenn die Zahlung nach den Rechtsvorschriften beider Staaten, in denen der Zahlungsleister ansässig ist, in Abzug gebracht werden kann. Ein solches DD-Ergebnis wirft steuerpolitische Fragen auf, wenn ein Staat zulässt, dass dieser Betriebsausgabenabzug mit einem Betrag verrechnet wird, der nach den Rechtsvorschriften des anderen Staats nicht als Einnahme behandelt wird (d.h. mit Einnahmen, bei denen es sich nicht um „doppelt berücksichtigte Einnahmen“ handelt).

217. Empfehlung 6 gilt für DD-Ergebnisse in Bezug auf Aufwendungen, die durch eine ausländische Zweigniederlassung oder eine hybride Person entstanden sind, wenn zwischen dem Staat unterschieden werden kann, in dem die Aufwendungen tatsächlich entstanden sind (dem Staat des Zahlungsleisters) und dem Staat, in dem der nochmalige Betriebsausgabenabzug auf Grund des Ansässigkeitsstatus oder der Steuertransparenz des Zahlungsleisters (Staat der Muttergesellschaft) erfolgt. Die Unterscheidung zwischen dem Staat der Muttergesellschaft und dem des Zahlungsleisters ist im Kontext der doppelt ansässigen Rechtsträger nicht möglich, da nicht zuverlässig zwischen dem Staat unterschieden werden kann, in dem die Zahlung tatsächlich geleistet wird und dem Staat, in dem der nochmalige Betriebsausgabenabzug erfolgt. In diesem Fall sieht die Regel für doppelt ansässige Steuerpflichtige (Dual Residents) daher vor, dass beide Staaten die vorrangige Regel anwenden sollten, um den Abzug auf die Höhe der doppelt berücksichtigten Einnahmen zu beschränken. Nach der Regel für doppelt ansässige Steuerpflichtige unterliegt diese Maßnahme hinsichtlich ihres Geltungsbereichs keinerlei Einschränkungen, da der Abzug, der in jedem Staat erfolgt, von demselben Steuerpflichtigen geltend gemacht wird.

218. Wie bei Empfehlung 6 erfordert die Bestimmung, welche Zahlungen zu einem doppelten Betriebsausgabenabzug geführt haben und bei welchen Posten es sich um doppelt berücksichtigte Einnahmen handelt, einen Vergleich zwischen der innerstaatlichen steuerlichen Behandlung dieser Posten in jedem Staat, in dem der Zahlungsleister ansässig ist. Wie in Empfehlung 6 erörtert, sollten die Staaten eine Umsetzungslösung wählen, die sich soweit wie möglich auf bestehende innerstaatliche Regelungen, Verwaltungsanweisungen, Annahmen und Steuerberechnungen stützt und zugleich den grundlegenden Politikzielen der Regel für doppelt ansässige Steuerpflichtige gerecht wird.

219. Die Staaten verwenden unterschiedliche steuerliche Abrechnungsperioden und haben unterschiedliche Regeln für die Erfassung des Zeitpunkts, an dem Einnahmen bezogen bzw. Ausgaben getätigt wurden. Diese Abweichungen bei der zeitlichen Einordnung sollten nicht so behandelt werden, als führten sie zu Besteuerungsinkongruenzen nach Empfehlung 7. Empfehlung 7.1(c) gestattet, dass überschießende Betriebsausgaben, die nach der Regel für abzugsfähige hybride Zahlungen Beschränkungen unterliegen, in einen anderen Veranlagungszeitraum übertragen werden. Um nicht ausgleichsfähige Verluste zu vermeiden, können Staaten ferner zulassen, dass überschießende Ausgaben (d.h. Verluste) von nicht doppelt berücksichtigten Einnahmen in Abzug gebracht werden, wenn ein Steuerpflichtiger nachweisen kann, dass diese Verluste nicht ausgeglichen werden können.

## Empfehlung 7.1 – Die Inkongruenz neutralisieren, soweit sie zu einem doppelten Betriebsausgabenabzug (DD-Ergebnis) führt

220. Empfehlung 7.1 identifiziert das hybride Element in der Struktur als eine von einem doppelt ansässigen Rechtsträger getätigte abzugsfähige Zahlung, die zu einem entsprechen-

den „nochmaligen Abzug“ in dem anderen Staat führt, in dem der Zahlungsleister ansässig ist. Die vorrangige Maßnahme besteht darin, dafür zu sorgen, dass der Abzug für eine solche Zahlung nicht geltend gemacht werden kann, soweit er die doppelt berücksichtigten Einnahmen (nach den Rechtsvorschriften beider Staaten für Steuerzwecke berücksichtigte Einnahmen) des Zahlungsleisters übersteigt. Da beide Staaten die vorrangige Maßnahme anwenden, ist keine Abwehrregel notwendig.

221. Wie bei anderen Strukturen, die zu einem doppelten Betriebsausgabenabzug führen, können die überschießenden Betriebsausgaben von den doppelt berücksichtigten Einnahmen eines anderen Zeitraums in Abzug gebracht werden. Um nicht ausgleichsfähige Verluste zu vermeiden, wird empfohlen, dass der zweimalige Abzug überschießender Betriebsausgaben zugelassen wird, soweit es dem Steuerpflichtigen möglich ist, in einer für die Steuerverwaltung zufriedenstellenden Weise nachzuweisen, dass der Abzug nicht nach den Rechtsvorschriften des anderen Staats mit Einnahmen verrechnet werden kann, die keine doppelt berücksichtigten Einnahmen sind.

### Von der Regel erfasste abzugsfähige Zahlungen

222. Die Bedeutung des Begriffs „steuerlich abzugsfähige Zahlung“ entspricht der in den anderen Empfehlungen dieses Berichts verwendeten Bedeutung und erfasst im Allgemeinen die laufenden Ausgaben eines Steuerpflichtigen, wie beispielsweise Zahlungen für Dienstleistungen, Miete, Lizenzen, Zinsen und andere Beträge, die nach den Rechtsvorschriften des Staats des Zahlungsleisters in der Periode, in der sie ausgewiesen werden, von den ordentlichen Einnahmen in Abzug gebracht werden können.

223. Wie bei Empfehlung 6 bedarf es zur Festlegung, ob eine Zahlung abzugsfähig ist, einer angemessenen Beurteilung des Charakters und der Behandlung der Zahlung nach den Rechtsvorschriften aller Staaten, in denen der Steuerpflichtige ansässig ist. Die Regel gilt nicht, soweit der Steuerpflichtige nach den Rechtsvorschriften des einen oder anderen Staats Regeln hinsichtlich bestimmter Geschäftsvorfälle oder Rechtsträger unterliegt, denen zufolge die Zahlung nicht abzugsfähig ist. Zu diesen Beschränkungen der Abzugsfähigkeit können Hybrid-Mismatch-Regeln in einem Staat gehören, die dem Steuerpflichtigen einen Betriebsausgabenabzug versagen, um ein direktes oder indirektes D/NI-Ergebnis zu neutralisieren.

### Erweiterung des Geltungsbereichs der Grundsätze von Empfehlung 7 auf andere abzugsfähige Posten

224. Doppelt ansässige Zahlungsleister können auch genutzt werden, um doppelte Betriebsausgabenabzüge für nicht liquiditätswirksame Ausgabenposten zu generieren, wie beispielsweise Abschreibungen. Wie in den Anleitungen zu Empfehlung 6.1 erörtert, werfen DD-Ergebnisse unabhängig davon, wie der Betriebsausgabenabzug ausgelöst wurde, dieselben steuerpolitischen Fragen auf. Eine Unterscheidung der abzugsfähigen Posten, je nachdem ob sie einer Zahlung zuzuordnen sind oder nicht, kann die Umsetzung dieser Empfehlung eher erschweren als vereinfachen. Dementsprechend könnte den Staaten bei der Umsetzung der Hybrid-Mismatch-Regeln in innerstaatliches Recht daran gelegen sein, die Grundsätze von Empfehlung 7 auf alle abzugsfähigen Ausgabenposten anzuwenden, unabhängig davon, ob der hierdurch bewirkte Abzug einer Zahlung zuzuordnen ist.

### Ermittlung der Existenz und Höhe eines doppelten Betriebsausgabenabzugs und doppelt berücksichtigter Einnahmen

225. Wie in der Anleitung zu Empfehlung 6.1 erörtert, handelt es sich bei der Frage danach, ob eine Zahlung ein „DD-Ergebnis" bewirkt hat, in erster Linie um eine rechtliche Frage, die anhand einer Analyse des Charakters und der steuerlichen Behandlung der Zahlung nach den Rechtsvorschriften jedes Ansässigkeitsstaats beantwortet werden sollte. Lassen beide Staaten einen Abzug für dieselbe Zahlung (oder eine Abschreibung auf denselben Vermögenswert) zu, kann davon ausgegangen werden, dass dieser Abzug zu einem DD-Ergebnis führt. Unterschiede zwischen den Staaten in Bezug auf die Quantifizierung und die zeitliche Einordnung eines Abzugs haben generell keine Auswirkungen auf das Ausmaß der durch diese Zahlung verursachten Besteuerungsinkongruenz. Eine Zahlung sollte zu dem Zeitpunkt, an dem sie nach inländischem Recht als getätigt (oder bezogen) gilt, so behandelt werden, als führe sie zu einem doppelten Abzug (oder einer doppelt berücksichtigten Einnahme), ungeachtet des Zeitpunkts, an dem diese Zahlung nach den Rechtsvorschriften des anderen Staats als getätigt (oder bezogen) gilt.

226. Während eine Zahlung generell nach den Rechtsvorschriften beider Staaten als ordentliche Einnahme ausgewiesen werden muss, bevor sie als doppelt berücksichtigte Einnahme behandelt werden kann, sollte ein Eigenkapitalertrag auch dann als doppelt berücksichtigte Einnahme geltend gemacht werden können, wenn die Zahlung Gegenstand einer Steuerbefreiung, Nichtberücksichtigung, Steueranrechnung oder sonstigen Entlastung von der Doppelbesteuerung ist, durch die die Zahlung von wirtschaftlicher Doppelbesteuerung befreit wird. Ein derartiger Fall doppelt berücksichtigter Einnahmen findet sich in **Beispiel 7.1** in Bezug auf die Regel für doppelt ansässige Steuerpflichtige. Eine solche Entlastung von der Doppelbesteuerung kann jedoch steuerpolitische Fragen aufwerfen, wenn sie denselben Nettoeffekt hat, wie die Zulassung eines DD-Ergebnisses. Bei der Feststellung, ob ein Einnahmeposten, der mit einem Anspruch auf eine solche Entlastung von der Doppelbesteuerung verbunden ist, als doppelt berücksichtigte Einnahme behandelt werden sollte, sollten die Staaten versuchen, ein Gleichgewicht zwischen den Regeln zu schaffen, die die Befolgungskosten minimieren, den beabsichtigten Effekt einer solchen Entlastung von der Doppelbesteuerung sichern und die Steuerpflichtigen daran hindern, Strukturen einzurichten, die die Integrität der Regeln beeinträchtigen. Wie in der Anleitung zu Empfehlung 6.1 erörtert, kann eine Steuerverwaltung die Nettoeinkünfte eines beherrschten ausländischen Unternehmens, das einem Anteilseigner dieses Unternehmens im Rahmen der Hinzurechnungsbesteuerung oder einer anderen Berücksichtigung ausländischer Einkünfte zugerechnet wird, als doppelt berücksichtigte Einnahmen behandeln, wenn der Steuerpflichtige der Steuerverwaltung überzeugend darlegen kann, dass diese Einkünfte durch die Vorschriften zur Hinzurechnungsbesteuerung berücksichtigt werden, so dass sie nach den Rechtsvorschriften beider Staaten zum vollen Steuersatz besteuert werden.

### Empfohlene Maßnahme

227. Führt eine Zahlung eines doppelt ansässigen Rechtsträgers zu einem DD-Ergebnis, sollte der Staat, in dem der Zahlungsleister ansässig ist, die empfohlene Maßnahme anwenden, um den Effekt der Inkongruenz durch Versagung des Betriebsausgabenabzugs zu neutralisieren, soweit dieser zu einer Besteuerungsinkongruenz führt. Ein doppelter Betriebskostenabzug führt zu einer Besteuerungsinkongruenz, soweit er mit Einkünften verrechnet wird, bei denen es sich nicht um doppelt berücksichtigte Einnahmen handelt. Die Anpassung sollte den Umfang nicht übersteigen, der notwendig ist, um die hybride Besteuerungsinkongruenz zu neutralisieren, und sollte ein Ergebnis hervorbringen, das verhältnismäßig ist und nicht zu

Doppelbesteuerung führt. **Beispiel 7.1** veranschaulicht eine Situation, in der die gleichzeitige Anwendung der Regel für doppelt ansässige Steuerpflichtige in beiden Ansässigkeitsstaaten zu Doppelbesteuerung führen kann. Wie in dem Beispiel erläutert, bestehen in der Regel jedoch Gestaltungsmöglichkeiten zur Verhinderung der Doppelbesteuerung.

### *Abzug überschießender Betriebsausgaben*

#### *Vortrag des Betriebsausgabenabzugs in einen anderen Zeitraum*

228. Da die Hybrid-Mismatch-Regeln sich normalerweise nicht auf Abweichungen bei der zeitlichen Einordnung auswirken oder davon betroffen sein sollen, gestatten die beiden Empfehlungen 6 und 7 es Staaten, doppelte Betriebsausgabenabzüge in eine Periode vorzutragen (oder zurückzutragen, wenn dies nach inländischem Recht erlaubt ist), in der sie mit überschießenden, doppelt berücksichtigten Einnahmen verrechnet werden können. Die Empfehlungen sehen vor, dass die gewöhnlichen innerstaatlichen Regeln die für die Nutzung von Verlusten gelten, auch für solche Betriebsausgabenabzüge gelten sollten.

#### *Nicht ausgleichsfähige Verluste*

229. In bestimmten Fällen kann die gleichzeitige Anwendung der Regel zur Folge haben, dass ein Abzug in beiden Staaten beschränkt wird. In diesem Fall kann die Regel „nicht ausgleichsfähige Verluste" generieren, die in keinem der beiden Staaten genutzt werden können. Empfehlung 7.1(c) sieht vor, dass eine Steuerverwaltung die Verrechnung dieser überschießenden Betriebsausgaben mit nicht doppelt berücksichtigten Einnahmen gestatten kann, wenn der Steuerpflichtige nachweisen kann, dass der im anderen Staat erfolgte Abzug nicht mit Einnahmen verrechnet werden kann, bei denen es sich nicht um doppelt berücksichtigte Einnahmen handelt. In **Beispiel 7.1** werden Möglichkeiten für den Einsatz nicht ausgleichsfähiger Verluste bei doppelt ansässigen Steuerpflichtigen erörtert.

## Empfehlung 7.2 – Die Regel gilt nur für abzugsfähige Zahlungen eines doppelt ansässigen Steuerpflichtigen

230. Empfehlung 7.2 beschränkt die Anwendung der Regel für abzugsfähige hybride Zahlungen auf DD-Ergebnisse, die sich aus der Nutzung von Konstruktionen mit doppelter Ansässigkeit ergeben.

231. Eine Person sollte in einem Staat als Steueransässiger behandelt werden, wenn sie in diesem Staat als steuerlich ansässig betrachtet werden kann oder ihr weltweites Nettoeinkommen in diesem Staat zu versteuern ist. Wie in **Beispiel 7.1** erörtert, wird eine Person selbst dann als in einem Staat ansässig behandelt, wenn sie Teil einer steuerlichen Organschaft ist, die sie für die Zwecke des inländischen Rechts als transparent behandelt.

## Empfehlung 7.3 – Die Regel gilt nur für Zahlungen, die zu einer hybriden Besteuerungsinkongruenz führen

232. Wie bei Empfehlung 6.3 beschränkt die Regel für doppelt ansässige Steuerpflichtige die Anwendung der Regel für abzugsfähige hybride Zahlungen auf jene Fälle, in denen der andere Staat die Verrechnung des Betriebsausgabenabzugs mit Einkünften gestattet, die keine doppelt berücksichtigten Einnahmen sind. Es ist nicht erforderlich, dass eine Steuerverwaltung weiß, ob der Betriebsausgabenabzug in dem anderen Staat effektiv mit nicht doppelt berücksichtigten Einnahmen verrechnet worden ist, bevor sie die Regel in Empfehlung 7 anwendet.

233. Die gleichen Techniken, die ein Steuerpflichtiger anwenden kann, um ein DD-Ergebnis zu erzielen, das in den Geltungsbereich von Empfehlung 6 fällt, können auch eingesetzt werden, um hybride Besteuerungsinkongruenzen nach Empfehlung 7 zu generieren. Bei diesen Techniken handelt es sich insbesondere um: den Einsatz von steuerlichen Konsolidierungsregelungen, die den Steuerpflichtigen veranlassen, eine Investition über einen umgekehrt hybriden Rechtsträger (Reverse Hybrid) zu tätigen und Finanzinstrumente oder sonstige Gestaltungen zu nutzen, die es ermöglichen, dass die Zahlungen in dem einen Staat als Einnahmen berücksichtigt werden, in dem anderen jedoch nicht. Der Einsatz einer steuerlichen Konsolidierungsregelung und einer Konstruktion mit einem umgekehrt hybriden, doppelt ansässigen Rechtsträger wird in **Beispiel 7.1** beschrieben.

*Kapitel 8*

# Regel für importierte Besteuerungsinkongruenzen

## Empfehlung 8

**1. Den Betriebsausgabenabzug versagen, soweit die Zahlung zu einem indirekten D/NI-Ergebnis führt (Betriebsausgabenabzug/Nichtberücksichtigung als Einnahme)**

Der Staat des Zahlungsleisters sollte eine Regel anwenden, die den Abzug einer Zahlung versagt, die eine importierte Besteuerungsinkongruenz zur Folge hat, soweit der Zahlungsempfänger die Zahlung so behandelt, als sei sie mit einem hybriden Abzug im Staat des Zahlungsempfängers verrechnet worden.

**2. Definition des Begriffs hybrider Betriebsausgabenabzug**

Ein hybrider Betriebsausgabenabzug ist ein Abzug, der entsteht durch:

(a) eine Zahlung im Rahmen eines Finanzinstruments, die zu einer Besteuerungsinkongruenz führt;

(b) eine von einem hybriden Zahlungsleister getätigte, nicht berücksichtigte Zahlung, die zu einer Besteuerungsinkongruenz führt;

(c) eine Zahlung an einen umgekehrt hybriden Rechtsträger (Reverse Hybrid), die zu einer hybriden Besteuerungsinkongruenz führt, oder

(d) eine Zahlung eines hybriden Zahlungsleisters oder eines doppelt ansässigen Steuerpflichtigen, die einen nochmaligen Abzug auslöst, der zu einer hybriden Besteuerungsinkongruenz führt,

und einen Betriebsausgabenabzug umfasst, der sich aus einer Zahlung an eine sonstige Person ergibt, soweit diese Person die Zahlung so behandelt, als sei sie mit einem anderen hybriden Betriebsausgabenabzug verrechnet worden.

**3. Zahlung, die zu einer importierten Besteuerungsinkongruenz führt**

Eine Zahlung, die zu einer importierten Besteuerungsinkongruenz führt, ist eine abzugsfähige Zahlung an einen Zahlungsempfänger, die nicht den Hybrid-Mismatch-Regeln unterliegt.

**4. Geltungsbereich der Regel**

Diese Regel gilt, falls der Steuerpflichtige zu demselben Konzern gehört wie die Parteien, die an der zu einer importierten Besteuerungsinkongruenz führenden Gestaltung beteiligt sind, oder wenn die Zahlung im Rahmen einer strukturierten Gestaltung getätigt wird und der Steuerpflichtige an dieser strukturierten Gestaltung beteiligt ist.

## Überblick

234. Die der Regel für importierte Besteuerungsinkongruenzen zugrunde liegende Politik besteht darin, Steuerpflichtige davon abzuhalten, strukturierte oder konzerninterne Gestaltungen einzugehen, die den Effekt einer hybriden Offshore-Besteuerungsinkongruenz durch den Einsatz eines nicht hybriden Instruments, wie ein gewöhnliches Darlehen, in den Zuständigkeitsbereich des innerstaatlichen Rechts verlagern. Die Regel für importierte Besteuerungsinkongruenzen versagt den Abzug für ein breites Spektrum an Zahlungen (darunter Zinsen, Lizenzgebühren, Mieten und Zahlungen für Dienstleistungen), wenn die Einkünfte aus diesen Zahlungen direkt oder indirekt mit einem Betriebsausgabenabzug verrechnet werden, der in einem anderen Staat im Rahmen einer hybriden Gestaltung entsteht (darunter auch Gestaltungen, die zu einem doppelten Betriebsausgabenabzug – DD-Ergebnis – führen). Das vorrangige Ziel der Regel für importierte Besteuerungsinkongruenzen besteht darin, die Integrität der anderen Hybrid-Mismatch-Regeln zu wahren, indem multinationalen Konzernen jeglicher Anreiz genommen wird, hybride Gestaltungen einzurichten. Diese Regeln verlangen zwar zwangsläufig ein gewisses Maß an Koordinierung und Komplexität, doch gelten sie nur, soweit ein multinationaler Konzern einen konzerninternen hybriden Betriebsausgabenabzug generiert, und gelten nicht für Zahlungen an einen Steuerpflichtigen in einem Staat, der das gesamte Spektrum der in diesem Bericht dargelegten Empfehlungen umgesetzt hat.

235. Die Regel für importierte Besteuerungsinkongruenzen gilt für strukturierte und konzerninterne hybride Gestaltungen, die zu importierten Besteuerungsinkongruenzen führen, und kann bei allen Zahlungen Anwendung finden, die direkt oder indirekt mit jeder Art von hybridem Betriebsausgabenabzug verrechnet werden. In diesen Leitlinien sind drei Rückverfolgungs- und Prioritätsregeln dargelegt, die von Steuerpflichtigen und Steuerverwaltungen angewendet werden sollen, um zu bestimmen, inwieweit eine Zahlung, die im Rahmen einer zu einer importierten Besteuerungsinkongruenz führenden Gestaltung getätigt wurde, als mit einem Abzug verrechnet behandelt werden sollte. Bei diesen Regeln wird zunächst die Zahlung identifiziert, die gemäß den Ausführungen in einem der anderen Kapitel in diesem Bericht zu einer Besteuerungsinkongruenz führt (ein „direkter hybrider Abzug“) und dann bestimmt, inwieweit die im Rahmen der hybriden Gestaltung getätigte Zahlung (direkt oder indirekt) aus Zahlungen finanziert wurde, die von Steuerpflichtigen getätigt wurden, die der Regel für importierte Besteuerungsinkongruenzen unterliegen („Zahlungen, die zu einer importierten Besteuerungsinkongruenz führen“). Die Rückverfolgungs- und Prioritätsregeln sind nachstehend zusammengefasst und in der empfehlenswerten Anwendungsreihenfolge aufgeführt.

### *Strukturierte Gestaltungen, die zu einer importierten Besteuerungsinkongruenz führen*

236. Ist der hybride Abzug einer Zahlung zuzuordnen, die im Rahmen einer *strukturierten Gestaltung* durchgeführt wurde, wird er so behandelt, als führe er zu einer importierten Inkongruenz, soweit der Abzug aus *Zahlungen* finanziert wird, *die im Rahmen dieser strukturierten Gestaltung getätigt wurden*. Diese Regel wendet eine Rückverfolgungsmethode an, um festzustellen, inwieweit eine zu einer importierten Besteuerungsinkongruenz führende Zahlung, die im Rahmen einer strukturierten Gestaltung getätigt wurde, (direkt oder indirekt) mit einem im Rahmen derselben Gestaltung erfolgten hybriden Abzug verrechnet wurde.

### *Direkt importierte Besteuerungsinkongruenzen*

237. Wenn der Effekt der Inkongruenz durch die Anwendung der Regel für strukturierte importierte Besteuerungsinkongruenzen nicht vollständig neutralisiert wird, gilt der hybride Abzug nach der Regel für direkt importierte Besteuerungsinkongruenzen als Auslöser einer importierten Besteuerungsinkongruenz, soweit er direkt mit Zahlungen anderer Konzerneinheiten verrechnet wird, die der Regel für importierte Besteuerungsinkongruenzen unterliegen. Bei dieser Regel kommt eine Proportionalitätsmethode zum Einsatz, die verhindert, dass ein und derselbe hybride Abzug nach der Rechtsprechung von mehr als einem Staat zu einer importierten Besteuerungsinkongruenz führt.

### *Regel für indirekt importierte Besteuerungsinkongruenzen*

238. Wenn schließlich der Effekt der Inkongruenz durch die Anwendung der Regel für strukturierte oder direkt importierte Besteuerungsinkongruenzen nicht vollständig neutralisiert wird, gilt nach der Regel für indirekt importierte Besteuerungsinkongruenzen jeder überschießende hybride Abzug als mit den Zahlungen verrechnet, die zu einer importierten Besteuerungsinkongruenz führen und indirekt von anderen Mitgliedern desselben Konzerns erhalten wurden. Bei dieser Regel kommt eine *Rückverfolgungsmethode* zum Einsatz, um festzustellen, inwieweit die Aufwendung, die zu einem überschießenden hybriden Abzug geführt hat, indirekt durch Zahlungen anderer Konzernmitglieder finanziert wurde, die zu einer importierten Besteuerungsinkongruenz führen, ebenso wie eine *Proportionalitätsmethode*, die verhindert, dass ein und derselbe hybride Abzug nach der Rechtsprechung von mehr als einem Staat so behandelt wird, als sei er mit einer Zahlung verrechnet worden, die zu einer importierten Besteuerungsinkongruenz führt.

239. Diese drei Regeln sollen die Funktionsweise der Regel für importierte Besteuerungsinkongruenzen innerhalb und zwischen Staaten koordinieren, damit sie in jedem Staat einheitlich angewendet wird, um den Effekt von Gestaltungen zu neutralisieren, die zu einer importierten Besteuerungsinkongruenz führen, bei gleichzeitiger Vermeidung von Doppelbesteuerung und Gewährleistung vorhersehbarer und transparenter Ergebnisse für die Steuerpflichtigen. Die Regeln sehen vor, dass jedes Konzernmitglied die Höhe der Zahlungen, die zu einer importierten Besteuerungsinkongruenz führen, und der hybriden Abzüge auf derselben Basis berechnen, um Differenzen in Bezug auf die Berechnungsmethoden, Verrechnungszeiträume und Quantifizierung der Zahlungen vorzubeugen, die das Risiko von Über- oder Unterbesteuerungen bergen.

## Empfehlung 8.1 – Den Betriebsausgabenabzug versagen, soweit die Zahlung zu einem indirekten D/NI-Ergebnis führt (Betriebsausgabenabzug/ Nichtberücksichtigung als Einnahme)

240. Bei importierten hybriden Gestaltungen (Imported Mismatch Agreements) wird das Nichtvorhandensein wirkungsvoller Hybrid-Mismatch-Regeln in ausländischen Staaten ausgenutzt, um eine Besteuerungsinkongruenz zu generieren, die dann in den Staat des Zahlungsleisters verlagert werden kann. Der zuverlässigste Schutz vor importierten Besteuerungsinkongruenzen besteht demnach darin, dass alle Staaten die in diesem Bericht empfohlenen Regeln einführen. Derartige Regeln neutralisieren den Effekt der hybriden Gestaltung in dem Staat, in dem er entsteht, und verhindern, dass er in einen Drittstaat verlagert wird.

241. Um die Integrität der Empfehlungen zu schützen, empfiehlt dieser Bericht jedoch außerdem die Einführung einer Korrespondenzregel, die vom Staat des Zahlungsleisters verlangt, den Abzug einer Zahlung zu versagen, soweit die Einnahmen aus der Zahlung mit einem hybriden Betriebskostenabzug im Kontrahentenstaat verrechnet werden. Die Regel für importierte Besteuerungsinkongruenzen beruht auf drei wesentlichen Elementen:

(a) einer von einem Steuerpflichtigen, der Hybrid-Mismatch-Regeln unterliegt, getätigten abzugsfähigen Zahlung, die nach der Rechtsprechung des Staats des Zahlungsempfängers als ordentliche Einnahme erfasst wird („Zahlung, die zu einer importierten Besteuerungsinkongruenz führt");

(b) einer von einer Person, die keinen Hybrid-Mismatch-Regeln unterliegt, getätigten Zahlung, die direkt zu einer hybriden Besteuerungsinkongruenz führt („direkter hybrider Betriebskostenabzug");

(c) einem Nexus zwischen der Zahlung, die zu einer importierten Besteuerungsinkongruenz führt, und dem direkten hybriden Betriebsausgabenabzug, der aufzeigt, wie die zu einer importierten Besteuerungsinkongruenz führende Zahlung (direkt oder indirekt) mit dem hybriden Abzug verrechnet wurde.

## *Zahlung, die zu einer importierten Besteuerungsinkongruenz führt*

242. Die in der Regel für importierte Besteuerungsinkongruenzen verwendete Definition einer Zahlung entspricht der in den anderen Empfehlungen verwendeten Definition. Sie ist im Allgemeinen hinreichend breit gefasst, um alle Wertübertragungen von einer Person zu einer anderen zu erfassen, enthält aber jene Zahlungen nicht, die nur für Steuerzwecke unterstellt werden und nicht zur Entstehung wirtschaftlicher Ansprüche zwischen den Beteiligten führen. Eine Zahlung gilt nur dann als Zahlung, die zu einer importierten Besteuerungsinkongruenz führt, wenn sie nach den Rechtsvorschriften des Staats des Zahlungsleisters abzugsfähig ist und nach den Rechtsvorschriften des Staats des Zahlungsempfängers zu einer ordentlichen Einnahme führt. Zahlungen, die zu einer importierten Besteuerungsinkongruenz führen, umfassen daher Mieten, Lizenzen, Zinsen und für Dienstleistungen entrichtete Gebühren, erstrecken sich generell aber nicht auf Beträge, die als Erlös für die Veräußerung eines Vermögenswerts gelten. Eine Zahlung an eine Person, die in keinem Staat steuerpflichtig ist (wie in **Beispiel 1.6**), gilt nicht als Zahlung, die zu einer importierten Besteuerungsinkongruenz führt.

## *Hybrider Betriebsausgabenabzug*

243. Der von einer Person vorgenommene hybride Betriebsausgabenabzug kann aus zwei Quellen stammen:

(a) Zahlungen im Rahmen einer der in den anderen Kapiteln dieses Berichts identifizierten hybriden Gestaltungen, die direkt zu einem D/NI- oder DD-Ergebnis führen. Diese Formen des hybriden Betriebsausgabenabzugs werden in diesen Leitlinien als „direkte hybride Betriebsausgabenabzüge" bezeichnet.

(b) hybride Betriebsausgabenabzüge, die einem Konzernmitglied in einem Organschaftssystem überlassen werden oder sich durch die Entrichtung steuerpflichtiger Zahlungen an ein Konzernmitglied ergeben, die zu überschießenden hybriden Betriebsausgabenabzügen führen. Diese Formen des hybriden Betriebsausgabenabzugs werden in diesen Leitlinien als „indirekte hybride Betriebsausgabenabzüge" bezeichnet.

Es wird aber kein hybrider Betriebsausgabenabzug generiert, wenn eine nicht berücksichtigte oder abzugsfähige hybride Zahlung mit doppelt berücksichtigten Einnahmen verrechnet wird (vgl. **Beispiel 8.11** und **Beispiel 8.12**). Die Methode zur Berechnung der hybriden Betriebsausgabenabzüge einer Person wird weiter unten ausführlicher dargelegt.

### *Nexus zwischen dem hybriden Betriebsausgabenabzug und der Zahlung, die zu einer importierten Besteuerungsinkongruenz führt*

244. Das dritte Element, auf dem die Regel für importierte Besteuerungsinkongruenzen beruht, ist die Existenz eines Nexus bzw. einer Kette von Transaktionen und Zahlungen, die den hybriden Betriebsausgabenabzug einer Person mit der zu einer importierten Besteuerungsinkongruenz führenden Zahlung einer anderen Person verknüpfen. Diese Verknüpfung lässt sich im Fall direkt importierter Besteuerungsinkongruenzen verhältnismäßig einfach herstellen, bei denen die Zahlung, die zur importierten Besteuerungsinkongruenz führt, an die Person gerichtet wird, die den direkten hybriden Betriebsausgabenabzug vornimmt. Die Rückverfolgung wird jedoch komplexer, wenn die Zahlung, die zu einer importierten Besteuerungsinkongruenz führt, in einer Kette steuerpflichtiger Zahlungen oder Verrechnungen in einem Organschaftssystem zurückverfolgt werden muss, um festzulegen, ob die Zahlung, die zu einer importierten Besteuerungsinkongruenz führt, nach der Regel für indirekte importierte Besteuerungsinkongruenzen mit einem indirekten hybriden Betriebsausgabenabzug verrechnet wurde.

245. Verschiedene Ansätze könnten verfolgt werden, um festzulegen, ob und inwieweit der hybride Betriebsausgabenabzug genutzt wurde, um Einnahmen aus einer Zahlung, die zu einer importierten Besteuerungsinkongruenz führt, der Steuer vorzuenthalten. Länder, die die Regeln für importierte Besteuerungsinkongruenz anwenden, sollten jedoch einen einheitlichen Ansatz wählen, der klar und einfach zu verwalten und umzusetzen ist und das Risiko der Doppelbesteuerung vermeidet.

### *Rückverfolgungs- und Prioritätsregeln*

246. In diesen Leitlinien werden drei Rückverfolgungs- und Prioritätsregeln dargelegt, die ein Staat anwenden sollte, um das Ausmaß der nach der Regel für importierte Besteuerungsinkongruenzen erforderlichen Anpassungen zu bestimmen. Die Regeln sollten (in der nachstehenden Reihenfolge) in jedem Staat angewendet werden, der eine Regel für importierte Besteuerungsinkongruenzen aufweist:

(a) Anhand der ersten Regel („Regel für strukturierte, importierte Besteuerungsinkongruenzen") wird festgestellt, ob ein direkter hybrider Betriebsausgabenabzug im Rahmen einer strukturierten Gestaltung erfolgt; ist dies der Fall, wird der hybride Abzug so behandelt, als sei er mit einer beliebigen, zu einer importierten Besteuerungsinkongruenz führenden Zahlung verrechnet worden, die im Rahmen derselben Gestaltung getätigt wurde und die Aufwendung (direkt oder indirekt) finanziert, die zum hybriden Betriebsausgabenabzug geführt hat.

(b) Soweit die Besteuerungsinkongruenz nicht durch einen Staat neutralisiert wurde, der die Regel für strukturierte importierte Inkongruenz anwendet, wird im Rahmen der zweiten Regel dann untersucht, ob der hybride Betriebsausgabenabzug des Steuerpflichtigen direkt mit einer zu einer importierten Besteuerungsinkongruenz führenden Zahlung eines Steuerpflichtigen verrechnet werden kann, der Mitglied desselben Konzerns ist (Regel für direkt importierte Besteuerungsinkongruenzen).

(c) Zuletzt sollte der Staat festlegen, inwieweit ein überschießender hybrider Betriebsausgabenabzug nach der Regel für indirekt importierte Besteuerungsinkongruenzen so behandelt werden kann, als sei er indirekt mit zu importierten Besteuerungsinkongruenzen führenden Zahlungen anderer Konzernmitglieder verrechnet worden.

247. Jeder dieser Regeln liegt eine unterschiedliche Methode zugrunde, um den Nexus zwischen einer zu einer importierten Besteuerungsinkongruenz führenden Zahlung und dem hybriden Betriebsausgabenabzug zu ermitteln. Die Regel für strukturierte importierte Besteuerungsinkongruenzen wendet eine Rückverfolgungsmethode an, die bei der Zahlung ansetzt, die in einem Staat zu einer importierten Inkongruenz führt und den Verlauf der im Rahmen der strukturierten Gestaltung getätigten Zahlungen durch die miteinander verknüpften Konzerneinheiten und Zahlungen verfolgt, die die Gestaltung bilden, um zu identifizieren, ob die Zahlung, die zu einer importierten Besteuerungsinkongruenz führt, die den hybriden Abzug begründende Ausgabe direkt oder indirekt finanziert hat. Die Regel für direkt importierte Besteuerungsinkongruenzen wendet eine Proportionalitätsmethode an, die den Gesamtbetrag der von einem Konzernmitglied empfangenen Zahlungen, die zu importierten Besteuerungsinkongruenzen führen, und den Gesamtbetrag der hybriden Betriebsausgabenabzüge des besagten Konzernmitglieds untersucht und den hybriden Betriebsausgabenabzug so behandelt, als sei er proportional mit der Zahlung verrechnet worden, die zu einer importierten Besteuerungsinkongruenz führt. Die Regel für indirekt importierte Besteuerungsinkongruenzen wendet eine Kombination aus Rückverfolgungs- und Proportionalitätsmethode an, um zu bestimmen, ob und inwieweit eine von einem Steuerpflichtigen in einem Teil des Konzerns getätigte, zu einer importierten Besteuerungsinkongruenz führende Zahlung als indirekt mit einem hybriden Betriebsausgabenabzug eines Steuerpflichtigen in einem anderen Teil des Konzerns verrechnet gelten kann.

### *Hybride Gestaltungen, die zu strukturierten importierten Besteuerungsinkongruenzen führen*

248. Ist im Rahmen einer strukturierten Gestaltung ein hybrider Betriebsausgabenabzug erfolgt, müssen alle Schritte und Transaktionen identifiziert werden, die derselben Gestaltung zuzuordnen sind und muss herausgefunden werden, ob der Steuerpflichtige innerhalb dieser Gestaltung eine abzugsfähige Zahlung getätigt hat, die (direkt oder indirekt) mit dem hybriden Betriebsausgabenabzug verrechnet wurde. Die Regel für strukturierte importierte Besteuerungsinkongruenzen wird als erstes angewendet, da sie einen breiteren Geltungsbereich hat und für alle Zahlungen gilt, die im Rahmen einer strukturierten Gestaltung getätigt werden, selbst wenn es sich dabei um nicht konzerninterne Zahlungen handelt. Diese Regel für strukturierte Gestaltungen, die zu importierten Besteuerungsinkongruenzen führen, sollte aber immer dann Anwendung finden, wenn ein hybrider Betriebsausgabenabzug im Rahmen einer strukturierten Gestaltung erfolgt, selbst wenn die Besteuerungsinkongruenz innerhalb eines 100% nationalen Konzerns stattfindet. In **Beispiel 8.1** richtet ein multinationaler Konzern eine konzerninterne Finanzierungsstruktur ein, in der das erste Glied in der Kette der konzerninternen Darlehen eine hybride Besteuerungsinkongruenz herbeiführen soll. In diesem Fall gelten alle konzerninternen Darlehen und zu importierten Besteuerungsinkongruenzen führenden Zahlungsströme im Rahmen der Finanzierungsgestaltung als fester Bestandteil derselben strukturierten Gestaltung.

249. Die zur Anwendung der Regel für strukturierte importierte Besteuerungsinkongruenzen eingeführte Rückverfolgungsmethode verlangt von den Steuerpflichtigen, die im Rahmen der strukturierten Gestaltung getätigten Zahlungsströme durch die Konzern-

einheiten und Transaktionen zu verfolgen, die die Gestaltung bilden, um zu bestimmen, ob die Zahlung des Steuerpflichtigen, die zu importierten Besteuerungsinkongruenzen führt, direkt oder indirekt mit einem hybriden Betriebsausgabenabzug verrechnet wurde, der im Rahmen derselben Gestaltung anfiel. Im Allgemeinen wird davon ausgegangen, dass eine Steuerverwaltung sowohl die Entscheidung eines Steuerpflichtigen anerkennt, eine zu einer hybriden Besteuerungsinkongruenz führende Transaktion so zu behandeln, als sei sie Teil einer strukturierten Gestaltung, als auch die vom Steuerpflichtigen formulierte Definition des Geltungsbereichs dieser strukturierten Gestaltung, vorausgesetzt die Behandlung der Transaktion und die Definition des Geltungsbereichs werden von allen Beteiligten an der strukturierten Gestaltung konsequent eingehalten.

250. **Beispiel 8.1**, **Beispiel 8.2** und **Beispiel 10.5** veranschaulichen die Funktionsweise der Regel für strukturierte, importierte Besteuerungsinkongruenzen.

### *Konzerninterne Besteuerungsinkongruenzen*

251. Auch wenn eine von zwei Mitgliedern eines 100% nationalen Konzerns eingerichtete hybride Gestaltung nicht direkt darauf ausgerichtet ist, die Einkommen anderer Steuerpflichtiger als der unmittelbar an der Gestaltung Beteiligten der Steuer vorzuenthalten, hat jede Gestaltung dieser Art den Nettoeffekt, die Gesamtsteuerlast eines Konzerns zu reduzieren; dabei kann die Kombination aus konzerninternen Zahlungsströmen und der für Steuerzwecke fungible Charakter der Einnahmen und Ausgaben es schwierig, wenn nicht sogar unmöglich machen, zu bestimmen, welcher Steuerpflichtige innerhalb des Konzerns im Rahmen einer hybriden Gestaltung eine Steuervergünstigung erhalten hat. Um den Effekt derartiger konzerninterner Inkongruenzen zu neutralisieren, ohne eine wirtschaftliche Doppelbesteuerung auszulösen, werden in diesen Leitlinien Regeln für direkt und indirekt importierte Besteuerungsinkongruenzen dargelegt, die (in dieser Reihenfolge) angewendet werden sollen, um den Effekt derartiger Besteuerungsinkongruenzen innerhalb eines Konzerns zu neutralisieren.

### *Direkt importierte Besteuerungsinkongruenzen*

252. Die Regel für direkt importierte Besteuerungsinkongruenzen wendet eine Proportionalitätsmethode an, die den Betrag der hybriden Betriebsausgabenabzüge (einschließlich der indirekten hybriden Abzüge) des Steuerpflichtigen mit dem Gesamtbetrag der zu importierten Besteuerungsinkongruenzen führenden Zahlungen vergleicht, die der Steuerpflichtige von Konzerneinheiten erhalten hat (gemäß den Berechnungen nach den Rechtsvorschriften des Staats des Steuerpflichtigen) und behandelt jede Zahlung, die zu einer importierten Besteuerungsinkongruenz führt, so als sei sie proportional mit diesen hybriden Betriebsausgabenabzügen verrechnet worden. Die Berechnung der Abzugshöhe anhand eines nach den Rechtsvorschriften des Staats des Zahlungsempfängers definierten Proportionalitätsfaktors gewährleistet, dass jeder Staat die Regel für direkt importierte Besteuerungsinkongruenzen auf derselben Basis anwendet. Die Regel für direkt importierte Besteuerungsinkongruenzen bietet Ländern eine einfache und umfassende Lösung zur Neutralisierung des Effekts konzerninterner Besteuerungsinkongruenzen bei gleichzeitiger Vermeidung des Risikos der wirtschaftlichen Doppelbesteuerung. Alle verbleibenden hybriden Betriebsausgabenabzüge, die nicht so behandelt werden, als seien sie mit Zahlungen verrechnet worden, die zu direkt importierten Besteuerungsinkongruenzen führen, werden als „überschießende hybride Abzüge“ geltend gemacht und entsprechend gemäß der weiter unten näher beschriebenen Regel für indirekt importierte Besteuerungsinkongruenzen zugeordnet.

253. Mechanisch läuft die Anwendung der Regel für strukturierte und direkt importierte Besteuerungsinkongruenzen wie folgt ab:

(a) Der Steuerberater des Konzerns soll bestimmen, ob irgendeine Konzerneinheit direkte hybride Betriebsausgabenabzüge vorgenommen hat.

(b) Wenn die direkten hybriden Betriebsausgabenabzüge im Rahmen einer Transaktion erfolgen, die fester Bestandteil einer strukturierten Gestaltung ist, sollten diese hybriden Betriebsausgabenabzüge so behandelt werden, als seien sie direkt oder indirekt mit zu importierten Besteuerungsinkongruenzen führenden Zahlungen verrechnet worden, die im Rahmen derselben Gestaltung getätigt wurden.

(c) Alle verbleibenden hybriden Betriebsausgabenabzüge ebenso wie die diesem Konzernmitglied gemäß der Regel für indirekt importierte Besteuerungsinkongruenzen (siehe unten) zugeordneten indirekten hybriden Betriebsausgabenabzüge, sollten so behandelt werden, als seien sie (proportional) direkt mit den zu importierten Besteuerungsinkongruenzen führenden Zahlungen eines anderen Konzernmitglieds verrechnet worden.

(d) Hybride Betriebsausgabenabzüge, die nach den Regeln für strukturierte oder direkt importierte Besteuerungsinkongruenzen nicht neutralisiert werden, werden wie überschießende hybride Betriebsausgabenabzüge behandelt.

254. **Beispiel 8.2** bis **Beispiel 8.4** und **Beispiel 8.6, Beispiel 8.7** und **Beispiel 8.10** veranschaulichen die Funktionsweise der Regel für direkt importierte Besteuerungsinkongruenzen.

### *Indirekt importierte Besteuerungsinkongruenzen*

255. Wenn der Effekt des hybriden Betriebsausgabenabzugs durch die Anwendung der Regel für direkt importierte Besteuerungsinkongruenzen nicht vollständig neutralisiert wurde, besteht der letzte Schritt darin, zu bestimmen, ob der überschießende hybride Betriebsausgabenabzug nach der Regel für indirekt importierte Besteuerungsinkongruenzen einem anderen Konzernmitglied zugeordnet werden sollte.

256. Die Regel für indirekt importierte Besteuerungsinkongruenzen wendet ein Wasserfallmodell an (nachstehend beschrieben), um zu bestimmen, inwieweit der überschießende hybride Betriebsausgabenabzug indirekt aus zu importierten Besteuerungsinkongruenzen führenden Zahlungen finanziert wurde, die von Mitgliedern desselben Konzerns getätigt wurden. Dieser Ansatz umfasst eine Allokations- und Rückverfolgungsmethode, die es ermöglichen, die überschießenden hybriden Betriebsausgabenabzüge eines Steuerpflichtigen mit den zu importierten Besteuerungsinkongruenzen führenden Zahlungen innerhalb des Konzerns zu vergleichen, bei gleichzeitiger Gewährleistung, dass die Anwendung der Regel nicht dazu führt, dass ein und derselbe hybride Betriebsausgabenabzug nach den Rechtsvorschriften von mehr als einem Staat mit einer Zahlung verrechnet wird, die zu einer importierten Besteuerungsinkongruenz führt.

257. Die überschießenden hybriden Betriebsausgabenabzüge der einzelnen Konzernmitglieder werden proportional zu den steuerpflichtigen Zahlungen innerhalb des Konzerns und auf eine Art und Weise zugeordnet, die dem Ausmaß Rechnung trägt, in dem diese steuerpflichtigen Zahlungen direkt oder indirekt aus Zahlungen finanziert wurden, die zu Besteuerungsinkongruenzen führen. Die daraus resultierende Kompensation führt zu einem indirekten hybriden Betriebsausgabenabzug zu Gunsten des Konzernmitglieds, das die steuerpflichtige Zahlung getätigt hat. Dieser indirekte hybride Betriebsausgabenabzug kann wiederum nach der Regel für direkt importierte Besteuerungsinkongruenzen

als mit einer importierten hybriden Zahlung verrechnet behandelt werden oder einen weiteren überschießenden hybriden Betriebsausgabenabzug herbeiführen, der einem anderen Konzernmitglied zugeordnet werden kann.

258. Diese Methode setzt bei den „überschießenden hybriden Betriebsausgabenabzügen" eines Konzernmitglieds an, die der Gesamtheit der direkten und indirekten hybriden Betriebsausgabenabzüge dieses Konzernmitglieds entsprechen, die nicht durch einen Staat neutralisiert worden sind, der die Regel für strukturierte oder direkt importierte Besteuerungsinkongruenzen anwendet. Die überschießenden hybriden Betriebsausgabenabzüge des Konzernmitglieds werden so behandelt, als seien sie mit den erhaltenen, steuerpflichtigen Zahlungen verrechnet worden. Die von einem Konzernmitglied erhaltenen steuerpflichtigen Zahlungen umfassen auch alle konzerninternen Zahlungen, die in den ordentlichen Einnahmen dieses Konzernmitglieds erfasst und nach den Rechtsvorschriften des Staats des Zahlungsleisters (anders als Zahlungen, die zu einer hybriden Besteuerungsinkongruenz führen) steuerlich abzugsfähig sind.

259. Eine steuerpflichtige Zahlung sollte als voll mit einem überschießenden hybriden Betriebsausgabenabzug jedes Konzernmitglieds verrechnet behandelt werden, sofern der Betrag der „finanzierten steuerpflichtigen Zahlungen" eines Zahlungsempfängers den Betrag der überschießenden hybriden Betriebsausgabenabzüge des Empfängers nicht überschreitet. Unter einer finanzierten steuerpflichtigen Zahlung ist jede steuerpflichtige Zahlung zu verstehen, die direkt aus den zu importierten Besteuerungsinkongruenzen führenden Zahlungen anderer Konzerneinheiten finanziert wird. Wenn der Betrag der „finanzierten steuerpflichtigen Zahlungen" eines Zahlungsempfängers den Betrag der überschießenden hybriden Betriebsausgabenabzüge des Empfängers überschreitet, sollten die hybriden Betriebsausgabenabzüge des Zahlungsempfängers so behandelt werden, als seien sie proportional mit den finanzierten steuerpflichtigen Zahlungen verrechnet worden.

260. Mechanisch läuft die Anwendung der Regel für indirekt importierte Besteuerungsinkongruenzen wie folgt ab:

(a) Der Steuerberater des Konzerns soll bestimmen, ob ein beliebiges Konzernmitglied überschießende hybride Betriebsausgabenabzüge aufweist.

(b) Die überschießenden hybriden Betriebsausgabenabzüge dieses Konzernmitglieds sollten so behandelt werden, als seien sie einem anderem Mitglied desselben Konzerns überlassen oder im Einklang mit den Allokations- und Rückverfolgungsstrategien der Wasserfallmethode mit einer steuerpflichtigen Zahlung eines anderen Konzernmitglieds verrechnet worden. Das bedeutet:

- Unter der Annahme, dass der Betrag der finanzierten steuerpflichtigen Zahlungen den Betrag der überschießenden hybriden Betriebsausgabenabzüge übersteigt, sollten die überschießenden hybriden Betriebsausgabenabzüge so behandelt werden, als seien sie nur proportional mit dem Betrag der finanzierten steuerpflichtigen Zahlungen verrechnet worden.
- In allen anderen Fällen sollte der überschießende hybride Betriebsausgabenabzug so behandelt werden, als sei er unter dem Organschaftssystem vollständig übertragen oder vollständig mit jeder steuerpflichtigen Zahlung verrechnet worden.

(c) Die Konzerneinheit, die die steuerpflichtige Zahlung getätigt oder den Vorteil aus der Übertragung gezogen hat (der Zahlungsleister) sollte dann die Regel für direkt importierte Besteuerungsinkongruenzen anwenden und diese hybriden Betriebsausgabenabzüge so behandeln, als seien sie mit zu importierten Besteuerungsinkongruenzen führenden Zahlungen anderer Konzernmitglieder verrechnet worden.

(d) Beide Konzerneinheiten weisen einen überschießenden hybriden Betriebsausgabenabzug auf, soweit den Besteuerungsinkongruenzen nicht durch die Anwendung der Regel für direkt importierte Besteuerungsinkongruenzen begegnet wird, wie in Absatz (c) weiter oben dargelegt wurde.

261. Die Berechnung des überschießenden hybriden Betriebsausgabenabzugs einer Konzerneinheit nach Absatz (d) sollte bei Bedarf korrigiert werden, um sicherzustellen, dass die Anwendung der Regel für indirekt importierte Besteuerungsinkongruenzen nicht dazu führt, dass ein und derselbe hybride Betriebsausgabenabzug so behandelt wird, als sei er indirekt mit mehr als einer zu einer importierten Besteuerungsinkongruenz führenden Zahlung verrechnet worden.

262. **Beispiel 8.5** und **Beispiel 8.7** bis **Beispiel 8.15** veranschaulichen die Funktionsweise der indirekten Regel für importierte Besteuerungsinkongruenzen.

### *Verluste*

263. Um Abweichungen bei der zeitlichen Einordnung zwischen den Staaten Rechnung zu tragen und zu verhindern, dass Konzerne die Zeitrahmen manipulieren, um den Effekt der Regel für importierte Besteuerungsinkongruenzen zu umgehen, sollte ein hybrider Betriebsausgabenabzug alle Nettoverlustvorträge in einen nachliegenden Abrechnungszeitraum umfassen müssen, soweit sie durch einen hybriden Betriebsausgabenabzug bedingt sind. Eine Veranschaulichung der Anwendung der Regel für importierte Besteuerungsinkongruenzen bei Verlustvorträgen aus einem früheren Abrechnungszeitraum findet sich in den **Beispielen 8.11** und **8.16**. Um die Komplexität zu reduzieren, die durch die Notwendigkeit entsteht, vor der Publikation dieses Berichts erfolgte hybride Betriebsausgabenabzüge zu identifizieren, sollten etwaige Verlustvorträge aus Zeiträumen, die spätestens am 31. Dezember 2016 enden, aus dem Geltungsbereich der Regel ausgeschlossen werden.

### *Koordination der Regel für importierte Besteuerungsinkongruenzen zwischen den Staaten*

264. Um die Befolgungskosten und das Risiko einer Doppelbesteuerung in Grenzen zu halten, sollte jedes Land, das die in diesem Bericht dargelegten Empfehlungen umsetzt, vernünftige Anstrengungen unternehmen, um eine Regel für importierte Besteuerungsinkongruenzen umzusetzen, die sich an der in diesen Leitlinien dargelegten Methodik orientiert, und diese Methodik regelgetreu anzuwenden. Hierdurch wird ermöglicht, dass die nach den Regeln für importierte Besteuerungsinkongruenzen in jedem Staat erforderlichen Anpassungen einheitlich für den Gesamtkonzern und auf eine Weise berechnet werden, die unnötige Doppelanstrengungen bei der Einhaltung der Verpflichtungen vermeidet.

265. Es obliegt dem Steuerpflichtigen eines Staats, der Steuerverwaltung gegenüber in hinreichend überzeugender Weise darzulegen, dass die Regel für importierte Besteuerungsinkongruenzen in diesem Staat richtig angewendet wurde. Der Steuerpflichtige kann sich der ursprünglichen Beweislast entledigen, indem er der Steuerverwaltung Kopien der Konzernberechnungen zukommen lässt, zusammen mit Unterlagen für den Nachweis der im Rahmen der Regel für importierte Besteuerungsinkongruenzen in anderen Staaten vorgenommenen Anpassungen. Die Steuerverwaltungen greifen in der Regel auf den Steuerpflichtigen zurück, was diese Berechnungen und die Erbringung des Beweismaterials betrifft. In Ermangelung dieser Informationen kann eine Steuerverwaltung in Erwägung ziehen, ihre eigenen Untersuchungen vorzunehmen, um zu evaluieren, inwieweit Einnahmen aus einer Zahlung, die zu einer importierten Besteuerungsinkongruenz führt, direkt oder indirekt mit einem hybriden Betriebsausgabenabzug eines anderen Konzernmitglieds verrechnet wurden.

## Empfehlung 8.2 – Die Regel gilt nur für Zahlungen, von denen im Rahmen der zu einer Besteuerungsinkongruenz führenden hybriden Gestaltung Betriebsausgaben in Abzug gebracht werden

266. Empfehlung 8.2 definiert, wann ein Betriebsausgabenabzug in Anwendung der Regel für importierte Besteuerungsinkongruenzen wie ein hybrider Betriebsausgabenabzug behandelt wird.

267. Die Definition des hybriden Betriebsausgabenabzugs erstreckt sich auf eine Zahlung eines hybriden Zahlungsleisters oder eines doppelt ansässigen Steuerpflichtigen, die einen nochmaligen Abzug auslöst, der dann zu einer hybriden Besteuerungsinkongruenz führt (d.h. einem Abzug, zu dem es in einer DD-Struktur kommt). Im konzerninternen Kontext ist die Regel für importierte Besteuerungsinkongruenzen auf eine Weise anzuwenden, die gewährleistet, dass die in einer derartigen DD-Struktur generierten hybriden Betriebsausgabenabzüge nicht doppelt erfasst werden. Ein hybrider Betriebsausgabenabzug innerhalb einer DD-Struktur wird in **Beispiel 8.12** veranschaulicht.

## Empfehlung 8.3 – Definition des Begriffs der Zahlung, die zu einer importierten Inkongruenz führt

268. Wie weiter oben festgehalten, besteht der zuverlässigste Schutz vor importierten Besteuerungsinkongruenzen für Staaten darin, die in diesem Bericht empfohlenen Hybrid-Mismatch-Regeln einzuführen. Diese Regeln heben den Effekt der hybriden Gestaltung in dem Staat auf, in dem er entsteht, und verhindern so, dass er in einen Drittstaat importiert wird. Keine Anwendung findet die Regel für importierte Besteuerungsinkongruenzen daher bei Zahlungen an einen Steuerpflichtigen in einem Staat, der die Gesamtheit der in diesem Bericht dargelegten Empfehlungen umgesetzt hat.

## Empfehlung 8.4 – Geltungsbereich der Regel

269. Die Regel für importierte Besteuerungsinkongruenzen gilt sowohl für strukturierte Gestaltungen als auch für innerhalb eines Konzerns eingerichtete Gestaltungen, die zu importierten Besteuerungsinkongruenzen führen.

270. Eine Gestaltung, die zu einer importierten Besteuerungsinkongruenz führt, sollte wie eine strukturierte Gestaltung behandelt werden, wenn der hybride Betriebsausgabenabzug und die zu einer importierten Besteuerungsinkongruenz führende Zahlung in ein und derselben Gestaltung entstehen. Die Definition des Begriffs Gestaltung wird in Empfehlung 12 dargelegt und umfasst jede Form von Vereinbarung, Vertrag oder Abmachung ebenso wie alle Schritte und Transaktionen, durch die sie in Kraft tritt. Eine strukturierte Gestaltung, die zu einer importierten Besteuerungsinkongruenz führt, umfasst daher nicht nur jene Zahlungen und Transaktionen, die zu dieser Besteuerungsinkongruenz führen, sondern auch alle anderen Transaktionen und Zahlungen, die zu einer importierten Besteuerungsinkongruenz führen und im Rahmen desselben Vertrags oder derselben Vereinbarung durchgeführt wurden.

271. Die Anwendung der Regel für importierte Besteuerungsinkongruenzen in einer strukturierten Gestaltung wird in **Beispiel 10.5** veranschaulicht. In diesem Beispiel nimmt ein Fonds, der auf die Kreditvergabe an mittlere Unternehmen spezialisiert ist, Verhandlungen auf, um einem Unternehmen ein unbesichertes Darlehen zu gewähren, das zur Finanzierung des Betriebskapitals des Unternehmens verwendet wird. Der Fonds vergibt das Darlehen

über eine Tochtergesellschaft in einem Drittstaat und finanziert dieses Darlehen durch ein hybrides Finanzinstrument. Weder der Fonds noch die Tochtergesellschaft sind in einem Staat ansässig, der die Hybrid-Mismatch-Regeln eingeführt hat. In diesem Beispiel ist die Finanzierungsvereinbarung wie ein Gesamtkonzept konzipiert, das sowohl das Darlehen der Tochtergesellschaft an den Steuerpflichtigen als auch den Geschäftsvorfall zwischen dem Tochterunternehmen und dem Fonds umfasst, der den hybriden Betriebsausgabenabzug herbeiführt. Dementsprechend handelt es sich bei der Gestaltung um eine strukturierte Gestaltung, und der Steuerpflichtige sollte als an dieser strukturierten Gestaltung beteiligt gelten, wenn er an der Formulierung mitwirkt oder ausreichend über die Gestaltung informiert ist, um ihre Funktionsweise und ihren Effekt zu verstehen.

*Kapitel 9*

# Ausarbeitungsprinzipien

**Empfehlung 9**

**1. Ausarbeitungsprinzipien**

Die Hybrid-Mismatch-Regeln wurden mit dem Ziel ausgearbeitet, dass sie den folgenden Anforderungen bestmöglich gerecht werden:

(a) Neutralisierung der Besteuerungsinkongruenz statt Aufhebung des Steuervorteils, der sich aus den Rechtsvorschriften des betreffenden Staates ergibt;

(b) umfassende Geltung;

(c) automatische Anwendung;

(d) Vermeidung von Doppelbesteuerung durch Koordinierung der Regeln;

(e) möglichst geringe Beeinträchtigung bestehender innerstaatlicher Rechtsvorschriften;

(f) klare und transparente Funktionsweise;

(g) Gewährleistung ausreichender Flexibilität, um die Aufnahme der Regel in die Rechtsvorschriften aller Staaten zu ermöglichen;

(h) gute Umsetzbarkeit für die Steuerpflichtigen und Minimierung der Befolgungskosten;

(i) Minimierung des Verwaltungsaufwands für die Steuerbehörden.

Staaten, die diese Empfehlungen in nationales Recht umsetzen, sollten dies in solcher Weise tun, dass diese Prinzipien gewahrt bleiben.

**2. Umsetzung und Koordinierung**

Die Staaten sollten zusammen an Maßnahmen arbeiten, mit denen sichergestellt wird, dass diese Empfehlungen konsistent und wirksam umgesetzt und angewandt werden. Diese Maßnahmen sollten Folgendes beinhalten:

(a) einvernehmliche Ausarbeitung von Anleitungen zu den Empfehlungen;

(b) Koordinierung der Umsetzung der Empfehlungen (einschließlich Zeitplan);

(c) Ausarbeitung von Übergangsregeln (ohne Präsumtion in Bezug auf den Bestandsschutz bestehender Gestaltungen);

(d) Prüfung der Wirksamkeit und Konsistenz der Umsetzung der Empfehlungen;

(e) Austausch von Informationen über die Behandlung von hybriden Finanzinstrumenten und hybriden Rechtsträgern in den verschiedenen Staaten;

(f) Anstrengungen, um den Steuerpflichtigen einschlägige Informationen zugänglich zu machen (einschließlich angemessener Anstrengungen der OECD);

(g) Untersuchung der Wechselwirkungen der Empfehlungen mit anderen Punkten des BEPS-Aktionsplans, insbesondere Punkt 3 und 4.

## Überblick

272. Die Änderungen des innerstaatlichen Rechts und die Hybrid-Mismatch-Regeln, die in Teil I des Berichts empfohlen werden, sollen mit denen in anderen Staaten abgestimmt werden. Die Abstimmung der Regeln ist wichtig, da sie die Vorhersehbarkeit der Ergebnisse für die Steuerpflichtigen erhöht und das Risiko von Doppelbesteuerungen vermeidet. Koordinierung lässt sich erreichen, indem sichergestellt wird, dass die Staaten die in dem Bericht aufgeführten Empfehlungen konsistent umsetzen und dass die Steuerverwaltungen diese Regeln auf dieselbe Art und Weise interpretieren und anwenden.

273. Um diese Konsistenz zu erreichen, werden die Staaten in Empfehlung 9 aufgefordert, die Regeln auf eine Art und Weise umzusetzen und anzuwenden, die den grundlegenden Politikzielen des Berichts gerecht wird. Die Empfehlung ersucht die Staaten ferner um Folgendes:

a) einvernehmliche Ausarbeitung von Anleitungen über die Art und Weise, wie die Regeln angewandt werden sollten;

(b) Abstimmung der Umsetzung der Regeln (in erster Linie im Hinblick auf den Zeitpunkt);

(c) Verständigung über die Art und Weise, wie die Regeln auf bestehende Instrumente und Rechtsträger angewendet werden sollen, die unter die Regeln fallen, wenn diese erstmals eingeführt werden (d.h. Übergangsregelungen);

(d) Prüfung der Funktionsweise der Regeln bei Bedarf, um zu ermitteln, ob die Regeln so wirken wie beabsichtigt;

(e) Vereinbarung von Verfahren zum Austausch von Informationen über die innerstaatliche steuerliche Behandlung von Instrumenten und Rechtsträgern, um den Steuerverwaltungen bei der Anwendung ihrer Regeln auf hybride Gestaltungen innerhalb ihres Staates zu helfen;

(f) Bemühungen zur Bereitstellung solcher Informationen für die Steuerpflichtigen und

(g) Bereitstellung weiterer Kommentare zur Wechselwirkung zwischen den in dem Bericht enthaltenen Empfehlungen und den anderen Punkten des BEPS-Aktionsplans (OECD, 2014a).

274. In den Anleitungen zu Empfehlung 9.1 werden die Gestaltungsgrundsätze ausführlicher beschrieben und erläutert, und in den Anleitungen zu Empfehlung 9.2 wird ausführlicher beschrieben, wie sich Umsetzung und Anwendung der im obenstehenden Absatz zusammengefassten Regeln koordinieren lassen.

## Empfehlung 9.1 – Gestaltungsgrundsätze

275. Auch wenn die Empfehlungen in dem Bericht in Form von Regeln abgefasst sind, wird nicht darauf abgezielt, dass die Staaten sie ohne Anpassung direkt in innerstaatliches Recht umsetzen. Es wird erwartet, dass die Empfehlungen unter Nutzung der bestehenden inländischen Rechtsdefinitionen und -konzepte auf eine Weise in die innerstaatlichen Steuervorschriften aufgenommen werden, die dem bestehenden gesetzlichen und steuerpolitischen Rahmen Rechnung trägt. Gleichzeitig sollten die Staaten versuchen sicherzustellen, dass diese innerstaatlichen Vorschriften nach ihrer Umsetzung für dieselben Gestaltungen und Rechtsträger gelten und dieselbe Besteuerung vorsehen wie die im Bericht aufgeführten Regeln.

276. Die in diesem Bericht dargelegten Empfehlungen sollen als umfassendes und kohärentes Maßnahmenpaket wirken, mit dem die Effekte von Besteuerungsinkongruenzen, die sich

aus der Nutzung hybrider Instrumente und Rechtsträger ergeben, neutralisiert werden, ohne dass den Steuerpflichtigen und Steuerverwaltungen dadurch zu hohe Belastungen aufgebürdet werden.

277. In der Praxis ergänzen sich viele dieser Gestaltungsgrundsätze gegenseitig. So sind beispielsweise automatisch geltende Hybrid-Mismatch-Regeln in ihrer Funktionsweise klarer und transparenter und senken die Verwaltungskosten der Steuerverwaltungen. Regeln, die die innerstaatlichen Rechtsvorschriften möglichst wenig beeinträchtigen, sind für die Staaten leichter umzusetzen und senken die Befolgungskosten für die Steuerpflichtigen. Diese Gestaltungsgrundsätze und ihre Folgen für die innerstaatliche Umsetzung und Anwendung der Regeln werden weiter unten im Einzelnen ausführlicher erörtert.

### *Die Regeln sollten auf die Beseitigung der Inkongruenz abzielen, statt sich auf die Feststellung zu konzentrieren, in welchem Staat sich der Steuervorteil ergibt*

278. Im Aktionsplan wird lediglich die Beseitigung der Inkongruenzen gefordert, ohne dass von dem die Regel anwendenden Staat der Nachweis verlangt wird, dass ihm auf Grund der Gestaltung Steuereinnahmen „entgangen" sind. Die Neutralisierung des Effekts hybrider Gestaltungen wirkt zwar den Risiken für das Steuersubstrat eines Staates entgegen, dies wird jedoch nicht durch die Erzielung zusätzlicher Einnahmen nach den Hybrid-Mismatch-Regeln selbst erreicht; Ziel der Regeln ist es vielmehr, die Steuerpflichtigen zur Nutzung weniger komplizierter und transparenterer Steuerstrukturen zu bewegen, die es den Staaten erleichtern, konventionellere steuerpolitische Instrumente einzusetzen. Dementsprechend gelten die Hybrid-Mismatch-Regeln automatisch und unabhängig davon, ob die Struktur das Steuersubstrat in dem die Regel anwendenden Staat geschmälert hat. Dieser Ansatz stellt eine konsistente Anwendung der Regeln (und konsistente Ergebnisse) in den einzelnen Staaten sicher und vermeidet zudem die praktischen und konzeptuellen Schwierigkeiten bei der Unterscheidung zwischen akzeptablen und inakzeptablen Inkongruenzen oder beim Versuch, die Besteuerungsrechte auf der Grundlage des Ausmaßes zuzuteilen, in dem das Steuersubstrat eines Staates durch die hybride Gestaltung geschmälert wurde.

### *Umfassend*

279. Hybrid-Mismatch-Regeln, die nicht umfassend sind, schaffen weitere Steuerplanungsmöglichkeiten und zusätzliche Befolgungskosten für die Steuerpflichtigen, ohne die beabsichtigten steuerpolitischen Ergebnisse zu erzielen. Die Regeln sollten Lücken vermeiden, um die herum ein Steuerpflichtiger eine Gestaltung schaffen könnte. Im vorliegenden Bericht wird empfohlen, dass jeder Staat einen vollständigen Katalog von Regeln einführt, die ausreichen, um den Effekt der hybriden Gestaltung eigenständig zu neutralisieren, ohne auf Hybrid-Mismatch-Regeln im Kontrahentenstaat angewiesen zu sein.

280. Hybrid-Mismatch-Regeln, die sowohl umfassend sind als auch einen weiten Geltungsbereich haben, werden in gewissem Maße von Überschneidungen im Hinblick auf die Zuständigkeit betroffen sein; es ist zwar wichtig, über umfassende und wirksame Regeln zu verfügen, solche Überschneidungen sollten jedoch nicht zur Doppelbesteuerung derselben wirtschaftlichen Einkünfte führen. Aus diesem Grund sind die in dem Bericht empfohlenen Regeln hierarchisch konzipiert, so dass der Effekt einer Regel ausgeschaltet wird, wenn im Kontrahentenstaat eine andere Regel gilt, die dem Effekt der hybriden Gestaltung hinreichend entgegenwirkt. Es sind jedoch sowohl vorrangige Regeln als auch Abwehrregeln erforderlich, um Besteuerungsinkongruenzen umfassend zu begegnen; die hierarchische Konzeption trägt lediglich dem Risiko der übermäßigen Besteuerung in dem Fall Rechnung, dass dieselben Hybrid-Mismatch-Regeln für dieselbe Gestaltung in verschiedenen Staaten gelten.

281. Die Hybrid-Mismatch-Regeln gelten automatisch für eine hybride Gestaltung, wenn sie zu einer Besteuerungsinkongruenz führt, die auf das hybride Element der Gestaltung zurückgeführt werden kann. Automatische Regeln sind wirkungsvoller als Regeln, deren Anwendung im Ermessen der Verwaltung liegt, und vermeiden die Notwendigkeit der Abstimmung der Reaktionen zwischen den Steuerverwaltungen, die die Komplexität erhöhen und die Regeln weniger effizient und konsistent in ihrer Funktionsweise machen würde.

## Koordinierung der Regeln zur Vermeidung einer Doppelbesteuerung

282. Umfassende Regeln, die automatisch gelten, müssen:

(a) einer vereinbarten Vorrangregel unterliegen, um sicherzustellen, dass sie in Situationen, in denen der Kontrahentenstaat über einen ähnlichen Katalog von Hybrid-Mismatch-Regeln verfügt bzw. nicht verfügt, einheitlich und verhältnismäßig angewandt werden;

(b) konsistent mit den anderen Regeln des innerstaatlichen Steuersystems angewandt werden, so dass die Wechselwirkungen nicht zur Doppelbesteuerung derselben wirtschaftlichen Einkünfte führen;

(c) mit den Regeln in einem Drittstaat (z.B. CFC-Regeln) abgestimmt sein, die Zahlungen der Besteuerung im Ansässigkeitsstaat des Investors unterwerfen.

283. Um die erste dieser geplanten Zielsetzungen zu erreichen, enthalten die vorliegenden Empfehlungen eine Vorrangregel, so dass eine Regel ausgesetzt wird, wenn der über denselben Katalog von Regeln verfügende Kontrahentenstaat den Effekt der hybriden Gestaltung auf effizientere und praktischere Art und Weise neutralisieren kann. Diese Vorrangregel vermeidet die Notwendigkeit einer ausdrücklichen Kollisionsregel und erreicht den notwendigen Koordinierungsgrad ohne Rückgriff auf das Verfahren der zuständigen Behörde.

284. Ebenso wie die Hybrid-Mismatch-Regeln die Koordinierung mit den Hybrid-Mismatch-Regeln in anderen Staaten erfordern, müssen sie auch untereinander und mit anderen spezifischen Missbrauchsbekämpfungsvorschriften und Neuqualifizierungsregeln abgestimmt werden.

### *Koordinierung der spezifischen Empfehlungen und der Hybrid-Mismatch-Regeln*

285. Die Regel für hybride Finanzinstrumente und die Regel für umgekehrt hybride Rechtsträger gelten nur insofern, wie die Gestaltung zu einem D/NI-Ergebnis führt. Zu einem solchen Ergebnis kommt es nicht, wenn nach angemessener Bestimmung der Qualifizierung und Behandlung der Zahlung gemäß den Rechtsvorschriften des Staates des Zahlungsleisters und des Staates des Zahlungsempfängers keine Besteuerungsinkongruenz aufgetreten ist. Diese Erwägung der steuerlichen Folgen in jedem Staat sollte die Einführung von Maßnahmen zur Umsetzung der spezifischen Empfehlungen für Verbesserungen des innerstaatlichen Rechts nach Empfehlung 2 bzw. Empfehlung 5 umfassen.

### *Koordinierung der Wechselwirkungen zwischen den Hybrid-Mismatch-Regeln*

286. Die im vorliegenden Bericht beschriebenen Hybrid-Mismatch-Regeln sollten im Allgemeinen in der folgenden Reihenfolge angewandt werden:

(a) Regel für hybride Finanzinstrumente (Empfehlung 1);

(b) Regel für umgekehrt hybride Rechtsträger (Empfehlung 4) sowie Regel für nicht berücksichtigte hybride Zahlungen (Empfehlung 3);

(c) Regel für importierte Besteuerungsinkongruenzen (Empfehlung 8) und

(d) Regel für abzugsfähige hybride Zahlungen (Empfehlung 6) sowie Regel für doppelt ansässige Rechtsträger (Empfehlung 7).

287. In **Beispiel 4.4** leistet ein hybrider Rechtsträger eine Zinszahlung an einen umgekehrt hybriden Rechtsträger, der demselben Konzern angehört. In dem Beispiel wird der Schluss gezogen, dass die Regel für umgekehrt hybride Rechtsträger bei der Gestaltung Anwendung findet, um den Betriebsausgabenabzug zu versagen, so dass es keinen Spielraum für die Anwendung der Regel für abzugsfähige hybride Zahlungen gibt.

288. In **Beispiel 3.2** leiht sich der Zahlungsleister Geld von seiner Muttergesellschaft, und das Darlehen wird der ausländischen Zweigniederlassung des Zahlungsleisters zugerechnet. Die Zinszahlungen für das Darlehen sind nach den Rechtsvorschriften des ausländischen Staates abzugsfähig, werden vom Zahlungsempfänger jedoch nicht berücksichtigt. In dem Beispiel wird die Frage erörtert, ob die Regel für nicht berücksichtigte hybride Zahlungen oder die Regel für hybride Finanzinstrumente angewandt werden sollte, um das D/NI-Ergebnis zu neutralisieren. In dem Beispiel wird der Schluss gezogen, dass der Staat des Zahlungsleisters die Regel für hybride Finanzinstrumente anwenden sollte, um den Abzug für die Zinsausgaben zu versagen, wenn die Inkongruenz in der steuerlichen Behandlung der Zinszahlung auf die Konditionen des Instruments zwischen den Beteiligten zurückzuführen ist. Wenn die Zinszahlung nach den Rechtsvorschriften des Staates des Zahlungsleisters nicht so behandelt wird, dass sie einer Anpassung nach der Regel für hybride Finanzinstrumente unterliegt, dann sollte der Staat des Zahlungsleisters die Regel für nicht berücksichtigte hybride Zahlungen anwenden, um dem Zahlungsleister einen Abzug für die Zinszahlung insoweit zu versagen, als die Zinszahlungen die doppelt berücksichtigten Einnahmen der Zweigniederlassung übersteigen.

## *Die Wechselwirkung zwischen Hybrid-Mismatch-Regeln und anderen geschäftsvorfallspezifischen und sonstigen Missbrauchsbekämpfungsvorschriften koordinieren*

289. Die Regel für hybride Finanzinstrumente gilt immer dann, wenn die Inkongruenz auf die Konditionen des Instruments zurückzuführen ist. Die Tatsache, dass die Inkongruenz auch auf andere Faktoren zurückgeführt werden kann, z.B. auf die Tatsache, dass der Zahlungsempfänger steuerbefreit ist, verhindert nicht die Anwendung der Regel, sofern die Inkongruenz selbst im Hinblick auf dieselbe Zahlung zwischen Steuerpflichtigen mit regulärem Status aufgetreten wäre. Da sich die Regel für hybride Finanzinstrumente auf die Betrachtung der steuerlichen Behandlung des Instruments nach den Rechtsvorschriften des Staates des Zahlungsleisters und des Staates des Zahlungsempfängers beschränkt, gilt die Regel so, dass eine Anpassung im Hinblick auf die erwartete Besteuerungsinkongruenz vorgenommen wird, und es ist nicht erforderlich, dass der Steuerpflichtige oder die Steuerverwaltung genau wissen, wie die Zahlungen im Rahmen eines Finanzinstruments bei der Berechnung des steuerpflichtigen Einkommens des Kontrahenten tatsächlich berücksichtigt wurden, um die Regel anzuwenden. Dies bedeutet, dass sich geschäftsvorfallspezifische Regeln, die die steuerliche Behandlung auf der Grundlage des Status des Steuerpflichtigen oder des Kontexts, in dem das Instrument gehalten wird, anpassen, in der Regel nicht auf das Ergebnis gemäß der Regel für hybride Finanzinstrumente auswirken. So kann einem Steuerpflichtigen z.B. nach inländischem Recht ein Abzug im Hinblick auf die Zinszahlungen für ein Darlehen versagt werden, da der Erlös zum Erwerb eines Vermögenswerts genutzt wird, der einen steuerfreien Ertrag erzielt. Diese steuerliche Behandlung im Staat des Zahlungsleisters hat keine Auswirkungen darauf, ob die Zahlung nach der ergänzenden Regel vom Zahlungsempfänger in den Einnahmen berücksichtigt werden muss.

290. Die Regeln für hybride Rechtsträger (Empfehlung 3 bis 7) kommen jedoch nur insofern zur Anwendung, als ein Steuerpflichtiger nach inländischem Recht tatsächlich Anspruch auf einen Abzug für eine Zahlung hat. Dementsprechend gelten die Regeln nicht, soweit der Steuerpflichtige nach den Rechtsvorschriften des Staates der Muttergesellschaft oder des Staates des Zahlungsleisters Regeln hinsichtlich bestimmter Geschäftsvorfälle oder Rechtsträger unterliegt, denen zufolge die Zahlung nicht abzugsfähig ist.

### *Wechselwirkungen zwischen der Hybrid-Mismatch-Regel und allgemeinen Beschränkungen im Hinblick auf die Abzugsfähigkeit*

291. Zusätzlich zu den Regeln hinsichtlich bestimmter Geschäftsvorfälle oder Rechtsträger können die Staaten weitere Beschränkungen im Hinblick auf die Abzugsfähigkeit einführen, die die Gesamthöhe des Betriebsausgabenabzugs begrenzen, den ein Steuerpflichtiger geltend machen kann. Zu solchen Beschränkungen zählt eine allgemeine Begrenzung der abzugsfähigen Zinsaufwendungen, beispielsweise eine Festquotenregel. Die Hybrid-Mismatch-Regeln nehmen Anpassungen im Hinblick auf bestimmte Posten vor, die für den Zweck der Berechnung der Gesamteinkünfte oder -aufwendungen eines Steuerpflichtigen berücksichtigt werden, und gelten daher der Logik folgend in der Regel vor einer solchen allgemeinen oder Gesamtbegrenzung. Dieser Grundsatz wird in **Beispiel 9.2** veranschaulicht, in dem das an eine Tochtergesellschaft vergebene Darlehen dazu führt, dass die Tochtergesellschaft in ihrem Ansässigkeitsstaat unter eine Regel zur Zinsabzugsbeschränkung fällt, so dass ein Teil der Zinsaufwendungen für das Darlehen nicht mehr abzugsfähig ist. Die Steuerposition des Darlehensnehmers nach einer allgemeinen Regel zur Zinsabzugsbeschränkung ist nicht relevant für die Feststellung, ob die Zahlung für die Zwecke der Regel für hybride Finanzinstrumente abzugsfähig ist. Dementsprechend behandelt die Hybrid-Mismatch-Regel die Zinszahlung trotz der teilweisen Versagung des Zinsabzugs nach den Rechtsvorschriften des Staates des Zahlungsleisters so, als würde sie zu einem D/NI-Ergebnis führen.

292. Die Wechselwirkung zwischen der Regel zur Zinsabzugsbeschränkung und den Hybrid-Mismatch-Regeln sollte im Rahmen des innerstaatlichen Rechts koordiniert werden, um ein Gesamtergebnis zu erreichen, das eine Doppelbesteuerung vermeidet und auf Nachsteuerbasis verhältnismäßig ist. Der Mechanismus für die Koordinierung der Wechselwirkung zwischen den beiden Regeln wird davon abhängen, wie die Regel zur Zinsabzugsbeschränkung funktioniert; die Wechselwirkung zwischen diesen Regeln sollte jedoch nicht den Nettoeffekt haben, einen Abzug für denselben Ausgabenposten zweimal zu versagen. Doppelerfassungen lassen sich in der Regel vermeiden, indem der Steuerpflichtige zunächst die Hybrid-Mismatch-Regel und dann die Regel zur Zinsabzugsbeschränkung im Umfang des verbleibenden abzugsfähigen Zinsaufwands anwendet, der den gesetzlich festgelegten Wert übersteigt.

### *Einbeziehung in die Hinzurechnungsbesteuerung*

293. Die innerstaatlichen Hybrid-Mismatch-Regeln, die die Abzugsfähigkeit von Zahlungen ausschließen, die keinen Einkünften des Empfängers zugerechnet werden können, sollten der Tatsache angemessen Rechnung tragen, dass die Zahlung möglicherweise nach den im Staat des Investors des Empfängers geltenden CFC-Regeln oder anderen Regeln besteuert wird.

294. Bei der Umsetzung der Hybrid-Mismatch-Regeln in inländisches Recht können die Staaten Wesentlichkeitsgrenzen festlegen, die ein Steuerpflichtiger erreichen muss, bevor er eine Hinzurechnungsbesteuerung so behandeln kann, dass sich dadurch die Höhe der gemäß der Regel erforderlichen Anpassungen verringert. Diese Grenzen könnten auf dem Prozentsatz der Beteiligung oder auf der Höhe der nach einer CFC-Regelung berücksichtigten Einkünfte beruhen.

### *Die Regeln sollten die bestehenden innerstaatlichen Rechtsvorschriften möglichst wenig beeinträchtigen*

295. Die Hybrid-Mismatch-Regeln versuchen, die steuerliche Behandlung der Gestaltung in den betroffenen Staaten unter möglichst geringer Beeinträchtigung des innerstaatlichen Rechts abzustimmen. Um die Auswirkungen auf andere innerstaatliche Regeln auf ein Mindestmaß zu begrenzen, sollen die Hybrid-Mismatch-Regeln lediglich die steuerlichen Folgen der Gestaltung in Einklang bringen. Sie brauchen die Qualifizierung des hybriden Rechtsträgers bzw. Instruments selbst nicht zu behandeln.

296. Ein Staat, der Hybrid-Mismatch-Regeln einführt, könnte beschließen, nach innerstaatlichem Recht weiterzugehen und ein Instrument, einen Rechtsträger oder eine Gestaltung neu zu qualifizieren, um Konsistenz mit den innerstaatlichen rechtlichen Konsequenzen zu erreichen, allerdings ist ein solcher Ansatz der Neuqualifizierung nicht erforderlich, um die endgültige Besteuerung in beiden Staaten aufeinander abzustimmen.

### *Die Regeln sollten klar und transparent sein*

297. Das vom Bericht beabsichtigte Ergebnis besteht darin, dass jeder Staat einen einheitlichen Katalog von Korrespondenzregeln einführt, der nach den Rechtsvorschriften aller Staaten, die dieselben Regeln anwenden, klare und transparente Ergebnisse vorsieht. Die Regeln müssen daher so einfach und klar wie möglich verfasst sein, so dass sie von den Steuerpflichtigen und den Steuerverwaltungen in verschiedenen Staaten konsequent und einfach angewandt werden können. Dies wird es multinationalen und anderen grenzüberschreitend operierenden Investoren leichter machen, die Hybrid-Mismatch-Regeln zu interpretieren und anzuwenden, was sowohl die Befolgungskosten als auch das Transaktionsrisiko für die Steuerpflichtigen senkt.

### *Die Regeln sollten aufeinander abgestimmt sein und zugleich Flexibilität bei der Umsetzung bieten*

298. In jedem Staat müssen dieselben Regeln gelten, die zugleich flexibel und robust genug sein müssen, um sich in die bestehenden inländischen Steuersysteme einzufügen. Um dies zu erreichen, müssen die Hybrid-Mismatch-Regeln ein ausgewogenes Verhältnis anstreben zwischen der Bereitstellung staatsneutraler Definitionen, die nach den Rechtsvorschriften zweier Staaten auf dieselben Rechtsträger und Gestaltungen angewendet werden können, und der Vermeidung eines Detailgrads, der ihre Umsetzung nach den Rechtsvorschriften eines bestimmten Staates unmöglich machen würde.

299. Wenn dieselben Hybrid-Mismatch-Regeln von zwei Staaten auf dieselbe Gestaltung angewandt werden sollen und diese die Reaktion untereinander abstimmen sollen, muss im Allgemeinen sichergestellt werden, dass die Regeln in beiden Staaten auf dieselben Rechtsträger und Zahlungen angewandt werden. Aus diesem Grund sollte im Durchführungsrecht (sofern angemessen) staatsneutrale Terminologie verwendet werden, die die Gestaltung in Bezug auf die Besteuerungsinkongruenz beschreibt, statt den Mechanismus, der verwendet wird, um diese herbeizuführen. Beispielsweise gibt es eine Anzahl verschiedener Mechanismen, die genutzt werden können, um einen doppelten Betriebsausgabenabzug mit nicht doppelt berücksichtigten Einnahmen auszugleichen, und um eine einheitliche Anwendung der Regeln für hybride Rechtsträger in allen Staaten zu erreichen, muss die Regel für abzugsfähige oder nicht berücksichtigte hybride Zahlungen ohne Bezug auf den Mechanismus formuliert werden, durch den der doppelte Betriebsausgabenabzug erreicht wird.

### *Die Regeln sollten die Befolgungskosten auf ein Mindestmaß begrenzen*

300. Einer der wesentlichen Grundsätze bei der Gestaltung jeder Steuerregel ist, dass die Befolgungskosten für die Steuerpflichtigen auf ein Mindestmaß begrenzt werden. Eines der beabsichtigten Ergebnisse des Berichts besteht darin, den potenziellen Befolgungskosten durch die Behandlung hybrider Gestaltungen auf multilateraler und koordinierter Basis Rechnung zu tragen. So stellt die Koordinierung und die Rangfolge der Regeln im Kontext der abzugsfähigen hybriden Zahlungen beispielsweise sicher, dass die Begrenzung der Abzugsfähigkeit nur in einem Staat angewandt werden muss, um den Effekt der hybriden Gestaltung zu neutralisieren.

301. Wenn die Länder von unilateralen Maßnahmen zum Schutz ihres Steuersubstrats zu einem koordinierteren Ansatz übergehen, wird dies nicht nur den Effekt haben, das von diesen Strukturen ausgehende Risiko für das Steuersubstrat aller Länder zu verringern, sondern es dürfte auch zu einer allgemeinen Senkung der Transaktionskosten und Steuerrisiken für grenzüberschreitende Investoren führen, die sich ansonsten möglicherweise dem Risiko der wirtschaftlichen Doppelbesteuerung durch eine in einem einzelnen Staat eingeführte unilaterale Maßnahme gegen hybride Gestaltungen ausgesetzt sehen.

### *Die Regeln sollten für die Steuerverwaltungen leicht anzuwenden sein*

302. Sobald die Hybrid-Mismatch-Regeln eingeführt sind, werden sie automatisch von den Steuerpflichtigen bei der Ermittlung ihrer Steuerschuld angewandt und dürften zu keinen nennenswerten laufenden Verwaltungskosten für die Steuerverwaltungen führen. Es wird davon ausgegangen, dass diese Art von Gestaltungen in vielen Fällen verschwinden wird, was die Kosten im Zusammenhang mit der Identifizierung und der Behandlung dieser Strukturen senken dürfte. Die Kosten, die den Steuerverwaltungen bei der Anwendung und Durchsetzung der Regel entstehen, hängen jedoch davon ab, dass die Regeln klar und transparent sind, so dass sie automatisch gelten und die Notwendigkeit für den Steuerpflichtigen oder die Steuerverwaltung minimal ist, qualitative Urteile im Hinblick darauf zu treffen, ob eine Gestaltung in den Anwendungsbereich fällt.

303. Im Allgemeinen sollen die Regeln die Kohärenz des internationalen Steuersystems verbessern und den Anreiz für die Steuerpflichtigen beseitigen, Lücken in der internationalen Steuerarchitektur auszunutzen. Dies dürfte zu einer Verringerung der Kosten der Steuerverwaltungen führen. So dürfte z.B. die Abstimmung der Besteuerung im Fall hybrider Finanzinstrumente einen Teil des Drucks nehmen, bei grenzüberschreitenden Investitionen zwischen dem Einsatz von Fremd- bzw. Eigenkapital zu unterscheiden. Ein multilateraler und koordinierter Ansatz verringert zudem die Verwaltungskosten, da er es einer Steuerverwaltung ermöglicht, rasch die in dem anderen Staat angewandte Regel zu verstehen. Die im Rahmen von Aktionspunkt 12 durchgeführten Arbeiten zur verbindlichen Offenlegung und zum Informationsaustausch (*Mandatory Disclosure Rules*, OECD, 2015) dürften es den Steuerverwaltungen ebenfalls leichter machen, Daten sowohl zur Struktur von Gestaltungen als auch zu den in ihrem Rahmen geleisteten Zahlungen zu erheben und auszutauschen.

## Empfehlung 9.2 – Umsetzung und Koordinierung

304. In Empfehlung 9.2 werden weitere Maßnahmen beschrieben, die die Länder ergreifen sollten, um sicherzustellen, dass die Regeln grenzüberschreitend konsistent interpretiert und angewandt werden.

### Anleitungen

305. Im vorliegenden Bericht werden die einvernehmlich ausgearbeiteten Anleitungen über die Auslegung und Anwendung der Hybrid-Mismatch-Regeln dargelegt. Durch die Umsetzung und Anwendung der Empfehlungen im Einklang mit diesen Anleitungen dürfte gewährleistet sein, dass die Ergebnisse vorhersehbar und angemessen sind. Diese Konsistenz ist wichtig, um die allgemeine Zielsetzung zu erreichen, die darin besteht, ein Netzwerk innerstaatlicher Regeln zu schaffen, die den Effekt grenzüberschreitender hybrider Gestaltungen auf eine Art und Weise neutralisieren, die die Beeinträchtigung des innerstaatlichen Rechts und das Risiko der Doppelbesteuerung auf ein Mindestmaß begrenzen. Die im vorliegenden Bericht dargelegten Anleitungen sollen sowohl bei den Steuerpflichtigen als auch bei den Steuerverwaltungen für ein klares und konsistentes Verständnis sorgen, wie die technischen Elemente der Empfehlungen diese Ergebnisse herbeiführen sollen. Es wird davon ausgegangen, dass die Anleitungen regelmäßig überprüft werden, um festzustellen, ob Ergänzungen, Klarstellungen, Aktualisierungen oder Änderungen der Empfehlungen oder der Anleitungen erforderlich sind.

### Abstimmung des Zeitpunkts bei der Anwendung der Regeln

306. In Empfehlung 9.2(b) werden die Staaten aufgefordert, Standards zu entwickeln, die es ihnen gestatten, die Umsetzung der Empfehlungen insbesondere im Hinblick auf Fragen des Zeitpunkts besser zu koordinieren, die auftreten können, wenn die Umsetzung der Hybrid-Mismatch-Regeln in einem Staat steuerliche Folgen im Kontrahentenstaat hat. Hierzu zählen Situationen, in denen die Einführung von Hybrid-Mismatch-Regeln im Staat des Zahlungsleisters den Effekt hat, den Zahlungsempfänger von der Last zu befreien, Anpassungen nach der ergänzenden Regel vorzunehmen, oder in denen die Einführung neuer Regeln über die Besteuerung abzugsfähiger Dividenden oder umgekehrt hybrider Rechtsträger im Staat des Zahlungsempfängers den Zahlungsleister von den Beschränkungen der Fähigkeit entlastet, Zahlungen im Rahmen einer hybriden Gestaltung in Abzug zu bringen.

307. Schwierigkeiten bei der Bestimmung der Höhe der in den Geltungsbereich der vorrangigen und der ergänzenden Regel fallenden Zahlung lassen sich während der Übergangsphase auf ein Mindestmaß begrenzen, indem sichergestellt wird, dass die Empfehlungen bei der Umsetzung in innerstaatliches Recht prospektiv und zu Beginn der Abrechnungsperiode der Steuerpflichtigen in Kraft treten. In Fällen, in denen die an einer hybriden Gestaltung Beteiligten dieselbe Abrechnungsperiode haben und Einnahmen und Ausgaben auf einer ähnlichen Grundlage erfassen, dürfte der Übergang von der ergänzenden zur vorrangigen Regel im Allgemeinen keine besonderen Probleme bereiten. Es können jedoch Schwierigkeiten und das Risiko der Doppelbesteuerung auftreten, wenn die Abrechnungsperiode für den Kontrahenten an einem Tag beginnt, der mitten in einer gegebenen Abrechnungsperiode (in diesen Anleitungen als „Übergangsphase" bezeichnet) liegt und/oder Unterschiede zwischen den beiden Staaten bei den Regeln für die Anerkennung des Zeitpunkts der Einnahmen und Ausgaben bestehen. In diesem Fall besteht – sofern die vorrangige und die ergänzende Regel nicht angemessen koordiniert sind – das Risiko, dass beide Staaten die Hybrid-Mismatch-Regeln auf dieselbe Zahlung oder auf einen Teil derselben Zahlung anwenden könnten.

308. Bei der Bestimmung der Einnahmen oder Ausgaben, die einer Anpassung gemäß der Regel für hybride Finanzinstrumente unterliegen, sollte die ergänzende Regel auf alle Zahlungen angewendet werden, die als vor der Übergangsphase geleistet behandelt werden, und die vorrangige Regel sollte auf alle Zahlungen angewendet werden, die so behandelt werden, als seien sie während der Übergangsphase oder danach geleistet worden. Bei diesem Ansatz wird der vorrangigen Maßnahme Priorität beigemessen und zugleich sichergestellt,

dass der Steuerpflichtige im Staat der ergänzenden Regel keine frühere Steuererklärung für einen Zeitraum überarbeiten muss, in dem die vorrangige Regel noch nicht in Kraft war.

309. Diese Anwendung der Koordinierungsregel wird in **Beispiel 9.1** veranschaulicht, in dem der Staat des Zahlungsempfängers die Abwehrregel nach Empfehlung 3.1(b) anwendet, um eine nicht berücksichtigte hybride Zahlung in den Einnahmen zu erfassen. In diesem Beispiel führt der Staat des Zahlungsleisters Hybrid-Mismatch-Regeln ein, die zu Beginn der Abrechnungsperiode des Zahlungsleisters in Kraft treten. Da die Abrechnungsperiode des Zahlungsleisters mitten in der Abrechnungsperiode des Zahlungsempfängers (der Übergangsphase) beginnt, wendet der Staat des Zahlungsempfängers während der Übergangsphase lediglich die ergänzende Regel in dem Maße an, wie die Besteuerungsinkongruenz nach der vorrangigen Regel im Staat des Zahlungsleisters nicht beseitigt wurde. **Beispiel 2.3** behandelt die Koordinierung der Regeln für hybride Finanzinstrumente mit den Regeln, die den Vorteil einer Befreiung der Dividende im Hinblick auf eine abzugsfähige Zahlung versagen. In dem Beispiel wird eine Zinszahlung für eine von einer ausländischen Tochtergesellschaft begebene Anleihe vom Staat der Muttergesellschaft als steuerbefreite Dividende behandelt, und der Staat der Tochtergesellschaft versagt einen Abzug für diese Zahlung nach der Regel für hybride Finanzinstrumente. Die Regel für hybride Finanzinstrumente verliert jedoch in dem Maße ihre Geltung, wie die Zahlungen infolge der Änderung des innerstaatlichen Rechts im Staat der Muttergesellschaft gemäß Empfehlung 2.1 als ordentliche Einnahmen berücksichtigt werden.

## *Übergangsregeln*

310. Empfehlung 9.2(c) sieht vor, dass die Staaten den Bedarf an Übergangsmaßnahmen identifizieren. In dem Bericht wird jedoch ausdrücklich hervorgehoben, dass es keine Präsumtion in Bezug auf den Bedarf eines Bestandsschutzes bestehender Gestaltungen geben wird.

311. Wenn die Hybrid-Mismatch-Regeln eingeführt werden, sollten sie im Allgemeinen für alle Zahlungen gelten, die nach dem Tag des Inkrafttretens des Gesetzes bzw. der Rechtsvorschrift im Rahmen einer hybriden Gestaltung geleistet werden. Dies umfasst die Anwendung der Regeln auf strukturierte Gestaltungen, selbst wenn diese Strukturierung vor Einführung der Regeln erfolgt ist. Der Tag, an dem die Hybrid-Mismatch-Regeln in Kraft treten, sollte lange genug im Voraus festgelegt werden, um den Steuerpflichtigen ausreichend Zeit zu geben, die voraussichtlichen Auswirkungen der Regeln zu ermitteln und die bestehenden Gestaltungen umzustrukturieren, um negative steuerliche Folgen zu vermeiden, die mit dem hybriden Charakter der Gestaltungen zusammenhängen. Um unnötige Komplikationen und das Risiko von Doppelbesteuerungen zu vermeiden, sollten die Regeln im Allgemeinen mit dem Beginn der Abrechnungsperiode eines Steuerpflichtigen wirksam werden und die oben beschriebenen Koordinierungsregeln umfassen.

312. Im Allgemeinen lässt sich die Notwendigkeit von Übergangsregelungen auf ein Mindestmaß begrenzen, indem sichergestellt wird, dass die Steuerpflichtigen rechtzeitig über die Einführung der Regeln informiert werden. In Anbetracht der Tatsache, dass die Hybrid-Mismatch-Regeln für nahestehende Dritte, Konzernteile und strukturierte Gestaltungen gelten, wird davon ausgegangen, dass die Steuerpflichtigen in den meisten Fällen in der Lage sein werden, unbeabsichtigte Effekte zu vermeiden, indem sie ihre bestehenden Gestaltungen neu strukturieren. Staatsspezifische Bestandsschutzregelungen für bestehende Gestaltungen sollten allgemein vermieden werden, da sie die Regeln verkomplizieren und zu Unstimmigkeiten in ihrer Anwendung führen können. Der Effekt solcher staatsspezifischer Bestandsschutzregelungen dürfte zudem begrenzt ausfallen, wenn es im Kontrahentenstaat keine ähnlichen Ausnahmeregelungen gibt.

## *Überprüfung*

313. Die in diesem Bericht enthaltenen Empfehlungen sollen dem Problem der Besteuerungsinkongruenzen auf multilateraler und koordinierter Basis entgegenwirken. Alle Hybrid-Mismatch-Regeln sind Korrespondenzregeln, die von der Besteuerung im anderen Staat abhängen, und manche Regeln umfassen eine Abwehrregel, die nur dann zur Anwendung kommt, wenn die Inkongruenz nicht von der vorrangigen Empfehlung im Kontrahentenstaat neutralisiert wurde. Bei der Anwendung dieser Regeln nach innerstaatlichem Recht stützen sich die Steuerverwaltungen daher implizit auf die nach den Rechtsvorschriften des anderen Staates geltenden Besteuerungskonsequenzen (darunter etwaige Hybrid-Mismatch-Regeln), um zum richtigen rechtlichen und steuerpolitischen Ergebnis zu kommen. Im Hinblick auf die Koordinierung der Wechselwirkungen zwischen den Hybrid-Mismatch-Regeln zweier Staaten benötigen die Steuerverwaltungen darüber hinaus ein klares Verständnis der Regeln des Kontrahentenstaats und der beabsichtigten Funktionsweise dieser Regeln. Dieser Prozess kann von jedem Staat gefördert werden, der die Regeln einführt, indem er die anderen Staaten über die Einführung der Regeln benachrichtigt und Informationen über deren beabsichtigte Funktionsweise im Kontext des innerstaatlichen Steuersystems übermittelt. Diese Informationen müssen möglicherweise von Zeit zu Zeit aktualisiert werden, um Änderungen des innerstaatlichen Rechts Rechnung zu tragen.

## *Informationsaustausch*

314. Die Staaten haben anerkannt, dass die Steuerverwaltungen für eine wirkungsvolle Umsetzung der Hybrid-Mismatch-Regeln effiziente und effektive Prozesse für den Informationsaustausch benötigen und die Häufigkeit und Qualität ihrer kooperativen grenzüberschreitenden Zusammenarbeit steigern müssen. Für die Anwendung der in diesem Bericht enthaltenen Empfehlungen, insbesondere der Regel für importierte Besteuerungsinkongruenzen in Empfehlung 8, ist es möglicherweise erforderlich, dass die Staaten multilaterale Maßnahmen in Bezug auf Fälle ergreifen, die hybride Gestaltungen betreffen.

315. Die Staaten haben zudem die Notwendigkeit erkannt, frühzeitig und spontan Informationen auszutauschen, die für die Verwaltung bzw. Durchsetzung der Hybrid-Mismatch-Regeln voraussichtlich wichtig sind. Die auszutauschenden Informationen werden in der Regel steuerzahlerspezifisch sein und auf bestehenden Rechtsinstrumenten beruhen, darunter zwischen den teilnehmenden Staaten abgeschlossene Doppelbesteuerungsabkommen und Abkommen zum Informationsaustausch in Steuersachen sowie das Übereinkommen über die gegenseitige Amtshilfe in Steuersachen (*Convention on Mutual Administrative Assistance in Tax Matters* – OECD, 2011). Das „Joint International Tax Shelter Information and Collaboration"-Netzwerk des Forums Steuerverwaltung (FTA) bietet den Staaten darüber hinaus ein Forum, um auf Gebieten von gegenseitigem Interesse, z.B. hybriden Gestaltungen, enger zusammenzuarbeiten, u.a. durch den Austausch von Informationen zur grenzüberschreitenden steuerlichen Behandlung von Rechtsträgern und Instrumenten sowie durch stärkere bilaterale und multilaterale Interventionstätigkeit.

## *Informationen für Steuerpflichtige*

316. Die Veröffentlichung der vorliegenden Anleitungen soll sowohl bei den Steuerpflichtigen als auch bei den Steuerverwaltungen für ein klares und konsistentes Verständnis der beabsichtigten Funktionsweise der Regeln sorgen. Die Staaten werden weiterhin angemessene Anstrengungen unternehmen, um sicherzustellen, dass die Steuerpflichtigen über exakte Informationen zur steuerlichen Behandlung von Rechtsträgern und Finanzinstrumenten nach dem Recht des betreffenden Staates verfügen.

## Wechselwirkung mit Aktionspunkt 4

317. Wenn ein Staat eine Festquotenregel eingeführt hat, ist das von hybriden Gestaltungen ausgehende potenzielle Gewinnverkürzungs- und Gewinnverlagerungsrisiko geringer, da die Gesamthöhe der Nettozinsaufwendungen, die ein Unternehmen in Abzug bringen kann, begrenzt ist. Dieses Risiko ist damit aber nicht beseitigt. Innerhalb der von einer Festquotenregel gesetzten Grenzen könnte ein Unternehmen immer noch erheblichen Spielraum haben, Zinsabzüge in Situationen geltend zu machen, in denen ein hybrides Finanzinstrument oder ein hybrider Rechtsträger eingesetzt werden, um einen doppelten Betriebsausgabenabzug oder einen Betriebsausgabenabzug bei Nichtberücksichtigung als Einnahme zu erzielen. Wenn eine Konzernquotenregel angewandt wird, besteht zudem ein Risiko, dass hybride Gestaltungen genutzt werden könnten, um den Nettozinsaufwand des Konzerns gegenüber Dritten zu erhöhen, woraus sich ein höherer Betrag an abzugsfähigen Nettozinsaufwendungen im gesamten Konzern ergeben würde. Um diesen Risiken zu begegnen, sollte ein Staat parallel zu dem im Rahmen von Aktionspunkt 4 (OECD, 2016) vereinbarten Best-Practice-Ansatz alle im vorliegenden Bericht formulierten Empfehlungen umsetzen. Regeln, mit denen hybriden Gestaltungen begegnet werden soll, sollten von einem Unternehmen vor der Fest- und der Konzernquotenregel angewandt werden, um den Gesamtnettozinsaufwand des Unternehmens zu ermitteln. Ist dieser Gesamtnettozinsaufwand einmal ermittelt, sollten die Festquotenregel und die Konzernquotenregel angewandt werden, um festzustellen, ob der Gesamtbetrag abgezogen werden kann bzw. in welchem Umfang der Abzug von Nettozinsaufwendungen versagt werden sollte.

## Literaturverzeichnis

OECD (2016), *Begrenzung der Gewinnverkürzung durch Zins- oder wirtschaftlich vergleichbare Aufwendungen, Aktionspunkt 4 – Abschlussbericht 2015*, OECD/G20 Projekt Gewinnverkürzung und Gewinnverlagerung, OECD Publishing, Paris, *http://dx.doi.org/10.1787/9789264255050-de*.

OECD (2015), *Mandatory Disclosure Rules, Action 12 – 2015 Final Report*, OECD/G20 Base Erosion and Profit Shifting Project, OECD Publishing, Paris, *http://dx.doi.org/10.1787/9789264241442-en*.

OECD (2014a), *Aktionsplan zur Bekämpfung der Gewinnverkürzung und Gewinnverlagerung*, OECD Publishing, Paris, *http://dx.doi.org/10.1787/9789264209688-de*.

OECD (2014b), *Neutralisierung der Effekte hybrider Gestaltungen*, OECD Publishing, Paris, *http://dx.doi.org/10.1787/9789264223387-de*.

OECD (2011), *The Multilateral Convention on Mutual Administrative Assistance in Tax Matters: Amended by the 2010 Protocol*, OECD Publishing, Paris, *http://dx.doi.org/10.1787/9789264115606-en*.

*Kapitel 10*

# Definition des Begriffs der strukturierten Gestaltung

## Empfehlung 10

**1. Allgemeine Begriffsbestimmung**

Eine strukturierte Gestaltung ist eine Gestaltung, bei der der Wert der Besteuerungsinkongruenz in die Bedingungen der Gestaltung eingerechnet wurde oder die Gegebenheiten und Umstände (einschließlich der Bedingungen) der Gestaltung darauf schließen lassen, dass diese mit der Absicht entwickelt wurde, eine hybride Besteuerungsinkongruenz herbeizuführen.

**2.Konkrete Beispiele strukturierter Gestaltungen**

Bei den Gegebenheiten und Umständen, die darauf schließen lassen, dass eine Gestaltung mit der Absicht entwickelt wurde, eine hybride Besteuerungsinkongruenz herbeizuführen, kann es sich um Folgendes handeln:

(a) eine Gestaltung, die mit der Absicht entwickelt wurde bzw. Teil eines Plans ist, eine hybride Besteuerungsinkongruenz herbeizuführen;

(b) eine Gestaltung, die eine Bedingung, einen Schritt oder eine Transaktion beinhaltet, die zur Erzielung einer hybriden Besteuerungsinkongruenz verwendet wird;

(c) eine Gestaltung, die als Ganzes oder in Teilen als ein steuerbegünstigtes Produkt vermarktet wird, bei dem sich ein Teil oder die gesamte Steuervergünstigung aus der hybriden Besteuerungsinkongruenz ergibt;

(d) eine Gestaltung, die in erster Linie Steuerpflichtigen in einem Staat angeboten wird, in dem es zu der hybriden Besteuerungsinkongruenz kommt;

(e) eine Gestaltung, die Merkmale enthält, die zu einer Änderung der Bedingungen der Gestaltung, insbesondere des Gewinns führen, wenn die hybride Besteuerungsinkongruenz nicht mehr gegeben ist, oder

(f) eine Gestaltung, die ohne die hybride Besteuerungsinkongruenz zu einem negativen Gewinn führen würde.

**3. Wann der Steuerpflichtige nicht an einer strukturierten Gestaltung beteiligt ist**

Ein Steuerpflichtiger gilt nicht als an einer strukturierten Gestaltung beteiligt, wenn weder von ihm noch von einem anderen Teil desselben Konzerns vernünftigerweise angenommen werden kann, dass er sich der hybriden Besteuerungsinkongruenz bewusst war, und weder er noch ein anderer Teil desselben Konzerns von dem daraus resultierenden Steuervorteil profitiert hat.

## Überblick

318. Die Hybrid-Mismatch-Regeln gelten für alle Personen, die an einer strukturierten Gestaltung beteiligt sind. Der Zweck der Definition des Begriffs der strukturierten Gestaltung besteht darin, diejenigen Steuerpflichtigen zu erfassen, die Gestaltungen einrichten, die mit der Absicht entwickelt wurden, eine Besteuerungsinkongruenz zu bewirken, und zugleich sicherzustellen, dass Steuerpflichtige, die sich der Besteuerungsinkongruenz nicht bewusst sind und nicht davon profitieren, nicht dazu verpflichtet sind, Anpassungen gemäß der Regel vorzunehmen.

319. Die Prüfung, ob es sich um eine strukturierte Gestaltung handelt, ist objektiv. Sie ist unabhängig von den Absichten der Beteiligten durchzuführen, wenn die Gegebenheiten und Umstände für einen unabhängigen Beobachter darauf hindeuten, dass die Gestaltung mit der Absicht entwickelt wurde, eine Besteuerungsinkongruenz herbeizuführen. Die Regel für strukturierte Gestaltungen zielt auf die Frage, ob die Inkongruenz in die Bedingungen der Gestaltung eingerechnet wurde oder ob die Konzeption der Gestaltung und die zugrunde liegenden Gegebenheiten und Umstände darauf hindeuten, dass die Besteuerungsinkongruenz ein beabsichtigtes Merkmal der Gestaltung ist. Bei der Prüfung wird eine nicht erschöpfende Liste von Faktoren ermittelt, die angeben, wann eine Gestaltung als strukturiert gelten sollte.

320. Die Definition des Begriffs der strukturierten Gestaltung gilt nicht für Steuerpflichtige, die an der Gestaltung nicht beteiligt sind. Eine Person ist an einer Gestaltung beteiligt, wenn ihre Mitwirkung an der Konzeption der Gestaltung ausreicht, um ihre Strukturierung und ihre möglichen Steuereffekte zu verstehen. Eine Person ist jedoch nicht an einer strukturierten Gestaltung beteiligt, wenn weder sie noch ein anderer Teil desselben Konzerns von der im Rahmen einer strukturierten Gestaltung entstehenden Besteuerungsinkongruenz profitiert und vernünftigerweise nicht davon ausgegangen werden kann, dass diese Person (oder ein anderer Teil desselben Konzerns) sich der Inkongruenz bewusst war.

## Empfehlung 10.1 – Allgemeine Begriffsbestimmung

321. Empfehlung 10.1 enthält die allgemeine Definition einer strukturierten Gestaltung. Die Prüfung ist objektiv. Sie basiert auf den Schlussfolgerungen, die vernünftigerweise von den Bedingungen der Vereinbarung und den zugrunde liegenden Gegebenheiten und Umständen gezogen werden können. Wenn die Steuervergünstigung der Inkongruenz in die Gestaltung eingerechnet ist, oder wenn eine vernünftige Person bei der Beurteilung des Sachverhalts der Gestaltung anderweitig die Schlussfolgerung ziehen würde, dass die Gestaltung mit der Absicht entwickelt wurde, eine Besteuerungsinkongruenz herbeizuführen, sollte die Gestaltung unabhängig von der tatsächlichen Absicht oder dem Verständnis des Steuerpflichtigen bei Abschluss der Vereinbarung von der Definition erfasst werden. Die Tatsache, dass es sich um eine strukturierte Gestaltung handelt, bedeutet jedoch nicht, dass jede von den steuerlichen Folgen dieser Gestaltung betroffene Person als daran beteiligt gelten sollte (vgl. Empfehlung 10.3 weiter unten).

### *Definition des Begriffs der Gestaltung*

322. Die Definition des Begriffs der Gestaltung erfasst eine Anzahl separater Vereinbarungen, die Teil desselben Plans oder derselben Abmachung sind und alle Maßnahmen und Transaktionen umfassen, durch die dieser Plan oder diese Abmachung umgesetzt wird. Bei der Prüfung der Frage, ob eine hybride Besteuerungsinkongruenz „in die Bedingungen der Gestaltung eingerechnet wurde“ oder ob die Gegebenheiten und Umstände „darauf schließen lassen,

dass die Gestaltung mit der Absicht entwickelt wurde, eine Besteuerungsinkongruenz herbeizuführen", sollten die Steuerpflichtigen und die Steuerverwaltungen die gesamte Gestaltung untersuchen, anstatt lediglich den Geschäftsvorfall, der die Besteuerungsinkongruenz bewirkt, zu prüfen.

## *Einrechnung der Inkongruenz in die Gestaltung*

323. Die hybride Besteuerungsinkongruenz ist in die Bedingungen der Gestaltung eingerechnet, wenn die Inkongruenz bei der Berechnung des aus der Gestaltung resultierenden Ertrags berücksichtigt wurde. Bei der Prüfung werden die tatsächlichen zwischen den Parteien vereinbarten und den Ertrag der Gestaltung betreffenden Bedingungen der Vereinbarung untersucht, um zu bestimmen, ob der Preis der Transaktion sich von dem Preis unterscheidet, der vereinbart worden wäre, wenn die Inkongruenz nicht entstanden wäre. Es handelt sich um eine Rechts- und Sachverhaltsprüfung, die nur die Bedingungen der eigentlichen Gestaltung und die Risiko- und Ertragsaufteilung im Rahmen der Gestaltung untersucht und breiter gefasste Faktoren wie die Beziehung zwischen den Beteiligten oder die Umstände, unter denen die Vereinbarung geschlossen wurde, unberücksichtigt lässt. Die Prüfung würde beispielsweise die von einem Steuerpflichtigen für den Erwerb eines hybriden Finanzinstruments gezahlte Gegenleistung nur dann berücksichtigen, wenn das Instrument im Rahmen derselben Gestaltung emittiert und verkauft wird.

324. **Beispiel 10.1** verdeutlicht eine Situation, in der davon ausgegangen werden kann, dass die hybride Besteuerungsinkongruenz „in die Bedingungen der Gestaltung eingerechnet wurde". In diesem Beispiel erwirbt der Steuerpflichtige ein hybrides Finanzinstrument, dessen Ertrag der normalerweise anzusetzenden Marktrendite abzüglich eines Betrags entspricht, der in Bezug auf die durch das Instrument erzielte Steuerersparnis des Inhabers berechnet wird. In diesem Beispiel wird der Schluss gezogen, dass die Besteuerungsinkongruenz in die Bedingungen des Instruments eingerechnet ist und dass es sich bei der Vereinbarung dementsprechend um eine strukturierte Gestaltung handelt.

325. Der Preis der Gestaltung umfasst mehr als lediglich die Rendite des Geschäftsvorfalls, der die hybride Besteuerungsinkongruenz bewirkt. **Beispiel 10.2** beschreibt eine Situation, in der Back-to-Back-Darlehen über einen als Intermediär fungierenden fremden Dritten geleitet werden, um eine hybride Besteuerungsinkongruenz herbeizuführen. In diesem Beispiel wird die durch die hybride Gestaltung herbeigeführte Steuervergünstigung in der Form eines über dem Marktzins liegenden Zinssatzes an die Muttergesellschaft übertragen. In einem solchen Fall ist die Back-to-Back-Finanzierung Teil der Gestaltung, und es ist davon auszugehen, dass die steuerlichen Folgen der hybriden Gestaltung in der Form eines über dem Marktzins liegenden Zinssatzes des Darlehens in die Bedingungen der Gestaltung eingerechnet wurden.

## *Gegebenheiten und Umstände der Gestaltung*

326. Die Prüfung der Gegebenheiten und Umstände ist ein breit gefasster Test, der die Beziehung zwischen den Beteiligten, die Umstände, unter denen die Vereinbarung getroffen wurde, die Maßnahmen und Transaktionen, die durchgeführt wurden, um die Gestaltung umzusetzen sowie die Bedingungen der eigentlichen Gestaltung und die wirtschaftlichen und geschäftlichen Vorteile des Geschäftsvorfalls untersucht, um zu bestimmen, ob davon ausgegangen werden kann, dass die Gestaltung „mit der Absicht entwickelt wurde, eine hybride Besteuerungsinkongruenz herbeizuführen". Die Tatsache, dass eine Gestaltung neben steuerlichen auch geschäftliche Vorteile mit sich bringt, steht einer Einstufung der Vereinbarung als strukturierte Gestaltung nicht entgegen, sofern ein objektiver und gut

informierter Beobachter den Schluss ziehen würde, dass die Konzeption der Gestaltung teilweise auf die Absicht zurückzuführen ist, eine hybride Besteuerungsinkongruenz zu bewirken.

327. In Empfehlung 10.2 wird eine Liste von Faktoren aufgeführt, die auf die Existenz einer strukturierten Gestaltung hindeuten. Diese Liste ist weder ausschließlich noch erschöpfend, und es können andere Faktoren vorliegen, die einen objektiven Beobachter darauf schließen lassen würden, dass die Gestaltung mit der Absicht entwickelt wurde, eine Besteuerungsinkongruenz herbeizuführen.

328. Die Prüfung der Gegebenheiten und Umstände könnte beispielsweise alle Fälle berücksichtigen, bei denen die Wahrscheinlichkeit, dass es sich um eine strukturierte Gestaltung handelt, durch die Beziehung zwischen den Beteiligten erhöht wird. In **Beispiel 1.36** halten zwei Steuerpflichtige jeweils 50% der Anteile an einem dritten Unternehmen. Ein Anteilseigner überträgt eine von der Tochtergesellschaft emittierte Anleihe an den anderen Anteilseigner. Diese Übertragung befreit die Tochtergesellschaft von der Steuerschuld, die bei Anwendung der Regel für hybride Finanzinstrumente fällig wäre. Die Tatsache, dass beide an der Übertragung beteiligten Parteien Anteilseigner des Emittenten sind, und die Tatsache, dass die Transaktion den Effekt hatte, den Emittenten von einer zu erwartenden Steuerschuld zu befreien, sollten bei der Prüfung der Frage, ob die Gestaltung mit der Absicht entwickelt wurde, eine Besteuerungsinkongruenz zu bewirken, berücksichtigt werden.

## Empfehlung 10.2 – Konkrete Beispiele strukturierter Gestaltungen

329. Die in Empfehlung 10.2 aufgeführte Liste von Faktoren sollte Steuerpflichtigen und Steuerverwaltungen als Leitfaden für die Art von Geschäftsvorfällen und Tätigkeiten dienen, bei deren Vorliegen eine hybride Gestaltung unter die Definition des Begriffs der strukturierten Gestaltung fällt. In vielen Fällen kann mehr als einer dieser Faktoren in derselben Gestaltung vorliegen.

### *Eine Gestaltung, die mit der Absicht entwickelt wurde bzw. Teil eines Plans ist, eine Besteuerungsinkongruenz herbeizuführen*

330. Eine Gestaltung ist Teil eines Plans, eine hybride Besteuerungsinkongruenz herbeizuführen, wenn eine Person, die wesentlich an der Konzeption der Gestaltung beteiligt oder darüber informiert ist (wie beispielsweise ein Steuerberater), vor Abschluss der Vereinbarung festgestellt hat, dass sie eine Besteuerungsinkongruenz herbeiführen wird. Diese Bedingung ist erfüllt, wenn vor Abschluss der Vereinbarung schriftlich oder mündlich Ratschläge in Bezug auf die Gestaltung erteilt wurden oder Arbeitsunterlagen bzw. Dokumente erstellt wurden, die darauf hindeuten, dass die Transaktion eine Besteuerungsinkongruenz herbeiführen wird. Dieser Faktor stellt sicher, dass die Vereinbarung als strukturierte Gestaltung betrachtet wird, wenn ein Steuerpflichtiger über die hybride Besteuerungsinkongruenz unterrichtet wird.

331. In **Beispiel 1.31** wird eine strukturierte Gestaltung dargestellt, die Teil eines Plans ist, eine Besteuerungsinkongruenz herbeizuführen. In diesem Beispiel möchte ein Unternehmen bei einem fremden Dritten einen Kredit aufnehmen. Der Kreditgeber schlägt vor, das Darlehen als Repogeschäft zu strukturieren, um für die an der Gestaltung Beteiligten eine Steuersenkung zu erreichen. Der Sachverhalt der Gestaltung deutet folglich darauf hin, dass sie mit der Absicht entwickelt wurde, eine Besteuerungsinkongruenz herbeizuführen. Wie in dem Beispiel dargelegt, kann eine derartige Strukturierung des Darlehens darüber hinaus die Finanzierungskosten des Kreditnehmers senken, was bedeutet, dass die Inkongruenz in die Bedingungen der Gestaltung eingerechnet wurde.

332. In **Beispiel 10.2** gibt ein Steuerberater einem Unternehmen den Rat, ein Darlehen an eine Tochtergesellschaft im Rahmen eines hybriden Finanzinstruments über einen unabhängigen Intermediär zu vergeben, um den Effekt der in der Regel für hybride Finanzinstrumente vorgesehenen Prüfung in Bezug auf nahestehende Dritte zu umgehen. In diesem Fall wurde die Gestaltung mit der Absicht entwickelt, den Effekt der Regeln für nahestehende Dritte zu umgehen, um eine Besteuerungsinkongruenz herbeizuführen, und es ist folglich davon auszugehen, dass die Gestaltung mit der Absicht entwickelt wurde, eine hybride Besteuerungsinkongruenz herbeizuführen.

## *Eine Gestaltung, die eine Bedingung, einen Schritt oder eine Transaktion zur Erzielung einer Besteuerungsinkongruenz beinhaltet*

333. Eine Vereinbarung gilt als strukturierte Gestaltung, wenn sie eine Bedingung, einen Schritt oder eine Transaktion beinhaltet, die in die Gestaltung eingefügt wurde, um eine hybride Besteuerungsinkongruenz herbeizuführen. Eine Bedingung, ein Schritt oder eine Transaktion gilt als Element, das in die Gestaltung eingefügt wurde, um eine Besteuerungsinkongruenz zu bewirken, wenn diese Inkongruenz bei Nichtvorliegen dieser Bedingung, dieses Schritts oder dieser Transaktion nicht entstanden wäre und wenn es keinen erheblichen wirtschaftlichen, geschäftlichen oder sonstigen Grund gab, diese Bedingung in die Gestaltung einzufügen, diesen Schritt zu unternehmen oder diese Transaktion durchzuführen. Bei der Beurteilung des Zwecks einer Transaktion sollten andere vernünftige Alternativen berücksichtigt werden, die denselben Effekt erzielt hätten, ohne eine Besteuerungsinkongruenz herbeizuführen. Dieser Faktor stellt sicher, dass Steuerpflichtige keine besonderen Maßnahmen ergreifen, die darauf abzielen, eine hybride Besteuerungsinkongruenz herbeizuführen. Der Geltungsbereich des allgemeinen Wortlauts von Empfehlung 10.1 wird durch die in Empfehlung 10.2 aufgeführten Faktoren nicht begrenzt, was bedeutet, dass eine hybride Gestaltung auch dann als strukturiert behandelt werden sollte, wenn jeder einzelne Schritt des Geschäftsvorfalls eine nichtsteuerliche Begründung hat, sofern vernünftigerweise davon ausgegangen werden kann, dass die Gesamtkonzeption der Gestaltung teilweise darauf abzielt, eine hybride Besteuerungsinkongruenz herbeizuführen.

334. Die Anwendung dieses Faktors wird in **Beispiel 10.2** erörtert, in dem ein Unternehmen seine Tochtergesellschaft veranlasst, mit einem als Intermediär fungierenden fremden Dritten eine hybride Finanzierungsvereinbarung abzuschließen, um den Effekt der gemäß den Hybrid-Mismatch-Regeln vorgesehenen Prüfung, ob es sich um nahestehende Personen handelt, zu vermeiden. In diesem Fall wurde der Intermediär in die Finanzierungsvereinbarung einbezogen, um den Effekt der Hybrid-Mismatch-Regeln zu umgehen. Es gibt keinen wesentlichen wirtschaftlichen, geschäftlichen oder sonstigen Grund, der erklärt, weshalb die Finanzierung über einen Dritten geleitet wird, was bedeutet, dass der Intermediär und die Back-to-Back-Finanzierung in die Struktur einbezogen wurden, um eine Besteuerungsinkongruenz herbeizuführen. In **Beispiel 4.2** möchten zwei natürliche Personen einen Kredit an ein Unternehmen vergeben, das eine 100%ige Tochtergesellschaft einer dieser beiden Personen ist. Anstatt den Kredit direkt zu vergeben, bringen sie Eigenmittel in das Unternehmen B Co ein, bei dem es sich um einen umgekehrt hybriden Rechtsträger handelt, der den Kredit vergibt. In dem Beispiel wird der Schluss gezogen, dass der Intermediär in die Finanzierungsvereinbarung einbezogen wurde, um eine hybride Besteuerungsinkongruenz zu bewirken. Angesichts der relativ einfachen Struktur der Finanzierungsvereinbarung gibt es keine wesentlichen wirtschaftlichen, geschäftlichen oder sonstigen Gründe, die Finanzierung über einen umgekehrt hybriden Rechtsträger bereitzustellen, als die Absicht, eine Besteuerungsinkongruenz herbeizuführen.

## Eine Gestaltung wird als ein steuerbegünstigtes Produkt vermarktet

335. Eine Vereinbarung gilt als Gestaltung, die als ein steuerbegünstigtes Produkt vermarktet wird, wenn die an der Gestaltung Beteiligten oder potenziell an der Gestaltung Beteiligten schriftlich, elektronisch oder mündlich über die potenziellen Steuervergünstigungen der Struktur unterrichtet werden. Wie in **Beispiel 10.3** aufgeführt, ist es nicht erforderlich, dass das Marketingmaterial ausdrücklich auf die Existenz der hybriden Gestaltung verweist, es reicht aus, dass der aus der hybriden Gestaltung resultierende Vorteil angegeben wird. Dies umfasst beispielsweise Material, das den Investor im Rahmen einer DD-Struktur darauf hinweist, dass er berechtigt ist, aus dem Investmentvehikel resultierende Verluste geltend zu machen, oder das den Kreditnehmer im Rahmen einer D/NI-Struktur darauf hinweist, dass er berechtigt ist, die Zahlungen in Abzug zu bringen. Die Marketinginformationen umfassen alle Informationen eines Prospekts oder sonstiger Emissionsunterlagen, die einem Investor im Rahmen einer Wertpapieremission vorgelegt werden müssen. Dieser Faktor stellt sicher, dass die aus der hybriden Gestaltung resultierenden Steuervergünstigungen nicht genutzt werden können, um die Gestaltung zu vermarkten.

## Eine Gestaltung, die in erster Linie Steuerpflichtigen in einem bestimmten Staat angeboten wird

336. Wenn kein Marketingmaterial vorliegt, sollte die Gestaltung dennoch als strukturiert betrachtet werden, wenn sie in der Praxis in erster Linie Steuerpflichtigen angeboten wird, die von der Inkongruenz profitieren. Die Tatsache, dass die Gestaltung auch Steuerpflichtigen in anderen Staaten zur Verfügung steht, die nicht von der Inkongruenz profitieren, steht einer Einstufung dieses Geschäftsvorfalls als Teil einer strukturierten Gestaltung nicht entgegen, sofern der zahlenmäßig oder wertmäßig größte Teil der Vereinbarungen mit Steuerpflichtigen in Staaten eingegangen wird, die von der Inkongruenz profitieren.

337. In **Beispiel 6.1** wendet sich ein Unternehmen, das Finanzmittel aufbringen will, an mehrere potenzielle Investoren, die im gleichen Staat ansässig sind, und fordert sie auf, zu bestimmten Bedingungen in das Unternehmen zu investieren. Auf Grund der unterschiedlichen Behandlung eines derartigen Instruments im Staat des Emittenten und im Staat der Investoren führen Zahlungen im Rahmen des Instruments gemäß der Regel für hybride Finanzinstrumente zu einer hybriden Besteuerungsinkongruenz. Die potenziellen Investoren erhalten eine unverbindliche Vorabinformation (Investment Memorandum), die eine Zusammenfassung der zu erwartenden steuerlichen Behandlung des Instruments enthält. Die Vereinbarung wird als strukturierte Gestaltung behandelt, weil die aus der hybriden Besteuerungsinkongruenz resultierenden Steuervergünstigungen bei Investoren vermarktet wurden und die Investition in erster Linie Steuerpflichtigen angeboten wird, die in einem Staat ansässig sind, in dem sie die Inkongruenz nutzen können. Der Emittent unterliegt der Hybrid-Mismatch-Regel, solange sich das Instrument im Umlauf befindet, in dem Beispiel wird jedoch dargelegt, dass ein späterer Käufer der Schuldtitel möglicherweise nicht verpflichtet ist, die Hybrid-Mismatch-Regel anzuwenden, wenn seine Informationen über die Gestaltung nicht ausreichen, um ihren hybriden Effekt zu verstehen.

## Änderung des wirtschaftlichen Ertrags im Rahmen des Instruments

338. Merkmale einer Gestaltung, die den wirtschaftlichen Ertrag der Beteiligten ändern, wenn die hybride Besteuerungsinkongruenz nicht mehr gegeben ist, können ein Beleg dafür sein, dass der Nutzen der hybriden Besteuerungsinkongruenz in die Gestaltung eingerechnet wurde. Die Frage, ob dieser Faktor vorliegt, wird in **Beispiel 10.2** erörtert, in

dem ein Unternehmen seine Tochtergesellschaft veranlasst, mit einem als Intermediär fungierenden fremden Dritten eine hybride Finanzierungsvereinbarung abzuschließen, um den Effekt der gemäß den Hybrid-Mismatch-Regeln vorgesehenen Prüfung, ob es sich um nahestehende Personen handelt, zu vermeiden. Es wird darauf hingewiesen, dass der Intermediär in diesem Fall normalerweise darauf besteht, die Struktur aufzulösen, wenn die Steuervergünstigung nicht mehr gegeben ist. Dieser Faktor stellt sicher, dass die an der strukturierten Gestaltung beteiligten Parteien keine Vereinbarungen eingehen können, die die Risiken und Vorteile einer von den Hybrid-Mismatch-Regeln vorgesehenen Anpassung aufteilen, ohne eine solche Anpassung tatsächlich herbeizuführen.

339. Es ist nicht ungewöhnlich, dass Finanzierungsvereinbarungen Bestimmungen enthalten, die sich mit Steuerrisiken befassen (insbesondere Risiken in Bezug auf Gesetzesänderungen). Klauseln, die es einem Kreditgeber ermöglichen, die Finanzierungskosten auf Grund von Umständen außerhalb seiner Kontrolle zu erhöhen, und Klauseln, die es einem Anleiheemittenten ermöglichen, ein Instrument im Fall einer Steuergesetzesänderung zum Nominalwert einzulösen, lassen nicht zwangsläufig darauf schließen, dass die Beteiligten die Absicht hatten, eine strukturierte Gestaltung einzurichten, sofern der Steuerpflichtige nachweisen kann, dass solche Vertragsbedingungen in der Regel in derartigen Finanzierungsvereinbarungen zu erwarten sind. Wenn andererseits die Evidenz darauf hindeutet, dass diese Bestimmungen in erster Linie aufgenommen wurden, um dem Risiko entgegenzuwirken, dass die Hybrid-Mismatch-Regeln auf die Gestaltung angewendet werden können, ist die Regel für strukturierte Gestaltungen wahrscheinlich anzuwenden.

### *Negativer Vorsteuerertrag*

340. Die Tatsache, dass es ohne den aus der hybriden Gestaltung resultierenden Nutzen für den Steuerpflichtigen unwirtschaftlich wäre, die Vereinbarung einzugehen, kann Beleg dafür sein, dass es sich bei der Vereinbarung um eine strukturierte Gestaltung handelt. Dieser Faktor hängt auch mit dem Preis der Gestaltung zusammen und soll verhindern, dass ein Steuerpflichtiger die aus einer hybriden Gestaltung resultierenden Steuervergünstigungen an eine andere Vertragspartei überträgt. In **Beispiel 10.2** wird ein Beispiel für einen Geschäftsvorfall mit einem negativen Vorsteuerertrag in Verbindung mit einer Back-to-Back-Darlehensstruktur aufgeführt. In diesem Beispiel wird die aus der hybriden Gestaltung resultierende Steuervergünstigung in der Form eines über dem Marktzins liegenden Zinssatzes an die Muttergesellschaft übertragen, was nach Sachlage dieses Falls bedeutet, dass der Intermediär einen Kredit zu einem Zinssatz aufnimmt, der höher ist als die Rendite, die er im Rahmen des hybriden Finanzinstruments verdient.

## Empfehlung 10.3 – Wann der Steuerpflichtige nicht an einer strukturierten Gestaltung beteiligt ist

341. Gemäß Empfehlung 10.3 ist ein Steuerpflichtiger von der Regel für strukturierte Gestaltungen ausgenommen, wenn er nicht an der strukturierten Gestaltung beteiligt ist.

342. Eine Person ist an einer strukturierten Gestaltung beteiligt, wenn ihre Mitwirkung an der Gestaltung ausreicht, um ihre Strukturierung und ihre möglichen Steuereffekte zu verstehen. Ein Steuerpflichtiger gilt dagegen nicht als an einer strukturierten Gestaltung beteiligt, wenn weder der Steuerpflichtige noch ein anderer Teil desselben Konzerns sich der Besteuerungsinkongruenz bewusst war oder von der Inkongruenz profitiert hat.

343. Die Prüfung, ob eine Person an einer strukturierten Gestaltung beteiligt ist, zielt darauf ab, Situationen zu erfassen, in denen der Steuerpflichtige oder ein anderer Teil des Konzerns

des Steuerpflichtigen sich der Besteuerungsinkongruenz bewusst war, und sie sollte für jede Person gelten, die über die Gestaltung und ihre steuerlichen Effekte unterrichtet ist, unabhängig davon, ob diese Person im Rahmen dieser Gestaltung eine Steuervergünstigung erhalten hat. Der Grundsatz der Hybrid-Mismatch-Regeln besteht darin, die Besteuerungsinkongruenzen zu neutralisieren, indem die Steuerergebnisse im Staat des Zahlungsleisters oder im Staat des Zahlungsempfängers angepasst werden, ohne prüfen zu müssen, ob oder inwieweit die Person, die Gegenstand der Anpassung ist, von dieser Inkongruenz profitiert hat. Während ein Steuerpflichtiger sich der Existenz der hybriden Gestaltung bewusst sein muss, um die Anpassung vornehmen zu können, sollte eine Steuerverwaltung nicht verpflichtet werden nachzuweisen, dass der Steuerpflichtige von der Inkongruenz profitiert hat, bevor sie die Anpassung verlangen kann. Die Prüfung des Kenntnisstands erfolgt objektiv auf der Basis der dem Steuerpflichtigen zur Verfügung stehenden Informationen, und sie sollte dem Steuerpflichtigen keine zusätzlichen Sorgfaltspflichten auferlegen, die über die Pflichten hinausgehen, die bei einem Geschäftsvorfall von einer vernünftigen und umsichtigen Person zu erwarten sind.

344. Die Frage, ob ein Steuerpflichtiger an einer strukturierten Gestaltung beteiligt ist, hat ihre größte praktische Bedeutung wahrscheinlich im Kontext von Zahlungen an einen umgekehrt hybriden Rechtsträger oder im Rahmen einer Gestaltung, die zu einer importierten Besteuerungsinkongruenz führt. Im Fall eines umgekehrt hybriden Rechtsträgers erfüllt die Beziehung zwischen dem Investor und dem umgekehrt hybriden Rechtsträger beispielsweise häufig die Bedingungen einer strukturierten Gestaltung. Dies gilt insbesondere für Investmentfonds, wenn Anleger in Vehikel investieren wollen, die gemäß den Rechtsvorschriften des Errichtungsstaats steuerneutral sind, und wenn sie sicherstellen wollen, dass der Anlageertrag nur bei der Ausschüttung besteuert wird. Während Fondsstrukturen dieser Art als Strukturen bezeichnet werden könnten, die mit der Absicht entwickelt wurden, eine Besteuerungsinkongruenz herbeizuführen, gilt der Zahlungsleister nicht als eine an einer derartigen Gestaltung beteiligte Partei, wenn er keinen Nutzen aus der Inkongruenz gezogen hat (d.h. die Zahlung erfolgte zum Marktwert) und wenn von ihm vernünftigerweise nicht angenommen werden kann, dass er sich der Besteuerungsinkongruenz bewusst war.

345. Dieser Grundsatz wird in **Beispiel 4.1** verdeutlicht, in dem der Einsatz eines umgekehrt hybriden Rechtsträgers, der als Zweckgesellschaft zur Vergabe eines Darlehens eingerichtet wurde, auf den ersten Blick darauf hindeutet, dass die Vereinbarung zwischen dem Investor und dem umgekehrt hybriden Rechtsträger mit der Absicht entwickelt wurde, eine Besteuerungsinkongruenz herbeizuführen. In diesem Fall gilt der Zahlungsleister jedoch nicht als an der strukturierten Gestaltung beteiligt, weil er für das Darlehen einen Marktzinssatz zahlt und nicht von ihm erwartet werden kann, im Rahmen seiner gewöhnlichen geschäftlichen Sorgfaltspflichten bei der Entscheidung, bei dem umgekehrt hybriden Rechtsträger einen Kredit aufzunehmen, die Steuerposition des zugrunde liegenden Investors oder die steuerliche Behandlung der Zinszahlung gemäß den Rechtsvorschriften des Staats des Investors zu berücksichtigen.

346. Das in **Beispiel 4.1** beschriebene Ergebnis steht im Gegensatz zu dem weiter unten aufgeführten **Beispiel 10.5,** in dem das hybride Element in die Struktur eingeführt wird, nachdem die Finanzierungsgespräche zwischen dem Investor und dem Zahlungsleister begonnen haben. In diesem Beispiel nimmt ein Fonds, der auf die Kreditvergabe an mittlere Unternehmen spezialisiert ist, Verhandlungen auf, um einem Unternehmen ein unbesichertes Darlehen zu gewähren, das zur Finanzierung des Betriebskapitals des Unternehmens verwendet wird. Der Fonds vergibt das Darlehen über eine Tochtergesellschaft in einem

Drittstaat und finanziert dieses Darlehen durch ein hybrides Finanzinstrument. Weder der Fonds noch die Tochtergesellschaft sind in einem Staat ansässig, der die Hybrid-Mismatch-Regeln eingeführt hat. Die Finanzierungsvereinbarung wird als Gesamtkonzept formuliert, das sowohl den Geschäftsvorfall, der den ursprünglichen hybriden Abzug herbeiführt (das hybride Finanzinstrument), als auch das Darlehen der Tochtergesellschaft an den Steuerpflichtigen umfasst. Der Steuerpflichtige gilt als an dieser strukturierten Gestaltung beteiligt, wenn er an der Formulierung mitwirkt oder ausreichend über die Gestaltung informiert ist, um ihre Funktionsweise und ihren Effekt zu verstehen. Ein Steuerpflichtiger gilt dagegen nicht als an einer strukturierten Gestaltung beteiligt, wenn weder der Steuerpflichtige noch ein anderer Teil des Konzerns des Steuerpflichtigen von der hybriden Gestaltung profitiert hat oder ausreichend über die Vereinbarung informiert war, um sich der Tatsache bewusst zu sein, dass sie eine Besteuerungsinkongruenz herbeigeführt hat. Der Grundsatz wird in **Beispiel 10.3**, in dem ein hybrides Finanzinstrument an einen Steuerpflichtigen verkauft wird, näher veranschaulicht. In dem Beispiel wird davon ausgegangen, dass der Käufer sich seiner eigenen steuerlichen Behandlung im Rahmen des Finanzinstruments bewusst ist, dass jedoch normalerweise nicht von ihm erwartet werden kann, die Steuerposition des Emittenten zu ermitteln, und der Käufer fällt normalerweise nicht in den Geltungsbereich der Regeln für strukturierte Gestaltungen, sofern das Instrument zum Marktwert erworben wurde (und nicht im Rahmen derselben Vereinbarung, die die hybride Besteuerungsinkongruenz bewirkte).

### *Vereinbarungen, die im Namen eines Steuerpflichtigen eingegangen werden*

347. Bei der Anwendung der Regel für strukturierte Gestaltungen sollten die Handlungen des Vertreters des Steuerpflichtigen dem Steuerpflichtigen zugeordnet werden. Wenn ein transparenter Rechtsträger eine hybride Gestaltung einrichtet und die steuerlichen Folgen einer Zahlung im Rahmen dieser Gestaltung dem Investor zugeordnet werden, sollte die Regel für strukturierte Gestaltungen so auf den Investor angewendet werden, als wenn der Investor direkt an dieser strukturierten Gestaltung beteiligt wäre und diese Vereinbarung auf der gleichen Basis eingegangen wäre wie der transparente Rechtsträger. In **Beispiel 10.4** investiert ein Treuhandvermögen zu Sonderbedingungen in ein Unternehmen. Auf Grund der unterschiedlichen Behandlung eines derartigen Instruments im Staat des Emittenten und im Staat der Investoren führen Zahlungen im Rahmen des Instruments zu einer hybriden Gestaltung gemäß der Regel für hybride Finanzinstrumente. Die potenziellen Investoren, einschließlich des Treuhandvermögens, erhalten eine unverbindliche Vorabinformation (Investment Memorandum), die eine Zusammenfassung der zu erwartenden steuerlichen Behandlung des Instruments enthält. Das Treuhandvermögen ordnet die im Rahmen des Instruments geleistete Zahlung einem Begünstigten zu, der keine Kenntnis von der Investition des Treuhänders hat. In diesem Fall wird der Status des Treuhandvermögens als Partei, die an einer strukturierten Gestaltung beteiligt ist, zusammen mit der Zahlung dem Begünstigten zugeordnet, so dass die Zahlung an den Begünstigten von der Regel für hybride Finanzinstrumente erfasst wird.

*Kapitel 11*

# Definition der Begriffe nahestehende Personen, Konzern und gemeinsames Handeln

**Empfehlung 11**

**1. Allgemeine Begriffsbestimmungen**

Für die Zwecke dieser Empfehlungen gilt:

(a) Zwei Personen werden als nahestehend betrachtet, wenn sie zum selben Konzern gehören oder wenn die erste Person eine Beteiligung von mindestens 25% an der zweiten Person hält oder wenn eine dritte Person eine Beteiligung von mindestens 25% an beiden Personen hält.

(b) Zwei Personen gehören zum selben Konzern:

(i) wenn sie für die Zwecke der Rechnungslegung konsolidiert werden;

(ii) wenn die erste Person eine Beteiligung hält, die es ihr ermöglicht, einen beherrschenden Einfluss auf die zweite Person auszuüben, oder wenn es eine dritte Person gibt, die Beteiligungen hält, die es dieser Person ermöglichen, einen beherrschenden Einfluss auf die beiden anderen Personen auszuüben;

(iii) wenn die erste Person eine Beteiligung von mindestens 50% an der zweiten Person hält oder wenn es eine dritte Person gibt, die eine Beteiligung von mindestens 50% an den beiden anderen Personen hält, oder

(iv) wenn sie als verbundene Unternehmen nach Artikel 9 betrachtet werden können.

(c) Eine Person gilt als Inhaber einer prozentualen Beteiligung an einer anderen Person, wenn sie – unmittelbar oder mittelbar über eine Beteiligung an weiteren Personen – einen Prozentsatz der Stimmrechte der anderen Person oder des Werts der Kapitalbeteiligungen an dieser Person hält.

**2. Aggregierung von Beteiligungen**

Für die Zwecke der Regeln für nahestehende Personen wird eine Person, die in Bezug auf den Besitz bzw. die Kontrolle von Stimmrechten oder Eigenkapitalbeteiligungen mit einer anderen Person gemeinsam handelt, so behandelt, als besitze oder kontrolliere sie alle Stimmrechte und Eigenkapitalbeteiligungen dieser anderen Person.

**3. Gemeinsames Handeln**

Zwei Personen gelten in Bezug auf den Besitz bzw. die Kontrolle von Stimmrechten oder Eigenkapitalbeteiligungen als gemeinsam handelnd, wenn:

(a) sie derselben Familie angehören;

(b) die eine Person regelmäßig nach den Wünschen der anderen Person handelt;

*(Fortsetzung nächste Seite)*

*(Fortsetzung)*

(c) sie eine Vereinbarung eingegangen sind, die einen wesentlichen Effekt auf den Wert oder die Kontrolle solcher Rechte oder Beteiligungen hat, oder

(d) der Besitz oder die Kontrolle solcher Rechte oder Beteiligungen von derselben Person oder Personengruppe verwaltet wird.

Wenn ein Manager eines Organismus für gemeinsame Anlagen in Wertpapieren anhand der Bedingungen des Anlagemandats, der Art der Beteiligung und der Umstände, unter denen die hybride Gestaltung eingegangen wurde, zur Zufriedenheit der Steuerverwaltung nachweisen kann, dass die zwei Fonds im Hinblick auf die Beteiligung nicht gemeinsam gehandelt haben, sollten die von diesen Fonds gehaltenen Beteiligungen für die Zwecke der Kriterien für gemeinsames Handeln nicht aggregiert werden.

## Überblick

348. Der Bericht behandelt hybride Finanzinstrumente und hybride Übertragungen zwischen nahestehenden Personen als in den Geltungsbereich der Hybrid-Mismatch-Regeln fallend. Andere hybride Gestaltungen werden im Allgemeinen als in den Geltungsbereich der Empfehlungen fallend behandelt, wenn die an der Gestaltung Beteiligten demselben Konzern angehören.

349. Die Kriterien dafür, ob es sich um nahestehende Personen handelt bzw. ob eine Zugehörigkeit zum selben Konzern vorliegt, gelten unabhängig von den Umständen, unter denen die hybride Gestaltung eingegangen wurde. Dieses Prinzip wird in **Beispiel 1.1** verdeutlicht, in dem darauf hingewiesen wird, dass ein Schuldtitel, der von der Muttergesellschaft des Emittenten in einer Transaktion mit fremden Dritten erworben wird, dennoch ein Finanzinstrument zwischen nahestehenden Personen darstellt und u.U. der Anwendung der Regel für hybride Finanzinstrumente unterliegt, selbst wenn er zum Zeitpunkt seiner ursprünglichen Emission nicht in den Geltungsbereich der Regel fiel.

350. Zwei Personen werden als nahestehend behandelt, wenn sie demselben Konzern angehören oder wenn eine Person eine Beteiligung von 25% an der anderen Person hält oder eine dritte Person eine Beteiligung von 25% an beiden hält. Dabei werden sowohl unmittelbare als auch mittelbare Beteiligungen berücksichtigt, die sowohl Stimmrechte als auch den Wert von Eigenkapitalbeteiligungen umfassen. Personen, die unter gewissen Umständen in Bezug auf den Besitz oder die Kontrolle einer Beteiligung gemeinsam handeln, sind verpflichtet, ihre Beteiligungen für die Zwecke der Prüfung, ob es sich um nahestehende Personen handelt, zu aggregieren.

351. Personen werden als demselben Konzern zugehörig behandelt, wenn:

(a) sie Teil desselben Konsolidierungskreises für Rechnungslegungszwecke sind oder wenn die zwischen ihnen geltenden Regelungen als Regelungen zwischen verbundenen Unternehmen gemäß Artikel 9 des OECD-Musterabkommens (OECD, 2014) betrachtet werden können;

(b) die eine Person eine Beteiligung von 50% an der anderen Person oder beherrschenden Einfluss auf die andere Person besitzt (oder eine dritte Person bei beiden über eine Beteiligung von 50% oder beherrschenden Einfluss verfügt).

352. Die Hybrid-Mismatch-Regeln gelten ferner für alle Personen, die an einer „strukturierten“ Gestaltung beteiligt sind, die mit der Absicht entwickelt wurde, eine Besteuerungsinkongruenz herbeizuführen. Eine eingehendere Betrachtung strukturierter Gestaltungen findet sich in den Erläuterungen zu Empfehlung 10.

## Empfehlung 11.1 – Allgemeine Begriffsbestimmungen

353. Empfehlung 11.1 stellt die allgemeine Definition der Begriffe nahestehende Personen und Konzern dar.

### *Nahestehende Personen*

354. Personen werden für die Zwecke der Hybrid-Mismatch-Regeln als nahestehende Personen behandelt, wenn sie entweder demselben Konzern angehören oder die eine Person eine Beteiligung von 25% an der anderen Person hält oder wenn eine weitere Person eine Beteiligung von 25% an beiden hält. Die Höhe der Beteiligung einer Person an einer anderen bemisst sich nach dem Prozentsatz, den die erste Person an den Stimmrechten der zweiten Person oder am Wert der Eigenkapitalbeteiligungen an der zweiten Person hält. Die Begriffe „Stimmrechte“ und „Eigenkapitalbeteiligung“ werden in Empfehlung 12 definiert.

### *Stimmrechtsanteile*

355. Am einfachsten lassen sich Stimmrechtsanteile bei Unternehmen bestimmen, die Eigenkapitalanteile ausgeben, der Ausdruck umfasst jedoch auch gleichwertige Einflussrechte bei anderen Beteiligungsformen, wie z.B. Personengesellschaften, Joint Ventures und Treuhandvermögen. Ein Stimmrechtsanteil verkörpert das Recht, an Entscheidungen über Ausschüttungen, über Veränderungen der Verfassungsstruktur oder über die Ernennung von Geschäftsführern einer Person mitzuwirken. Geschäftsführer bezeichnet jede Person, die nach den Verfassungsdokumenten einer anderen Person zur Führung und Kontrolle dieser anderen Person befugt ist (z.B. der Treuhänder eines Treuhandvermögens).

356. Das Recht, an lediglich einer der Entscheidungsfunktionen einer Person mitzuwirken, reicht bereits aus, um ein Stimmrecht an dieser Person darzustellen, wobei dieses Recht jedoch durch die Verfassungsdokumente der Person selbst gewährt werden muss. **Beispiel 11.1** beschreibt ein Treuhandvermögen, in dem der Treugeber gemäß Treuhandvertrag das Recht hat, Treuhänder zu ernennen, aber kein Recht auf Ausschüttungen oder darauf, den Treuhandvertrag abzuändern. In diesem Fall wird der Treugeber dennoch als nahestehende Person des Treuhandvermögens behandelt, da der Treugeber faktisch 100% der Entscheidungsrechte hinsichtlich der Ernennung von Treuhändern besitzt.

357. **Beispiel 11.2** behandelt eine Personengesellschaft, deren Gesellschafter vier natürliche Personen sind. Alle Gesellschafter haben dieselben Stimmrechte und einen gleich großen Anteil am Gewinn der Gesellschaft. Die einzelnen Gesellschafter sollten in diesem Fall als jeweils zu 25% an der Gesellschaft beteiligt behandelt werden und gelten jeweils als der Gesellschaft nahestehend. Die einzelnen Gesellschafter untereinander werden jedoch nicht als einander nahestehend betrachtet.

358. Bei diesen Rechten muss es sich um tatsächliche Entscheidungsrechte handeln und nicht um Rechte, die sich irgendwann in Zukunft ergeben könnten, wobei jedoch Eventualfälle, die verfahrensbedingt sind und der Kontrolle des Inhabers unterliegen, für diese Zwecke außer Acht gelassen werden können. Dementsprechend sollte der Inhaber einer Wandelanleihe, der jederzeit einen Umtausch dieser Anleihen in Stammaktien wählen kann, so behandelt

werden, als hielte er Stimmrechtsanteile an dem Emittenten auf verwässerter Basis, während ein Kreditgeber, der das Recht hat, im Fall eines Zahlungsausfalls bei einem Darlehen einen Konkursverwalter zu ernennen, nicht so behandelt wird, als hielte er Stimmrechtsanteile an dem Kreditnehmer, da ihm diese Rechte nur bei einem Zahlungsausfall des Kreditnehmers erwachsen und nicht durch die Satzung des Unternehmens, sondern durch die Konditionen der im Rahmen des Darlehens gewährten Sicherheiten erteilt werden.

### *Wert der Eigenkapitalbeteiligungen*

359. Ein Instrument sollte so behandelt werden, als verkörpere es eine Eigenkapitalbeteiligung, wenn es dem Inhaber einen Eigenkapitalertrag gewährt. Unter Eigenkapitalertrag wird ein Anspruch auf Gewinne oder auf die Beteiligung an Ausschüttungen verstanden. Die Definition von „Eigenkapitalertrag" in Empfehlung 12 umfasst zwar auch derivative Eigenkapitalerträge, diese erweiterte Definition gilt jedoch nicht für die Bestimmung der Höhe der Eigenkapitalbeteiligung im Hinblick darauf, ob es sich um nahestehende Personen handelt oder eine Zugehörigkeit zum selben Konzern vorliegt. Ein Instrument kann – selbst wenn es die Form eines Schuldtitels hat – als Eigenkapitalbeteiligung behandelt werden, sofern es das Recht auf eine Beteiligung am Gewinn des Emittenten oder an einem etwaigen Liquidationsüberschuss gewährt.

360. Bei einem Unternehmen, das nur eine Klasse von Stammaktien begeben hat, sollte es im Allgemeinen so sein, dass Stimmrechts- und Kapitalanteile im selben Verhältnis gehalten werden. Stimmrechtslose Aktien, Anleihen, Optionsscheine oder andere Finanzinstrumente, die mit einem Anspruch auf einen Eigenkapitalertrag verbunden sind und in Streubesitz gehalten oder regelmäßig gehandelt werden, können bei der Bestimmung des Werts der Eigenkapitalbeteiligungen u.U. ausgeklammert werden, wenn die Art, wie diese Instrumente emittiert, gehalten oder gehandelt werden, keinen Anlass zu wesentlichen strukturierungsbezogenen Bedenken bietet.

### *Indirekte Beteiligung*

361. Eine Person, die Stimmrechte oder eine Eigenkapitalbeteiligung an einer anderen Person hält, wird so behandelt, als hielte sie einen proportionalen Anteil der von dieser anderen Person gehaltenen Stimmrechte oder Eigenkapitalbeteiligungen. Indirekte Beteiligungen sollten auf Verwässerungsbasis gemessen werden, d.h. wenn Person A (eine natürliche Person) 50% der Stimmrechts- oder Kapitalanteile an B Co hält, und B Co wiederum 50% der Stimmrechts- oder Kapitalanteile an C Co hält, dann sollte Person A so behandelt werden, als hielte sie 25% an C Co. Ein ausführlicheres Beispiel zur Erläuterung der Berechnung indirekter Stimmrechte ist in **Beispiel 11.3** zu finden. In diesem Beispiel besitzt A Co 100% der Stimmrechte an C Co und 20% der Stimmrechte an D Co. F Co befindet sich zu 20% im Besitz von C Co und zu 40% im Besitz von D Co. A Co ist folglich eine nahestehende Person von C Co und F Co, während F Co eine nahestehende Person von D Co, A Co aber keine nahestehende Person von D Co ist (es sei denn, sie gehören demselben Konzern an).

### *Konzern*

362. Zwei Personen sollten so behandelt werden, als gehörten sie demselben Konzern an, wenn sie eines der in Empfehlung 11.1(b) genannten Kriterien erfüllen.

### *Konsolidierung*

363. Eine Tochtergesellschaft sollte als ihrer obersten Muttergesellschaft nahestehend behandelt werden, wenn die Tochter auf vollkonsolidierter Basis in den nach den International Financial Reporting Standards (IFRS) oder den geltenden Rechnungslegungsstandards des jeweiligen Landes erstellten Konzernabschluss der Muttergesellschaft einbezogen werden muss.

### *Beherrschender Einfluss*

364. Personen gehören demselben Konzern an, wenn die erste Person durch eine Beteiligung an der zweiten Person einen beherrschenden Einfluss auf diese ausüben kann oder wenn eine dritte Person an beiden Personen in einem Umfang beteiligt ist, der ihr einen beherrschenden Einfluss auf beide verschafft. Dies ist beispielsweise dann der Fall, wenn eine Person eine bedeutende Beteiligung an einem in Streubesitz befindlichen Unternehmen hält und auf Grund dieser Beteiligung einen beherrschenden Einfluss auf die Ernennung von Geschäftsführern besitzt.

### *Stimmrechts- oder Kapitalanteile*

365. Personen werden als demselben Konzern zugehörig behandelt, wenn eine Person eine Beteiligung von mindestens 50% an der anderen Person hält oder wenn eine weitere Person mindestens 50% an beiden Personen hält. Der Prozentsatz der Beteiligung an einer anderen Person bemisst sich nach dem gehaltenen Prozentsatz der Stimmrechte dieser Person bzw. des Werts der Kapitalbeteiligungen an dieser Person. Die Messung der Stimmrechte und des Werts der Kapitalbeteiligungen wurde weiter oben erörtert.

### *Verbundene Unternehmen*

366. Zwei Personen sollten als demselben Konzern zugehörig betrachtet werden, wenn sie als verbundene Unternehmen nach Artikel 9 des OECD-Musterabkommens (OECD, 2014) behandelt werden. Gemäß Artikel 9.1 liegen „verbundene Unternehmen" dann vor, wenn

(a) ein Unternehmen eines Vertragsstaats unmittelbar oder mittelbar an der Geschäftsleitung, der Beherrschung oder dem Kapital eines Unternehmens des anderen Vertragsstaats beteiligt ist oder

(b) dieselben Personen unmittelbar oder mittelbar an der Geschäftsleitung, der Beherrschung oder dem Kapital eines Unternehmens eines Vertragsstaats und eines Unternehmens des anderen Vertragsstaats beteiligt sind.

367. Das OECD-Musterabkommen (OECD, 2014) und die Kommentare enthalten keine Vorgaben zu den Schwellenwerten oder Kriterien dafür, welchen Umfang eine Beteiligung am Kapital, an der Geschäftsleitung oder an der Beherrschung haben muss, damit zwei Unternehmen zu „verbundenen Unternehmen" im Sinne von Artikel 9 werden. Es bleibt den einzelnen Ländern überlassen, die Kriterien dafür festzulegen, wann die Verrechnungspreisvorschriften nach innerstaatlichem Recht gelten, insbesondere im Hinblick auf die Auslegung von „Beherrschung". Die Berücksichtigung verbundener Unternehmen in der Definition eines Konzerns hat den Effekt, dass die Hybrid-Mismatch-Regeln für jede Transaktion gelten sollten, die auch einer Anpassung nach den Verrechnungspreisregeln eines Landes unterliegt.

## Empfehlung 11.2 – Aggregierung von Beteiligungen

368. Empfehlung 11.2 definiert, wann die Eigenkapitalbeteiligungen einer Person für die Zwecke der Prüfung, ob die Kriterien für nahestehende Personen oder für einen Konzern erfüllt sind, mit denen einer anderen Person aggregiert werden sollten.

## Empfehlung 11.3 – Gemeinsames Handeln

369. Ziel der Prüfung auf gemeinsames Handeln ist es, Steuerpflichtige davon abzuhalten, eine Einstufung als nahestehende Personen bzw. Konzernangehörige zu umgehen, indem sie ihre Stimmrechts- oder Kapitalanteile einer anderen Person übertragen, die im Hinblick auf diese Beteiligungen nach ihren Weisungen handelt. Darüber hinaus sollen mit der Prüfung auf gemeinsames Handeln Situationen erfasst werden, in denen ein Steuerpflichtiger oder eine Gruppe von Steuerpflichtigen, die für sich genommen jeweils Minderheitsanteile an einer Person halten, Vereinbarungen treffen, die es ihnen ermöglichen würden, gemeinsam (bzw. nach den Weisungen einer einzelnen maßgeblichen Person) zu handeln, um eine hybride Gestaltung in Bezug auf eine der beteiligten Personen einzugehen.

370. Die Kriterien für gemeinsames Handeln erfassen Stimmrechte oder Eigenkapitalbeteiligungen, die von einem einzelnen Wirtschaftssubjekt, wie z.B. einer Familie, gehalten werden, und decken die folgenden drei grundlegenden Szenarien ab:

(a) Eine Person muss oder wird erwartungsgemäß im Hinblick auf die von ihr gehaltenen Stimmrechte oder Kapitalbeteiligungen nach den Wünschen einer anderen Person handeln.

(b) Zwei oder mehr Personen vereinbaren, im Hinblick auf die von ihnen gehaltenen Stimmrechte oder Kapitalbeteiligungen gemeinsam zu handeln.

(c) Eine Person oder mehrere Personen erklären sich damit einverstanden, dass eine dritte Person im Hinblick auf die von ihnen gehaltenen Stimmrechte oder Kapitalbeteiligungen in ihrem Namen handeln kann.

### *Mitglieder derselben Familie*

371. Von den Familienangehörigen einer Person gehaltene Kapital- oder Stimmrechtsanteile gelten als von dieser Person gehalten. Der Begriff Familie wird in Empfehlung 12 definiert. Zu den Familienangehörigen einer Person zählen der Ehegatte (bzw. eingetragene Lebenspartner) sowie die Verwandten dieser Person und deren Ehegatten. Unter Verwandten werden Großeltern, Eltern, Kinder, Enkel und Geschwister (einschließlich adoptierter Personen und Stiefgeschwister), nicht aber indirekte Nachkommen bzw. Nachkommen in Seitenlinie, wie z.B. Neffen oder Nichten, verstanden.

### *Regelmäßiges Handeln nach den Wünschen der anderen Person*

372. Eine Person wird so behandelt, als handele sie nach den Wünschen einer anderen Person, wenn die Person gesetzlich verpflichtet ist, nach den Weisungen einer anderen Person zu handeln, oder wenn nachgewiesen werden kann, dass eine Person erwartungsgemäß oder gewöhnlich nach den Weisungen einer anderen handelt. Die Prüfung, ob gemeinsames Handeln vorliegt, konzentriert sich auf die Handlungen dieser Person in Bezug auf die Stimmrechte oder Eigenkapitalbeteiligungen. Die von einem Anwalt gehaltenen Eigenkapitalbeteiligungen oder Stimmrechte beispielsweise werden bei der Prüfung auf gemeinsames Handeln nicht so behandelt, als würden sie von dem Mandanten des Anwalts gehalten, sofern nicht nachgewiesen werden kann, dass diese Rechte oder Beteiligungen im Rahmen der Anwalt-Mandanten-Beziehung gehalten werden.

### *Vereinbarung mit wesentlichem Effekt auf den Wert oder die Kontrolle solcher Rechte oder Beteiligungen*

373. Eine Person wird so behandelt, als hielte sie die Kapital- oder Stimmrechtsanteile einer anderen Person, wenn sie eine Vereinbarung über den Besitz oder die Kontrolle dieser Rechte oder Beteiligungen eingegangen sind. Dieses Kriterium für gemeinsames Handeln bezieht sich sowohl auf Vereinbarungen hinsichtlich der Ausübung von Stimmrechten (wie z.B. das Recht, an Entscheidungen mitzuwirken) und/oder hinsichtlich wirtschaftlicher Ansprüche (wie z.B. Gewinnansprüche oder das Anrecht auf eine Beteiligung an Ausschüttungen) als auch auf Vereinbarungen über das Eigentum an diesen Rechten (wie z.B. Vereinbarungen oder Optionen zum Verkauf dieser Rechte). Mit diesem Kriterium sollen Vereinbarungen erfasst werden, die mit anderen Investoren eingegangen werden, nicht aber Vereinbarungen, die bloßer Bestandteil der Konditionen der Kapital- oder Stimmrechtsbeteiligung sind oder ausschließlich zwischen Inhaber und Emittent bestehen.

374. Die Vereinbarung über den Besitz oder die Kontrolle der Stimmrechte oder Beteiligungen muss einen wesentlichen Effekt auf den Wert dieser Rechte oder Beteiligungen haben. Die Wesentlichkeitsgrenze verhindert, dass die Kapital- oder Stimmrechtsanteile eines Investors als Bestandteil einer Vereinbarung über eine gemeinsame Beteiligung behandelt werden, wenn der Investor lediglich eine standardmäßig übliche Gesellschafter- oder Investorenvereinbarung eingegangen ist, die keinen wesentlichen Effekt auf die Möglichkeiten des Inhabers zur Ausübung von Besitz oder Kontrolle der Kapital- oder Stimmrechtsanteile hat.

375. Dieser Sachverhalt wird in **Beispiel 11.4** veranschaulicht, in dem ein Investor eine Gesellschaftervereinbarung eingegangen ist, die ihn verpflichtet, seinen Eigenkapitalanteil vor einer Veräußerung an Dritte zunächst den bestehenden Investoren (zum Marktwert) anzubieten. Eine derartige Vereinbarung hat im Allgemeinen keinen wesentlichen Effekt auf den Wert der Eigenkapitalbeteiligung des Inhabers und sollte für die Zwecke der Prüfung, ob ein gemeinsames Handeln vorliegt, nicht berücksichtigt werden.

376. Die Kriterien für das Vorliegen gemeinsamen Handelns beinhalten keine definitionsmäßigen Beschränkungen des Inhalts der Vereinbarung über eine gemeinsame Kontrolle, und mit den Kriterien für gemeinsames Handeln können Transaktionen zwischen anderweitig nicht nahestehenden Steuerpflichtigen erfasst werden, selbst wenn die Vereinbarung über eine gemeinsame Kontrolle keine direkte Rolle in der Transaktion gespielt hat, die zu der Inkongruenz geführt hat. Dies wird in **Beispiel 11.4** verdeutlicht. In diesem Beispiel erwirbt ein nicht nahestehender Investor ein von einem Unternehmen emittiertes börsennotiertes Finanzinstrument. Die Zahlungen im Rahmen dieses Instruments führen zu einer hybriden Besteuerungsinkongruenz. Wenn ein Investor auch eine Minderheitsbeteiligung an diesem Unternehmen hält und eine Stimmrechtsvereinbarung mit einem Mehrheitsgesellschafter eingegangen ist, fällt er auf Grund dieser Tatsache automatisch in den Geltungsbereich der Regel für hybride Finanzinstrumente.

### *Verwaltung von Besitz oder Kontrolle solcher Rechte oder Beteiligungen durch dieselbe Person oder Personengruppe*

377. Dieses Kriterium für gemeinsames Handeln behandelt Anleger als gemeinsam handelnd, wenn ihre Beteiligungen von derselben Person oder Personengruppe verwaltet werden. Von diesem Kriterium würden eine Reihe von Investoren erfasst, deren Beteiligungen unter einem gemeinsamen Anlagemandat verwaltet werden oder die Gesellschafter in einer Investmentgesellschaft sind.

378. Dieses Kriterium für gemeinsames Handeln enthält eine Ausnahmeregelung für Investoren, die Organismen für gemeinsame Anlagen in Wertpapieren sind, wonach zwei Fonds unter der gemeinsamen Kontrolle desselben Investmentmanagers auf Grund der Art des Anlagemandats und der Beteiligung nicht so behandelt werden, als handelten sie gemeinsam, wenn die Umstände, unter denen sie die Beteiligung tätigen (einschließlich der Bedingungen des Anlagemandats), dafür sprechen, dass die Fonds nicht als gemeinsam handelnd im Sinne der Kriterien für gemeinsames Handeln gelten sollen. Die Anwendung dieser Ausnahmeregelung wird in **Beispiel 11.5** veranschaulicht.

## *Literaturverzeichnis*

OECD (2014), *Model Tax Convention on Income and on Capital: Condensed Version 2014*, OECD Publishing, Paris, *http://dx.doi.org/10.1787/mtc_cond-2014-en*.

# *Kapitel 12*

# Sonstige Begriffsbestimmungen

## Empfehlung 12

### 1. Begriffsbestimmungen

Für den Zweck dieser Empfehlungen gilt:

| | |
|---|---|
| Abzug | Abzug (einschließlich abzugsfähig) bedeutet in Bezug auf eine Zahlung, dass die Zahlung nach angemessener Bestimmung der Qualifizierung und Behandlung der Zahlung nach den Rechtsvorschriften des Staats des Zahlungsleisters bei der Berechnung der Nettoeinkünfte des Steuerpflichtigen nach den Rechtsvorschriften dieses Staats als Abzug oder gleichwertige Steuererleichterung berücksichtigt wird. |
| Aufgelaufene Einnahmen | Aufgelaufene Einnahmen bezeichnet in Bezug auf jeden Zahlungsempfänger und jeden Investor die Einnahmen des Zahlungsempfängers, die zu Gunsten dieses Investors aufgelaufen sind. |
| Ausschüttung | Ausschüttung bezeichnet in Bezug auf eine Person eine Zahlung von Gewinnen oder Erträgen dieser Person an den Eigentümer. |
| Berücksichtigung als ordentliche Einnahme | Eine Zahlung gilt als den ordentlichen Einnahmen zugerechnet, soweit sie nach angemessener Bestimmung der Qualifizierung und Behandlung der Zahlung nach den Rechtsvorschriften des betreffenden Staats bei der Berechnung der Einkünfte des Zahlungsempfängers nach den Rechtsvorschriften dieses Staats als ordentliche Einnahmen berücksichtigt wurde. |
| Besteuerungsinkongruenz | Eine Besteuerungsinkongruenz bezeichnet entweder ein DD-Ergebnis oder ein D/NI-Ergebnis und umfasst die erwarteten Besteuerungsinkongruenzen. |
| Besteuerungsregelungen für Offshore-Investments | Besteuerungsregelungen für Offshore-Investments umfassen Vorschriften zur Hinzurechnungsbesteuerung (CFC-Regeln), Bestimmungen über ausländische Investmentfonds sowie alle anderen Regeln, die vorschreiben, dass die aufgelaufenen Einnahmen des Investors nach den Rechtsvorschriften des Staats des Investors auf laufender Basis berücksichtigt werden müssen. |
| Betriebsausgabenabzug/ Nichtberücksichtigung als Einnahme (D/NI-Ergebnis) | Eine Zahlung führt zu einem D/NI-Ergebnis, soweit sie nach den Rechtsvorschriften des Staats des Zahlungsleisters abzugsfähig ist, aber nicht den ordentlichen Einnahmen einer Person im Staat des Zahlungsempfängers zugerechnet wird. Fragen in Bezug auf den Zeitpunkt der Erfassung von Zahlungen sowie zwischen den Staaten bestehende Unterschiede bei der Messung des Werts dieser Zahlung haben generell keine Auswirkungen auf D/NI-Ergebnisse. Unter bestimmten Bedingungen wird eine zeitliche Abweichung jedoch als dauerhaft betrachtet, wenn der Steuerpflichtige nicht zur Zufriedenheit der Steuerverwaltung nachweisen kann, dass eine Zahlung innerhalb eines vertretbaren Zeitraums berücksichtigt werden wird (vgl. Empfehlung 1.1(c)). |

*(Fortsetzung nächste Seite)*

*(Fortsetzung)*

| | |
|---|---|
| Doppelt berücksichtigte Einnahmen | Doppelt berücksichtigte Einnahmen (*dual inclusion income*) bezieht sich im Fall von abzugsfähigen Zahlungen ebenso wie von nicht berücksichtigten Zahlungen auf jeden Einnahmeposten, der nach den Rechtsvorschriften der Staaten, in denen die Besteuerungsinkongruenz entstanden ist, den ordentlichen Einnahmen zugerechnet wird. Ein Posten, der nach den Rechtsvorschriften beider Staaten als Einnahme behandelt wird, kann jedoch weiterhin als doppelt berücksichtigte Einnahme geltend gemacht werden, selbst wenn diese Einnahme mit einem Anspruch auf eine Entlastung von der Doppelbesteuerung verbunden ist, wie beispielsweise eine Anrechnung ausländischer Steuerzahlungen (einschließlich der Inanspruchnahme einer Anrechnung ausländischer Steuern) oder eine innerstaatliche Dividendenfreistellung, soweit eine solche Entlastung gewährleistet, dass Einnahmen, die in einem Staat zum vollen Steuersatz besteuert werden, nach den Rechtsvorschriften in einem der beiden Staaten keiner zusätzlichen Besteuerungsebene unterliegen. |
| Doppelter Betriebsausgabenabzug (DD-Ergebnis) | Eine Zahlung führt zu einem doppelten Betriebsausgabenabzug, wenn sie nach den Rechtsvorschriften von mehr als einem Staat abzugsfähig ist. |
| Eigenkapitalbeteiligung | Eigenkapitalbeteiligung bezeichnet jede Beteiligung an einer Person, die einen Anspruch auf einen Eigenkapitalertrag mit sich bringt. |
| Eigenkapitalertrag | Eigenkapitalertrag bezeichnet einen Anspruch auf Beteiligung an den Gewinnen oder Ausschüttungen einer Person und ist in Bezug auf eine Gestaltung ein Ertrag aus dieser Gestaltung, der wirtschaftlich einer Ausschüttung oder einer Auszahlung von Gewinnen entspricht, oder bei dem nach Prüfung der Bedingungen der Gestaltung davon auszugehen ist, dass er in Bezug auf Ausschüttungen oder Gewinne berechnet wird. |
| Errichtungsstaat | Errichtungsstaat bezeichnet in Bezug auf eine Person den Staat, in dem diese Person im Handelsregister eingetragen ist oder anderweitig errichtet ist. |
| Familie | Eine Person (A) ist Mitglied der gleichen Familie wie eine andere Person (B), wenn B:<br>• der Ehegatte oder eingetragene Partner von A;<br>• ein Verwandter von A (Bruder, Schwester, Vorfahre oder direkter Nachkomme);<br>• der Ehegatte oder eingetragene Partner eines Verwandten von A;<br>• ein Verwandter des Ehegatten oder eingetragenen Partners von A;<br>• der Ehegatte oder eingetragene Partner eines Verwandten des Ehegatten oder eingetragenen Partners von A oder<br>• ein adoptierter Verwandter ist. |
| Finanzierungsertrag | Finanzierungsertrag bezeichnet in Bezug auf eine Gestaltung einen Ertrag aus dieser Gestaltung, der wirtschaftlich Zinsen entspricht oder bei dem nach Prüfung der Bedingungen der Gestaltung davon auszugehen ist, dass er in Bezug auf den Zeitwert des Geldbetrags berechnet wird, der Gegenstand der Gestaltung ist. |
| Geld | Geld umfasst Geld in jeder Form, alles, was in Geld konvertierbar ist, sowie jede Gegenleistung, die fremdvergleichskonform bezahlt würde. |
| Geschäftsführer | Geschäftsführer bezeichnet in Bezug auf eine Person jede Person, die nach der Verfassung zur Führung und Kontrolle dieser anderen Person befugt ist, einschließlich eines Treuhänders. |
| Gestaltung | Gestaltung bezieht sich auf eine Vereinbarung, einen Vertrag, eine Struktur, einen Plan oder eine Abmachung, unabhängig von ihrer Durchsetzbarkeit, einschl. aller zur Umsetzung durchgeführten Maßnahmen und Transaktionen. Eine Gestaltung kann Teil einer breiter gefassten Gestaltung sein, es kann sich um eine einzige Gestaltung handeln oder sie kann aus mehreren Gestaltungen bestehen. |

*(Fortsetzung nächste Seite)*

*(Fortsetzung)*

| | |
|---|---|
| Hybride Besteuerungsinkongruenz | Der Begriff hybride Besteuerungsinkongruenz wird für die Zwecke der jeweiligen Empfehlungen unter Ziffer 3 der Empfehlungen 1, 3, 4, 6 und 7 definiert. |
| Investor | Investor bezeichnet in Bezug auf eine Person jede Person, die direkt oder indirekt Stimmrechte oder Eigenkapitalbeteiligungen an dieser Person hält. |
| Ordentliche Einnahmen | Ordentliche Einnahmen bezeichnet Einnahmen, die dem vollen Grenzsteuersatz des Steuerpflichtigen unterliegen und keine Befreiung, Nichtberücksichtigung, Steueranrechnung oder sonstige Steuererleichterung für bestimmte Zahlungskategorien (wie z.B. indirekte Steueranrechnung für die zugrunde liegende Besteuerung der Einkünfte des Zahlungsleisters) genießen. Die Einnahmen werden auch dann als dem vollen Grenzsteuersatz des Steuerpflichtigen unterliegend betrachtet, wenn die auf den berücksichtigten Betrag zu entrichtende Steuer durch eine Steueranrechnung oder eine andere Steuererleichterung reduziert wird, die vom Staat des Zahlungsempfängers für durch den Staat des Zahlungsleisters auf die Zahlung selbst erhobene Quellensteuern oder sonstige Steuern gewährt wird. |
| Organismus für gemeinsame Anlagen in Wertpapieren | Organismus für gemeinsame Anlagen in Wertpapieren bezeichnet einen Organismus für gemeinsame Anlagen nach der Definition von Ziffer 4 des Berichts *Granting of Treaty Benefits with Respect to the Income of Collective Investment Vehicles* (2010, OECD). |
| Person | Person umfasst alle natürlichen oder juristischen Personen sowie Personenvereinigungen ohne eigene Rechtspersönlichkeit und Treuhandvermögen. |
| Staat des Investors | Staat des Investors ist jeder Staat, in dem der Investor steuerpflichtig ist. |
| Staat des Zahlungsempfängers | Staat des Zahlungsempfängers ist jeder Staat, in dem der Zahlungsempfänger steuerpflichtig ist. |
| Staat des Zahlungsleisters | Staat des Zahlungsleisters ist jeder Staat, in dem der Zahlungsleister steuerpflichtig ist. |
| Steuerpflichtiger | Steuerpflichtiger bezeichnet in Bezug auf einen Staat jede Person, die in diesem Staat steuerpflichtig ist, sei es als Gebietsansässiger oder nach den geltenden Quellenregeln (wie z.B. das Vorliegen einer Betriebsstätte in diesem Staat). |
| Stimmrechte | Stimmrechte bezeichnet das Recht, an allen Entscheidungen über Ausschüttungen, Verfassungsänderungen oder die Ernennung eines Geschäftsführers mitzuwirken. |
| Treuhandvermögen | Treuhandvermögen umfasst jede Person, die Treuhänder eines Treuhandvermögens ist und in dieser Eigenschaft tätig ist. |
| Verfassung | Verfassung bezeichnet in Bezug auf jede Person die Bestimmungen, die die Beziehung zwischen der Person und ihren Eigentümern regeln, und umfasst die Satzung bzw. den Gesellschaftsvertrag. |
| Zahlung | Zahlung umfasst jeden Betrag, der bezahlt werden kann, einschl. (aber nicht darauf beschränkt) Ausschüttungen, Gutschriften, Lastschriften sowie Rückstellungen, ausgenommen sind dagegen Zahlungen, die nur für Steuerzwecke unterstellt werden und nicht zur Entstehung von wirtschaftlichen Ansprüchen zwischen den Beteiligten führen. |
| Zahlungsempfänger | Zahlungsempfänger bezeichnet jede Person, die im Rahmen einer Gestaltung eine Zahlung erhält, wobei Zahlungen über eine Betriebsstätte des Zahlungsempfängers eingeschlossen sind. |
| Zahlungsleister | Zahlungsleister bezeichnet jede Person, die im Rahmen einer Gestaltung eine Zahlung tätigt, wobei Zahlungen über eine Betriebsstätte des Zahlungsleisters eingeschlossen sind. |

## Überblick

379. Die in diesem Bericht enthaltenen Empfehlungen legen die Anforderungen für die Gestaltung innerstaatlicher Rechtsvorschriften dar. Der Wortlaut der Empfehlungen soll nicht unmittelbar in innerstaatliches Recht übertragen werden. Vielmehr sollten die Länder diese Empfehlungen anhand ihrer eigenen Konzepte und Begriffe in innerstaatliches Recht umsetzen. Damit die empfohlenen Regeln wirksam sind und eine Doppelbesteuerung vermieden wird, müssen sie gleichzeitig mit den in anderen Ländern geltenden Regeln abgestimmt werden. Zu diesem Zweck enthält Empfehlung 12 einen einheitlichen Katalog von Begriffsbestimmungen, um eine konsistente Anwendung der Regeln sicherzustellen.

## Empfehlung 12.1 – Sonstige Begriffsbestimmungen

### *Aufgelaufene Einnahmen*

380. Die Definition von *aufgelaufenen Einnahmen* wird im Rahmen der Definition von *Besteuerungsregelungen für Offshore-Investments* sowie in Empfehlung 5 verwendet, die spezifische Empfehlungen für die Behandlung von Reverse Hybrids (umgekehrt hybriden Rechtsträgern) enthält. Das Konzept der aufgelaufenen Einnahmen umfasst in Bezug auf jeden Investor jeden an ein Investmentunternehmen gezahlten Betrag, der den Wert der Beteiligung dieses Investors an diesem Unternehmen erhöht.

### *Gestaltung*

381. Der Begriff *Gestaltung* wird im Rahmen der Definition von *Finanzinstrument* in Empfehlung 1.2 sowie im Rahmen der Definition einer *strukturierten Gestaltung* in Empfehlung 10 verwendet.

### *Organismus für gemeinsame Anlagen in Wertpapieren*

382. Nach den in Empfehlung 11.3 des Berichts dargelegten Regeln zur Aggregierung von Beteiligungen gelten zwei Personen in Bezug auf ihre Beteiligung an einem Unternehmen als *gemeinsam handelnd*, wenn die Beteiligungen von derselben Person oder Personengruppe verwaltet werden. Die Regel gilt jedoch nicht für eine Person, bei der es sich um einen *Organismus für gemeinsame Anlagen in Wertpapieren* handelt, wenn der Fondsmanager anhand der Bedingungen des Anlagemandats und der Umstände, unter denen die Anlage getätigt wurde, zur Zufriedenheit der Steuerverwaltung nachweisen kann, dass zwei Fonds in Bezug auf die Anlage nicht gemeinsam gehandelt haben. Die Definition von Organismus für gemeinsame Anlagen in Wertpapieren verweist auf die in dem Bericht *Granting of Treaty Benefits with Respect to the Income of Collective Investment Vehicles* von 2010 enthaltene Definition.

### *Verfassung*

383. Der Begriff *Verfassung* kommt in der Definition von *Geschäftsführer* und *Stimmrechte* vor. Diese Begriffe werden verwendet, um in Empfehlung 11 für die Zwecke der Prüfung, ob die Kriterien für eine nahestehende Person oder einen Konzern erfüllt sind, die Höhe der Beteiligung zu bestimmen, die eine Person an einer anderen Person hält.

## Betriebsausgabenabzug/Nichtberücksichtigung als Einnahme (D/NI-Ergebnis)

384. Die in den Kapiteln 1, 3 und 4 des Berichts aufgeführten Hybrid-Mismatch-Regeln neutralisieren die Effekte von *Besteuerungsinkongruenzen*, bei denen es sich um *D/NI-Ergebnisse* handelt. Ein D/NI-Ergebnis entsteht, wenn eine Zahlung nach den Rechtsvorschriften in einem Staat (dem Staat des Zahlungsleisters) abzugsfähig ist und nach den Rechtsvorschriften eines anderen Staats, in dem die Zahlung als eingegangen behandelt wird (Staat des Zahlungsempfängers), nicht *als ordentliche Einnahme berücksichtigt* wird.

### *Unterschiede bei der Bewertung*

385. Ein D/NI-Ergebnis kann aus Unterschieden in der Art und Weise resultieren, wie die Steuerhoheitsgebiete den Wert messen, der einer Zahlung zugeschrieben wird. Dieses Prinzip wird in **Beispiel 1.13** und **Beispiel 1.16** veranschaulicht, in denen ein Steuerpflichtiger ein Darlehen von seiner Muttergesellschaft so behandelt, als sei dieses auf abgezinster Basis gewährt worden, und diese Abzinsung über die Laufzeit des Darlehens als Aufwendung ausweist. Zu einer Besteuerungsinkongruenz könnte es auf Grund des Sachverhalts dieser Beispiele kommen, wenn die Muttergesellschaft dieselbe Behandlung für Rechnungslegungszwecke anwendet wie die Tochtergesellschaft, der Abzinsung aber einen geringeren Wert beimisst. In einem solchen Fall würde der in jeder Abrechnungsperiode als Betriebsausgabenabzug zurückgestellte Betrag nicht dem Betrag entsprechen, der im Staat der Muttergesellschaft als Einnahme berücksichtigt wird.

386. Wenn jedoch beide Staaten die Zahlung auf dieselbe Art und Weise qualifizieren und zu demselben monetären Wert für eine Zahlung gelangen, wird es im Allgemeinen im Geltungsbereich der Empfehlungen zu keiner Besteuerungsinkongruenz kommen (vgl. **Beispiel 1.15**). Auch wenn es Besteuerungsunterschiede gibt, die auf die Bewertung einer Zahlung oder die Umrechnung einer Zahlung in eine inländische Währung zurückzuführen sind, werden diese Unterschiede nicht zu einem D/NI-Ergebnis führen. Dieses Prinzip wird in **Beispiel 1.17** veranschaulicht, wo Zins- und Tilgungszahlungen im Rahmen des Darlehens in ausländischer Währung zu entrichten sind. Die Zahlungen im Rahmen des Darlehens werden in inländischer Währung gerechnet teurer, weil die inländische Währung an Wert verloren hat. Nach inländischem Recht ist der Zahlungsleister berechtigt, für diese höheren Kosten einen Steuerabzug geltend zu machen. Diesem Abzug steht jedoch keine entsprechende Berücksichtigung als Einnahme im Staat des Zahlungsempfängers gegenüber. Allerdings bewirkt die unterschiedliche steuerliche Behandlung kein D/NI-Ergebnis, da der Anteil des im Rahmen des Darlehens zu zahlenden Tilgungs- und Zinsbetrags nach den Rechtsvorschriften beider Staaten gleich hoch ist.

### *Rechtsträger mit Sitz in einem Staat mit keiner Besteuerung*

387. Die in dem Bericht enthaltenen Empfehlungen in Bezug auf Gestaltungen, die zu D/NI-Ergebnissen führen, sollen nicht Zahlungen erfassen, die an eine Person mit Sitz in einem Staat mit keiner Besteuerung geleistet wurden. Wie **Beispiel 1.6** zeigt, wird eine Zahlung nicht so behandelt, als führe sie zu einem D/NI-Ergebnis, wenn sie von einer Person empfangen wird, die in keinem Staat steuerpflichtig ist.

## Doppelter Betriebsausgabenabzug (DD-Ergebnis)

388. Die in den Kapiteln 6 und 7 des Berichts aufgeführten Hybrid-Mismatch-Regeln neutralisieren die Effekte von *Besteuerungsinkongruenzen*, bei denen es sich um *DD-Ergebnisse* handelt.

Ein DD-Ergebnis entsteht, wenn eine Zahlung, die nach den Rechtsvorschriften in einem Staat (dem Staat des Zahlungsleisters) abzugsfähig ist, nach den Rechtsvorschriften eines anderen Staats einen nochmaligen Abzug auslöst.

## *Abzug*

389. Das Konzept von „Abzug" und „abzugsfähig" bezieht sich auf einen Ausgabenposten, der nach den Rechtsvorschriften des Staats des Steuerpflichtigen bei der Ermittlung der steuerpflichtigen Einkünfte dieser Person für die Verrechnung mit den *ordentlichen Einnahmen* des Steuerpflichtigen in Frage kommt. Die Definition sollte jede Steuererleichterung umfassen, die wirtschaftlich einem Steuerabzug gleichzusetzen ist, wie z.B. eine Steueranrechnung für Dividendenzahlungen.

390. Die Empfehlungen beziehen sich darauf, ob eine Zahlung nach den Rechtsvorschriften des betreffenden Staats in die Kategorie eines „abzugsfähigen" Postens fällt, dabei sollten die spezifischen Einzelheiten des Staats zur Berechnung der Nettoeinkünfte des Steuerpflichtigen im Allgemeinen keinen Einfluss auf die Frage haben, ob eine Zahlung steuerlich abzugsfähig ist. Zinsen, die als Kosten eines Vermögenswerts kapitalisiert werden, sollten z.B. für die Zwecke dieser Regel als steuerlich abzugsfähig behandelt werden.

391. Gemäß den Hybrid-Mismatch-Regeln muss ein Abzug in Bezug auf eine „Zahlung" erfolgen. Ausgangspunkt bei der Anwendung der Hybrid-Mismatch-Regeln ist daher die Ermittlung der Rechtsgrundlage für den Abzug, um zu bestimmen, ob sich der Abzug auf tatsächliche Ausgaben oder Wertübertragungen bezieht, und es sich nicht um einen rein fiktiven Betrag für Steuerzwecke handelt.

## *Geschäftsführer*

392. „Geschäftsführer" umfasst einen Geschäftsführer eines Unternehmens. Der Begriff bezieht sich auf jede Person, wie einen Treuhänder eines Treuhandvermögens, die nach den Verfassungsdokumenten formell zur Führung und Kontrolle dieser anderen Person ernannt wurde. Das Recht auf Ernennung eines Geschäftsführers kommt im Rahmen der Begriffsbestimmung von „Stimmrechte" vor. Diese Begriffe werden verwendet, um in Empfehlung 11 für die Zwecke der Prüfung, ob die Kriterien für eine nahestehende Person oder einen Konzern erfüllt sind, die Höhe der Beteiligung zu bestimmen, die eine Person an einer anderen Person hält.

## *Ausschüttung*

393. Der Begriff Ausschüttung wird verwendet, um in Empfehlung 11 im Hinblick darauf, ob es sich um nahestehende Personen handelt oder eine Zugehörigkeit zum selben Konzern vorliegt, die *Stimmrechte* einer Person zu bemessen, und kommt im Rahmen der Definition des Begriffs *Eigenkapitalertrag* vor, der zur Ermittlung der Höhe der Eigenkapitalbeteiligung einer Person und zur Bestimmung von Gestaltungen benutzt wird, die in Empfehlung 1.3 als *Finanzinstrument* behandelt werden sollten.

## *Doppelt berücksichtigte Einnahmen*

394. Die Messung doppelt berücksichtigter Einnahmen ist relevant, um den Betrag des Betriebsausgabenabzugs zu bestimmen, der gemäß den in den Kapiteln 3, 6 und 7 des Berichts aufgeführten Hybrid-Mismatch-Regeln begrenzt ist.

### Eigenkapitalbeteiligung

395. Die Höhe der Eigenkapitalbeteiligung einer Person wird verwendet, um zu bestimmen, ob sie unter die in Empfehlung 11 genannten Kriterien für eine nahestehende Person oder einen Konzern fällt.

### Eigenkapitalertrag

396. Die Definition von *Eigenkapitalertrag* wird für die Ermittlung der Höhe der Eigenkapitalbeteiligung einer Person an einer anderen Person verwendet, um zu bestimmen, ob sie unter die in Empfehlung 11 genannten Kriterien für eine nahestehende Person oder einen Konzern fällt. Die Definition wird auch verwendet, um die Reichweite des Begriffs *Finanzinstrument* in Empfehlung 1.2(c) zu bestimmen.

### Errichtungsstaat

397. Der Begriff Errichtungsstaat wird in Empfehlung 1.5 in der Beschreibung einer Ausnahme von der Regel für hybride Finanzinstrumente sowie in Empfehlung 4 in Bezug auf die Definition eines umgekehrt hybriden Rechtsträgers verwendet. Der Begriff bezieht sich auf den Staat, in dem eine Person im Handelsregister eingetragen ist oder anderweitig errichtet ist. Für Rechtsträger, wie Unternehmen, die durch eine formelle Eintragung errichtet werden, wird dies der Staat sein, in dem der Rechtsträger eingetragen ist. Für Rechtsträger, wie Personengesellschaften oder Treuhandvermögen, die keine formelle Eintragung erfordern, wird dies der Staat sein, nach dessen Rechtsvorschriften der Rechtsträger gegründet wird bzw. seine Tätigkeit ausübt.

### Familie

398. Nach den in Empfehlung 11.3 des Berichts dargelegten Regeln zur Aggregierung von Beteiligungen gelten zwei Personen in Bezug auf ihre Beteiligung an einem Unternehmen als *gemeinsam handelnd*, wenn sie derselben Familie angehören.

399. Wenn die Staaten dieses Kriterium in innerstaatliches Recht umsetzen, sollten sie sicherstellen, dass das für Familien anzuwendende Kriterium folgende Mitglieder erfasst:

(a) den Ehegatten (bzw. eingetragenen Lebenspartner) einer Person,

(b) Bruder, Schwester, Kinder, Eltern, Großeltern oder Enkel (d.h. Verwandte) einer Person,

(c) jede Person, die ein Verwandter des Ehegatten der Person oder ein Ehegatte eines Verwandten ist.

400. Die Kriterien sollten adoptierte Personen umfassen, nicht aber indirekte Nachkommen bzw. Nachkommen in Seitenlinie (wie z.B. Neffen oder Nichten einer Person).

### Finanzierungsertrag

401. Die Definition von *Finanzierungsertrag* wird verwendet, um die Reichweite des Begriffs *Finanzinstrument* in Empfehlung 1.2(c) zu bestimmen. Sie umfasst jede Gestaltung, die mit der Absicht entwickelt wurde, einer Person eine Vergütung zu zahlen, die auf dem Zeitwert des Geldbetrags basiert.

## Hybride Besteuerungsinkongruenz

402. Jede Empfehlung für Hybrid-Mismatch-Regeln enthält ihre eigene Definition, wann es sich bei einer Besteuerungsinkongruenz um eine hybride Besteuerungsinkongruenz handelt. Die in Empfehlung 12 enthaltene Definition dient als allgemeine Definition für die in den einzelnen Empfehlungen enthaltenen spezifischen Definitionen.

## Berücksichtigung als ordentliche Einnahme

403. Eine Zahlung, die nach den Rechtsvorschriften des Staats des Zahlungsempfängers *als ordentliche Einnahme berücksichtigt* wird, führt nicht zu einem D/NI-Ergebnis.

404. Das Kriterium der *Berücksichtigung* der Zahlung *als ordentliche Einnahme* durch den Zahlungsempfänger bedeutet, dass die Zahlung bei der Ermittlung der steuerpflichtigen Einkünfte des Zahlungsempfängers den *ordentlichen Einnahmen* zugerechnet werden muss. Das Konzept der ordentlichen Einnahmen wird weiter unten erörtert.

405. Für die Feststellung, ob eine Zahlung als ordentliche Einnahme berücksichtigt wurde, ist eine angemessene Bestimmung der Qualifizierung und Behandlung der Zahlung gemäß den Rechtsvorschriften des Kontrahentenstaats erforderlich.

### *Eine Zahlung gilt als in den ordentlichen Einnahmen berücksichtigt, wenn sie mit Verlusten verrechnet wird*

406. Eine Zahlung, die mit abzugsfähigen Ausgaben oder Verlustvorträgen verrechnet wird, würde gemäß dieser Definition so behandelt werden, als sei sie in den Einnahmen berücksichtigt worden.

### *Quellensteuern*

407. Ein Staat wird weiterhin Quellensteuern auf Zahlungen erheben, die gemäß den Hybrid-Mismatch-Regeln in Übereinstimmung mit seinem innerstaatlichen Recht und im Einklang mit seinen Abkommensverpflichtungen einer Anpassung unterliegen. Nach den Rechtsvorschriften des Staats des Zahlungsleisters besteht die Funktion von Quellensteuern im Allgemeinen nicht darin, Besteuerungsinkongruenzen entgegenzuwirken, und eine Zahlung sollte nicht so behandelt werden, als sei sie in den ordentlichen Einnahmen berücksichtigt worden, nur weil sie der Quellenbesteuerung unterliegt. Die vorrangige Regel, die den Betriebsausgabenabzug versagt, kann in Fällen Anwendung finden, in denen der Staat des Zahlungsleisters ebenfalls eine Quellensteuer auf die Zahlung erhebt, da es nach wie vor wichtig ist, die hybride Besteuerungsinkongruenz in diesen Fällen zu neutralisieren. Quellensteuern alleine neutralisieren die hybride Besteuerungsinkongruenz nicht, weil Quellensteuern, sofern zutreffend, häufig im Hinblick auf Eigenkapitalinstrumente erhoben werden.

## Investor

408. Die Definition von Investor ist in den Empfehlungen enthalten, die hybride Rechtsträger wie folgt behandeln:

(a) Ein Rechtsträger wird nach Empfehlung 5 als umgekehrt hybrider Rechtsträger behandelt, wenn er nach den Rechtsvorschriften seines eigenen Staats als transparent, aber durch einen Investor als selbstständiger Rechtsträger behandelt wird.

(b) Zudem wird ein D/NI-Ergebnis, zu dem es in Bezug auf eine Zahlung an diesen umgekehrt hybriden Rechtsträger kommt, als hybride Besteuerungsinkongruenz behandelt, wenn es bei einer direkten Zahlung der aufgelaufenen Einnahmen an den Investor nicht zu dem D/NI-Ergebnis gekommen wäre.

### Geld

409. Die Definition von Geld ist Teil der Definition von Zahlung. Die Definition von Geld ist weit gefasst, so dass der Begriff Zahlung im Allgemeinen die Übertragung von etwas beinhaltet, das einen Tauschwert besitzt.

410. Ein D/NI-Ergebnis kann aus Unterschieden in der Art und Weise resultieren, wie die Steuerhoheitsgebiete den Wert messen, der einer Zahlung zugeschrieben wird, wenn jedoch beide Staaten zu demselben monetären Wert für eine Zahlung gelangen, wird der Wert, der dieser Zahlung zugeordnet wird, identisch sein. Ein unterschiedlicher Geldwert (wie Gewinne und Verluste, die sich aus Wechselkursschwankungen ergeben) führt nicht zu einem D/NI-Ergebnis, sofern der Anteil des im Rahmen des Darlehens zu zahlenden Tilgungs- und Zinsbetrags nach den Rechtsvorschriften beider Staaten gleich hoch ist.

### Besteuerungsregelungen für Offshore-Investments

411. Empfehlung 5.1 sieht vor, dass die Staaten *Besteuerungsregelungen für Offshore-Investments* einführen bzw. ändern sollten, um zu verhindern, dass es bei Zahlungen an einen *Reverse Hybrid* zu *D/NI-Ergebnissen* kommt.

### Ordentliche Einnahmen

412. Die Definition von ordentlichen Einnahmen ermöglicht es, einerseits hybride Gestaltungen zu identifizieren, die zu D/NI-Ergebnissen führen, und andererseits ihren Effekt zu neutralisieren.

#### *Eine Zahlung kann nicht als ordentliche Einnahme geltend gemacht werden, sofern nicht der volle Grenzsteuersatz erhoben wird*

413. Eine Zahlung gilt nicht als in den ordentlichen Einnahmen berücksichtigt, wenn der Staat des Zahlungsempfängers die Zahlung nicht zum vollen Grenzsteuersatz des Steuerpflichtigen besteuert. Die Definition von „ordentlichen Einnahmen" schließt jede Art von Einkünften aus, für die eine steuerliche Vorzugsbehandlung gilt, unabhängig davon, in welcher Form die Steuererleichterung gewährt wird.

414. Eine Zahlung wird nicht als ordentliche Einnahme behandelt, wenn für die Zahlung durch eine vollständige oder teilweise Nichtberücksichtigung bzw. Befreiung der Zahlung eine Steuererleichterung gewährt wird (vgl. **Beispiel 1.1**) oder die vollständige Zahlung der Besteuerung, aber zu einem niedrigeren Satz unterliegt (vgl. **Beispiel 1.3**). Alternativ dazu kann der Gesamtbetrag der Zahlung zum vollen Steuersatz besteuert werden, der Staat kann es dem Steuerpflichtigen allerdings gestatten, eine andere Form der Steuererleichterung geltend zu machen, die einer Zahlung dieser Art zugeordnet wird, wie eine Anrechnung ausländischer Steuern (vgl. **Beispiel 1.4**) oder einen fiktiven Abzug. Die Einnahmen werden jedoch auch dann als dem vollen Grenzsteuersatz des Steuerpflichtigen unterliegend betrachtet, wenn die auf den berücksichtigten Betrag zu entrichtende Steuer durch eine Steueranrechnung oder eine andere Steuererleichterung reduziert wird, die vom Staat des Zahlungsempfängers für durch den Quellenstaat auf die Zahlung selbst erhobene Quellensteuern oder sonstige Steuern gewährt wird.

### *Im Rahmen dieser Gestaltung ist der volle Grenzsteuersatz eines Steuerpflichtigen der Steuersatz, der erwartungsgemäß auf ordentliche Einnahmen zu entrichten ist*

415. Im Kontext der Regel für hybride Finanzinstrumente ist der *volle Grenzsteuersatz* des Zahlungsempfängers der Steuersatz, den der Zahlungsempfänger erwartungsgemäß auf ordentliche Einnahmen aus einem Finanzinstrument zu entrichten hätte, so dass die bloße Tatsache, dass der Staat des Zahlungsempfängers Finanzinstrumente zu einem niedrigeren Satz besteuert als andere Arten von Einkünften, keine Inkongruenz im Sinne der Regel für hybride Finanzinstrumente bewirkt.

### *Behandlung einer Zahlung als ordentliche Einnahme nach der ergänzenden Regel*

416. Wenn die Gestaltung eine Besteuerungsinkongruenz bewirkt und die Hybrid-Mismatch-Regel gemäß der ergänzenden Regel eine Anpassung verlangt, beschränkt sich die Anpassung auf die Korrektur der Besteuerung der Zahlung selbst. Eine Veränderung der steuerlichen Behandlung der Zahlung wird nicht zwangsläufig zu einer höheren Steuerschuld für den Zahlungsempfänger führen. Wie in **Beispiel 1.5** und **Beispiel 1.8** veranschaulicht, wird gemäß der ergänzenden Regel keine zusätzliche Steuerschuld entstehen, wenn der Zahlungsempfänger keiner Besteuerung der ordentlichen Einnahmen unterliegt oder im Fall von Einkünften aus bestimmten Quellen von der Steuer befreit ist.

## Zahlungsempfänger

417. Zahlungsempfänger bezeichnet jede Person, die eine Zahlung erhält. Der Zahlungsempfänger ist im Allgemeinen die Person, die einen Rechtsanspruch auf die Zahlung hat. Es kann jedoch Fälle geben, in denen die Zahlung auf Grund der Steuertransparenz des direkten Empfängers vom direkten Zahlungsempfänger nicht in den ordentlichen Einnahmen berücksichtigt wird, sondern den Einkünften eines zugrunde liegenden Investors zugerechnet wird. In diesem Fall obliegt es dem Steuerpflichtigen, der Steuerverwaltung gegenüber in hinreichend überzeugender Weise darzulegen, wie sich die steuerliche Transparenz des direkten Empfängers und die steuerliche Behandlung der Zahlung durch den zugrunde liegenden Investor auf die Höhe der nach der Regel erforderlichen Anpassung auswirken.

## Staat des Zahlungsempfängers

418. Der Staat des Zahlungsempfängers bezeichnet jeden Staat, in dem der Zahlungsempfänger steuerpflichtig ist. Er umfasst daher auch einen Gebietsfremden, der über eine Betriebsstätte im Staat des Zahlungsempfängers eine Zahlung erhält. Wie **Beispiel 1.8** zeigt, kann eine Person aus diesem Grund dieselbe Zahlung in mehr als einem Staat erhalten (d.h. es kann einen Zahlungsempfänger geben, der die Zahlung in zwei Staaten erhält). In solchen Fällen obliegt es im Allgemeinen dem Steuerpflichtigen, der Steuerverwaltung gegenüber in hinreichend überzeugender Weise darzulegen, wie sich die steuerliche Behandlung im Drittstaat auf die Höhe der nach der Regel erforderlichen Anpassung auswirkt.

419. Obwohl es am häufigsten zu D/NI-Ergebnissen kommt, wenn sich der Staat des Zahlungsleisters und der des Zahlungsempfängers voneinander unterscheiden, stellt dies kein Erfordernis der Hybrid-Mismatch-Regeln dar. **Beispiel 1.10** zeigt einen Fall, in dem sich der Zahlungsleister und der Zahlungsempfänger im selben Staat befinden, die Gestaltung jedoch weiterhin eine hybride Besteuerungsinkongruenz bewirkt, die auf Unterschiede in der Art und Weise zurückzuführen ist, wie Zahlungen im Rahmen der Gestaltung berücksichtigt werden. **Beispiel 1.21** veranschaulicht ebenfalls einen Fall, in dem sich der Zahlungsleister und der Zahlungsempfänger im selben Staat befinden.

## Zahlungsleister

420. Zahlungsleister bezeichnet jede Person, die eine Zahlung leistet. Dies ist im Allgemeinen die Person, die gesetzlich verpflichtet ist, die Zahlung zu tätigen. Es kann jedoch Fälle geben, in denen die Zahlung auf Grund der Steuertransparenz des direkten Zahlungsleisters so behandelt wird, als sei sie von einem zugrunde liegenden Investor getätigt worden. In diesem Fall obliegt es dem Steuerpflichtigen, der Steuerverwaltung gegenüber in hinreichend überzeugender Weise darzulegen, wie sich die steuerliche Transparenz des Zahlungsleisters und die steuerliche Behandlung der Zahlung durch den zugrunde liegenden Investor auf die Höhe der nach der Regel erforderlichen Anpassung auswirken.

## Staat des Zahlungsleisters

421. Der Staat des Zahlungsleisters bezeichnet jeden Staat, in dem der Zahlungsleister steuerpflichtig ist. Er umfasst daher auch einen Gebietsfremden, der über eine Betriebsstätte im Staat des Zahlungsleisters eine Zahlung tätigt. Wie in **Beispiel 1.23** und **Beispiel 4.4** veranschaulicht wird und wie es im Kontext von DD-Ergebnissen offensichtlich ist, kann eine Zahlung so behandelt werden, als sei sie von Steuerpflichtigen in mehr als einem Staat geleistet worden (d.h. es kann mehr als einen Zahlungsleister geben, der so behandelt wird, als leiste er dieselbe Zahlung). In solchen Fällen obliegt es im Allgemeinen dem Steuerpflichtigen, der Steuerverwaltung gegenüber in hinreichend überzeugender Weise darzulegen, wie sich die steuerliche Behandlung im anderen Staat des Zahlungsleisters auf die Höhe der nach der Regel erforderlichen Anpassung auswirkt. Obgleich es im Kontext von DD-Ergebnissen effektiv zwei Staaten des Zahlungsleisters gibt, werden in Empfehlung 6 die Begriffe „Staat des Zahlungsleisters" und „Staat der Muttergesellschaft" verwendet, um zwischen den Staaten zu unterscheiden, in denen der Abzug und der nochmalige Abzug erfolgen.

422. Obwohl es am häufigsten im grenzüberschreitenden Kontext zu Besteuerungsinkongruenzen kommt, stellt dies kein Erfordernis der Hybrid-Mismatch-Regeln dar. Die Beschränkungen im Hinblick auf doppelte Betriebsausgabenabzüge finden gleichermaßen für Gebietsansässige und Gebietsfremde Anwendung und, wie weiter oben erörtert, können D/NI-Ergebnisse in Bezug auf die Definition des *Staats des Zahlungsempfängers* auch in Situationen entstehen, in denen der Zahlungsleister und der Zahlungsempfänger im selben Staat ansässig sind.

## Zahlung

423. Zahlung bezeichnet eine Zahlung von Geld (was den Geldwert beinhaltet), die im Rahmen des Finanzinstruments getätigt wird, und schließt Ausschüttungen, Gutschriften oder Rückstellungen ein. Sie umfasst Beträge, die *bezahlt werden können*, und bezieht zukünftige oder Eventualverpflichtungen zur Entrichtung einer Zahlung mit ein. Die Definition von Zahlung erfasst fiktive Beträge, die im Hinblick auf zukünftige Zahlungsverpflichtungen zurückgestellt werden, selbst wenn den zurückgestellten Beträgen keine entsprechende Erhöhung der Zahlungsverpflichtung während des betreffenden Zeitraums gegenübersteht. Sofern es der Kontext erfordert, sollte „Zahlung" auch einen Teil einer Zahlung beinhalten.

424. Eine Zahlung wird als geleistet behandelt, wenn die betreffende Zahlungsverpflichtung nach den Rechtsvorschriften des Staats des Zahlungsleisters entstanden ist oder die Zahlung nach den Rechtsvorschriften des empfangenden Staats bezogen wurde.

## Steuerpflichtiger

425. Eine Bezugnahme auf „Steuerpflichtiger“ im Hinblick auf einen Staat bezeichnet im Allgemeinen eine Person, die in diesem Staat steuerlich ansässig ist, sowie jede andere Person, sofern sie durch eine Betriebsstätte der Besteuerung der Nettoeinkünfte in diesem Staat unterliegt. Eine Person, die in einem Staat ansässig ist, der keine Körperschaftsteuer erhebt, wird nicht als Steuerpflichtiger dieses Staats behandelt.

## Stimmrechte

426. Der Stimmrechtsanteil einer Person wird verwendet, um zu bestimmen, ob sie unter die in Empfehlung 11 genannten Kriterien für eine nahestehende Person oder einen Konzern fällt.

## Literaturverzeichnis

OECD (2010), *Granting of Treaty Benefits with Respect to the Income of Collective Investment Vehicles*, OECD Publishing, Paris, *www.oecd.org/tax/treaties/45359261.pdf.*

# Teil II

# Empfehlungen zu Abkommensfragen

# Einführung zu Teil II

427. Teil II dieses Berichts ergänzt Teil I und beschäftigt sich mit den Teilen von Aktionspunkt 2, die darauf hinweisen, dass die Ergebnisse der Arbeiten zu diesem Punkt „Änderungen am OECD-Musterabkommen (OECD, 2014) nach sich ziehen können, um sicherzustellen, dass hybride Instrumente und Rechtsträger (sowie Rechtsträger mit doppelter Ansässigkeit) nicht dazu genutzt werden, die Vorteile von Abkommen missbräuchlich in Anspruch zu nehmen" und die betonen, dass „dem Zusammenspiel zwischen möglichen Änderungen an nationalen Rechtsvorschriften und den Bestimmungen des OECD-Musterabkommens besondere Beachtung zu schenken ist"[1].

428. In diesem Teil werden zunächst Abkommensfragen in Bezug auf doppelt ansässige Rechtsträger (Kapitel 13) untersucht. Dann folgt ein Vorschlag für eine neue Abkommensbestimmung in Bezug auf transparente Rechtsträger (Kapitel 14). Kapitel 15 befasst sich mit der Frage des Zusammenspiels zwischen den in Teil I dieses Berichts aufgeführten Empfehlungen und den Bestimmungen von Steuerabkommen.

429. Es sollte von vornherein darauf hingewiesen werden, dass einige Abkommensbestimmungen, die sich aus den Arbeiten zu Aktionspunkt 6 ergeben (Verhinderung von Abkommensmissbrauch) eine wichtige Rolle spielen können, um sicherzustellen, „dass hybride Instrumente und Rechtsträger (sowie Rechtsträger mit doppelter Ansässigkeit) nicht dazu genutzt werden, die Vorteile von Abkommen missbräuchlich in Anspruch zu nehmen". Die folgenden im Bericht zu Aktionspunkt 6 aufgeführten Bestimmungen könnten besonders relevant sein:

(a) Regeln für die Einschränkung von Abkommensvorteilen (*Limitation on Benefits*)[2];

(b) Regel in Bezug auf Gestaltungen, zu deren Hauptzwecken es gehört, Abkommensvorteile zu erreichen[3];

(c) Regel in Bezug auf den Transfer von Dividenden (d.h. die Einführung einer Mindesthaltefrist für Aktien als Voraussetzung für die Gewährung des in Artikel 10 Absatz 2 Buchstabe a oder in einer für Pensionsfonds geltenden Bestimmung eines Steuerabkommens vorgesehenen niedrigeren Steuersatzes)[4];

(d) Regel in Bezug auf das Recht der Vertragsstaaten, ihre eigenen Gebietsansässigen zu besteuern[5];

(e) Regel zur Missbrauchsbekämpfung für Betriebsstätten mit Sitz in Drittstaaten[6].

## Anmerkungen

1. Vgl. Aktionspunkt 2 – *Neutralisierung der Effekte von Hybrid Mismatch Arrangements* (*BEPS-Aktionsplan*, OECD, 2014, S. 18-19).
2. Vgl. Ziffer 25 des Berichts zu Aktionspunkt 6: *Verhinderung der Gewährung von Abkommensvergünstigungen in unangemessenen Fällen* (OECD, erscheint demnächst).
3. Ziffer 26 des Berichts zu Aktionspunkt 6 (OECD, 2015).
4. Ziffer 36 des Berichts zu Aktionspunkt 6 (OECD, 2015).
5. Ziffer 63 des Berichts zu Aktionspunkt 6 (OECD, 2015).
6. Ziffer 52 des Berichts zu Aktionspunkt 6 (OECD, 2015).

## Literaturverzeichnis

OECD (2017), *Verhinderung der Gewährung von Abkommensvergünstigungen in unangemessenen Fällen, Aktionspunkt 6*: Abschlussbericht 2015, OECD/G20 Projekt Gewinnverkürzung und Gewinnverlagerung, OECD Publishing, Paris (*erscheint demnächst*).

OECD (2014), *Model Tax Convention on Income and on Capital: Condensed Version 2014*, OECD Publishing, Paris, *http://dx.doi.org/10.1787/mtc_cond-2014-en*.

## *Kapitel 13*

# Doppelt ansässige Rechtsträger

430. Aktionspunkt 2 verweist ausdrücklich auf mögliche Änderungen am OECD-Musterabkommen (OECD, 2014), um zu verhindern, dass doppelt ansässige Rechtsträger benutzt werden, um die Vorteile von Abkommen missbräuchlich in Anspruch zu nehmen.

431. Die aus den Arbeiten zu Aktionspunkt 6[1] resultierende Änderung an Artikel 4 Absatz 3 des OECD-Musterabkommens (OECD, 2014) begegnet einigen Aspekten der BEPS-Problematik in Bezug auf Rechtsträger mit doppelter Ansässigkeit, indem sie festlegt, dass Fälle von für Abkommenszwecke doppelt ansässigen Rechtsträgern auf Einzelfallbasis gelöst werden sollten, anstatt auf der Basis der derzeitigen Regel in Bezug auf den Ort der tatsächlichen Geschäftsleitung der Rechtsträger, die in einigen Ländern Möglichkeiten für Steuerumgehung schafft. Die neue Fassung von Artikel 4 Absatz 3 lautet folgendermaßen:

> 3. *Ist nach den Bestimmungen von Absatz 1 eine andere als eine natürliche Person in beiden Vertragsstaaten ansässig, versuchen die zuständigen Behörden der Vertragsstaaten im gegenseitigen Einvernehmen den Vertragsstaat zu bestimmen, in dem diese Person für die Zwecke des Abkommens unter Bezugnahme auf den Ort der tatsächlichen Geschäftsleitung, den Ort, in dem die Person eingetragen ist oder anderweitig ihren Sitz hat, sowie auf sonstige relevante Faktoren als gebietsansässig gilt. In Ermangelung eines solchen Einvernehmens hat diese Person im Rahmen dieses Abkommens keinen Anspruch auf Steuererleichterung oder -befreiung, außer insoweit und in solcher Weise, wie dies von den zuständigen Behörden der Vertragsstaaten vereinbart wird.*

432. Diese Änderung löst jedoch nicht alle Fragen der BEPS-Problematik in Bezug auf doppelt ansässige Rechtsträger. So bleiben beispielsweise Umgehungsstrategien unberücksichtigt, die sich daraus ergeben, dass ein Rechtsträger, der in einem bestimmten Staat nach den nationalen Rechtsvorschriften dieses Staats ansässig ist, gleichzeitig jedoch gemäß einem von dem ersten Staat abgeschlossenen Steuerabkommen auch in einem anderen Staat ansässig ist, was es diesem Rechtsträger ermöglicht, die für Gebietsansässige nach den nationalen Rechtsvorschriften geltenden Vorteile in Anspruch zu nehmen, ohne gegenseitigen Verpflichtungen zu unterliegen (z.B. die Möglichkeit, die ausländischen Verluste nach nationalem Recht im Rahmen der konzerninternen Verlustverrechnung auf ein anderes gebietsansässiges Unternehmen zu verlagern und gleichzeitig die Bestimmungen des Abkommens gegen eine Besteuerung der ausländischen Gewinne in Anspruch zu nehmen). Dieses Problem entsteht durch eine Inkongruenz zwischen den im Abkommen und den in den nationalen Rechtsvorschriften verwendeten Gebietsansässigkeitskonzepten, und da das im Abkommen verwendete Gebietsansässigkeitskonzept nicht einfach an die in den nationalen Rechtsvorschriften aller Vertragsstaaten verwendeten Gebietsansässigkeitskonzepte angeglichen werden kann, ohne Sachverhalte zu schaffen, in denen ein Rechtsträger für die Zwecke des Abkommens in beiden Staaten gebietsansässig wäre, muss die Lösung für diese Umgehungsstrategien in den nationalen Rechtsvorschriften gefunden werden.

Während derartigen Umgehungsstrategien durch allgemeine nationale Vorschriften zur Missbrauchsbekämpfung begegnet werden kann, sollten die Staaten, für die dies ein potenzielles Problem darstellt, in Erwägung ziehen, eine Regel in ihre nationalen Rechtsvorschriften aufzunehmen, die bereits in den nationalen Rechtsvorschriften einiger Staaten enthalten ist und der zufolge ein Rechtsträger, der nach einem Steuerabkommen als in einem anderen Staat ansässige Person betrachtet wird, nach den nationalen Rechtsvorschriften als nichtgebietsansässig gilt[2].

433. Mit der Änderung von Artikel 4 Absatz 3 wird auch nicht den Aspekten der BEPS-Problematik begegnet, die sich aus einer doppelten Ansässigkeit ergeben, ohne dass ein Abkommen betroffen wäre. **Beispiel 7.1** des Berichts veranschaulicht eine Struktur mit doppelter Konsolidierung, bei der Fragen in Bezug auf Gewinnverkürzung und Gewinnverlagerung aufgeworfen werden, weil zwei Staaten ein und denselben Rechtsträger als Gebietsansässigen betrachten und jeweils ihre Konsolidierungsregelung auf ihn anwenden. In einem solchen Fall werden unabhängig davon, ob ein Steuerabkommen zwischen den beiden Staaten besteht, die gleichen Fragen in Bezug auf Gewinnverkürzung und Gewinnverlagerung aufgeworfen, was zeigt, dass die Lösung eines solchen Falls in den nationalen Rechtsvorschriften gefunden werden muss. Es ist jedoch darauf hinzuweisen, dass der Rechtsträger – falls ein Abkommen zwischen den beiden Staaten bestünde und die nationalen Rechtsvorschriften beider Staaten die im vorstehenden Absatz aufgeführte Bestimmung enthielten – voraussichtlich nur nach den nationalen Rechtsvorschriften eines Staates gebietsansässig wäre, d.h. des Staates, in dem er gemäß dem Abkommen gebietsansässig wäre.

## Anmerkungen

1. Ziffer 48 des Berichts zu Aktionspunkt 6: *Verhinderung der Gewährung von Abkommensvergünstigungen in unangemessenen Fällen* (OECD, erscheint demnächst).

2. Vgl. Paragraf 250, Abs. 5 des Income Tax Act von Kanada und Paragraf 18 des Corporation Tax Act 2009 des Vereinigten Königreichs.

## Literaturverzeichnis

OECD (2017), *Verhinderung der Gewährung von Abkommensvergünstigungen in unangemessenen Fällen, Aktionspunkt 6 : Abschlussbericht 2015*, OECD/G20 Projekt Gewinnverkürzung und Gewinnverlagerung, OECD Publishing, Paris (erscheint demnächst).

OECD (2014), *Model Tax Convention on Income and on Capital: Condensed Version 2014*, OECD Publishing, Paris, *http://dx.doi.org/10.1787/mtc_cond-2014-en*.

Parlament des Vereinigten Königreichs (2009), *Corporation Tax Act 2009*, Vereinigtes Königreich, verfügbar unter: *www.legislation.gov.uk/ukpga/2009/4/contents* (Zugriff am 15. September 2015).

# *Kapitel 14*

# Abkommensbestimmung zu transparenten Rechtsträgern

434. Der OECD-Bericht von 1999 *The Application of the OECD Model Tax Convention to Partnerships* („Die Anwendung des OECD-Musterabkommens auf Personengesellschaften", der Personengesellschaftsbericht, OECD, 1999)[1] enthält eine ausführliche Analyse der Anwendung der Abkommensbestimmungen auf Personengesellschaften, auch in Situationen, in denen eine Inkongruenz bei der steuerlichen Behandlung der Personengesellschaft vorliegt. Die Hauptschlussfolgerungen des Personengesellschaftsberichts, die in den Kommentar zum OECD-Musterabkommen (OECD, 2014) eingeflossen sind, sollen sicherstellen, dass die Bestimmungen von Steuerabkommen angemessene Ergebnisse liefern, wenn sie auf Personengesellschaften angewandt werden, insbesondere im Fall von Personengesellschaften, bei denen es sich um hybride Rechtsträger handelt.

435. Der Personengesellschaftsbericht (OECD, 1999) befasste sich allerdings nicht ausdrücklich mit der Anwendung von Steuerabkommen auf Rechtsträger, die keine Personengesellschaften sind. Um dieser Frage sowie der Tatsache Rechnung zu tragen, dass einige Länder Schwierigkeiten bei der Anwendung der Schlussfolgerungen des Personengesellschaftsberichts hatten, wurde beschlossen, in das OECD-Musterabkommen (OECD, 2014) die folgende Bestimmung samt Kommentar aufzunehmen, die sicherstellen wird, dass die Einkünfte transparenter Rechtsträger für die Zwecke des Musterabkommens in Übereinstimmung mit den Grundsätzen des Personengesellschaftsberichts behandelt werden. Dadurch wird nicht nur sichergestellt, dass die in Steuerabkommen vorgesehenen Vorteile in den richtigen Fällen gewährt werden, sondern auch, dass diese Vorteile nicht gewährt werden, wenn keiner der Vertragsstaaten die Einnahmen eines Rechtsträgers nach seinem innerstaatlichen Recht als Einnahmen einer in diesem Staat ansässigen Person behandelt.

Artikel 1 des Musterabkommens durch folgenden Text ersetzen (Ergänzungen zum bestehenden Text sind durch **Kursiv- und Fettdruck** gekennzeichnet):

### *Artikel 1*

### UNTER DAS ABKOMMEN FALLENDE PERSONEN

**1.** Dieses Abkommen gilt für Personen, die in einem Vertragsstaat oder in beiden Vertragsstaaten ansässig sind.

**2.** ***Im Sinne dieses Abkommens gelten Einkünfte, die von oder über Rechtsträger oder Gestaltungen bezogen werden, die nach den steuerrechtlichen Vorschriften eines der Vertragsstaaten als voll oder teilweise steuerlich transparent behandelt werden, als Einkünfte einer in einem Vertragsstaat ansässigen Person, jedoch nur insofern, als die Einkünfte für die***

***Zwecke der Besteuerung in diesem Staat als Einkünfte einer in diesem Staat ansässigen Person behandelt werden.***

Den Kommentar zu Artikel 1 durch die folgenden Ziffern 26.3 bis 26.16 ergänzen (daraus ergeben sich weitere im Kommentar zu Artikel 1 vorzunehmende Änderungen).

### *Absatz 2*

***26.3 Dieser Absatz befasst sich mit der Stellung der Einkünfte von Rechtsträgern oder Gestaltungen, die von einem oder beiden Vertragsstaaten in steuerlicher Hinsicht als ganz oder teilweise transparent behandelt werden. Die Bestimmungen des Absatzes gewährleisten, dass Einkünfte solcher Rechtsträger oder Gestaltungen für die Zwecke dieses Abkommens in Übereinstimmung mit den Grundsätzen behandelt werden, die im Bericht des Ausschusses für Steuerfragen von 1999 „The Application of the OECD Model Tax Convention to Partnerships" Ausdruck fanden[2]. Dieser Bericht liefert deshalb Orientierungen und Beispiele dafür, wie die Bestimmung in verschiedenen Sachlagen ausgelegt und angewandt werden sollte.***

***26.4 Der Bericht befasste sich allerdings ausschließlich mit Personengesellschaften, und während der Ausschuss anerkannte, dass viele der im Bericht enthaltenen Grundsätze auch in Bezug auf andere Rechtsträger, die keine Kapitalgesellschaften sind, anzuwenden sein könnten, bekundete er die Absicht, die Anwendung des Musterabkommens auf diese anderen Rechtsträger zu einem späteren Zeitpunkt zu untersuchen. Wie unter Ziffer 37 des Berichts erwähnt, zeigte sich der Ausschuss besonders besorgt über „Fälle, in denen die innerstaatlichen Steuervorschriften Zwischensituationen schaffen, in denen eine Personengesellschaft teilweise als steuerpflichtige Einheit behandelt und teilweise für die Besteuerung nicht berücksichtigt wird". Im Bericht heißt es:***

> ***Während dies im Hinblick auf eine sehr begrenzte Zahl von Personengesellschaften in der Praxis zu Schwierigkeiten führen kann, stellt es im Fall anderer Rechtsträger, wie z.B. Treuhandvermögen, ein größeres Problem dar. Aus diesem Grund hat der Ausschuss beschlossen, sich mit dieser Frage im Rahmen der Folgestudien zu diesem Bericht zu befassen.***

***26.5 Absatz 2 setzt sich mit dieser besonderen Situation auseinander, indem er sich auf Rechtsträger bezieht, die „ganz oder teilweise" als steuerlich transparent behandelt werden. Dieser Absatz dient daher nicht nur dazu, die Schlussfolgerungen des Personengesellschaftsberichts zu bekräftigen, sondern dehnt die Anwendung dieser Schlussfolgerungen auch auf Sachlagen aus, die der Bericht nicht direkt behandelt (vorbehaltlich der Anwendung spezifischer Bestimmungen in Bezug auf Organismen für die gemeinsame Anlage in Wertpapieren, vgl. die vorstehenden Ziffern 6.17 bis 6.34).***

***26.6 Der Absatz stellt nicht nur sicher, dass die Abkommensvorteile in den richtigen Fällen gewährt werden, sondern auch, dass diese Vorteile nicht gewährt werden, wenn keiner der Vertragsstaaten die Einkünfte eines Rechtsträgers oder einer Gestaltung nach seinem innerstaatlichen Recht als Einkünfte eines Gebietsansässigen behandelt. Der Absatz bekräftigt in einem solchen Fall somit die Schlussfolgerungen des Berichts (vgl. beispielsweise Beispiel 3 des Berichts). Wie der Bericht einräumt, sollte von Staaten auch nicht erwartet werden, dass sie die Vorteile eines bilateralen Steuerabkommens in Fällen gewähren, in denen sie nicht überprüfen können, ob eine Person tatsächlich Anspruch auf diese Vorteile hat. Wenn ein Rechtsträger also in einem Staat errichtet ist, von dem ein Vertragsstaat keine Steuerinformationen erhalten kann, müssten diesem Staat alle notwendigen Informationen zur Verfügung gestellt werden, damit er die Abkommensvorteile gewähren kann. In einem solchen Fall könnte der Vertragsstaat beschließen, zur Umsetzung der Abkommensvorteile den Rückerstattungsmechanismus zu verwenden, auch wenn er diese Vorteile normalerweise zum Zeitpunkt der Zahlung der betreffenden Einkünfte gewährt. In den meisten Fällen wird es jedoch möglich sein, die einschlägigen Informationen zu beschaffen und die Abkommensvorteile zum Zeitpunkt des Empfangs der Einkünfte umzusetzen***

(vgl. beispielsweise die vorstehenden Ziffern 6.29 bis 6.31, wo eine ähnliche Frage im Zusammenhang mit Organismen für die gemeinsame Anlage in Wertpapieren erörtert wird).

26.7 Das folgende Beispiel verdeutlicht die Anwendung des Absatzes:

> Beispiel: Staat A und Staat B haben ein dem Musterabkommen entsprechendes Abkommen geschlossen. Staat A ist der Ansicht, dass ein in Staat B errichteter Rechtsträger ein Unternehmen ist, und erhebt bei diesem Rechtsträger Steuern auf Zinseinkünfte, die dieser von einem in Staat A ansässigen Kreditnehmer bezieht. Nach dem innerstaatlichen Recht von Staat B wird der Rechtsträger jedoch als Personengesellschaft behandelt und werden bei den beiden Mitgliedern des Rechtsträgers, die sich dessen sämtliche Einkünfte zu gleichen Teilen teilen, jeweils Steuern auf die Hälfte der Zinsen erhoben. Eines der Mitglieder ist in Staat B ansässig, das andere in einem Land, mit dem Staat A und B kein Abkommen geschlossen haben. Der Absatz sieht vor, dass in einem solchen Fall die Hälfte der Zinsen im Sinne von Artikel 11 als Einkünfte einer in Staat B ansässigen Person behandelt werden.

26.8 Der Verweis auf „Einkünfte, die von oder über Rechtsträger oder Gestaltungen bezogen werden", ist weit auszulegen und erstreckt sich auf sämtliche Einkünfte, die von oder über einen Rechtsträger oder eine Gestaltung erwirtschaftet werden, unabhängig davon, welche Ansicht die einzelnen Vertragsstaaten in Bezug darauf vertreten, wer diese Einkünfte für die Zwecke der Besteuerung im Inland bezieht, und unabhängig davon, ob dieser Rechtsträger oder diese Gestaltung eine Rechtspersönlichkeit besitzt oder eine Person nach Artikel 3 Absatz 1 Buchstabe a ist. Er würde sich beispielsweise auf Einkünfte von Personengesellschaften oder Treuhandvermögen erstrecken, die von einem oder beiden Vertragsstaaten als ganz oder teilweise steuerlich transparent betrachtet werden. Wie durch Beispiel 2 des Berichts verdeutlicht, spielt es auch keine Rolle, wo der Rechtsträger oder die Gestaltung errichtet sind: Der Absatz bezieht sich auf einen in einem dritten Staat errichteten Rechtsträger, soweit der Rechtsträger nach den innerstaatlichen Steuervorschriften eines der Vertragsstaaten als ganz oder teilweise steuerlich transparent behandelt wird und Einkünfte dieses Rechtsträgers einer in diesem Staat ansässigen Person zugerechnet werden.

26.9 Der Begriff „Einkünfte" bzw. „Einkommen" muss in dem breiten Sinne ausgelegt werden, den er im Musterabkommen hat, und bezieht sich folglich auf die verschiedenen Arten von Einkünften, die in Abschnitt III des Musterabkommens („Besteuerung des Einkommens") behandelt werden, darunter beispielsweise Gewinne eines Unternehmens und „Gewinne aus der Veräußerung von Vermögen".

26.10 Das im Absatz verwendete Konzept der „steuerlichen Transparenz" bezieht sich auf Situationen, in denen die Einkünfte (oder Teile der Einkünfte) des Rechtsträgers oder der Gestaltung nach dem innerstaatlichen Recht eines Vertragsstaats nicht auf der Ebene des Rechtsträgers oder der Gestaltung besteuert werden, sondern auf der Ebene der Personen, die eine Beteiligung an dem Rechtsträger oder der Gestaltung haben. Dies ist normalerweise der Fall, wenn der Betrag der auf einen Anteil an den Einkünften eines Rechtsträgers oder einer Gestaltung zu entrichtenden Steuern gesondert unter Bezugnahme auf die persönlichen Merkmale der Person ermittelt wird, die Anspruch auf diesen Anteil hat, so dass die Steuer davon abhängig ist, ob diese Person steuerpflichtig ist oder nicht, welche sonstigen Einkünfte sie bezieht, auf welche Einkommensteuerfreibeträge sie Anspruch hat und welcher Steuersatz für sie gilt; auch werden Art und Herkunft ebenso wie Zeitpunkt der Erwirtschaftung der Einkünfte für Steuerzwecke nicht durch den Umstand berührt, dass sie über den Rechtsträger oder die Gestaltung bezogen wurden. Die Tatsache, dass die Einkünfte auf der Ebene des Rechtsträgers oder der Gestaltung errechnet werden, bevor der Person ihr Anteil zugeteilt wird, hat keinen Einfluss auf dieses Ergebnis[3]. Staaten, die die Bedeutung von „steuerlich transparent" in ihren bilateralen Abkommen klären wollen, ist es freigestellt, eine Definition dieses Begriffs auf der Grundlage der obigen Erläuterungen aufzunehmen.

26.11 Im Fall von Rechtsträgern oder Gestaltungen, die nach dem innerstaatlichen Recht eines der Vertragsstaaten als teilweise steuerlich transparent behandelt werden, kann möglicherweise nur ein Teil der Einkünfte des Rechtsträgers oder der Gestaltung wie unter der vorstehenden Ziffer beschrieben auf der Ebene der Personen besteuert werden, die eine Beteiligung an diesem Rechtsträger oder dieser Gestaltung haben, während der Rest weiter auf der Ebene des Rechtsträgers oder der Gestaltung besteuert würde. So werden in manchen Ländern z.B. einige Treuhandvermögen und Personengesellschaften mit beschränkter Haftung (Limited Liability Partnerships) behandelt (d.h. in einigen Ländern wird der Teil der über ein Treuhandvermögen bezogenen Einkünfte, der an die Treuhandbegünstigten ausgeschüttet wird, bei diesen Begünstigten besteuert, während der Teil der Einkünfte, der nicht ausgeschüttet wird, beim Treuhandvermögen oder den Treuhändern besteuert wird; desgleichen werden über eine Personengesellschaft mit beschränkter Haftung bezogene Einkünfte beim persönlich haftenden Gesellschafter besteuert, was dessen Anteil an diesen Einkünften betrifft, aber als Einkünfte der Personengesellschaft mit beschränkter Haftung betrachtet, was den Anteil der Teilhafter an diesen Einkünften betrifft). Soweit der Rechtsträger oder die Gestaltung als eine in einem Vertragsstaat ansässige Person betrachtet werden kann, wird der Absatz sicherstellen, dass die Abkommensvorteile auch für den Anteil der Einkünfte gelten, der nach dem innerstaatlichen Recht dieses Staats dem Rechtsträger oder der Gestaltung zugerechnet wird (vorbehaltlich etwaiger Bestimmungen zur Missbrauchsbekämpfung, z.B. einer Regel zur Vorteilsbegrenzung).

26.12 Ebenso wie im Fall anderer Bestimmungen des Musterabkommens gilt die Bestimmung gesondert für alle Einkünfte des Rechtsträgers oder der Gestaltung. Nehmen wir beispielsweise an, dass das Gründungsdokument eines Treuhandvermögens vorsieht, dass alle vom Treuhandvermögen bezogenen Dividenden an einen Treuhandbegünstigten ausgeschüttet werden müssen, solange dieser am Leben ist, danach aber thesauriert werden müssen. Wenn einer der Vertragsstaaten der Ansicht ist, dass der Treuhandbegünstigte in diesem Fall in Bezug auf die Dividenden steuerpflichtig ist, die an ihn ausgeschüttet werden, dass aber die Treuhänder auf die thesaurierten Dividenden Steuern zahlen müssen, so wird der Absatz auf diese beiden Kategorien von Dividenden unterschiedlich angewandt werden, selbst wenn die beiden Arten von Dividenden innerhalb desselben Monats bezogen werden.

26.13 Indem der Absatz vorsieht, dass die Einkünfte, auf die er sich bezieht, im Sinne des Musterabkommens als Einkünfte einer in einem Vertragsstaat ansässigen Person betrachtet werden, gewährleistet er, dass die fraglichen Einkünfte für die Zwecke der Anwendung der verschiedenen Verteilungsregeln des Musterabkommens dieser Person zugerechnet werden. Je nach der Art der Einkünfte gestattet dies folglich, dass die Einkünfte z.B. als „bezogene Einkünfte" für die Zwecke der Artikel 6, 13 und 17, als „Gewinne eines Unternehmens" für die Zwecke der Artikel 7, 8 und 9 (vgl. auch Ziffer 4 des Kommentars zu Artikel 3) oder als „gezahlte" Dividenden oder Zinsen für die Zwecke der Artikel 10 und 11 betrachtet werden können. Die Tatsache, dass die Einkünfte im Sinne des Musterabkommens als von einer in einem Vertragsstaat ansässigen Person bezogen gelten, bedeutet auch, dass diese Einkünfte, falls sie einen Anteil an den Einkünften eines Unternehmens darstellen, an dem die ansässige Person eine Beteiligung hat, als Einkünfte eines Unternehmens gelten, das von dieser Person betrieben wird (z.B. im Sinne der Begriffsbestimmung von „Unternehmen eines Vertragsstaats" in Artikel 3 sowie Artikel 21 Absatz 2).

26.14 Der Absatz stellt zwar sicher, dass die verschiedenen Verteilungsregeln des Musterabkommens angewandt werden, soweit die Einkünfte steuerlich transparenter Rechtsträger nach innerstaatlichem Recht als Einkünfte einer in einem Vertragsstaat ansässigen Person behandelt werden, er greift jedoch nicht der Klärung der Frage vor, ob der Empfänger der wirtschaftliche Eigentümer der fraglichen Einkünfte ist. Wenn eine steuerlich transparente Personengesellschaft z.B. als Vertreter oder Bevollmächtigter einer Person, die kein Gesellschafter ist, Dividenden bezieht, *wird die Tatsache, dass die Dividenden nach dem innerstaatlichen Recht eines Vertragsstaats als Einkünfte einer in diesem Vertragsstaat ansässigen Person betrachtet werden können, den Quellenstaat nicht daran hindern, die Ansicht zu vertreten, dass weder die Personengesellschaft noch die Gesellschafter die wirtschaftlichen Eigentümer der Dividenden sind.*

*26.15 Der Absatz gilt nur für die Zwecke des Musterabkommens und zwingt einen Vertragsstaat folglich nicht, seine Methoden zur Zurechnung von Einkünften oder Charakterisierung von Rechtsträgern im Sinne seines innerstaatlichen Rechts zu ändern. Im Beispiel der vorstehenden Ziffer 26.7 sieht Absatz 2 zwar vor, dass die Hälfte der Zinsen im Sinne von Artikel 11 als Einkünfte einer in Staat B ansässigen Person betrachtet werden, dies wirkt sich jedoch nur auf den Höchststeuerbetrag aus, den Staat A auf die Zinsen erheben kann, und ändert nichts an der Tatsache, dass die von Staat A erhobenen Steuern vom Rechtsträger zu zahlen sind. Wenn man also annimmt, dass das innerstaatliche Recht von Staat A eine Quellensteuer in Höhe von 30 v. H. auf die Zinsen vorsieht, so hat Absatz 2 nur zur Folge, dass sich der Steuerbetrag verringert, den Staat A auf die Zinsen erheben wird (so dass die Hälfte der Zinsen mit einem Satz von 30 v. H. und die andere Hälfte nach dem Steuerabkommen zwischen Staat A und B mit einem Satz von 10 v. H. besteuert wird), und ändert nichts an der Tatsache, dass der Rechtsträger der relevante Steuerpflichtige im Sinne des innerstaatlichen Rechts von Staat A ist. Zudem befasst sich die Bestimmung nicht umfassend mit allen Abkommensfragen, die sich aus der Rechtsnatur bestimmter Rechtsträger und Gestaltungen ergeben könnten, weshalb er möglicherweise durch weitere Bestimmungen zur Klärung dieser Fragen ergänzt werden muss (beispielsweise durch eine Bestimmung, die bestätigt, dass ein Treuhandvermögen als eine in einem Vertragsstaat ansässige Person betrachtet werden kann, obwohl ein Treuhandvermögen nach den für Treuhandvermögen geltenden Rechtsvorschriften vieler Länder keine „Person“ darstellt).*

*26.16 Wie in Absatz 3 bestätigt, schränkt Absatz 2 das Recht eines Staats zur Besteuerung der auf seinem Gebiet ansässigen Personen in keiner Weise ein. Diese Schlussfolgerung deckt sich mit der Art und Weise, wie Steuerabkommen in Bezug auf Personengesellschaften ausgelegt wurden (vgl. Ziffer 6.1 weiter oben). Absatz 2 schränkt jedoch nicht die für einen Vertragsstaat nach Artikel 23 A und 23 B bestehende Pflicht ein, die Doppelbesteuerung zu beheben, wenn Einkünfte einer in diesem Staat ansässigen Person von dem anderen Staat in Übereinstimmung mit dem Musterabkommen unter Berücksichtigung der Anwendung des Absatzes besteuert werden können[4].*

## Anmerkungen

1. OECD (1999), *The Application of the OECD Model Tax Convention to Partnerships*, OECD Publishing, Paris, *http://dx.doi.org/10.1787/9789264173316-en.*
2. Wiedergegeben in Band II der vollständigen englischen Ausgabe des OECD-Musterabkommens (OECD, 2014) auf Seite R(15)-1.
3. Vgl. Ziffer 37-40 des Personengesellschaftsberichts.
4. [Fragen der Doppelbesteuerung in Verbindung mit der Abkommensbestimmung zu transparenten Rechtsträgern werden im Rahmen der Arbeiten an der Beschlussvorlage in Ziffer 64 des Berichts zu Aktionspunkt 6 geklärt].

## Literaturverzeichnis

OECD (2014), *Model Tax Convention on Income and on Capital: Full Version 2014*, OECD Publishing, Paris, *http://dx.doi.org/10.1787/9789264239081-en.*

OECD (1999), *The Application of the OECD Model Tax Convention to Partnerships*, OECD Publishing, Paris, *http://dx.doi.org/10.1787/9789264173316-en.*

# *Kapitel 15*

# Zusammenspiel zwischen Teil I und Steuerabkommen

436. Teil I dieses Berichts enthält verschiedene Empfehlungen für die Behandlung von hybriden Finanzinstrumenten und Zahlungen von hybriden Rechtsträgern nach innerstaatlichem Recht. Da Aktionspunkt 2 festlegt, dass „dem Zusammenspiel zwischen möglichen Änderungen an nationalen Rechtsvorschriften und den Bestimmungen des OECD-Musterabkommens besondere Beachtung zu schenken ist", ist es erforderlich, die Abkommensfragen, die sich aus diesen Empfehlungen ergeben können, zu prüfen.

## Regel für die Versagung der steuerlichen Abzugsfähigkeit

437. In Kapitel 1 von Teil I wird eine Hybrid-Mismatch-Regel vorgeschlagen, nach der der Staat des Zahlungsleisters den Abzug der Zahlung versagt, soweit diese zu einem D/NI-Ergebnis führt, um den Effekt von hybriden Gestaltungen zu neutralisieren. Dadurch wird die Frage aufgeworfen, ob Steuerabkommen in der derzeitigen Fassung eine derartige Versagung der Abzugsfähigkeit erlauben.

438. Abgesehen von den Regeln der Artikel 7 und 24 wird die Frage, ob Zahlungen abzugsfähig sind oder nicht und ob sie effektiv besteuert werden oder nicht, von den Bestimmungen von Steuerabkommen nicht erfasst, weil sie Gegenstand des innerstaatlichen Rechts ist. Die mögliche Anwendung der Bestimmungen von Artikel 24 in Bezug auf die in Teil I dieses Berichts aufgeführten Empfehlungen wird nachstehend erörtert; was Artikel 7 anbelangt, ist Ziffer 30 des Kommentars zu diesem Artikel besonders relevant.

> *30. Absatz 2 [von Artikel 7] bestimmt die Gewinne, die einer Betriebsstätte für die Zwecke der Anwendung der Regel in Absatz 1 zugerechnet werden können, welche für die Verteilung der Besteuerungsrechte in Bezug auf diese Gewinne maßgeblich ist. Wenn die Gewinne, die gemäß Absatz 2 von Artikel 7 einer Betriebsstätte zugerechnet werden können, erst einmal bestimmt wurden, ist es Sache der gesetzlichen Vorschriften der einzelnen Vertragsstaaten festzulegen, ob und wie diese Gewinne zu besteuern sind, solange die entsprechenden Regelungen mit den Anforderungen von Absatz 2 sowie der anderen Bestimmungen des Abkommens übereinstimmen. Absatz 2 befasst sich nicht mit der Frage, ob Aufwendungen bei der Berechnung der steuerpflichtigen Einkünfte des Unternehmens in dem einen oder anderen Vertragsstaat in Abzug gebracht werden können. Die Bedingungen für die Abzugsfähigkeit von Aufwendungen müssen nach innerstaatlichem Recht geregelt werden, vorbehaltlich der Bestimmungen des Abkommens und insbesondere von Artikel 24 Absatz 3 ...*

## Abwehrregel, die die Berücksichtigung einer Zahlung als ordentliche Einnahme vorschreibt

439. In Kapitel 1 von Teil I wird außerdem eine „Abwehrregel" vorgeschlagen, die Folgendes besagt: „Wenn der Staat des Zahlungsleisters die Inkongruenz nicht neutralisiert, schreibt der Staat des Zahlungsempfängers eine Berücksichtigung der Zahlung als ordentliche Einnahme vor, soweit diese Zahlung zu einem D/NI-Ergebnis führt". Die Bestimmungen von Steuerabkommen könnten betroffen sein, wenn eine derartige Regel die Besteuerung eines Gebietsfremden vorsehen sollte, dessen Einnahmen nach den Bestimmungen des relevanten Steuerabkommens in diesem Staat nicht steuerpflichtig wären. Auf Grund der Kombination der Definitionen der Begriffe „Zahlungsempfänger" und „Steuerpflichtiger" in den Empfehlungen (Teil I, Kapitel 12) sieht diese Regel die Besteuerung durch einen Staat nur dann vor, wenn der Zahlungsempfänger in diesem Staat ansässig ist oder in diesem Staat eine Betriebsstätte unterhält. Da die Verteilungsregeln von Steuerabkommen die Besteuerungsrechte des Staats unter derartigen Umständen generell nicht einschränken, scheint das Zusammenspiel zwischen der Empfehlung und den Bestimmungen von Steuerabkommen hauptsächlich die Regeln in Bezug auf die Vermeidung von Doppelbesteuerung (Artikel 23 A und 23 B des OECD-Musterabkommens, OECD, 2014) zu betreffen.

440. Die folgenden zwei in Teil I dieses Berichts aufgeführten Empfehlungen befassen sich mit der Vermeidung von Doppelbesteuerung durch den Ansässigkeitsstaat:

(a) „Um zu verhindern, dass es bei einem Finanzinstrument zu D/NI-Ergebnissen kommt (Betriebsausgabenabzug/Nichtberücksichtigung als Einnahme), sollte eine Dividendenfreistellung, die der Entlastung von wirtschaftlicher Doppelbesteuerung dient, nach nationalem Recht nicht gewährt werden, soweit die Dividendenzahlung beim Zahlungsleister abzugsfähig ist. Die Staaten sollten ebenfalls erwägen, ähnliche Einschränkungen für andere Arten der Steuererleichterung für Dividenden einzuführen, die zur Entlastung von wirtschaftlicher Doppelbesteuerung der zugrunde liegenden Gewinne gewährt werden." [Empfehlung 2.1].

(b) „Um eine mehrfache Steueranrechnung bei einer hybriden Übertragung zu verhindern, sollten Staaten, die eine Steuerentlastung für Quellensteuern auf eine Zahlung im Rahmen einer hybriden Übertragung gewähren, den Steuervorteil einer solchen Entlastung im Verhältnis zu den steuerpflichtigen Nettoeinnahmen des Steuerpflichtigen im Rahmen der Gestaltung beschränken". [Empfehlung 2.2].

441. Wie im Nachstehenden erläutert, scheinen diese Empfehlungen keine Fragen in Bezug auf die Anwendung der Artikel 23 A und 23 B des OECD-Musterabkommens (OECD, 2014) aufzuwerfen.

## Befreiungsmethode

442. Was Artikel 23 A (Befreiungsmethode) betrifft, sieht Absatz 2 dieses Artikels vor, dass im Fall von Dividenden (erfasst von Artikel 10 des OECD-Musterabkommens, OECD, 2014) die Anrechnungsmethode, und nicht die Befreiungsmethode, anzuwenden ist. Die Empfehlung, dass „eine Dividendenfreistellung, die der Entlastung von wirtschaftlicher Doppelbesteuerung dient, nach nationalem Recht nicht gewährt werden sollte, soweit die Dividendenzahlung beim Zahlungsleister abzugsfähig ist", dürfte deshalb in Bezug auf bilaterale Steuerabkommen, die den Wortlaut von Artikel 23 A enthalten, keine Schwierigkeiten bereiten.

443. Es wird jedoch anerkannt, dass einige bilaterale Steuerabkommen von den Bestimmungen von Artikel 23 A abweichen und in Bezug auf Dividenden, die von ausländischen Unternehmen bezogen werden, in denen ein ansässiges Unternehmen eine erhebliche Beteiligung hält, die Anwendung der Befreiungsmethode vorsehen. Diese Möglichkeit wird im OECD-Musterabkommen (OECD, 2014) ausdrücklich eingeräumt (vgl. Ziffer 49 bis 54 des Kommentars zu den Artikeln 23 A und 23 B).

444. Die durch die Aufnahme der Befreiungsmethode in Steuerabkommen in Bezug auf im Quellenstaat nicht besteuerte Einnahmeposten entstehenden Probleme werden im OECD-Musterabkommen (OECD, 2014) seit langem anerkannt (vgl. z.B. Ziffer 35 des Kommentars zu den Artikeln 23 A und 23 B). Absatz 4 von Artikel 23 A[1] kann einige Sachverhalte hybrider Gestaltungen erfassen, bei denen eine Dividende sonst Gegenstand der Befreiungsmethode wäre, viele Steuerabkommen enthalten diese Bestimmung jedoch nicht. Die Staaten, die die vorstehend in Teil I dieses Berichts aufgeführten Empfehlungen befolgen wollen, aber Steuerabkommen abschließen, die die Anwendung der Befreiungsmethode in Bezug auf Dividenden vorsehen, sollten deshalb zumindest in Erwägung ziehen, Absatz 4 von Artikel 23 A in ihre Steuerabkommen aufzunehmen, wenngleich diese Staaten auch erkennen sollten, dass diese Bestimmung das Problem nur teilweise löst. Eine vollständigere Lösung, die diese Staaten prüfen sollten, besteht darin, Regeln in ihre Abkommen aufzunehmen, die es ihnen ausdrücklich erlauben, in Bezug auf Dividenden, die im Staat des Zahlungsleisters abzugsfähig sind, die Anrechnungsmethode anstelle der Befreiungsmethode anzuwenden. Diese Staaten sollten außerdem eine allgemeinere Lösung für die aus dem potenziellen Missbrauch der Befreiungsmethode resultierenden Nichtbesteuerungsprobleme in Erwägung ziehen, die darin besteht, die Befreiungsmethode nicht in ihre Abkommen aufzunehmen. Bei dieser Vorgehensweise würde die Anrechnungsmethode in Steuerabkommen aufgenommen, um so die Entlastung von juristischer Doppelbesteuerung zu gewährleisten, und es wäre Sache des innerstaatlichen Rechts, zu bestimmen, ob dies durch die Anrechnungs- oder die Befreiungsmethode erfolgt (oder wahrscheinlich, je nach Art der Einnahmen, durch eine Kombination aus beiden Methoden, wie dies in den innerstaatlichen Rechtsvorschriften vieler Länder der Fall ist). Die Frage, die in Bezug auf die Anrechnung einer vorherigen Besteuerung aufgeworfen werden kann (und die in den Artikeln 23 A und 23 B des OECD-Musterabkommens, OECD, 2014, nicht erfasst wird), wird nachstehend erörtert.

## Anrechnungsmethode

445. Was die in Absatz 2 von Artikel 23 A und in Artikel 23 B vorgesehene Anwendung der Anrechnungsmethode anbelangt, scheint die Empfehlung, dass die Entlastung „im Verhältnis zu den steuerpflichtigen Nettoeinnahmen des Steuerpflichtigen im Rahmen der Gestaltung" beschränkt werden sollte, mit der durch diese Methode gewährten inländischen Steuerbegrenzung in Einklang zu stehen. Wie unter Ziffer 60 und 63 des Kommentars zu den Artikeln 23 A und 23 B dargelegt, überlässt es Artikel 23 B dem innerstaatlichen Recht, die inländische Steuer zu bestimmen, auf die die ausländische Steuer angerechnet werden sollte („der Höchstanrechnungsbetrag"), und es ist normalerweise davon auszugehen, dass es sich dabei um die nach Berücksichtigung aller relevanten Abzüge berechnete Steuer des Ansässigkeitsstaats handelt:

> *60. In Artikel 23 B werden die Hauptregeln für die Anrechnungsmethode aufgeführt, er enthält jedoch keine detaillierten Regeln für die Berechnung und die Funktionsweise der Anrechnung. ... Die Erfahrung hat gezeigt, dass viele Probleme auftreten können. Einige davon werden in den folgenden Absätzen behandelt. In vielen Staaten gibt es im innerstaatlichen Recht bereits*

*detaillierte Regeln für die Anrechnung ausländischer Steuern. Einige Abkommen enthalten deshalb einen Verweis auf das innerstaatliche Recht der Vertragsstaaten und sehen ferner vor, dass derartige innerstaatliche Regeln den in Artikel 23 B festgelegten Grundsatz nicht beeinflussen.*

*63. Der Höchstanrechnungsbetrag wird normalerweise berechnet als die Steuer auf die Nettoeinnahmen, d.h. auf die Einnahmen aus dem Errichtungsstaat (oder dem Quellenstaat), abzüglich der zulässigen (festgelegten oder anteilmäßigen) mit diesen Einnahmen verbundenen Betriebsausgaben ...*

446. Es wird jedoch anerkannt, dass bei der Anwendung der Anrechnungsmethode auf Grund von Abkommensbestimmungen oder innerstaatlichen Rechtsvorschriften, die den Grundansatz von Artikel 23 B (Anrechnungsmethode) des OECD-Musterabkommens (OECD, 2014) entweder ergänzen oder davon abweichen, Fälle von doppelter Nichtbesteuerung entstehen können. Ein Beispiel wären innerstaatliche Rechtsvorschriften, die es ermöglichen, die für einen Einnahmeposten geltende Anrechnung ausländischer Steuern bei einem anderen, im Ansässigkeitsstaat zu versteuernden Einnahmeposten geltend zu machen. Ein weiteres Beispiel wäre eine Situation, in der die Abkommensbestimmungen oder innerstaatlichen Rechtsvorschriften die Anrechnung von auf Dividenden lastenden ausländischen Steuern vorsehen, was zu Schwierigkeiten in Bezug auf den Teil der Empfehlung 2.1 führen kann, dem zufolge „die Staaten erwägen sollten, ähnliche Einschränkungen für andere Arten der Steuererleichterung für Dividenden einzuführen, die zur Entlastung von wirtschaftlicher Doppelbesteuerung der zugrunde liegenden Gewinne gewährt werden". Dies sind weitere Sachverhalte, bei denen die Vertragsstaaten sicherstellen sollten, dass ihre Steuerabkommen die Vermeidung von Doppelbesteuerung vorsehen, ohne Möglichkeiten für Steuerumgehungsstrategien zu schaffen.

## Mögliche Anwendung von Gleichbehandlungsbestimmungen im OECD-Musterabkommen

447. Das Hauptanliegen der in Teil I dieses Berichts aufgeführten Empfehlungen besteht darin sicherzustellen, dass Zahlungen beim Zahlungsleister und beim Zahlungsempfänger konsistent behandelt werden und insbesondere einen doppelten Betriebsausgabenabzug oder einen Betriebsausgabenabzug ohne entsprechende Berücksichtigung als Einnahme zu vermeiden. Diese Empfehlungen scheinen keine Diskriminierungsfragen in Bezug auf die Staatsangehörigkeit aufzuwerfen (Artikel 24 Absatz 1). Ebenso wenig scheinen sie Betriebsstätten anders zu behandeln als inländische Unternehmen (Artikel 24 Absatz 3), um unterschiedliche Regeln für den Abzug von Zahlungen an Gebietsansässige und an Gebietsfremde aufzustellen (Artikel 24 Absatz 4) oder um inländische Unternehmen unterschiedlich zu behandeln, je nachdem ob sich ihr Kapital im Besitz oder unter dem beherrschenden Einfluss von Gebietsansässigen oder von Gebietsfremden befindet (Artikel 24 Absatz 5).

448. Einige in Teil I aufgeführte Empfehlungen in Bezug auf innerstaatliche Rechtsvorschriften zur Neutralisierung der Effekte hybrider Gestaltungen können Zahlungen an Gebietsfremde stärker betreffen als Zahlungen an Gebietsansässige. Dies ist für die Zwecke von Artikel 24 jedoch nicht relevant, solange die Unterscheidung auf der Behandlung der Zahlungen bei den Zahlungsleistern und -empfängern basiert. Die Tatsache, dass eine Besteuerungsinkongruenz bei einem Rechtsträger oder einer Zahlung in einem rein innerstaatlichen Kontext weniger wahrscheinlich ist (d.h. es ist zu erwarten, dass ein Land bei der Charakterisierung von inländischen Zahlungen und Rechtsträgern konsistent vorgeht), kann nicht in dem

Sinn ausgelegt werden, dass Regeln, die streng auf dem Vorliegen einer derartigen Besteuerungsinkongruenz basieren, Zahlungen an Gebietsfremde oder Unternehmen im Besitz von Gebietsfremden nach innerstaatlichem Recht anders behandeln als Zahlungen an Gebietsansässige oder Unternehmen im Besitz von Gebietsansässigen.

449. Die folgenden Auszüge aus dem Kommentar zu Artikel 24 sind in diesem Kontext von besonderer Bedeutung:

(a) *Zu allen Bestimmungen von Artikel 24*: „Die Gleichbehandlungsbestimmungen des Artikels zielen darauf ab, einen Ausgleich zwischen der Notwendigkeit, nicht zulässige Diskriminierung zu verhindern, und der Notwendigkeit, diese legitimen Unterscheidungen zu berücksichtigen, zu schaffen. Aus diesem Grund sollte der Anwendungsbereich des Artikels nicht unangemessen auf sogenannte „indirekte" Diskriminierung ausgeweitet werden." (Ziffer 1)

„Der Artikel versucht zwar Unterscheidungen zu vermeiden, die sich lediglich auf bestimmte Kriterien gründen, er soll ausländischen Staatsangehörigen, Gebietsfremden, Unternehmen anderer Staaten oder inländischen Unternehmen, die sich im Besitz oder unter dem beherrschenden Einfluss von Gebietsfremden befinden, jedoch nicht eine Behandlung gewähren, die besser ist als die Behandlung von Staatsangehörigen, Gebietsansässigen oder inländischen Unternehmen, die sich im Besitz oder unter dem beherrschenden Einfluss von Gebietsansässigen befinden ..." (Ziffer 3)

(b) *Zu Artikel 24 Absatz 3*: „Dieser Grundsatz beschränkt sich deshalb auf einen Vergleich zwischen den Regeln für die Besteuerung der eigenen Tätigkeiten der Betriebsstätte und den Regeln, die für ähnliche, von einem unabhängigen gebietsansässigen Unternehmen durchgeführte Tätigkeiten gelten. Er gilt nicht für Regeln, die der Beziehung zwischen einem Unternehmen und anderen Unternehmen Rechnung tragen (z.B. Regeln, die eine Konsolidierung, Verlustübertragung oder steuerfreie Eigentumsübertragung zwischen Unternehmen, die einen gemeinsamen Eigentümer haben, erlauben), da letztere Regeln sich nicht auf die Besteuerung der eigenen, den Tätigkeiten der Betriebsstätte ähnlichen Tätigkeiten eines Unternehmens beziehen, sondern stattdessen auf die Besteuerung eines gebietsansässigen Unternehmens, das zu einer Gruppe verbundener Unternehmen gehört." (Ziffer 41)

(c) *Zu Artikel 24 Absatz 4*: „Dieser Absatz zielt darauf ab, eine bestimmte Art von Diskriminierung zu beenden, die sich daraus ergibt, dass der Abzug von Zinsen, Lizenzgebühren und sonstigen Ausgaben in einigen Ländern uneingeschränkt erlaubt ist, wenn der Empfänger gebietsansässig ist, aber eingeschränkt oder sogar verboten ist, wenn er gebietsfremd ist." (Ziffer 73)

(d) *Zu Artikel 24 Absatz 5*: „Da der Absatz sich nur auf die Besteuerung von gebietsansässigen Unternehmen und nicht auf die Besteuerung der Personen, in deren Besitz oder unter deren beherrschenden Einfluss sich ihr Kapital befindet, bezieht, kann er nicht dahingehend interpretiert werden, dass er die Vorteile der Regeln gewährt, die der Beziehung zwischen einem gebietsansässigen Unternehmen und anderen gebietsansässigen Unternehmen Rechnung tragen (z.B. Regeln, die eine Konsolidierung, Verlustübertragung oder steuerfreie Eigentumsübertragung zwischen Unternehmen, die einen gemeinsamen Eigentümer haben, erlauben)." (Ziffer 77)

„... daraus folgt, dass Quellensteuerverpflichtungen, die einem gebietsansässigen Unternehmen in Bezug auf Dividendenzahlungen an gebietsfremde Aktionäre, aber nicht in Bezug auf Dividendenzahlungen an gebietsansässige Aktionäre auferlegt werden, nicht als eine Verletzung von Absatz 5 betrachtet werden können. In diesem Fall hängt die unterschiedliche Behandlung nicht damit zusammen, dass sich das Kapital des Unternehmens im Besitz oder unter dem beherrschenden Einfluss von Gebietsfremden befindet, sondern mit der Tatsache, dass an Gebietsfremde gezahlte Dividenden anders besteuert werden." (Ziffer 78)

450. Aus diesen Gründen und vorbehaltlich einer Analyse des genauen Wortlauts der nationalen Regeln, die zur Umsetzung der Empfehlungen formuliert würden, scheinen die in Teil I dieses Berichts aufgeführten Empfehlungen keine Bedenken über mögliche Konflikte mit den Bestimmungen von Artikel 24 des OECD-Musterabkommens (OECD, 2014) zu wecken.

## Anmerkungen

1. „4. Absatz 1 [von Artikel 23 A] gilt nicht für Einkünfte oder Vermögen einer in einem Vertragsstaat ansässigen Person, wenn der andere Vertragsstaat dieses Abkommen so anwendet, dass er diese Einkünfte oder dieses Vermögen von der Besteuerung ausnimmt oder Abs. 2 des Art. 10 oder des Art. 11 auf diese Einkünfte anwendet."

## Literaturverzeichnis

OECD (2014), *Model Tax Convention on Income and on Capital: Condensed Version 2014*, OECD Publishing, Paris, *http://dx.doi.org/10.1787/mtc_cond-2014-en*.

# *Anhang A*
# Liste der Empfehlungen von Teil I

# Empfehlungen

| | |
|---|---|
| Empfehlung 1 | Regel für hybride Finanzinstrumente |
| Empfehlung 2 | Spezifische Empfehlungen für die steuerliche Behandlung von Finanzinstrumenten |
| Empfehlung 3 | Regel für nicht berücksichtigte hybride Zahlungen |
| Empfehlung 4 | Regel für umgekehrt hybride Rechtsträger (Reverse Hybrids) |
| Empfehlung 5 | Spezifische Empfehlungen für die steuerliche Behandlung von Reverse Hybrids |
| Empfehlung 6 | Regel für abzugsfähige hybride Zahlungen |
| Empfehlung 7 | Regel für doppelt ansässige Steuerpflichtige (Dual Residents) |
| Empfehlung 8 | Regel für importierte Besteuerungsinkongruenzen |
| Empfehlung 9 | Ausarbeitungsprinzipien |
| Empfehlung 10 | Definition des Begriffs der strukturierten Gestaltung |
| Empfehlung 11 | Definition der Begriffe nahestehende Personen, Konzern und gemeinsames Handeln |
| Empfehlung 12 | Sonstige Begriffsbestimmungen |

# Empfehlung 1

# Regel für hybride Finanzinstrumente

**1. Die Inkongruenz neutralisieren, soweit die Zahlung zu einem D/NI-Ergebnis führt (Betriebsausgabenabzug/Nichtberücksichtigung als Einnahme)**

Die folgende Regel sollte für Zahlungen im Rahmen eines Finanzinstruments, die zu einer hybriden Besteuerungsinkongruenz führen, sowie für Substitutionszahlungen im Rahmen einer Gestaltung zur Übertragung eines Finanzinstruments gelten:

(a) Der Staat des Zahlungsleisters versagt den Abzug der Zahlung, soweit diese zu einem D/NI-Ergebnis führt.

(b) Wenn der Staat des Zahlungsleisters die Inkongruenz nicht neutralisiert, schreibt der Staat des Zahlungsempfängers eine Berücksichtigung der Zahlung als ordentliche Einnahme vor, soweit diese Zahlung zu einem D/NI-Ergebnis führt.

(c) Abweichungen beim Zeitpunkt der Erfassung von Zahlungen werden nicht so behandelt, als führten sie zu einem D/NI-Ergebnis für eine Zahlung im Rahmen eines Finanzinstruments, sofern der Steuerpflichtige zur Zufriedenheit der Steuerverwaltung nachweisen kann, dass die Zahlung innerhalb eines vertretbaren Zeitraums als ordentliche Einnahme berücksichtigt wird.

**2. Definition von Finanzinstrument und Substitutionszahlung**

Für die Zwecke dieser Regel gilt:

(a) Finanzinstrumente umfassen alle Gestaltungen, die sowohl nach den Rechtsvorschriften des Staats des Zahlungsempfängers als auch nach den Rechtsvorschriften des Staats des Zahlungsleisters gemäß den Regeln für die Besteuerung von Fremdkapital, Eigenkapital oder Derivaten besteuert werden, einschließlich hybrider Übertragungen.

(b) Hybride Übertragungen umfassen alle Gestaltungen zur Übertragung eines Finanzinstruments zwischen einem Steuerpflichtigen und einer anderen Person, bei denen:

   (i) der Steuerpflichtige der Eigentümer des übertragenen Vermögenswerts ist und die Rechte des Kontrahenten im Hinblick auf diesen Vermögenswert als Pflichten des Steuerpflichtigen behandelt werden, und

   (ii) nach den Rechtsvorschriften des Kontrahentenstaats der Kontrahent der Eigentümer des übertragenen Vermögenswerts ist und die Rechte des Steuerzahlers im Hinblick auf diesen Vermögenswert als Pflichten des Kontrahenten behandelt werden.

   Das Eigentum an einem Vermögenswert schließt für diese Zwecke alle Regelungen ein, die bewirken, dass der Steuerpflichtige als Eigentümer der zugehörigen Cashflows aus diesem Vermögenswert besteuert wird.

(c) Ein Staat sollte jede Gestaltung, bei der eine Person einer anderen Geld als Gegenleistung für einen Finanzierungs- oder Eigenkapitalertrag bereitstellt, im Umfang dieses Finanzierungs- oder Eigenkapitalertrags als Finanzinstrument behandeln.

(d) Eine Zahlung im Rahmen einer Gestaltung, die gemäß den Rechtsvorschriften des Kontrahentenstaats nicht als Finanzinstrument behandelt wird, ist nur als inkongruenzbegründend zu behandeln, soweit die Zahlung einen Finanzierungs- oder Eigenkapitalertrag darstellt.

*(Fortsetzung nächste Seite)*

*(Fortsetzung)*

(e) Eine Substitutionszahlung ist jede Zahlung im Rahmen einer Gestaltung zur Übertragung eines Finanzinstruments, soweit sie einen Betrag enthält oder die Zahlung eines Betrags darstellt, der eine Finanzierungs- oder Eigenkapitalvergütung auf das zugrunde liegende Finanzinstrument verkörpert, bei der die Zahlung oder Vergütung

(i) nicht als ordentliche Einnahme des Zahlungsleisters berücksichtigt worden wäre,

(ii) als ordentliche Einnahme des Zahlungsempfängers berücksichtigt worden wäre oder

(iii) eine hybride Besteuerungsinkongruenz verursacht hätte,

wenn sie direkt im Rahmen des Finanzinstruments entrichtet worden wäre.

**3. Die Regel gilt nur für Zahlungen im Rahmen eines Finanzinstruments, die zu einer hybriden Besteuerungsinkongruenz führen**

Eine Zahlung im Rahmen eines Finanzinstruments führt zu einer hybriden Besteuerungsinkongruenz, wenn die Inkongruenz auf die Konditionen des Instruments zurückzuführen ist. Eine Zahlung kann nicht auf die Konditionen des Instruments zurückgeführt werden, wenn die Inkongruenz allein durch den Status des Steuerpflichtigen oder die Umstände, unter denen das Instrument gehalten wird, bedingt ist.

**4. Geltungsbereich der Regel**

Diese Regel gilt nur für Zahlungen an nahestehende Personen oder Fälle, in denen die Zahlung im Rahmen einer strukturierten Gestaltung getätigt wird und der Steuerpflichtige an dieser strukturierten Gestaltung beteiligt ist.

**5. Ausnahmen von der Regel**

Die vorrangige Maßnahme unter Empfehlung 1.1(a) sollte nicht für Zahlungen eines Investmentvehikels gelten, das einer besonderen Regulierung und steuerlichen Behandlung nach den Rechtsvorschriften des Errichtungsstaats unterliegt, wenn folgende Umstände vorliegen:

(a) Das steuerpolitische Prinzip des Errichtungsstaats besteht darin, den Abzug für die Zahlung im Rahmen des Finanzinstruments aufrechtzuerhalten, um sicherzustellen, dass

(i) der Steuerpflichtige keiner bzw. lediglich einer minimalen Besteuerung seiner Anlageerträge unterliegt, und

(ii) dass die Inhaber von Finanzinstrumenten, die von dem Steuerpflichtigen begeben wurden, der Besteuerung dieser Zahlung als ordentliche Einnahme auf laufender Basis unterliegen.

(b) Der aufsichts- und steuerrechtliche Rahmen im Errichtungsstaat hat den Effekt, dass die von dem Investmentvehikel begebenen Finanzinstrumente dazu führen, dass alle oder fast alle Anlageerträge des Steuerzahlers innerhalb eines vertretbaren Zeitraums nach Bezug oder Erhalt durch den Steuerpflichtigen an die Inhaber dieser Finanzinstrumente gezahlt und ausgeschüttet werden.

(c) Das steuerpolitische Prinzip des Errichtungsstaats besteht darin, dass der volle Betrag der Zahlung:

(i) berücksichtigt ist in den ordentlichen Einnahmen jeder Person, die ein Zahlungsempfänger im Errichtungsstaat ist, und

(ii) nicht gemäß einem Abkommen zwischen dem Errichtungsstaat und dem Staat des Zahlungsempfängers unberücksichtigt ist in den ordentlichen Einnahmen einer Person, die ein Zahlungsempfänger nach den Rechtsvorschriften des Staats des Zahlungsempfängers ist.

(d) Die Zahlung erfolgt nicht im Rahmen einer strukturierten Gestaltung.

Die Abwehrregel in Empfehlung 1.1(b) wird weiterhin für alle Zahlungen gelten, die von einem solchen Investmentvehikel getätigt werden.

# Empfehlung 2

## Spezifische Empfehlungen für die steuerliche Behandlung von Finanzinstrumenten

**1. Versagung der Dividendenfreistellung bei abzugsfähigen Zahlungen**

Um zu verhindern, dass es bei einem Finanzinstrument zu D/NI-Ergebnissen kommt (Betriebsausgabenabzug/Nichtberücksichtigung als Einnahme), sollte eine Dividendenfreistellung, die der Entlastung von wirtschaftlicher Doppelbesteuerung dient, nach nationalem Recht nicht gewährt werden, soweit die Dividendenzahlung beim Zahlungsleister abzugsfähig ist. Die Staaten sollten ebenfalls erwägen, ähnliche Einschränkungen für andere Arten der Steuererleichterung für Dividenden einzuführen, die zur Entlastung von wirtschaftlicher Doppelbesteuerung der zugrunde liegenden Gewinne gewährt werden.

**2. Beschränkung der Anrechnung ausländischer Quellensteuern bei einer hybriden Übertragung**

Um eine mehrfache Steueranrechnung bei einer hybriden Übertragung zu verhindern, sollten Staaten, die eine Steuerentlastung für Quellensteuern auf eine Zahlung im Rahmen einer hybriden Übertragung gewähren, den Steuervorteil einer solchen Entlastung im Verhältnis zu den steuerpflichtigen Nettoeinnahmen des Steuerpflichtigen im Rahmen der Gestaltung beschränken.

**3. Geltungsbereich der Regel**

Diese Empfehlungen unterliegen keinerlei Einschränkungen hinsichtlich ihres Geltungsbereichs.

# Empfehlung 3

## Regel für nicht berücksichtigte hybride Zahlungen

**1. Die Inkongruenz neutralisieren, soweit die Zahlung zu einem D/NI-Ergebnis führt (Betriebsausgabenabzug/Nichtberücksichtigung als Einnahme)**

Die folgende Regel sollte für eine nicht berücksichtigte Zahlung hybrider Zahlungsleister gelten, die zu einer hybriden Besteuerungsinkongruenz führt.

(a) Der Staat des Zahlungsleisters versagt den Abzug der Zahlung, soweit diese zu einem D/NI-Ergebnis führt.

(b) Wenn der Staat des Zahlungsleisters die Inkongruenz nicht neutralisiert, schreibt der Staat des Zahlungsempfängers eine Berücksichtigung der Zahlung als ordentliche Einnahme vor, soweit diese Zahlung zu einem D/NI-Ergebnis führt.

(c) Es kommt zu keiner Inkongruenz, soweit der Abzug im Staat des Zahlungsleisters auf Einnahmen geltend gemacht wird, die nach den Rechtsvorschriften sowohl des Staats des Zahlungsempfängers als auch des Staats des Zahlungsleisters in den Einnahmen berücksichtigt werden (doppelt berücksichtigte Einnahmen).

(d) Ein Abzug, der den Betrag der doppelt berücksichtigten Einnahmen übersteigt (überschießende Betriebsausgaben), kann auf doppelt berücksichtigte Einnahmen eines anderen Zeitraums geltend gemacht werden.

**2. Die Regel gilt nur für nicht berücksichtigte Zahlungen eines hybriden Zahlungsleisters**

Für die Zwecke dieser Regel gilt:

(a) Eine nicht berücksichtigte Zahlung ist eine Zahlung, die nach den Rechtsvorschriften des Staats des Zahlungsleisters abzugsfähig ist und nach den Rechtsvorschriften des Staats des Zahlungsempfängers nicht berücksichtigt wird.

(b) Eine Person ist ein hybrider Zahlungsleister, wenn die steuerliche Behandlung des Zahlungsleisters nach den Rechtsvorschriften des Staats des Zahlungsempfängers dazu führt, dass die Zahlung eine nicht berücksichtigte Zahlung ist.

**3. Die Regel gilt nur für Zahlungen, die zu einer hybriden Besteuerungsinkongruenz führen**

Eine nicht berücksichtigte Zahlung eines hybriden Zahlungsleisters führt zu einer hybriden Besteuerungsinkongruenz, wenn der Abzug nach den Rechtsvorschriften des Staats des Zahlungsleisters auf Einnahmen geltend gemacht werden kann, bei denen es sich nicht um doppelt berücksichtigte Einnahmen handelt.

**4. Geltungsbereich der Regel**

Diese Regel gilt nur, falls die an der hybriden Gestaltung beteiligten Parteien zu demselben Konzern gehören oder wenn die Zahlung im Rahmen einer strukturierten Gestaltung erfolgt und der Steuerpflichtige an dieser strukturierten Gestaltung beteiligt ist.

# Empfehlung 4

## Regel für umgekehrt hybride Rechtsträger (Reverse Hybrids)

**1. Die Inkongruenz neutralisieren, soweit die Zahlung zu einem D/NI-Ergebnis führt (Betriebsausgabenabzug/Nichtberücksichtigung als Einnahme)**

Im Hinblick auf eine Zahlung an einen umgekehrt hybriden Rechtsträger (Reverse Hybrid), die zu einer hybriden Besteuerungsinkongruenz führt, sollte der Staat des Zahlungsleisters eine Regel anwenden, mit der der Abzug für eine solche Zahlung versagt wird, soweit diese zu einem D/NI-Ergebnis führt.

**2. Die Regel gilt nur für Zahlungen an einen umgekehrt hybriden Rechtsträger**

Ein umgekehrt hybrider Rechtsträger ist eine Person, die von einem Investor als selbstständiger Rechtsträger und nach den Rechtsvorschriften des Errichtungsstaats als transparent behandelt wird.

**3. Die Regel gilt nur für hybride Besteuerungsinkongruenzen**

Eine Zahlung führt zu einer hybriden Besteuerungsinkongruenz, wenn es bei einer direkten Zahlung der aufgelaufenen Einnahmen an den Investor nicht zu einer Inkongruenz gekommen wäre.

**4. Geltungsbereich der Regel**

Die Empfehlung gilt nur, wenn der Investor, der umgekehrt hybride Rechtsträger und der Zahlungsleister zu demselben Konzern gehören oder wenn die Zahlung im Rahmen einer strukturierten Gestaltung erfolgt und der Zahlungsleister an dieser strukturierten Gestaltung beteiligt ist.

# Empfehlung 5

## Spezifische Empfehlungen für die steuerliche Behandlung von Reverse Hybrids

**1. Verbesserung der Hinzurechnungsbesteuerung und anderer Besteuerungsregelungen für Offshore-Investments**

Die Staaten sollten Besteuerungsregelungen für Offshore-Investments einführen bzw. ändern, um zu verhindern, dass es bei Zahlungen an einen Reverse Hybrid zu D/NI-Ergebnissen kommt. Die Staaten sollten auch die Einführung bzw. Anpassung von Besteuerungsregelungen für Offshore-Investments im Hinblick auf Gestaltungen erwägen, die zu importierten Besteuerungsinkongruenzen führen (Imported Mismatch Arrangements).

**2. Beschränkung der steuerlichen Transparenz für gebietsfremde Investoren**

Ein Reverse Hybrid sollte als gebietsansässiger Steuerpflichtiger im Errichtungsstaat behandelt werden, wenn die Einnahmen des Reverse Hybrid nach den Rechtsvorschriften des Errichtungsstaats nicht der Besteuerung unterworfen werden und die aufgelaufenen Einnahmen eines gebietsfremden Investors, der demselben Konzern wie der Reverse Hybrid angehört, nach den Rechtsvorschriften des Staats des Investors nicht der Besteuerung unterworfen werden.

**3. Dokumentationsanforderungen für Intermediäre**

Die Staaten sollten Personen, die in ihrem Staat ansässig sind, angemessene Steuererklärungs- und Dokumentationsanforderungen auferlegen, um sowohl den Steuerpflichtigen als auch den Steuerverwaltungen dabei zu helfen, die diesem gebietsfremden Investor zugeordneten Zahlungen ordnungsgemäß zu bestimmen.

# Empfehlung 6

# Regel für abzugsfähige hybride Zahlungen

**1. Die Besteuerungsinkongruenz neutralisieren, soweit die Zahlung zu einem doppelten Betriebsausgabenabzug führt (DD-Ergebnis)**

Die folgende Regelung sollte für hybride Zahlungsleister gelten, die eine Zahlung tätigen, die nach den Rechtsvorschriften des Staats des Zahlungsleisters abzugsfähig ist und die im Staat der Muttergesellschaft einen nochmaligen Abzug auslöst, was zu einer hybriden Besteuerungsinkongruenz führt:

(a) Der Staat der Muttergesellschaft versagt den nochmaligen Abzug der Zahlung, soweit diese zu einem DD-Ergebnis führt.

(b) Wenn der Staat der Muttergesellschaft die Besteuerungsinkongruenz nicht neutralisiert, wird der Staat des Zahlungsleisters den Abzug der Zahlung versagen, soweit diese zu einem DD-Ergebnis führt.

(c) Es kommt zu keiner Besteuerungsinkongruenz, soweit ein Betriebsausgabenabzug mit Einnahmen verrechnet wird, die nach den Rechtsvorschriften des Staats der Muttergesellschaft und denen des Staats des Zahlungsleisters als Einnahmen berücksichtigt werden („doppelt berücksichtigte Einnahmen").

(d) Ein Abzug, der den Betrag der doppelt berücksichtigten Einnahmen übersteigt (überschießende Betriebsausgaben), kann mit doppelt berücksichtigten Einnahmen eines anderen Zeitraums verrechnet werden. Um nicht ausgeglichene Verluste zu vermeiden, kann der Abzug überschießender Betriebsausgaben zugelassen werden, soweit es dem Steuerpflichtigen möglich ist, in einer für die Steuerverwaltung zufriedenstellenden Weise nachzuweisen, dass die überschießenden Ausgaben in dem anderen Staat nicht nach den Rechtsvorschriften des anderen Staats mit Einnahmen einer Person verrechnet werden können, die keine doppelt berücksichtigten Einnahmen sind.

**2. Die Regel gilt nur für abzugsfähige Zahlungen eines hybriden Zahlungsleisters**

Eine Person gilt in Bezug auf eine Zahlung, die nach den Rechtsvorschriften des Staats des Zahlungsleisters abzugsfähig ist, als hybrider Zahlungsleister, wenn

(a) der Zahlungsleister keine im Staat des Zahlungsleisters ansässige Person ist und die Zahlung für den Zahlungsleister (oder eine nahestehende Person) nach den Rechtsvorschriften des Staats, in dem der Zahlungsleister ansässig ist (Staat der Muttergesellschaft), einen nochmaligen Abzug auslöst, oder

(b) der Zahlungsleister im Staat des Zahlungsleisters ansässig ist und die Zahlung für eine in den Zahlungsleister investierende Person (oder eine nahestehende Person) nach den Rechtsvorschriften des anderen Staats (Staat der Muttergesellschaft) einen nochmaligen Abzug auslöst.

**3. Die Regel gilt nur für Zahlungen, die zu einer hybriden Besteuerungsinkongruenz führen**

Eine Zahlung führt zu einer hybriden Besteuerungsinkongruenz, wenn der Betriebskostenabzug für die Zahlung nach den Rechtsvorschriften des Staats des Zahlungsleisters mit Einnahmen verrechnet werden kann, bei denen es sich nicht um doppelt berücksichtigte Einnahmen handelt.

**4. Geltungsbereich der Regel**

Die Abwehrregel gilt nur, falls die an der Inkongruenz beteiligten Parteien zu demselben Konzern gehören oder wenn es zu der Besteuerungsinkongruenz im Rahmen einer strukturierten Gestaltung kommt und der Steuerpflichtige an dieser strukturierten Gestaltung beteiligt ist. Es gibt keine Begrenzung für den Geltungsbereich der empfohlenen Maßnahme.

# Empfehlung 7

## Regel für doppelt ansässige Steuerpflichtige (Dual Residents)

**1. Die Inkongruenz neutralisieren, soweit die Zahlung zu einem doppelten Betriebsausgabenabzug (DD-Ergebnis) führt**

Die folgende Regel sollte für einen doppelt ansässigen Steuerpflichtigen gelten, der eine Zahlung tätigt, die nach den Rechtsvorschriften beider Staaten, in denen der Zahlungsleister ansässig ist, in Abzug gebracht werden kann, wobei dieser doppelte Betriebsausgabenabzug zu einer hybriden Besteuerungsinkongruenz führt:

(a) Jeder Ansässigkeitsstaat versagt den Abzug der Zahlung, soweit diese zu einem DD-Ergebnis führt.

(b) Es kommt zu keiner Besteuerungsinkongruenz, soweit der Abzug mit Einnahmen verrechnet wird, die nach den Rechtsvorschriften beider Staaten als Einnahmen berücksichtigt werden (d.h. „doppelt berücksichtigte Einnahmen").

(c) Ein Abzug, der den Betrag der doppelt berücksichtigten Einnahmen übersteigt (überschießende Betriebsausgaben), kann mit doppelt berücksichtigten Einnahmen eines anderen Zeitraums verrechnet werden. Um nicht ausgleichsfähige Verluste zu vermeiden, kann der Abzug überschießender Betriebsausgaben zugelassen werden, soweit es dem Steuerpflichtigen möglich ist, in einer für die Steuerverwaltung zufriedenstellenden Weise nachzuweisen, dass die überschießenden Ausgaben nicht nach den Rechtsvorschriften des anderen Staats mit Einnahmen verrechnet werden können, die keine doppelt berücksichtigten Einnahmen sind.

**2. Die Regel gilt nur für abzugsfähige Zahlungen eines doppelt ansässigen Steuerpflichtigen**

Ein Steuerpflichtiger gilt als doppelt ansässig, wenn er nach den Rechtsvorschriften von zwei oder mehr Staaten steuerlich ansässig ist.

**3. Die Regel gilt nur für Zahlungen, die zu einer hybriden Besteuerungsinkongruenz führen**

Der steuerliche Abzug einer Zahlung führt zu einer hybriden Besteuerungsinkongruenz, wenn diese Zahlung nach den Rechtsvorschriften des anderen Staats mit Einnahmen verrechnet werden kann, bei denen es sich nicht um doppelt berücksichtigte Einnahmen handelt.

**4. Geltungsbereich der Regel**

Diese Regel unterliegt keinerlei Einschränkungen hinsichtlich ihres Geltungsbereichs.

# Empfehlung 8

## Regel für importierte Besteuerungsinkongruenzen

**1. Den Betriebsausgabenabzug versagen, soweit die Zahlung zu einem indirekten D/NI-Ergebnis führt (Betriebsausgabenabzug/Nichtberücksichtigung als Einnahme)**

Der Staat des Zahlungsleisters sollte eine Regel anwenden, die den Abzug einer Zahlung versagt, die eine importierte Besteuerungsinkongruenz zur Folge hat, soweit der Zahlungsempfänger die Zahlung so behandelt, als sei sie mit einem hybriden Abzug im Staat des Zahlungsempfängers verrechnet worden.

**2. Definition des Begriffs hybrider Betriebsausgabenabzug**

Ein hybrider Betriebsausgabenabzug ist ein Abzug, der entsteht durch:

(a) eine Zahlung im Rahmen eines Finanzinstruments, die zu einer Besteuerungsinkongruenz führt;

(b) eine von einem hybriden Zahlungsleister getätigte, nicht berücksichtigte Zahlung, die zu einer Besteuerungsinkongruenz führt;

(c) eine Zahlung an einen umgekehrt hybriden Rechtsträger (Reverse Hybrid), die zu einer hybriden Besteuerungsinkongruenz führt, oder

(d) eine Zahlung eines hybriden Zahlungsleisters oder eines doppelt ansässigen Steuerpflichtigen, die einen nochmaligen Abzug auslöst, der zu einer hybriden Besteuerungsinkongruenz führt,

und einen Betriebsausgabenabzug umfasst, der sich aus einer Zahlung an eine sonstige Person ergibt, soweit diese Person die Zahlung so behandelt, als sei sie mit einem anderen hybriden Betriebsausgabenabzug verrechnet worden.

**3. Zahlung, die zu einer importierten Besteuerungsinkongruenz führt**

Eine Zahlung, die zu einer importierten Besteuerungsinkongruenz führt, ist eine abzugsfähige Zahlung an einen Zahlungsempfänger, die nicht den Hybrid-Mismatch-Regeln unterliegt.

**4. Geltungsbereich der Regel**

Diese Regel gilt, falls der Steuerpflichtige zu demselben Konzern gehört wie die Parteien, die an der zu einer importierten Besteuerungsinkongruenz führenden Gestaltung beteiligt sind, oder wenn die Zahlung im Rahmen einer strukturierten Gestaltung getätigt wird und der Steuerpflichtige an dieser strukturierten Gestaltung beteiligt ist.

# Empfehlung 9
# Ausarbeitungsprinzipien

**1. Ausarbeitungsprinzipien**

Die Hybrid-Mismatch-Regeln wurden mit dem Ziel ausgearbeitet, dass sie den folgenden Anforderungen bestmöglich gerecht werden:

(a) Neutralisierung der Besteuerungsinkongruenz statt Aufhebung des Steuervorteils, der sich aus den Rechtsvorschriften des betreffenden Staates ergibt;

(b) umfassende Geltung;

(c) automatische Anwendung;

(d) Vermeidung von Doppelbesteuerung durch Koordinierung der Regeln;

(e) möglichst geringe Beeinträchtigung bestehender innerstaatlicher Rechtsvorschriften;

(f) klare und transparente Funktionsweise;

(g) Gewährleistung ausreichender Flexibilität, um die Aufnahme der Regel in die Rechtsvorschriften aller Staaten zu ermöglichen;

(h) gute Umsetzbarkeit für die Steuerpflichtigen und Minimierung der Befolgungskosten;

(i) Minimierung des Verwaltungsaufwands für die Steuerbehörden.

Staaten, die diese Empfehlungen in nationales Recht umsetzen, sollten dies in solcher Weise tun, dass diese Prinzipien gewahrt bleiben.

**2. Umsetzung und Koordinierung**

Die Staaten sollten zusammen an Maßnahmen arbeiten, mit denen sichergestellt wird, dass diese Empfehlungen konsistent und wirksam umgesetzt und angewandt werden. Diese Maßnahmen sollten Folgendes beinhalten:

(a) einvernehmliche Ausarbeitung von Anleitungen zu den Empfehlungen;

(b) Koordinierung der Umsetzung der Empfehlungen (einschließlich Zeitplan);

(c) Ausarbeitung von Übergangsregeln (ohne Präsumtion in Bezug auf den Bestandsschutz bestehender Gestaltungen);

(d) Prüfung der Wirksamkeit und Konsistenz der Umsetzung der Empfehlungen;

(e) Austausch von Informationen über die Behandlung von hybriden Finanzinstrumenten und hybriden Rechtsträgern in den verschiedenen Staaten;

(f) Anstrengungen, um den Steuerpflichtigen einschlägige Informationen zugänglich zu machen (einschließlich angemessener Anstrengungen der OECD);

(g) Untersuchung der Wechselwirkungen der Empfehlungen mit anderen Punkten des BEPS-Aktionsplans, insbesondere Punkt 3 und 4.

# Empfehlung 10

## Definition des Begriffs der strukturierten Gestaltung

**1. Allgemeine Begriffsbestimmung**

Eine strukturierte Gestaltung ist eine Gestaltung, bei der der Wert der Besteuerungsinkongruenz in die Bedingungen der Gestaltung eingerechnet wurde oder die Gegebenheiten und Umstände (einschließlich der Bedingungen) der Gestaltung darauf schließen lassen, dass diese mit der Absicht entwickelt wurde, eine hybride Besteuerungsinkongruenz herbeizuführen.

**2. Konkrete Beispiele strukturierter Gestaltungen**

Bei den Gegebenheiten und Umständen, die darauf schließen lassen, dass eine Gestaltung mit der Absicht entwickelt wurde, eine hybride Besteuerungsinkongruenz herbeizuführen, kann es sich um Folgendes handeln:

(a) eine Gestaltung, die mit der Absicht entwickelt wurde bzw. Teil eines Plans ist, eine hybride Besteuerungsinkongruenz herbeizuführen;

(b) eine Gestaltung, die eine Bedingung, einen Schritt oder eine Transaktion beinhaltet, die zur Erzielung einer hybriden Besteuerungsinkongruenz verwendet wird;

(c) eine Gestaltung, die als Ganzes oder in Teilen als ein steuerbegünstigtes Produkt vermarktet wird, bei dem sich ein Teil oder die gesamte Steuervergünstigung aus der hybriden Besteuerungsinkongruenz ergibt;

(d) eine Gestaltung, die in erster Linie Steuerpflichtigen in einem Staat angeboten wird, in dem es zu der hybriden Besteuerungsinkongruenz kommt;

(e) eine Gestaltung, die Merkmale enthält, die zu einer Änderung der Bedingungen der Gestaltung, insbesondere des Gewinns führen, wenn die hybride Besteuerungsinkongruenz nicht mehr gegeben ist, oder

(f) eine Gestaltung, die ohne die hybride Besteuerungsinkongruenz zu einem negativen Gewinn führen würde.

**3. Wann der Steuerpflichtige nicht an einer strukturierten Gestaltung beteiligt ist**

Ein Steuerpflichtiger gilt nicht als an einer strukturierten Gestaltung beteiligt, wenn weder von ihm noch von einem anderen Teil desselben Konzerns vernünftigerweise angenommen werden kann, dass er sich der hybriden Besteuerungsinkongruenz bewusst war, und weder er noch ein anderer Teil desselben Konzerns von dem daraus resultierenden Steuervorteil profitiert hat.

# Empfehlung 11

## Definition der Begriffe nahestehende Personen, Konzern und gemeinsames Handeln

**1. Allgemeine Begriffsbestimmungen**

Für die Zwecke dieser Empfehlungen gilt:

(a) Zwei Personen werden als nahestehend betrachtet, wenn sie zum selben Konzern gehören oder wenn die erste Person eine Beteiligung von mindestens 25% an der zweiten Person hält oder wenn eine dritte Person eine Beteiligung von mindestens 25% an beiden Personen hält.

(b) Zwei Personen gehören zum selben Konzern:

(i) wenn sie für die Zwecke der Rechnungslegung konsolidiert werden;

(ii) wenn die erste Person eine Beteiligung hält, die es ihr ermöglicht, einen beherrschenden Einfluss auf die zweite Person auszuüben, oder wenn es eine dritte Person gibt, die Beteiligungen hält, die es dieser Person ermöglichen, einen beherrschenden Einfluss auf die beiden anderen Personen auszuüben;

(iii) wenn die erste Person eine Beteiligung von mindestens 50% an der zweiten Person hält oder wenn es eine dritte Person gibt, die eine Beteiligung von mindestens 50% an den beiden anderen Personen hält, oder

(iv) wenn sie als verbundene Unternehmen nach Artikel 9 betrachtet werden können.

(c) Eine Person gilt als Inhaber einer prozentualen Beteiligung an einer anderen Person, wenn sie – unmittelbar oder mittelbar über eine Beteiligung an weiteren Personen – einen Prozentsatz der Stimmrechte der anderen Person oder des Werts der Kapitalbeteiligungen an dieser Person hält.

**2. Aggregierung von Beteiligungen**

Für die Zwecke der Regeln für nahestehende Personen wird eine Person, die in Bezug auf den Besitz bzw. die Kontrolle von Stimmrechten oder Eigenkapitalbeteiligungen mit einer anderen Person gemeinsam handelt, so behandelt, als besitze oder kontrolliere sie alle Stimmrechte und Eigenkapitalbeteiligungen dieser anderen Person.

**3. Gemeinsames Handeln**

Zwei Personen gelten in Bezug auf den Besitz bzw. die Kontrolle von Stimmrechten oder Eigenkapitalbeteiligungen als gemeinsam handelnd, wenn:

(a) sie derselben Familie angehören;

(b) die eine Person regelmäßig nach den Wünschen der anderen Person handelt;

(c) sie eine Vereinbarung eingegangen sind, die einen wesentlichen Effekt auf den Wert oder die Kontrolle solcher Rechte oder Beteiligungen hat, oder

(d) der Besitz oder die Kontrolle solcher Rechte oder Beteiligungen von derselben Person oder Personengruppe verwaltet wird.

Wenn ein Manager eines Organismus für gemeinsame Anlagen in Wertpapieren anhand der Bedingungen des Anlagemandats, der Art der Beteiligung und der Umstände, unter denen die hybride Gestaltung eingegangen wurde, zur Zufriedenheit der Steuerverwaltung nachweisen kann, dass die zwei Fonds im Hinblick auf die Beteiligung nicht gemeinsam gehandelt haben, sollten die von diesen Fonds gehaltenen Beteiligungen für die Zwecke der Kriterien für gemeinsames Handeln nicht aggregiert werden.

# Empfehlung 12
# Sonstige Begriffsbestimmungen

**1. Begriffsbestimmungen**

Für den Zweck dieser Empfehlungen gilt:

| | |
|---|---|
| Abzug | Abzug (einschließlich abzugsfähig) bedeutet in Bezug auf eine Zahlung, dass die Zahlung nach angemessener Bestimmung der Qualifizierung und Behandlung der Zahlung nach den Rechtsvorschriften des Staats des Zahlungsleisters bei der Berechnung der Nettoeinkünfte des Steuerpflichtigen nach den Rechtsvorschriften dieses Staats als Abzug oder gleichwertige Steuererleichterung berücksichtigt wird. |
| Aufgelaufene Einnahmen | Aufgelaufene Einnahmen bezeichnet in Bezug auf jeden Zahlungsempfänger und jeden Investor die Einnahmen des Zahlungsempfängers, die zu Gunsten dieses Investors aufgelaufen sind. |
| Ausschüttung | Ausschüttung bezeichnet in Bezug auf eine Person eine Zahlung von Gewinnen oder Erträgen dieser Person an den Eigentümer. |
| Berücksichtigung als ordentliche Einnahme | Eine Zahlung gilt als den ordentlichen Einnahmen zugerechnet, soweit sie nach angemessener Bestimmung der Qualifizierung und Behandlung der Zahlung nach den Rechtsvorschriften des betreffenden Staats bei der Berechnung der Einkünfte des Zahlungsempfängers nach den Rechtsvorschriften dieses Staats als ordentliche Einnahmen berücksichtigt wurde. |
| Besteuerungsinkongruenz | Eine Besteuerungsinkongruenz bezeichnet entweder ein DD-Ergebnis oder ein D/NI-Ergebnis und umfasst die erwarteten Besteuerungsinkongruenzen. |
| Besteuerungsregelungen für Offshore-Investments | Besteuerungsregelungen für Offshore-Investments umfassen Vorschriften zur Hinzurechnungsbesteuerung (CFC-Regeln), Bestimmungen über ausländische Investmentfonds sowie alle anderen Regeln, die vorschreiben, dass die aufgelaufenen Einnahmen des Investors nach den Rechtsvorschriften des Staats des Investors auf laufender Basis berücksichtigt werden müssen. |
| Betriebsausgabenabzug/ Nichtberücksichtigung als Einnahme (D/NI-Ergebnis) | Eine Zahlung führt zu einem D/NI-Ergebnis, soweit sie nach den Rechtsvorschriften des Staats des Zahlungsleisters abzugsfähig ist, aber nicht den ordentlichen Einnahmen einer Person im Staat des Zahlungsempfängers zugerechnet wird. Fragen in Bezug auf den Zeitpunkt der Erfassung von Zahlungen sowie zwischen den Staaten bestehende Unterschiede bei der Messung des Werts dieser Zahlung haben generell keine Auswirkungen auf D/NI-Ergebnisse. Unter bestimmten Bedingungen wird eine zeitliche Abweichung jedoch als dauerhaft betrachtet, wenn der Steuerpflichtige nicht zur Zufriedenheit der Steuerverwaltung nachweisen kann, dass eine Zahlung innerhalb eines vertretbaren Zeitraums berücksichtigt werden wird (vgl. Empfehlung 1.1(c)). |

*(Fortsetzung nächste Seite)*

*(Fortsetzung)*

| | |
|---|---|
| Doppelt berücksichtigte Einnahmen | Doppelt berücksichtigte Einnahmen (dual inclusion income) bezieht sich im Fall von abzugsfähigen Zahlungen ebenso wie von nicht berücksichtigten Zahlungen auf jeden Einnahmeposten, der nach den Rechtsvorschriften der Staaten, in denen die Besteuerungsinkongruenz entstanden ist, den ordentlichen Einnahmen zugerechnet wird. Ein Posten, der nach den Rechtsvorschriften beider Staaten als Einnahme behandelt wird, kann jedoch weiterhin als doppelt berücksichtigte Einnahme geltend gemacht werden, selbst wenn diese Einnahme mit einem Anspruch auf eine Entlastung von der Doppelbesteuerung verbunden ist, wie beispielsweise eine Anrechnung ausländischer Steuerzahlungen (einschließlich der Inanspruchnahme einer Anrechnung ausländischer Steuern) oder eine innerstaatliche Dividendenfreistellung, soweit eine solche Entlastung gewährleistet, dass Einnahmen, die in einem Staat zum vollen Steuersatz besteuert werden, nach den Rechtsvorschriften in einem der beiden Staaten keiner zusätzlichen Besteuerungsebene unterliegen. |
| Doppelter Betriebsausgabenabzug (DD-Ergebnis) | Eine Zahlung führt zu einem doppelten Betriebsausgabenabzug, wenn sie nach den Rechtsvorschriften von mehr als einem Staat abzugsfähig ist. |
| Eigenkapitalbeteiligung | Eigenkapitalbeteiligung bezeichnet jede Beteiligung an einer Person, die einen Anspruch auf einen Eigenkapitalertrag mit sich bringt. |
| Eigenkapitalertrag | Eigenkapitalertrag bezeichnet einen Anspruch auf Beteiligung an den Gewinnen oder Ausschüttungen einer Person und ist in Bezug auf eine Gestaltung ein Ertrag aus dieser Gestaltung, der wirtschaftlich einer Ausschüttung oder einer Auszahlung von Gewinnen entspricht, oder bei dem nach Prüfung der Bedingungen der Gestaltung davon auszugehen ist, dass er in Bezug auf Ausschüttungen oder Gewinne berechnet wird. |
| Errichtungsstaat | Errichtungsstaat bezeichnet in Bezug auf eine Person den Staat, in dem diese Person im Handelsregister eingetragen ist oder anderweitig errichtet ist. |
| Familie | Eine Person (A) ist Mitglied der gleichen Familie wie eine andere Person (B), wenn B:<br>• der Ehegatte oder eingetragene Partner von A;<br>• ein Verwandter von A (Bruder, Schwester, Vorfahre oder direkter Nachkomme);<br>• der Ehegatte oder eingetragene Partner eines Verwandten von A;<br>• ein Verwandter des Ehegatten oder eingetragenen Partners von A;<br>• der Ehegatte oder eingetragene Partner eines Verwandten des Ehegatten oder eingetragenen Partners von A oder<br>• ein adoptierter Verwandter ist. |
| Finanzierungsertrag | Finanzierungsertrag bezeichnet in Bezug auf eine Gestaltung einen Ertrag aus dieser Gestaltung, der wirtschaftlich Zinsen entspricht, oder bei dem nach Prüfung der Bedingungen der Gestaltung davon auszugehen ist, dass er in Bezug auf den Zeitwert des Geldbetrags berechnet wird, der Gegenstand der Gestaltung ist. |
| Geld | Geld umfasst Geld in jeder Form, alles, was in Geld konvertierbar ist, sowie jede Gegenleistung, die fremdvergleichskonform bezahlt würde. |
| Geschäftsführer | Geschäftsführer bezeichnet in Bezug auf eine Person jede Person, die nach der Verfassung zur Führung und Kontrolle dieser anderen Person befugt ist, einschließlich eines Treuhänders. |

*(Fortsetzung nächste Seite)*

*(Fortsetzung)*

| | |
|---|---|
| Gestaltung | Gestaltung bezieht sich auf eine Vereinbarung, einen Vertrag, eine Struktur, einen Plan oder eine Abmachung, unabhängig von ihrer Durchsetzbarkeit, einschl. aller zur Umsetzung durchgeführten Maßnahmen und Transaktionen. Eine Gestaltung kann Teil einer breiter gefassten Gestaltung sein, es kann sich um eine einzige Gestaltung handeln oder sie kann aus mehreren Gestaltungen bestehen. |
| Hybride Besteuerungs-inkongruenz | Der Begriff hybride Besteuerungsinkongruenz wird für die Zwecke der jeweiligen Empfehlungen unter Ziffer 3 der Empfehlungen 1, 3, 4, 6 und 7 definiert. |
| Investor | Investor bezeichnet in Bezug auf eine Person jede Person, die direkt oder indirekt Stimmrechte oder Eigenkapitalbeteiligungen an dieser Person hält. |
| Ordentliche Einnahmen | Ordentliche Einnahmen bezeichnet Einnahmen, die dem vollen Grenzsteuersatz des Steuerpflichtigen unterliegen und keine Befreiung, Nichtberücksichtigung, Steueranrechnung oder sonstige Steuererleichterung für bestimmte Zahlungs-kategorien (wie z.B. indirekte Steueranrechnung für die zugrunde liegende Besteuerung der Einkünfte des Zahlungsleisters) genießen. Die Einnahmen werden auch dann als dem vollen Grenzsteuersatz des Steuerpflichtigen unterliegend betrachtet, wenn die auf den berücksichtigten Betrag zu entrichtende Steuer durch eine Steueranrechnung oder eine andere Steuererleichterung reduziert wird, die vom Staat des Zahlungsempfängers für durch den Staat des Zahlungsleisters auf die Zahlung selbst erhobene Quellensteuern oder sonstige Steuern gewährt wird. |
| Organismus für gemeinsame Anlagen in Wertpapieren | Organismus für gemeinsame Anlagen in Wertpapieren bezeichnet einen Organismus für gemeinsame Anlagen nach der Definition von Ziffer 4 des Berichts *Granting of Treaty Benefits with Respect to the Income of Collective Investment Vehicles* (2010, OECD). |
| Person | Person umfasst alle natürlichen oder juristischen Personen sowie Personen-vereinigungen ohne eigene Rechtspersönlichkeit und Treuhandvermögen. |
| Staat des Investors | Staat des Investors ist jeder Staat, in dem der Investor steuerpflichtig ist. |
| Staat des Zahlungs-empfängers | Staat des Zahlungsempfängers ist jeder Staat, in dem der Zahlungsempfänger steuerpflichtig ist. |
| Staat des Zahlungs-leisters | Staat des Zahlungsleisters ist jeder Staat, in dem der Zahlungsleister steuerpflichtig ist. |
| Steuerpflichtiger | Steuerpflichtiger bezeichnet in Bezug auf einen Staat jede Person, die in diesem Staat steuerpflichtig ist, sei es als Gebietsansässiger oder nach den geltenden Quellenregeln (wie z.B. das Vorliegen einer Betriebsstätte in diesem Staat). |
| Stimmrechte | Stimmrechte bezeichnet das Recht, an allen Entscheidungen über Ausschüttungen, Verfassungsänderungen oder die Ernennung eines Geschäftsführers mitzuwirken. |
| Treuhandvermögen | Treuhandvermögen umfasst jede Person, die Treuhänder eines Treuhandvermögens ist und in dieser Eigenschaft tätig ist. |
| Verfassung | Verfassung bezeichnet in Bezug auf jede Person die Bestimmungen, die die Beziehung zwischen der Person und ihren Eigentümern regeln, und umfasst die Satzung bzw. den Gesellschaftsvertrag. |
| Zahlung | Zahlung umfasst jeden Betrag, der bezahlt werden kann, einschl. (aber nicht darauf beschränkt) Ausschüttungen, Gutschriften, Lastschriften sowie Rückstellungen, ausgenommen sind dagegen Zahlungen, die nur für Steuerzwecke unterstellt werden und nicht zur Entstehung von wirtschaftlichen Ansprüchen zwischen den Beteiligten führen. |

*(Fortsetzung nächste Seite)*

*(Fortsetzung)*

| | |
|---|---|
| Zahlungsempfänger | Zahlungsempfänger bezeichnet jede Person, die im Rahmen einer Gestaltung eine Zahlung erhält, wobei Zahlungen über eine Betriebsstätte des Zahlungsempfängers eingeschlossen sind. |
| Zahlungsleister | Zahlungsleister bezeichnet jede Person, die im Rahmen einer Gestaltung eine Zahlung tätigt, wobei Zahlungen über eine Betriebsstätte des Zahlungsleisters eingeschlossen sind. |

# *Anhang B*

# **Beispiele**

# Verzeichnis der Beispiele

## Regel für hybride Finanzinstrumente

Beispiel 1.33 Aktienleihvereinbarung, bei der der Übernehmende die zugrunde liegende Dividende versteuern muss

Beispiel 1.34 Aktienleihvereinbarung, bei der die Dividendenausgleichszahlung zu einem Handelsverlust führt

Beispiel 1.35 Aktienleihvereinbarung, bei der keiner der Beteiligten die Vereinbarung als Finanzinstrument behandelt

Beispiel 1.36 Betriebsausgabenabzug für einen Aufpreis, der für den Erwerb einer Anleihe mit auflaufenden Zinsen gezahlt wurde

Beispiel 1.37 Dividendenausgleichszahlung im Rahmen eines fehlgeschlagenen Aktiengeschäfts

**Spezifische Empfehlungen für die steuerliche Behandlung von Finanzinstrumenten**

Beispiel 2.1 Anwendung von Empfehlung 2.1 auf bereits vom Unternehmen versteuerte Dividenden („franked dividends")

Beispiel 2.2 Anwendung von Empfehlung 2.2 auf eine Wertpapierleihe auf Basis einer Anleihe

Beispiel 2.3 Abstimmung der Regel für hybride Finanzinstrumente und der Empfehlung 2.1

**Regel für nicht berücksichtigte hybride Zahlungen**

Beispiel 3.1 Gestaltung mit einer nicht berücksichtigten hybriden Zahlung unter Verwendung eines steuerlich transparenten Rechtsträgers und eines hybriden Darlehens

Beispiel 3.2 Nicht berücksichtigte hybride Zahlung unter Verwendung eines Konsolidierungssystems und einer Organschaft

**Regel für umgekehrt hybride Rechtsträger (Reverse Hybrids)**

Beispiel 4.1 Nutzung eines umgekehrt hybriden Rechtsträgers durch einen von der Steuer befreiten Rechtsträger

Beispiel 4.2 Anwendung von Empfehlung 4 auf Zahlungen, die teilweise nicht in den Einnahmen berücksichtigt werden

Beispiel 4.3 Empfehlung 4 und Zahlungen, die im Rahmen der Hinzurechnungsbesteuerung berücksichtigt werden

Beispiel 4.4 Interaktion zwischen Empfehlung 4 und Empfehlung 6

**Regel für abzugsfähige hybride Zahlungen**

Beispiel 6.1 Berücksichtigung von zeitlichen und Bewertungsunterschieden

Beispiel 6.2 Verrechnung eines doppelten Betriebsausgabenabzugs mit doppelt berücksichtigten Einnahmen

Beispiel 6.3 Doppelter Betriebsausgabenabzug (DD-Ergebnis) durch die Gewährung von Aktienoptionen

Beispiel 6.4 Berechnung der doppelt berücksichtigten Einnahmen im Rahmen der Hinzurechnungsbesteuerung

Beispiel 6.5 DD-Ergebnis im Rahmen eines Darlehens an eine Personengesellschaft

**Regel für doppelt ansässige Steuerpflichtige (Dual Residents)**

Beispiel 7.1 DD-Ergebnis mit einem doppelt ansässigen Rechtsträger

**Regel für importierte Besteuerungsinkongruenzen**

Beispiel 8.1 Regel für strukturierte importierte Besteuerungsinkongruenzen

Beispiel 8.2 Regel für strukturierte importierte Besteuerungsinkongruenzen und Regel für direkt importierte Besteuerungsinkongruenzen

Beispiel 8.3 Anwendung der Regel für direkt importierte Besteuerungsinkongruenzen

| | |
|---|---|
| Beispiel 8.4 | Proportionalität nach der Regel für direkt importierte Besteuerungs-inkongruenzen |
| Beispiel 8.5 | Anwendung der Regel für indirekt importierte Besteuerungsinkongruenzen |
| Beispiel 8.6 | Zahlungen an ein Konzernmitglied, das der Regel für strukturierte, importierte Besteuerungsinkongruenzen unterliegt |
| Beispiel 8.7 | Die Regel für direkt importierte Besteuerungsinkongruenzen hat Vorrang vor der Regel für indirekt importierte Besteuerungsinkongruenzen |
| Beispiel 8.8 | Die überschießenden hybriden Betriebsausgabenabzüge übersteigen die finanzierten steuerpflichtigen Zahlungen |
| Beispiel 8.9 | Der überschießende hybride Betriebsausgabenabzug übersteigt die finanzierten steuerpflichtigen Zahlungen nicht |
| Beispiel 8.10 | Anwendung der Regel für importierte Besteuerungsinkongruenzen auf Verlustübertragungen bei Organschaften |
| Beispiel 8.11 | Behandlung doppelt berücksichtigter Einnahmen nach der Regel für importierte Besteuerungsinkongruenzen |
| Beispiel 8.12 | Regel für importierte Besteuerungsinkongruenzen und Verlustvorträge |
| Beispiel 8.13 | Abzugsfähige hybride Zahlungen, umgekehrt hybride Rechtsträger (Reverse Hybrids) und die Regel für importierte Besteuerungsinkongruenzen |
| Beispiel 8.14 | Abzugsfähige hybride Zahlungen, Organschaftsregel und Regel für importierte Besteuerungsinkongruenzen |
| Beispiel 8.15 | Interaktion zwischen dem doppelten Betriebsausgabenabzug und der Regel für importierte Besteuerungsinkongruenzen |
| Beispiel 8.16 | Übertragung hybrider Abzüge nach den Regeln für importierte Besteuerungsinkongruenzen |

## Ausarbeitungsprinzipien

| | |
|---|---|
| Beispiel 9.1 | Koordinierung der vorrangigen/ergänzenden Regeln |
| Beispiel 9.2 | Betriebsausgabenabzug für Zinszahlungen, die einer allgemeinen Abzugsbeschränkung unterliegen |

## Definition des Begriffs der strukturierten Gestaltung

| | |
|---|---|
| Beispiel 10.1 | Die hybride Besteuerungsinkongruenz ist in die Bedingungen der Gestaltung eingerechnet |
| Beispiel 10.2 | Back-to-Back-Darlehen, die über einen als Intermediär fungierenden fremden Dritten geleitet werden |
| Beispiel 10.3 | Die Gestaltung wird als ein steuerbegünstigtes Produkt vermarktet |
| Beispiel 10.4 | Ein Begünstigter eines Treuhandvermögens ist an einer strukturierten Gestaltung beteiligt |
| Beispiel 10.5 | Importierte Besteuerungsinkongruenz |

## Definition der Begriffe nahestehende Personen, Konzern und gemeinsames Handeln

| | |
|---|---|
| Beispiel 11.1 | Anwendung der Regeln für nahestehende Personen auf treuhänderisch gehaltenes Vermögen |
| Beispiel 11.2 | Nahestehende Personen und Konzerne – Gesellschafter einer Personengesellschaft |
| Beispiel 11.3 | Nahestehende Personen und Konzerne – Berechnung von Stimmrechts- und Wertanteilen |
| Beispiel 11.4 | Gemeinsames Handeln – Aggregierung von Beteiligungen im Rahmen einer Gesellschaftervereinbarung |
| Beispiel 11.5 | Gemeinsames Handeln – Rechte oder Beteiligungen unter gemeinsamer Verwaltung durch eine Person(engruppe) |

# Beispiel 1.1

# Zinszahlung im Rahmen eines Hybridinstruments

## Sachverhalt

1. In dem in der nachstehenden Abbildung dargestellten Beispiel besitzt A Co (ein in Staat A ansässiges Unternehmen) sämtliche Anteile an B Co (einem in Staat B ansässigen Unternehmen). A Co vergibt ein Darlehen an B Co. Das Darlehen wird zum Marktzinssatz verzinst, wobei die Zinsen halbjährlich nachträglich zahlbar sind. Die Zins- und Tilgungszahlungen für das Darlehen sind den Forderungen der gewöhnlichen Gläubiger von B Co im Rang nachgeordnet und können ausgesetzt werden, wenn B Co bestimmte Solvenzanforderungen nicht erfüllt.

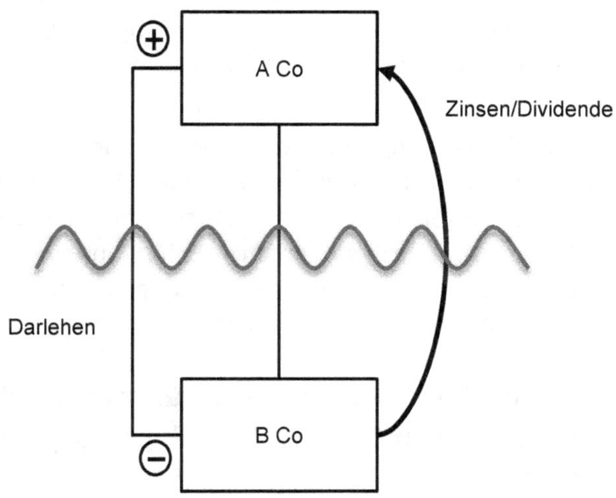


2. Das Darlehen wird nach den Rechtsvorschriften von Staat B als Fremdkapitalinstrument, nach den Rechtsvorschriften von Staat A aber als Eigenkapitalinstrument (d.h. als Beteiligung) behandelt; dementsprechend werden die Zinszahlungen auf das Darlehen nach den Rechtsvorschriften von Staat B als abzugsfähige Betriebsausgaben, nach den Rechtsvorschriften von Staat A aber als Dividenden behandelt. In Staat A sind Dividenden, die von einem ausländischen Unternehmen gezahlt werden, von der Besteuerung befreit, wenn der betreffende Anteilseigner in dem Zwölfmonatszeitraum unmittelbar vor der Dividendenzahlung mehr als 10% der Anteile an dem Unternehmen gehalten hat.

## Frage

3. Fallen die Zinszahlungen in den Geltungsbereich der Regel für hybride Finanzinstrumente und wenn ja, inwieweit ist gemäß dieser Regel eine Anpassung erforderlich?

## Antwort

4. Wenn Staat A Empfehlung 2.1 anwendet, um A Co die Inanspruchnahme einer Steuerbefreiung für eine abzugsfähige Dividende zu versagen, entsteht keine Inkongruenz im Sinne der Regel für hybride Finanzinstrumente.

5. Wenn Staat A Empfehlung 2.1 nicht anwendet, führt die Zinszahlung zu einer hybriden Inkongruenz, die in den Geltungsbereich der Regel für hybride Finanzinstrumente fällt, und Staat B sollte B Co einen Betriebsausgabenabzug für die an A Co entrichteten Zinsen versagen. Wenn Staat B die empfohlene Maßnahme nicht anwendet, sollte Staat A die Zinszahlungen als ordentliche Einnahme behandeln.

## Analyse

### *Anwendung von Empfehlung 2.1, um A Co die Inanspruchnahme der Dividendenfreistellung für die Zahlung zu versagen*

6. Empfehlung 2.1 besagt, dass eine Dividendenfreistellung, die vom Staat des Zahlungsempfängers zur Entlastung von der Doppelbesteuerung gewährt wird, nicht für Zahlungen gelten sollte, die beim Zahlungsleister abzugsfähig sind. Da in diesem Fall nach den Rechtsvorschriften von Staat B die gesamte Zinszahlung abzugsfähig ist, sollte nach den Rechtsvorschriften von Staat A kein Teil der Zinszahlung als freistellungsberechtigt behandelt werden.

7. Wenn die Dividendenfreistellung in Staat A keine abzugsfähigen Dividenden einschließt, entsteht keine Inkongruenz im Sinne der Regel für hybride Finanzinstrumente. Die Bestimmung, ob eine Zahlung zu einem D/NI-Ergebnis führt, erfordert eine eingehende Prüfung der Qualifizierung der Zahlung und ihrer steuerlichen Behandlung in beiden Staaten. Dies umfasst den Effekt aller Regeln in Staat A, die – im Einklang mit Empfehlung 2.1 – abzugsfähige Dividenden von der Inanspruchnahme einer Steuerbefreiung ausschließen.

### *Wenn Staat A Empfehlung 2.1 nicht anwendet, führt die Zahlung zu einer hybriden Inkongruenz, die in den Geltungsbereich der Regel für hybride Finanzinstrumente fällt*

8. Wenn Staat A Empfehlung 2.1 nicht umgesetzt hat, und die Dividendenfreistellung in Staat A nach wie vor gilt, führt die Zinszahlung zu einem D/NI-Ergebnis, das auf eine unterschiedliche steuerliche Behandlung des nachrangigen Darlehens nach den Rechtsvorschriften von Staat A einerseits und Staat B andererseits zurückzuführen ist.

9. Das Nachrangdarlehen erfüllt die Definition eines *Finanzinstruments* nach Empfehlung 1, weil es in Staat B als Fremdkapitalinstrument und in Staat A als Eigenkapitalinstrument qualifiziert und besteuert wird.

10. A Co und B Co sind zudem nahestehende Personen (B Co befindet sich zu 100% im Besitz von A Co), so dass das hybride Finanzinstrument in den Geltungsbereich der Regel für hybride Finanzinstrumente fällt. Da es sich bei A Co und B Co um nahestehende Personen handelt, haben die Umstände, unter denen die Beteiligten das Geschäft mit dem Finanzinstrument tätigen, keinen Einfluss darauf, ob das hybride Finanzinstrument in den Geltungsbereich von Empfehlung 1 fällt. Wenn beispielsweise A Co das Nachrangdarlehen in einer separaten Transaktion von einem fremden Dritten erworben hätte, würde die bei dem Darlehen bestehende Besteuerungsinkongruenz für die Zwecke von Empfehlung 1 dennoch als hybride Inkongruenz zwischen nahestehenden Personen behandelt.

### Vorrangige Empfehlung – Versagung des Abzugs im Staat des Zahlungsleisters

11. Staat B sollte den Betriebsausgabenabzug insoweit versagen, als die Zinszahlung nach den Rechtsvorschriften von Staat A nicht als ordentliche Einnahme berücksichtigt wird. Die Anpassung beschränkt sich auf die Neutralisierung der Besteuerungsinkongruenz. Empfehlung 1 verlangt beispielsweise nicht, dass Staat B darüber hinaus die steuerliche Qualifizierung der Zahlung ändert, um sie durch eine steuerliche Behandlung als Dividende mit der Besteuerung im Staat des Zahlungsempfängers in Einklang zu bringen.

### Abwehrregel – Verpflichtung zur Berücksichtigung als ordentliche Einnahme im Staat des Zahlungsempfängers

12. Wenn Staat B die empfohlene Maßnahme nicht anwendet, sollte Staat A die abzugsfähige Zahlung als ordentliche Einnahme behandeln. Ebenso wie bei der vorrangigen Empfehlung beschränkt sich die gemäß der Abwehrregel erforderliche Anpassung auf die Neutralisierung der Besteuerungsinkongruenz und verpflichtet Staat A nicht zu einer Neuqualifizierung des Darlehens als Fremdkapital oder zur steuerlichen Behandlung der Zahlung als Zinsen.

# Beispiel 1.2

# Zinszahlung im Rahmen eines Hybridinstruments mit Anspruch auf teilweise Steuerbefreiung

## Sachverhalt

1. Der Sachverhalt ist derselbe wie in **Beispiel 1.1**, mit dem Unterschied, dass Staat A eine teilweise Steuerbefreiung für ausländische Dividenden gewährt, die von einer beherrschten ausländischen Gesellschaft gezahlt werden. Die nachstehende Tabelle stellt die steuerliche Behandlung des Instruments im Überblick dar. In dieser Tabelle wird davon ausgegangen, dass B Co im Veranlagungszeitraum Einnahmen von 100 Geldeinheiten hat und eine Zahlung von 50 Geldeinheiten an A Co entrichtet. A Co hat außer der Zahlung für das Nachrangdarlehen im Veranlagungszeitraum keine Einnahmen. Der Körperschaftsteuersatz beträgt in beiden Ländern 30%.

| A Co | | | B Co | | |
|---|---|---|---|---|---|
| | **Steuer** | **Verbuchung** | | **Steuer** | **Verbuchung** |
| Einnahmen | | | Einnahmen | | |
| Erhaltene Dividende | 5 | 50 | Andere Einnahmen | 100 | 100 |
| Ausgaben | | | Ausgaben | | |
| | | | Gezahlte Zinsen | (50) | (50) |
| **Nettogewinn** | | **50** | **Nettogewinn** | | **50** |
| **Steuerpflichtige Einkünfte** | **5** | | **Steuerpflichtige Einkünfte** | **50** | |
| Zu entrichtende Steuern (30%) | | (1.5) | Zu entrichtende Steuern (30%) | | (15) |
| **Ergebnis nach Steuern** | | **48.5** | **Ergebnis nach Steuern** | | **35** |

2. Nach den Rechtsvorschriften von Staat B wird die Zahlung an A Co als abzugsfähige Zinszahlung behandelt, so dass die steuerpflichtigen Einkünfte von B Co seinem Nettogewinn vor Steuern entsprechen. Nach den Rechtsvorschriften von Staat A hingegen wird die Zahlung als Dividende behandelt und A Co hat Anrecht auf eine Steuerbefreiung für 90% der erhaltenen Zahlung. Der Nettoeffekt dieser unterschiedlichen steuerlichen Qualifizierung des Instruments in den beiden Staaten lässt sich durch einen Vergleich mit der steuerlichen Behandlung einer gewöhnlichen Zins- bzw. Dividendenzahlung nach den Rechtsvorschriften von Staat A und Staat B veranschaulichen.

| | | Darlehen | Beteiligung | Hybridinstrument |
|---|---|---|---|---|
| B Co | Einnahmen | 100 | 100 | 100 |
| | Ausgaben | (50) | (50) | (50) |
| | Steuern (30%) | (15) | (30) | (15) |
| | **Ergebnis nach Steuern** | **35** | **20** | **35** |
| A Co | Einnahmen | 50 | 50 | 50 |
| | Ausgaben | - | - | - |
| | Steuern (30%) | (15) | (1.5) | (1.5) |
| | **Ergebnis nach Steuern** | 35 | 48.5 | 48.5 |
| **Kombiniertes Ergebnis nach Steuern** | | **70** | **68.5** | **83.5** |

3. Dieser Vergleich zeigt, dass der Nettosteuervorteil für die Beteiligten bei einer Zahlung im Rahmen des Nachrangdarlehens zwischen 13,5 und 15 Geldeinheiten liegt (je nachdem, ob man das Resultat mit einer Dividende oder einer Zinszahlung vergleicht).

## Frage

4. Fällt die steuerliche Behandlung der Zahlungen im Rahmen des nachrangigen Darlehens in den Geltungsbereich der Regel für hybride Finanzinstrumente und wenn ja, inwieweit ist gemäß dieser Regel eine Anpassung erforderlich?

## Antwort

5. Die Zahlung im Rahmen des Nachrangdarlehens führt zu einer Besteuerungsinkongruenz, sofern Staat A nicht Empfehlung 2.1 anwendet, um A Co an der Inanspruchnahme einer teilweisen Dividendenfreistellung für eine abzugsfähige Zahlung zu hindern.

6. Staat B sollte B Co für einen Anteil der im Rahmen des Nachrangdarlehens zu zahlenden Zinsen, der dem Betrag entspricht, der nach den Rechtsvorschriften von Staat A in vollem Umfang von der Besteuerung befreit ist, den Betriebsausgabenabzug versagen. Wenn Staat B die empfohlene Maßnahme nicht anwendet, sollte Staat A die gesamte Zahlung als ordentliche Einnahme behandeln.

## Analyse

### *Wenn Staat A Empfehlung 2.1 nicht anwendet, führt die Zahlung zu einer hybriden Inkongruenz*

7. Wenn Staat A Empfehlung 2.1 nicht angewendet hat, um A Co an der Inanspruchnahme der teilweisen Steuerbefreiung zu hindern, führt die Zahlung zu einer Besteuerungsinkongruenz. Diese Inkongruenz ist auf die Konditionen des Instruments zurückzuführen, weil sie durch die unterschiedliche Qualifizierung des Darlehens nach den Rechtsvorschriften von Staat A einerseits und Staat B andererseits zustande kommt.

## *Vorrangige Empfehlung – Versagung des Abzugs im Staat des Zahlungsleisters*

8. Die vorrangige Empfehlung nach der Regel für hybride Finanzinstrumente lautet, dass Staat B den Betriebsausgabenabzug insoweit versagen sollte, wie er zu einem D/NI-Ergebnis führt. Der Effekt der Anpassung sollte darin bestehen, die steuerliche Behandlung der im Rahmen des Instruments geleisteten Zahlungen so aufeinander abzustimmen, dass Beträge im Staat des Zahlungsleisters nur in dem Umfang als Finanzierungsausgabe behandelt werden, in dem sie im Staat des Zahlungsempfängers in voller Höhe besteuert werden. Die Anpassung sollte ein Ergebnis hervorbringen, das verhältnismäßig ist und das Risiko einer Doppelbesteuerung minimiert. Dies kann erreicht werden, indem ein Betriebsausgabenabzug lediglich für den Teil der Zinszahlung versagt wird, der im Staat des Zahlungsempfängers effektiv von der Besteuerung befreit ist. Da 10% der an A Co geleisteten Zahlung zum vollen Grenzsteuersatz von A Co besteuert werden, kann B Co nach den Rechtsvorschriften von Staat B weiterhin einen Betriebsausgabenabzug für einen entsprechenden Anteil der Zinszahlung vornehmen. Die erforderliche Anpassung ist in der nachstehenden Tabelle dargestellt.

| A Co | | | B Co | | |
|---|---|---|---|---|---|
| | **Steuer** | **Verbuchung** | | **Steuer** | **Verbuchung** |
| Einnahmen | | | Einnahmen | | |
| Erhaltene Dividende | 5 | 50 | Andere Einnahmen | 100 | 100 |
| Ausgaben | | | Ausgaben | | |
| | | | Gezahlte Zinsen | (5) | (50) |
| **Nettogewinn** | | **50** | **Nettogewinn** | | **50** |
| **Steuerpflichtige Einkünfte** | **5** | | **Steuerpflichtige Einkünfte** | **95** | |
| Zu entrichtende Steuern | | (1.5) | Zu entrichtende Steuern | | (28.5) |
| **Ergebnis nach Steuern** | | **48.5** | **Ergebnis nach Steuern** | | **21.5** |

9. Nach den Rechtsvorschriften von Staat B wird der Betriebsausgabenabzug insoweit versagt, wie die Zahlung in Staat A als steuerbefreit behandelt wird. Da die in Staat A gewährte Steuerbefreiung lediglich für 90% der im Rahmen des Instruments geleisteten Zahlung gilt, ist B Co gemäß der Regel für hybride Finanzinstrumente berechtigt, einen Betriebsausgabenabzug für 10% der an A Co geleisteten Zahlung vorzunehmen. Die Anpassung hat den Nettoeffekt, dass nach den Rechtsvorschriften des Staats des Zahlungsleisters und des Staats des Zahlungsempfängers ein ausreichend hoher Betrag der Besteuerung unterworfen wird, um sicherzustellen, dass alle Einnahmen im Rahmen der Gestaltung der Besteuerung zum vollen Grenzsteuersatz des Steuerpflichtigen unterliegen.

## *Abwehrregel – Verpflichtung zur Berücksichtigung als ordentliche Einnahme im Staat des Zahlungsempfängers*

10. Wenn Staat B die empfohlene Maßnahme nicht anwendet, sollte A Co den gesamten Betrag der abzugsfähigen Zahlung als ordentliche Einnahme gemäß den Rechtsvorschriften von Staat A behandeln. Die erforderliche Anpassung ist in der nachstehenden Tabelle dargestellt.

| A Co | Steuer | Verbuchung | B Co | Steuer | Verbuchung |
|---|---|---|---|---|---|
| Einnahmen | | | Einnahmen | | |
| Erhaltene Dividende | 50 | 50 | Andere Einnahmen | 100 | 100 |
| Ausgaben | | | Ausgaben | | |
| | | | Gezahlte Zinsen | (50) | (50) |
| **Nettogewinn** | | **50** | **Nettogewinn** | | **50** |
| **Steuerpflichtige Einkünfte** | **50** | | **Steuerpflichtige Einkünfte** | **50** | |
| Zu entrichtende Steuern | | (15) | Zu entrichtende Steuern | | (15) |
| **Ergebnis nach Steuern** | | **35** | **Ergebnis nach Steuern** | | **35** |

11. Nach den Rechtsvorschriften von Staat A wird der gesamte Betrag der Zahlung als ordentliche Einnahme behandelt und der Besteuerung zum vollen Grenzsteuersatz des Steuerpflichtigen unterworfen. Dies hat – ebenso wie die Anpassung gemäß der vorrangigen Empfehlung – den Nettoeffekt, dass die gesamten Einnahmen im Rahmen der Gestaltung der Besteuerung entweder nach den Rechtsvorschriften des Zahlungsleisterstaats oder nach den Rechtsvorschriften des Zahlungsempfängerstaats unterworfen werden, und führt unter dem Strich zu demselben steuerlichen Ergebnis wie eine Anpassung gemäß der vorrangigen Empfehlung, da die Steuersätze in Staat A und Staat B gleich hoch sind.

# Beispiel 1.3

## Zinszahlung im Rahmen eines Hybridinstruments, für die ein ermäßigter Steuersatz gilt

### Sachverhalt

1. Der Sachverhalt ist derselbe wie in **Beispiel 1.1**, mit dem Unterschied, dass Beträge, die nach den Rechtsvorschriften von Staat A als Dividenden qualifiziert werden, der Besteuerung zu einem ermäßigten Steuersatz unterliegen. Die nachstehende Tabelle stellt die steuerliche Behandlung der Zinszahlung nach den Rechtsvorschriften von Staat A und Staat B im Überblick dar.

2. In dieser Tabelle wird davon ausgegangen, dass B Co im Veranlagungszeitraum Einnahmen von 100 Geldeinheiten hat und eine Zahlung von 40 Geldeinheiten für das Nachrangdarlehen entrichtet. A Co hat im Veranlagungszeitraum außer der Zahlung für das Darlehen keine Einnahmen. Der Körperschaftsteuersatz beträgt in Staat B 20% und in Staat A 40%, wobei jedoch Dividenden in Staat A mit 10% des normalen Körperschaftsteuersatzes (d.h. mit 4%) besteuert werden.

| A Co | | | | B Co | | |
|---|---|---|---|---|---|---|
| | **Steuer** | | **Verbuchung** | | **Steuer** | **Verbuchung** |
| | **4%** | **40%** | | | | |
| Einnahmen | | | | Einnahmen | | |
| Erhaltene Dividende | 40 | | 40 | Andere Einnahmen | 100 | 100 |
| Ausgaben | | | | Ausgaben | | |
| | | | | Gezahlte Zinsen | (40) | (40) |
| **Nettogewinn** | | | **40** | **Nettogewinn** | | **60** |
| **Zum vollen Steuersatz zu versteuernde Einkünfte** | | **4** | | **Steuerpflichtige Einkünfte** | **60** | |
| Zu entrichtende Steuern | | | (1.6) | Zu entrichtende Steuern | | (12) |
| **Ergebnis nach Steuern** | | | **38.4** | **Ergebnis nach Steuern** | | **48** |

3. Nach den Rechtsvorschriften von Staat B wird die Zahlung an A Co als abzugsfähige Zinszahlung behandelt, so dass die steuerpflichtigen Einkünfte von B Co seinem Nettogewinn vor Steuern entsprechen. Nach den Rechtsvorschriften von Staat A hingegen wird die Zahlung als Dividende behandelt. A Co unterliegt der Besteuerung mit einem ermäßigten Steuersatz von 4% für Dividendeneinkünfte; dementsprechend beträgt das Ergebnis nach Steuern für A Co 38,4 Geldeinheiten. Der Nettoeffekt dieser unterschiedlichen steuerlichen Qualifizierung des Instruments in den beiden Staaten lässt sich durch einen Vergleich der

steuerlichen Behandlung dieses Instruments, einer gewöhnlichen Zinszahlung und einer Dividendenzahlung nach den Rechtsvorschriften von Staat A und Staat B veranschaulichen.

| | | Darlehen | Beteiligung | Hybridinstrument |
|---|---|---|---|---|
| B Co | Einnahmen | 100 | 100 | 100 |
| | Ausgaben | (40) | (40) | (40) |
| | Steuern (20%) | (12) | (20) | (12) |
| | **Ergebnis nach Steuern** | 48 | 40 | 48 |
| A Co | Einnahmen | 40 | 40 | 40 |
| | Ausgaben | - | - | - |
| | Steuern (40%) | (16) | (1.6) | (1.6) |
| | **Ergebnis nach Steuern** | **24** | **38.4** | **38.4** |
| **Kombiniertes Ergebnis nach Steuern** | | **72** | **78.4** | **86.4** |

4. Dieser Vergleich zeigt, dass der Nettosteuervorteil für die Beteiligten bei einer Zahlung im Rahmen des Nachrangdarlehens zwischen 8 und 14,4 Geldeinheiten liegt (je nachdem, ob man das Resultat mit einer Dividende oder einer Zinszahlung vergleicht).

## Frage

5. Fällt die steuerliche Behandlung der Zahlungen im Rahmen des nachrangigen Darlehens in den Geltungsbereich der Regel für hybride Finanzinstrumente und wenn ja, inwieweit ist gemäß dieser Regel eine Anpassung erforderlich?

## Antwort

6. Es entsteht keine Inkongruenz im Sinne der Regel für hybride Finanzinstrumente (d.h. es ist gemäß dieser Regel keine Anpassung erforderlich), wenn der ermäßigte Steuersatz, der für die Zahlung im Rahmen des Nachrangdarlehens gilt, dem Steuersatz entspricht, der für ordentliche Einnahmen von A Co aus Finanzinstrumenten jeglicher Art gilt.

7. Falls aber der ermäßigte Steuersatz in Staat A niedriger ist als der Steuersatz, der generell für andere Arten von Einnahmen aus Finanzinstrumenten gilt, und Staat A nicht Empfehlung 2.1 anwendet, um A Co an der Inanspruchnahme des ermäßigten Steuersatzes für Dividenden zu hindern, führt die Zahlung im Rahmen des Darlehens zu einer Besteuerungsinkongruenz. Diese Inkongruenz stellt eine hybride Inkongruenz dar, weil sie darauf zurückzuführen ist, wie das Nachrangdarlehen nach den Rechtsvorschriften von Staat A und Staat B qualifiziert wird.

8. Staat B sollte B Co daher für einen Teil der im Rahmen des Nachrangdarlehens zu entrichtenden Zinsen den Betriebsausgabenabzug versagen. Der Betrag, für den weiterhin ein Betriebsausgabenabzug in Anspruch genommen werden kann, sollte dem Anteil der Einnahme entsprechen, der im Staat des Zahlungsempfängers effektiv der Besteuerung zum vollen Grenzsteuersatz unterliegt. Wenn Staat B die empfohlene Maßnahme nicht anwendet, sollte Staat A die gesamte Zahlung als ordentliche Einnahme behandeln, die mit dem vollen Steuersatz besteuert wird.

## Analyse

### *Eine Zahlung im Rahmen des Finanzinstruments führt nicht zu einer Inkongruenz, wenn die Zahlung mit dem vollen Grenzsteuersatz von A Co besteuert wird*

9. Ordentliche Einnahmen bezeichnet „Einnahmen, die dem vollen Grenzsteuersatz des Steuerpflichtigen unterliegen und keine Befreiung, Nichtberücksichtigung, Steueranrechnung oder sonstige Steuererleichterung für bestimmte Zahlungskategorien genießen". Dementsprechend führt die Zahlung im Rahmen des Nachrangdarlehens nicht zu einer Besteuerungsinkongruenz, wenn die Zahlung mit dem vollen Grenzsteuersatz von A Co besteuert wird.

10. Im Kontext der Regel für hybride Finanzinstrumente ist der *volle Grenzsteuersatz* von A Co der Steuersatz, den A Co erwartungsgemäß auf ordentliche Einnahmen aus einem Finanzinstrument zu entrichten hätte. Die bloße Tatsache, dass in Staat A Einnahmen aus Finanzinstrumenten mit einem niedrigeren Satz besteuert werden als andere Arten von Einnahmen, bewirkt für sich genommen noch keine Inkongruenz im Sinne der Regel für hybride Finanzinstrumente.

11. Wenn also der ermäßigte Steuersatz für die Zahlung aus dem Nachrangdarlehen für alle ordentlichen Einnahmen aus Finanzinstrumenten gilt, entsteht keine Inkongruenz im Sinne der Regel für hybride Finanzinstrumente und ist keine Anpassung der steuerlichen Behandlung der Zahlung nach den Rechtsvorschriften von Staat A oder B erforderlich.

12. Wenn aber der ermäßigte Steuersatz von 4% nur für Dividenden gilt und Staat A nicht Empfehlung 2.1 angewendet hat, um A Co an der Inanspruchnahme des ermäßigten Steuersatzes zu hindern, führt die Zahlung zu einer Besteuerungsinkongruenz, die auf die Konditionen des Instruments zurückzuführen ist.

### *Vorrangige Empfehlung – Versagung des Abzugs im Staat des Zahlungsleisters*

13. Die vorrangige Empfehlung nach der Regel für hybride Finanzinstrumente lautet, dass Staat B den Betriebsausgabenabzug insoweit versagen sollte, wie er zu einem D/NI-Ergebnis führt. Dies kann erreicht werden, indem ein Betriebsausgabenabzug für einen Teil der Zinszahlung versagt wird, der dem Betrag entspricht, der im Staat des Zahlungsempfängers effektiv von der Besteuerung befreit ist. Auf Grund des ermäßigten Steuersatzes in Staat A werden effektiv lediglich 10% der an A Co entrichteten Zahlung zum vollen Steuersatz besteuert, so dass der Betriebsausgabenabzug bei B Co auf einen entsprechenden Betrag begrenzt werden sollte. Die erforderliche Anpassung ist in der nachstehenden Tabelle dargestellt.

| A Co | | | | B Co | | |
|---|---|---|---|---|---|---|
| | Steuer | | Verbuchung | | Steuer | Verbuchung |
| | 4% | 40% | | | | |
| Einnahmen | | | | Einnahmen | | |
| Erhaltene Dividende | 40 | | 40 | Andere Einnahmen | 100 | 100 |
| Ausgaben | | | | Ausgaben | | |
| | | | | Gezahlte Zinsen | (4) | (40) |
| **Nettogewinn** | | | **40** | **Nettogewinn** | | **60** |
| **Zum vollen Steuersatz zu versteuernde Einkünfte** | | **4** | | **Steuerpflichtige Einkünfte** | **96** | |
| Zu entrichtende Steuern | | | (1.6) | Zu entrichtende Steuern | | (19.2) |
| **Ergebnis nach Steuern** | | | **38.4** | **Ergebnis nach Steuern** | | **40.8** |

14. Staat B sollte für 90% der im Rahmen des Instruments geleisteten Zahlung einen Betriebsausgabenabzug versagen, da die Besteuerung mit dem ermäßigten Steuersatz lediglich einer Besteuerung von 10% der Zahlung zum normalen Körperschaftsteuersatz entspricht. Diese Anpassung hat den Nettoeffekt, dass nach den Rechtsvorschriften des Staats des Zahlungsleisters und des Staats des Zahlungsempfängers ein ausreichend hoher Betrag der Besteuerung unterworfen wird, um sicherzustellen, dass alle Einnahmen im Rahmen der Gestaltung der Besteuerung zum vollen Grenzsteuersatz des Steuerpflichtigen unterliegen.

## *Abwehrregel – Verpflichtung zur Berücksichtigung als ordentliche Einnahme im Staat des Zahlungsempfängers*

15. Wenn Staat B die empfohlene Maßnahme nicht anwendet, sollte A Co verpflichtet sein, den gesamten Betrag der abzugsfähigen Zahlung als ordentliche Einnahme gemäß den Rechtsvorschriften von Staat A zu behandeln. Die erforderliche Anpassung ist in der nachstehenden Tabelle dargestellt.

| A Co | | | | B Co | | |
|---|---|---|---|---|---|---|
| | 4% Steuer | 40% Steuer | Verbuchung | | Steuer | Verbuchung |
| Einnahmen | | | | Einnahmen | | |
| Erhaltene Dividende | | 40 | 40 | Andere Einnahmen | 100 | 100 |
| Ausgaben | | | | Ausgaben | | |
| | | | | Gezahlte Zinsen | (40) | (40) |
| **Nettogewinn** | | | **40** | **Nettogewinn** | | **60** |
| **Zum effektiven Satz von 40% zu versteuernde Einkünfte** | | **40** | | **Steuerpflichtige Einkünfte** | **60** | |
| Zu entrichtende Steuern | | | (16) | Zu entrichtende Steuern | | (12) |
| **Ergebnis nach Steuern** | | | **24** | **Ergebnis nach Steuern** | | **48** |

16. Nach den Rechtsvorschriften von Staat A wird der gesamte Betrag der Zahlung als ordentliche Einnahme behandelt und der Besteuerung zum vollen Grenzsteuersatz des Steuerpflichtigen (40%) unterworfen. Die Anpassung hat den Nettoeffekt, dass nach den Rechtsvorschriften des Staats des Zahlungsleisters und des Staats des Zahlungsempfängers ein ausreichend hoher Betrag der Besteuerung unterworfen wird, um sicherzustellen, dass alle Einnahmen im Rahmen der Gestaltung in beiden Staaten der Besteuerung zum vollen Grenzsteuersatz des Steuerpflichtigen unterliegen.

17. Die je nach Anwendung der vorrangigen oder der ergänzenden Regel unterschiedlich hohe Gesamtsteuerschuld ist auf die unterschiedlich hohen Einnahmen, die nach der jeweiligen Regel in den einzelnen Staaten ausgewiesen werden, sowie die unterschiedlich hohen Steuersätze im Staat des Zahlungsleisters und im Staat des Zahlungsempfängers zurückzuführen.

# Beispiel 1.4

# Zinszahlung mit Anspruch auf Anrechnung ausländischer Steuern

## Sachverhalt

1. Der Sachverhalt ist derselbe wie in **Beispiel 1.1**, mit dem Unterschied, dass die von Staat A gewährte Steuererleichterung in einer Steueranrechnung für die von der Tochtergesellschaft entrichteten ausländischen Steuern besteht. Die Steueranrechnung wird proportional zum Anteil des Gewinns vor Steuern, der als Dividende an den Anteilseigner ausgeschüttet wird, gewährt. Die nachstehende Tabelle stellt die Behandlung einer Zahlung nach den Rechtsvorschriften von Staat A und Staat B im Überblick dar. In dieser Tabelle wird davon ausgegangen, dass B Co im Veranlagungszeitraum Einnahmen von 100 Geldeinheiten hat. B Co entrichtet im Rahmen des Nachrangdarlehens eine Zahlung von 40 Geldeinheiten an A Co. A Co hat im Veranlagungszeitraum keine anderen Einnahmen. Der Körperschaftsteuersatz beträgt in Staat B 20% und in Staat A 35%.

| A Co | | | B Co | | |
|---|---|---|---|---|---|
| | **Steuer** | **Verbuchung** | | **Steuer** | **Verbuchung** |
| Einnahmen | | | Einnahmen | | |
| Erhaltene Dividende | 40 | 40 | Andere Einnahmen | 100 | 100 |
| Ausgaben | | | Ausgaben | | |
| | | | Gezahlte Zinsen | (40) | (40) |
| **Nettogewinn** | | **40** | **Nettogewinn** | | **60** |
| **Steuerpflichtige Einkünfte** | **40** | | **Steuerpflichtige Einkünfte** | **60** | |
| Steuern (35%) | (14) | | | | |
| Steueranrechnung | 4.8 | | | | |
| Zu entrichtende Steuern | | (9.2) | Zu entrichtende Steuern (20%) | | (12) |
| **Ergebnis nach Steuern** | | **30.8** | **Ergebnis nach Steuern** | | **48** |

2. Nach den Rechtsvorschriften von Staat B wird die Zahlung an A Co als abzugsfähige Zinszahlung behandelt, so dass die steuerpflichtigen Einkünfte von B Co seinem Nettogewinn entsprechen. Nach den Rechtsvorschriften von Staat A hingegen wird die Zahlung als Dividende behandelt und hat A Co Anspruch auf eine Steueranrechnung für die auf die Dividende entfallenden gezahlten ausländischen Steuern. Die Formel zur Bestimmung des

nach den Rechtsvorschriften von Staat A gewährten Anrechnungsbetrags für ausländische Steuern kann folgendermaßen dargestellt werden:

$$\text{Gesamtbetrag der von B Co entrichteten Steuern} \times \frac{\text{Gesamtbetrag der Dividende von B Co}}{\text{Thesaurierte Gewinne von B Co + gezahlte Steuern + Ausschüttung von B Co}}$$

Unter der Annahme, dass B Co über keine historischen Gewinne verfügt und keine vorherigen Ausschüttungen vorgenommen hat, ergibt sich aus dieser vereinfachten Formel ein Anrechnungsbetrag für ausländische Steuern von 4,8 Geldeinheiten (= 12 x 40/100), so dass für A Co insgesamt ein in Staat A zu entrichtender Steuerbetrag von 9,2 Geldeinheiten verbleibt.

3. Hierzu ist anzumerken, dass diese Formel zur Berechnung der ausländischen Steuern vereinfacht wurde, um den Effekt die Regel für hybride Finanzinstrumente im Fall einer Dividende zu demonstrieren, bei der Anspruch auf eine Anrechnung ausländischer Steuern besteht. In der Praxis lässt sich die Höhe der für ausgeschüttete Gewinne entrichteten ausländischen Steuern genauer berechnen, indem der historische Steuerbetrag ermittelt wird, der für die *Nachsteuergewinne* der Tochtergesellschaft entrichtet wurde. Der Staat, der die Steueranrechnung gewährt, wird den auf die Dividende entfallenden Anrechnungsbetrag für ausländische Steuern zur Ermittlung der Bruttodividende heranziehen und verfügt möglicherweise über ein Pooling-System für Steueranrechnungen, bei dem die Gewinne der einzelnen Tochtergesellschaften sowie die jeweilige Steuerbelastung dieser Gewinne aufgezeichnet werden und die für frühere Dividenden vorgesehenen Anrechnungsbeträge für ausländische Steuern als den verfügbaren Pool an Steueranrechnungen für ausländische Steuern mindernd behandelt werden.

4. Der Nettoeffekt der unterschiedlichen Qualifizierung der Zahlung im Rahmen des Instruments lässt sich durch einen Vergleich mit der steuerlichen Behandlung einer gewöhnlichen Zins- bzw. Dividendenzahlung nach den Rechtsvorschriften von Staat A und B verdeutlichen. Dieser Vergleich zeigt, dass der Nettosteuervorteil für die Beteiligten bei einer Zahlung im Rahmen des Nachrangdarlehens 4,8 Geldeinheiten ausmacht.

| | | Darlehen | Beteiligung | Hybridinstrument |
|---|---|---|---|---|
| B Co | Einnahmen | 100 | 100 | 100 |
| | Ausgaben | (40) | (40) | (40) |
| | Steuern (20%) | (12) | (20) | (12) |
| | **Ergebnis nach Steuern** | **48** | **40** | **48** |
| A Co | Einnahmen | 40 | 40 | 40 |
| | Ausgaben | | | |
| | Steuern (35%) | (14) | (6) | (9.2) |
| | **Ergebnis nach Steuern** | **26** | **34** | **30.8** |
| **Kombiniertes Ergebnis nach Steuern** | | **74** | **74** | **78.8** |

5. Theoretisch ist auf Grund der Tatsache, dass bei einer Steueranrechnung für ausländische Steuern eine zusätzliche Steuerbelastung lediglich für ausgeschüttete Gewinne entsteht, die Gesamtsteuerbelastung einer Dividende und einer Zinszahlung ungeachtet der Unterschiede zwischen den Steuersätzen im Staat des Zahlungsleisters und im Staat des

Zahlungsempfängers die gleiche. Dementsprechend wird in diesem vereinfachten Beispiel der Gesamtgewinn von A Co und B Co nicht davon beeinflusst, ob die Zahlung als Dividende der als Zinszahlung qualifiziert wird. In der Praxis aber wirken sich unterschiedliche Methoden des Staats des Zahlungsleisters und des Staats des Zahlungsempfängers bei der Berechnung der Einkünfte für die Zwecke der Besteuerung und der Anrechnung ausländischer Steuern sowie Einschränkungen der Inanspruchnahme von Steueranrechnungen im Staat des Zahlungsempfängers auf die Höhe der im Staat des Zahlungsempfängers auf die Dividende entrichteten Steuern (und somit auf die steuerliche Gleichbehandlung von Dividenden und Zinsen) aus, wie es in ähnlicher Weise auch bei einem System mit teilweiser Steuerbefreiung oder ermäßigtem Steuersatz der Fall wäre.

## Frage

6. Fällt die steuerliche Behandlung der Zahlungen im Rahmen des nachrangigen Darlehens in den Geltungsbereich der Regel für hybride Finanzinstrumente und wenn ja, welche Anpassungen sind gemäß dieser Regel erforderlich?

## Antwort

7. Wenn Staat A Empfehlung 2.1 anwendet, um A Co die Inanspruchnahme einer Steueranrechnung für eine abzugsfähige Dividende zu versagen, entsteht keine Inkongruenz im Sinne der Regel für hybride Finanzinstrumente.

8. Wenn Staat A Empfehlung 2.1 nicht anwendet, führt die Zahlung im Rahmen des Nachrangdarlehens insoweit zu einer Besteuerungsinkongruenz, als die Steueranrechnung die Dividende von der Besteuerung nach den Rechtsvorschriften von Staat A abschirmt.

9. Staat B sollte B Co für einen Teil der im Rahmen des Nachrangdarlehens zu zahlenden Zinsen den Betriebsausgabenabzug versagen. Der Betrag, für den nach der Anpassung weiterhin ein Betriebsausgabenabzug in Anspruch genommen werden kann, sollte dem Betrag der Einnahmen entsprechen, der nach Berücksichtigung der Steueranrechnung effektiv der Besteuerung zum vollen Grenzsteuersatz im Staat des Zahlungsempfängers unterliegt.

10. Wenn Staat B die empfohlene Maßnahme nicht anwendet, sollte Staat A die gesamte Zahlung als ordentliche Einnahme gemäß der ergänzenden Regel behandeln und A Co die Inanspruchnahme einer Steueranrechnung versagen.

## Analyse

### *Anwendung von Empfehlung 2.1, um A Co die Inanspruchnahme der Steueranrechnung zu versagen*

11. Steueranrechnungen, wie sie von Staat A gewährt werden, um den Zahlungsempfänger von der wirtschaftlichen Doppelbesteuerung von Dividendeneinkünften zu entlasten, fallen in den Geltungsbereich von Empfehlung 2.1. Diese Empfehlung besagt, dass Staaten im Fall von Zahlungen, die beim Zahlungsleister abzugsfähig sind, die Versagung der Inanspruchnahme einer derartigen Doppelbesteuerungsentlastung in Betracht ziehen sollten. Dementsprechend sollte im Staat des Zahlungsempfängers kein Teil der Zinszahlung als zu einer Steueranrechnung für zugrunde liegende Steuern berechtigt behandelt werden, wenn diese Zahlung nach den Rechtsvorschriften des Staats des Zahlungsleisters abzugsfähig ist. Wenn Staat A

über ein Pooling-System für die Anrechnung ausländischer Steuern verfügt, sollten Anrechnungsbeträge, die in Anwendung der Abwehrregel versagt werden, im Pool verbleiben.

12. Die Bestimmung, ob eine Zahlung zu einem D/NI-Ergebnis führt, erfordert eine eingehende Prüfung der Qualifizierung der Zahlung und ihrer steuerlichen Behandlung in beiden Staaten. Dies umfasst den Effekt aller Regeln in Staat A, die – im Einklang mit Empfehlung 2.1 – abzugsfähige Dividenden von der Inanspruchnahme einer Doppelbesteuerungsentlastung ausschließen. Wenn also Staat A die Inanspruchnahme der Anrechnung ausländischer Steuern für die von B Co gezahlten Dividenden versagt, da diese Dividendenzahlungen nach den Rechtsvorschriften von Staat B abzugsfähig sind, entsteht keine Inkongruenz im Sinne der Regel für hybride Finanzinstrumente.

### Eine im Rahmen des Finanzinstruments geleistete Zahlung führt zu einer hybriden Besteuerungsinkongruenz

13. Wenn Staat A die gemäß Empfehlung 2.1 geforderte Einschränkung der Doppelbesteuerungsentlastung nicht umgesetzt hat, führen die Zinszahlungen im Rahmen des Nachrangdarlehens zu einem D/NI-Ergebnis, da die Zahlungen nach den Rechtsvorschriften von Staat B abzugsfähig sind und im Staat des Zahlungsempfängers nicht als ordentliche Einnahmen berücksichtigt werden (da für diese Zahlungen nach den Rechtsvorschriften von Staat A Anspruch auf eine Steueranrechnung besteht). Bei dieser Inkongruenz handelt es sich um eine hybride Inkongruenz, da die steuerliche Behandlung in Staat A, die zu dem D/NI-Ergebnis führt, auf eine unterschiedliche Qualifizierung des Darlehens nach den Rechtsvorschriften von Staat A einerseits und Staat B andererseits zurückzuführen ist.

### Vorrangige Empfehlung – Versagung des Abzugs im Staat des Zahlungsleisters

14. Die vorrangige Empfehlung nach der Regel für hybride Finanzinstrumente lautet, dass Staat B den Betriebsausgabenabzug für eine Zahlung insoweit versagen sollte, wie er zu einem D/NI-Ergebnis führt. Der Effekt der Anpassung sollte darin bestehen, die steuerliche Behandlung der im Rahmen des Instruments geleisteten Zahlungen so aufeinander abzustimmen, dass die im Staat des Zahlungsleisters als Finanzierungsausgabe behandelten Beträge nicht höher sind als die im Staat des Zahlungsempfängers als ordentliche Einnahmen besteuerten Beträge. Die Anpassung sollte ein Ergebnis hervorbringen, das verhältnismäßig ist und das Risiko einer Doppelbesteuerung minimiert.

15. Dies kann erreicht werden, indem ein Betriebsausgabenabzug für die Zinszahlung insoweit versagt wird, wie sie nach den Rechtsvorschriften von Staat A vollständig von der Besteuerung abgeschirmt ist. Von der an A Co geleisteten Zahlung werden 65,7% (d.h. 9,2/14) zum vollen in Staat A für ordentliche Einnahmen geltenden Steuersatz besteuert, und Staat B sollte einen Betriebsausgabenabzug für einen entsprechenden Anteil der Zinszahlung gewähren. Die nachstehende Tabelle stellt den Effekt dieser Anpassung dar.

| A Co | | | B Co | | |
|---|---|---|---|---|---|
| | **Steuer** | **Verbuchung** | | **Steuer** | **Verbuchung** |
| Einnahmen | | | Einnahmen | | |
| Erhaltene Dividende | 40 | 40 | Andere Einnahmen | 100 | 100 |
| Ausgaben | | | Ausgaben | | |
| | | | Gezahlte Zinsen | (26.29) | (40) |
| **Nettogewinn** | | **40** | **Nettogewinn** | | **60** |
| **Steuerpflichtige Einkünfte** | **40** | | **Steuerpflichtige Einkünfte** | **73.71** | |
| Steuern (35%) | (14) | | | | |
| Steueranrechnung | 4.8 | | | | |
| Zu entrichtende Steuern | | (9.2) | Zu entrichtende Steuern (20%) | | (14.74) |
| **Ergebnis nach Steuern** | | **30.8** | **Ergebnis nach Steuern** | | **45.26** |

16. Nach den Rechtsvorschriften von Staat B wird der Abzug insoweit versagt, wie die Zahlung nicht der Besteuerung zum vollen Grenzsteuersatz des Zahlungsempfängers im Zahlungsempfängerstaat unterliegt. Die Steuerschuld von A Co für die Zahlung beträgt 9,20 Geldeinheiten, woraus bei einem Steuersatz von 35% folgt, dass 26,29 Geldeinheiten (d.h. 9,2/0,35) der Zahlung in Staat A als ordentliche Einnahmen steuerpflichtig waren.

17. Die Anpassung hat den Nettoeffekt, dass nach den Rechtsvorschriften des Staats des Zahlungsleisters und des Staats des Zahlungsempfängers ein ausreichend hoher Betrag der Besteuerung unterworfen wird, um sicherzustellen, dass alle Einnahmen im Rahmen der Gestaltung der Besteuerung zum vollen Grenzsteuersatz des Steuerpflichtigen unterliegen. Zwar führt die Anpassung zu einem niedrigeren effektiven Gesamtsteuersatz für die Gestaltung, als es bei einer gewöhnlichen Dividende der Fall gewesen wäre, dies erklärt sich jedoch durch die unterschiedliche Höhe der berücksichtigten Einnahmen und die unterschiedlichen Steuersätze im Staat des Zahlungsleisters und im Staat des Zahlungsempfängers.

18. In diesem vereinfachten Beispiel wird davon ausgegangen, dass der Effekt der höheren Besteuerung in Staat B, die aus der Anwendung der Regel für hybride Finanzinstrumente resultiert, für die Berechnung der Höhe der Steueranrechnung in Staat A nicht berücksichtigt wird. Dies könnte der Fall sein, weil Staat A es explizit verbietet, erhöhte ausländische Steuern anzurechnen, die aus der Anwendung der Regel für hybride Finanzinstrumente resultieren, oder weil in der Praxis die zusätzliche Steuerbelastung keine wesentlichen Auswirkungen auf die Höhe des Betrags hat, der der Besteuerung als ordentliche Einnahme in Staat A unterworfen wird.

## *Abwehrregel – Verpflichtung zur Berücksichtigung als ordentliche Einnahme im Staat des Zahlungsempfängers*

19. Wenn Staat B die empfohlene Maßnahme nicht anwendet, sollte Staat A den gesamten Betrag der abzugsfähigen Zahlung als ordentliche Einnahme behandeln und A Co die Anrechnung ausländischer Steuern versagen. Die erforderliche Anpassung ist in der nachstehenden Tabelle dargestellt.

| A Co | | | B Co | | |
|---|---|---|---|---|---|
| | **Steuer** | **Verbuchung** | | **Steuer** | **Verbuchung** |
| Einnahmen | | | Einnahmen | | |
| Erhaltene Dividende | 40 | 40 | Andere Einnahmen | 100 | 100 |
| Ausgaben | | | Ausgaben | | |
| | | | Gezahlte Zinsen | (40) | (40) |
| **Nettogewinn** | | **40** | **Nettogewinn** | | **60** |
| **Steuerpflichtige Einkünfte** | **40** | | **Steuerpflichtige Einkünfte** | **60** | |
| Steuern (35%) | (14) | | | | |
| Steueranrechnung | - | | | | |
| Zu entrichtende Steuern | | (14) | Zu entrichtende Steuern (20%) | | (12) |
| **Ergebnis nach Steuern** | | **26** | **Ergebnis nach Steuern** | | **48** |

20. Nach den Rechtsvorschriften von Staat A wird der gesamte Betrag der Zahlung als ordentliche Einnahme behandelt und der Besteuerung zum vollen Grenzsteuersatz des Steuerpflichtigen ohne Anrechnung zugrunde liegender Steuern unterworfen. Die Anpassung hat den Nettoeffekt, dass nach den Rechtsvorschriften des Staats des Zahlungsleisters und des Staats des Zahlungsempfängers ein ausreichend hoher Betrag der Besteuerung unterworfen wird, um sicherzustellen, dass alle Einnahmen im Rahmen der Gestaltung der Besteuerung zum vollen Grenzsteuersatz des Steuerpflichtigen unterliegen. Im Hinblick auf die Anpassung gemäß Empfehlung 2.1 sollte Staat A Anrechnungsbeträge, die unter Anwendung der Abwehrregel versagt werden, als im Pool verbleibend und für zukünftige Ausschüttungen verfügbar behandeln.

# Beispiel 1.5

# Zinszahlung an eine steuerbefreite Person

## Sachverhalt

1. Der Sachverhalt ist derselbe wie in **Beispiel 1.1**, mit dem Unterschied, dass beide Staaten das nachrangige Darlehen als Fremdkapitalinstrument behandeln. A Co ist ein nach den Rechtsvorschriften von Staat A errichteter Staatsfonds, der für sämtliche Einkünfte Steuerbefreiung genießt. Daher unterliegt die Zinszahlung bei A Co keiner Steuerpflicht.

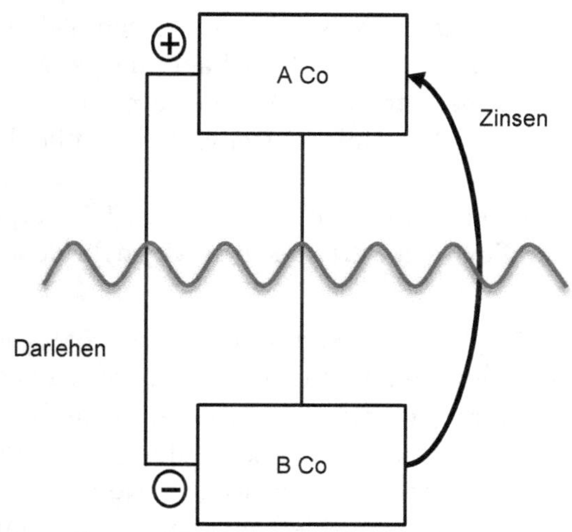


## Frage

2. Fällt die steuerliche Behandlung der Zahlungen im Rahmen des nachrangigen Darlehens in den Geltungsbereich der Regel für hybride Finanzinstrumente und wenn ja, welche Anpassungen sind gemäß dieser Regel erforderlich?

## Antwort

3. Die Zinszahlung im Rahmen des Darlehens führt zu einer Besteuerungsinkongruenz, da sie nach den Rechtsvorschriften von Staat B abzugsfähig ist, aber nach den Rechtsvorschriften von Staat A nicht als ordentliche Einnahme berücksichtigt wird. Dieses D/NI-Ergebnis wird jedoch nicht als *hybride Inkongruenz* betrachtet, sofern es nicht auf die Konditionen des Instruments zurückzuführen ist.

4. Wenn es bei Zahlung der Zinsen an einen Steuerpflichtigen mit regulärem Status nicht zu der Besteuerungsinkongruenz gekommen wäre, ist die Inkongruenz ausschließlich auf den Status von A Co als steuerbefreite Person und nicht auf die Konditionen des Instruments selbst zurückzuführen. In diesem Fall wird die Besteuerungsinkongruenz nicht von der Regel für hybride Finanzinstrumente erfasst. Wenn die Konditionen des Instruments für

sich genommen ausgereicht hätten, um eine Besteuerungsinkongruenz herbeizuführen (d.h. die Zahlung selbst dann nicht als Einnahme berücksichtigt worden wäre, wenn sie an einen gewöhnlichen Steuerpflichtigen erfolgt wäre), dann wird die Inkongruenz als hybride Inkongruenz behandelt und unterliegt Anpassungen gemäß der Regel für hybride Finanzinstrumente.

5. Während die Anwendung der Regel für hybride Finanzinstrumente nach den Rechtsvorschriften von Staat B die Versagung eines Betriebsausgabenabzugs bewirken könnte, führt die Anwendung der ergänzenden Regel in Staat A nicht zu einer zusätzlichen Steuerschuld für A Co, da A Co keiner Steuerpflicht auf seine ordentlichen Einnahmen unterliegt.

## Analyse

### *Eine im Rahmen des Finanzinstruments geleistete Zahlung kann zu einer hybriden Besteuerungsinkongruenz führen*

6. Die Besteuerungsinkongruenz im Zusammenhang mit dem Instrument wird als *hybride* Inkongruenz betrachtet, wenn das Ergebnis auf die steuerliche Behandlung des Instruments zurückzuführen ist, anstatt auf die steuerliche Behandlung des Zahlungsempfängers oder die Umstände, unter denen es gehalten wird. Angesichts des in diesem Beispiel gegebenen Sachverhalts ist die Steuerfreistellung mit größter Wahrscheinlichkeit auf den besonderen Status von A Co als steuerbefreite Person zurückzuführen; wenn aber die Konditionen des Instruments für sich genommen ausgereicht hätten, um ein D/NI-Ergebnis hervorzubringen, sollte die Inkongruenz für die Zwecke dieser Regeln als „hybride Inkongruenz" behandelt werden.

7. Den Anleitungen zu Empfehlung 1 zufolge besteht eine Möglichkeit zur Klärung der Frage, ob eine Inkongruenz auf die Konditionen des Instruments zurückzuführen ist, in einer Prüfung, ob dieselbe Inkongruenz auch zwischen Steuerpflichtigen mit regulärem Status entstanden wäre. Bei dieser Prüfung wird untersucht, wie sich die steuerliche Behandlung des Instruments dargestellt hätte, wenn sowohl der Zahlungsleister als auch der Zahlungsempfänger gewöhnliche gebietsansässige Steuerpflichtige wären, die ihre Einnahmen und Ausgaben nach den Regeln berechnen, die für alle Steuerpflichtigen desselben Typs gelten. Wenn in diesem kontrafaktischen Szenario nicht davon auszugehen gewesen wäre, dass die Zinszahlung als ordentliche Einnahme behandelt wird, sollte die Inkongruenz als eine Inkongruenz betrachtet werden, die den Konditionen des Instruments zuzuschreiben ist und potenziell einer Anpassung gemäß der Regel für hybride Finanzinstrumente unterliegt.

### *Vorrangige Empfehlung – Versagung des Abzugs im Staat des Zahlungsleisters*

8. Falls die Inkongruenz als hybride Inkongruenz eingestuft wird, sollte Staat B seine Hybrid-Mismatch-Regel anwenden, um B Co einen Abzug für die im Rahmen des hybriden Finanzinstruments getätigte Zahlung im Umfang dieser Inkongruenz zu versagen. Dieser Abzug würde ungeachtet der Tatsache versagt, dass das D/NI-Ergebnis auch dann zustande gekommen wäre, wenn das Instrument kein hybrides Finanzinstrument gewesen wäre.

### Abwehrregel – Verpflichtung zur Berücksichtigung als ordentliche Einnahme im Staat des Zahlungsempfängers

9. Zwar sollte Staat A das Darlehen ebenfalls als hybrides Finanzinstrument behandeln, die Anwendung der Abwehrregel hat jedoch keinen steuerlichen Effekt auf A Co. Obwohl A Co theoretisch verpflichtet wäre, die Zinszahlungen als „ordentliche Einnahme" zu behandeln, bewirkt dies keine zusätzliche Steuerschuld für A Co, da A Co von der Besteuerung aller seiner Einkünfte freigestellt ist.

# Beispiel 1.6

# Zinszahlung an eine in einem Staat ohne Besteuerung errichtete Person

## Sachverhalt

1. Der Sachverhalt ist derselbe wie in **Beispiel 1.1**, mit dem Unterschied, dass Staat A (die Rechtsordnung, unter der A Co errichtet wurde) kein Körperschaftsteuersystem hat und A Co keine steuerpflichtige Präsenz in einem anderen Staat unterhält. A Co unterliegt daher in keinem Staat einer Steuerpflicht auf die Zinszahlungen im Rahmen des Darlehens.

## Frage

2. Fallen die Zinszahlungen im Rahmen des Darlehens in den Geltungsbereich der Regel für hybride Finanzinstrumente?

## Antwort

3. Die Zinszahlung führt zu keiner Inkongruenz im Sinne des Wortlauts oder des beabsichtigten Geltungsbereichs der Regel für hybride Finanzinstrumente.

## Analyse

4. Empfehlung 1 gilt nur für Zahlungen, die zu einem D/NI-Ergebnis führen. Zwar ist die Zinszahlung nach den Rechtsvorschriften von Staat B abzugsfähig, eine Inkongruenz im Zusammenhang mit dieser Zahlung kommt jedoch nur zustande, wenn sie von einem Zahlungsempfänger in einem Zahlungsempfängerstaat nicht als Einnahme berücksichtigt wird. In diesem Fall aber gilt der Empfänger der Zinszahlung in keinem Staat als Steuerpflichtiger; dementsprechend gibt es keinen Zahlungsempfängerstaat, in dem die Zahlung als Einnahme berücksichtigt werden kann. Die Zinszahlung im Rahmen des Darlehens fällt daher nicht unter den Wortlaut oder beabsichtigten Geltungsbereich der Regel für hybride Finanzinstrumente.

# Beispiel 1.7

# Zinszahlung an einen Steuerpflichtigen mit Sitz in einem territorialen Steuersystem

## Sachverhalt

1. Der Sachverhalt ist derselbe wie in **Beispiel 1.1**, mit dem Unterschied, dass Staat A über ein rein territoriales Steuersystem verfügt und Einkünfte nur dann besteuert, wenn sie aus einer inländischen Quelle stammen. Von Gebietsfremden entrichtete Zinseinkünfte werden als Einkünfte aus ausländischen Quellen behandelt und sind steuerbefreit, sofern die Zahlung nicht einer von B Co in Staat A unterhaltenen Betriebsstätte zugeschrieben werden kann. Da B Co über keine Betriebsstätte in Staat A verfügt, sind die Zinsen bei A Co nicht steuerpflichtig.

## Frage

2. Fallen die Zinszahlungen im Rahmen des Darlehens in den Geltungsbereich der Regel für hybride Finanzinstrumente?

## Antwort

3. Die Inkongruenz ist nicht auf die Konditionen des Instruments zurückzuführen, sondern auf die Tatsache, dass bei A Co jegliche Einkünfte ausländischer Herkunft steuerbefreit sind. Die Inkongruenz wird daher nicht durch die Regel für hybride Finanzinstrumente erfasst.

## Analyse

### *Eine im Rahmen des Finanzinstruments geleistete Zahlung führt zu einer Besteuerungsinkongruenz*

4. Die Zinszahlung ist nach den Rechtsvorschriften des Zahlungsleisterstaats (Staat B) abzugsfähig, wird aber nach den Rechtsvorschriften des Zahlungsempfängerstaats (Staat A) nicht als Einnahme berücksichtigt. Dabei ist zwischen diesem Beispiel und **Beispiel 1.6** zu unterscheiden, in dem die Zahlung an eine in einem Staat ohne Besteuerung errichtete Person fließt. In **Beispiel 1.6** führt die Zahlung nicht zu einer Besteuerungsinkongruenz, da die Zahlung nicht als nach den Rechtsvorschriften eines „Zahlungsempfängerstaats" erhalten gilt. In diesem Beispiel hingegen verfügt Staat A über ein Körperschaftsteuersystem und A Co ist ein Steuerpflichtiger in diesem Staat. Es gibt dementsprechend sowohl einen Zahlungsleister- als auch einen Zahlungsempfängerstaat, die dahingehend geprüft werden können, ob ein D/NI-Ergebnis entstanden ist.

### Die Besteuerungsinkongruenz ist keine hybride Inkongruenz

5. Obwohl die Zahlung zu einem D/NI-Ergebnis führt, ist die resultierende Inkongruenz keine hybride Inkongruenz, da sie nicht auf die Konditionen des Instruments zurückzuführen ist, sondern auf die Tatsache, dass A Co von der Besteuerung jeglicher Einkünfte ausländischer Herkunft freigestellt ist. Es ist keine Änderung an den Konditionen des Instruments möglich, die dazu führen würde, dass die Zahlungen im Rahmen des Instruments steuerpflichtig werden. Dabei ist zwischen diesem Beispiel und **Beispiel 1.1** zu unterscheiden, wo der Staat des Zahlungsempfängers nur Dividendenzahlungen von der Steuer freistellt. In **Beispiel 1.1** ist die Behandlung der Dividenden (und folglich ihre Steuerbefreiung) im Staat des Zahlungsempfängers sowohl auf die Herkunft der Zahlung als auch auf die Konditionen des Instruments zurückzuführen.

# Beispiel 1.8

# Zinszahlung an eine steuerbefreite Betriebsstätte

## Sachverhalt

1. In dem in der nachstehenden Abbildung dargestellten Beispiel vergibt A Co (ein in Staat A ansässiges Unternehmen) über eine Betriebsstätte in Staat B ein Darlehen an C Co (eine 100%ige Tochtergesellschaft). Das Darlehen wird von Staat A, B und C für Steuerzwecke als Fremdkapitalinstrument behandelt. Die Zinszahlungen für das Darlehen sind nach den Rechtsvorschriften von Staat C abzugsfähig, werden aber nach den Rechtsvorschriften von Staat A nicht als Einnahme berücksichtigt. Einnahmen, die über eine ausländische Betriebsstätte bezogen werden, sind in Staat A steuerbefreit.

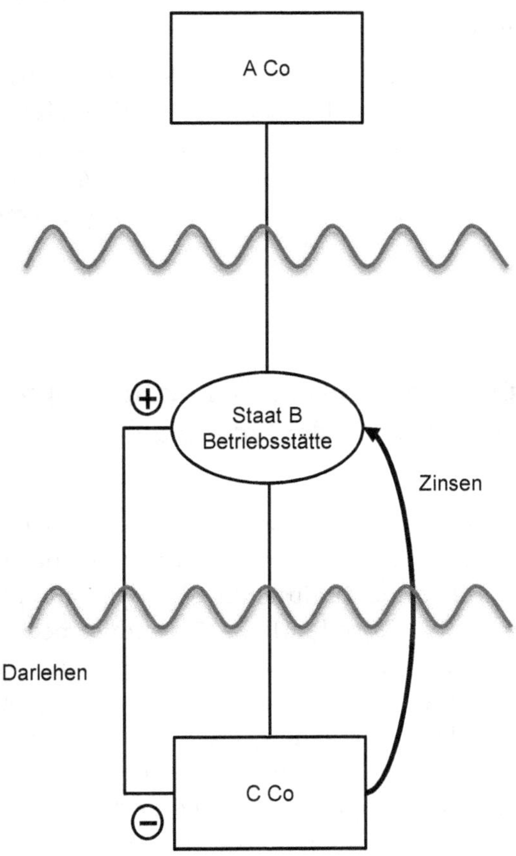


## Frage

2. Unter welchen Umständen wird die Zahlung von Zinsen für das Darlehen als Auslöser einer hybriden Besteuerungsinkongruenz behandelt, die einer Anpassung gemäß der Regel für hybride Finanzinstrumente unterliegt?

## Antwort

3. Die Zahlung von Zinsen auf das Darlehen führt nur dann zu einem D/NI-Ergebnis, wenn die Zahlung sowohl in Staat A als auch in Staat B nicht als ordentliche Einnahme behandelt wird. Wenn nicht davon auszugehen ist, dass eine abzugsfähige Zinszahlung nach den Rechtsvorschriften eines der Zahlungsempfängerstaaten (Staat A oder Staat B) als ordentliche Einnahme berücksichtigt wird, kann die Steuerverwaltung die Zahlung so behandeln, als führe sie zu einem D/NI-Ergebnis, sofern nicht der Steuerpflichtige der Steuerverwaltung gegenüber überzeugend darlegen kann, dass die Zahlung in dem anderen Staat als ordentliche Einnahme berücksichtigt worden ist.

4. Eine abzugsfähige Zahlung, die zu einer Besteuerungsinkongruenz führt, wird als in den Geltungsbereich der Regel für hybride Finanzinstrumente fallend betrachtet, wenn die Inkongruenz auf die steuerliche Behandlung des Instruments nach den Rechtsvorschriften von Staat A oder Staat B zurückzuführen ist. Wenn beispielsweise die Inkongruenz darauf zurückzuführen sein könnte, dass einer der Staaten die Zinsen auf das Darlehen als steuerbefreite Dividende behandelt, dann gilt für das Instrument die Regel für hybride Finanzinstrumente. Die Gestaltung sollte jedoch nicht als in den Geltungsbereich der Regel für hybride Finanzinstrumente fallend behandelt werden, wenn die Inkongruenz bei einem Darlehensgeschäft, das direkt von einem in entweder Staat A oder Staat B ansässigen Zahlungsempfänger eingegangen wird, nicht auftreten würde.

5. Wenn die Zinszahlung in den Geltungsbereich der Regel für hybride Finanzinstrumente fällt, besteht die empfohlene Maßnahme darin, den Abzug für diese Zahlung nach den Rechtsvorschriften von Staat C zu untersagen. Die Anwendung der ergänzenden Regel in Staat A wird jedoch zu keiner zusätzlichen Steuerschuld führen, wenn A Co auf ordentliche Einnahmen, die über eine ausländische Betriebsstätte bezogen werden, keiner Steuerpflicht unterliegt.

## Analyse

### *Es entsteht keine Inkongruenz, wenn die Zinszahlung nach den Rechtsvorschriften von Staat A oder Staat B als ordentliche Einnahme berücksichtigt wird*

6. Ein D/NI-Ergebnis entsteht nur, wenn eine Zahlung nach den Rechtsvorschriften eines Staats (Staat des Zahlungsleisters) abzugsfähig ist und nach den Rechtsvorschriften eines anderen Staats, in dem die Zahlung als eingegangen behandelt wird (Staat des Zahlungsempfängers), nicht als ordentliche Einnahme berücksichtigt wird. Um es einem Staat zu ermöglichen, eine Verbindung zwischen der steuerlichen Behandlung einer Zahlung in einem Staat und den Besteuerungskonsequenzen in einem anderen Staat herzustellen, ist es daher notwendig, die Steuerpflichtigen sowie die Staaten, in denen die Zahlung geleistet bzw. erhalten wird, zu identifizieren. In den meisten Fällen handelt es sich beim Zahlungsempfänger um die Rechtsperson, die berechtigt ist, die Zahlung zu erhalten (in diesem Fall A Co), und beim Staat des Zahlungsempfängers um den Sitzstaat dieser Rechtsperson (in diesem Fall Staat A). Wenn aber die Zahlung über eine steuerlich transparente Struktur wie z.B. eine Betriebsstätte bezogen wird, müssen die Rechtsvorschriften des Betriebsstättenstaats (in diesem Fall Staat B) geprüft werden, um eindeutig klären zu können, ob es zu einer Inkongruenz gekommen ist.

7. Das Beispiel enthält keine Angaben dazu, ob die Zinszahlung nach den Rechtsvorschriften von Staat B als ordentliche Einnahme berücksichtigt wird. Wenn man jedoch davon ausgeht, dass die steuerliche Behandlung der Zahlung in Staat B nicht ermittelt werden kann, sollten die abzugsfähigen Zinszahlungen auf das Darlehen insoweit als zu einem D/NI-Ergebnis führend behandelt werden, als solche Zahlungen nach den Rechtsvorschriften von Staat A nicht als ordentliche Einnahme berücksichtigt werden. Es obliegt dem Steuerpflichtigen, der Steuerverwaltung gegenüber in hinreichend überzeugender Weise darzulegen, wie sich die steuerliche Behandlung in Staat B auf den Umfang der nach der Regel erforderlichen Anpassung auswirkt. Sofern der Steuerpflichtige seiner eigenen Steuerverwaltung gegenüber hinreichend überzeugend darlegen kann, dass die Zinszahlung nach den Rechtsvorschriften eines anderen Staats voraussichtlich in voller Höhe als ordentliche Einnahme berücksichtigt wird, sollte der Steuerpflichtige nicht zu einer Anpassung gemäß der Regel für hybride Finanzinstrumente verpflichtet sein.

### Die Besteuerungsinkongruenz könnte eine hybride Inkongruenz sein

8. Die Besteuerungsinkongruenz wird als hybride Inkongruenz behandelt, soweit sie auf Unterschiede bei der steuerlichen Behandlung des Instruments nach den Rechtsvorschriften des Zahlungsleisterstaats einerseits und des Zahlungsempfängerstaats andererseits zurückgeführt werden kann. Bei der Prüfung auf Hybridität im Zusammenhang mit einem Finanzinstrument wird untersucht, ob die Konditionen des Instruments ein hinreichender Auslöser für die Inkongruenz nach den Rechtsvorschriften der betreffenden Staaten sind. Wenn die Inkongruenz entstanden ist, weil entweder Staat A oder Staat B die Zinsen auf das Darlehen als steuerbefreite Dividende behandelt haben, gilt demnach die Regel für hybride Finanzinstrumente.

9. Eine Besteuerungsinkongruenz wird jedoch nicht als hybride Inkongruenz behandelt, wenn sie ausschließlich auf die Umstände zurückzuführen ist, unter denen das Instrument gehalten wird. Wenn beispielsweise die Zinszahlung in Staat A nur deshalb steuerbefreit ist, weil A Co das Darlehen über die ausländische Betriebsstätte vergeben hat, dann wird die daraus resultierende Besteuerungsinkongruenz nicht als hybride Inkongruenz im Sinne der Regel behandelt.

10. Eine Möglichkeit zu prüfen, ob die Inkongruenz auf die Konditionen des Instruments zurückzuführen ist anstatt auf den Status des Steuerpflichtigen oder die Umstände, unter denen das Instrument gehalten wird, besteht darin zu untersuchen, ob es zu der Inkongruenz gekommen wäre, wenn das Instrument direkt von einem gewöhnlichen Steuerpflichtigen gehalten worden wäre, der seine Einnahmen und Ausgaben nach den normalen Regeln berechnet, die für Steuerpflichtige desselben Typs gelten. Wenn es auch unter diesen Umständen zu einer Inkongruenz gekommen wäre, sollte die Inkongruenz als hybride Inkongruenz behandelt werden, die in den Geltungsbereich der Regel fällt.

### Anwendung der Regel für hybride Finanzinstrumente nach den Rechtsvorschriften von Staat C

11. Wenn Staat C feststellt, dass das Darlehen unter die Regel fällt, sollte Staat C die vorrangige Empfehlung anwenden und C Co einen Abzug für die Zinszahlung im Umfang der Inkongruenz versagen.

12. Möglicherweise kann C Co jedoch nachweisen, dass die Zahlung – trotz der hybriden Inkongruenz zwischen Staat A und Staat C – nach den Rechtsvorschriften eines dritten Staats (Staat B) als Einnahme berücksichtigt worden ist. Wenn der Steuerpflichtige der

Steuerverwaltung gegenüber hinreichend überzeugend darlegen kann, dass die Zinszahlungen tatsächlich nach den Rechtsvorschriften von Staat B als Einnahmen berücksichtigt worden sind, kommt es nicht zu einem D/NI-Ergebnis und sollte die Regel für hybride Finanzinstrumente nicht gelten.

### *Anwendung der Regel für hybride Finanzinstrumente nach den Rechtsvorschriften von Staat B*

13. Wenn Staat C die empfohlene Maßnahme nicht anwendet, kann Staat B nach Maßgabe der ergänzenden Regel die Zinszahlung als ordentliche Einnahme behandeln.

### *Anwendung der Regel für hybride Finanzinstrumente nach den Rechtsvorschriften von Staat A*

14. Die Anwendung der Regel für hybride Finanzinstrumente in Staat A führt auf keinen Fall zu einer zusätzlichen Steuerschuld für A Co, weil entweder

(a) die Inkongruenz nicht auf die Konditionen des Instruments zurückzuführen ist, sondern auf die besondere steuerliche Behandlung, der über eine ausländische Betriebsstätte bezogene Einnahmen nach den Rechtsvorschriften von Staat A unterliegen (und in diesem Fall das Instrument nach den Rechtsvorschriften von Staat A kein hybrides Finanzinstrument ist), oder

(b) das Instrument zwar als hybrides Finanzinstrument behandelt wird, die Maßnahme gemäß der Regel für hybride Finanzinstrumente (Behandlung der Zahlung als ordentliche Einnahme) aber nicht zu einer Erhöhung der Steuerschuld von A Co führt, da alle ordentlichen Einnahmen, die über eine ausländische Betriebsstätte bezogen werden, nach den Rechtsvorschriften von Staat A steuerbefreit sind.

# Beispiel 1.9

# Zinszahlung auf ein über ein steuerbefreites Konto gehaltenes Instrument

## Sachverhalt

1. In dem in der nachstehenden Abbildung dargestellten Beispiel ist A eine natürliche Person, die in Staat A ansässig ist, und B Co ein Unternehmen, das in Staat B ansässig ist. A zeichnet eine von B Co emittierte Anleihe, auf die regelmäßig Zinsen gezahlt werden.

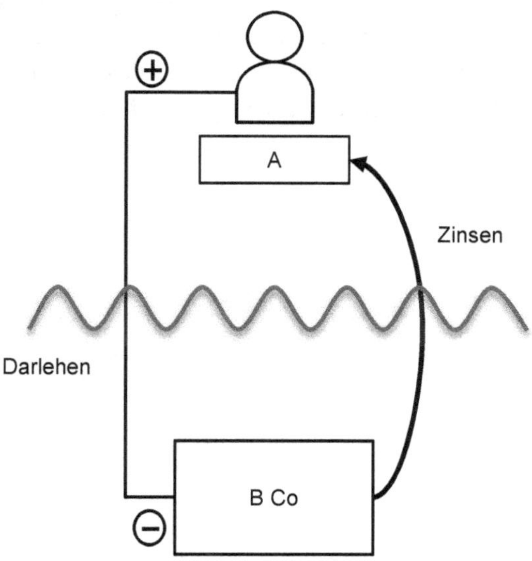


2. Die Anleihe wird nach den Rechtsvorschriften von Staat A und Staat B als Fremdkapitalinstrument behandelt. B Co ist zu einem Betriebsausgabenabzug für die Zinszahlungen berechtigt, und diese Zahlungen würden in Staat A normalerweise als ordentliche Einnahmen behandelt. In diesem Fall aber hält A die Anleihe über ein steuerbefreites Sparkonto, das A berechtigt, für die Einnahmen und Gewinne aus den Vermögenswerten, die auf dem Konto gehalten werden, eine Steuerbefreiung in Anspruch zu nehmen. Das Sparkonto ist nur für natürliche Personen verfügbar und unterliegt Einschränkungen hinsichtlich des Umfangs und der Art der Vermögenswerte, die in dem Sparkonto gehalten werden können.

## Frage

3. Fällt die Gestaltung in den Geltungsbereich der Regel für hybride Finanzinstrumente?

## Antwort

4. Das Instrument fällt nicht in den Geltungsbereich der Regel für hybride Finanzinstrumente, da die Inkongruenz auf die Umstände, unter denen die Anleihe gehalten wird, und nicht auf die Konditionen des Instruments zurückzuführen ist.

## Analyse

### *Im Rahmen des Finanzinstruments wird keine zu einer hybriden Inkongruenz führende Zahlung getätigt*

5. Die Regel für hybride Finanzinstrumente gilt nur, wenn die Inkongruenz auf die Konditionen des Instruments zurückzuführen ist. In diesem Beispiel führen die Zinszahlungen von B Co zwar zu einem D/NI-Ergebnis, diese Inkongruenz kommt jedoch dadurch zustande, dass A das Instrument über ein Sparkonto hält, das ihn nach den Rechtsvorschriften von Staat A zu einer Steuerbefreiung der Zinszahlungen auf die Anleihe berechtigt. Die Inkongruenz wäre nicht aufgetreten, wenn A die Anleihe nicht über das Sparkonto, sondern direkt gehalten hätte. Da die Inkongruenz auf die Umstände zurückzuführen ist, unter denen das Instrument gehalten wird, anstatt auf den Charakter des Instruments selbst, fällt sie nicht in den beabsichtigten Geltungsbereich der Regel für hybride Finanzinstrumente.

# Beispiel 1.10

## Abzugsfähige Dividenden, die von einer Zweckgesellschaft gezahlt werden

### Sachverhalt

1. In dem in der nachstehenden Abbildung dargestellten Beispiel besitzt A Co (ein in Staat A ansässiges Unternehmen) 25% der Anteile an B Co. B Co ist ein Real Estate Investment Trust (REIT), dessen Einkünfte hauptsächlich aus Immobilienanlagen stammen. B Co zahlt eine Dividende an A Co. Die Dividende muss nach den Rechtsvorschriften von Staat A nicht als ordentliche Einnahme berücksichtigt werden.

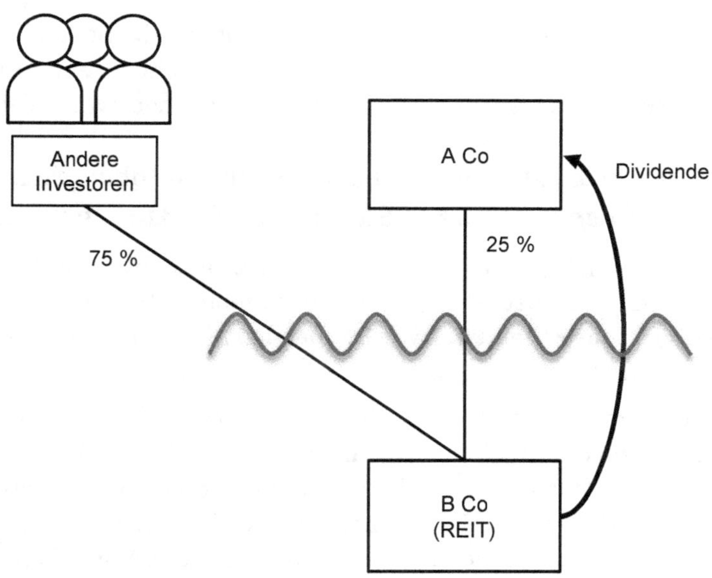


2. Nach den Rechtsvorschriften von Staat B genießen REIT einen besonderen Steuerstatus, der nur Rechtsträgern gewährt wird, die in bestimmte Anlageklassen investieren und bestimmte Arten von Einkünften beziehen. Rechtsträger, die die Kriterien für eine Einstufung als REIT erfüllen und sich für die Nutzung dieses besonderen Steuerstatus entschieden haben, sind zu einem Betriebsausgabenabzug für die an ihre Investoren entrichteten Dividenden berechtigt. Durch diesen Dividendenabzug soll sichergestellt werden, dass für die von dem REIT getätigten Anlagen lediglich eine Besteuerungsebene (nämlich auf der Ebene des Anteilseigners) besteht.

3. Der REIT muss im Allgemeinen bestimmte Ausschüttungsanforderungen erfüllen (durch die sichergestellt werden soll, dass sämtliche Einkünfte des REIT innerhalb eines angemessenen Zeitraums an die Anleger ausgeschüttet werden); zudem können Einschränkungen hinsichtlich der Art von Personen, die in den REIT investieren können, und der Anzahl der Anteile an dem REIT, die ein Anteilseigner halten kann, bestehen.

## Frage

4. Fällt die Dividendenzahlung in den Geltungsbereich der Regel für hybride Finanzinstrumente?

## Antwort

5. Die Abzugsfähigkeit der Dividende beruht auf dem besonderen steuerlichen Status von B Co als REIT und nicht auf den Konditionen des Instruments. Aus diesem Grund fällt die Dividende nicht in den Geltungsbereich der Regel für hybride Finanzinstrumente.

## Analyse

### *Empfehlung 2.1 ist auf die Dividende anzuwenden*

6. Empfehlung 2.1 besagt, dass eine Dividendenfreistellung, die vom Staat des Zahlungsempfängers zur Entlastung von der Doppelbesteuerung gewährt wird, nicht für Zahlungen gelten sollte, die beim Zahlungsleister abzugsfähig sind. Da in diesem Fall die gesamte Zinszahlung* bei B Co abzugsfähig ist, sollte kein Teil der Zinszahlung als zu einer Freistellung nach den Rechtsvorschriften von Staat A berechtigt behandelt werden. Empfehlung 2.1 sollte Anwendung finden, obwohl die Zahlung nicht als einer Anpassung gemäß der Regel für hybride Finanzinstrumente unterliegend behandelt wird (siehe unten).

### *Die abzugsfähige Dividende führt nicht zu einer hybriden Inkongruenz, da die Abzugsfähigkeit auf den besonderen Status des REIT zurückzuführen ist*

7. Die Zahlung einer abzugsfähigen Dividende führt nicht zu einer hybriden Inkongruenz gemäß Empfehlung 1, sofern die Abzugsfähigkeit auf den Steuerstatus des REIT und nicht auf die gewöhnliche steuerliche Behandlung von Dividenden nach den Rechtsvorschriften des betreffenden Staats zurückzuführen ist.

8. Den Anleitungen zu Empfehlung 1 zufolge besteht eine Möglichkeit zur Klärung der Frage, ob eine Inkongruenz auf die Konditionen des Instruments zurückzuführen ist, in einer Prüfung, ob dieselbe Inkongruenz auch zwischen Steuerpflichtigen mit regulärem Status aufgetreten wäre. Wenn Dividendenzahlungen nach den Rechtsvorschriften von Staat B gewöhnlich nicht abzugsfähig sind, sollte die in diesem Fall auftretende Inkongruenz als auf den besonderen Status des Zahlungsleisters und nicht auf die steuerliche Behandlung des Instruments zurückzuführen behandelt werden.

* Anmerkung des Übersetzers: Mit „Zinszahlung“ (im englischen Original: *interest payment*) ist wahrscheinlich die Dividende gemeint.

# Beispiel 1.11

# Steuererleichterung, die einem Betriebsausgabenabzug gleichkommt

## Sachverhalt

1. In diesem Beispiel besitzt A Co (ein in Staat A ansässiges Unternehmen) sämtliche Anteile an B Co, einem in Staat B ansässigen Unternehmen. B Co weist ein Betriebsergebnis aus, das nach den Rechtsvorschriften von Staat B körperschaftsteuerpflichtig ist. B Co zahlt eine Dividende an A Co. A Co unterliegt nach den Rechtsvorschriften von Staat B keiner Steuerpflicht auf die Dividende (da A Co nicht in Staat B steuerpflichtig ist), während in Staat A Dividenden, die von einem ausländischen Unternehmen gezahlt werden, steuerbefreit sind. Demnach unterliegt A Co weder nach den Rechtsvorschriften von Staat A noch nach den Rechtsvorschriften von Staat B einer Steuerpflicht auf die Dividende.

2. Nach den Rechtsvorschriften von Staat B bewirkt die Zahlung einer Dividende eine Steuergutschrift, die 90% der Körperschaftsteuer auf die ausgeschütteten Einnahmen entspricht. Diese Steuererstattung kann in Form einer Anrechnung auf die Steuerschuld von B Co erfolgen oder als zusätzlicher Betrag direkt an den Anteilseigner ausgezahlt werden. Die nachstehende Abbildung stellt die Besteuerungskonsequenzen dar, wenn Staat B B Co eine Steueranrechnung für gezahlte Dividenden gewährt.

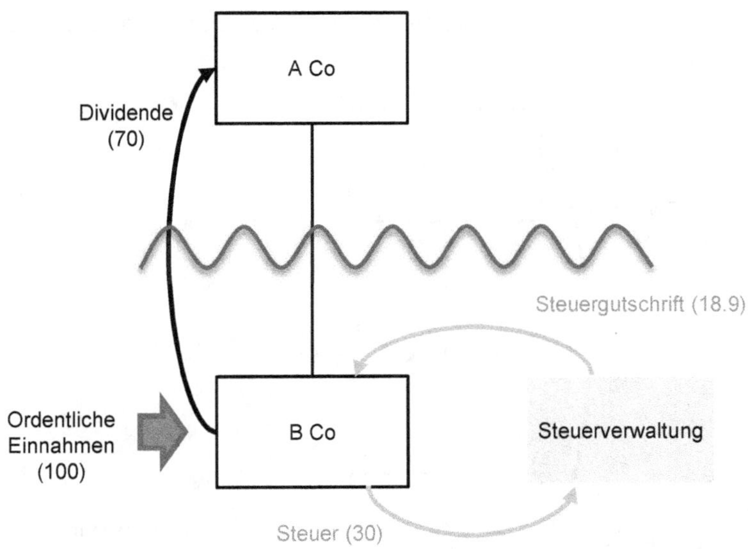


3. Wie in der vorstehenden Abbildung dargestellt, erzielt B Co ein Betriebsergebnis von 100 Geldeinheiten, das der Besteuerung zu einem Körperschaftsteuersatz von 30% unterliegt, wobei die verbleibenden Einkünfte als Dividende ausgeschüttet werden. Die Zahlung der Dividende aber ermöglicht es B Co, eine Steueranrechnung in Höhe von 90% des Körperschaftsteuersatzes auf die Dividende geltend zu machen. Die nachstehende

Tabelle stellt die Nettobesteuerungskonsequenzen für A Co und B Co dar, wenn nach den Rechtsvorschriften von Staat B eine Steueranrechnung für gezahlte Dividenden gewährt wird.

| A Co | | | B Co | | |
|---|---|---|---|---|---|
| | **Steuer** | **Verbuchung** | | **Steuer** | **Verbuchung** |
| Einnahmen | | | Einnahmen | | |
| | | | Ordentliche Einnahmen | 100 | 100 |
| Erhaltene Dividende | | 70 | | | |
| Ausgaben | | | Ausgaben | | |
| | | | Gezahlte Dividende | | (70) |
| **Nettogewinn** | | **70** | **Nettogewinn** | | **30** |
| **Steuerpflichtige Einkünfte** | **0** | | **Steuerpflichtige Einkünfte** | **100** | |
| Besteuerung der Nettoeinkünfte | | 0 | Besteuerung der Nettoeinkünfte (30%) | (30) | |
| | | | Steuergutschrift | 18.9 | |
| | | | Zu entrichtende Steuern | | (11.1) |
| **Ergebnis nach Steuern** | | **70** | **Ergebnis nach Steuern** | | **18.9** |

4. Wie aus der vorstehenden Tabelle zu ersehen, besteht der Nettoeffekt der nach den Rechtsvorschriften von Staat B gewährten Steueranrechnung darin, dass B Co 30% Steuern auf die nicht ausgeschütteten Einkünfte (0,3 x 30 Geldeinheiten = 9 Geldeinheiten) und 3% Steuern auf die ausgeschütteten Einkünfte (0,03 x 70 Geldeinheiten = 2,1 Geldeinheiten) zahlt.

5. Die nachstehende Abbildung und Tabelle stellen die Besteuerungskonsequenzen dar, die eintreten, wenn A Co von Staat B für die von B Co gezahlte Dividende eine auszahlbare Steuergutschrift erhält.

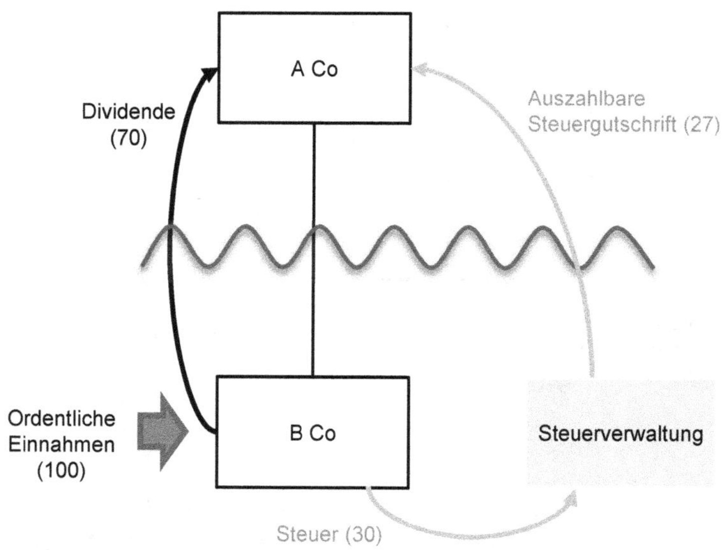

6. Ebenso wie bei dem in der Abbildung auf der ersten Seite dieses Beispiels dargestellten Fall erzielt B Co ein Betriebsergebnis von 100 Geldeinheiten, das mit einem Körperschaftsteuersatz von 30% besteuert wird, wobei die verbleibenden Einkünfte als Dividende an A Co ausgeschüttet werden. In diesem Fall aber erhält A Co von Staat B eine auszahlbare Steuergutschrift für die gezahlte Dividende. Da A Co nach den Rechtsvorschriften von Staat B keiner Dividendenbesteuerung unterliegt, hat A Co Anspruch auf eine vollständige Erstattung der ungenutzten Steuergutschrift. Die Formel zur Berechnung der auszahlbaren Steuergutschrift, die für die Dividende geltend gemacht werden kann, lautet wie folgt:

$$0{,}9 \times \text{Steuersatz in Staat B} \times \left( \text{Ausschüttungsbetrag} \times \frac{1}{1 - \text{Steuersatz in Staat B}} \right)$$

7. Bei Anwendung dieser Formel auf die Ausschüttung ergibt sich für A Co ein Anspruch auf eine Steuergutschrift in Höhe von 0,27 x (70 Geldeinheiten x 1/0,7) = 27 Geldeinheiten. Die nachstehende Tabelle stellt die Nettobesteuerungskonsequenzen für A Co und B Co dar, wenn den Anteilseignern nach den Rechtsvorschriften von Staat B eine Erstattung von 90% der auf eine Dividendenausschüttung gezahlten Körperschaftsteuer gewährt wird.

| A Co | | | B Co | | |
|---|---|---|---|---|---|
| | **Steuer** | **Verbuchung** | | **Steuer** | **Verbuchung** |
| Einnahmen | | | Einnahmen | | |
| Erhaltene Dividende | - | 70 | Ordentliche Einnahmen | 100 | 100 |
| Auszahlbare Steuergutschrift | - | 27 | | | |
| | | | Ausgaben | | |
| | | | Gezahlte Dividende | | (70) |
| **Nettogewinn** | | **97** | **Nettogewinn** | | **30** |
| **Steuerpflichtige Einkünfte** | **0** | | **Steuerpflichtige Einkünfte** | **100** | |
| Besteuerung der Nettoeinkünfte | | 0 | Besteuerung der Nettoeinkünfte | | (30) |
| **Ergebnis nach Steuern** | | **97** | **Ergebnis nach Steuern** | | **0** |

8. Dieses System der auszahlbaren Steuergutschrift sorgt dafür, dass die ausgeschütteten Gewinne von B Co in Staat B per Saldo mit 3% (d.h. 10% des normalen Körperschaftsteuersatzes) besteuert werden. Da die Dividende in Staat A nicht steuerpflichtig ist, hat die Steuergutschrift den Nettoeffekt, dass lediglich 3% der Einkünfte im Rahmen der Gestaltung einer Besteuerung nach den Rechtsvorschriften von Staat A oder Staat B unterliegen.

## Frage

9. Fällt die Dividende in den Geltungsbereich der Regel für hybride Finanzinstrumente und wenn ja, inwieweit ist es erforderlich, eine Anpassung gemäß der Regel vorzunehmen?

## Antwort

10. In beiden Fällen bewirkt die Dividende eine Steuererleichterung, die einem Betriebsausgabenabzug nach den Rechtsvorschriften von Staat B gleichkommt; dementsprechend sollte die Dividendenzahlung als in den Geltungsbereich der Regel für hybride Finanzinstrumente fallend behandelt werden.

11. Bei einer Anpassung nach den Rechtsvorschriften von Staat A sollte A Co berücksichtigen, dass auf Grund der nach den Rechtsvorschriften von Staat B gewährten Steuererleichterung lediglich 10% des Ausschüttungsbetrags der Besteuerung als ordentliche Einnahme unterworfen wurden.

## Analyse

### *Die Steueranrechnung bzw. -erstattung wird als gleichwertige Steuererleichterung nach den Rechtsvorschriften von Staat B behandelt*

12. Eine Zahlung wird als abzugsfähig nach den Rechtsvorschriften des Zahlungsleisterstaats behandelt, wenn sie geltend gemacht wird bzw. geltend gemacht werden kann, um die Nettoeinkünfte eines Steuerpflichtigen zu verringern. Zwar kann die von B Co geleistete Dividendenzahlung nicht direkt von den Einnahmen von B Co abgezogen werden, doch das Konzept der „Abzugsfähigkeit" umfasst für die Zwecke der Hybrid-Mismatch-Regeln auch Zahlungen, die anderweitige „gleichwertige Steuererleichterungen" bewirken. Die Steueranrechnung oder -erstattung, die B Co bzw. dessen Anteilseigner gewährt wird, kommt der Gewährung eines Betriebsausgabenabzugs bei B Co für eine Dividendenzahlung gleich, weil sie denselben Nettoeffekt einer Verringerung der insgesamt auf das Nettobetriebsergebnis von B Co zu entrichtenden Steuern hat.

13. Die Rechtsvorschriften einiger Staaten gestatten es gebietsansässigen Unternehmen, aus versteuerten Einkünften gezahlte Dividenden mit Steuergutschriften auszustatten. Empfänger, die im selben Staat steuerpflichtig sind, können diese Gutschrift mit der für die Dividende anfallenden Steuerschuld verrechnen, um sich vor einer wirtschaftlichen Doppelbesteuerung zu schützen. In solchen Fällen beruht die Anerkennung der Steuergutschrift jedoch auf der Voraussetzung, dass die Dividende im betreffenden Staat als steuerpflichtige Einnahme behandelt wird. In diesem Beispiel unterliegt die Dividende nach den Rechtsvorschriften von Staat B nicht der Besteuerung, so dass bei Gewährung einer Inanspruchnahme der Steuergutschrift durch B Co oder dessen Anteilseigner unter diesen Umständen nicht eine Doppelbesteuerung vermieden wird, sondern die Körperschaftsteuer rückgängig gemacht wird, die zuvor auf die der Dividende zugrunde liegenden Einkünfte entrichtet wurde.

### *Die Besteuerungsinkongruenz entsteht im Rahmen eines Finanzinstruments*

14. Die Dividende führt zu einem D/NI-Ergebnis, das auf die Konditionen des Instruments zurückzuführen ist. Im Gegensatz zu **Beispiel 1.10**, bei dem die unterschiedliche steuerliche Behandlung auf dem besonderen Steuerstatus des Zahlungsleisters beruht, ist die Erstattung bzw. Anrechnung Bestandteil der gewöhnlichen Regeln für die steuerliche Behandlung von Dividenden in Staat B; dementsprechend handelt es sich um eine Inkongruenz, die zwischen Steuerpflichtigen mit regulärem Status auftreten würde.

## *Erforderliche Anpassung*

15. Bei der Ermittlung des Umfangs der gemäß der Regel für hybride Finanzinstrumente nach den Rechtsvorschriften von Staat A erforderlichen Anpassung sollte Staat A alle erhaltenen Beträge berücksichtigen (einschließlich etwaiger direkt an A Co gezahlten Erstattungen) und den Betrag der Einnahmen, für den die Dividendenfreistellung in Anspruch genommen werden kann, in Übereinstimmung mit den in **Beispiel 1.2** bis **1.4** dargelegten Grundsätzen so anpassen, dass der Betrag der Zahlung, für den weiterhin Anspruch auf eine Steuerentlastung in Staat A besteht, dem Betrag der Einnahmen entspricht, der effektiv der Besteuerung zum vollen Grenzsteuersatz in Staat B unterliegt.

16. In diesem Fall bleiben nach den Rechtsvorschriften von Staat B 10% der Zahlung zum vollen Körperschaftsteuersatz steuerpflichtig; dementsprechend sollten 90% der Zahlung nach den Rechtsvorschriften von Staat A als ordentliche Einnahme behandelt werden. Die nachstehende Tabelle stellt die erforderlichen Anpassungen dar, wenn die Rechtsvorschriften von Staat B B Co eine Steueranrechnung für gezahlte Dividenden gewähren.

17. Für die Zwecke dieser Berechnung wird davon ausgegangen, dass der Körperschaftsteuersatz in Staat A 30% beträgt. A Co ist verpflichtet, 90% der gezahlten Dividende als steuerpflichtige Einkünfte zu behandeln, wodurch sich eine Steuerschuld von 18,9 Geldeinheiten ergibt.

| **A Co** | | | **B Co** | | |
|---|---|---|---|---|---|
| | **Steuer** | **Verbuchung** | | **Steuer** | **Verbuchung** |
| Einnahmen | | | Einnahmen | | |
| | | | Ordentliche Einnahmen | 100 | 100 |
| Erhaltene Dividende | 63 | 70 | | | |
| Ausgaben | | | Ausgaben | | |
| | | | Gezahlte Dividende | | (70) |
| **Nettogewinn** | | **70** | **Nettogewinn** | | **30** |
| **Steuerpflichtige Einkünfte** | **63** | | **Steuerpflichtige Einkünfte** | **100** | |
| Besteuerung der Nettoeinkünfte | (18.9) | | Besteuerung der Nettoeinkünfte | (30) | |
| | | | Steuergutschrift | 18.9 | |
| Zu entrichtende Steuern | | (18.9) | Zu entrichtende Steuern | | (11.1) |
| **Ergebnis nach Steuern** | | **51.1** | **Ergebnis nach Steuern** | | **18.9** |

18. Die nachstehende Tabelle stellt die Anpassung für A Co dar, wenn es B Co nach den Rechtsvorschriften von Staat B gestattet ist, die an A Co gezahlte Dividende mit einer auszahlbaren Steuergutschrift auszustatten.

| A Co | | | B Co | | |
|---|---|---|---|---|---|
| | Steuer | Verbuchung | | Steuer | Verbuchung |
| Einnahmen | | | Einnahmen | | |
| Erhaltene Dividende | 90 | 70 | Ordentliche Einnahmen | 100 | 100 |
| Auszahlbare Steuergutschrift | - | 27 | | | |
| Ausgaben | | | Ausgaben | | |
| | | | Gezahlte Dividende | | (70) |
| **Nettogewinn** | | **97** | **Nettogewinn** | | **30** |
| **Steuerpflichtige Einkünfte** | **90** | | **Steuerpflichtige Einkünfte** | **100** | |
| Zu entrichtende Steuern | | (27) | Zu entrichtende Steuern | | (30) |
| **Ergebnis nach Steuern** | | **70** | **Ergebnis nach Steuern** | | **0** |

# Beispiel 1.12

# Neuqualifizierung von proportional zum Anteilsbesitz begebenem Fremdkapital als Eigenkapital

## Sachverhalt

1. In dem in der nachstehenden Abbildung dargestellten Beispiel ist B Co 2 ein in Staat B ansässiges Unternehmen, dessen Anteile von B Co 1 (einem weiteren in Staat B ansässigen Unternehmen) und A Co (einem in Staat A ansässigen Unternehmen) gehalten werden. A Co hält 75% der Stammaktien von B Co 2, die restlichen 25% befinden sich im Besitz von B Co 1.

2. B Co 2 benötigt 2 000 Geldeinheiten an zusätzlichen Finanzmitteln. Beide Aktionäre stimmen einer Fremdfinanzierung von B Co 2 im Verhältnis ihres Anteilsbesitzes zu, d.h. A Co und B Co 1 zeichnen für 1 500 bzw. 500 Geldeinheiten ein Darlehen, für das sie regelmäßige Zinszahlungen zu einem festen Zinssatz erhalten.

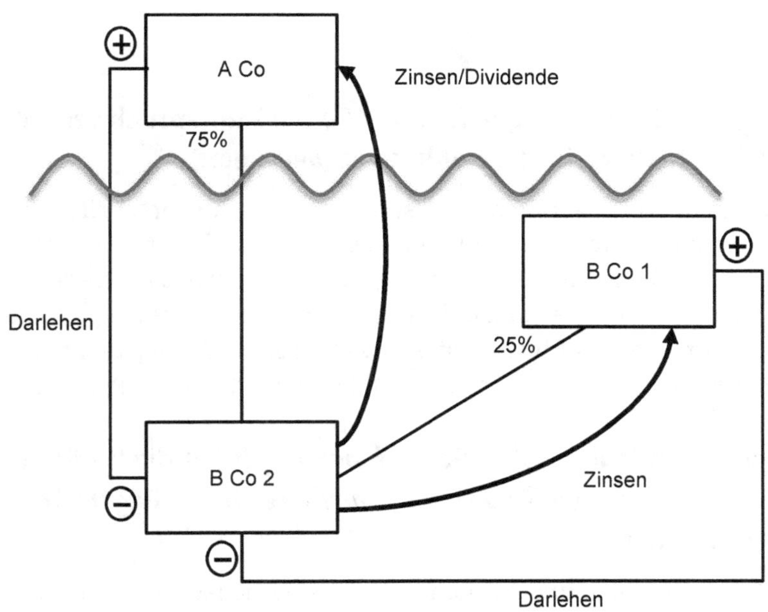


3. Staat B behandelt das Darlehen seiner Form entsprechend und gestattet B Co 2 einen Betriebsausgabenabzug für die Zinszahlungen nach Maßgabe der gewöhnlichen in Staat B geltenden Regeln für Fremdfinanzierungen. B Co 2 wird ein Betriebsausgabenabzug für diese Zinszahlungen gewährt und B Co 1 berücksichtigt diese Zahlungen als ordentliche Einnahme.

4. Nach den Rechtsvorschriften von Staat A aber wird ein Fremdkapitalinstrument als Eigenkapitalinstrument (d.h. als Beteiligung) neuqualifiziert, wenn der von einem Unternehmen an seinen Anteilseigner ausgegebene Schuldtitel auf einen Betrag lautet,

der unter Bezugnahme auf die Beteiligung des Anteilseigners am Kapital des Emittenten berechnet wird. Dementsprechend wird der von A Co gehaltene Schuldtitel in Staat A als Beteiligung behandelt und werden die Zinszahlungen auf das Darlehen als steuerbefreite Dividende behandelt.

## Frage

5. Fällt die Besteuerungsinkongruenz, die bei den Zinszahlungen von B Co 2 an A Co auftritt, in den Geltungsbereich der Regel für hybride Finanzinstrumente?

## Antwort

6. Die Zinszahlung führt zu einer Inkongruenz, sofern nicht Staat A nach Maßgabe von Empfehlung 2.1 die Inanspruchnahme der Dividendenfreistellung für die abzugsfähigen Zinszahlungen versagt.

7. Die Tatsache, dass der Schuldtitel an die Anteilseigner jeweils proportional zu ihrer Beteiligung an dem Unternehmen ausgegeben wird, ist ein kommerziell signifikanter Aspekt der Fremdfinanzierungstransaktion, der sich auf die steuerliche Behandlung der im Rahmen dieser Transaktion geleisteten Zahlungen auswirkt. Diese Umstände, unter denen der Schuldtitel begeben wurde, sollten daher als Bestandteil der Konditionen des Instruments angesehen werden, und die daraus resultierende Inkongruenz sollte als hybride Inkongruenz behandelt werden, die in den Geltungsbereich der Regel fällt.

## Analyse

### *Anwendung von Empfehlung 2.1, um A Co die Inanspruchnahme der Dividendenfreistellung für die Zahlung zu versagen*

8. Das Darlehen wird nach den innerstaatlichen Rechtsvorschriften von Staat A als Beteiligung behandelt, und Zinszahlungen auf das Darlehen werden als steuerbefreite Dividenden behandelt. Empfehlung 2.1 besagt, dass Staaten das Auftreten von D/NI-Ergebnissen bei Hybridinstrumenten dadurch verhindern sollten, dass sie die Inanspruchnahme einer Dividendenfreistellung für abzugsfähige Zahlungen versagen. Dementsprechend sollte in diesem Fall A Co die Zinszahlungen von B Co 2 als ordentliche Einnahmen versteuern.

### *Wenn Staat A Empfehlung 2.1 nicht anwendet, führt die Zahlung zu einer hybriden Inkongruenz, die in den Geltungsbereich der Regel für hybride Finanzinstrumente fällt*

9. Wenn Staat A Empfehlung 2.1 nicht in innerstaatliches Recht umsetzt, gilt die Regel für hybride Finanzinstrumente.

10. Empfehlung 1 gilt nur für Geschäfte mit *Finanzinstrumenten* zwischen *nahestehenden Personen*. Das Darlehen erfüllt die Definition eines Finanzinstruments, da es in Staat B als Fremdkapitalinstrument und in Staat A als Eigenkapitalinstrument betrachtet wird. A Co und B Co 2 sind nahestehende Personen, da A Co 75% der Anteile an B Co 2 hält.

### *Eine im Rahmen des Darlehens geleistete Zahlung führt zu einer hybriden Besteuerungsinkongruenz*

11. Die von B Co 2 an A Co gezahlten Zinsen sind nach den Rechtsvorschriften von Staat B abzugsfähig und werden bei A Co als steuerbefreite Dividende behandelt. Die Zinszahlungen führen daher zu einer Besteuerungsinkongruenz. Diese Inkongruenz wird als hybride Inkongruenz betrachtet, wenn die unterschiedliche Besteuerung auf die *Konditionen des Instruments* zurückzuführen ist. Die Konditionen des Instruments sollten breit ausgelegt werden und – über die Rechte und Verpflichtungen im Rahmen des Darlehens und die Beziehungen zwischen den Beteiligten hinausgehend – die Umstände umfassen, unter denen das Instrument begeben oder gehalten wird, wenn diese Umstände kommerziell oder wirtschaftlich signifikant für die Beziehungen zwischen den Beteiligten sind und sich auf die steuerliche Behandlung der im Rahmen des Instruments geleisteten Zahlungen auswirken.

12. Der Grund für die Inkongruenz in diesem Beispiel ist die Tatsache, dass der Schuldtitel an die Anteilseigner proportional zu ihrer Beteiligung ausgegeben wurde. Die Begebung eines Schuldtitels proportional zum Eigenkapitalanteil unterscheidet sich in kommerzieller und wirtschaftlicher Hinsicht von der Begebung eines Schuldtitels an fremde Dritte bzw. an Anteilseigner in nichtproportionalem Verhältnis zu ihrem Anteilsbesitz und dürfte sich auf die kommerziellen Bedingungen dieses Schuldtitels auswirken. Daher sollten die Umstände, unter denen der Schuldtitel begeben wurde, als Bestandteil der Konditionen des Instruments und die daraus resultierende Inkongruenz als hybride Inkongruenz behandelt werden.

## *Anwendung der vorrangigen und der ergänzenden Maßnahme*

13. Staat B sollte den Betriebsausgabenabzug für die Zinsen insoweit versagen, wie diese nicht als ordentliche Einnahme von A Co berücksichtigt werden. Wenn Staat B die empfohlene Maßnahme nicht anwendet, sollte Staat A die von A Co erhaltenen Zinszahlungen als ordentliche Einnahme behandeln.

# Beispiel 1.13

# Abgrenzung eines fiktiven Abschlags auf ein zinsloses Darlehen

## Sachverhalt

1. In dem in der nachstehenden Abbildung dargestellten Beispiel errichtet A Co 1 (ein in Staat A ansässiges Unternehmen) eine Tochtergesellschaft in demselben Staat (A Co 2). A Co 1 stattet A Co 2 mit einem Gesamtkapital von 40 Geldeinheiten aus, von dem 12,5% in Form von Anteilskapital und der Rest in Form eines zinslosen Darlehens bereitgestellt werden. Das Darlehen ist nach Ablauf von fünf Jahren in voller Höhe zurückzuzahlen.

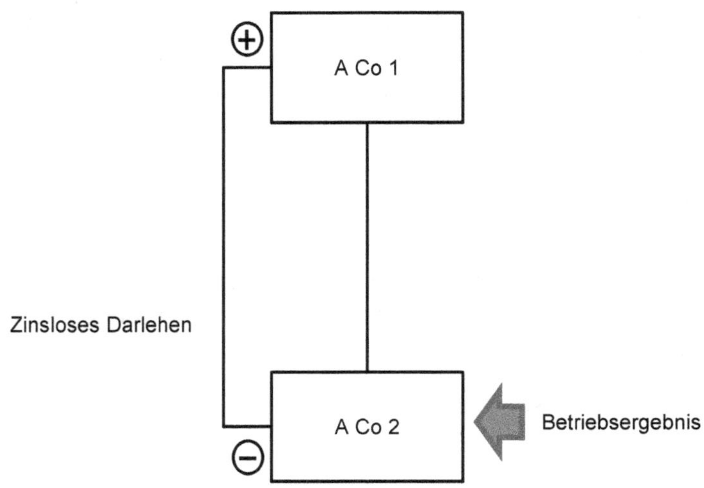


2. Das Darlehen wird nach den Rechtsvorschriften von Staat A als Fremdkapitalinstrument behandelt. Allerdings ist A Co 2 auf Grund seiner besonderen Behandlung zinsloser Darlehen durch andere Konzernunternehmen für die Zwecke der Steuerbuchhaltung verpflichtet, das Darlehen für Buchhaltungszwecke in zwei separate Elemente aufzuteilen: einen zinslosen Schuldtitel, der so behandelt wird, als hätte A Co 2 ihn mit einem Abschlag an A Co 1 emittiert, und eine fiktive Kapitaleinlage in Höhe dieses Abschlags. Der Betrag, den A Co 2 als für den zinslosen Schuldtitel erhalten behandelt, beruht auf einer fremdvergleichskonformen Bewertung. Die nachstehende Tabelle veranschaulicht in vereinfachter Form, wie das Darlehen und die fiktive Kapitaleinlage in der Bilanz von A Co 2 ausgewiesen werden könnten.

| | A Co 2 – Bilanz | | |
|---|---|---|---|
| Jahr 0 | **Vermögenswerte** | **40** | |
| | Anlagevermögen | | 40 |
| | **Fremdkapital** | **20** | |
| | Gesellschafterdarlehen | | 20 |
| | **Eigenkapital** | **20** | |
| | Anteilskapital | | 5 |
| | Sonstiges Eigenkapital | | 15 |

3. In diesem Fall hat A Co 2 das zinslose Darlehen von 35 Geldeinheiten als eine Kapitaleinlage von 15 Geldeinheiten und ein Darlehen von 20 Geldeinheiten behandelt. A Co 2 ist verpflichtet, in jeder Rechnungsperiode einen Teil des fiktiven Abschlags auf den Schuldtitel für Buchhaltungszwecke als Aufwendung abzugrenzen und diese Aufwendung so zu behandeln, als wäre sie aus der fiktiven Kapitaleinlage von A Co 1 finanziert worden. Die nachstehende Tabelle veranschaulicht in vereinfachter Form, wie A Co 2 die abgegrenzten Verbindlichkeiten für das Gesellschafterdarlehen zum Geschäftsjahresende von Jahr 1 ausweisen könnte.

| | A Co 2 – Bilanz | | | A Co 2 – Erfolgsrechnung | | |
|---|---|---|---|---|---|---|
| | | | | | **Verbuchung/ Steuer** | **Liquide Mittel** |
| Jahr 1 | **Vermögenswerte** | **45** | | **Erträge** | | |
| | Umlaufvermögen (Liquide Mittel) | | 5 | Betriebsergebnis | 5 | 5 |
| | Anlagevermögen | | 40 | | | |
| | **Fremdkapital** | **23** | | **Aufwendungen** | | |
| | Gesellschafterdarlehen | | 23 | Abgegrenzte Verbindlichkeiten für Gesellschafterdarlehen | (3) | |
| | **Eigenkapital** | **22** | | **Nettogewinn** | **2** | |
| | Anteilskapital | | 5 | | | |
| | Sonstiges Eigenkapital | | 17 | | | |

4. In diesem Fall behandelt A Co 2 den fiktiven Abschlag als linear abzugrenzen, so dass zum Ende von Jahr 1 das Gesellschafterdarlehen in der Bilanz mit 23 Geldeinheiten ausgewiesen wird (d.h. um 3 Geldeinheiten erhöht). Die Rechtsvorschriften von Staat A gestatten es, diese fiktive Erhöhung der Verbindlichkeiten in Jahr 1 als laufenden Aufwand zu behandeln, so dass A Co 2 trotz eines Betriebsergebnisses von 5 Geldeinheiten in diesem

Jahr in seinen Büchern lediglich einen Nettogewinn (und Anstieg des Eigenkapitals) von 2 Geldeinheiten ausweist. Durch Anwendung derselben buchmäßigen Behandlung in jedem der Folgejahre kann der gesamte Abschlag über die Laufzeit des Darlehens als Aufwand verbucht werden, so dass das Gesellschafterdarlehen bei Fälligkeit in der Unternehmensbilanz zum Nennwert ausgewiesen wird.

5. A Co 1 behandelt das zinslose Darlehen für die Zwecke der Steuerbuchhaltung anders als A Co 2 und teilt es nicht in eine Eigenkapital- und eine Fremdkapitalkomponente auf. Dementsprechend werden die von A Co 2 in den einzelnen Rechnungsjahren abgegrenzten Verbindlichkeiten von A Co 1 nicht ausgewiesen. Bei Rückzahlung des Darlehens wird der gesamte von A Co 2 gezahlte Betrag einfach als nicht steuerpflichtige Rückzahlung der Darlehenssumme behandelt.

## Frage

6. Fällt die Gestaltung in den Geltungsbereich der Regel für hybride Finanzinstrumente?

## Antwort

7. Staat A sollte A Co 2 gemäß der Regel für hybride Finanzinstrumente einen Abzug versagen, da der von A Co 2 in den einzelnen Rechnungsperioden als Aufwand verbuchte Betrag zu einem D/NI-Ergebnis führt und diese Besteuerungsinkongruenz auf unterschiedliche Ansätze bei der buchmäßigen und steuerlichen Behandlung des Instruments durch den Zahlungsleister und den Zahlungsempfänger nach den Rechtsvorschriften desselben Staats zurückzuführen ist.

## Analyse

### *Die abgegrenzte Verbindlichkeit im Rahmen des Darlehens sollte als Zahlung behandelt werden*

8. Zahlungen umfassen Beträge, die *bezahlt werden können*, darunter auch zukünftige oder Eventualverpflichtungen zur Entrichtung einer Zahlung. Die Definition schließt jedoch explizit Zahlungen aus, *die nur für Steuerzwecke unterstellt werden und nicht zur Entstehung wirtschaftlicher Ansprüche zwischen den Beteiligten führen*. Wie in Kapitel 1 des Berichts beschrieben, dient diese Ausnahme für fiktive Zahlungen lediglich zur Ausklammerung von Regelungen, z.B. jenen zur Gewährung eines fiktiven Zinsabzugs für Eigenkapital, bei denen der Abzug mit keiner Zahlungsverpflichtung des Emittenten verbunden ist. In diesem Beispiel beruhen die Abzüge, die A Co 2 in den einzelnen Rechnungsperioden geltend macht, auf seiner Rückzahlungsverpflichtung im Rahmen des Darlehens. Der Abzug, der A Co 2 in den einzelnen Rechnungsperioden gewährt wird, korrespondiert zwar nicht mit einer Erhöhung der Verbindlichkeiten von A Co 2 in der betreffenden Rechnungsperiode, er beruht aber auf einer Rückzahlungsverpflichtung und fällt somit unter die Definition einer Zahlung im Sinne der Regel.

### *Die Zahlung führt zu einer hybriden Inkongruenz*

9. Das in diesem Fall entstehende D/NI-Ergebnis resultiert aus dem Anspruch von A Co 2 auf einen Betriebsausgabenabzug in den einzelnen Rechnungsperioden für die jährliche Erhöhung der in seiner Bilanz ausgewiesenen Darlehensverbindlichkeiten. Diesem Abzug steht keine entsprechende Berücksichtigung als Einnahme bei A Co 1 gegenüber,

da A Co 1 das Darlehen nicht so behandelt, als teile es sich in eine Eigenkapital- und eine Fremdkapitalkomponente. Die Tatsache, dass A Co 1 und A Co 2 dasselbe Instrument buchmäßig (und folglich auch steuerlich) unterschiedlich behandeln können, bedeutet, dass die Inkongruenz auf Unterschiede bei der steuerlichen Behandlung des Instruments nach den Rechtsvorschriften desselben Staats zurückzuführen ist.

10. Eine Inkongruenz könnte bei dem in diesem Beispiel gegebenen Sachverhalt selbst dann noch auftreten, wenn A Co 1 dieselbe buchmäßige Behandlung wie A Co 2 anwenden, aber der Eigenkapitalkomponente des Darlehens einen niedrigeren Wert zuschreiben würde. In solch einem Fall stünde dem Anspruch auf einen Betriebsausgabenabzug in den einzelnen Rechnungsperioden für die jährliche Erhöhung der Darlehensverbindlichkeiten keine Berücksichtigung eines gleich hohen Betrags als Einnahme in Staat A gegenüber. Obwohl Unterschiede bei dem Wert, der einer Zahlung nach den Rechtsvorschriften des Staats des Zahlungsleisters und des Staats des Zahlungsempfängers zugeschrieben wird, im Allgemeinen nicht zu einem D/NI-Ergebnis führen, hat in diesem Fall die Bewertung der jeweiligen Bestandteile eines Instruments einen unmittelbaren Effekt auf die Qualifizierung der Zahlungen im Rahmen des Instruments (vgl. auch Analyse zu **Beispiel 1.16**)

11. Die besondere buchmäßige Behandlung, die von A Co 2 angewendet wird, gilt nur für zinslose Darlehen von anderen Konzernunternehmen. Es wäre nicht zu dieser buchmäßigen Behandlung (und folglich zu der Besteuerungsinkongruenz) gekommen, wenn das Darlehensgeschäft von einander nicht nahestehenden Steuerpflichtigen mit regulärem Status eingegangen worden wäre. Die „Konditionen des Instruments“ sollten breit ausgelegt werden und können jeden Aspekt der Beziehung zwischen den Beteiligten umfassen. Die Tatsache, dass ein Darlehen von einem anderen Konzernunternehmen stammt, sollte daher als Bestandteil der Darlehenskonditionen behandelt werden, auch wenn möglicherweise keine rechtliche Auflage besteht, dass das Darlehen konzernintern gehalten werden muss.

# Beispiel 1.14

# Fiktive Zinsen auf ein zinsloses Darlehen

## Sachverhalt

1. Der Sachverhalt in diesem Beispiel ist derselbe wie in **Beispiel 1.13**, mit dem Unterschied, dass der Empfänger des zinslosen Darlehens eine ausländische Tochtergesellschaft (B Co) ist und B Co nach den Rechtsvorschriften von Staat B berechtigt ist, für Steuerzwecke einen Abzug geltend zu machen, als hätte sie auf das Darlehen Zinsen zum Marktzinssatz entrichtet.

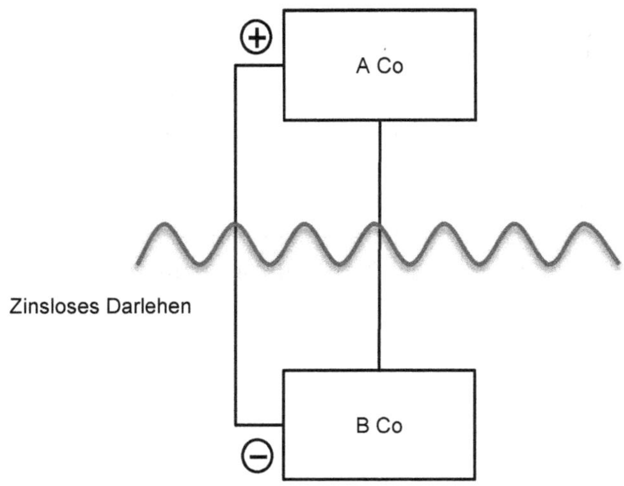


2. Nach den Rechtsvorschriften von Staat A wird das Darlehen als Fremd- oder Eigenkapitalinstrument behandelt, und es findet keine korrespondierende Anpassung in Staat A statt. Bei der Rückzahlung des Darlehens wird der gesamte Betrag als nicht steuerpflichtige Rückzahlung der Darlehenssumme oder Kapitalrückzahlung behandelt.

## Frage

3. Fällt die Gestaltung in den Geltungsbereich der Regel für hybride Finanzinstrumente?

## Antwort

4. Die Gestaltung fällt nicht in den Geltungsbereich der Regel für hybride Finanzinstrumente, weil im Rahmen des Darlehens keine Zahlung stattfindet, die zu einem Abzug für Steuerzwecke in Staat B führt.

## Analyse

### *Im Rahmen des Finanzinstruments wird keine zu einer hybriden Inkongruenz führende Zahlung geleistet*

5. Empfehlung 1 gilt nur für D/NI-Ergebnisse, die im Zusammenhang mit Zahlungen auftreten. Die Definition schließt explizit Zahlungen aus, die nur für Steuerzwecke unterstellt werden und nicht zur Entstehung wirtschaftlicher Ansprüche zwischen den Beteiligten führen. In diesem Beispiel beruht der Betriebsausgabenabzug bei B Co für die jeweiligen Rechnungsperioden auf einem Betrag, der nicht bezahlt werden kann. Dementsprechend existiert keine Zahlung im Rahmen des Finanzinstruments, die zu einem D/NI-Ergebnis führt.

# Beispiel 1.15

## Unterschiedliche Bewertung der im Rahmen einer Pflichtwandelanleihe gezahlten Aktienprämie

### Sachverhalt

1. In dem in der nachstehenden Abbildung dargestellten Beispiel besitzt A Co (ein in Staat A ansässiges Unternehmen) sämtliche Anteile an B Co (einem in Staat B ansässigen Unternehmen). A Co zeichnet eine Nullkupon-Wandelanleihe mit fünfjähriger Laufzeit und einem Nennwert von 100 Geldeinheiten.

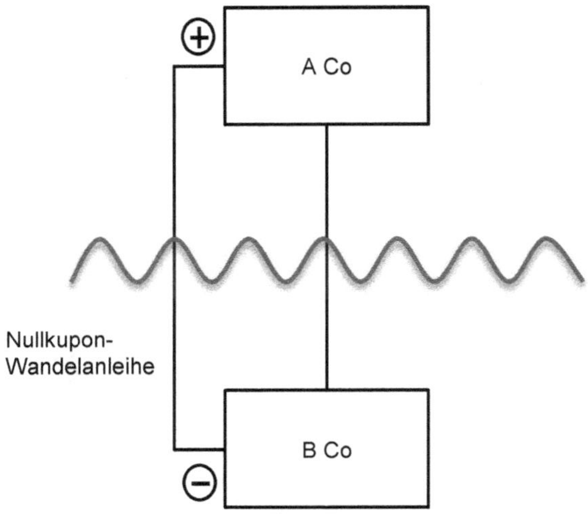


2. Die Nullkuponanleihe wird bei Fälligkeit automatisch in Aktien von B Co umgewandelt. Die Aktienprämie bei der Umwandlung der Anleihe wird von B Co als abzugsfähig behandelt und von A Co als ordentliche Einnahme berücksichtigt. Der Wert der Aktienprämie wird von Staat A mit 15 Geldeinheiten, von Staat B hingegen mit 30 Geldeinheiten angesetzt.

### Frage

3. Führt ein Teil des Betriebsausgabenabzugs für die Aktienprämie nach den Rechtsvorschriften von Staat B zu einer hybriden Inkongruenz, die in den Geltungsbereich der Regel für hybride Finanzinstrumente fällt?

### Antwort

4. Es ist keine Anpassung gemäß der Regel für hybride Finanzinstrumente erforderlich, da die unterschiedliche Bewertung der Aktienprämie nicht zu einer hybriden Inkongruenz führt.

## Analyse

### *Keine Inkongruenz bei unterschiedlichen Bewertungen einer Zahlung*

5. Die Besteuerungsinkongruenz in diesem Fall stellt keine Inkongruenz im Sinne der Regel für hybride Finanzinstrumente dar. Grund dafür ist, dass die unterschiedlichen Besteuerungsergebnisse lediglich auf die Unterschiede bei der Bewertung einer Zahlung zurückzuführen sind und nicht aus einer unterschiedlichen Qualifizierung der Zahlung in den beiden Ländern resultieren.

# Beispiel 1.16

# Unterschiedliche Bewertung des Emissionsdisagios einer Wandelanleihe

## Sachverhalt

1. Der Sachverhalt in diesem Beispiel ist derselbe wie in **Beispiel 1.15**, mit dem Unterschied, dass A Co ein Wahlrecht auf Umwandlung der Nullkupon-Wandelanleihe in Aktien von B Co hat. Sowohl nach den Rechtsvorschriften von Staat B als auch nach den Rechtsvorschriften von Staat A wird das Instrument für Steuerzwecke in zwei Teile unterteilt. Staat B behandelt A Co so, als habe es 80 Geldeinheiten für eine Nullkuponanleihe und 20 Geldeinheiten für die Aktienoption bezahlt. Dementsprechend wird die Anleihe als mit einem Disagio emittiert behandelt und B Co ist berechtigt, den Betrag dieses Abschlags über die Laufzeit der Anleihe für Steuerzwecke als Betriebsausgabenabzug abzugrenzen. Staat A bedient sich derselben steuerlichen Behandlung, unterstellt aber, dass A Co 90 Geldeinheiten für die Anleihe und 10 Geldeinheiten für die Aktienoption bezahlt hat.

## Frage

2. Führt die Anpassung nach den Rechtsvorschriften von Staat B für die der Wandelanleihe zuzurechnenden abzugsfähigen Kosten zu einer hybriden Inkongruenz, die in den Geltungsbereich der Regel für hybride Finanzinstrumente fällt?

## Antwort

3. Die unterschiedliche Bewertung hat einen unmittelbaren Effekt auf die Qualifizierung der im Rahmen des Instruments geleisteten Zahlungen und führt daher zu einer hybriden Inkongruenz.

## Analyse

### *Die abgegrenzte Verbindlichkeit im Rahmen der Anleihe sollte als Zahlung behandelt werden*

4. Zahlungen umfassen Beträge, die *bezahlt werden können*, darunter auch zukünftige oder Eventualverpflichtungen zur Entrichtung einer Zahlung. In diesem Beispiel beruht der Betriebsausgabenabzug, den B Co in den einzelnen Rechnungsperioden geltend macht, auf seiner potenziellen Rückzahlungsverpflichtung im Rahmen der Anleihe. Der Abzug korrespondiert zwar nicht mit einer Erhöhung der Verbindlichkeiten von B Co* in der betreffenden Rechnungsperiode, er beruht aber auf einer Rückzahlungsverpflichtung und fällt somit unter die Definition einer Zahlung im Sinne der Regel (vgl. Analyse zu **Beispiel 1.13**).

* Anmerkung des Übersetzers: Im Originaltext heißt es „A Co 2“, was aber wahrscheinlich ein Fehler ist.

## *Die unterschiedliche Bewertung der Optionskomponente resultiert in einer unterschiedlichen Qualifizierung der zugrunde liegenden Zahlungen*

5. Die abzugsfähige Zahlung führt nur dann zu einem D/NI-Ergebnis, wenn die Zahlung nach den Rechtsvorschriften des Staats des Zahlungsleisters einerseits und des Staats des Zahlungsempfängers andererseits in unterschiedlicher Weise gemessen und qualifiziert wird. Wenn der Betrag der Zahlung nach den Rechtsvorschriften beider Staaten in der gleichen Weise qualifiziert und berechnet wird, führen Unterschiede beim Wert, der diesem Betrag nach den Rechtsvorschriften des Staats des Zahlungsleisters und des Staats des Zahlungsempfängers zugeschrieben wird, nicht zu einem D/NI-Ergebnis. Besteuerungsunterschiede, die ausschließlich auf Unterschiede beim Wert, der einer Zahlung zugeschrieben wird (darunter auch durch die Anwendung von Verrechnungspreisen), zurückzuführen sind, fallen nicht unter den Geltungsbereich der Hybrid-Mismatch-Regel (vgl. **Beispiel 1.15**).

6. In bestimmten Fällen aber, insbesondere bei komplexeren Finanzinstrumenten, die so behandelt werden, als umfassten sie sowohl Finanzierungs- als auch Eigenkapitalerträge, kann die Art und Weise, wie die einzelnen Bestandteile des Instruments gemessen werden, und somit die Qualifizierung der Zahlungen nach inländischem Recht, von dem Wert abhängen, der jedem dieser Bestandteile zugeschrieben wird. In solchen Fällen, in denen die Bewertung der Bestandteile eines Finanzinstruments einen unmittelbaren Effekt auf die Qualifizierung der im Rahmen des Instruments getätigten Zahlungen hat, können Bewertungsunterschiede zu einer Inkongruenz führen.

7. Im hier vorliegenden Fall behandeln sowohl der Emittent als auch der Inhaber eine Wandelanleihe als mit einem Disagio emittiert, das dem Wert der Aktienoption entspricht. Die höhere Bewertung, die der Aktienoptionskomponente der Wandelanleihe im Staat des Emittenten zugeschrieben wird, resultiert in der Verbuchung eines höheren abgegrenzten Disagios beim Emittenten, was wiederum dazu führt, dass im Staat des Emittenten ein höherer Anteil der Zahlungen als abzugsfähig behandelt wird. In diesem Fall hat die Art und Weise, wie die einzelnen Komponenten der Wandelanleihe bewertet werden, einen unmittelbaren Effekt darauf, wie die Zahlungen im Rahmen des Instruments für steuerliche Zwecke qualifiziert werden; dementsprechend sollte die unterschiedliche Bewertung als Auslöser einer Besteuerungsinkongruenz behandelt werden.

# Beispiel 1.17

# Keine Inkongruenz bei Wechselkursdifferenzen

## Sachverhalt

1. In dem in der nachstehenden Abbildung dargestellten Beispiel besitzt A Co (ein in Staat A ansässiges Unternehmen) sämtliche Anteile an B Co (einem in Staat B ansässigen Unternehmen). A Co vergibt ein gewöhnliches Darlehen an B Co. Die Zinsen auf das Darlehen sind jährlich nachträglich zum Marktzinssatz zahlbar, und die Darlehenssumme ist bei Fälligkeit zahlbar. Das Darlehen wird sowohl nach den Rechtsvorschriften von Staat A als auch nach den Rechtsvorschriften von Staat B als Fremdkapitalinstrument behandelt, und die Positionen der beiden Staaten im Hinblick auf die Qualifizierung der im Rahmen des Darlehens getätigten Zahlungen stehen in Einklang miteinander. Die auf das Darlehen zahlbaren Zinsen sind in Staat B abzugsfähig und werden nach den Rechtsvorschriften von Staat A als ordentliche Einnahme berücksichtigt.

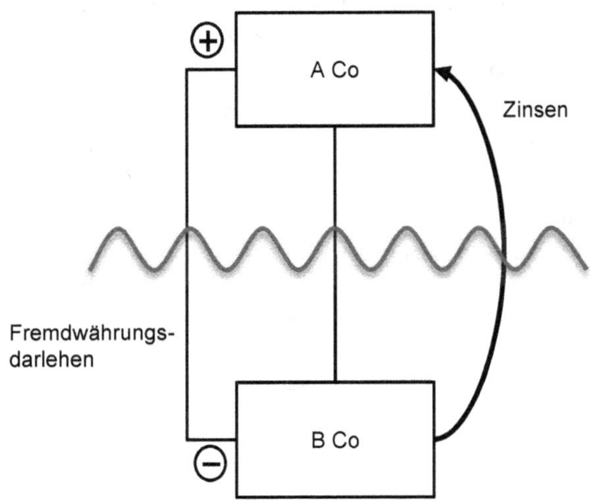


2. Die Zinsen auf das Darlehen und die Darlehenssumme sind in Währung A zahlbar. Während der Laufzeit des Darlehens fällt der Wert von Währung B im Verhältnis zu Währung A, so dass die Zins- und Tilgungszahlungen für das Darlehen in Währung B gerechnet teurer werden. Nach den Rechtsvorschriften von Staat B ist B Co berechtigt, für diese höheren Kosten einen Betriebsausgabenabzug geltend zu machen. Nach den Rechtsvorschriften von Staat A ist keine entsprechende Anpassung erforderlich.

## Frage

3. Führt die nach den Rechtsvorschriften von Staat B durchgeführte Anpassung für den Kostenanstieg, der auf die Abwertung von Währung B zurückzuführen ist, zu einer hybriden Inkongruenz, die in den Geltungsbereich der Regel für hybride Finanzinstrumente fällt?

## Antwort

4. Obwohl der Wechselkursrückgang von Währung B in einem Betriebsausgabenabzug nach den Rechtsvorschriften von Staat B resultiert, dem keine entsprechende Berücksichtigung in Staat A gegenübersteht, führt dieser Unterschied nicht zu einem D/NI-Ergebnis, sofern die im Rahmen des Darlehens zu zahlenden Zinsen und die Darlehenssumme nach den Rechtsvorschriften beider Staaten im gleichen Verhältnis zueinander stehen. Gewinne und Verluste, die aus der Umrechnung von Fremdwährungen in eine lokale oder funktionale Währung resultieren, sind nicht auf den Wert der Zahlung selbst zurückzuführen, sondern darauf, wie Staaten den Geldwert messen.

## Analyse

### *Die Wechselkursanpassung löst keine Inkongruenz aus*

5. In diesem Fall qualifizieren sowohl Staat A als auch Staat B die Zahlungen auf die gleiche Weise (als entweder Darlehenssumme oder Zinsen) und gehen von dem gleichen proportionalen Verhältnis der im Rahmen des Darlehens zu zahlenden Zinsen und der Darlehenssumme zueinander aus. Die unterschiedliche steuerliche Behandlung in diesem Fall kommt nicht dadurch zustande, dass die Steuersysteme der beiden Staaten die Zahlungen unterschiedlich qualifizieren oder den im Rahmen des Darlehens getätigten Zahlungen einen unterschiedlichen Wert beimessen. Vielmehr erfordern es die Rechtsvorschriften des einen Staats, nach erfolgter Qualifizierung und Bestimmung des Betrags den Wert der Zahlung in lokale Währung umzurechnen. Eine derartige Wechselkursdifferenz, bei der in den betreffenden Staaten nicht die zugrunde liegende Qualifizierung oder der Betrag einer Zahlung voneinander abweichen, sondern die Messung des Geldwerts, sollte nicht als inkongruenzbegründend behandelt werden.

# Beispiel 1.18

# Zahlung als Gegenleistung für eine Änderung der Konditionen eines Fremdkapitalinstruments

## Sachverhalt

1. In dem in der nachstehenden Abbildung dargestellten Beispiel ist B Co ein in Staat B ansässiges Unternehmen. B Co nimmt ein Darlehen bei seiner unmittelbaren Muttergesellschaft A Co, einem im Staat A ansässigen Unternehmen, auf. Das Darlehen hat eine Laufzeit von 5 Jahren und wird mit einem hohen Festzinssatz vergütet. B Co leistet eine einmalige fremdvergleichskonforme Zahlung an A Co als Gegenleistung für die Zustimmung von A Co zu einer Senkung der Darlehenszinsen. Diese Anpassung hat den Effekt, dass der Wert, der in den Büchern von A Co für das Darlehen ausgewiesen wird, sinkt.

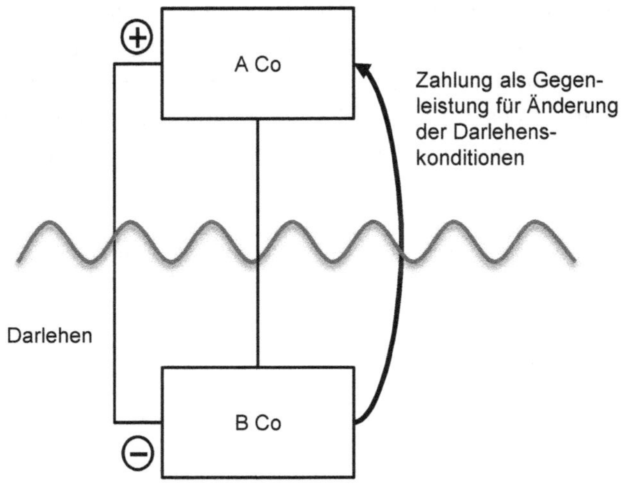


## Frage

2. Fällt die Zahlung als Gegenleistung für die Änderung der Darlehenskonditionen in den Geltungsbereich der Regel für hybride Finanzinstrumente?

## Antwort

3. Die Zahlung von B Co sollte als Zahlung behandelt werden, die im Rahmen des Darlehens selbst geleistet wird. Die Zahlung führt zu einer hybriden Inkongruenz, soweit sie nach den Rechtsvorschriften von Staat B als abzugsfähig behandelt wird und nach den Rechtsvorschriften von Staat A nicht als ordentliche Einnahme berücksichtigt wird. Obwohl die Aufgabe bzw. Aufhebung von Rechten im Rahmen des Darlehens durch A Co als Wertübertragung betrachtet werden kann, sollte sie nicht als Zahlung im Rahmen des Darlehens im Sinne der Regel für hybride Finanzinstrumente betrachtet werden.

## Analyse

### *Der als Gegenleistung für eine Änderung der Darlehenskonditionen gezahlte Betrag ist eine Zahlung im Rahmen eines Finanzinstruments*

4. Ob eine Zahlung *im Rahmen eines Finanzinstruments* erfolgt, lässt sich in der Regel ermitteln, indem die Konditionen des Instruments und die Frage geprüft werden, ob diese Zahlung entweder im Rahmen des Instruments erforderlich ist oder als Gegenleistung für die Entbindung von einer Verpflichtung im Rahmen des Instruments getätigt wird. Im hier vorliegenden Fall wird die Zahlung als Gegenleistung für die Entbindung von der Verpflichtung, bestimmte Zahlungen im Rahmen des Darlehens zu entrichten, geleistet und sollte daher als Zahlung im Rahmen des Instruments behandelt werden.

### *Die Zahlung führt zu einer hybriden Inkongruenz, wenn sie nach den Rechtsvorschriften von Staat A nicht als ordentliche Einnahme behandelt wird*

5. Die Zahlung im Rahmen eines Finanzinstruments führt zu einer Besteuerungsinkongruenz, wenn sie nach den Rechtsvorschriften von Staat B abzugsfähig ist und nach den Rechtsvorschriften von Staat A nicht als ordentliche Einnahme behandelt wird. Im vorliegenden Beispiel wird nicht angegeben, ob A Co die Einmalzahlung als ordentliche Einnahme behandelt. Wenn aber ein Steuerpflichtiger nach den Rechtsvorschriften von Staat A nicht verpflichtet ist, diese Art von Zahlung als ordentliche Einnahme zu berücksichtigen, sollte die Besteuerungsinkongruenz als hybride Inkongruenz behandelt werden, da sie auf Grund einer unterschiedlichen steuerlichen Qualifizierung solcher Zahlungen nach den Rechtsvorschriften von Staat A und Staat B zustande kommt.

6. Es kann sein, dass A Co die Zahlung erst zum Ende der Darlehenslaufzeit als ordentliche Einnahme berücksichtigen muss. Ist dies der Fall, muss die Angemessenheit der zeitlichen Abweichung nach Maßgabe von Empfehlung 1.1(c) geprüft werden.

### *Die Entbindung von Verpflichtungen im Rahmen des Darlehens stellt keine Zahlung dar*

7. Die Zustimmung von A Co zu einer Aufgabe bzw. Abänderung von Rechten im Rahmen des Darlehens kann als Wertübertragung an B Co betrachtet werden, sollte aber nicht als Zahlung im Rahmen des Darlehens selbst behandelt werden. Ein etwaiger von A Co geltend gemachter Abzug für die Verringerung des Werts des Darlehens auf Grund einer solchen Aufgabe oder Aufhebung fällt daher nicht in den Geltungsbereich der Regel für hybride Finanzinstrumente. Somit stellt der Abzug, der nach den Rechtsvorschriften von Staat A für die Verringerung des Werts des Darlehens gewährt werden könnte, keine Zahlung im Rahmen des Darlehens dar und fällt nicht in den Geltungsbereich der Regel für hybride Finanzinstrumente.

# Beispiel 1.19

# Zahlung als Gegenleistung für die Kündigung eines Finanzinstruments

## Sachverhalt

1. Das in der nachstehenden Abbildung dargestellte Beispiel entspricht **Beispiel 1.18**, mit dem Unterschied, dass B Co das Nachrangdarlehen mit einem Aufpreis auf den Betrag, der bei Fälligkeit zahlbar gewesen wäre, erwirbt. Dieser Erwerb führt dazu, dass das Darlehen als gekündigt betrachtet wird. B Co behandelt den Aufpreis als abzugsfähige Ausgabe, während A Co ihn als Veräußerungsgewinn auf das Darlehen behandelt.

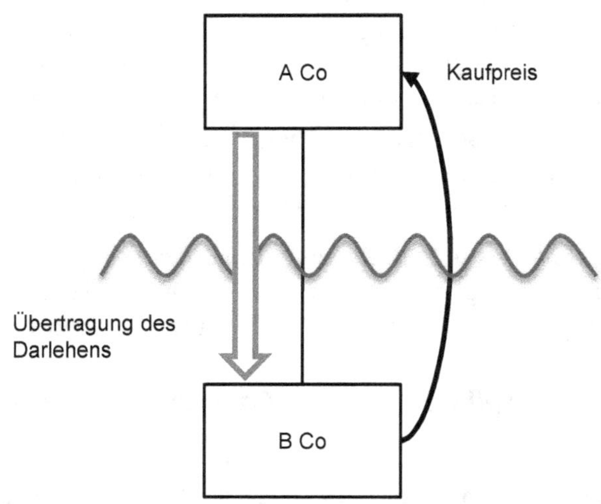


## Frage

2. Fällt die Gegenleistung, die für den Erwerb des Darlehens entrichtet wird, in den Geltungsbereich der Regel für hybride Finanzinstrumente und wenn ja, inwieweit ist es erforderlich, eine Anpassung gemäß dieser Regel vorzunehmen?

## Antwort

3. Die Gegenleistung für die Übertragung des Darlehens sollte als im Rahmen eines Finanzinstruments getätigt behandelt werden, da die Übertragung den Effekt hat, dass die Verpflichtungen von B Co im Rahmen des Darlehens aufgehoben werden. Sofern der Betrag nicht nach den Rechtsvorschriften von Staat A als ordentliche Einnahme behandelt wird, findet die Regel für hybride Finanzinstrumente Anwendung, um den Effekt der daraus resultierenden Inkongruenz zu neutralisieren.

## Analyse

### *Die Gegenleistung für die Übertragung wird als Zahlung im Rahmen eines Finanzinstruments betrachtet*

4. Eine Zahlung, die von einer Person geleistet wird, um ein bestehendes Finanzinstrument zu erwerben, wird im Allgemeinen nicht als Zahlung im Rahmen dieses Instruments behandelt. Wenn die Zahlung jedoch als Gegenleistung für die teilweise oder vollständige Aufhebung der Verpflichtungen des Emittenten im Rahmen des Instruments erfolgt, sollte die Zahlung als unter die Regel fallend behandelt werden. In diesem Fall hat der Erwerb des Darlehens von A Co durch B Co den Effekt, dass die Verpflichtungen von B Co im Rahmen des Instruments aufgehoben werden; dementsprechend sollte die Gegenleistung, die für die Übertragung des Darlehens entrichtet wurde, als Zahlung im Rahmen des Instruments selbst behandelt werden.

### *Die Zahlung führt zu einer hybriden Inkongruenz*

5. Da die Zahlung eines Aufpreises nach den Rechtsvorschriften von Staat B abzugsfähig ist, führt die Zahlung zu einer Inkongruenz, sofern sie nicht nach den Rechtsvorschriften von Staat A als ordentliche Einnahme berücksichtigt werden muss. Wenn die Rechtsvorschriften von Staat A für die Besteuerung derartiger Instrumente verlangen, dass Gewinne aus der Veräußerung eines solchen Darlehens für Steuerzwecke als ordentliche Einnahme berücksichtigt werden, dürfte die Zahlung zu keiner Inkongruenz führen. Wenn aber derartige Gewinne von der Besteuerung ausgenommen oder befreit sind, oder die Veräußerungserlöse bei A Co lediglich auf Grund seines besonderen Steuerstatus oder der Umstände, unter denen das Instrument gehalten wird (z.B. wenn A Co das Darlehen zu Handelszwecken hält), steuerpflichtig sind, sollte die Zahlung als inkongruenzbegründend behandelt werden. Dabei handelt es sich um eine hybride Inkongruenz, da sie auf Unterschiede zwischen den Rechtsvorschriften von Staat A und Staat B bei der Qualifizierung von Tilgungszahlungen im Rahmen eines Finanzinstruments zurückzuführen ist.

### *Vorrangige Empfehlung – Versagung des Abzugs im Staat des Zahlungsleisters*

6. Staat B sollte B Co einen Betriebsausgabenabzug für den an A Co gezahlten Aufpreis für die Entbindung von seinen Verpflichtungen im Rahmen des Darlehens versagen. Wenn Staat B die empfohlene Maßnahme nicht anwendet, sollte Staat A den Aufpreis als ordentliche Einnahme behandeln.

# Beispiel 1.20

# Entbindung von Darlehensverpflichtungen ist keine Zahlung

## Sachverhalt

1. Dieses in der nachstehenden Abbildung dargestellte Beispiel entspricht **Beispiel 1.19**, mit dem Unterschied, dass B Co in finanzielle Schwierigkeiten gerät und nicht in der Lage ist, die Zins- und Tilgungszahlungen für das Darlehen zu leisten. A Co stimmt einem Schuldenerlass zu und entbindet B Co von der Verpflichtung, weitere Zins- und Tilgungszahlungen zu leisten. Der Betrag der erlassenen Schulden wird nach den Rechtsvorschriften von Staat A als abzugsfähig, von B Co aber nicht als Einnahme behandelt.

## Frage

2. Fällt das D/NI-Ergebnis, das bei der Schuldenrestrukturierung entsteht, in den Geltungsbereich der Regel für hybride Finanzinstrumente?

## Antwort

3. Der Schuldenerlass stellt zwar eine Wertübertragung von A Co auf B Co dar, ist aber keine Zahlung im Rahmen eines Finanzinstruments. Folglich fällt der Abzug bei A Co nicht in den Geltungsbereich der Regel für hybride Finanzinstrumente.

## Analyse

4. Die Regel für hybride Finanzinstrumente gilt nur für Zahlungen, die im Rahmen eines Finanzinstruments geleistet werden. Eine Zahlung wird als *im Rahmen eines Finanzinstruments* geleistet betrachtet, wenn sie zur Aufhebung, Erfüllung oder Entbindung von einer Verpflichtung im Rahmen dieses Finanzinstruments getätigt wird. Die Aufhebung, Erfüllung oder Entbindung von der Verpflichtung selbst sollte nicht als Zahlung behandelt werden, obwohl eine derartige Entbindung zu einer Wertübertragung zwischen den Beteiligten führen kann.

5. Dementsprechend handelt es sich bei dem nach den Rechtsvorschriften von Staat A gewährten Abzug um einen Abzug für die Entbindung von einer Verpflichtung im Rahmen eines Finanzinstruments und nicht um eine Zahlung im Rahmen des Finanzinstruments; der Abzug fällt somit nicht in den Geltungsbereich der Regel für hybride Finanzinstrumente.

# Beispiel 1.21

# Das Auflaufen bedingter Zinsverbindlichkeiten führt zu einer Inkongruenz

## Sachverhalt

1. In dem in der nachstehenden Abbildung dargestellten Beispiel hält A Co 1 sämtliche Anteile am Kapital von A Co 2. Beide Unternehmen sind in Staat A ansässig. A Co 1 vergibt ein nachrangiges Darlehen an A Co 2. Die Darlehensbedingungen sehen vor, dass die Zinsen bei Fälligkeit oder, falls früher, nach dem Ermessen von A Co 2 zahlbar sind. Das Darlehen hat eine lange Laufzeit (50 Jahre), und A Co 1 kann zu jedem Zeitpunkt vor der Zahlung auf seine Zinsansprüche verzichten.

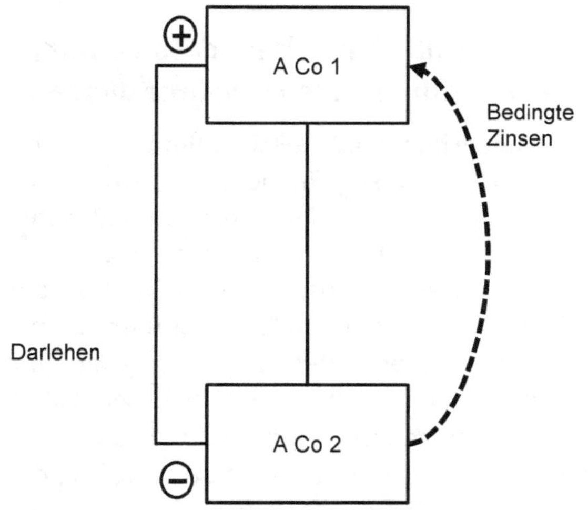


2. Das Darlehen wird nach den Rechtsvorschriften von Staat A als Fremdkapital behandelt, A Co 1 und A Co 2 wenden bei der Verbuchung des Darlehens jedoch unterschiedliche Rechnungslegungsgrundsätze an. Diese unterschiedliche buchmäßige Behandlung hat den Effekt, dass die Zinszahlungen für das Darlehen von A Co 2 in dem Jahr, in dem die Zinsen anfallen, als abzugsfähig behandelt werden, von A Co 1 jedoch nur dann als Einnahme berücksichtigt werden, wenn (und falls) sie effektiv ausgezahlt werden. Wenn A Co 1 zu irgendeinem Zeitpunkt vor der Zahlung auf seine Zinsansprüche verzichtet, wird dieser Verzicht von A Co 2 als fiktive Kapitaleinlage in A Co 2 behandelt, so dass eine Nachversteuerung der vorher geltend gemachten Zinsabzüge vermieden wird.

## Frage

3. Führen die aufgelaufenen aber unbezahlten Zinsen zu einer hybriden Besteuerungsinkongruenz nach der Regel für hybride Finanzinstrumente?

## Antwort

4. Die Darlehensbedingungen sind so gestaltet, dass der Steuerpflichtige nicht zur Zufriedenheit der Steuerverwaltung nachweisen kann, dass die Zahlung mit Sicherheit oder voraussichtlich innerhalb eines vertretbaren Zeitraums erfolgen wird. Die Tatsache, dass die aufgelaufenen Zinsen für A Co 2 abzugsfähig sind, bei den Einnahmen von A Co 1 jedoch nicht berücksichtigt werden, sollte dementsprechend als Auslöser einer Besteuerungsinkongruenz behandelt werden. Diese Besteuerungsinkongruenz wird dadurch bewirkt, dass A Co 1 und A Co 2 die Zinszahlungen im Rahmen des Darlehens unterschiedlich verbuchen. Der Abzug für die bedingte Zinszahlung wird folglich gemäß der Regel für hybride Finanzinstrumente als Auslöser einer hybriden Besteuerungsinkongruenz behandelt.

## Analyse

### *Die aufgelaufenen Zinsen sind eine Zahlung im Rahmen eines Finanzinstruments*

5. Empfehlung 1 gilt nur für Zahlungen, die im Rahmen eines Finanzinstruments geleistet werden. Die Definition einer Zahlung gemäß den Hybrid-Mismatch-Regeln erfasst einen aufgelaufenen Betrag auch dann, wenn er sich auf eine Eventualverbindlichkeit bezieht.

### *Der Steuerpflichtige kann nicht nachweisen, dass vernünftigerweise von einer Berücksichtigung der Zahlung als Einnahme ausgegangen werden kann*

6. Die von A Co 2 angewendete buchmäßige Behandlung ermöglicht es A Co 2, die Zinsen in dem Jahr, in dem sie anfallen, als abzugsfähige Ausgabe (d.h. als bezahlt) auszuweisen, die Bedingungen, unter denen A Co 2 berechtigt ist, einen Abzug geltend zu machen, reichen jedoch nicht aus, um die Zinsen bei A Co 1 den ordentlichen Einnahmen zuzurechnen. Die bloße Tatsache, dass die Zinsen bei einer Partei abzugsfähig sind, wenn sie anfallen, beim Empfänger jedoch erst dann als ordentliche Einnahmen berücksichtigt werden, wenn sie effektiv gezahlt werden, bedeutet nicht zwangsläufig, dass sie als Auslöser einer Besteuerungsinkongruenz behandelt werden. In diesem Fall deuten der Fälligkeitstermin und die Zahlungsbedingungen des Instruments zusammen mit der Tatsache, dass das Darlehen konzernintern vergeben wird, jedoch darauf hin, dass die Beteiligten der Zahlung der im Rahmen des Darlehens aufgelaufenen Zinsen nur geringe geschäftliche Bedeutung beimessen.

7. Selbst wenn das Darlehen eine deutlich kürzere Laufzeit hätte, wäre A Co 1 immer noch in der Lage, zu jedem Zeitpunkt vor der effektiven Zahlung der Zinsen auf seinen Anspruch auf die Zinszahlung zu verzichten, ohne dass dieser Verzicht negative steuerliche oder wirtschaftliche Konsequenzen für A Co 1 oder A Co 2 hätte.

8. Dementsprechend können die Steuerpflichtigen in diesem Beispiel ihrer Steuerverwaltung zum Zeitpunkt der Vergabe des Darlehens nicht zufriedenstellend nachweisen, dass vernünftigerweise davon ausgegangen werden kann, dass die von A Co 2 als abzugsfähige Zahlung behandelten Beträge nach der von A Co 1 verwendeten Rechnungslegungsmethode als ordentliche Einnahmen berücksichtigt werden. Die im Rahmen des Darlehens entstehende Besteuerungsinkongruenz sollte deshalb als in den Geltungsbereich der Regel für hybride Finanzinstrumente fallend behandelt werden.

## Die Besteuerungsinkongruenz ist eine hybride Inkongruenz

9. Die Tatsache, dass A Co 1 und A Co 2 dazu in der Lage sind, dasselbe Instrument buchmäßig (und folglich auch steuerlich) unterschiedlich zu behandeln, bedeutet, dass die Inkongruenz auf Unterschiede in der steuerlichen Behandlung des Instruments nach den Rechtsvorschriften desselben Staats zurückzuführen ist.

## Vorrangige Maßnahme

10. Staat A sollte A Co 2 einen Abzug für die im Rahmen des Darlehens aufgelaufenen Zinsen versagen. Wenn Staat A eine Regel einführt, der zufolge der Anspruch von A Co 2 auf einen Betriebsausgabenabzug aufgeschoben wird, bis die Zinsen effektiv gezahlt werden, kann dies den Effekt haben, dass diese Zinszahlungen unter die in den Anleitungen zu Empfehlung 1.1 beschriebene Safe-Harbour-Regelung fallen, was zur Folge hätte, dass die vorrangige Maßnahme nicht mehr anwendbar ist.

# Beispiel 1.22

# Das Auflaufen bedingter Zinsverbindlichkeiten führt nicht zu einer Inkongruenz

## Sachverhalt

1. In dem in der nachstehenden Abbildung dargestellten Beispiel hält A Co 1 30% der Anteile am Kapital von B Co (einem in Staat B errichteten und steuerpflichtigen Unternehmen). Die übrigen Anteile werden von A Co 2 (einem nicht verbundenen Unternehmen) gehalten. B Co tätigt eine Investition in ein Infrastrukturprojekt, die voraussichtlich mehrere Jahre lang keinen Ertrag generieren wird. Im Rahmen der Finanzierung dieser Gestaltung vergibt A Co 1 ein nachrangiges Darlehen an B Co.

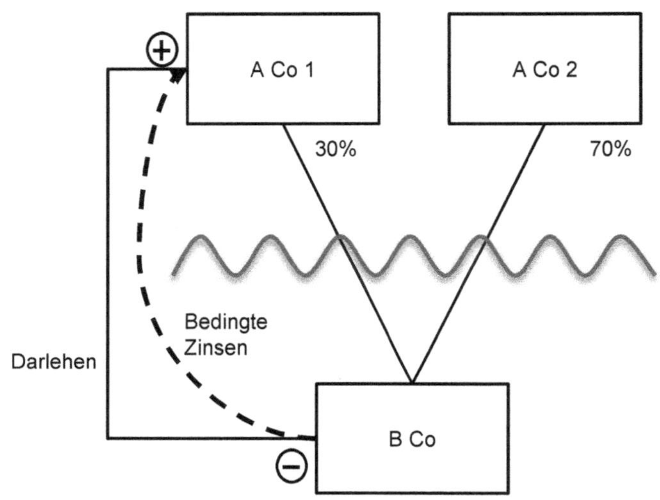


2. Die Zinsen für das Darlehen laufen zu einem festen Zinssatz auf. Die Bedingungen des Darlehens sehen jedoch vor, dass die Zinsen erst am Ende der Laufzeit des Darlehens (15 Jahre) oder nach dem Ermessen von B Co gezahlt werden, und auch nur, sofern bestimmte Solvenzanforderungen erfüllt werden. Darüber hinaus gilt für die von B Co emittierten Aktien eine „Dividendensperre", die B Co daran hindert, Ausschüttungen an seine Aktionäre vorzunehmen, solange aufgelaufene, aber noch unbezahlte Zinsen auf das Darlehen ausstehen.

3. Das Darlehen wird nach den Rechtsvorschriften beider Staaten als Fremdkapital behandelt, allerdings werden die Zinsen aufgrund von Unterschieden in der steuerlichen Berücksichtigung von Zinsen in den beiden Staaten so behandelt, dass sie für B Co in dem Jahr abzugsfähig sind, in dem sie anfallen, während sie von A Co 1 nur dann als Einnahme behandelt werden, wenn sie effektiv ausgezahlt werden.

## Frage

4. Führen die aufgelaufenen, aber unbezahlten Zinsen zu einer hybriden Besteuerungsinkongruenz nach der Regel für hybride Finanzinstrumente?

## Antwort

5. Da vernünftigerweise davon ausgegangen werden kann, dass die aufgelaufenen Zinsen bezahlt werden, und da die Zahlungsbedingungen angesichts der Umstände angemessen sind, wird die Steuerverwaltung die aufgelaufenen Zinsen voraussichtlich nicht als Auslöser einer hybriden Besteuerungsinkongruenz behandeln.

## Analyse

### *Es kann vernünftigerweise davon ausgegangen werden, dass die Zahlung innerhalb eines vertretbaren Zeitraums erfolgt*

6. Die Regel für hybride Finanzinstrumente zielt nicht darauf ab, Abweichungen beim Zeitpunkt der Verbuchung von Zahlungen im Rahmen eines Finanzinstruments aufzugreifen. Eine Besteuerungsinkongruenz wird so behandelt, als führe sie lediglich zu einer Abweichung bei der zeitlichen Erfassung (außerhalb des Geltungsbereichs der Regel für hybride Finanzinstrumente), wenn der Steuerpflichtige zur Zufriedenheit der Steuerverwaltung nachweisen kann, dass vernünftigerweise davon auszugehen ist, dass die Zahlung innerhalb eines vertretbaren Zeitraums erfolgt (d.h. als ordentliche Einnahme berücksichtigt wird).

7. In diesem Fall ist die Zahlung der Zinsen erst bei Fälligkeit erforderlich, und auch nur dann, wenn der Kreditnehmer bestimmte Solvenzanforderungen erfüllt. Obwohl die Laufzeit lang ist (15 Jahre), deutet der Sachverhalt dieses Beispiels, insbesondere die Tatsache, dass die Interessen der Inhaber von Schuldtiteln und die Interessen der Anteilseigner nicht übereinstimmen, darauf hin, dass die Beteiligten der Anforderung, die Zahlungen im Rahmen des Darlehens zu leisten, in der Praxis eine wirkliche geschäftliche Bedeutung beimessen und dass sie zu dem Zeitpunkt, an dem die Vereinbarung abgeschlossen wird, davon ausgehen, dass die im Rahmen des Darlehens ausstehenden Zins- und Kapitalbeträge gezahlt werden.

8. Der Zeitraum der Zinszahlungen wird als vertretbar behandelt, wenn er dem Zeitraum entspricht, der voraussichtlich fremdvergleichskonform zwischen fremden Dritten vereinbart würde. Diese Einschätzung sollte Faktoren wie die Konditionen des Instruments, die Umstände, unter denen es gehalten wird, und die geschäftlichen Zielsetzungen der Beteiligten berücksichtigen, wozu insbesondere der Charakter der auflaufenden Verpflichtungen sowie etwaige Eventualverbindlichkeiten oder andere geschäftliche Faktoren, die sich auf die Zahlung auswirken, gehören. In diesem Fall sind der Charakter der zugrunde liegenden Investition (Infrastruktur), die konkurrierenden und potenziell unterschiedlichen Interessen der Beteiligten (unter Berücksichtigung der Tatsache, dass der Inhaber nur eine Minderheitsbeteiligung hält), und die vertraglichen Schutzklauseln für den Zahlungsempfänger, wie beispielsweise die Dividendensperre für die Aktien, Faktoren, die darauf hindeuten, dass die Vereinbarung fremdvergleichskonform abgeschlossen wurde.

# Beispiel 1.23

## Zahlung eines hybriden Rechtsträgers im Rahmen eines hybriden Finanzinstruments

### Sachverhalt

1. In dem in der nachstehenden Abbildung dargestellten Beispiel ist B Co 1, ein in Staat B ansässiges Unternehmen, eine 100%ige Tochtergesellschaft von A Co, einem in Staat A ansässigen Unternehmen. B Co 1 wird nach den Rechtsvorschriften von Staat A als steuerlich transparent behandelt. B Co 1 nimmt bei B Co 2, einer anderen in demselben Staat ansässigen 100%igen Tochtergesellschaft, ein Darlehen auf.

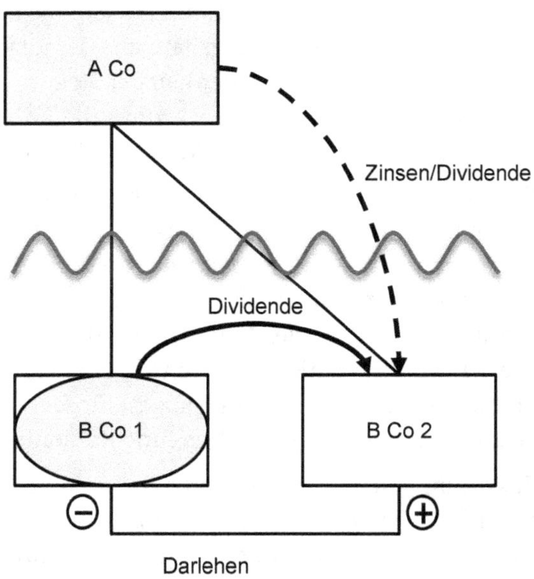


2. Staat B behandelt das Darlehen als Eigenkapitalinstrument. Dementsprechend versagt er B Co 1 einen Abzug für die Zahlung und behandelt die Zahlung bei B Co 2 als steuerbefreite Dividende. Das Darlehen wird nach den Rechtsvorschriften von Staat A jedoch als Fremdkapitalinstrument behandelt, und weil B Co 1 ein steuerlich transparenter Rechtsträger ist, werden die auf das Darlehen zahlbaren Zinsen nach den Rechtsvorschriften von Staat A von A Co als abzugsfähig behandelt.

### Frage

3. Ist die Zinszahlung Gegenstand einer Anpassung nach der Regel für hybride Finanzinstrumente und wenn ja, welche Anpassungen sind nach der Regel vorzunehmen?

## Antwort

4. Die Zinszahlung wird von der Regel für hybride Finanzinstrumente erfasst.

5. Staat A sollte A Co den Abzug für die im Rahmen des Darlehens zahlbaren Zinsen versagen. Wenn Staat A die empfohlene Maßnahme nicht anwendet, sollte Staat B die Zinszahlungen auf das Darlehen als ordentliche Einnahmen behandeln.

## Analyse

### *Die Vereinbarung ist ein Finanzinstrument*

6. Das Darlehen erfüllt die Definition eines *Finanzinstruments*, da es nach den Rechtsvorschriften von Staat B als Eigenkapitalinstrument und nach den Rechtsvorschriften von Staat A als Fremdkapitalinstrument behandelt wird.

### *Die Zahlung führt zu einer hybriden Inkongruenz*

7. Ein D/NI-Ergebnis entsteht, wenn eine Zahlung nach den Rechtsvorschriften eines Staats (Staat A) abzugsfähig ist und nach den Rechtsvorschriften eines anderen Staats, in dem die Zahlung als eingegangen behandelt wird (Staat B), nicht als ordentliche Einnahme berücksichtigt wird. Die Besteuerungsinkongruenz ist eine hybride Inkongruenz, weil sie auf Unterschiede bei der steuerlichen Behandlung des Darlehens nach den Rechtsvorschriften des Staats des Zahlungsempfängers einerseits und des Staats des Zahlungsleisters andererseits zurückgeführt werden kann.

### *Vorrangige Empfehlung – Versagung des Abzugs im Staat des Zahlungsleisters*

8. Die vorrangige Empfehlung nach der Regel für hybride Finanzinstrumente lautet, dass Staat A den Betriebsausgabenabzug insoweit versagen sollte, als er zu einem D/NI-Ergebnis führt.

### *Abwehrregel – Verpflichtung zur Berücksichtigung der Zahlung im Staat des Zahlungsempfängers*

9. Wenn Staat A die empfohlene Maßnahme nicht anwendet, sollte Staat B die abzugsfähige Zahlung nach den Rechtsvorschriften von Staat B bei B Co 2 als ordentliche Einnahme behandeln.

# Beispiel 1.24

# Die Zahlung wird im Rahmen der Hinzurechnungs-besteuerung als ordentliche Einnahme berücksichtigt

## Sachverhalt

1. In dem in der nachstehenden Abbildung dargestellten Beispiel ist C Co ein in Staat C ansässiges Unternehmen und Mitglied des Konzerns ABC. C Co leistet im Rahmen eines hybriden Finanzinstruments eine Zahlung in Höhe von 30 Geldeinheiten an B Co, ein anderes in Staat B ansässiges Unternehmen des Konzerns. Neben dieser Zahlung von C Co hat B Co auch Einnahmen aus anderen Quellen sowie Aufwendungen, namentlich Zinsen auf ein Bankdarlehen.

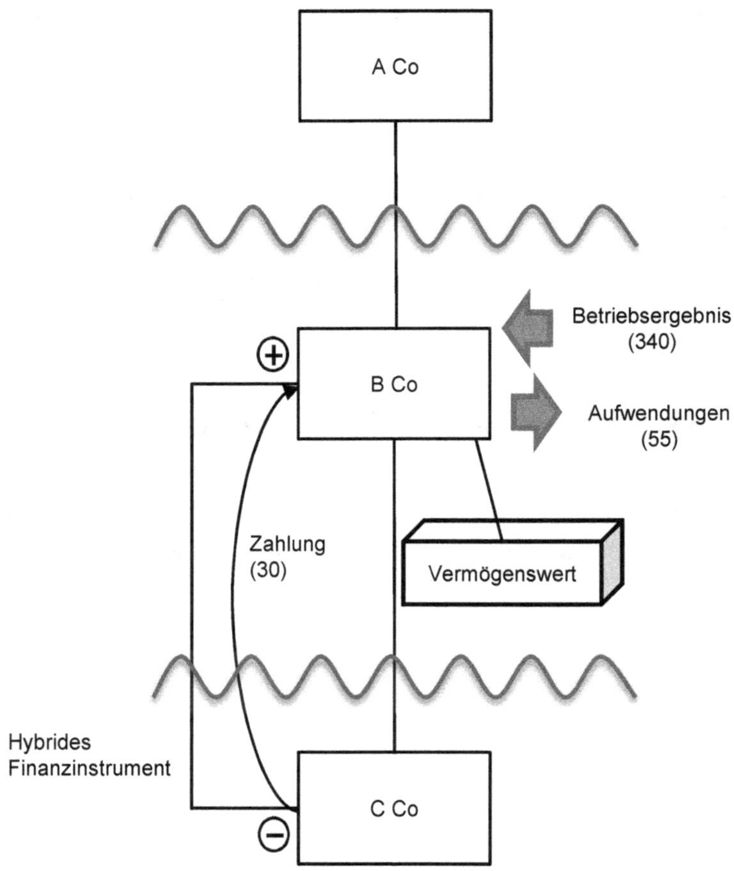


2. A Co, die in Staat A ansässige Muttergesellschaft des Konzerns, unterliegt in Staat A Vorschriften zur Hinzurechnungsbesteuerung, nach denen bestimmte Arten von passiven Einkünften, die von beherrschten ausländischen Gesellschaften stammen, den gebietsansässigen Anteilseignern proportional zu ihrer Beteiligung an diesen Gesellschaften

zugerechnet werden. Die Staaten A und C haben die in diesem Bericht dargelegten Empfehlungen eingeführt.

3. Die nachstehende vereinfachte Tabelle veranschaulicht die Steuerpositionen (netto) von A Co und B Co in dem Zeitraum, in dem die Zahlung im Rahmen des hybriden Finanzinstruments getätigt wurde.

| B Co | | | A Co | | |
|---|---|---|---|---|---|
| | Steuer | Verbuchung | | Steuer | Verbuchung |
| Einnahmen | | | Einnahmen | | |
| Aktive Einkünfte | 280 | 280 | CFC-Einkünfte | 80.4 | |
| Passive Einkünfte (darunter Mieten, Zinsen und Lizenzgebühren) | 60 | 60 | Anrechnung ausländischer Steuern | 27.6 | |
| Zahlung im Rahmen des hybriden Finanzinstruments | - | 30 | | | |
| Ausgaben | | | Ausgaben | | |
| Zinsaufwendungen | (10) | (10) | | | |
| Abschreibungen | (15) | - | | | |
| Personalaufwendungen | (45) | (45) | | | |
| **Nettogewinn** | | **315** | **Nettogewinn** | | **0** |
| **Steuerpflichtige Einkünfte** | **270** | | **Steuerpflichtige Einkünfte** | **108** | |
| | | | Steuern (30%) | (32.4) | |
| | | | Steueranrechnung | 27.6 | |
| Zu entrichtende Steuern (40%) | | (108) | Zu entrichtende Steuern | | (4.8) |
| **Ergebnis nach Steuern** | | **207** | **Ergebnis nach Steuern** | | **(4.8)** |

4. B Co bezieht in dem betreffenden Zeitraum steuerpflichtige Einkünfte in Höhe von 340 Geldeinheiten (darunter passive Einkünfte wie Mieten, Lizenzgebühren und Zinsen in Höhe von 60 Geldeinheiten). Die Zahlung von 30 Geldeinheiten im Rahmen des hybriden Finanzinstruments wird nach den Rechtsvorschriften von Staat B bei der Berechnung der Einnahmen von B Co ausgeklammert. B Co entstehen Aufwendungen in Höhe von 70 Geldeinheiten (einschließlich Abschreibungen), was steuerpflichtige Einkünfte in Höhe von 270 Geldeinheiten ergibt, die zum Regelsatz der Körperschaftsteuer in Höhe von 40% zu versteuern sind.

5. Die einzigen Einkünfte, die A Co in dem gleichen Zeitraum erzielt, sind die nach der in Staat A geltenden CFC-Regelung zugerechneten Einnahmen von B Co. Wie in der vorstehenden Tabelle dargelegt, wird für Steuerzwecke ein Betrag in Höhe von 80,4 Geldeinheiten als ordentliche Einnahme ausgewiesen und zusammen mit einer Steueranrechnung für in Staat B gezahlte Steuern in Höhe von 27,6 Geldeinheiten zum vollen Körperschaftsteuersatz (30%) versteuert.

## Frage

6. Welche Auswirkungen sollte die Berücksichtigung der CFC-Einkünfte nach den Rechtsvorschriften von Staat A auf die Anwendung der Regel für hybride Finanzinstrumente in Staat C haben?

## Antwort

7. Ein Steuerpflichtiger, der eine Hinzurechnungsbesteuerung im Staat der Muttergesellschaft geltend machen möchte, um eine Anpassung gemäß der Regel für hybride Finanzinstrumente zu vermeiden, sollte dazu nur in der Lage sein, wenn er der Steuerverwaltung überzeugend darlegen kann, dass die Zahlung in vollem Umfang nach den Rechtsvorschriften des betreffenden Staats berücksichtigt wird und der Besteuerung zum vollen Steuersatz unterliegt. In diesem Fall ist der Steuerpflichtige verpflichtet nachzuweisen, dass:

(a) die Zahlung im Rahmen des hybriden Finanzinstruments derart gestaltet ist, dass sie nach den CFC-Regeln in Staat A als ordentliche Einnahme berücksichtigt werden muss (und nach diesen Regeln keine Befreiung – beispielsweise in Bezug auf aktive Einkünfte oder eine Geringfügigkeitsschwelle – genießt), und

(b) die Zahlung nach den quantitativen und zeitlichen Vorschriften der CFC-Regelung von Staat A in der Steuererklärung von A Co bereits als ordentliche Einnahme berücksichtigt wurde oder noch berücksichtigt wird.

8. Der Sachverhalt dieses Beispiels macht deutlich, dass die Muttergesellschaft des Konzerns (A Co) Vorschriften zur Hinzurechnungsbesteuerung unterliegt, die bestimmte Arten von passiven Einkünften, die von einer beherrschten ausländischen Gesellschaft stammen, den gebietsansässigen Anteilseignern zurechnen. Das Beispiel liefert jedoch keine näheren Einzelheiten zu der Frage, ob und inwieweit die Zahlung im Rahmen des hybriden Finanzinstruments nach den Vorschriften dieser CFC-Regelung berücksichtigt wurde. Die Informationen zu dem in diesem Beispiel gegebenen Sachverhalt reichen folglich nicht aus, um eine Steuerverwaltung davon zu überzeugen, dass eine Befreiung von der Anpassung nach der Regel für hybride Finanzinstrumente gewährt werden sollte.

9. Wenn der Steuerpflichtige mit Verweis auf die Rechtsvorschriften von Staat A und die nach den Rechtsvorschriften von Staat A eingereichten Steuererklärungen nachweisen kann, dass die Zahlung nach den Rechtsvorschriften der CFC-Regelung in diesem Staat bereits berücksichtigt wurde oder noch berücksichtigt wird, sollte ein Staat in der Situation von Staat C, der das Risiko einer wirtschaftlichen Doppelbesteuerung nach der Regel für hybride Finanzinstrumente vermeiden möchte, prüfen, ob angesichts der Hinzurechnungsbesteuerung in Staat A eine Befreiung von der Anwendung der Regel für hybride Finanzinstrumente gewährt werden sollte. Eine Befreiung von der Anwendung der Regel für hybride Finanzinstrumente sollte jedoch nur gewährt werden, insoweit die Zahlung nicht als durch einen Steuerabzug im Staat des Zahlungsempfängers (Staat B) verringert oder ausgeglichen behandelt worden ist und mit keinem Anspruch auf eine Steueranrechnung oder eine anderweitige Steuererleichterung nach den Rechtsvorschriften des Staats der Muttergesellschaft (Staat A) verbunden ist.

10. Um einen Betrag, der nach den Rechtsvorschriften von Staat A als ordentliche Einnahme berücksichtigt wird, von der Anwendung der Regel für hybride Finanzinstrumente in Staat C befreien zu können, muss der Steuerpflichtige möglicherweise nachweisen, dass die Einnahmen nicht nach den Rechtsvorschriften von Staat A mit einem hybriden Betriebsausgabenabzug verrechnet wurden. In diesem Fall wird die Anforderung erfüllt, weil Staat A die in diesem Bericht aufgeführten Empfehlungen umgesetzt hat.

## Analyse

### *Die Berücksichtigung von Einnahmen im Rahmen der Hinzurechnungsbesteuerung kann zu wirtschaftlicher Doppelbesteuerung führen*

11. Empfehlung 1.1 besagt, dass die Staaten prüfen sollten, wie Besteuerungsinkongruenzen nach der Regel für hybride Finanzinstrumente in den Fällen begegnet werden kann, in denen die im Rahmen eines hybriden Finanzinstruments getätigte Zahlung von dem Anteilseigner auf der Grundlage einer CFC-Regelung als ordentliche Einnahme berücksichtigt wurde, und ob eine Befreiung von der Anwendung dieser Regel in den Fällen gewährt werden sollte, in denen die Versagung eines Betriebsausgabenabzugs für eine Zahlung, die im Rahmen der Hinzurechnungsbesteuerung als Einnahme berücksichtigt wird, das Risiko der wirtschaftlichen Doppelbesteuerung mit sich bringt.

12. Die Vorschriften zur Hinzurechnungsbesteuerung konzentrieren sich häufig auf bestimmte Kategorien von Einkünften ausländischer Gesellschaften, die einem Anteilseigner einer beherrschten ausländischen Gesellschaft zugerechnet werden müssen. Diese Kategorien werden jedoch häufig in Bezug auf das inländische Steuerrecht des Staats des Anteilseigners definiert und entsprechen nicht zwangsläufig den gleichen Kategorien sowie zeitlichen und quantitativen Regeln im Staat des Zahlungsleisters und im Staat des Zahlungsempfängers. Bevor eine Zahlung im Rahmen der Hinzurechnungsbesteuerung oder einer anderen Berücksichtigung ausländischer Einkünfte den ordentlichen Einnahmen zugerechnet werden kann, muss der Steuerpflichtige dazu in der Lage sein nachzuweisen, dass die Zahlung im Rahmen des hybriden Finanzinstruments, die das D/NI-Ergebnis bewirkt hat, in eine Zahlungskategorie fällt, die im Rahmen einer CFC-Regelung den Einkünften des Anteilseigners zugerechnet werden muss und nicht für eine Ausnahme (beispielsweise eine Befreiung aufgrund einer Geringfügigkeitsschwelle oder aktiver Einkünfte) in Frage kommt.

13. In den vorstehend aufgeführten Steuerberechnungen gibt es auf den ersten Blick keine Anzeichen für die Beziehung zwischen der von B Co im Rahmen des hybriden Finanzinstruments erhaltenen unberücksichtigten Zahlung und dem nach den Rechtsvorschriften von Staat A als CFC-Einkünfte berücksichtigten Betrag. Die oben aufgeführte vereinfachte Rechnungslegung bietet in der Tat keine Belege dafür, dass der Betrag der von A Co berücksichtigten CFC-Einkünfte auf die im Rahmen des hybriden Finanzinstruments getätigte Zahlung zurückzuführen ist. In diesem Fall müsste der Steuerpflichtige daher zusätzliche Belege vorlegen, um der Steuerverwaltung überzeugend darzulegen, dass es aufgrund der CFC-Regelung tatsächlich erforderlich war, die Zahlung im Rahmen des hybriden Finanzinstruments als CFC-Einkünfte zu berücksichtigen, und um nachzuweisen, wann und inwieweit die Zahlung bei dem Anteilseigner als CFC-Einnahme ausgewiesen wurde. Wenn beispielsweise die gesamten in einer bestimmten Periode anfallenden Einnahmen einer beherrschten ausländischen Gesellschaft am letzten Tag der Rechnungsperiode der beherrschten ausländischen Gesellschafter einem Anteilseigner zugerechnet werden, müsste der Anteilseigner der Steuerverwaltung überzeugend darlegen, dass er diese Anteile am Zurechnungsdatum hält oder halten wird.

### *Die Zahlung wird nur als berücksichtigt behandelt, insoweit sie nicht durch einen Abzug verringert oder ausgeglichen wird*

14. Die CFC-Regelungen schreiben normalerweise vor, dass die auf bestimmte Quellen oder Tätigkeiten zurückzuführenden Nettoeinkünfte einer beherrschten ausländischen Gesellschaft berücksichtigt und auf der Ebene der Anteilseigner besteuert werden. In diesem Fall hat

B Co eine Reihe von Steuerabzügen, die mit seinen Nettoeinkünften verrechnet werden. Das Beispiel enthält keinerlei Informationen zu der Frage, ob oder inwieweit diese Abzüge bei der Berechnung der A Co zugerechneten CFC-Einkünfte ebenfalls berücksichtigt werden.

15. Wenn die CFC-Regelung von Staat A den Betrag der Zahlung im Rahmen des hybriden Finanzinstruments so behandelt, als sei er durch die bei B Co angefallenen abzugsfähigen Aufwendungen verringert worden, sollte nur der Nettobetrag der der Zahlung zuzurechnenden CFC-Einkünfte so behandelt werden, als sei er nach den Rechtsvorschriften von Staat A als ordentliche Einnahme berücksichtigt worden.

16. Die CFC-Regelung in Staat A kann beispielsweise vorschreiben, dass der Gesamtbetrag der bei B Co anfallenden passiven Einkünfte und die im Rahmen des hybriden Finanzinstruments geleistete Zahlung nach den Rechtsvorschriften von Staat A als CFC-Einkünfte berücksichtigt werden (d.h. 60 + 30 = 90), sie kann jedoch auch gestatten, einen proportionalen Betrag der bei B Co anfallenden Aufwendungen, mit Ausnahme der Abschreibungen, von diesen CFC-Einkünften abzuziehen (d.h. ein Abzug von 55 x 55/315 = 9,6), was einer Hinzurechnungsbesteuerung (netto) von 80,4 Geldeinheiten (plus Anrechnung ausländischer Steuern) entspricht. In diesem Fall kann ein Staat die Auffassung vertreten, dass der effektiv als Einnahme berücksichtigte Anteil der im Rahmen des hybriden Finanzinstruments geleisteten Zahlung 26,8 Geldeinheiten beträgt = 30 - (30/90 x 9,6).

### Die Zahlung wird nur als berücksichtigt behandelt, insoweit sie nicht durch eine Steueranrechnung abgeschirmt wird

17. Nach den Vorschriften zur Hinzurechnungsbesteuerung in Staat A sind die zugerechneten Einnahmen außerdem mit einem Anspruch auf Anrechnung ausländischer Steuern verbunden. In diesem Fall sollte die Zahlung, die nach den Rechtsvorschriften von Staat A den CFC-Einkünften zugerechnet wird, nicht nach denselben Rechtsvorschriften den ordentlichen Einnahmen zugerechnet werden, insoweit die Zahlung durch derartige Steuergutschriften abgeschirmt wird.

18. Die CFC-Regelung von Staat A kann A Co beispielsweise gestatten, proportional zum effektiven Steuersatz der (angepassten) Einkünfte von B Co einen Anrechnungsbetrag für ausländische Steuern geltend zu machen (d.h. eine Steueranrechnung von 80,4 x (108 / 315) = 27,5). Der Effekt dieser Steueranrechnung besteht darin, dass 85% der Steuerschuld, die auf die im Rahmen der CFC-Regelung von Staat A berücksichtigten Einnahmen entfällt, abgeschirmt werden. Bei Anwendung dieses Prozentsatzes auf den Betrag der Zahlung im Rahmen des hybriden Finanzinstruments, der effektiv nach den Rechtsvorschriften von Staat A berücksichtigt wird (26,8 Geldeinheiten), kann eine Steuerverwaltung den Schluss ziehen, dass der Gesamtbetrag der in diesem Beispiel als Einnahme berücksichtigten Zahlung im Rahmen des hybriden Finanzinstruments (1 - 0,85) x 26,8 = 4 Geldeinheiten beträgt.

# Beispiel 1.25

## Eine Zahlung im Rahmen eines Leasingvertrags ist nur Gegenstand einer Anpassung im Umfang des Finanzierungsertrags

### Sachverhalt

1. An der in der nachstehenden Abbildung dargestellten Vereinbarung ist ein in Staat A ansässiges Unternehmen (A Co) beteiligt, das eine Finanzierung von einem in Staat B ansässigen nahestehenden Unternehmen (B Co) erhält. Um die Finanzierung zu sichern, überträgt A Co einen Ausrüstungsgegenstand an B Co. Anschließend vermietet B Co diesen Ausrüstungsgegenstand zurück an A Co zu Bedingungen, die A Co sowohl berechtigen als auch verpflichten, den Ausrüstungsgegenstand nach Ablauf des Leasingvertrags zu einem vereinbarten Preis zu erwerben.

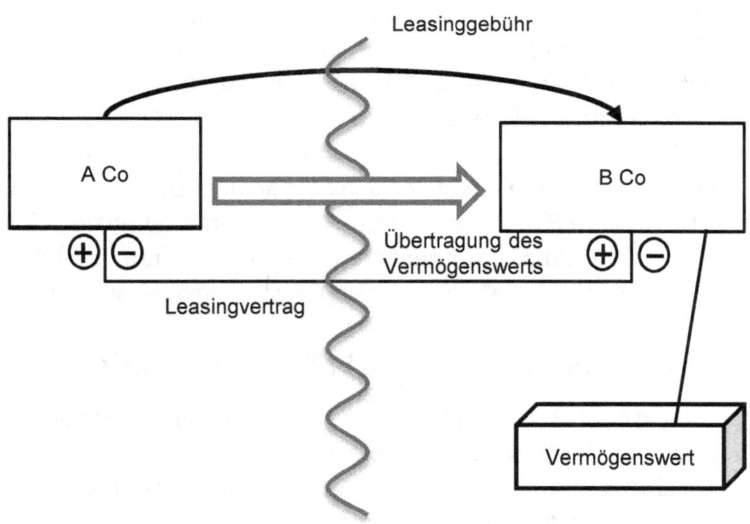


2. Staat B behandelt die Vereinbarung als einen Finanzierungsleasingvertrag, dem zufolge A Co als Eigentümer des Vermögenswerts und die Vereinbarung zwischen den Beteiligten als Darlehen behandelt wird, wobei die im Rahmen des Leasingvertrags getätigten Zahlungen als Zins- und Tilgungszahlungen für das Darlehen behandelt werden.

3. Staat A behandelt die Vereinbarung entsprechend ihrer Form (d.h. als gewöhnlichen Mietvertrag) und die im Rahmen des Mietvertrags getätigten Zahlungen als abzugsfähige Mietzahlungen. Der Effekt dieser Gestaltung besteht darin, dass ein bestimmter Anteil der Mietzahlungen ein D/NI-Ergebnis bewirkt, weil die Zahlungen nach den Rechtsvorschriften von Staat A abzugsfähig sind, nach den Rechtsvorschriften von Staat B jedoch nicht als ordentliche Einnahme berücksichtigt werden (weil sie als Ratenzahlungen des Kaufpreises oder Kapitalrückzahlung qualifiziert werden).

## Frage

4. Ist die Gestaltung Gegenstand einer Anpassung nach der Regel für hybride Finanzinstrumente und wenn ja, in welchem Umfang?

## Antwort

5. Nach den Rechtsvorschriften von Staat A findet die Regel für hybride Finanzinstrumente keine Anwendung, weil die Gestaltung nach inländischem Recht keine hybride Übertragung ist und auch anderweitig nicht als Finanzinstrument behandelt wird.

6. Die Gestaltung wird in Staat B als Fremdkapitalinstrument behandelt, und B Co ist deshalb verpflichtet, die Regel für hybride Finanzinstrumente auf die im Rahmen des Leasingvertrags getätigten Zahlungen anzuwenden. Nach der Regel sind jedoch nur die Finanzierungserträge Gegenstand einer Anpassung. In diesem Fall sind die Finanzierungserträge nach den Rechtsvorschriften von Staat B voll zu versteuern, so dass B Co nicht zu einer Anpassung nach der Regel für hybride Finanzinstrumente verpflichtet sein sollte.

## Analyse

### *Die Frage, ob eine Gestaltung ein Finanzinstrument ist, sollte unter Bezugnahme auf ihre innerstaatliche steuerliche Behandlung beantwortet werden*

7. Die Staaten sollten ihre eigenen innerstaatlichen Steuerkonzepte und ihre eigene Terminologie verwenden, um die von der Regel für hybride Finanzinstrumente erfassten Gestaltungen zu definieren. Diese innerstaatliche Rechtsdefinition sollte generell jede Finanzierungsvereinbarung erfassen, wie beispielsweise Finanzierungsleasing, bei der ein Beteiligter (B Co) einem anderen Beteiligten als Gegenleistung für einen Finanzierungsertrag Geld (was den Geldwert beinhaltet) bereitstellt. Je nach der Sachlage des konkreten Falls sollte die Frage, ob eine Gestaltung ein Finanzinstrument ist (und somit potenziell einer Anpassung nach der Regel für hybride Finanzinstrumente unterliegt) jedoch nur unter Bezugnahme auf die innerstaatliche steuerliche Behandlung dieser Gestaltung beantwortet werden.

### *Die Regel gilt nicht nach den Rechtsvorschriften von Staat A*

8. In diesem Fall behandelt Staat A die Gestaltung als eine Vereinbarung über die Erbringung von Dienstleistungen (d.h. als Vermietung), so dass die Gestaltung nach den Regeln für die Besteuerung von Fremdkapital, Eigenkapital oder Derivaten nicht besteuert wird. Da die Gestaltung keine hybride Übertragung ist und nicht zu einer Substitutionszahlung führt (da es sich nicht um die Übertragung eines Finanzinstruments handelt), sind die im Rahmen des Leasingvertrags getätigten Zahlungen in Staat A nicht Gegenstand einer Anpassung nach der Regel für hybride Finanzinstrumente.

### *Nach den Rechtsvorschriften von Staat B ist keine Anpassung erforderlich*

9. Die Regel für hybride Finanzinstrumente soll nur bei Besteuerungsinkongruenzen greifen, zu denen es in Bezug auf Eigenkapital- oder Finanzierungserträge kommt, die im Rahmen eines Finanzinstruments gezahlt werden. In diesem Fall, in dem der Kontrahent die im Rahmen der Gestaltung getätigten Zahlungen nicht als Zahlungen im Rahmen eines Finanzinstruments behandelt, sollte die Regel für hybride Finanzinstrumente folglich nur im Umfang der Eigenkapital- oder Finanzierungserträge gelten. Zahlungen

im Rahmen der Gestaltung, die nach den Rechtsvorschriften von Staat B als Kaufpreis oder Kapitalrückzahlung behandelt werden, sollten daher nicht Gegenstand einer Anpassung gemäß der Regel sein. Da der Finanzierungsertrag aus dem Leasingvertrag in diesem Fall nach geltendem Recht in Staat B voll steuerpflichtig ist, führt die Regel für hybride Finanzinstrumente generell nicht zu einer Nettoanpassung für B Co.

# Beispiel 1.26

# Gegenleistung für den Kauf eines zu Handelszwecken gehaltenen Vermögenswerts

## Sachverhalt

1. In dem in der nachstehenden Abbildung dargestellten Beispiel überträgt A Co (ein in Staat A ansässiges Unternehmen) Anteile an B Co. B Co zahlt für die Anteile den Marktwert. Die Anteilsübereignung erfolgt am Tag der Zahlung. B Co erwirbt die Anteile im Rahmen seiner Tätigkeit als Wertpapierhändler und kann bei der Berechnung seiner aus der Veräußerung der Anteile resultierenden zu versteuernden Gewinne/Verluste den Kaufpreis als Betriebsausgabe berücksichtigen.

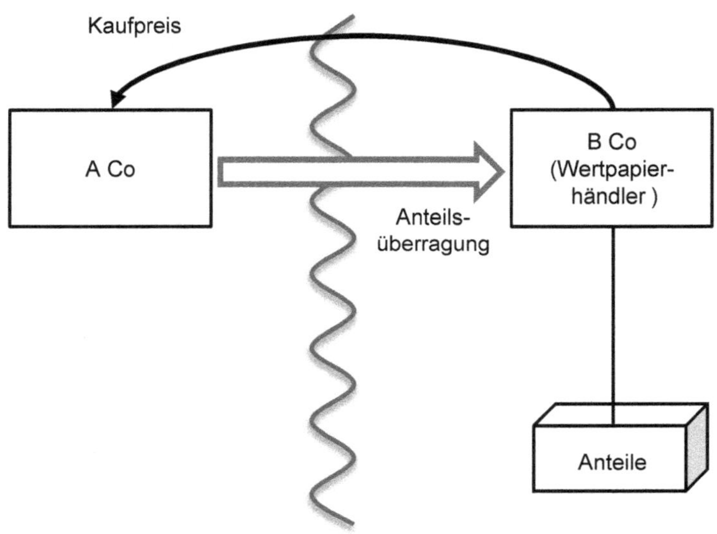


## Frage

2. Führt die Zahlung zu einem D/NI-Ergebnis nach der Regel für hybride Finanzinstrumente?

## Antwort

3. Die Vereinbarung über eine Vermögensveräußerung ist kein Finanzinstrument, weil sie nicht mit einem Finanzierungs- oder Eigenkapitalertrag verbunden ist. Die Zahlung im Rahmen der Vermögensübertragungsvereinbarung ist keine Substitutionszahlung, da sie keinen Betrag umfasst oder enthält, der einen Finanzierungs- oder Eigenkapitalertrag darstellt. Dementsprechend fällt der Geschäftsvorfall nicht in den Geltungsbereich der Regel für hybride Finanzinstrumente.

## Analyse

### *Die Vereinbarung über die Vermögenswertübertragung ist kein Finanzinstrument*

4. Die Regel für hybride Finanzinstrumente gilt nur dann für Vermögensübertragungen, wenn die Übertragung eine hybride Übertragung ist oder eine Substitutionszahlung beinhaltet.

5. Die Vereinbarung über die Vermögenswertübertragung fällt nicht unter die Definition eines Finanzinstruments. Sie generiert keinen Ertrag, der wirtschaftlich Zinsen gleichzusetzen ist, da der Austausch von Wert am gleichen Tag erfolgt und keinem Beteiligten einen Anspruch auf einen Eigenkapitalertrag verschafft (abgesehen von dem Ertrag, den B Co durch das Halten des übertragenen Vermögenswerts erzielt).

6. Die Vereinbarung über die Vermögenswertübertragung ist keine hybride Übertragung (und fällt daher nicht unter die erweiterte Definition eines hybriden Finanzinstruments), da sie nicht zu einer Situation führt, in der beide Parteien gleichzeitig als Inhaber der übertragenen Anteile behandelt werden. Und selbst wenn die Übertragung des Vermögenswerts als hybride Übertragung behandelt würde, sollte der von dem Wertpapierhändler für den Kaufpreis geltend gemachte Abzug in diesem Fall nicht als in den Geltungsbereich der Regel für hybride Finanzinstrumente fallend behandelt werden, da dieser Abzug nicht auf eine unterschiedliche steuerliche Behandlung von Vermögensübertragungsvereinbarungen in den betroffenen Staaten zurückzuführen ist, sondern vielmehr darauf, dass der zugrunde liegende Vermögenswert von A Co und B Co zu unterschiedlichen Zwecken gehalten wird (d.h. von A Co als Anlagevermögen und von B Co zu Handelszwecken).

### *Der Kaufpreis enthält keine Substitutionszahlung*

7. Da der Kaufpreis kein Element eines Eigenkapital- oder Finanzierungsertrags enthält, sollte er nicht als Substitutionszahlung im Rahmen einer Vermögensübertragungsvereinbarung behandelt werden.

# Beispiel 1.27
# Die Zinskomponente des Kaufpreises

## Sachverhalt

1. Das in der nachstehenden Abbildung dargestellte Beispiel entspricht **Beispiel 1.26**, mit dem Unterschied, dass die Vereinbarung vorsieht, dass die im Rahmen der Aktienverkaufsvereinbarung zu zahlende Gegenleistung um ein Jahr verschoben wird. Der Kaufpreis der Aktien entspricht ihrem Marktwert am Datum der Vereinbarung zuzüglich einer Anpassung, die einem Marktzinssatz für den unbezahlten Kaufpreis entspricht. Staat B gestattet B Co, den Zinsanteil des Kaufpreises so zu behandeln, als führe er zu einer gesonderten steuerlich abzugsfähigen Aufwendung, während nach den Rechtsvorschriften von Staat A der gesamte Kaufpreis (einschließlich der Zinskomponente) als Gegenleistung für die Übertragung des Vermögenswerts behandelt wird.

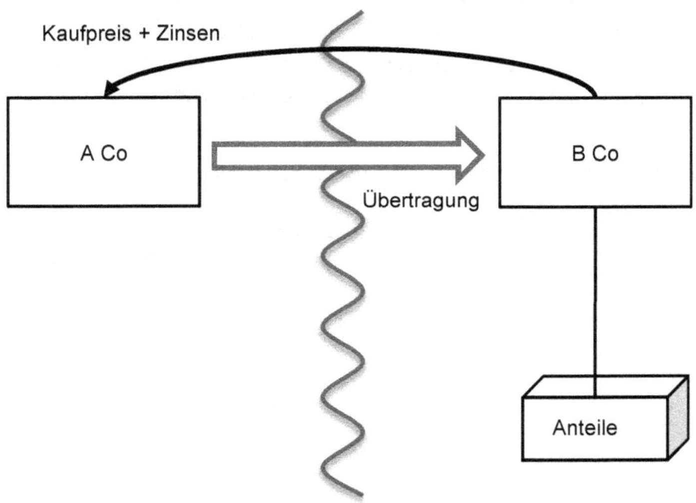


## Frage

2. Inwieweit ist die Regel für hybride Finanzinstrumente anwendbar, um die normalen steuerlichen Folgen für A Co und B Co in Bezug auf den Kaufpreis anzupassen?

## Antwort

3. Die Verkaufsvereinbarung wird nach den Rechtsvorschriften von Staat B so behandelt, als führe sie zu einem abzugsfähigen Finanzierungsaufwand. Staat B sollte daher die Zahlung als in den Geltungsbereich der Regel für hybride Finanzinstrumente fallend behandeln. Nach den Rechtsvorschriften von Staat A wird die Zahlung nicht als ordentliche Einnahme im Rahmen eines Finanzinstruments behandelt. Die Zinszahlung führt folglich zu einer Inkongruenz, die auf die unterschiedliche Qualifizierung der Vermögensübertragungs-

vereinbarung nach den Rechtsvorschriften von Staat A und Staat B zurückzuführen ist. B Co sollte deshalb ein Abzug für die Anpassung gemäß der Regel für hybride Finanzinstrumente versagt werden.

4. Da die Vereinbarung zwischen den Beteiligten nach den Rechtsvorschriften von Staat A nicht als Finanzinstrument behandelt wird, gilt die Regel für hybride Finanzinstrumente in Staat A nicht, es sei denn, die Übertragung des Vermögenswerts fällt unter die Definition einer hybriden Übertragung.

5. Die Zinszahlung im Rahmen der Vereinbarung über den Verkauf von Vermögenswerten ist keine Substitutionszahlung, da sie keinen Finanzierungs- oder Eigenkapitalertrag aus den zugrunde liegenden Aktien darstellt.

## Analyse

### *Der Vertrag ist in Staat A nur dann Gegenstand der Regel für hybride Finanzinstrumente, wenn er eine hybride Übertragung darstellt*

6. Auch wenn die Staaten dazu angehalten werden, sicherzustellen, dass die Regeln für hybride Finanzinstrumente für alle Gestaltungen gelten, die einen Finanzierungs- oder Eigenkapitalertrag generieren, sind die Regeln nicht dazu gedacht, die verschiedenen Kategorien von Finanzinstrumenten zu standardisieren oder deren steuerliche Behandlung zu harmonisieren, und im vorliegenden Fall, in dem die Finanzierungskomponente der Gestaltung in Wirklichkeit in die Berechnung des Kaufpreises für eine Vermögensübertragungsvereinbarung eingebunden ist, sollte es den Rechtsvorschriften von Staat A überlassen bleiben, zu bestimmen, ob die im Rahmen der Aktienverkaufsvereinbarung gezahlte Gegenleistung als Zahlung im Rahmen eines Finanzinstruments besteuert werden sollte.

7. Die Vereinbarung zwischen den Beteiligten wird nach den Rechtsvorschriften von Staat A als Vereinbarung zur Übertragung von Vermögenswerten behandelt, und der Zinsanteil des Kaufpreises wird nach den Regeln für die Besteuerung von Fremdkapital, Eigenkapital oder Derivaten nicht separat besteuert. Dementsprechend wird die Regel für hybride Finanzinstrumente in Staat A nicht angewendet.

8. Die im Rahmen der Gestaltung getätigte Zahlung würde nach den Rechtsvorschriften von Staat A jedoch als Finanzinstrument betrachtet, wenn die Strukturierung des Geschäftsvorfalls dazu führt, dass sowohl A Co als auch B Co gleichzeitig als Eigentümer der übertragenen Aktien behandelt werden. In einem solchen Fall müsste die Zahlung der Zinskomponente im Rahmen der Vermögensübertragungsvereinbarung nach den Rechtsvorschriften von Staat A als abzugsfähige Zahlung im Rahmen eines Finanzinstruments behandelt werden, die zu einer hybriden Besteuerungsinkongruenz führt.

### *Die Regel für Substitutionszahlungen gilt nicht in Staat A*

9. Die in Empfehlung 1.2(e) aufgeführten Regeln für Substitutionszahlungen neutralisieren alle D/NI-Ergebnisse in Bezug auf bestimmte Zahlungen, die im Rahmen einer Vermögensübertragungsvereinbarung getätigt werden. Die Regel gilt jedoch nur für einen Steuerpflichtigen, der ein Finanzinstrument gegen eine Vergütung überträgt, die einen Betrag umfasst, der einen Finanzierungs- oder Eigenkapitalertrag aus dem zugrunde liegenden Instrument darstellt. In diesem Fall wurden die im Rahmen der Vermögensübertragungsvereinbarung gezahlten Zinsen nicht in Bezug auf den Ertrag des zugrunde liegenden Vermögenswerts berechnet. Dementsprechend fällt die Zinszahlung nicht in den Geltungsbereich der Regel für Substitutionszahlungen.

### *Die Zinskomponente des Kaufpreises unterliegt in Staat B der Regel für hybride Finanzinstrumente*

10. B Co behandelt den Zinsanteil des Kaufpreises nicht als in der Vergütung für den Verkauf inbegriffen, sondern als separaten und abzugsfähigen Finanzierungsaufwand. Die Zahlung fällt deshalb in Staat B zu Steuerzwecken unter die Regeln für die Besteuerung von Fremdkapital oder Finanzderivaten und sollte daher als in den Geltungsbereich der Regel für hybride Finanzinstrumente fallend behandelt werden.

11. Die Zinszahlung führt zu einem D/NI-Ergebnis, da die Zahlung nach den Rechtsvorschriften von Staat A keine unabhängige Bedeutung hat und einfach als Teil des für die Aktien gezahlten Kaufpreises behandelt wird. Diese Besteuerungsinkongruenz ist auf die Unterschiede bei der steuerlichen Behandlung der Anteilsverkaufsvereinbarung nach den Rechtsvorschriften in Staat A und Staat B zurückzuführen und stellt daher eine hybride Inkongruenz dar, die in Staat B einer Anpassung nach der Regel für hybride Finanzinstrumente unterliegt.

12. In einem Fall, in dem der Kontrahent der Gestaltung die Anpassung nicht als Zahlung im Rahmen eines Finanzinstruments behandelt, sollte der Betrag der Anpassung auf den Anteil beschränkt sein, der nach den Rechtsvorschriften von Staat B so behandelt wird, als führe er zu einem Finanzierungs- oder Eigenkapitalertrag.

# Beispiel 1.28
# Von einem Tradingunternehmen gezahlte Zinsen

## Sachverhalt

1. Das in der nachstehenden Abbildung dargestellte Beispiel entspricht **Beispiel 1.27**, mit dem Unterschied, dass B Co den Vermögenswert im Rahmen seiner Tätigkeit als Wertpapierhändler erwirbt und dazu berechtigt ist, bei der Berechnung des aus dem Vermögenswert resultierenden (zu versteuernden) Ertrags den Kaufpreis als Betriebsausgabe zu berücksichtigen.

## Frage

2. Inwieweit ist die Regel für hybride Finanzinstrumente anwendbar, um die normalen steuerlichen Folgen für A Co und B Co in Bezug auf den Kaufpreis anzupassen?

## Antwort

3. Die gemäß der Regel für hybride Finanzinstrumente erforderlichen Anpassungen sind dieselben wie in **Beispiel 1.27**, die Versagung eines Abzugs für die Zinskomponente des von B Co gezahlten Kaufpreises (d.h. des Abzugs, der den Bedingungen des Instruments zuzurechnen ist) sollte jedoch keine Auswirkungen auf die Möglichkeiten von B Co haben, bei der Berechnung der aus dem Erwerb und der Veräußerung des Vermögenswerts resultierenden zu versteuernden Gewinne oder Verluste den vollen im Rahmen der Vermögensübertragungsvereinbarung zu zahlenden Betrag zu berücksichtigen.

## Analyse

### *Die Zinskomponente des Kaufpreises ist eine Zahlung, die in Staat B der Regel für hybride Finanzinstrumente unterliegt*

4. Wie im Analyseteil von **Beispiel 1.27** näher beschrieben, wird die Zahlung nach den Rechtsvorschriften von Staat B als separater und abzugsfähiger Finanzierungsaufwand behandelt, und die Zahlung sollte deshalb als in den Geltungsbereich der Regel für hybride Finanzinstrumente fallend behandelt werden, insoweit sie zu einem D/NI-Ergebnis führt.

### *Die Anpassung nach den Rechtsvorschriften von Staat B sollte keine Auswirkungen auf die Fähigkeit von B Co haben, einen Abzug für die beim Erwerb eines zu Handelszwecken gehaltenen Vermögenswerts angefallenen Aufwendungen geltend zu machen*

5. Der Nettoertrag eines Steuerpflichtigen aus dem Wertpapierhandel im Rahmen der gewöhnlichen Geschäftstätigkeit wird häufig als ordentliche Einnahme besteuert. Die

Einnahmen, Ausgaben, Gewinne und Verluste, die mit dem Kauf, dem Besitz und der Veräußerung dieser Wertpapiere verbunden sind, werden bei den steuerpflichtigen Einkünften berücksichtigt bzw. davon abgezogen, unabhängig davon, wie Zahlungen im Rahmen dieser Instrumente nach den gewöhnlichen Regeln sonst besteuert würden oder wie diese Beträge in der Bilanz oder der Gewinn- und Verlustrechnung ausgewiesen werden. Die Regel für hybride Finanzinstrumente sollte den Wertpapierhändler nicht daran hindern, einen Abzug für eine Aufwendung geltend zu machen, die im Rahmen seiner gewöhnlichen Geschäftstätigkeit in Bezug auf den Erwerb eines zu Handelszwecken gehaltenen Vermögenswerts angefallen ist, sofern der Steuerpflichtige den Nettoertrag aus diesen Handelsaktivitäten voll versteuern muss.

6. Der Betriebsausgabenabzug, den ein Wertpapierhändler für die im Rahmen seiner gewöhnlichen Geschäftstätigkeit durch den Erwerb eines Wertpapiers entstandenen Kosten geltend machen kann, sollte deshalb generell nicht durch die Anwendung der Regel für hybride Finanzinstrumente beeinflusst werden. Der von dem Tradingunternehmen geltend gemachte Abzug ist nicht den Bedingungen des Instruments, in dessen Rahmen die Zahlung getätigt wird, zuzurechnen, sondern darauf zurückzuführen, dass der Wertpapierhändler aufgrund seines besonderen Status berechtigt ist, alle Aufwendungen für Steuerzwecke zu berücksichtigen.

7. Selbst in Fällen, in denen sich der Wertpapierhändler normalerweise auf die konkrete steuerliche Qualifizierung der Zahlung stützen würde, um ihre steuerlichen Folgen zu bestimmen (wie beispielsweise im Hinblick auf die Zinszahlung), sollte der Händler in der Lage sein, diese Zahlung trotz der Anwendung der Regel für hybride Finanzinstrumente weiter abzuziehen, sofern dieser Abzug mit dem Status des Steuerpflichtigen als Wertpapierhändler in Einklang steht. Im vorliegenden Fall sollte die Versagung des Zinsabzugs nach den Regeln für hybride Finanzinstrumente daher keine Auswirkungen auf die Fähigkeit eines Wertpapierhändlers haben, einen Abzug für die Vergütung geltend zu machen, die für den Erwerb des Finanzinstruments bezahlt wurde.

# Beispiel 1.29

# An ein Tradingunternehmen gezahlte Zinsen

## Sachverhalt

1. Der Sachverhalt in diesem Beispiel ist derselbe wie in **Beispiel 1.27**, mit dem Unterschied, dass A Co den Vermögenswert im Rahmen seiner Tätigkeiten als Wertpapierhändler verkauft und verpflichtet ist, bei der Berechnung des aus dem Vermögenswert resultierenden (zu versteuernden) Ertrags den Gesamtbetrag der Zahlung als ordentliche Einnahme zu berücksichtigen.

## Frage

2. Inwieweit ist die Regel für hybride Finanzinstrumente anwendbar, um die normalen steuerlichen Folgen für A Co und B Co in Bezug auf den Kaufpreis anzupassen?

## Antwort

3. Die gemäß der Regel für hybride Finanzinstrumente erforderlichen Anpassungen sind dieselben wie in **Beispiel 1.27**. Die Tatsache, dass A Co den im Rahmen der Vermögensverkaufsvereinbarung gezahlten Zinsbetrag als steuerpflichtigen Gewinn behandeln kann, sollte den nach den Rechtsvorschriften von Staat B erforderlichen Anpassungsbetrag nicht beeinflussen.

## Analyse

### *Die Zinskomponente des Kaufpreises ist eine abzugsfähige Zahlung im Rahmen eines hybriden Finanzinstruments*

4. Wie in der Analyse von **Beispiel 1.27** näher beschrieben, wird der Zinsanteil der Zahlung nach den Rechtsvorschriften von Staat B als separater und abzugsfähiger Finanzierungsaufwand behandelt, und er sollte deshalb nach den Rechtsvorschriften von Staat B als abzugsfähige Zahlung im Rahmen eines Finanzinstruments behandelt werden.

### *Die Zinskomponente des Kaufpreises wird nach den Rechtsvorschriften von Staat A nicht in den ordentlichen Einnahmen berücksichtigt*

5. Die Zinskomponente des Kaufpreises sollte nicht als Zahlung im Rahmen eines Finanzinstruments behandelt werden, die nach den Rechtsvorschriften von Staat A zu ordentlichen Einkünften geführt hat, selbst wenn A Co möglicherweise verpflichtet ist, die Vergütung für die Veräußerung dieses Vermögenswerts vollständig oder teilweise für Steuerzwecke als ordentliche Einnahme zu berücksichtigen.

6. Bei der Ermittlung, ob eine Zahlung im Rahmen eines Finanzinstruments zu einer Besteuerungsinkongruenz geführt hat, berücksichtigt die Regel für hybride Finanzinstrumente lediglich die erwartete steuerliche Behandlung der Zahlung nach den Rechtsvorschriften des Kontrahentenstaats anstelle ihrer tatsächlichen steuerlichen Behandlung beim Kontrahenten. Die Tatsache, dass A Co ein Wertpapierhändler ist und die Zahlung als Erlös aus der Veräußerung von zu Handelszwecken gehaltenen Wertpapieren den ordentlichen Einnahmen zurechnen kann, hat keine Auswirkungen auf die Entscheidung, ob die Bedingungen des Instruments und die in dessen Rahmen getätigten Zahlungen voraussichtlich zu einem D/NI-Ergebnis führen.

# Beispiel 1.30
# Anpassung des Kaufpreises um einbehaltene Gewinne

## Sachverhalt

1. In dem in der nachstehenden Abbildung dargestellten Beispiel überträgt A Co (ein in Staat A ansässiges Unternehmen) im Rahmen einer Aktienverkaufsvereinbarung Anteile an C Co, einer in Staat C ansässigen 100%igen Tochtergesellschaft, an B Co, einem in Staat B ansässigen Unternehmen. B Co zahlt für die Anteile den Marktwert. Die Anteilsübereignung erfolgt zwar am Tag der Zahlung, der Verkauf erfolgt jedoch mitten in der Rechnungsperiode von C Co.

2. A Co hat Anspruch auf eine Anpassung des Kaufpreises. Die Höhe der Anpassung wird in Bezug auf das Betriebsergebnis von C Co zum Ende der Rechnungsperiode berechnet. Diese Anpassung wird nach den Rechtsvorschriften von Staat B als abzugsfähige Betriebsausgabe behandelt, wohingegen A Co die Zahlung als Gegenleistung für die Veräußerung eines Vermögenswerts behandelt, die der Besteuerung zu einem vergünstigten Satz unterliegt.

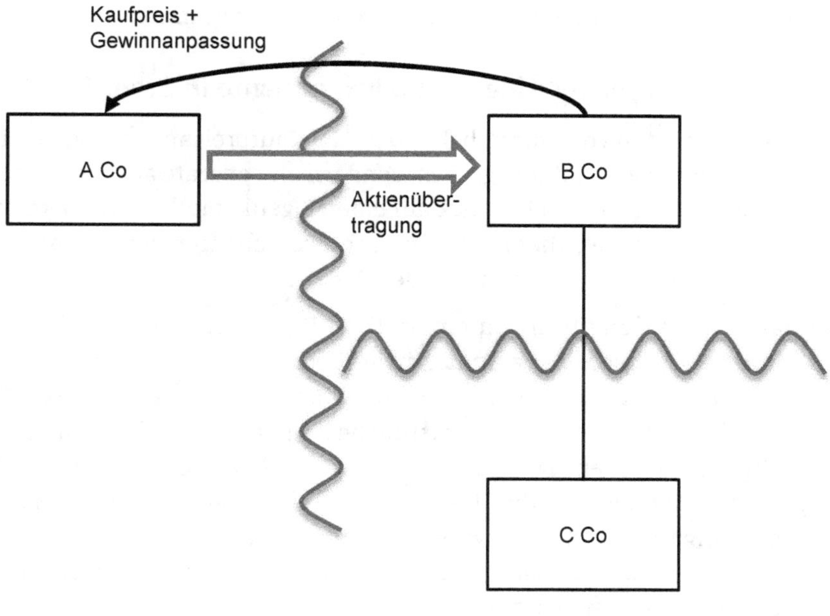


## Frage

3. Fällt die Anpassungszahlung in den Geltungsbereich der Regel für hybride Finanzinstrumente?

## Antwort

4. Die Regel für hybride Finanzinstrumente sollte in Staat B angewandt werden, um einen Betriebsausgabenabzug für die Zahlung zu versagen, wenn die Zahlung im Rahmen einer strukturierten Gestaltung erfolgt.

5. Zwar wird die Regel für hybride Finanzinstrumente in Staat A nicht allgemein Anwendung finden, da A Co die Zahlung nicht als im Rahmen eines Finanzinstruments getätigt behandelt, die Zahlung stellt jedoch eine Eigenkapitalverzinsung für die übertragenen Anteile dar, die einer Anpassung nach den Regeln für Substitutionszahlungen unterliegen könnte.

## Analyse

### *Ob die Vereinbarung über die Anteilsübertragung als Finanzinstrument behandelt werden sollte, sollte nach inländischem Recht entschieden werden*

6. Der Vertrag über den Verkauf der Anteile könnte für die Zwecke der Regel für hybride Finanzinstrumente unter die Definition eines Finanzinstruments fallen, da er eine eigenkapitalbasierte Rendite für A Co vorsieht. Der Bericht ermutigt die Staaten, vernünftige Anstrengungen zu unternehmen, um sicherzustellen, dass die Hybrid-Mismatch-Regeln für Instrumente gelten, die zu einem Finanzierungs- oder Eigenkapitalertrag führen, um eine konsistente Anwendung der Regeln sicherzustellen. Die Absicht der Regeln besteht jedoch nicht darin, eine Harmonisierung der steuerlichen Behandlung von Finanzinstrumenten zu erreichen, und in schwierigen Fällen sollte die Trennlinie zwischen Finanzinstrumenten und anderen Gestaltungsarten den inländischen Rechtsvorschriften überlassen werden, sofern diese mit der allgemeinen Absicht der Regeln übereinstimmen.

### *Anwendung der Regel für hybride Finanzinstrumente in Staat B*

7. Die Rechtsvorschriften von Staat B behandeln die Kaufpreisanpassung nicht als in der Vergütung für den Anteilsverkauf inbegriffen, sondern als separate abzugsfähige Ausgabe. Die Anpassungszahlung erfolgt im Hinblick auf einen Eigenkapitalertrag im Rahmen eines Finanzinstruments und sollte daher nach den Rechtsvorschriften von Staat B als Zahlung im Rahmen eines Finanzinstruments behandelt werden.

8. Die Anpassungszahlung führt zu einem D/NI-Ergebnis, da die Zahlung nach den Rechtsvorschriften von Staat A keine unabhängige Bedeutung hat und einfach als Teil des Kaufpreises behandelt wird. Die Zahlung sollte unabhängig davon, ob A Co verpflichtet ist, die Vergütung für den Anteilsverkauf als ordentliche Einnahme zu behandeln, so behandelt werden, als führe sie zu einem D/NI-Ergebnis (vgl. die Analyse in **Beispiel 1.29**). Diese Besteuerungsinkongruenz ist auf die Unterschiede bei der steuerlichen Behandlung der Verkaufsvereinbarung nach den Rechtsvorschriften in Staat A und Staat B zurückzuführen und stellt daher eine hybride Inkongruenz dar, die nach der Regel für hybride Finanzinstrumente in Staat B einer Anpassung unterliegt.

9. Wenn, wie im vorliegenden Fall, ein Staat die Gestaltung als Finanzinstrument behandelt, der andere Staat jedoch nicht, dann sollte die Anpassung, die durch den Staat vorgenommen wird, der die Regel anwendet, auf den Anteil der Zahlung beschränkt sein, der so behandelt wird, als führe er zu dem Eigenkapitalertrag.

### *Anwendung der Regel für Substitutionszahlungen in Staat A*

10. A Co behandelt die Zahlung nicht als im Rahmen eines Finanzinstruments getätigt, da der zu zahlende Gesamtbetrag nach den Rechtsvorschriften von Staat A als Gegenleistung für den Anteilsverkauf behandelt wird.

11. Wenn die Regel für hybride Finanzinstrumente in Staat B keine Anwendung findet, um die Besteuerungsinkongruenz zu neutralisieren, könnte die Zahlung jedoch immer noch unter die Regel für Substitutionszahlungen in Empfehlung 1.2(e) fallen. Nach dieser Regel ist ein Steuerpflichtiger, der ein Finanzinstrument gegen eine Vergütung verkauft, die einen Betrag umfasst, der eine Eigenkapitalverzinsung für das zugrunde liegende Instrument (eine Substitutionszahlung) darstellt, dazu verpflichtet, eine solche Zahlung in den Einnahmen zu berücksichtigen, wenn die Substitutionszahlung nach den Rechtsvorschriften des Kontrahentenstaats steuerlich abzugsfähig ist und die zugrunde liegende Eigenkapitalverzinsung steuerpflichtig gewesen wäre, wenn sie im Rahmen des Finanzinstruments direkt gezahlt worden wäre. Im vorliegenden Beispiel würde die Zahlung daher als Substitutionszahlung behandelt werden und nach den entsprechenden Regeln einer Anpassung unterliegen, wenn A Co eine Dividende von C Co in den ordentlichen Einnahmen berücksichtigt hätte.

# Beispiel 1.31

# Als Aktien-Repo gestaltetes Darlehen

## Sachverhalt

1. In dem in der nachstehenden Abbildung dargestellten Beispiel möchte A Co (ein in Staat A ansässiges Unternehmen) Geld von B Co ausleihen, einem in Staat B ansässigen fremden Kreditgeber. B Co schlägt vor, das Darlehen als Verkaufs- und Rückkaufsgeschäft (Repo) zu strukturieren, um für das Darlehen Sicherheiten an B Co zu stellen und die Steuerlast von B Co (und damit die Finanzierungskosten für die Beteiligten) im Rahmen der Vereinbarung zu senken.

2. Bei dem Repogeschäft überträgt A Co Aktien an B Co mit der Vereinbarung, dass A Co (oder ein verbundenes Unternehmen) diese Aktien zu einem späteren Zeitpunkt zu einem vereinbarten Preis zurückkaufen wird, der einem Finanzierungsertrag abzüglich etwaiger während der Laufzeit des Repogeschäfts auf die Aktien von B Co erhaltener Ausschüttungen entspricht.

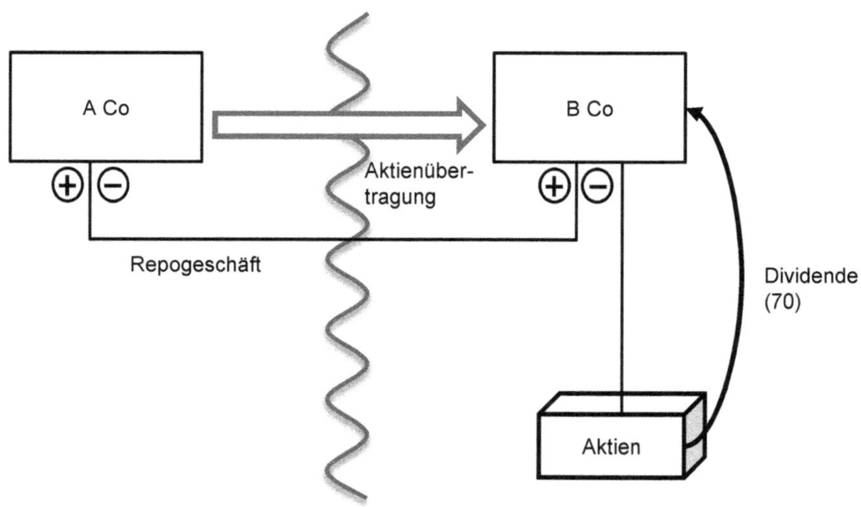


3. Diese Art von Finanzierungsvereinbarung kann als „Repogeschäft mit Nettoertrag" beschrieben werden. Grund dafür ist, dass B Co (der Verleiher im Rahmen der Vereinbarung und der vorübergehende Inhaber der Aktien während der Laufzeit des Repogeschäfts) die Dividenden, die es auf die zugrunde liegenden Aktien erhält, nicht an A Co (den wirtschaftlichen Eigentümer der Aktien) weiterreicht. Diese Dividenden werden vielmehr von B Co als Teil seines Gesamtertrags im Rahmen der Finanzierungsvereinbarung einbehalten.

4. Im vorliegenden Beispiel wird unterstellt, dass Staat B die Gestaltung entsprechend ihrer Form besteuert. B Co wird nach den Rechtsvorschriften von Staat B so besteuert, als ob es der wirtschaftliche Eigentümer der Dividenden wäre, die auf die zugrunde liegenden Aktien gezahlt werden, und zur Inanspruchnahme der Freistellung im Hinblick auf solche

Dividenden berechtigt wäre. Staat A besteuert die Gestaltung gemäß ihrem wirtschaftlichen Gehalt. Für Steuerzwecke in Staat A wird das Repogeschäft als Darlehen an A Co behandelt, das durch die übertragenen Aktien abgesichert ist. Nach den Rechtsvorschriften von Staat A wird A Co als Eigentümer der Aktien mit dem entsprechenden Anspruch auf die während der Laufzeit des Repogeschäfts auf diese Aktien gezahlten Dividenden betrachtet. Nach dem Steuersystem von Staat A wird die Dividende besteuert, die A Co erhält, wobei ein Bruttoaufschlag anhand der zugrunde liegenden (als gezahlt unterstellten) Steuer auf die Gewinne, aus denen die Dividende gezahlt wird, vorgenommen wird und eine Anrechnung dieser zugrunde liegenden Steuer erfolgt. Da es sich bei diesem Repogeschäft jedoch um ein Repogeschäft mit Nettoertrag handelt, bei dem der Kreditgeber die Dividende als Teil des vereinbarten Darlehensertrags einbehält, wird A Co auch so behandelt, als entstünden ihm abzugsfähige Finanzierungsaufwendungen in Höhe der von B Co einbehaltenen Dividende.

5. Angenommen, der Betrag, den B Co ursprünglich für die Aktien zahlt, beläuft sich auf 2 000 Geldeinheiten. Die Laufzeit des Repogeschäfts beträgt ein Jahr, und der vereinbarte Finanzierungsertrag beläuft sich auf 3,5%. A Co wäre somit normalerweise verpflichtet, die Aktien für 2 070 Geldeinheiten zurückzukaufen. Im vorliegenden Fall erhält B Co jedoch eine Dividende in Höhe von 70 Geldeinheiten auf die Aktien, die es einbehält, weshalb sich der Rückkaufpreis für die Aktien auf 2 000 Geldeinheiten beläuft (auch wenn die Nettokosten des Repogeschäfts für A Co 70 Geldeinheiten betragen). Die nachstehende Tabelle legt die Steuerposition von A Co und B Co im Rahmen dieser Gestaltung dar.

| **A Co** | | | **B Co** | | |
|---|---|---|---|---|---|
| | **Steuer** | **Verbuchung** | | **Steuer** | **Verbuchung** |
| Einnahmen | | | Einnahmen | | |
| Dividende | 70 | 70 | Dividende | 0 | 70 |
| Bruttoaufschlag zur Berücksichtigung der unterstellten Steuerzahlung | 30 | 0 | | | |
| Ausgaben | | | Ausgaben | | |
| Ausgaben im Rahmen des Repogeschäfts | (70) | (70) | | | |
| **Nettogewinn** | | **0** | **Nettogewinn** | | **70** |
| **Steuerpflichtige Einkünfte** | **30** | | **Steuerpflichtige Einkünfte** | **0** | |
| Besteuerung (30%) des Nettoertrags | (9) | | | | |
| Steueranrechnung | 30 | | | | |
| Steuervorteil | | 21 | Zu entrichtende Steuern | | 0 |
| **Ergebnis nach Steuern** | | **21** | **Ergebnis nach Steuern** | | **70** |

6. Wie in der oben stehenden Tabelle veranschaulicht, erhält B Co eine Dividende von 70 Geldeinheiten, die nach den Rechtsvorschriften von Staat B als steuerbefreit behandelt wird. Die Dividende entspricht exakt dem vertraglich geregelten Anspruch von B Co auf den Ertrag im Rahmen des Repogeschäfts. B Co erwirbt die Aktien und verkauft sie zum selben Preis und erzielt somit keinen Gewinn, der ansonsten in Staat B der Besteuerung unterliegen könnte.

7. A Co berücksichtigt diese Dividende ebenfalls in seiner eigenen Ermittlung der steuerpflichtigen Einkünfte, zusammen mit einem Anrechnungsbetrag für indirekte ausländische Steuern von 30 Geldeinheiten. A Co ist jedoch berechtigt, die Nettoaufwendungen im Rahmen des Repogeschäfts (einschließlich der von B Co einbehaltenen Dividende) in Abzug zu bringen. Dieser Abzug könnte darauf zurückzuführen sein, dass die Rechtsvorschriften von Staat A das Repogeschäft als Darlehen (d.h. als Finanzinstrument) qualifizieren und den Dividendenbetrag, der an B Co gezahlt und von B Co einbehalten wird, als Zinszahlung auf das Darlehen behandeln, oder weil die Rechtsvorschriften von Staat A den Nettoertrag dieser Gestaltungsarten (d.h. Aktienrepogeschäften) so behandeln, als führten sie zu einem abzugsfähigen Verlust oder steuerpflichtigem Gewinn, so dass der Betrag der Dividende, der an B Co gezahlt und von B Co einbehalten wird, in Anbetracht des Charakters der Gestaltung zwischen den Beteiligten bei der Berechnung der steuerpflichtigen Einkünfte von A Co als Betriebsausgabenabzug berücksichtigt wird.

8. Die Gestaltung führt aus der Perspektive von A Co zwar möglicherweise zu einem Ergebnis, das sich nicht wesentlich von einem herkömmlichen Darlehen unterscheidet, sie bewirkt für B Co jedoch insofern einen Steuervorteil, als die Finanzierungskosten von A Co aus einer Dividende von 70 Geldeinheiten gezahlt werden, die aufgrund des Wirksamwerdens der Dividendenfreistellung in Staat B nicht in den ordentlichen Einnahmen von B Co berücksichtigt ist.

## Frage

9. Fällt die Gestaltung in den Geltungsbereich der Regel für hybride Finanzinstrumente und wenn ja, inwieweit ist es erforderlich, eine Anpassung gemäß dieser Regel vorzunehmen?

## Antwort

10. Bei dem Repogeschäft handelt es sich um eine hybride Übertragung, und die Zahlung der Dividende auf die zugrunde liegenden Aktien führt zu einem D/NI-Ergebnis zwischen den an dem Repogeschäft Beteiligten. Staat A behandelt die auf die übertragenen Aktien gezahlte Dividende als abzugsfähige Aufwendung im Rahmen des Repogeschäfts, wohingegen Staat B dieselbe Zahlung als Ertrag aus den zugrunde liegenden Aktien (und dementsprechend als steuerbefreit) behandelt. Bei der daraus folgenden Inkongruenz handelt es sich um eine hybride Inkongruenz, da sie durch die unterschiedliche Qualifizierung und Behandlung der Zahlungen im Rahmen des Repogeschäfts durch Staat A und Staat B zustande kommt.

11. Auch wenn A Co und B Co keine nahestehenden Dritten sind, wurde die Gestaltung konzipiert, um die Besteuerungsinkongruenz hervorzubringen, weshalb sie unter die Regel für hybride Finanzinstrumente fällt. Dementsprechend sollte Staat A den Abzug für die Finanzierungskosten im Rahmen der Gestaltung versagen. Falls Staat A die empfohlene Maßnahme nach der Regel für hybride Finanzinstrumente nicht anwendet, sollte der Finanzierungsertrag nach den Rechtsvorschriften von Staat B in den ordentlichen Einnahmen berücksichtigt werden.

## Analyse

### *Empfehlung 2.1 findet auf die Gestaltung keine Anwendung*

12. Es kann sein, dass Staat B im Einklang mit Empfehlung 2.1 Regeln umgesetzt hat, die den Vorteil der Dividendenfreistellung in Fällen beseitigen, in denen die Zahlung steuerlich abzugsfähig ist. Im vorliegenden Fall findet Empfehlung 2.1 jedoch nicht allgemein

Anwendung, da diese Regel lediglich die steuerliche Behandlung der Zahlung nach den Rechtsvorschriften des Staats des Emittenten sowie die Frage betrachtet, ob der Emittent berechtigt war, einen Abzug für eine solche Zahlung geltend zu machen. Da die Dividende nicht für den Emittenten, sondern für A Co (den Kontrahenten des Repogeschäfts) abzugsfähig ist, schränken die in Empfehlung 2.1 empfohlenen Änderungen der innerstaatlichen Rechtsvorschriften den Anspruch von B Co auf Dividendenfreistellung im Allgemeinen nicht ein.

### *Die Gestaltung stellt nach den Rechtsvorschriften von Staat A ein Finanzinstrument dar*

13. Staat A qualifiziert entweder die Dividende, die nach den Bedingungen des Repogeschäfts an B Co gezahlt wird, als Zinsen für ein Darlehen oder gestattet es den Steuerpflichtigen anderweitig, den Nettoaufwand im Rahmen dieser Art von Gestaltung bei der Berechnung des steuerpflichtigen Einkommens von A Co als Betriebsausgabenabzug zu berücksichtigen. Dementsprechend sollte das Repogeschäft nach den Rechtsvorschriften von Staat A so behandelt werden, als fiele es unter die Regel für hybride Finanzinstrumente.

### *Die Gestaltung stellt nach den Rechtsvorschriften von Staat B eine hybride Übertragung dar*

14. Bei dem Repogeschäft handelt es sich um eine hybride Übertragung, da:

(a) nach den Rechtsvorschriften von Staat B B Co der Eigentümer der Aktien ist und die Rechte von A Co an diesen Aktien als Verpflichtung von B Co zum Rückverkauf an A Co behandelt werden, und

(b) nach den Rechtsvorschriften von Staat A A Co der Eigentümer der Aktien ist, wohingegen die Rechte von B Co an diesen Aktien als Verzinsung der Sicherheit für das Darlehen behandelt werden.

Daher müssen die im Rahmen des Repogeschäfts geleisteten Zahlungen selbst dann, wenn das Repogeschäft nach den Rechtsvorschriften von Staat B als einfache Vermögensübertragungsvereinbarung qualifiziert wird, für die Zwecke der Regel für hybride Finanzinstrumente in Staat B so behandelt werden, als seien sie im Rahmen eines Finanzinstruments geleistet worden, und unterliegen einer Anpassung, soweit sie zu einer Besteuerungsinkongruenz führen, die auf die Konditionen des Instruments zurückzuführen ist.

### *Die Zahlung im Rahmen des Repogeschäfts führt zu einer hybriden Besteuerungsinkongruenz*

15. Die Regel für hybride Finanzinstrumente gilt dann, wenn eine abzugsfähige Zahlung im Rahmen eines Finanzinstruments nach den Rechtsvorschriften des Staats des Zahlungsempfängers nicht in den ordentlichen Einnahmen berücksichtigt wird und die Besteuerungsinkongruenz auf die Konditionen des Instruments zurückzuführen ist.

16. Im vorliegenden Fall wird das Repogeschäft nach den Rechtsvorschriften von Staat A als Finanzinstrument behandelt. Bei der Zahlung, die zu dem D/NI-Ergebnis führt, handelt es sich um die Dividende auf die übertragenen Aktien, die im Rahmen des Repogeschäfts von B Co einbehalten wird. Diese Dividende wird als abzugsfähige Ausgabe von A Co behandelt und nach den Rechtsvorschriften von Staat B nicht in den ordentlichen Einnahmen berücksichtigt. Diese unterschiedliche Besteuerung ist auf Unterschiede zwischen den Rechtsvorschriften von Staat A und Staat B bei der steuerlichen Behandlung des Repogeschäfts zurückzuführen.

17. Auch wenn B Co die Zahlung, die zu dem D/NI-Ergebnis führt, nach inländischem Recht normalerweise als separate Zahlung auf die zugrunde liegenden Aktien behandelt hätte (und nicht als Zahlung im Rahmen des Repogeschäfts selbst), da die Vermögensübertragungsvereinbarung im vorliegenden Fall eine hybride Übertragung darstellt, muss B Co berücksichtigen, wie die Zahlung nach den Rechtsvorschriften von Staat A qualifiziert wird.

### Selbst wenn die Dividende nach den Rechtsvorschriften von Staat A als ordentliche Einnahme behandelt worden wäre, würde dies nach wie vor zu einer Inkongruenz führen

18. Bei dem in diesem Beispiel gegebenen Sachverhalt wird die Dividende auf die zugrunde liegenden Aktien nach den Rechtsvorschriften von Staat A so behandelt, als sei sie mit einem Anspruch auf Anrechnung der durch den Emittenten entrichteten zugrunde liegenden Steuern verbunden, und wird daher nicht in den ordentlichen Einnahmen berücksichtigt, wenn sie so behandelt wird, als sei sie von A Co erhalten worden. Wie bei anderen Arten von Finanzinstrumenten auch, berücksichtigen die Regeln für hybride Übertragungen jedoch nicht, ob die Mittel, die A Co im Rahmen des Repogeschäfts erhält, in Vermögenswerte investiert wurden, die ordentliche Einnahmen generieren. Die Anpassung, die im Rahmen der Regel für hybride Finanzinstrumente vorzunehmen ist, wird daher nicht davon beeinflusst, ob A Co die Dividende auf die übertragenen Aktien als ordentliche Einnahmen behandelt.

### Die Vereinbarung ist strukturiert

19. Der Sachverhalt macht deutlich, dass einer der Gründe für die Strukturierung des Darlehens als Repogeschäft darin besteht, für die an der Gestaltung Beteiligten eine Senkung der Steuerlast zu erreichen. Der Sachverhalt der Gestaltung deutet darauf hin, dass diese mit der Absicht entwickelt wurde, eine Besteuerungsinkongruenz herbeizuführen. Im vorliegenden Fall, in dem die an dem Repogeschäft Beteiligten fremde Dritte sind, werden die Beteiligten einen niedrigeren Finanzierungszinssatz vereinbart haben, als sie vereinbart hätten, wenn der Ertrag aus dem Repogeschäft in Staat B steuerpflichtig gewesen wäre.

### Anpassung nach den Rechtsvorschriften von Staat A

20. Die vorrangige Empfehlung nach der Regel für hybride Finanzinstrumente lautet, dass Staat A A Co den Betriebsausgabenabzug für die Finanzierungskosten im Rahmen des Repogeschäfts versagen sollte, soweit diese Ausgaben nicht in den ordentlichen Einnahmen berücksichtigt sind.

### Anpassung nach den Rechtsvorschriften von Staat B

21. Staat B behandelt das Repogeschäft nach innerstaatlichem Recht zwar nicht als Finanzinstrument, die Vereinbarung fällt nach den Rechtsvorschriften von Staat B jedoch in den Geltungsbereich der Regel für hybride Finanzinstrumente, da es sich um eine hybride Übertragung handelt. Wenn die Besteuerungsinkongruenz nicht neutralisiert wird, indem Staat A einen Betriebsausgabenabzug für die Finanzierungskosten im Rahmen des Repogeschäfts versagt, sollte dieser Betrag nach den Rechtsvorschriften von Staat B so behandelt werden, als wäre er in den ordentlichen Einnahmen berücksichtigt.

# Beispiel 1.32
# Aktienleihvereinbarung

## Sachverhalt

1. Die nachstehende Abbildung stellt eine Aktienleihvereinbarung dar. Eine Aktienleihe ähnelt dem (in **Beispiel 1.31** beschriebenen) Repogeschäft insofern, als Aktien im Rahmen einer Vereinbarung, nach der diese Aktien zu einem späteren Zeitpunkt wieder zurückgegeben werden müssen, an einen vorübergehenden Inhaber (den Entleiher) übertragen werden, so dass der Übertragende (der Verleiher) über die Verpflichtungen des Kontrahenten im Rahmen der Vermögensübertragungsvereinbarung weiterhin das volle Risiko und den vollen Ertrag des Eigentums an den Aktien trägt. Der Unterschied zwischen einem Repogeschäft und einer Aktienleihvereinbarung besteht darin, dass die ursprüngliche Aktienübertragung nicht gegen eine festgelegte Vergütung erfolgt. Stattdessen besteht die Verpflichtung des Entleihers darin, zu einem späteren Zeitpunkt eine Rückübertragung derselben oder identischer Wertpapiere an den Verleiher vorzunehmen.

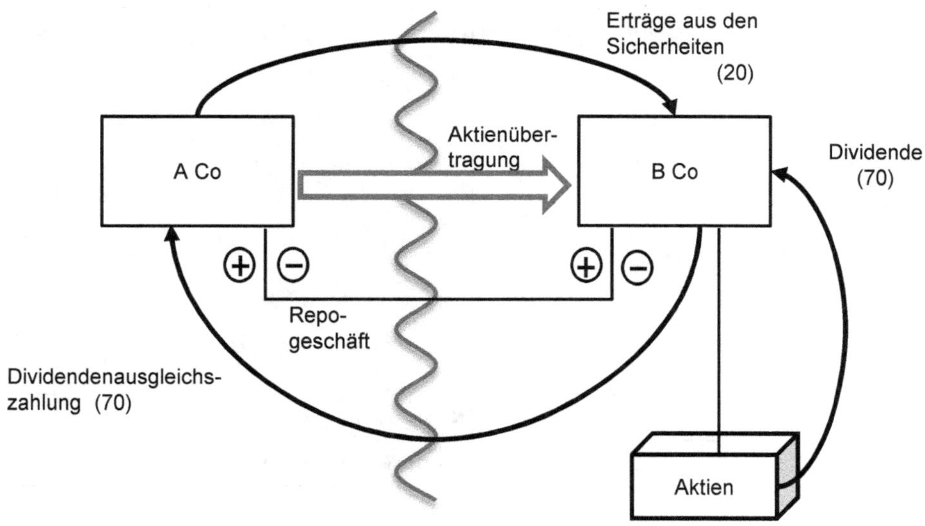


2. Der Verleiher der Aktien möchte sich vor dem Ausfallrisiko des Entleihers schützen, so dass der Verleiher bei den meisten gewerblichen Aktienleihgeschäften vom Entleiher Sicherheiten verlangt, die mindestens dem Wert der geliehenen Aktien entsprechen. Diese Sicherheiten nehmen oftmals die Form von Schuldverschreibungen mit Investment-Grade-Rating an. Gewerbliche Wertpapierleihvereinbarungen sehen vor, dass der Entleiher einen Ertrag aus den eingebrachten Sicherheiten erhält und dem Verleiher eine Gebühr gezahlt wird, die den Einnahmen aus den Sicherheiten entnommen werden kann.

3. Sowohl im Rahmen der Aktienleihe als auch des Repogeschäfts ist es möglich – oder sogar beabsichtigt –, dass während der Laufzeit der Aktienleihe oder des Repogeschäfts eine Zins- oder Dividendenzahlung fällig wird. Werden die Aktien dem Verleiher nicht

zurückgegeben, bevor eine Dividende auf die Aktien ausgeschüttet wird, verlangt der Verleiher in der Regel eine „Dividendenausgleichszahlung" von dem Entleiher, die dem Betrag entspricht, der andernfalls auf die zugrunde liegenden Aktien gezahlt worden wäre. Diese Situation ist von der des in **Beispiel 1.31** beschriebenen Repogeschäfts mit Nettoertrag zu unterscheiden, bei dem der Rückkaufpreis in der Vereinbarung festgelegt ist und um etwaige Dividenden- oder Zinszahlungen verringert wird, die an den vorübergehenden Inhaber der Wertpapiere gezahlt und von diesem einbehalten werden.

4. Ein häufiger Grund für den Abschluss einer Wertpapierleihe besteht darin, dass der Entleiher vereinbart hat, die Aktien „leer" zu verkaufen (d.h. Aktien, die der Entleiher nicht besitzt), und dem Käufer diese Aktien liefern muss. Der Entleiher geht davon aus, dass die Aktien zu einem späteren Zeitpunkt zu einem niedrigeren Preis zurückgekauft und dann an den Verleiher zurückgegeben werden können, wobei ein Gewinn erzielt wird, der der Differenz zwischen dem Verkaufserlös und dem anschließenden Marktkaufpreis entspricht, verringert um die durch die Aktienleihvereinbarung entstehenden Kosten. Im vorliegenden Beispiel leiht sich B Co Aktien im Rahmen einer Aktienleihe von A Co (das demselben Konzern angehört) in der Absicht, die Aktien „leer" zu verkaufen. Im vorliegenden Fall erfolgt die anschließende Veräußerung der Aktien jedoch nicht, und B Co ist schließlich am Tag der Dividendenausschüttung der Inhaber der Aktien. B Co ist daher verpflichtet, eine Dividendenausgleichszahlung an A Co zu leisten, die der Höhe der auf die zugrunde liegenden Aktien erhaltenen Dividende entspricht. Die nachfolgende Abbildung zeigt eine vereinfachte Darstellung der steuerlichen Folgen einer solchen Vereinbarung:

| **A Co** | | | **B Co** | | |
|---|---|---|---|---|---|
| | **Steuer** | **Verbuchung** | | **Steuer** | **Verbuchung** |
| Einnahmen | | | Einnahmen | | |
| Von B Co entrichtete Gebühr | 5 | 5 | Von A Co gezahlte Zinsen | 25 | 25 |
| Zinsen für Sicherheiten | 25 | 25 | Dividende auf entliehene Aktien | - | 70 |
| Steuerfreie Dividende | - | 70 | | | |
| Ausgaben | | | Ausgaben | | |
| | | | An A Co gezahlte Gebühr | (5) | (5) |
| An B Co gezahlte Zinsen | (25) | (25) | Dividendenausgleichszahlung | (70) | (70) |
| **Nettogewinn** | | **75** | **Nettogewinn** | | **20** |
| **Steuerpflichtige Einkünfte** | **5** | | **Steuerpflichtige Einkünfte** | **(50)** | |

5. Während der Laufzeit des Leihgeschäfts erhält A Co Zinsen für die von B Co gestellten Sicherheiten. A Co zahlt B Co zum Ablauf des Geschäfts sowohl die Sicherheiten als auch die Zinsen für diese Sicherheiten abzüglich einer Gebühr zurück. B Co behält die geliehenen Aktien über einen Dividendenzahltag und leistet eine Dividendenausgleichszahlung für diese Dividende an A Co. B Co ist berechtigt, eine Freistellung für die zugrunde liegende Dividende geltend zu machen, und ist gleichzeitig berechtigt, die Dividendenausgleichszahlung als abzugsfähige Betriebsausgabe zu behandeln. Dieser Abzug könnte darauf zurückzuführen sein, dass die Rechtsvorschriften von Staat B ausdrücklich einen Betriebsausgabenabzug für Dividendenausgleichszahlungen gewähren oder weil die Rechtsvorschriften von Staat B den Nettoertrag dieser Gestaltungsarten (d.h. Aktienleihen) so behandeln, als führten sie zu einem abzugsfähigen Verlust bzw. einem steuerpflichtigen

Gewinn, so dass der im Rahmen der Aktienleihe an A Co gezahlte Betrag bei der Berechnung des steuerpflichtigen Einkommens von A Co in Anbetracht der Art der Vereinbarung zwischen den Beteiligten als Betriebsausgabenabzug berücksichtigt wird.

6. Die Rechtsvorschriften von Staat A lassen die Aktienübertragung im Rahmen der Vereinbarung unberücksichtigt und behandeln A Co, als wäre es während der Laufzeit der Aktienleihe weiter der Aktieninhaber. Die Dividendenausgleichszahlung wird so behandelt, als handelte es sich dabei um eine steuerfreie Dividende auf die zugrunde liegende Aktie, so dass A Co im Rahmen der Gestaltung netto keine Steuern zahlen muss (abgesehen von jenen auf die Aktienleihgebühr, die es von B Co erhält).

7. Der Nettoeffekt dieser Vereinbarung besteht darin, dass B Co ein abzugsfähiger Nettoaufwand von 70 Geldeinheiten für die Leistung der Dividendenausgleichszahlung entsteht, die nicht in den ordentlichen Einnahmen von A Co berücksichtigt ist. Die Gesamteinnahmen im Rahmen der Vereinbarung (einschließlich der erhaltenen Dividende und der Zinsen für die Sicherheiten) belaufen sich auf 95 Geldeinheiten, für steuerliche Zwecke bewirkt das Geschäft jedoch für B Co einen Nettoverlust in Höhe von 50 Geldeinheiten, und A Co ist lediglich im Hinblick auf die Aktienleihgebühr steuerpflichtig.

## Frage

8. Fällt die Gestaltung in den Geltungsbereich der Regel für hybride Finanzinstrumente und wenn ja, inwieweit ist es erforderlich, eine Anpassung gemäß dieser Regel vorzunehmen?

## Antwort

9. Bei der Aktienleihe handelt es sich um eine hybride Übertragung, und die Zahlung der Dividendenausgleichszahlung im Rahmen der Aktienleihe führt zu einem D/NI-Ergebnis. Die Zahlungen im Rahmen des Repogeschäfts führen in Staat B zu einem Betriebsausgabenabzug, der auf die Konditionen der Vereinbarung zwischen den Beteiligten zurückzuführen ist, wohingegen Staat A dieselbe Zahlung als Ertrag aus den zugrunde liegenden Aktien (und dementsprechend als steuerbefreit) behandelt. Daher sollte die Besteuerungsinkongruenz als hybride Inkongruenz behandelt werden, da sie durch die unterschiedliche Qualifizierung und Behandlung der Zahlungen im Rahmen der Aktienleihe durch Staat A und Staat B zustande kommt.

10. Darüber hinaus handelt es sich bei der Ausgleichszahlung bei dem im vorliegenden Beispiel gegebenen Sachverhalt um eine Ersatzzahlung, so dass die Ausgleichszahlung selbst dann in den Geltungsbereich der Regel für hybride Finanzinstrumente fällt, wenn der von B Co geltend gemachte Betriebsausgabenabzug nicht auf die steuerliche Behandlung der Zahlungen im Rahmen der Aktienleihe, sondern auf den Erwerb und die Veräußerung der zugrunde liegenden Aktien zurückzuführen ist.

11. A Co und B Co sind nahestehende Personen, und die Gestaltung fällt daher in den Geltungsbereich der Regel für hybride Finanzinstrumente. Dementsprechend sollte Staat B einen Betriebsausgabenabzug für die Finanzierungskosten im Rahmen der Vereinbarung versagen, unabhängig davon, auf welcher Grundlage B Co diesen Abzug geltend macht. Falls Staat B die empfohlene Maßnahme nach der Regel für hybride Finanzinstrumente nicht anwendet, sollte der Finanzierungsertrag nach den Rechtsvorschriften von Staat A in den ordentlichen Einnahmen berücksichtigt werden.

## Analyse

### *Empfehlung 2.1 findet auf die Gestaltung keine Anwendung*

12. Es kann sein, dass Staat A im Einklang mit Empfehlung 2.1 Regeln umgesetzt hat, die den Vorteil der Dividendenfreistellung in Fällen beseitigen, in denen die Zahlung steuerlich abzugsfähig ist. Im vorliegenden Fall findet Empfehlung 2.1 jedoch nicht allgemein Anwendung, da diese Regel lediglich die steuerliche Behandlung der Zahlung nach den Rechtsvorschriften des Staats des Emittenten sowie die Frage betrachtet, ob der Emittent berechtigt war, einen Abzug für eine solche Zahlung geltend zu machen. Im vorliegenden Fall ist die Dividende nicht für den Emittenten, sondern für B Co (den Kontrahenten des Repogeschäfts) abzugsfähig, und dementsprechend schränken die in Empfehlung 2.1 empfohlenen Änderungen der innerstaatlichen Rechtsvorschriften den Anspruch von A Co auf Dividendenfreistellung nicht grundsätzlich ein.

### *Die Gestaltung stellt nach den Rechtsvorschriften von Staat B ein Finanzinstrument dar*

13. Der von B Co geltend gemachte Betriebsausgabenabzug für die Dividendenausgleichszahlung ist keine Folge eines Handelsverlusts im Zusammenhang mit den geliehenen Aktien (im Gegensatz zum Sachverhalt in **Beispiel 1.34**), vielmehr ist der Abzug auf die steuerliche Behandlung der Zahlungen im Rahmen der Aktienleihe zurückzuführen. Ein Steuerpflichtiger in Staat B ist berechtigt, die Dividendenausgleichszahlung steuerlich abzusetzen, unabhängig von seinem konkreten Status oder der Art und Weise, wie er mit den zugrunde liegenden Aktien verfährt. In einem solchen Fall sollte Staat B, wenn er Steuerpflichtigen konkret einen Betriebsausgabenabzug für Dividendenausgleichszahlungen gewährt, solche Beträge als im Rahmen eines Finanzinstruments gezahlt und potenziell als einer Anpassung nach der Regel für hybride Finanzinstrumente unterliegend behandeln.

### *Bei der Vereinbarung handelt es sich um eine hybride Übertragung, die nach den Rechtsvorschriften von Staat A als Finanzinstrument behandelt werden sollte*

14. Auch wenn Staat A die Existenz der Aktienleihe ignoriert und diese nach innerstaatlichem Recht nicht als Finanzinstrument behandelt, fällt die Gestaltung dennoch in den Geltungsbereich der Regel für hybride Finanzinstrumente, da es sich hierbei um eine Vermögensübertragungsvereinbarung handelt, bei der:

(a) nach den Rechtsvorschriften von Staat A A Co als Eigentümer der Aktien behandelt wird, wobei die Rechte von B Co an den Aktien als Leihe durch A Co behandelt werden, und

(b) nach den Rechtsvorschriften von Staat B B Co im Rahmen der Übertragung der Eigentümer der Aktien ist und die Rechte von A Co an diesen Aktien als Verpflichtung von B Co zur Rückübertragung der Aktien an A Co behandelt werden.

Bei der Aktienleihe handelt es sich daher um eine hybride Übertragung im Geltungsbereich der Regel für hybride Finanzinstrumente, obwohl die Gestaltung nach den Rechtsvorschriften von Staat A nicht als Finanzinstrument behandelt wird.

## Die Zahlung im Rahmen der Aktienleihe führt zu einer hybriden Besteuerungsinkongruenz

15. Die Regel für hybride Finanzinstrumente gilt dann, wenn eine abzugsfähige Zahlung im Rahmen eines Finanzinstruments nach den Rechtsvorschriften des Staats des Zahlungsempfängers nicht in den ordentlichen Einnahmen berücksichtigt wird und die Besteuerungsinkongruenz auf die Konditionen des Instruments zurückzuführen ist.

16. Im vorliegenden Fall wird das Aktienleihgeschäft nach den Rechtsvorschriften von Staat B als Finanzinstrument behandelt. Die Zahlung, die zu einem D/NI-Ergebnis führt, ist die Dividendenausgleichszahlung, die von B Co als steuerlich abzugsfähige Ausgabe behandelt wird und nach den Rechtsvorschriften von Staat A nicht in den ordentlichen Einnahmen berücksichtigt wird. Diese Besteuerungsunterschiede sind auf Unterschiede zwischen den Rechtsvorschriften von Staat A und Staat B bei der steuerlichen Behandlung der Aktienleihe zurückzuführen.

17. Auch wenn A Co die Dividendenausgleichszahlung, die zu dem D/NI-Ergebnis führt, nach inländischem Recht normalerweise als separate Zahlung auf die zugrunde liegenden Aktien behandelt hätte (und nicht als Zahlung im Rahmen der Aktienleihe selbst), da die Vermögensübertragungsvereinbarung im vorliegenden Fall eine hybride Übertragung darstellt, muss A Co berücksichtigen, wie die Zahlung nach den Rechtsvorschriften von Staat B qualifiziert wird.

## Selbst bei Behandlung der Dividende als ordentliche Einnahme nach den Rechtsvorschriften von Staat B läge eine Inkongruenz vor

18. Bei dem in diesem Beispiel gegebenen Sachverhalt wird die Dividende auf die zugrunde liegenden Aktien nach den Rechtsvorschriften von Staat B als steuerbefreit behandelt. Wie bei anderen Arten von Finanzinstrumenten auch, werden die Regeln für hybride Übertragungen jedoch nicht davon beeinflusst, ob die Mittel, die im Rahmen der Aktienleihe bereitgestellt werden, in Vermögenswerte investiert wurden, die ordentliche Einnahmen generieren. Die Anpassung, die im Rahmen der Regel für hybride Finanzinstrumente erfolgen muss, hängt daher nicht von der steuerlichen Behandlung der Dividende nach den Rechtsvorschriften von Staat A ab. Dieses Prinzip wird in **Beispiel 1.33** veranschaulicht.

## Steuerliche Behandlung von B Co in dem Fall, dass die Leistung einer Dividendenausgleichszahlung zu einem Handelsverlust führt

19. Die Anpassung, die nach der Regel für hybride Finanzinstrumente erfolgen muss, beschränkt sich in der Regel auf die Anpassung der steuerlichen Folgen, die auf die steuerliche Behandlung des Instruments selbst zurückzuführen sind. Die Anpassung soll sich nicht auf Besteuerungsergebnisse auswirken, die ausschließlich auf den Status des Steuerpflichtigen oder den Kontext zurückzuführen sind, in dem das Instrument gehalten wird. Wie in **Beispiel 1.34** ausführlicher dargelegt, sollte die Versagung des Betriebsausgabenabzugs in Staat B nach der Regel für hybride Finanzinstrumente in der Regel daher keinen Effekt auf die Position eines Wertpapierhändlers in Bezug auf die Besteuerung etwaiger Nettogewinne oder -verluste im Zusammenhang mit seinem Aktienhandelsgeschäft haben.

20. Zu beachten ist in diesem Fall jedoch, dass die Dividendenausgleichszahlung eine Substitutionszahlung ist, die in den Geltungsbereich der Empfehlung 1.2(e) fällt, da es sich bei der Zahlung um einen Betrag handelt, der einen Eigenkapitalertrag aus den zugrunde liegenden Aktien darstellt. Die Regeln für Ausgleichszahlungen gelten für alle Arten

von D/NI-Ergebnissen, unabhängig davon, ob ein solches Ergebnis den Konditionen des Instruments, dem Steuerstatus der Beteiligten oder dem Kontext, in dem der betreffende Vermögenswert gehalten wird, zuzuschreiben ist. Im Gegensatz zu den Regeln, die für hybride Gestaltungen im Rahmen eines Finanzinstruments gelten, werden die Regeln für Ausgleichszahlungen jedoch nur dann ausgelöst, wenn die Unterschiede zwischen der steuerlichen Behandlung der Substitutionszahlung und des zugrunde liegenden Ertrags aus dem Instrument das Potenzial haben, die Integrität der Regel für hybride Finanzinstrumente zu untergraben. Insbesondere wird eine Substitutionszahlung, die zu einem D/NI-Ergebnis führt, einer Anpassung unterliegen, wenn der zugrunde liegende Finanzierungs- oder Eigenkapitalertrag für den übertragenen Vermögenswert als steuerbefreit oder nicht in den Einnahmen des Übernehmenden berücksichtigt behandelt wird. Bei diesem Sachverhalt, in dem die an B Co gezahlte zugrunde liegende Dividende von der Steuer freigestellt ist, wird die Dividendenausgleichszahlung so behandelt, als führe sie zu einer Besteuerungsinkongruenz, unabhängig von der Grundlage für den nach den Rechtsvorschriften von Staat B geltend gemachten Abzug.

### *Anpassung nach den Rechtsvorschriften von Staat B*

21. Die vorrangige Empfehlung nach der Regel für hybride Finanzinstrumente lautet, dass Staat B den Betriebsausgabenabzug für die Dividendenausgleichszahlung versagen sollte, soweit die Dividende nach den Rechtsvorschriften von Staat A nicht in den ordentlichen Einnahmen berücksichtigt ist.

### *Anpassung nach den Rechtsvorschriften von Staat A*

22. Staat A behandelt das Repogeschäft nach innerstaatlichem Recht zwar nicht als Finanzinstrument, die Gestaltung fällt nach den Rechtsvorschriften von Staat A jedoch in den Geltungsbereich der Regel für hybride Finanzinstrumente, entweder weil es sich um eine hybride Übertragung handelt oder weil die Dividende eine Substitutionszahlung darstellt. Wenn die Besteuerungsinkongruenz nicht neutralisiert wird, indem Staat B den Betriebsausgabenabzug für die Dividendenausgleichszahlung im Rahmen der Aktienleihe versagt, sollte dieser Betrag nach den Rechtsvorschriften von Staat A so behandelt werden, als wäre er in den ordentlichen Einnahmen berücksichtigt.

# Beispiel 1.33

# Aktienleihvereinbarung, bei der der Übernehmende die zugrunde liegende Dividende versteuern muss

## Sachverhalt

1. Im vorliegenden Beispiel handelt es sich um denselben Sachverhalt wie in **Beispiel 1.32**, mit dem Unterschied, dass die auf die zugrunde liegenden Aktien gezahlte Dividende nach den Rechtsvorschriften von Staat B als steuerpflichtig behandelt wird. Eine vereinfachte Darstellung der steuerlichen Folgen einer solchen Vereinbarung ist nachfolgend abgebildet.

| A Co | | | B Co | | |
|---|---|---|---|---|---|
| | Steuer | Verbuchung | | Steuer | Verbuchung |
| Einnahmen | | | Einnahmen | | |
| Von B Co entrichtete Gebühr | 5 | 5 | Von A Co gezahlte Zinsen | 25 | 25 |
| Zinsen für Sicherheiten | 25 | 25 | Dividende auf entliehene Aktien | 70 | 70 |
| Steuerfreie Dividende | - | 70 | | | |
| Ausgaben | | | Ausgaben | | |
| | | | An A Co gezahlte Gebühr | (5) | (5) |
| An B Co gezahlte Zinsen | (25) | (25) | Dividendenausgleichszahlung | (70) | (70) |
| **Nettogewinn** | | **75** | **Nettogewinn** | | **20** |
| **Steuerpflichtige Einkünfte** | **5** | | **Steuerpflichtige Einkünfte** | **20** | |

2. Wie in **Beispiel 1.32** lassen die Rechtsvorschriften von Staat A die Aktienübertragung im Rahmen der Vereinbarung unberücksichtigt und behandeln A Co, als wäre es während der Laufzeit der Aktienleihe weiter der Aktieninhaber. Die Dividendenausgleichszahlung wird so behandelt, als handelte es sich dabei um eine steuerfreie Dividende auf die zugrunde liegenden Aktien, so dass A Co im Rahmen der Gestaltung netto keine Steuern zahlen muss (abgesehen von jenen auf die Aktienleihgebühr).

3. Nach den Rechtsvorschriften von Staat B wird B Co so behandelt, als würde es eine steuerpflichtige Dividende auf die geliehenen Aktien beziehen und hätte einen Anspruch auf einen Betriebsausgabenabzug für die Dividendenausgleichszahlung, die es an A Co leistet. B Co muss auch die für die Sicherheiten gezahlten Zinsen versteuern, weshalb seine Nettoerträge seinem steuerpflichtigen Einkommen entsprechen.

4. Der Nettoeffekt dieser Gestaltung besteht sowohl aus steuerlicher als auch aus wirtschaftlicher Sicht und nach Berücksichtigung der steuerlichen Behandlung der von B Co bezogenen zugrunde liegenden Dividende darin, dass sich beide Beteiligten in derselben Situation befinden, als wenn das Geschäft nicht abgeschlossen worden wäre (außer dass A Co eine Aktienleihgebühr erhält).

## Frage

5. Fällt die Aktienleihvereinbarung in den Geltungsbereich der Regel für hybride Finanzinstrumente?

## Antwort

6. Bei der Aktienleihe handelt es sich um eine hybride Übertragung, und die Leistung der Dividendenausgleichszahlung im Rahmen der Aktienleihe führt zu einem D/NI-Ergebnis. Staat B behandelt die Dividendenausgleichszahlung als separate abzugsfähige Aufwendung, wohingegen Staat A dieselbe Zahlung als auf die zugrunde liegenden Aktien entfallenden Ertrag behandelt (und dementsprechend als steuerbefreit). Daher sollte die Besteuerungsinkongruenz als hybride Inkongruenz behandelt werden, da sie durch die unterschiedliche Qualifizierung und Behandlung der Zahlungen im Rahmen der hybriden Übertragung durch Staat A und Staat B zustande kommt.

7. Wie bei anderen Arten von Finanzinstrumenten auch, berücksichtigen die Regeln für hybride Übertragungen nicht, ob die im Rahmen der Übertragung erhaltenen Mittel in Vermögenswerte investiert wurden, die einen steuerpflichtigen oder einen steuerbefreiten Ertrag generieren. Die Anpassung, die der Übertragende in Bezug auf eine Zahlung im Rahmen eines Repogeschäfts oder einer Aktienleihe vornehmen muss, wird von der Tatsache, dass B Co die zugrunde liegende Dividende versteuern muss, nicht berührt.

8. Nach der Regel für hybride Finanzinstrumente ist in Staat B jedoch keine Anpassung vorzunehmen, wenn B Co ein Wertpapierhändler ist, der die Aktien im Rahmen eines Aktienhandelsgeschäfts erwirbt, sofern B Co den Nettoertrag aus dem Erwerb, dem Halten und der Veräußerung dieses Vermögenswerts versteuern muss. Auch wenn die Dividendenausgleichszahlung eine Substitutionszahlung ist, die zu einem D/NI-Ergebnis führt, ist nach der Regel für Substitutionszahlungen keine Anpassung erforderlich, da B Co die Dividende versteuern muss, die es auf die zugrunde liegenden Aktien erhält, und A Co normalerweise nicht verpflichtet gewesen wäre, diese Dividende in den Einnahmen zu berücksichtigen.

9. Im vorliegenden Fall dürfte es sich kaum um eine strukturierte Gestaltung handeln (da beide Beteiligten in derselben Nachsteuerposition bleiben, als ob das Geschäft nicht abgeschlossen worden wäre). Daher findet die Regel für hybride Finanzinstrumente in der Regel nur dann Anwendung, wenn A Co und B Co nahestehende Dritte sind.

## Analyse

### *Die Zahlung im Rahmen der Aktienleihe führt zu einer hybriden Besteuerungsinkongruenz*

10. Wie in **Beispiel 1.32** ausführlicher erörtert, wird die Aktienleihvereinbarung nach den Rechtsvorschriften von Staat B als Finanzinstrument und nach den Rechtsvorschriften von Staat A als hybride Übertragung behandelt und führt die Zahlung einer Dividendenausgleichszahlung zu einem D/NI-Ergebnis, das auf die Konditionen des Instruments zurückzuführen ist. Dementsprechend gilt für diese Gestaltung dieselbe Analyse wie die in **Beispiel 1.32** dargelegte, und die Zahlung sollte so behandelt werden, als unterliege sie einer Anpassung nach der Regel für hybride Finanzinstrumente.

11. Auch wenn das Geschäft bei dem im vorliegenden Fall gegebenen Sachverhalt weder für A Co noch für B Co zu einem Steuervorteil führt, liegt dies daran, dass B Co die geliehenen Aktien behalten und einen steuerpflichtigen Ertrag aus der zugrunde liegenden Dividende erzielt hat. Das Empfehlung 1 zugrunde liegende Prinzip besteht darin, die steuerliche Behandlung der im Rahmen eines Finanzierungs- oder Eigenkapitalinstruments geleisteten Zahlungen so aufeinander abzustimmen, dass Beträge, die im Staat des Zahlungsempfängers nicht in voller Höhe besteuert werden, im Staat des Zahlungsleisters nicht als abzugsfähige Betriebsausgabe behandelt werden. Bei der Anwendung der Regel für hybride Finanzinstrumente wird lediglich die erwartete steuerliche Behandlung der Zahlungen im Rahmen des Instruments betrachtet und nicht berücksichtigt, ob die Einnahmen, aus denen die Aufwendungen im Rahmen der Gestaltung finanziert werden, im Staat des Zahlungsleisters steuerpflichtig sind. Die Position von B Co ist nicht anders, als sie gewesen wäre, wenn B Co im Rahmen eines normalen hybriden Finanzinstruments Geld von A Co geliehen und die geliehenen Mittel in einen Vermögenswert investiert hätte, der einen steuerpflichtigen Ertrag generiert.

### *Steuerliche Behandlung von B Co in dem Fall, dass die Leistung einer Dividendenausgleichszahlung zu einem Handelsverlust führt*

12. Die Anpassung, die nach der Regel für hybride Finanzinstrumente erfolgen muss, beschränkt sich in der Regel jedoch auf die Anpassung der steuerlichen Folgen, die auf die steuerliche Behandlung des Instruments selbst zurückzuführen sind. Die Anpassung soll sich nicht auf Besteuerungsergebnisse auswirken, die ausschließlich auf den Status des Steuerpflichtigen oder den Kontext zurückzuführen sind, in dem das Instrument gehalten wird. Wie in **Beispiel 1.34** ausführlicher dargelegt, sollte die Versagung des Betriebsausgabenabzugs in Staat B nach der Regel für hybride Finanzinstrumente in der Regel daher keinen Effekt auf die Position eines Wertpapierhändlers in Bezug auf die Besteuerung etwaiger Nettogewinne oder -verluste im Zusammenhang mit seinem Aktienhandelsgeschäft haben.

13. Zudem handelt es sich bei der Dividendenausgleichszahlung nicht um eine Substitutionszahlung, die in den Geltungsbereich von Empfehlung 1.2(e) fällt, da die Dividende auf die zugrunde liegenden Aktien nach den Rechtsvorschriften von Staat B als ordentliche Einnahmen steuerpflichtig und gleichzeitig nach den Rechtsvorschriften von Staat A steuerbefreit sind. Wenn B Co ein Wertpapierhändler ist, der die Aktien im Rahmen seiner Geschäftstätigkeit erwirbt, sollte er die Dividendenausgleichszahlung daher bei der Berechnung seiner Nettoeinnahmen als Betriebsausgabenabzug geltend machen können.

# Beispiel 1.34

## Aktienleihvereinbarung, bei der die Dividendenausgleichszahlung zu einem Handelsverlust führt

### Sachverhalt

1. Das vorliegende Beispiel beruht auf demselben Sachverhalt wie **Beispiel 1.33**, mit dem Unterschied, dass B Co ein Aktienhändler ist, der nach den Rechtsvorschriften von Staat B dazu verpflichtet ist, den Nettoertrag seiner Geschäftstätigkeit in den Einnahmen zu berücksichtigen. B Co leiht sich Aktien von A Co (das demselben Konzern angehört), um diese „leer" zu verkaufen. Während der Laufzeit der Aktienleihe ist B Co verpflichtet, eine Dividendenausgleichszahlung an A Co zu leisten. B Co erwirbt dann die gleichen Aktien auf dem Markt und gibt diese an A Co zurück, um seine Verpflichtungen aus der Aktienleihvereinbarung zu erfüllen.

2. Wie in **Beispiel 1.32** festgestellt, besteht ein häufiger Grund für den Abschluss einer Wertpapierleihe darin, dass der Entleiher vereinbart hat, die Aktien „leer" zu verkaufen (d.h. Aktien, die der Entleiher nicht besitzt), und dem Käufer diese Aktien liefern muss. Der Entleiher geht davon aus, dass die Aktien zu einem späteren Zeitpunkt zu einem niedrigeren Preis zurückgekauft und dann an den Verleiher zurückgegeben werden können, wobei ein Gewinn erzielt wird, der der Differenz zwischen dem Verkaufserlös und dem anschließenden Marktkaufpreis entspricht, verringert um die durch die Aktienleihvereinbarung entstehenden Kosten. Im vorliegenden Beispiel könnte B Co aufgrund seiner negativen Einschätzung der Aktienkursentwicklung mit einem rückläufigen Aktienkurs zum Dividendenstichtag und darüber hinaus gerechnet haben, tatsächlich sinkt der Aktienkurs jedoch nicht und B Co muss letztlich die Aktien zu einem Betrag neu erwerben, der dem ursprünglichen Erlös aus dem Leerverkauf entspricht. Die nachfolgende Abbildung zeigt eine vereinfachte Darstellung der steuerlichen Folgen einer solchen Vereinbarung:

| A Co | | | B Co | | |
|---|---|---|---|---|---|
| | **Steuer** | **Verbuchung** | | **Steuer** | **Verbuchung** |
| Einnahmen | | | Einnahmen | | |
| Von B Co entrichtete Gebühr | 5 | 5 | Von A Co gezahlte Zinsen | 25 | 25 |
| Zinsen für Sicherheiten | 25 | 25 | | | |
| Steuerfreie Dividende | - | 70 | | | |
| Ausgaben | | | Ausgaben | | |
| | | | An A Co gezahlte Gebühr | (5) | (5) |
| An B Co gezahlte Zinsen | (25) | (25) | Nettoaufwendungen im Rahmen der Aktienleihe | (70) | (70) |
| **Nettogewinn** | | **75** | **Nettogewinn** | | **65** |
| **Steuerpflichtige Einkünfte** | **5** | | **Steuerpflichtige Einkünfte** | **(50)** | |

3. Im vorliegenden Fall leiht sich B Co die Aktien von A Co und verkauft sie zu ihrem Marktwert von 1 000 Geldeinheiten an einen fremden Dritten. B Co erwirbt diese Aktien in diesem Fall schließlich zum selben Preis (1 000 Geldeinheiten) zurück und gibt sie an A Co zurück, um die Transaktion glattzustellen. B Co berücksichtigt die Kosten für die Dividendenausgleichszahlung in der Berechnung seines steuerpflichtigen Gesamtgewinns oder -verlusts aus dem Aktiengeschäft folgendermaßen:

| | B Co |
|---|---|
| Erlös aus dem am Markt getätigten Verkauf der geliehenen Aktien | 1 000 |
| Zusätzlich als Dividendenausgleichszahlung an A Co gezahlter Betrag | (70) |
| Kosten für die Wiederbeschaffung der Aktien am Markt | (1 000) |
| Gesamtertrag aus dem Wertpapiergeschäft | (70) |

4. B Co hat im Rahmen des Aktiengeschäfts einen Gesamtverlust von 70 Geldeinheiten verzeichnet, der nach Summierung mit den aus den gestellten Sicherheiten erzielten Einnahmen für den betreffenden Zeitraum zu einem Verlust für B Co führt. A Co behandelt die Dividendenausgleichszahlung als steuerfreien Ertrag für die zugrunde liegende Aktie.

## Frage

5. Fällt die Aktienleihvereinbarung in den Geltungsbereich der Regel für hybride Finanzinstrumente?

## Antwort

6. Auch wenn die Aktienleihe als hybride Übertragung behandelt wird, sollte die nach der Regel für hybride Finanzinstrumente vorzunehmende Anpassung den Betriebsausgabenabzug von B Co für die Dividendenausgleichszahlung nicht beeinträchtigen, soweit die Rechtsvorschriften von Staat B verlangen, dass die Zahlung bei der Berechnung der (steuerpflichtigen) Erträge aus dem kompletten Handelsgeschäft berücksichtigt wird.

7. Die Dividendenausgleichszahlung würde jedoch eine Substitutionszahlung darstellen, die nach Empfehlung 1.2(e) einer Anpassung unterliegt, wenn B Co nach den Rechtsvorschriften von Staat B im Hinblick auf die zugrunde liegende Dividende nicht zum vollen Satz besteuert worden wäre.

## Analyse

### *Die Dividendenausgleichszahlung führt zu einem Handelsverlust und wird nicht als abzugsfähige Zahlung im Rahmen eines Finanzinstruments behandelt*

8. Die Regel für hybride Finanzinstrumente soll im Allgemeinen keine Auswirkungen auf die innerstaatlichen Vorschriften im Hinblick auf die Besteuerung der Gewinne oder Verluste aus dem Erwerb und der Veräußerung von Vermögenswerten haben. Desgleichen sollte ein Tradingunternehmen das Recht haben, alle im Zusammenhang mit dem Erwerb,

dem Halten oder der Veräußerung eines zu Handelszwecken gehaltenen Vermögenswerts gezahlten bzw. empfangenen Beträge für die Zwecke der Berechnung seiner Nettoeinnahmen aus seiner Handelstätigkeit zu berücksichtigen, selbst dann, wenn solche Beträge im Rahmen eines Finanzinstruments wie einer Aktienleihe gezahlt bzw. empfangen werden.

9. Die steuerpolitische Grundlage für den von B Co geltend gemachten Betriebsausgabenabzug ist in diesem Fall nicht die Tatsache, dass die Zahlung einen Finanzierungsaufwand darstellt, sondern vielmehr die Tatsache, dass alle Aufwendungen für die Berechnung des Gesamtertrags des Geschäfts zu berücksichtigen sind. Der Abzug ist daher nicht auf die Konditionen des Instruments, sondern vielmehr auf die besondere steuerliche Behandlung des Steuerpflichtigen und die Art des zugrunde liegenden Vermögenswerts zurückzuführen, der Handelsgegenstand ist.

10. Die Regel für hybride Finanzinstrumente sollte nicht so wirken, dass die Fähigkeit des Tradingunternehmens eingeschränkt wird, einen Betriebsausgabenabzug im Rahmen eines Finanzinstruments geltend zu machen, sofern die Zahlung im Rahmen dieser Handelstätigkeit erfolgt und der Steuerpflichtige im Hinblick auf den Nettoertrag aus dieser Handelstätigkeit voll besteuert wird. Der genaue Mechanismus, über den der Wertpapierhändler den Vorteil des Betriebsausgabenabzugs erhält, sollte den Anspruch des Wertpapierhändlers auf Geltendmachung eines solchen Abzugs nicht beeinträchtigen, sofern der Nettoertrag aus dem Erwerb, dem Halten und der Veräußerung der Aktien als ordentliche Einnahme besteuert wird.

### *Bei der Dividendenausgleichszahlung könnte es sich um eine Substitutionszahlung handeln, die nach Empfehlung 1 einer Anpassung unterliegt*

11. Bei der Dividendenausgleichszahlung handelt es sich um eine Zahlung eines Eigenkapitalertrags im Rahmen einer Vermögensübertragungsvereinbarung, die zu einem D/NI-Ergebnis führt und daher in den Geltungsbereich der Regeln für Substitutionszahlungen fallen könnte. Empfehlung 1.2(e)(ii) findet im vorliegenden Fall zwar keine Anwendung (da das Beispiel darauf schließen lässt, dass die zugrunde liegende Dividende nach den Rechtsvorschriften von Staat A von der Steuer freigestellt wäre), die Regel könnte aber dennoch gelten, wenn die Rechtsvorschriften von Staat B die Dividende auf die zugrunde liegenden Aktien andernfalls als von der Steuer befreit oder zu einer anderen Art von Steuervergünstigung berechtigt behandelt hätten. Die Tatsache, dass B Co in der Praxis keine Dividende auf die zugrunde liegenden Aktien empfängt, hat keine Auswirkungen auf die Anwendung der Regeln für Substitutionszahlungen, die das aufgrund der Art der Gestaltung und der in ihrem Rahmen erfolgten Zahlungen erwartete Steuerergebnis im Rahmen der Gestaltung betrachten und nicht das tatsächliche Ergebnis des Handelsgeschäfts.

# Beispiel 1.35

# Aktienleihvereinbarung, bei der keiner der Beteiligten die Vereinbarung als Finanzinstrument behandelt

## Sachverhalt

1. Der Sachverhalt ist derselbe wie in **Beispiel 1.34**, mit dem Unterschied, dass beide Staaten die Rechtsform des Geschäfts (als Veräußerung und Rückkauf von Wertpapieren) respektieren, so dass kein Staat die Aktienleihe als Finanzinstrument zu Steuerzwecken betrachtet. Die nachfolgende Abbildung zeigt eine vereinfachte Darstellung der steuerlichen Folgen einer solchen Vereinbarung:

| A Co | | | B Co | | |
|---|---|---|---|---|---|
| | **Steuer** | **Verbuchung** | | **Steuer** | **Verbuchung** |
| Einnahmen | | | Einnahmen | | |
| Von B Co entrichtete Gebühr | 5 | 5 | Von A Co gezahlte Zinsen | 25 | 25 |
| Zinsen für Sicherheiten | 25 | 25 | | | |
| Gewinn aus der Aktienleihe | 0 | 70 | | | |
| Ausgaben | | | Ausgaben | | |
| | | | An A Co gezahlte Gebühr | (5) | (5) |
| An B Co gezahlte Zinsen | (25) | (25) | Verlust aus der Aktienleihe | (70) | (70) |
| **Nettogewinn** | | **75** | **Nettogewinn** | | **65** |
| **Steuerpflichtige Einkünfte** | **5** | | **Steuerpflichtige Einkünfte** | **(50)** | |

2. Wie in **Beispiel 1.34** leiht sich B Co die Aktien von A Co und verkauft sie „leer" zu ihrem Marktwert von 1 000 Geldeinheiten an einen fremden Dritten. Während der Dauer der Aktienleihe ist B Co verpflichtet, eine Dividendenausgleichszahlung an A Co zu zahlen. B Co kauft die Aktien letztlich zum selben Preis zurück und liefert sie an A Co zurück, um die Transaktion glattzustellen. Während der Laufzeit des Leihgeschäfts erhält A Co Zinsen auf die Sicherheiten. Es zahlt B Co zum Ablauf des Geschäfts sowohl die Sicherheiten als auch die Zinsen auf diese Sicherheiten abzüglich einer Gebühr zurück.

3. Anstatt die Dividendenausgleichszahlung als separaten steuerlich abzugsfähigen Posten zu behandeln, behandeln sowohl A Co als auch B Co sie als Anpassung der Kosten für den Erwerb der Aktien. Der Gesamtertrag aus dem Aktienleihgeschäft für A Co und B Co lässt sich folgendermaßen berechnen:

| | A Co | B Co |
|---|---|---|
| Marktwert der verliehenen Aktien | 1 000 | (1 000) |
| Erlös aus dem am Markt getätigten Verkauf der geliehenen Aktien | | 1 000 |
| Zusätzlich als Dividendenausgleichszahlung an A Co gezahlter Betrag | 70 | (70) |
| Kosten für die Wiederbeschaffung der Aktien am Markt | | (1 000) |
| Marktwert der zurückgegebenen Aktien | (1 000) | 1 000 |
| Gesamtertrag aus dem Wertpapiergeschäft | 70 | (70) |

4. Der Verlust von B Co aus dem Aktiengeschäft ist nach den Rechtsvorschriften von Staat B steuerlich abzugsfähig, wohingegen der Gewinn aus dem Aktiengeschäft nach den Rechtsvorschriften von Staat A als unberücksichtigter Ertrag behandelt wird.

## Frage

5. Findet die Regel für hybride Finanzinstrumente Anwendung, um die Besteuerungsinkongruenz im Rahmen dieser Gestaltung zu neutralisieren?

## Antwort

6. Empfehlung 1.2(e) findet Anwendung, um die Besteuerungsinkongruenz zu neutralisieren, wenn A Co dazu verpflichtet gewesen wäre, die für die zugrunde liegenden Aktien gezahlte Dividende als ordentliche Einnahme zu behandeln, oder B Co im Hinblick auf die zugrunde liegende Dividende von der Steuer befreit gewesen wäre.

## Analyse

### *Die Dividendenausgleichszahlung wird nicht als Zahlung im Rahmen eines Finanzinstruments behandelt*

7. Sowohl Staat A als auch Staat B behandeln die Aktienleihe als echten Verkauf, so dass die Zahlung weder nach den Rechtsvorschriften von Staat A noch nach den Rechtsvorschriften von Staat B als Zahlung behandelt wird, die den inländischen Rechtsvorschriften für die Besteuerung von Fremdkapital, Eigenkapital oder Derivaten unterliegt. Zudem wird die Vermögenswertübertragung nicht als hybride Übertragung behandelt, die einer Anpassung nach der Regel für hybride Finanzinstrumente unterliegt. Dementsprechend wenden weder Staat A noch Staat B die Regel für hybride Finanzinstrumente an, um die steuerliche Behandlung der Zahlung anzupassen.

### *Anpassung erforderlich, soweit eine Inkongruenz im Hinblick auf die steuerliche Behandlung der Dividende und der Dividendenausgleichszahlung vorliegt*

8. Eine Vermögensübertragungsvereinbarung wie diese wirft steuerpolitische Bedenken auf, wenn die Übertragung dazu führt, dass die Beteiligten insgesamt ein besseres Steuerergebnis erlangen, als sie erreicht hätten, wenn der Übertragende eine Direktzahlung des zugrunde liegenden Finanzierungs- oder Eigenkapitalertrags erhalten hätte.

9. Wenn die Vermögensübertragungsvereinbarung A Co effektiv die Substitution einer andernfalls steuerpflichtigen Dividende auf die Aktien durch einen nicht steuerpflichtigen Gewinn gestattet oder wenn B Co Anspruch auf eine Befreiung im Hinblick auf die zugrunde liegende Dividende gehabt hätte, dann findet Empfehlung 1.2(e) Anwendung, um das D/NI-Ergebnis zwischen den Beteiligten anzupassen, um zu verhindern, dass diese Art von Gestaltung die Integrität der Regel für hybride Finanzinstrumente untergräbt.

# Beispiel 1.36

## Betriebsausgabenabzug für einen Aufpreis, der für den Erwerb einer Anleihe mit auflaufenden Zinsen gezahlt wurde

### Sachverhalt

1. In dem in der nachstehenden Abbildung dargestellten Beispiel besitzen A Co (ein in Staat A ansässiges Unternehmen) und B Co (ein in Staat B ansässiges Unternehmen) jeweils 50% der Stammaktien an C Co (einem in Staat C ansässigen Unternehmen). C Co begibt eine Anleihe an B Co. Die Anleihe wird nach den Rechtsvorschriften von Staat C als Fremdkapitalinstrument, nach den Rechtsvorschriften von Staat B jedoch als Eigenkapitalinstrument (d.h. als Aktie) behandelt. Die Zinszahlungen für das Darlehen sind in Staat C steuerlich abzugsfähig, werden nach den Rechtsvorschriften von Staat B jedoch als steuerfreie Dividenden behandelt. B Co überträgt die Anleihe in der Folge an A Co.

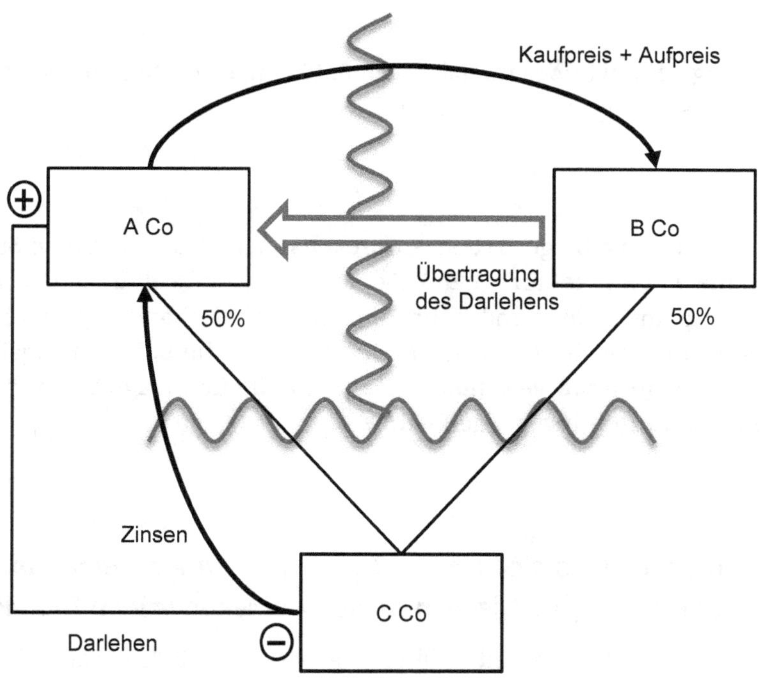


2. Die Anleihe wird zum Nennwert von 20 Mio. Geldeinheiten ausgegeben und mit einem Zinssatz von 12% vergütet, der im Jahresverlauf in zwei gleichen Raten gezahlt wird. A Co erwirbt die Anleihe von B Co mitten in einem Zinszeitraum im Rahmen eines normalen Verkaufsvertrags. A Co zahlt einen Aufpreis von 0,8 Mio. Geldeinheiten, um die Anleihe zu erwerben, was den aufgelaufenen, aber noch nicht ausgezahlten Zinsen für die Anleihe entspricht. Nach den Rechtsvorschriften von Staat A kann der Aufpreis für die

Anleihe von den Zinseinkünften abgezogen werden, wohingegen der Aufpreis nach den Rechtsvorschriften von Staat B als unberücksichtigter Kapitalertrag behandelt wird. Die nachstehende Tabelle legt die steuerliche Behandlung von A Co, B Co und C Co im Hinblick auf den Verkauf und den Erwerb der Anleihe dar:

| | A Co | | B Co | | C Co | |
|---|---|---|---|---|---|---|
| | Zinskupon | 1.2 | Zinskupon | - | Zinskupon | (1.2) |
| | Aufpreis | (0.8) | Aufpreis | - | | |
| **Steuerpflichtige Nettoeinnahmen** | | **0.4** | | **0** | | **(1.2)** |

3. Wie in der oben stehenden Tabelle veranschaulicht, führt die Zinszahlung von 1,2 Mio. Geldeinheiten zu einem Betriebsausgabenabzug für C Co und zu Einnahmen für A Co. A Co hat jedoch Anspruch auf einen Betriebsausgabenabzug in Höhe von 0,8 Mio. Geldeinheiten für den für die Anleihe gezahlten Aufpreis. B Co erhält keine Zinsen für die Anleihe und behandelt den von A Co für die Anleihe gezahlten Aufpreis als (steuerfreien) Gewinn aus der Veräußerung eines Vermögenswerts. Insgesamt führt die Gestaltung zu einem Betriebsausgabenabzug (für C Co) von 1,2 Mio. Geldeinheiten und Nettoeinnahmen (für A Co) von 0,4 Mio. Geldeinheiten.

## Frage

4. Greift die Regel für hybride Finanzinstrumente, um die Besteuerungsinkongruenz im Rahmen dieser Gestaltung zu neutralisieren?

## Antwort

5. Bei dem für die Anleihe gezahlten Aufpreis handelt es sich um eine Substitutionszahlung im Sinne von Empfehlung 1.2(e). Dementsprechend sollte die Regel für hybride Finanzinstrumente Anwendung finden, um die steuerliche Behandlung der für die Anleihe gezahlten Vergütung soweit anzupassen wie nötig, um die Besteuerungsinkongruenz zu neutralisieren, sofern die Vereinbarung zur Anleiheübertragung im Rahmen einer strukturierten Gestaltung eingegangen wurde.

## Analyse

### *Bei der Anleihe handelt es sich um ein Finanzinstrument, eine Zinszahlung im Rahmen der Anleihe führt jedoch nicht zu einer hybriden Inkongruenz*

6. Die Zinszahlung auf die Anleihe führt zwar zu einem Betriebsausgabenabzug, der im Geltungsbereich der Regel für hybride Finanzinstrumente liegt, diese Zahlung ist nach den Rechtsvorschriften von Staat A jedoch in voller Höhe in den ordentlichen Einnahmen berücksichtigt. Daher führt die Zinszahlung im Rahmen der Anleihe nicht zu einer Besteuerungsinkongruenz.

7. Der Aufpreis auf den Kaufpreis ist nach den Rechtsvorschriften von Staat A zwar steuerlich abzugsfähig und wird nach den Rechtsvorschriften von Staat B nicht in den ordentlichen Einnahmen berücksichtigt, es handelt sich bei dieser Zahlung jedoch nicht um

eine Zahlung im Rahmen der Anleihe sondern vielmehr um eine Zahlung zum Erwerb der Anleihe, und eine solche Zahlung führt nach der Regel für hybride Finanzinstrumente nur dann zu einer Besteuerungsinkongruenz, wenn der Vertrag über den Erwerb der Anleihe als Finanzinstrument oder als hybride Übertragung behandelt wird.

### Der Vertrag über den Erwerb der Anleihe ist kein Finanzinstrument

8. Im vorliegenden Fall wird die Vermögensübertragung als normaler Verkaufsvertrag beschrieben, so dass der für die Anleihe bezahlte Aufpreis weder nach den Rechtsvorschriften von Staat A noch nach den Rechtsvorschriften von Staat B als separater Finanzierungsertrag besteuert wird. Bei dem Vertrag über den Erwerb der Anleihe handelt es sich daher nicht um ein Finanzinstrument, das unter den Wortlaut oder beabsichtigten Geltungsbereich von Empfehlung 1 fällt.

### Der Aufpreis stellt eine Substitutionszahlung dar

9. Auch wenn keiner der an der Gestaltung Beteiligten den Verkaufsvertrag als Finanzinstrument behandelt, beinhaltet die Vergütung für den Anleiheverkauf einen Betrag, der einen Finanzierungs- bzw. Eigenkapitalertrag aus dem zugrunde liegenden Finanzinstrument darstellt, der in den Geltungsbereich von Empfehlung 1.2(e) fällt. Im vorliegenden Fall stellt der Aufpreis den aufgelaufenen Finanzierungsertrag aus dem zugrunde liegenden Instrument dar. Wäre dieser Finanzierungsertrag direkt an den Übertragenden gezahlt worden, so hätte er nach Empfehlung 1 zu einer Besteuerungsinkongruenz geführt. Dementsprechend sollte die Zahlung des Aufpreises als Auslöser einer hybriden Besteuerungsinkongruenz behandelt werden, die einer Anpassung gemäß der Regel für hybride Finanzinstrumente unterliegt.

### Anpassung erforderlich, wenn es sich bei der Vereinbarung um eine strukturierte Gestaltung handelt

10. Die Regel für hybride Finanzinstrumente gilt für Vereinbarungen, die mit einer nahestehenden Person getroffen werden, oder wenn die Zahlung im Rahmen einer strukturierten Gestaltung getätigt wird und der Steuerpflichtige an dieser strukturierten Gestaltung beteiligt ist. Im vorliegenden Fall macht die Tatsache, dass sowohl A Co als auch B Co an C Co beteiligt sind, diese nicht zu nahestehenden Dritten im Sinne von Empfehlung 10. Bei der Vereinbarung handelt es sich jedoch um eine strukturierte Gestaltung, wenn die Gegebenheiten und Umstände, einschließlich der gemeinsamen Beteiligung an C Co, darauf schließen lassen, dass die Gestaltung mit dem Ziel konzipiert wurde, eine Besteuerungsinkongruenz herbeizuführen.

# Beispiel 1.37

# Dividendenausgleichszahlung im Rahmen eines fehlgeschlagenen Aktiengeschäfts

## Sachverhalt

1. Die nachstehende Abbildung stellt eine Situation dar, in der ein Tradingunternehmen (A Co) Aktien von einem fremden Dritten erworben oder geliehen hat und diese Aktien an B Co weiterverkauft. Die übertragenen Aktien sind mit einem Anspruch auf eine festgesetzte, aber noch nicht ausgezahlte Dividende verbunden (d.h. die Aktien werden cum Dividende an B Co verkauft). Aufgrund eines Verarbeitungsfehlers werden die Aktien jedoch nach Festlegung des Dividendenstichtags geliefert, so dass die Dividende tatsächlich an A Co gezahlt wird. An dem Tag, an dem die (nicht abzugsfähige) Dividende tatsächlich gezahlt wird, erhält A Co die Dividende (auch wenn es keine Aktien besitzt) und reicht die Dividende weiter an B Co, mit dem es den Verkauf der Aktien cum Dividende vereinbart hat, dem es die Aktien jedoch ex Dividende geliefert hat.

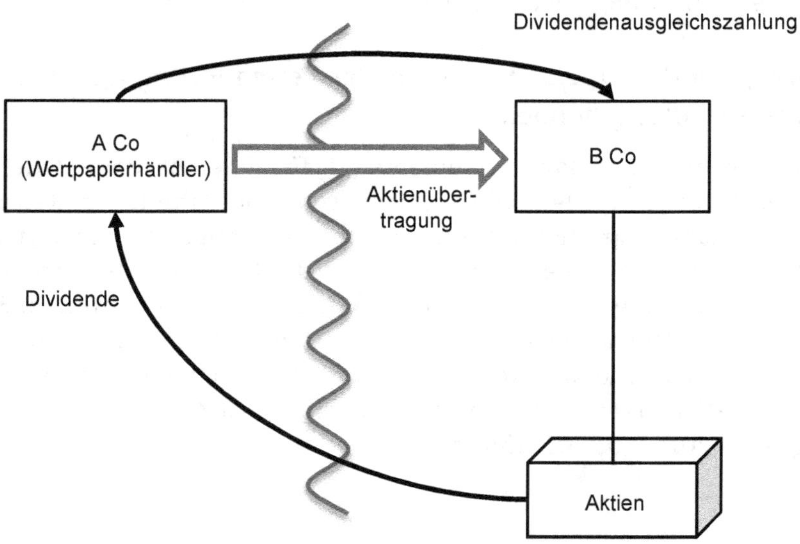


2. Nach den Rechtsvorschriften von Staat A würde A Co zum Zeitpunkt der Dividendenausschüttung als Eigentümer der Aktien behandelt, und im Fall eines Steuerpflichtigen mit normalem Status würde eine Dividendenfreistellung Anwendung finden. Es handelt sich bei A Co jedoch um einen Wertpapierhändler, und dementsprechend wird die Dividende in der Berechnung des (steuerpflichtigen) Gesamtertrags aus dem Erwerb, dem Halten und der Veräußerung der Aktien berücksichtigt. Die Dividende wird daher von A Co als ordentliche Einnahme behandelt, und die Dividendenausgleichszahlung wird als steuerlich abzugsfähige Betriebsausgabe behandelt. Nach den Rechtsvorschriften von Staat B wird B Co ebenfalls

als Eigentümer der Aktien behandelt, und B Co behandelt die Dividendenausgleichszahlung als steuerfreie Dividende auf die zugrunde liegenden Aktien. Die Dividendenausgleichszahlung führt somit zu einem D/NI-Ergebnis.

## Frage

3. Fällt die Dividendenausgleichszahlung in den Geltungsbereich der Regel für hybride Finanzinstrumente?

## Antwort

4. Auch wenn es sich bei der Vermögensübertragungsvereinbarung um eine hybride Übertragung handelt, fällt die Dividendenausgleichszahlung nicht in den Geltungsbereich der Regel für hybride Finanzinstrumente, da das D/NI-Ergebnis lediglich auf den unterschiedlichen Steuerstatus der Kontrahenten zurückzuführen ist, insbesondere da B Co ein Wertpapierhändler ist und all seine Gewinne, Einnahmen, Ausgaben und Verluste bei der Berechnung seiner steuerpflichtigen Gewinne als ordentliche Einnahmen berücksichtigt werden. Des Weiteren handelt es sich bei der Dividendenausgleichszahlung nicht um eine Substitutionszahlung, die den Effekt der Vermeidung einer hybriden Inkongruenz im Hinblick auf das zugrunde liegende Instrument hat, da die normale steuerliche Behandlung des Zahlungsleisters und des Zahlungsempfängers im Rahmen der Vereinbarung bewahrt wurde und die Dividende für den Emittenten nicht steuerlich abzugsfähig ist.

5. Empfehlung 2.2 findet auf die Vereinbarung Anwendung, um die Möglichkeiten von A Co einzuschränken, sich die Quellensteuer auf die zugrunde liegende Dividende anrechnen zu lassen.

## Analyse

6. Auch wenn beide Beteiligten diese Gestaltung normalerweise als Vermögensübertragung und damit als außerhalb des Geltungsbereichs der Regel für hybride Finanzinstrumente behandeln, stellt diese Gestaltung eine hybride Übertragung dar (die für die Zwecke dieser Regeln als Finanzinstrument betrachtet wird), da es sich hierbei um eine Vermögensübertragungsvereinbarung handelt, bei der:

(a) A Co nach den Rechtsvorschriften von Staat A der Eigentümer der Aktien ist und die Rechte von B Co an diesen Aktien als Verpflichtung von A Co zur Übertragung der Dividende an B Co behandelt werden, und

(b) B Co nach den Rechtsvorschriften von Staat B der Eigentümer der Aktien ist, wohingegen die Rechte von A Co an diesen Anteilen so behandelt werden, als entstünden sie im Rahmen der mit B Co getroffenen Vermögensübertragungsvereinbarung.

Das Eigentum schließt in diesem Kontext alle Regelungen ein, die bewirken, dass der Steuerpflichtige als Eigentümer der zugehörigen Cashflows aus diesem Vermögenswert besteuert wird.

7. Auch wenn es sich bei der Gestaltung um eine hybride Übertragung handelt, ist das D/NI-Ergebnis, zu dem es aufgrund der hybriden Übertragung kommt, nicht auf die Konditionen des Instruments (sondern auf den Status von A Co als Wertpapierhändler) zurückzuführen, weshalb es nicht zu einer hybriden Inkongruenz führt. Da die zugrunde liegende Dividende sowohl bei A Co steuerpflichtig als auch bei B Co von der Steuer befreit ist, finden auch die Regeln für Substitutionszahlungen keine Anwendung. Wenn das

Steuersystem in Staat A jedoch ungewöhnliche Merkmale aufweisen würde, wodurch die Dividende auf die zugrunde liegenden Aktien in Staat A nicht steuerpflichtig wäre, oder wenn die Gestaltung vorsätzlich als fehlerhaftes Geschäft strukturiert worden wäre, um B Co den Empfang eines steuerfreien Ertrags auf den Kaufpreis anstelle einer steuerpflichtigen Dividende auf die zugrunde liegenden Aktien zu erlauben, dann könnte die Zahlung als Substitutionszahlung behandelt werden, die unter die Regel für hybride Finanzinstrumente fällt.

# Beispiel 2.1

# Anwendung von Empfehlung 2.1 auf bereits vom Unternehmen versteuerte Dividenden („franked dividends“)

## Sachverhalt

1. In dem in der nachstehenden Abbildung dargestellten Beispiel ist A Co ein in Staat A errichtetes und steuerpflichtiges Unternehmen. A Co besitzt eine Betriebsstätte in Staat B. Staat A erhebt keine Steuer auf die Nettoeinkünfte einer ausländischen Betriebsstätte. A Co begibt über die Betriebsstätte in Staat B eine Anleihe an Investoren in Staat A. Die Anleihe wird zum Nennwert ausgegeben, und die aufgelaufenen Zinsen werden halbjährlich ausgezahlt. Das Darlehen ist den Forderungen der normalen Gläubiger von A Co im Rang nachgeordnet, und die Zins- und Tilgungszahlungen können ausgesetzt werden, wenn A Co bestimmte Solvenzkriterien nicht erfüllt. Ein Teil der von A Co begebenen Anleihen wird von fremden Investoren am freien Markt erworben.

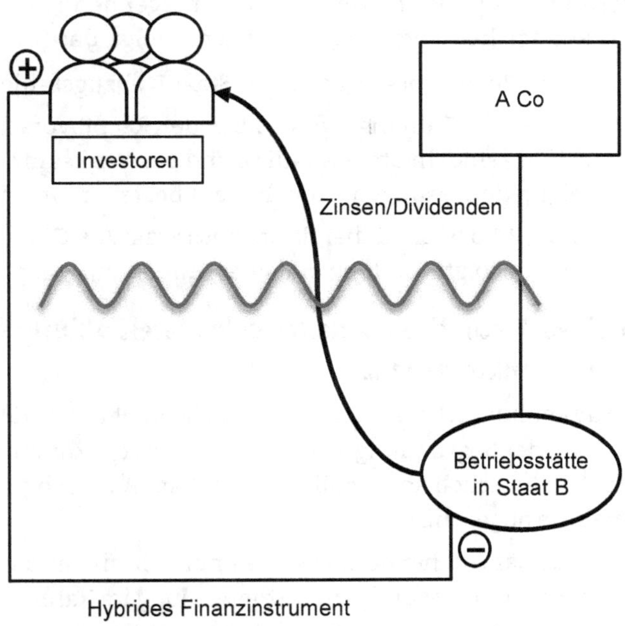


2. Die Anleihe wird nach den Rechtsvorschriften von Staat B als Fremdkapitalinstrument und nach den Rechtsvorschriften von Staat A als Eigenkapitalinstrument behandelt. Staat B gewährt der Betriebsstätte einen Betriebsausgabenabzug für Zahlungen, die im Rahmen der Anleihe geleistet werden. Staat A behandelt die Zahlung als Dividende, die einem gebietsansässigen Anteilseigner durch ein gebietsansässiges Unternehmen gezahlt wird. Staat A besteuert Dividenden zum Grenzsteuersatz des Steuerpflichtigen, gestattet es dem auszahlenden Unternehmen jedoch auch, eine Steuergutschrift über den beglichenen Steuerbetrag („franking credit“) beizufügen, die sich der Anteilseigner auf die auf die Dividende entfallende Steuerverbindlichkeit anrechnen lassen kann.

## Frage

3. Fällt eine Zinszahlung im Rahmen der Anleihe in den Geltungsbereich der Regel für hybride Finanzinstrumente und wenn ja, ist eine Anpassung gemäß dieser Regel erforderlich?

## Antwort

4. Nach Empfehlung 2.1 sollte A Co daran gehindert werden, die im Rahmen der Anleihe erfolgte Zahlung mit einer Anrechnungsgutschrift zu versehen.

5. Wenn Staat A Empfehlung 2.1 nicht anwendet, könnte Staat B in der Lage sein, der Betriebsstätte von A Co einen Betriebsausgabenabzug für die Zinszahlung zu versagen, wenn die Investoren nahestehende Dritte sind oder das Darlehen im Rahmen einer strukturierten Gestaltung gewährt wurde.

## Analyse

### *Staat A sollte Empfehlung 2.1 anwenden, um A Co daran zu hindern, die im Rahmen der Anleihe erfolgte Zahlung mit einer Anrechnungsgutschrift zu versehen*

6. Empfehlung 2.1 besagt, dass Staaten die Dividendenfreistellung bei abzugsfähigen Zahlungen versagen sollten. Die Empfehlung ermutigt die Staaten dazu, Steuererleichterungen für Dividenden zu begrenzen, um zu verhindern, dass solche Steuerentlastungen geltend gemacht werden, wenn die Gewinne, aus denen die Ausschüttung erfolgt, keiner vorherigen Besteuerung unterworfen wurden. Im vorliegenden Fall ist die Zahlung im Rahmen der Anleihe aus solchen Vorsteuereinkünften erfolgt, da:

(a) die Zahlung nach den Rechtsvorschriften von Staat B abzugsfähig war und

(b) die Gewinne, aus denen die Zahlung erfolgt, nach den Rechtsvorschriften von Staat A zwar nicht abzugsfähig sind, in Staat A (auf Grund des Wirksamwerdens der Steuerbefreiung für Zweigniederlassungen) jedoch nicht besteuert wurden.

Der Effekt von Empfehlung 2.1 besteht daher darin, dass Staat A A Co daran hindern sollte, die im Rahmen der Anleihe erfolgte Zahlung mit einer Anrechnungsgutschrift zu versehen.

### *Eine im Rahmen eines Finanzinstruments geleistete Zahlung führt zu einer hybriden Besteuerungsinkongruenz*

7. Wenn Staat A Empfehlung 2.1 nicht anwendet, so besteht nach wie vor Spielraum für Staat B, Empfehlung 1 mit der Begründung anzuwenden, dass die Zahlung nach den Rechtsvorschriften von Staat B steuerlich abzugsfähig ist, in Staat A jedoch von der Besteuerung als ordentliche Einnahme abgeschirmt ist.

8. Da es sich nicht um nahestehende Investoren handelt, findet die Regel für hybride Finanzinstrumente nur dann Anwendung, wenn die Zahlung im Rahmen einer strukturierten Gestaltung geleistet wurde. Im vorliegenden Fall weist das Darlehen möglicherweise keine Merkmale auf, die darauf schließen lassen, dass es gestaltet wurde, um eine Besteuerungsinkongruenz herbeizuführen. Es ist jedoch möglich, dass die aus der Inkongruenz resultierenden Steuervorteile gegenüber den ursprünglichen Investoren in Staat A vermarktet wurden oder dass die Anleihe vorrangig gegenüber Investoren vermarktet wurde, die sich die Besteuerungsinkongruenz zunutze machen konnten. Wenn dies der Fall ist, dann sind A Co und diese Investoren wahrscheinlich an der strukturierten Gestaltung beteiligt, da vernünftigerweise von ihnen erwartet werden kann, dass sie sich der Inkongruenz bewusst sind und sich den Wert des Steuervorteils (in Form einer Rendite auf das Instrument, die in Bezug auf die Inanspruchnahme der Anrechnungsgutschrift berechnet wurde) geteilt haben.

# Beispiel 2.2

# Anwendung von Empfehlung 2.2 auf eine Wertpapierleihe auf Basis einer Anleihe

## Sachverhalt

1. Die nachstehende Abbildung veranschaulicht eine Wertpapierleihe, die der in **Beispiel 1.32** beschriebenen Struktur ähnelt, außer dass es sich bei dem im Rahmen der Vereinbarung verliehenen Instrument um eine Anleihe anstatt um eine Aktie handelt. B Co ist der „Entleiher" bei dieser Gestaltung, die Pflichten umfasst wie die Verpflichtung, dass B Co während der Leihdauer alle Zinszahlungen, die auf die der Gestaltung zugrunde liegenden Anleihen geleistet werden (abzüglich etwaiger Quellensteuern), an A Co auszuzahlen hat (die „Zinsausgleichszahlung"). Der wirtschaftliche Nettoeffekt dieser Gestaltung besteht darin, dass A Co durch die Pflichten, die B Co im Rahmen der Vereinbarung zu erfüllen hat, weiterhin das volle Risiko und den vollen Ertrag des Eigentums an den Anleihen trägt.

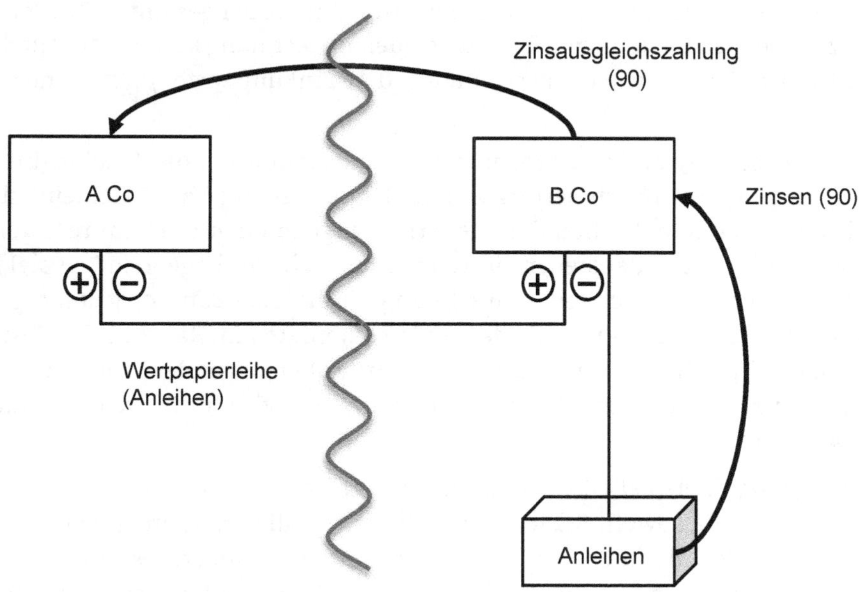


2. Eine vereinfachte Steuerberechnung, die den Nettoeffekt dieser Gestaltung darstellt, ist nachfolgend abgebildet. Im vorliegenden Beispiel wird unterstellt, dass die Zahlung von 100 Geldeinheiten an Zinsen auf die Anleihe mit einer Quellensteuer in Höhe von 10% belastet wird und diese Steuer auf die Steuerschuld von B Co anrechenbar ist. B Co leistet eine Ausgleichszahlung für diese Zinszahlung (verringert um die Quellensteuer) an A Co.

| A Co | | | B Co | | |
|---|---|---|---|---|---|
| | **Steuer** | **Verbuchung** | | **Steuer** | **Verbuchung** |
| Einnahmen | | | Einnahmen | | |
| Zinsausgleichszahlung | 90 | 90 | Zinsen | 90 | 90 |
| Einbehaltene Beträge | 10 | 0 | Einbehaltene Beträge | 10 | 0 |
| | | | Ausgaben | | |
| | | | Zinsausgleichszahlung | (90) | (90) |
| **Nettogewinn** | | **90** | **Nettogewinn** | | **0** |
| **Steuerpflichtige Einkünfte** | **100** | | **Steuerpflichtige Einkünfte** | **10** | |
| Besteuerung der Einkünfte (30%) | (30) | | Besteuerung der Einkünfte (30%) | (3) | |
| Steueranrechnung | 10 | | Steueranrechnung | 10 | |
| Zu entrichtende Steuern | | (20) | Steuervorteil | | 7 |
| **Ergebnis nach Steuern** | | **70** | **Ergebnis nach Steuern** | | **7** |

3. Sowohl A Co als auch B Co werden so behandelt, als erhielten sie eine Zinszahlung von 100 Geldeinheiten, auf die eine ausländische Quellensteuer von 10% erhoben wird. Das steuerpflichtige Einkommen von B Co (nach der Zahlung der Dividendenausgleichszahlung) beträgt 10 Geldeinheiten. Obwohl lediglich die Nettoeinnahmen im Rahmen der Gestaltung besteuert werden, gestattet Staat B dennoch eine Anrechnung der gesamten Quellensteuer, wodurch es zu einer den Steuerabzug übersteigenden Anrechnung kommt, die mit Steuern in Staat B auf andere Einkünfte (oder bestimmte andere Einkunftsarten) verrechnet werden kann.

4. Normalerweise wäre zu erwarten, dass eine Zinszahlung auf die Anleihe (in Staat A oder Staat B) zu einer Nettobesteuerung von 20 Geldeinheiten (d.h. 30 Geldeinheiten an im Ansässigkeitsstaat zu entrichtenden Steuern abzüglich einer Steueranrechnung von 10 Geldeinheiten für die Quellensteuer) führen würde. Da im vorliegenden Beispiel jedoch sowohl A Co als auch B Co eine Steueranrechnung für dieselbe Zahlung geltend gemacht haben, beträgt die Gesamtsteuerschuld der beiden Beteiligten im Rahmen der Gestaltung 13 Geldeinheiten, einschließlich einer den Steuerabzug übersteigenden Steueranrechnung in Höhe von 7 Geldeinheiten für B Co, die (wie unterstellt wird) mit anderen Einkünften verrechnet werden kann.

5. Im vorliegenden Beispiel ist die Gestaltung nicht auf eine Besteuerungsinkongruenz zurückzuführen, da sowohl Staat A als auch Staat B alle im Rahmen der Gestaltung erhaltenen Beträge als ordentliche Einnahmen behandeln, dennoch gestattet die hybride Übertragung A Co und B Co, sich die Quellensteuer im Rahmen des Instruments doppelt anrechnen zu lassen, um ihre effektive Steuerlast zu senken.

## Frage

6. Fällt eine Wertpapierleihvereinbarung in den Geltungsbereich von Empfehlung 2.2 und wenn ja, inwieweit ist eine Anpassung gemäß dieser Regel erforderlich?

## Antwort

7. Bei der Gestaltung handelt es sich um eine hybride Übertragung, die nicht zu einem D/NI-Ergebnis führt. Staaten, die eine Steuerentlastung für Quellensteuern auf eine

Zahlung im Rahmen einer hybriden Übertragung gewähren, sollten den Steuervorteil der Entlastung auf die steuerpflichtigen Nettoeinnahmen des Steuerpflichtigen im Rahmen der Gestaltung beschränken.

### Bei der Gestaltung handelt es sich um eine hybride Übertragung

8. Die Wertpapierleihvereinbarung fällt unter die Definition einer hybriden Übertragung, da A Co nach den Rechtsvorschriften von Staat A der Eigentümer der Anleihe ist und die Rechte von B Co an der Anleihe als Verpflichtungen gegenüber A Co qualifiziert werden, wohingegen nach den Rechtsvorschriften von Staat B B Co der Eigentümer der Anleihe ist und die Eigentumsrechte von A Co als Verpflichtungen von B Co behandelt werden.

### Empfehlung 2(2) findet Anwendung, um die Anrechnung im Ausland gezahlter Steuern im Rahmen einer hybriden Übertragung der Höhe nach zu begrenzen

9. Empfehlung 2.2 besagt, dass „Staaten, die eine Steuerentlastung für Quellensteuern auf eine Zahlung im Rahmen einer hybriden Übertragung gewähren, den Steuervorteil einer solchen Entlastung im Verhältnis zu den steuerpflichtigen Nettoeinnahmen des Steuerpflichtigen im Rahmen der Gestaltung beschränken“ sollten, um eine mehrfache Steueranrechnung bei einer hybriden Übertragung zu verhindern.

10. Die Anrechnung sollte in jedem Staat lediglich bis zur Höhe der im Rahmen der Gestaltung erzielten Nettoeinnahmen gestattet werden. Eine vereinfachte Steuerberechnung, die den Nettoeffekt dieser Anpassungen darstellt, ist nachfolgend abgebildet.

| A Co | | | B Co | | |
|---|---|---|---|---|---|
| | **Steuer** | **Verbuchung** | | **Steuer** | **Verbuchung** |
| Einnahmen | | | Einnahmen | | |
| Zinsausgleichszahlung | 90 | 90 | Zinsen | 90 | 90 |
| Einbehaltene Beträge | 10 | 0 | Einbehaltene Beträge | 10 | 0 |
| | | | Ausgaben | | |
| | | | Zinsausgleichszahlung | (90) | (90) |
| **Nettogewinn** | | **90** | **Nettogewinn** | | **0** |
| **Steuerpflichtige Einkünfte** | **100** | | **Steuerpflichtige Einkünfte** | **10** | |
| Besteuerung der Einkünfte (30%) | (30) | | Besteuerung der Einkünfte (30%) | (3) | |
| Steueranrechnung | 10 | | Steueranrechnung | 3 | |
| Zu entrichtende Steuern | | (20) | Zu entrichtende Steuern | | 0 |
| **Ergebnis nach Steuern** | | **70** | **Ergebnis nach Steuern** | | **0** |

11. Die Begrenzung der Anrechnung auf die Höhe der Nettoeinkünfte des Steuerpflichtigen im Rahmen der Gestaltung hat im vorliegenden Beispiel keinen Effekt auf die Steuerposition von A Co, da die Nettoeinkünfte von A Co aus der Gestaltung dem Bruttozahlungsbetrag entsprechen. Die Berechnung gestattet eine Doppelanrechnung nach den Rechtsvorschriften von Staat B weiterhin, aber nur soweit dies erforderlich ist, um die an der Quelle abgeschöpften Einkünfte im Hinblick auf die Zahlung abzuschirmen.

# Beispiel 2.3

# Abstimmung der Regel für hybride Finanzinstrumente und der Empfehlung 2.1

## Sachverhalt

1. In dem in der nachstehenden Abbildung dargestellten Beispiel besitzt A Co (ein in Staat A ansässiges Unternehmen) sämtliche Anteile an B Co (einem in Staat B ansässigen Unternehmen). A Co leiht B Co Geld im Rahmen eines Darlehens, für das alle zwölf Monate zum 1. Oktober jedes Jahres die aufgelaufenen Zinsen ausgezahlt werden. Das Darlehen ist den Forderungen der normalen Gläubiger von B Co im Rang nachgeordnet, und die Zins- und Tilgungszahlungen können ausgesetzt werden, wenn B Co bestimmte Solvenzkriterien nicht erfüllt.

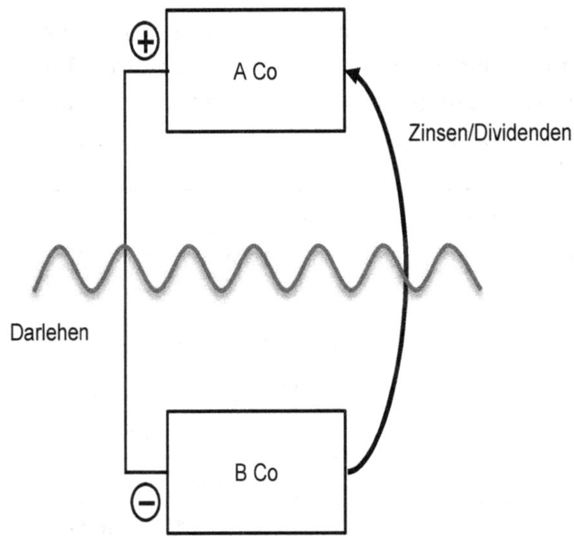


2. Die Anleihe wird nach den Rechtsvorschriften von Staat B als Fremdkapitalinstrument, nach den Rechtsvorschriften von Staat A aber als Eigenkapitalinstrument (d.h. als Beteiligung) behandelt. Dementsprechend werden die Zinszahlungen auf das Darlehen nach den Rechtsvorschriften von Staat A als Dividenden behandelt. Nach innerstaatlichem Recht befreit Staat A im Ausland erzielte Dividendeneinkünfte generell von der Steuer.

3. In Jahr 2 führt Staat B Hybrid-Mismatch-Regeln ein, so dass der Abzug der Zinszahlung in diesem Jahr versagt wird. Ein Jahr später nimmt Staat A eine Änderung des innerstaatlichen Rechts gemäß Empfehlung 2.1 vor, so dass die Inanspruchnahme einer Dividendenfreistellung für eine abzugsfähige Zahlung nach den Rechtsvorschriften von Staat A nicht mehr möglich ist.

## Frage

4. Welcher Anteil der Zahlung muss nach der Hybrid-Mismatch-Regel von A Co und B Co in den Jahren 2 bis 4 der Gestaltung berücksichtigt werden?

## Antwort

5. Der Staat des Zahlungsleisters, der die vorrangige Maßnahme nach der Regel für hybride Finanzinstrumente in einem Zeitraum anwendet, in dem der Staat des Zahlungsempfängers Änderungen des innerstaatlichen Rechts gemäß Empfehlung 2.1 einführt (der Übergangsphase), sollte in dem Maße von der Anwendung der vorrangigen Maßnahme absehen, wie die Besteuerungsinkongruenz durch die Einführung der Änderungen des innerstaatlichen Rechts im Staat des Zahlungsempfängers neutralisiert wird. Der Staat des Zahlungsleisters sollte jedoch weiterhin die nach der Regel für hybride Finanzinstrumente vorgeschriebene Anpassung für Zeiträume vor der Übergangsphase vornehmen. Dementsprechend gilt:

(a) Staat B sollte B Co den Betriebsausgabenabzug für eine Zahlung versagen, soweit dieser in einem Abrechnungszeitraum, der an oder vor dem Tag des Inkrafttretens der Änderungen des innerstaatlichen Rechts endete, in Staat A zu einer Besteuerungsinkongruenz führt, B Co jedoch eine Steuerentlastung für alle Zahlungen gewähren, die während der Übergangsphase geleistet werden, soweit die Inkongruenz auf Grund des Wirksamwerdens der neuen Regeln in Staat A neutralisiert wird.

(b) Staat A wird die Veränderungen des innerstaatlichen Rechts zu dem Zeitpunkt auf die Zahlung anwenden, an dem sie als erhalten behandelt wird, auch wenn Staat A den Effekt etwaiger Anpassungen berücksichtigen sollte, die nach der Regel für hybride Finanzinstrumente in Staat B für Zeiträume vorgenommen wurden, die an oder vor dem Tag des Inkrafttretens der Änderungen des innerstaatlichen Rechts in Staat A endeten.

## Analyse

### *Keine Anwendung der Regel für hybride Finanzinstrumente, wenn die Besteuerungsinkongruenz nach Empfehlung 2.1 neutralisiert wird*

6. Eine Zahlung im Rahmen eines hybriden Finanzinstruments wird nicht als Auslöser für ein D/NI-Ergebnis betrachtet, wenn die Inkongruenz im Kontrahentenstaat durch eine spezifische Regel neutralisiert wird, die dazu konzipiert ist, die steuerliche Behandlung der Zahlung auf die steuerpolitischen Zielsetzungen abzustimmen, die für ein derartiges Instrument gelten. Solche spezifischen Regeln umfassen alle Regeln im Staat des Zahlungsempfängers, die – nach Empfehlung 2.1 – die Verfügbarkeit einer Dividendenfreistellung oder gleichwertigen Steuererleichterung auf Zahlungen beschränken, die nicht steuerlich abzugsfähig sind. Dementsprechend sollte Staat B von der Anwendung der vorrangigen Maßnahme nach der Regel für hybride Finanzinstrumente absehen, falls und wenn Staat A Regeln einführt, die die Freistellung einer abzugsfähigen Dividendenzahlung ausschließen.

### *Abstimmung zwischen der Regel für hybride Finanzinstrumente und Empfehlung 2.1*

7. Komplikationen bei der Anwendung der Regel und ein Doppelbesteuerungsrisiko könnten jedoch in Situationen auftreten, in denen der Staat des Zahlungsempfängers die Regeln nach Empfehlung 2.1 auf eine Zahlung anwendet, die bereits im Staat des Zahlungsleisters nach der Regel für hybride Finanzinstrumente angepasst wurde. Auch

wenn die Regel für hybride Finanzinstrumente keine Anwendung auf Zahlungen findet, die nach den Rechtsvorschriften von Staat A in den ordentlichen Einnahmen berücksichtigt wurden, so sollte Staat B zur Beschränkung der Beeinträchtigung der Regeln in Staat B auf ein Mindestmaß und zur Vermeidung der Notwendigkeit, Teilzeiträume zu berechnen oder alte Steuererklärungen zu überarbeiten, die Regel für hybride Finanzinstrumente weiter auf alle Zahlungen in einem Zeitraum vor der Übergangsperiode anwenden.

8. Eine Tabelle, die den Effekt dieser Anpassungen in den Jahren 2 bis 4 darstellt, ist unten abgebildet. Die Tabelle zeigt die aufgelaufenen Zinseinkünfte für das Darlehen in jedem Kalenderjahr sowie die für die im Rahmen des Darlehens geleisteten Zahlungen geltende Besteuerung der Einkünfte. In dieser Tabelle wird unterstellt, dass die Zinszahlung 100 Geldeinheiten pro Jahr beträgt und dass B Co und A Co keine weiteren Einkünfte oder Ausgaben haben. Sowohl Staat B als auch Staat A berechnen die Einkünfte und die Ausgaben für Steuerzwecke auf Basis des Kalenderjahrs.

9. In Jahr 2 ist Empfehlung 2.1 noch nicht in die Rechtsvorschriften von Staat A eingeführt worden, so dass ein Betriebsausgabenabzug für die Zinszahlung nach den Rechtsvorschriften von Staat B in voller Höhe versagt wird.

| | Staat A<br>A Co | | | Staat B<br>B Co | | | Insgesamt |
|---|---|---|---|---|---|---|---|
| | | Steuer | Verbuchung | | Steuer | Verbuchung | |
| Jahr 2 | Einnahmen | | | Einnahmen | | | |
| | Dividende | 0 | 100 | Betriebsergebnis | 100 | 100 | |
| | | | | Ausgaben | | | |
| | | | | Zinsen | 0 | (100) | |
| | **Nettogewinn** | | **100** | **Nettogewinn** | | **0** | **100** |
| | **Steuerpflichtige Einkünfte** | **0** | | **Steuerpflichtige Einkünfte** | **100** | | **100** |

10. In Jahr 3 wird Empfehlung 2.1 zum Jahresbeginn in die Rechtsvorschriften von Staat A eingeführt.

(a) Staat B wendet die Regel für hybride Finanzinstrumente in Jahr 3 nicht an, da die Zahlung für diesen Zeitraum in voller Höhe der Besteuerung als ordentliche Einnahme in Staat A unterliegt;

(b) Der nach Empfehlung 2.1 in den Einnahmen berücksichtigte Betrag sollte eine Zahlung nicht berücksichtigen, soweit sie in einem früheren Zeitraum bereits nach der Regel für hybride Finanzinstrumente angepasst wurde. Da Staat B die periodengerechte Geltendmachung von Zinsaufwendungen gestattet, wurde ein Betriebsausgabenabzug für 25% der Zinszahlung bereits im Vorjahr (Jahr 2) von Staat B versagt, dementsprechend sollte der Betrag, den Staat A als abzugsfähige Dividende behandelt, im selben Verhältnis gekürzt werden.

| | Staat A<br>A Co | | | Staat B<br>B Co | | | Insgesamt |
|---|---|---|---|---|---|---|---|
| | | Steuer | Verbuchung | | Steuer | Verbuchung | |
| Jahr 3 | Einnahmen | | | Einnahmen | | | |
| | Dividende | 75 | 100 | Betriebsergebnis | 100 | 100 | |
| | | | | Ausgaben | | | |
| | | | | Zinsen | (100) | (100) | |
| | **Nettogewinn** | | **100** | **Nettogewinn** | | **0** | **100** |
| | **Steuerpflichtige Einkünfte** | **75** | | **Steuerpflichtige Einkünfte** | **0** | | **75** |

11. In Jahr 4 wird das Darlehen fällig, und die letzte Zahlung an aufgelaufenen Zinsen für das Darlehen wird am 1. Oktober von Jahr 4 geleistet. Die Regel für hybride Finanzinstrumente findet in Staat B keine Anwendung, da die Zinszahlung unter Empfehlung 2.1 fällt. Die Freistellung wird in Staat A für die gesamte Zinszahlung (100 Geldeinheiten) versagt, wodurch B Co effektiv zusätzliche steuerpflichtige Einkünfte in Höhe von 25 Geldeinheiten entstehen und der im Vorjahr wegen der zeitlichen Abweichungen bei der Verbuchung der Zahlungen auf Grund des Zeitpunkts entstandene Vorteil rückgängig gemacht wird.

| | Staat A<br>A Co | | | Staat B<br>B Co | | | Insgesamt |
|---|---|---|---|---|---|---|---|
| | | Steuer | Verbuchung | | Steuer | Verbuchung | |
| Jahr 4 | Einnahmen | | | Einnahmen | | | |
| | Dividende | 100 | 75 | Betriebsergebnis | 100 | 100 | |
| | | | | Ausgaben | | | |
| | | | | Zinsen | 0 | (100) | |
| | **Nettogewinn** | | **75** | **Nettogewinn** | | **0** | **75** |
| | **Steuerpflichtige Einkünfte** | **100** | | **Steuerpflichtige Einkünfte** | **0** | | **100** |

# Beispiel 3.1

# Gestaltung mit einer nicht berücksichtigten hybriden Zahlung unter Verwendung eines steuerlich transparenten Rechtsträgers und eines hybriden Darlehens

## Sachverhalt

1. In dem in der nachstehenden Abbildung dargestellten Beispiel setzt A Co das Unternehmen B Co 1 als Holdinggesellschaft für seine operative Tochtergesellschaft (B Co 2) ein. B Co 1 ist ein hybrider Rechtsträger (d.h. ein Rechtsträger, der für Steuerzwecke in Staat B als selbstständiger Rechtsträger, nach den Rechtsvorschriften von Staat A jedoch als steuerlich transparenter Rechtsträger behandelt wird). B Co 2 wird nach den Rechtsvorschriften von Staat A und Staat B als selbstständiger steuerpflichtiger Rechtsträger behandelt.

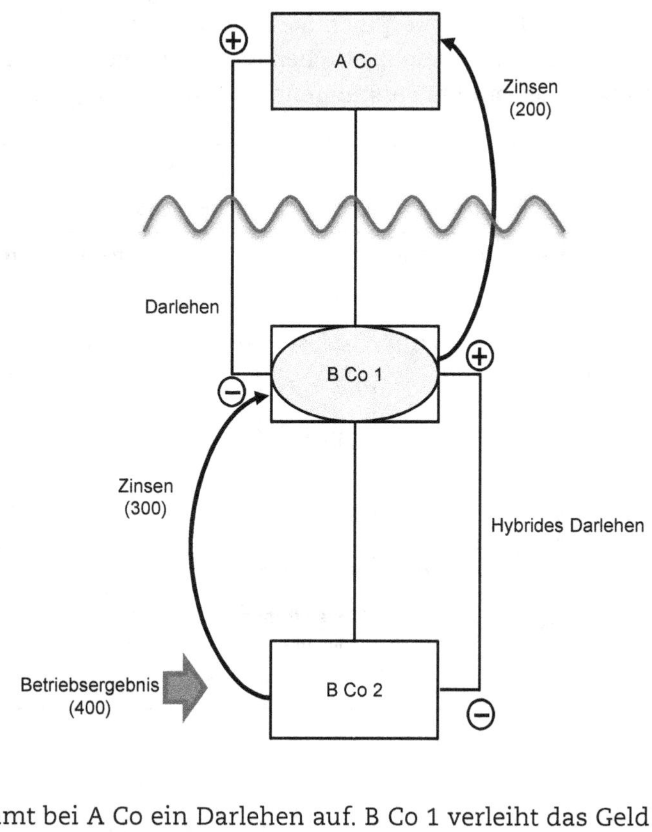


2. B Co 1 nimmt bei A Co ein Darlehen auf. B Co 1 verleiht das Geld im Rahmen eines hybriden Darlehens weiter. Die Zinszahlungen für das Darlehen werden nach den Rechtsvorschriften von Staat B als ordentliche Einnahmen, nach den Rechtsvorschriften von Staat A jedoch als steuerbefreite Dividenden behandelt. Die nachstehende Tabelle legt die gesamten Nettoeinnahmen von A Co und des Konzerns in Staat B dar.

**Staat A**

| A Co | Steuer | Verbuchung |
|---|---|---|
| Einnahmen | | |
| Von B Co 1 gezahlte Zinsen | 0 | 200 |
| **Nettogewinn** | | **200** |
| **Steuerpflichtige Einkünfte** | **0** | |

**Staat B**

| B Co 1 | Steuer | Verbuchung |
|---|---|---|
| Einnahmen | | |
| Von B Co 2 gezahlte Zinsen | 300 | 300 |
| Ausgaben | | |
| An A Co gezahlte Zinsen | (200) | (200) |
| **Nettogewinn** | | **100** |
| **Steuerpflichtige Einkünfte** | **100** | |

| B Co 2 | Steuer | Verbuchung |
|---|---|---|
| Einnahmen | | |
| Betriebsergebnis | 400 | 400 |
| Ausgaben | | |
| Zinsen im Rahmen des hybriden Darlehens | (300) | (300) |
| **Nettogewinn** | | **100** |
| **Steuerpflichtige Einkünfte** | **100** | |

3. Da B Co 1 nach den Rechtsvorschriften von Staat A ein steuerlich transparenter Rechtsträger ist, werden die Zinsen für das Darlehen zwischen A Co und B Co 1 für Steuerzwecke nicht berücksichtigt und führen in Staat A nicht zu steuerpflichtigen Einkünften. Auch wenn die Zinszahlung für das hybride Darlehen nach den Rechtsvorschriften von Staat A ausgewiesen wird, wird sie für Steuerzwecke als steuerbefreite Dividende behandelt und bei der Berechnung der im Veranlagungszeitraum anfallenden steuerpflichtigen Einkünfte von A Co nicht berücksichtigt. A Co weist dementsprechend im Rahmen dieser Struktur keine steuerpflichtigen Einkünfte aus.

4. B Co 2 hat nach den Rechtsvorschriften von Staat B ein Betriebsergebnis von 400 Geldeinheiten und Anspruch auf einen Abzug von 300 Geldeinheiten für das hybride Darlehen. B Co 1 weist die Zinszahlung für das hybride Darlehen aus, hat jedoch Anspruch auf einen Abzug von 200 Geldeinheiten für die nicht berücksichtigte Zinszahlung an A Co. Dementsprechend weist der Konzern in Staat B insgesamt steuerpflichtige Einkünfte von 200 Geldeinheiten aus, während der aus der Gestaltung resultierende Nettogewinn 400 Geldeinheiten beträgt.

## Frage

5. Fallen die oben beschriebenen Besteuerungskonsequenzen in den Geltungsbereich der Anpassungen nach den Hybrid-Mismatch-Regeln?

## Antwort

6. Die Zinszahlung für das hybride Darlehen fällt weder in Staat A noch in Staat B unter die Regel für hybride Finanzinstrumente, weil die Zinszahlung nicht zu einem D/NI-Ergebnis führt (da sie nach den Rechtsvorschriften von Staat B in den Einnahmen berücksichtigt wird). Die Tatsache, dass B Co 1 nach den Rechtsvorschriften von Staat B nicht als selbstständiger Rechtsträger betrachtet wird, bedeutet jedoch, dass die von B Co 1 an A Co geleistete abzugsfähige Zinszahlung nach den Rechtsvorschriften von Staat A unberücksichtigt bleibt und dementsprechend unter die in Empfehlung 3 aufgeführte Regel für nicht berücksichtigte hybride Zahlungen fällt.

7. Falls Staat B die vorrangige Regel in Empfehlung 3.1 nicht auf die von B Co 1 geleistete Zinszahlung anwendet, sollte Staat A den vollständigen Betrag dieser Zinszahlung nach der in Empfehlung 3.2 aufgeführten Abwehrregel in den ordentlichen Einnahmen berücksichtigen.

## Analyse

### *Die Zinszahlung für das hybride Darlehen ist nicht Gegenstand einer Anpassung nach der Regel für hybride Finanzinstrumente*

8. Das Darlehen kann zwar insoweit als hybrid beschrieben werden, als die Zahlungen für das Darlehen nach den Rechtsvorschriften von Staat B als steuerlich abzugsfähige Zinsen und nach den Rechtsvorschriften von Staat A als steuerbefreite Dividenden behandelt werden, es führt jedoch nicht zu einer Besteuerungsinkongruenz, die in den Geltungsbereich der Regel für hybride Finanzinstrumente fällt, weil die Zinsen nach den Rechtsvorschriften von Staat B in den Einkünften berücksichtigt werden.

### *Die Regel für nicht berücksichtigte hybride Zahlungen wird angewendet, um B Co 1 einen Betriebsausgabenabzug für die nicht berücksichtigte Zinszahlung zu versagen*

9. In diesem Fall ist B Co 1 ein hybrider Zahlungsleister, weil sowohl der Zahlungsleister als auch die Zahlung nach den Rechtsvorschriften von Staat A unberücksichtigt bleiben. Dementsprechend sollte Staat B die vorrangige Empfehlung anwenden, um B Co 1 einen Betriebsausgabenabzug für die Zinszahlung insoweit zu versagen, als diese Zahlung die doppelt berücksichtigten Einnahmen übersteigt. Bei der Zinszahlung für das hybride Darlehen handelt es sich nicht um doppelt berücksichtigte Einnahmen, weil sie nach den Rechtsvorschriften von Staat A nicht als ordentliche Einnahme berücksichtigt wird. Deshalb sollte der Betriebsausgabenabzug für die gesamte Zinszahlung nach den Rechtsvorschriften von Staat B versagt werden. Der Nettoeffekt dieser Anpassung wird in der nachstehenden Tabelle veranschaulicht.

| Staat A<br>A Co | Steuer | Verbuchung | Staat B<br>B Co 1 | Steuer | Verbuchung |
|---|---|---|---|---|---|
| Einnahmen | | | Einnahmen | | |
| Von B Co 1 gezahlte Zinsen | 0 | 200 | Von B Co 2 gezahlte Zinsen | 300 | 300 |
| | | | Ausgaben | | |
| | | | An A Co gezahlte Zinsen | 0 | (200) |
| | | | **Nettogewinn** | | **100** |
| | | | **Steuerpflichtige Einkünfte** | **300** | |
| | | | **B Co 2** | | |
| | | | Einnahmen | | |
| | | | Betriebsergebnis | 400 | 400 |
| | | | Ausgaben | | |
| | | | Zinsen im Rahmen des hybriden Darlehens | (300) | (300) |
| **Nettogewinn** | | **200** | **Nettogewinn** | | **100** |
| **Steuerpflichtige Einkünfte** | **0** | | **Steuerpflichtige Einkünfte** | **100** | |

10. B Co 1 wird ein Abzug für den gesamten Betrag der nicht berücksichtigten Zinszahlung versagt. Der Nettoeffekt der Anpassung besteht darin, dass der gesamte aus der Gestaltung resultierende Ertrag nach den Rechtsvorschriften von Staat B berücksichtigt wird.

## *Wenn Staat B keine Anpassung vornimmt, behandelt A Co die Zinszahlung als ordentliche Einnahme*

11. Wenn die Regel für nicht berücksichtigte hybride Zahlungen in Staat B nicht auf die Zahlung angewendet wird, dann sollte Staat A die Regel anwenden, um zu verlangen, dass die Zinszahlung als ordentliche Einnahme berücksichtigt wird. Der Nettoeffekt, der sich ergibt, wenn Staat A eine Anpassung nach der Regel für nicht berücksichtigte hybride Zahlungen vornimmt, wird in der nachstehenden Tabelle veranschaulicht.

12. A Co ist verpflichtet, den vollständigen Betrag der Zinszahlung als ordentliche Einnahme zu berücksichtigen, damit die aus der Gestaltung resultierenden steuerpflichtigen Einkünfte von A Co und B Co ihrem aus der Gestaltung resultierenden Nettogewinn entsprechen.

| Staat A – A Co | Steuer | Verbuchung |
|---|---|---|
| Einnahmen | | |
| Von B Co 2 gezahlte Zinsen | 200 | 200 |
| **Nettogewinn** | | **200** |
| **Steuerpflichtige Einkünfte** | **200** | |

| Staat B – B Co 1 | Steuer | Verbuchung |
|---|---|---|
| Einnahmen | | |
| Von B Co 2 gezahlte Zinsen | 300 | 300 |
| Ausgaben | | |
| An A Co gezahlte Zinsen | (200) | (200) |
| **Nettogewinn** | | **100** |
| **Steuerpflichtige Einkünfte** | **100** | |

| Staat B – B Co 2 | Steuer | Verbuchung |
|---|---|---|
| Einnahmen | | |
| Betriebsergebnis | 400 | 400 |
| Ausgaben | | |
| Zinsen im Rahmen des hybriden Darlehens | (300) | (300) |
| **Nettogewinn** | | **100** |
| **Steuerpflichtige Einkünfte** | **100** | |

## *Umsetzungslösungen*

13. B Co 1 führt voraussichtlich getrennte Konten, in denen alle Einnahmen- und Ausgabenbeträge ausgewiesen werden, die nach den Rechtsvorschriften von Staat B der Besteuerung unterliegen. Staat B könnte B Co 1 verpflichten, den Gesamtbetrag aller Einnahmeposten, bei denen es sich um doppelt berücksichtigte Einnahmen handelt, auszuweisen, und er könnte B Co 1 untersagen, einen Abzug für eine nicht berücksichtigte Zahlung geltend zu machen, soweit sie diesen Gesamtbetrag übersteigt.

14. A Co besitzt voraussichtlich Informationen (nach den Rechtsvorschriften von Staat B) über die Abzüge, die B Co 1 in Staat B für konzerninterne Zahlungen geltend gemacht hat, und Informationen (nach den Rechtsvorschriften von Staat A) über den Betrag der Nettoeinkünfte von B Co 1, der A Co zugerechnet wird. Staat A könnte A Co verpflichten, ordentliche Einnahmen auszuweisen, soweit der erstgenannte Betrag (der Betrag der von B Co 1 für nicht berücksichtigte Zahlungen geltend gemachten Abzüge) den letztgenannten Betrag (der Betrag der A Co nach den Rechtsvorschriften von Staat A zugerechneten Nettoeinkünfte von B Co 1) übersteigt.

# Beispiel 3.2

# Nicht berücksichtigte hybride Zahlung unter Verwendung eines Konsolidierungssystems und einer Organschaft

## Sachverhalt

1. In dem in der nachstehenden Abbildung dargestellten Beispiel bildet A Co 1 einen konsolidierten Konzern mit seiner 100%igen Tochtergesellschaft A Co 2. Der Effekt der Steuerkonsolidierung nach den Rechtsvorschriften des betreffenden Staates besteht darin, dass alle Geschäftsvorfälle und Zahlungen zwischen den Konzerneinheiten für Steuerzwecke unberücksichtigt bleiben. A Co 2 gründet eine Betriebsstätte in Staat B. Die Betriebsstätte hält alle Anteile an B Co. Die Betriebsstätte wird für Steuerzwecke nach den Rechtsvorschriften von Staat B mit B Co konsolidiert.

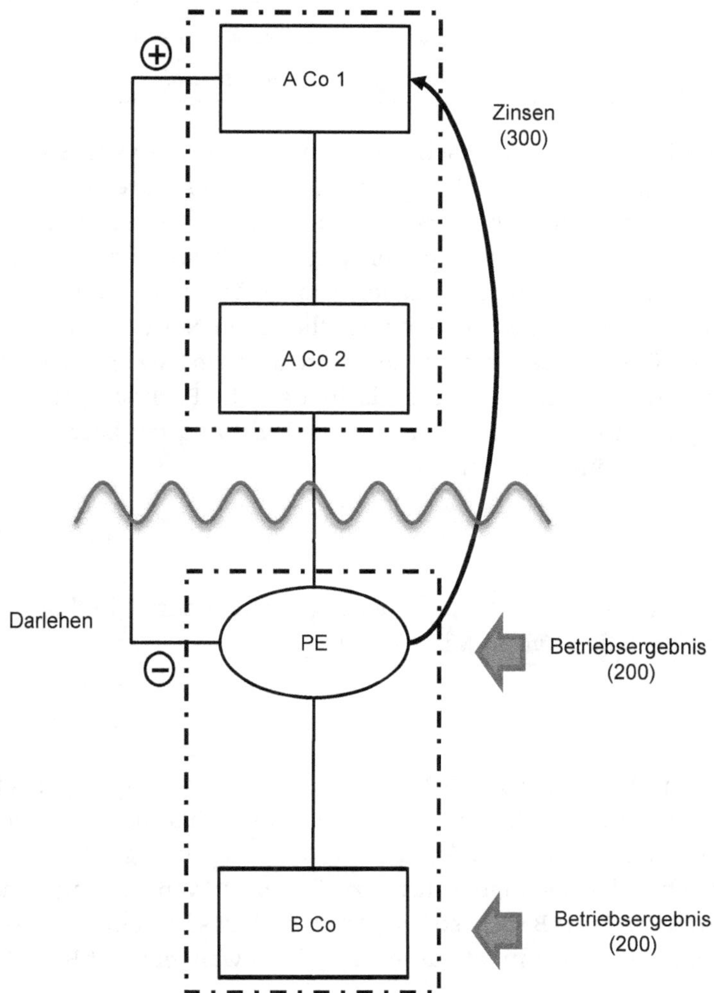

2. A Co 2 nimmt bei A Co 1 ein Darlehen auf. Dieses Darlehen wird der Betriebsstätte von A Co 2 in Staat B zugerechnet. Die Zinszahlungen für das Darlehen sind nach den Rechtsvorschriften von Staat B abzugsfähig, werden von A Co 1 jedoch nicht berücksichtigt. Die nachstehende Tabelle legt die gesamten Nettoeinnahmen des Konzerns in Staat A und des Konzerns in Staat B dar.

| Staat A<br>A Co 1 | | | Staat B<br>A Co 2 und B Co kombiniert | | |
|---|---|---|---|---|---|
| | **Steuer** | **Verbuchung** | | **Steuer** | **Verbuchung** |
| Einnahmen | | | Einnahmen | | |
| Von A Co 2 gezahlte Zinsen | 0 | 300 | Betriebsergebnis von A Co 2 und B Co | 400 | 400 |
| Betriebsergebnis von A Co 2 | 200 | 0 | | | |
| | | | Ausgaben | | |
| | | | Von A Co 2 an A Co 1 für das Darlehen gezahlte Zinsen | (300) | (300) |
| **Nettogewinn** | | **300** | **Nettogewinn** | | **100** |
| **Steuerpflichtige Einkünfte** | **200** | | **Steuerpflichtige Einkünfte** | **100** | |
| Besteuerung der Einkünfte (30%) | (60) | | Besteuerung der Einkünfte (30%) | (30) | |
| Zu entrichtende Steuern | | (60) | Zu entrichtende Steuern | | (30) |
| **Ergebnis nach Steuern** | | **240** | **Ergebnis nach Steuern** | | **70** |

3. Der einzige für Steuerzwecke nach den Rechtsvorschriften von Staat A berücksichtigte Einnahmeposten ist das Betriebsergebnis der Betriebsstätte von A Co 2. Diese Einkünfte unterliegen nach den Rechtsvorschriften von Staat A der Besteuerung mit einem Satz von 30%. Nach den Rechtsvorschriften von Staat B sind die von A Co 2 an A Co 1 gezahlten Zinsen in Höhe von 300 Geldeinheiten von den Einnahmen des Konzerns in Staat B abzugsfähig, was bei dem Konzern zu steuerpflichtigen Nettoeinnahmen in Höhe von 100 Geldeinheiten führt, die der Besteuerung in Staat B zum Satz von 30% unterliegen. Der Nettoeffekt dieser Struktur besteht daher darin, dass die Rechtsträger des Konzerns AB einen Nettoertrag von insgesamt 400 Geldeinheiten erwirtschaften, aber nur steuerpflichtige Einkünfte von 300 Geldeinheiten aufweisen.

## Frage

4. Fallen die oben beschriebenen Besteuerungskonsequenzen in den Geltungsbereich der Anpassungen nach den Hybrid-Mismatch-Regeln?

## Antwort

5. Staat B sollte die Regel für hybride Finanzinstrumente anwenden, um einen Betriebsausgabenabzug für die von A Co 2 an A Co 1 geleistete Zinszahlung zu versagen, wenn die Inkongruenz in der steuerlichen Behandlung der Zinszahlung auf die Konditionen des Instruments zwischen den Beteiligten zurückzuführen ist. Wenn die Zinszahlung nach den Rechtsvorschriften von Staat B nicht so behandelt wird, dass sie einer Anpassung nach der Regel für hybride Finanzinstrumente unterliegt, dann wendet Staat B die Regel für nicht

berücksichtigte hybride Zahlungen an, um A Co 2 einen Abzug für die Zinszahlung insoweit zu versagen, als die Zinszahlungen die doppelt berücksichtigten Einnahmen übersteigen.

6. Wenn der Abzug für die Zinszahlung keiner Anpassung nach den Rechtsvorschriften von Staat B unterliegt, dann sollte Staat A die Zinszahlung insoweit bei den Einkünften berücksichtigen, als sie die doppelt berücksichtigten Einnahmen übersteigt.

## Analyse

### *Die Zinszahlung ist möglicherweise Gegenstand einer Anpassung nach der Regel für hybride Finanzinstrumente*

7. Nach den Rechtsvorschriften von Staat B handelt es sich bei der Zinszahlung um eine abzugsfähige Zahlung an eine nahestehende Person, die eine Besteuerungsinkongruenz herbeiführt und in den Geltungsbereich der Regel für hybride Finanzinstrumente fällt, wenn die Inkongruenz auf eine unterschiedliche steuerliche Behandlung des Darlehens nach den Rechtsvorschriften von Staat A und Staat B zurückzuführen ist.

8. Die Tatsache, dass das Darlehen und die Zinszahlung wegen des bestehenden steuerlichen Konsolidierungssystems in Staat A nach den Rechtsvorschriften in Staat A möglicherweise nicht berücksichtigt werden, hat keinen Einfluss auf die Frage, ob die Zinszahlung in Staat B einer Anpassung nach der Regel für hybride Finanzinstrumente unterliegen kann. Die Identifizierung einer Besteuerungsinkongruenz als hybride Besteuerungsinkongruenz im Rahmen eines Finanzinstruments ist in erster Linie eine rechtliche Frage, die eine Analyse der allgemeinen Regeln für die Qualifizierung sowie die Bestimmung der Höhe und des Zeitpunkts der Zahlungen im Rahmen eines Finanzinstruments im Staat des Zahlungsleisters und im Staat des Zahlungsempfängers voraussetzt. Die Regel für hybride Finanzinstrumente ist so konzipiert, dass es für den Steuerpflichtigen oder die Steuerverwaltung nicht notwendig ist, genau zu wissen, wie die Zahlungen im Rahmen eines Finanzinstruments effektiv in der Berechnung der steuerpflichtigen Einkünfte des Kontrahenten berücksichtigt wurden, um die Regel anzuwenden.

9. In der nachstehenden Tabelle wird der Nettoeffekt der Versagung eines Betriebsausgabenabzugs für die Zinszahlung nach der Regel für hybride Finanzinstrumente auf den Konzern in Staat A und den Konzern in Staat B veranschaulicht.

10. Die Versagung eines Betriebsausgabenabzugs für den vollständigen Betrag der von A Co 2 geleisteten Zinszahlung durch Staat B hat den Effekt, dass die gesamten im Rahmen der Gestaltung erwirtschafteten Einkünfte nach den Rechtsvorschriften von Staat B der Besteuerung unterliegen. Die in Staat B durch die Anpassung nach der Regel für hybride Finanzinstrumente ausgelöste Steuerbelastung bedeutet, dass A Co 1 Anspruch auf die Anrechnung der von A Co 2 gezahlten Steuern hat.

| Staat A<br>A Co 1 | | | Staat B<br>A Co 2 und B Co kombiniert | | |
|---|---|---|---|---|---|
| | **Steuer** | **Verbuchung** | | **Steuer** | **Verbuchung** |
| Einnahmen | | | Einnahmen | | |
| Von A Co 2 gezahlte Zinsen | 0 | 300 | Betriebsergebnis von A Co 2 und B Co | 400 | 400 |
| Betriebsergebnis von A Co 2 | 200 | 0 | | | |
| | | | Ausgaben | | |
| | | | Von A Co 2 an A Co 1 für das Darlehen gezahlte Zinsen | 0 | (300) |
| **Nettogewinn** | | **300** | **Nettogewinn** | | **100** |
| **Steuerpflichtige Einkünfte** | **200** | | **Steuerpflichtige Einkünfte** | **400** | |
| Besteuerung der Einkünfte (30%) | (60) | | Besteuerung der Einkünfte (30%) | (120) | |
| Anrechnung der von A Co 2 in Staat B gezahlten Steuern | 60 | | | | |
| Zu entrichtende Steuern | | (0) | Zu entrichtende Steuern | | (120) |
| **Ergebnis nach Steuern** | | **300** | **Ergebnis nach Steuern** | | **(20)** |

### *Die Regel für nicht berücksichtigte hybride Zahlungen wird angewendet, um dem Konzern in Staat B einen Betriebsausgabenabzug für die Zinszahlung zu versagen*

11. Wenn die Zinszahlung nach den Rechtsvorschriften von Staat B nicht so behandelt wird, dass sie einer Anpassung nach der Regel für hybride Finanzinstrumente unterliegt, dann sollte Staat B die Regel für nicht berücksichtigte hybride Zahlungen anwenden, um den Abzug für die Zinszahlung zu versagen, wenn die Zahlung der Beschreibung einer nicht berücksichtigten Zahlung eines hybriden Zahlungsleisters entspricht.

12. In diesem Fall ist A Co 2 ein hybrider Zahlungsleister, der eine nicht berücksichtigte Zahlung durchführt, weil das Unternehmen nach den steuerlichen Konsolidierungsregeln in Staat A demselben Konzern angehört und diese Regeln alle Geschäftsvorfälle und Zahlungen zwischen konsolidierten Konzerneinheiten für Steuerzwecke als nicht berücksichtigt behandeln. Dementsprechend sollte Staat B die vorrangige Empfehlung anwenden, um einen Betriebsausgabenabzug für die von A Co 2 an A Co 1 geleistete Zinszahlung insoweit zu versagen, als diese Zahlung die doppelt berücksichtigten Einnahmen übersteigt. Der Nettoeffekt, der sich ergibt, wenn Staat B eine Anpassung nach der Regel für nicht berücksichtigte hybride Zahlungen vornimmt, wird in der nachstehenden Tabelle für beide Konzerne veranschaulicht.

| Staat A<br>A Co 1 | | | Staat B<br>A Co 2 und B Co kombiniert | | |
|---|---|---|---|---|---|
| | Steuer | Verbuchung | | Steuer | Verbuchung |
| Einnahmen | | | Einnahmen | | |
| Von A Co 2 gezahlte Zinsen | 0 | 300 | Betriebsergebnis von A Co 2 und B Co | 400 | 400 |
| Betriebsergebnis von A Co 2 | 200 | 0 | | | |
| | | | Ausgaben | | |
| | | | Von A Co 2 an A Co 1 für das Darlehen gezahlte Zinsen | (200) | (300) |
| **Nettogewinn** | | **300** | **Nettogewinn** | | **100** |
| **Steuerpflichtige Einkünfte** | **200** | | **Steuerpflichtige Einkünfte** | **200** | |
| Besteuerung der Einkünfte (30%) | (60) | | Besteuerung der Einkünfte (30%) | (60) | |
| Anrechnung der von A Co 1 in Staat B gezahlten Steuern | 0 | | | | |
| Zu entrichtende Steuern | | (60) | Zu entrichtende Steuern | | (60) |
| **Ergebnis nach Steuern** | | **240** | **Ergebnis nach Steuern** | | **40** |

13. A Co 2 wird ein Abzug für die nicht berücksichtigte Zinszahlung (300 Geldeinheiten) insoweit versagt, als die Zahlung die doppelt berücksichtigten Einnahmen (200 Geldeinheiten) übersteigt. Der Nettoeffekt der Anpassung besteht darin, dass der vollständige Betrag der im Rahmen der Gestaltung erzielten Einkünfte nach den Rechtsvorschriften von Staat A und Staat B berücksichtigt wird.

### *Wenn Staat B keine Anpassung vornimmt, behandelt A Co 1 den zu einem DD-Ergebnis führenden Betrag so, als sei er nach den Rechtsvorschriften von Staat A in den Einnahmen berücksichtigt worden*

14. Wenn die Regel für nicht berücksichtigte hybride Zahlungen in Staat B nicht auf die Zahlung angewendet wird, dann sollte Staat A die Regel anwenden, um zu verlangen, dass die Zahlung im Umfang der Inkongruenz als ordentliche Einnahme berücksichtigt wird. Der Nettoeffekt, der sich ergibt, wenn Staat A eine Anpassung nach der Regel für nicht berücksichtigte hybride Zahlungen vornimmt, wird in der nachstehenden Tabelle veranschaulicht.

| Staat A<br>A Co 1 | | | Staat B<br>A Co 2 und B Co kombiniert | | |
|---|---|---|---|---|---|
| | **Steuer** | **Verbuchung** | | **Steuer** | **Verbuchung** |
| Einnahmen | | | Einnahmen | | |
| Von A Co 2 gezahlte Zinsen | 100 | 300 | Betriebsergebnis von A Co 2 und B Co | 400 | 400 |
| Betriebsergebnis von A Co 2 | 200 | 0 | | | |
| | | | Ausgaben | | |
| | | | Von A Co 2 an A Co 1 für das Darlehen gezahlte Zinsen | (300) | (300) |
| **Nettogewinn** | | **300** | **Nettogewinn** | | **100** |
| **Steuerpflichtige Einkünfte** | **300** | | **Steuerpflichtige Einkünfte** | **100** | |
| Besteuerung der Einkünfte (30%) | (90) | | Besteuerung der Einkünfte (30%) | (30) | |
| Anrechnung der von A Co 1 in Staat B gezahlten Steuern | 0 | | | | |
| Zu entrichtende Steuern | | (90) | Zu entrichtende Steuern | | (30) |
| **Ergebnis nach Steuern** | | **210** | **Ergebnis nach Steuern** | | **70** |

15. A Co 1 ist verpflichtet, den Betrag, um den der Zinsabzug (300 Geldeinheiten) die doppelt berücksichtigten Einnahmen von A Co 2 (200 Geldeinheiten) übersteigt, als ordentliche Einnahme zu behandeln. Der Nettoeffekt der Anpassung besteht darin, dass der vollständige Betrag der im Rahmen der Gestaltung erzielten Einkünfte nach den Rechtsvorschriften von Staat A und Staat B berücksichtigt wird.

## *Umsetzungslösungen*

16. Staat B wird A Co 2 voraussichtlich verpflichten, für die Betriebsstätte getrennte Konten zu führen, in denen alle Einnahmen- und Ausgabenbeträge ausgewiesen werden, die nach den Rechtsvorschriften von Staat B der Besteuerung unterliegen. Staat B könnte einem Rechtsträger in der Position von A Co 2 untersagen, den Verlust der Betriebsstätte in Anspruch zu nehmen, soweit die Betriebsstätte abzugsfähige Zahlungen durchgeführt hat, die nach den Rechtsvorschriften von Staat A nicht berücksichtigt wurden. Diese Lösung kann weitere geschäftsvorfallspezifische Regeln erfordern, die A Co 2 daran hindern, Gestaltungen einzugehen, die darauf abzielen, nicht doppelt berücksichtigte Einnahmen auf die Betriebsstätte zu übertragen, um ungenutzte Verluste in Anspruch nehmen zu können.

17. Der Konzern in Staat A besitzt voraussichtlich Informationen über die Abzüge, die A Co 2 in Staat B für konzerninterne Zahlungen geltend gemacht hat, sowie über den Betrag der nach den Rechtsvorschriften von Staat B berechneten Verluste der Betriebsstätte. Staat A könnte einen Steuerpflichtigen in der Position von A Co 1 verpflichten, die von A Co 2 geleisteten abzugsfähigen konzerninternen Zahlungen in jeder Rechnungsperiode als ordentliche Einnahmen auszuweisen, soweit sie für Steuerzwecke in Staat B zu einem Nettoverlust geführt haben. Diese Lösung kann weitere geschäftsvorfallspezifische Anpassungen an der Berechnung des Nettoverlusts der Betriebsstätte nach den Rechtsvorschriften von Staat B erfordern, die darauf abzielen, wesentliche Posten, die nach den Rechtsvorschriften von Staat B als Einkünfte behandelt wurden, nach den Rechtsvorschriften von Staat A jedoch nicht berücksichtigt würden, zu streichen.

# Beispiel 4.1

# Nutzung eines umgekehrt hybriden Rechtsträgers durch einen von der Steuer befreiten Rechtsträger

## Sachverhalt

1. In dem in der nachstehenden Abbildung dargestellten Beispiel ist B Co ein in Staat B eingetragener Rechtsträger, der für die Besteuerung in Staat B als steuerlich transparent behandelt wird. Rechtsträger wie B Co müssen nach den Rechtsvorschriften von Staat B ein Aktienregister führen, das der Öffentlichkeit auf Antrag zugänglich gemacht werden muss. Im vorliegenden Fall ist B Co eine 100%ige Tochtergesellschaft von A Co, die B Co als eigenständige steuerpflichtige Person behandelt. A Co ist nach den Rechtsvorschriften von Staat A von der Steuer befreit.

2. Borrower Co (ein in Staat B ansässiges Unternehmen) leiht sich von B Co zu fremdvergleichskonformen und marktüblichen Bedingungen Geld zum Marktzinssatz. Die Gestaltung wird gegenüber Borrower Co nicht als steuerbegünstigte Finanzierungsregelung vermarktet, und Borrower Co erhält keine Informationen über die Eigentümer von B Co. Die Zinszahlungen für das Darlehen sind nach den Rechtsvorschriften von Staat B steuerlich abzugsfähig, werden aber weder von B Co noch von A Co in den Einnahmen berücksichtigt.

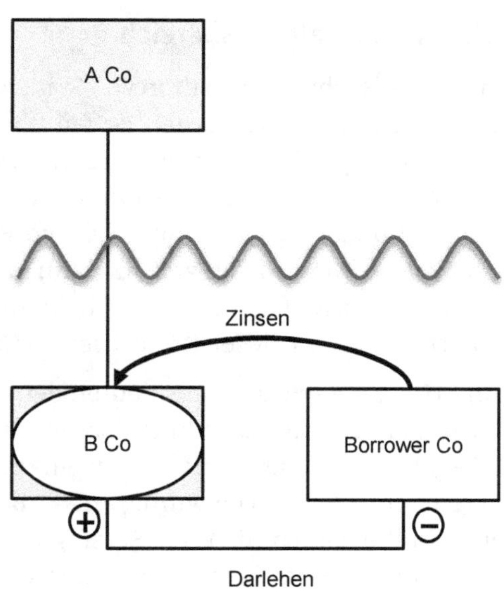


## Frage

3. Fallen die von Borrower Co an B Co geleisteten Zinszahlungen unter die Regel für umgekehrt hybride Rechtsträger?

## Antwort

4. Die Zahlungen fallen nicht unter die Regel für umgekehrt hybride Rechtsträger, da es sich bei der Besteuerungsinkongruenz nicht um eine hybride Inkongruenz handelt. Darüber hinaus fällt die Gestaltung nicht in den Geltungsbereich der Regel für umgekehrt hybride Rechtsträger, da Borrower Co, A Co und B Co nicht demselben Konzern angehören und Borrower Co nicht an einer strukturierten Gestaltung beteiligt ist.

## Analyse

### *Die Besteuerungsinkongruenz ist keine hybride Inkongruenz*

5. Im vorliegenden Fall wird der Empfang der Zinszahlung weder nach den Rechtsvorschriften von Staat A noch von Staat B berücksichtigt, weshalb die Zahlung zu einem D/NI-Ergebnis führt, allerdings wird die Inkongruenz nicht als hybride Inkongruenz behandelt, es sei denn, die Zahlung wäre in den ordentlichen Einnahmen erfasst worden, wenn sie direkt an den Investor geleistet worden wäre.

6. Im Gegensatz zur Regel für hybride Finanzinstrumente, die immer dann greift, wenn die Konditionen des Instruments ausreichen würden, um eine Besteuerungsinkongruenz herbeizuführen, findet die Regel für umgekehrt hybride Rechtsträger keine Anwendung, es sei denn, die dem Investor zugeordnete Zahlung wäre in den ordentlichen Einnahmen berücksichtigt worden, wenn sie direkt an den Investor geleistet worden wäre (d.h. die Zwischenschaltung des umgekehrt hybriden Rechtsträgers muss notwendig gewesen sein, um die Besteuerungsinkongruenz herbeizuführen). In diesem Fall, in dem Einnahmen von einem umgekehrt hybriden Rechtsträger einem von der Steuer befreiten Rechtsträger zugerechnet werden, wäre die Zahlung selbst dann nicht steuerpflichtig gewesen, wenn sie direkt an den Investor geleistet worden wäre, weshalb die Regel für umgekehrt hybride Rechtsträger nicht angewendet werden sollte, um den Betriebsausgabenabzug zu versagen.

### *Die Gestaltung fällt nicht in den Geltungsbereich*

7. Wäre A Co nicht ein nach den Rechtsvorschriften von Staat A von der Steuer befreiter Rechtsträger, so dass die Zinszahlung in den ordentlichen Einnahmen berücksichtigt worden wäre, wenn sie direkt an A Co geleistet worden wäre, dann würde die Besteuerungsinkongruenz so behandelt werden, als führe sie zu einer hybriden Inkongruenz. Da Borrower Co nicht zum selben Konzern gehört wie A Co und B Co, würde die hybride Inkongruenz nach den Rechtsvorschriften von Staat B nur dann in den Geltungsbereich der Regel für umgekehrt hybride Rechtsträger fallen, wenn sie im Rahmen einer strukturierten Gestaltung entstünde und Borrower Co an dieser strukturierten Gestaltung beteiligt wäre.

8. Die Gegebenheiten und Umstände dieses Falls deuten dem Anschein nach auf eine strukturierte Gestaltung zwischen A Co und B Co hin. Insbesondere die Nutzung von B Co als Zweckgesellschaft zur Vergabe dieses Darlehens scheint eine zusätzliche Maßnahme zu sein, die in die Darlehensvereinbarung eingebaut wurde, um die Besteuerungsinkongruenz herbeizuführen. Borrower Co sollte jedoch nicht als Beteiligter an dieser strukturierten Gestaltung behandelt werden, sofern weder das Unternehmen selbst noch ein anderer Teil des Konzerns von Borrower Co von der hybriden Gestaltung profitiert hat oder ausreichend über die Vereinbarung informiert war, um sich der Tatsache bewusst zu sein, dass sie eine Besteuerungsinkongruenz ausgelöst hat.

9. Im vorliegenden Fall entspricht das Darlehen fremdvergleichskonformen und marktüblichen Bedingungen, und Borrower Co zahlt einen Marktzinssatz. Borrower Co könnte (oder in manchen Fällen sollte) sich der steuerlichen Transparenz von B Co zwar bewusst sein, es wird jedoch nicht erwartet, dass Borrower Co im Rahmen seiner gewöhnlichen geschäftlichen Sorgfaltspflichten die steuerliche Behandlung von A Co oder die Frage, ob die Zinszahlung nach den Rechtsvorschriften von Staat A als ordentliche Einnahme behandelt wird, berücksichtigt, wenn es sich Geld zu üblichen Bedingungen von einem fremden Dritten leiht. Insbesondere erzielt Borrower Co im vorliegenden Fall keinen Vorteil aus der Inkongruenz und erhält keine Informationen, die ihm die Tatsache bewusst machen, dass die Zahlung zu einer Besteuerungsinkongruenz führt. Wichtig ist, dass die Prüfung, ob eine Person an einer strukturierten Gestaltung beteiligt ist, dem Steuerpflichtigen keine zusätzlichen Sorgfaltspflichten auferlegen will, die über die Pflichten hinausgehen, die bei einem Geschäftsvorfall von einer vernünftigen und umsichtigen Person zu erwarten sind. Dementsprechend sollte Borrower Co selbst dann, wenn A Co nach den Rechtsvorschriften von Staat A nicht als von der Steuer befreiter Rechtsträger behandelt würde, nicht als beteiligte Person an einer strukturierten Gestaltung zwischen B Co und A Co behandelt werden.

10. Hingegen und im Einklang mit der Analyse in **Beispiel 10.5** würde die gesamte Finanzierungsvereinbarung, einschließlich des Darlehens an Borrower Co, als Teil einer einzigen strukturierten Gestaltung behandelt werden, wenn Borrower Co ursprünglich von A Co bezüglich eines Darlehens angesprochen worden wäre und A Co die Strukturierung des Darlehens über einen umgekehrt hybriden Rechtsträger vorgeschlagen hätte, um eine günstigere Besteuerung zu erzielen, und Borrower Co würde als beteiligte Person an dieser Gestaltung behandelt werden, sofern das Unternehmen an der Konzipierung der Gestaltung hinreichend beteiligt gewesen wäre, um zu verstehen, wie sie strukturiert wurde, und vorherzusehen, welche steuerlichen Folgen sie haben würde.

# Beispiel 4.2

# Anwendung von Empfehlung 4 auf Zahlungen, die teilweise nicht in den Einnahmen berücksichtigt werden

## Sachverhalt

1. In dem in der nachstehenden Abbildung dargestellten Beispiel beabsichtigen zwei natürliche Personen, von denen eine in Staat A ansässig ist (Person A) und eine in Staat B (Person B), ein Darlehen an A Co zu vergeben, ein Unternehmen, das zu 100% Person A gehört. Anstatt das Darlehen direkt zu vergeben, bringen sie Eigenmittel in B Co ein, einen in Staat B eingetragenen Rechtsträger. B Co leiht A Co Geld, und A Co leistet eine steuerlich abzugsfähige Zinszahlung auf das Darlehen.

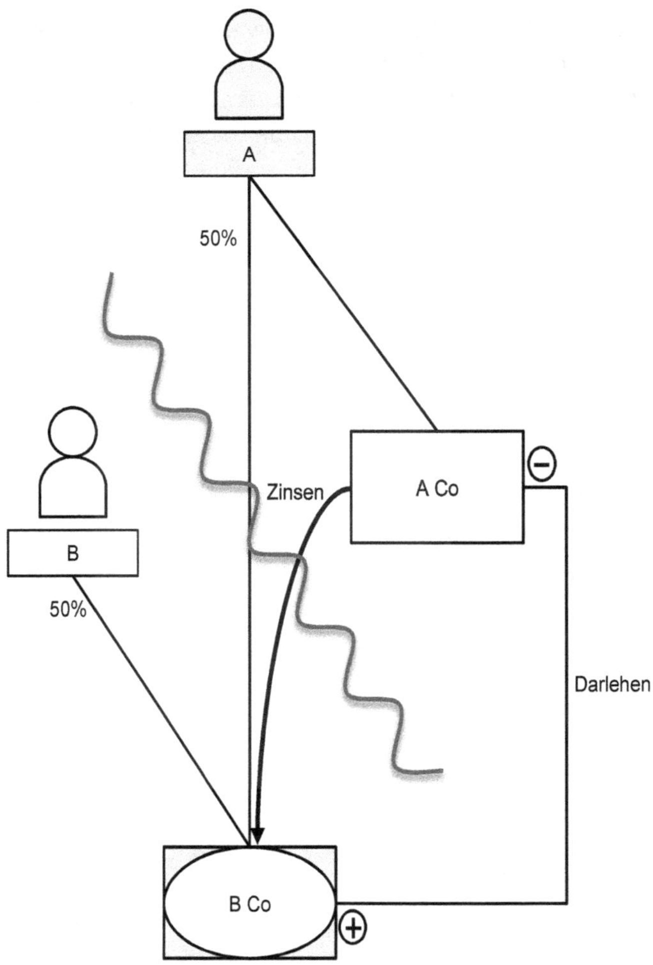

2. Nach den Rechtsvorschriften von Staat B wird die Hälfte der Zahlung Person A zugerechnet und ist als Einnahme eines Gebietsfremden aus ausländischen Quellen von der Steuer befreit. Die andere Hälfte der Zahlung wird Person B zugerechnet und unterliegt der Besteuerung zum vollen für Zinseinkünfte geltenden Grenzsteuersatz. Staat A hat die Regeln für hybride Finanzinstrumente umgesetzt.

## Frage

3. Inwieweit fällt die von A Co an B Co geleistete Zinszahlung unter die Regel für umgekehrt hybride Rechtsträger in Staat A?

## Antwort

4. Die Zinszahlung wird an einen umgekehrt hybriden Rechtsträger geleistet. Die Zinszahlung ist nach den Rechtsvorschriften des Staats des Zahlungsleisters steuerlich abzugsfähig, auf Grund der Zurechnung der Hälfte der Zinszahlung zu einem Gebietsfremden wird die Zahlung nach den Rechtsvorschriften von Staat B jedoch nicht vollständig in den ordentlichen Einnahmen berücksichtigt.

5. Sofern die Person A zugerechnete Zinszahlung steuerpflichtig gewesen wäre, wenn sie direkt geleistet worden wäre, sollte Staat A Empfehlung 4 auf die Zinszahlung anwenden, um A Co den Betriebsausgabenabzug für die Hälfte der Zinszahlung zu versagen.

## Analyse

### *B Co ist ein umgekehrt hybrider Rechtsträger*

6. Ein umgekehrt hybrider Rechtsträger ist eine Person, die nach den Rechtsvorschriften des Staats, in dem sie errichtet wurde, als transparent, aber durch seinen Investor als eigenständiger Rechtsträger behandelt wird. In diesem Fall ist Staat B der Errichtungsstaat (der Staat, in dem B Co eingetragen ist). B Co ist für die Zwecke von Staat B ein gebietsansässiger Steuerpflichtiger und wird nach den Rechtsvorschriften von Staat A als normales Unternehmen behandelt. Nach den Rechtsvorschriften des Errichtungsstaats ist B Co jedoch berechtigt, den Vorteil einer Steuerbefreiung für Zinszahlungen ausländischer Herkunft geltend zu machen, wenn diese Zinsen einem gebietsfremden Investor zugerechnet werden. Diese Art der Regelung erfüllt die Definition einer transparenten Regelung, da die Rechtsvorschriften von Staat B es B Co gestatten bzw. vorschreiben, einem Investor (Person A) ordentliche Einnahmen zuzurechnen bzw. zuzuordnen, und die Zurechnung bzw. Zuordnung den Effekt hat, dass die Zahlung nach den Rechtsvorschriften des Errichtungsstaats der Besteuerung zum Grenzsteuersatz des Investors unterliegt. Die Zurechnung der Zahlung zu Person A hat keine Auswirkungen auf die steuerliche Behandlung von Person A in Staat A.

### *Die Zahlung führt zu einem teilweisen D/NI-Ergebnis*

7. Es kommt in Bezug auf eine Zahlung an einen umgekehrt hybriden Rechtsträger zu einem D/NI-Ergebnis, soweit die Zahlung nach den Rechtsvorschriften in einem Staat (dem Staat des Zahlungsleisters) abzugsfähig ist und nach den Rechtsvorschriften eines anderen Staats, in dem die Zahlung als eingegangen behandelt wird (dem Staat des Zahlungsempfängers), nicht als ordentliche Einnahme eines Steuerpflichtigen berücksichtigt wird. Im vorliegenden Fall wird nach den Rechtsvorschriften von Staat B lediglich die

Hälfte der Zahlung in den ordentlichen Einnahmen berücksichtigt (und kein Anteil der Zahlung wird nach den Rechtsvorschriften von Staat A in den Einnahmen berücksichtigt).

8. Die Anpassung nach der Regel für umgekehrt hybride Rechtsträger sollte ein Ergebnis hervorbringen, das verhältnismäßig ist und nicht zu Doppelbesteuerung führt. Im vorliegenden Fall sollte der Staat des Zahlungsleisters den Betriebsausgabenabzug nur für den Teil der Zahlung versagen, der nach den Rechtsvorschriften des Errichtungsstaats von der Steuer befreit ist.

## *Die Gestaltung fällt in den Geltungsbereich*

9. Im vorliegenden Fall gehören der Zahlungsleister (A Co), der umgekehrt hybride Rechtsträger (B Co) und der Investor (Person A) demselben Konzern an, da Person A an beiden Rechtsträgern mit mindestens 50% beteiligt ist. Selbst wenn die Beteiligung von Person A an B Co unter 50% läge, lässt das Beispiel darauf schließen, dass B Co in die Struktur eingebaut wurde, um die Besteuerungsinkongruenz herbeizuführen. A Co wird in der Regel als Beteiligter an dieser strukturierten Gestaltung betrachtet, da der Rechtsträger zu 100% einer der für die Konzeption der Gestaltung verantwortlichen Personen gehört.

# Beispiel 4.3

# Empfehlung 4 und Zahlungen, die im Rahmen der Hinzurechnungsbesteuerung berücksichtigt werden

## Sachverhalt

1. In dem in der nachstehenden Abbildung dargestellten Beispiel ist A Co ein in Staat A ansässiges Unternehmen, das alle Anteile an B Co (einem in Staat B ansässigen Unternehmen) besitzt. B Co hat einen umgekehrt hybriden Rechtsträger nach den Rechtsvorschriften von Staat D (D Co) errichtet. D Co erhält eine Dienstleistungsvergütung von C Co (einem in Staat C ansässigen Unternehmen, das demselben Konzern angehört).

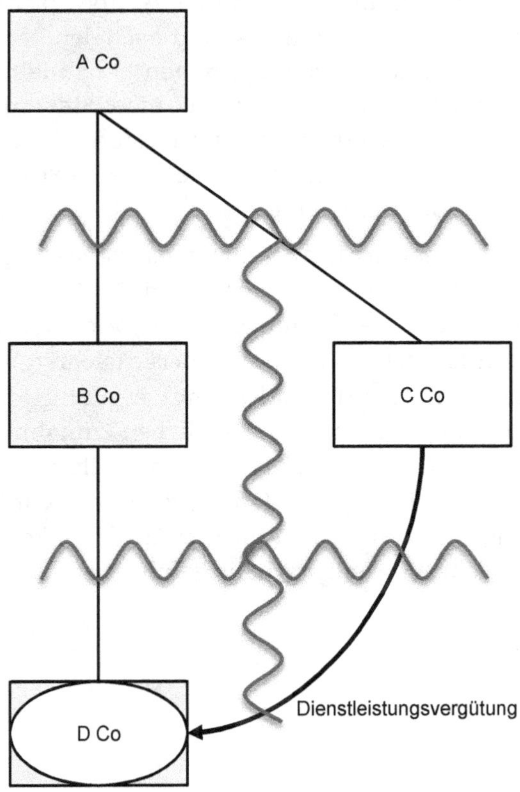


2. Nach den Vorschriften zur Hinzurechnungsbesteuerung (CFC-Regeln) von Staat A werden von einem nahestehenden Dritten gezahlte Dienstleistungseinkünfte als zuzurechnende Einkünfte behandelt, die der Besteuerung zum vollen für derartige Einkünfte geltenden Grenzsteuersatz unterliegen. D Co verfügt über keine weiteren Einkünfte oder Ausgaben.

## Frage

3. Greift Empfehlung 4 in Staat C, um den Betriebsausgabenabzug für die von C Co an D Co gezahlte Dienstleistungsvergütung zu versagen?

## Antwort

4. Die Dienstleistungsvergütung führt nicht zu einem D/NI-Ergebnis, da die Zahlung nach den Rechtsvorschriften von Staat A in den Einnahmen berücksichtigt ist. Sofern C Co den Steuerbehörden in Staat C nachweisen kann, dass eine solche Zahlung nach den in Staat A geltenden Vorschriften zur Hinzurechnungsbesteuerung A Co zugerechnet wurde und als ordentliche Einnahme ohne den Vorteil eines Betriebsausgabenabzugs, einer Steuergutschrift oder einer anderen Form der Steuererleichterung versteuert wird, sollte die Dienstleistungsvergütung nach Empfehlung 4 nicht so behandelt werden, als führe sie zu einem D/NI-Ergebnis.

## Analyse

### *D/NI-Ergebnis bei einer Zahlung an einen umgekehrt hybriden Rechtsträger*

5. Es kommt in Bezug auf eine Zahlung an einen umgekehrt hybriden Rechtsträger zu einem D/NI-Ergebnis, soweit die Zahlung nach den Rechtsvorschriften in einem Staat (dem Staat des Zahlungsleisters) abzugsfähig ist und nach den Rechtsvorschriften eines anderen Staats, in dem die Zahlung als eingegangen behandelt wird (dem Staat des Zahlungsempfängers), nicht als ordentliche Einnahme eines Steuerpflichtigen berücksichtigt wird. Wenn die Dienstleistungsvergütung in mindestens einem Staat als ordentliche Einnahme berücksichtigt wird, liegt dementsprechend keine Besteuerungsinkongruenz vor, auf die die Regel angewendet werden müsste.

6. Eine Zahlung, die im Rahmen der Hinzurechnungsbesteuerung vollständig der obersten Muttergesellschaft des Konzerns zugeordnet wurde und zum vollen Satz versteuert wurde, sollte für den Zweck der Regel für umgekehrt hybride Rechtsträger so behandelt werden, als sei sie in den ordentlichen Einnahmen berücksichtigt worden. In diesem Fall berücksichtigt A Co die konzerninterne Dienstleistungsvergütung gemäß seinen Vorschriften zur Hinzurechnungsbesteuerung in den ordentlichen Einnahmen. D Co verfügt über keine weiteren Einnahmen, so dass sich die Frage nicht stellt, ob diese Einnahmen nach den für A Co geltenden CFC-Regeln in voller Höhe zugerechnet wurden. Die Regel für umgekehrt hybride Rechtsträger findet in einem solchen Fall daher keine Anwendung, da die Zahlung nicht zu einer Besteuerungsinkongruenz geführt hat.

# Beispiel 4.4

# Interaktion zwischen Empfehlung 4 und Empfehlung 6

## Sachverhalt

1. In dem in der nachstehenden Abbildung dargestellten Beispiel sind A Co 1 und A Co 2 in Staat A ansässige Unternehmen. A Co 1 hält alle Anteile am Kapital von A Co 2 und von B Co (einem in Staat B ansässigen Unternehmen).

2. A Co 2 hat C Co in Staat C errichtet. C Co wird nach den Rechtsvorschriften von Staat C als steuerlich transparentes Unternehmen behandelt, nach den Rechtsvorschriften von Staat A jedoch als eigenständiges Unternehmen. In Staat A gibt es keine Vorschriften zur Hinzurechnungsbesteuerung (CFC-Regeln) oder gleichwertige Regeln, nach denen von einer beherrschten ausländischen Gesellschaft bezogene Zinseinkünfte zu Steuerzwecken ihrem Aktionär hinzugerechnet werden.

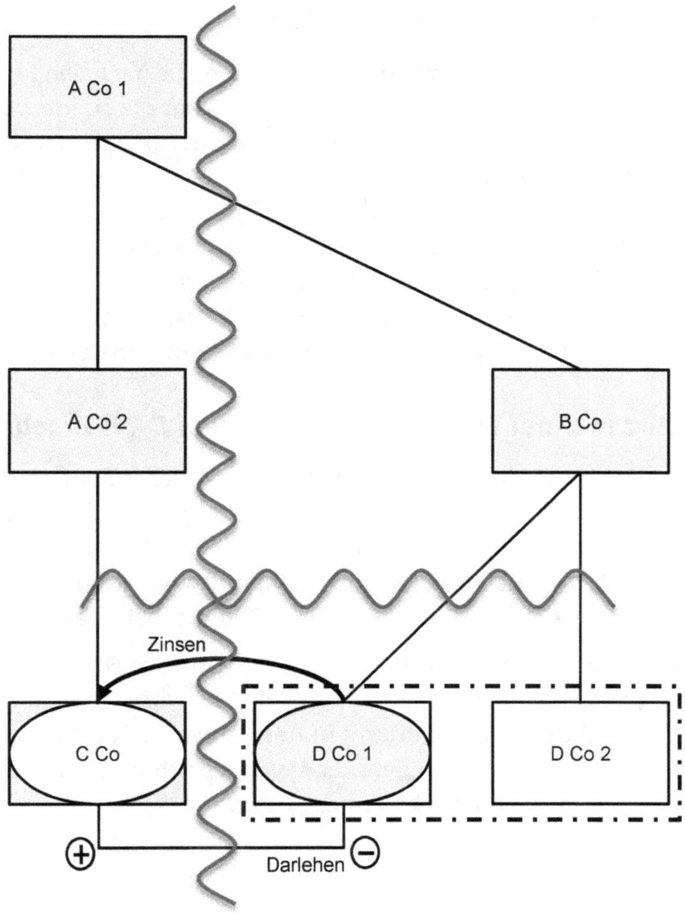

3. B Co hat eine hybride Tochtergesellschaft in Staat D (D Co 1) errichtet. D Co 1 wird für Steuerzwecke mit D Co 2 (einer weiteren Tochtergesellschaft von B Co) konsolidiert. C Co gewährt D Co 1 ein Darlehen. Sowohl Staat B als auch Staat D haben Hybrid-Mismatch-Regeln eingeführt.

## Frage

4. Greift Empfehlung 4 (Regel für umgekehrt hybride Rechtsträger) oder Empfehlung 6 (Regel für abzugsfähige hybride Zahlungen) in Staat B oder D, um den Betriebsausgabenabzug für die im Rahmen des Darlehens geleisteten Zinszahlungen zu versagen?

## Antwort

5. Die Zinszahlung wird an einen umgekehrt hybriden Rechtsträger geleistet und bewirkt nach Empfehlung 4 eine hybride Besteuerungsinkongruenz. Sowohl B Co als auch D Co 1 werden nach der Hybrid-Mismatch-Regel als Zahlungsleister behandelt, und daher sollte beiden nach Empfehlung 4 ein Betriebsausgabenabzug für die Zinszahlung versagt werden.

6. Da Empfehlung 4 die Versagung des Abzugs sowohl in Staat B als auch in Staat D verlangt, besteht kein Spielraum für die Anwendung der Regel für abzugsfähige hybride Zahlungen nach Empfehlung 6.

## Analyse

### *C Co ist ein umgekehrt hybrider Rechtsträger*

7. Ein umgekehrt hybrider Rechtsträger ist eine Person, die nach den Rechtsvorschriften des Staats, in dem sie errichtet wurde, als transparent, aber durch ihren Investor (A Co 2) als eigenständiger Rechtsträger behandelt wird. In diesem Fall ist Staat C der Errichtungsstaat (der Staat, in dem C Co eingetragen ist). C Co wird für die Besteuerung in Staat C nicht berücksichtigt, was bedeutet, dass alle Einnahmen von C Co als direkt von A Co 2 (der unmittelbaren Muttergesellschaft) bezogene Einnahmen behandelt werden. C Co wird nach den Rechtsvorschriften von Staat A für Steuerzwecke als eigenständiger Rechtsträger behandelt, so dass die A Co 2 nach den Rechtsvorschriften von Staat C zugerechneten Einnahmen in Staat A nicht in den ordentlichen Einnahmen berücksichtigt sind.

### *Die Zahlung führt in Staat D und Staat B zu einem D/NI-Ergebnis*

8. Es kommt in Bezug auf eine Zahlung an einen umgekehrt hybriden Rechtsträger zu einem D/NI-Ergebnis, soweit die Zahlung nach den Rechtsvorschriften in einem Staat (dem Staat des Zahlungsleisters) abzugsfähig ist und nach den Rechtsvorschriften eines anderen Staats, in dem die Zahlung als eingegangen behandelt wird (dem Staat des Zahlungsempfängers), nicht als ordentliche Einnahme eines Steuerpflichtigen berücksichtigt wird.

9. Da die Zahlung so behandelt wird, als sei sie sowohl in Staat D als auch in Staat B geleistet worden, sollten beide Staaten die Regel für umgekehrt hybride Rechtsträger anwenden. Die steuerliche Behandlung dieser Zahlung in dem anderen Staat des Zahlungsleisters ist für die Frage, ob die Zahlung nach den Rechtsvorschriften des Staats, der die Regeln anwendet, zu einem D/NI-Ergebnis führt, unerheblich.

### Die Besteuerungsinkongruenz ist eine hybride Inkongruenz

10. Eine an einen umgekehrt hybriden Rechtsträger geleistete Zahlung, die zu einem D/NI-Ergebnis führt, unterliegt nach der Regel für umgekehrt hybride Rechtsträger einer Anpassung, wenn es bei einer direkten Zahlung an den Investor nicht zu dem D/NI-Ergebnis gekommen wäre. Die Ermittlung einer Besteuerungsinkongruenz als hybride Inkongruenz im Rahmen einer umgekehrt hybriden Struktur setzt eine Analyse der Art und Weise voraus, wie die Zahlung nach den Rechtsvorschriften des Staats des Investors besteuert worden wäre. Eine Zinszahlung an C Co wird so behandelt, als führe sie zu einer Besteuerungsinkongruenz, wenn diese Zahlung nach den Rechtsvorschriften von Staat A normalerweise steuerpflichtig gewesen wäre.

11. Um zu verhindern, dass ein umgekehrt hybrider Rechtsträger eingesetzt wird, um die Anwendung der Regel für hybride Finanzinstrumente zu umgehen, gilt die Regel für umgekehrt hybride Rechtsträger darüber hinaus, wenn eine an A Co 2 geleistete Zinszahlung nach der vorrangigen Regel in Empfehlung 1 einer Anpassung unterlegen hätte. Wenn das Darlehen nach den Rechtsvorschriften von Staat A beispielsweise als Eigenkapitalinstrument (d.h. als Aktie) behandelt worden wäre und Zinszahlungen als steuerbefreite Dividenden behandelt worden wären, wäre D Co 1 und B Co der Betriebsausgabenabzug für die Zahlung nach wie vor zu versagen.

### Kein Spielraum für die Anwendung von Empfehlung 6

12. Da Empfehlung 4 den Effekt hat, den Abzug für Zinszahlungen zu versagen, führt diese Gestaltung nicht zu einem DD-Ergebnis im Geltungsbereich von Empfehlung 6.

# Beispiel 6.1

# Berücksichtigung von zeitlichen und Bewertungsunterschieden

## Sachverhalt

1. In dem in der nachstehenden Abbildung dargestellten Beispiel besitzt A Co sämtliche Anteile am Kapital einer hybriden Tochtergesellschaft in Staat B (B Co 1). B Co 1 hat bei einer lokalen Bank ein Darlehen aufgenommen und besitzt abschreibungsfähige Vermögenswerte. B Co 1 besitzt außerdem sämtliche Anteile am Kapital von B Co 2.

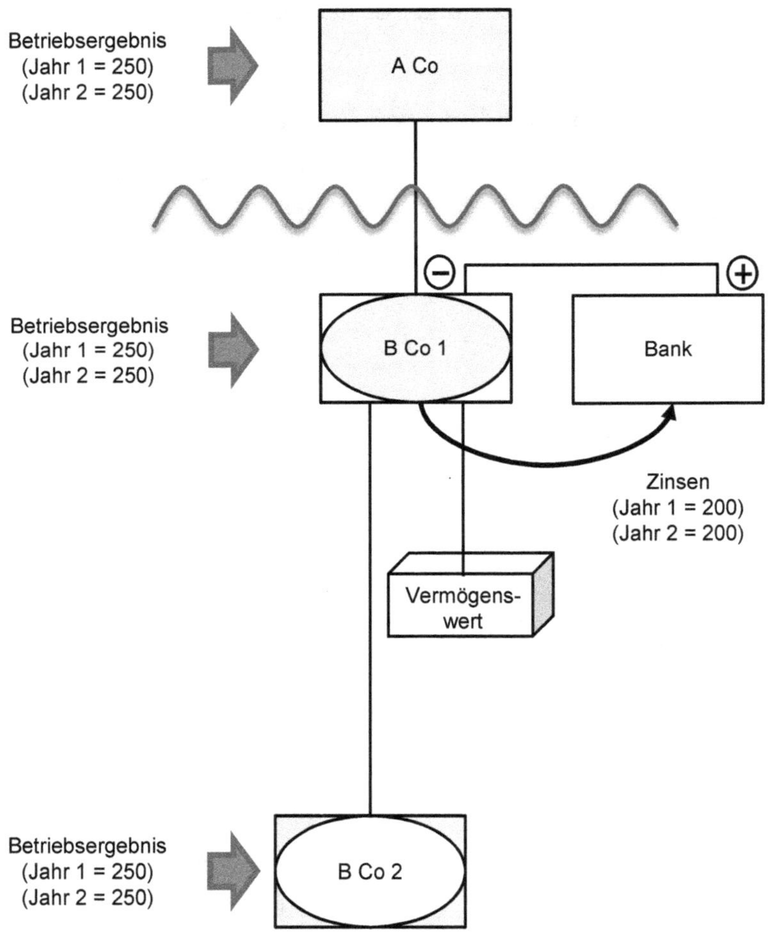


2. B Co 1 wird nach den Rechtsvorschriften von Staat A als steuerlich transparenter Rechtsträger behandelt, in Staat B jedoch als gebietsansässiger Steuerpflichtiger, so dass sämtliche Einnahmen und Ausgaben von B Co 1 steuerlich voll berücksichtigt werden. B Co 2 ist ein umgekehrt hybrider Rechtsträger, der nach den Rechtsvorschriften von

Staat A als selbstständiger Rechtsträger, nach den Rechtsvorschriften von Staat B aber als steuerlich transparent behandelt wird. Wegen der Unterschiede in den Rechtsvorschriften von Staat A und Staat B im Hinblick auf die Qualifizierung von B Co 2 werden sämtliche Einnahmen von B Co 2 als von B Co 1 bezogen behandelt (und sind steuerpflichtig nach den Rechtsvorschriften von Staat B), nach den Rechtsvorschriften von Staat A werden dagegen keine dieser Einkünfte berücksichtigt.

3. B Co 1 und B Co 2 erzielen in einem Zweijahreszeitraum jeweils ein Betriebsergebnis von 500 Geldeinheiten. Auf Grund der Strukturierung der Gestaltung werden die Einnahmen und Ausgaben von B Co 1 (einschließlich Abschreibungen) nach den Rechtsvorschriften von Staat A und Staat B als steuerpflichtige Einkünfte und abzugsfähige Ausgaben behandelt. Da der Betrag und der Zeitpunkt dieser Einnahmen und Ausgaben in Staat A und Staat B jedoch unterschiedlich ausgewiesen werden, werden diese Posten mit unterschiedlichen Beträgen und in unterschiedlichen Perioden ausgewiesen. Dabei gilt insbesondere:

(a) Nach den Rechtsvorschriften von Staat A wird das von B Co 1 in dem Zweijahreszeitraum erzielte Betriebsergebnis so behandelt, als sei es zu 20% in Jahr 1 (100 Geldeinheiten) und zu 80% in Jahr 2 (400 Geldeinheiten) angefallen. Die Rechtsvorschriften von Staat A schreiben außerdem vor, dass 50% der bei B Co 1 in Jahr 1 aufgelaufenen Zinsaufwendungen (100 Geldeinheiten) in Jahr 2 ausgewiesen werden. Des Weiteren ist A Co durch Steueranreize in Staat A berechtigt, für den von B Co 1 gehaltenen Vermögenswert einen höheren Abschreibungsbetrag geltend zu machen.

(b) Nach den Rechtsvorschriften von Staat B werden 60% der Einnahmen von B Co 1 (300 Geldeinheiten) als in Jahr 1 bezogen und 40% (200 Geldeinheiten) als in Jahr 2 bezogen behandelt. Die Zinsaufwendungen und Abschreibungen werden dagegen gleichmäßig über die beiden Rechnungsperioden verteilt.

4. Die nachstehenden Tabellen legen die gesamten Nettoeinnahmen des Konzerns AB in Jahr 1 und Jahr 2 dar.

| | **Staat A**<br>**A Co** | | | **Staat B**<br>**B Co 1 und B Co 2 kombiniert** | | |
|---|---|---|---|---|---|---|
| | | **Steuer** | **Verbuchung** | | **Steuer** | **Verbuchung** |
| **Jahr 1** | Einnahmen | | | Einnahmen | | |
| | Betriebsergebnis von A Co | 250 | 250 | | | |
| | Betriebsergebnis von B Co 1 | 100 | 0 | Betriebsergebnis von B Co 1 | 300 | 250 |
| | | | | Betriebsergebnis von B Co 2 | 250 | 250 |
| | Ausgaben | | | Ausgaben | | |
| | Von B Co 1 gezahlte Zinsen | (100) | 0 | Von B Co 1 gezahlte Zinsen | (200) | (200) |
| | Abschreibungen | (180) | 0 | Abschreibungen | (120) | (120) |
| | **Nettogewinn** | | **250** | **Nettogewinn** | | **180** |
| | **Steuerpflichtige Einkünfte** | **70** | | **Steuerpflichtige Einkünfte** | **230** | |

| | Staat A<br>A Co | | | Staat B<br>B Co 1 und B Co 2 kombiniert | | |
|---|---|---|---|---|---|---|
| | | **Steuer** | **Verbuchung** | | **Steuer** | **Verbuchung** |
| Jahr 2 | Einnahmen | | | Einnahmen | | |
| | Betriebsergebnis von A Co | 250 | 250 | | | |
| | Betriebsergebnis von B Co 1 | 400 | 0 | Betriebsergebnis von B Co 1 | 200 | 250 |
| | | | | Betriebsergebnis von B Co 2 | 250 | 250 |
| | Ausgaben | | | Ausgaben | | |
| | Von B Co 1 gezahlte Zinsen | (300) | 0 | Von B Co 1 gezahlte Zinsen | (200) | (200) |
| | Abschreibungen | (180) | 0 | Abschreibungen | (120) | (120) |
| | **Nettogewinn** | | **250** | **Nettogewinn** | | **180** |
| | **Steuerpflichtige Einkünfte** | **170** | | **Steuerpflichtige Einkünfte** | **130** | |

| | | | |
|---|---|---|---|
| **Nettogewinn in den Jahren 1 und 2** | | **500** | **360** |
| **Steuerpflichtige Einkünfte in den Jahren 1 und 2** | **240** | **360** | |

## Rechtsvorschriften von Staat B

5. In Jahr 1 werden B Co 1 und B Co 2 für Steuerzwecke auf kombinierter Basis so behandelt, als seien Einnahmen von insgesamt 550 Geldeinheiten und Abzüge von insgesamt 320 Geldeinheiten angefallen, was steuerpflichtige Nettoeinnahmen von 230 Geldeinheiten ergibt. Im folgenden Jahr weist der Konzern in Staat B ein gegenüber dem Vorjahr um 100 Geldeinheiten niedrigeres Betriebsergebnis aus, es fällt jedoch der gleiche Abschreibungsbetrag an, was für dieses Jahr steuerpflichtige Nettoeinnahmen in Höhe von 130 Geldeinheiten ergibt.

## Rechtsvorschriften von Staat A

6. Auf Grund einer unterschiedlichen zeitlichen Erfassung von Zahlungen nach den Rechtsvorschriften von Staat A behandelt Staat A das Unternehmen B Co 1 so, als betrüge das Betriebsergebnis in Jahr 1 nur 100 Geldeinheiten und als sei ein Zinsaufwand von 100 Geldeinheiten angefallen. A Co hat jedoch Anspruch auf einen höheren Abschreibungsbetrag, als nach den Rechtsvorschriften von Staat B verfügbar ist. Der Nettoeffekt dieser Unterschiede besteht darin, dass A Co so behandelt wird, als beliefen sich die steuerpflichtigen Nettoeinnahmen in Jahr 1 auf 70 Geldeinheiten. Nach den Rechtsvorschriften von Staat A ist A Co verpflichtet, die zusätzlichen Einnahmen und Ausgaben in Jahr 2 auszuweisen, wodurch die in Jahr 1 entstandenen zeitlichen Abweichungen effektiv rückgängig gemacht werden. A Co macht weiterhin den höheren Abschreibungssatz geltend, was für den betreffenden Zeitraum steuerpflichtige Nettoeinnahmen in Höhe von 170 Geldeinheiten ergibt.

7. Die an dieser Struktur beteiligten Rechtsträger haben in dem Zweijahreszeitraum einen Nettogewinn von insgesamt 860 Geldeinheiten, während die im Rahmen der

Gestaltung ausgewiesenen steuerpflichtigen Nettoeinkünfte nur 600 Geldeinheiten betragen. Dies lässt darauf schließen, dass doppelte Betriebsausgabenabzüge in Höhe von bis zu 260 Geldeinheiten mit nicht doppelt berücksichtigten Einnahmen verrechnet werden.

## Frage

8. Wie sollte die Regel für abzugsfähige hybride Zahlungen angewendet werden, um den Effekt der hybriden Besteuerungsinkongruenz im Rahmen dieser Struktur zu neutralisieren?

## Antwort

9. Die Rechtsvorschriften von Staat A und Staat B gewähren einen Abzug für dieselbe Zahlung (und für die Abschreibung auf denselben Vermögenswert), und diese Abzüge führen folglich zu einem DD-Ergebnis. Die Einkünfte von B Co 1 sollten dementsprechend nach den Rechtsvorschriften beider Staaten als doppelt berücksichtigte Einnahmen behandelt werden, da dieser Posten nach den Rechtsvorschriften des anderen Staats als ordentliche Einnahme berücksichtigt wird.

10. Die empfohlene Maßnahme nach der Regel für abzugsfähige hybride Zahlungen besteht darin, dass der Staat der Muttergesellschaft den nochmaligen Abzug der Zahlung versagen sollte, soweit dieser zu einer hybriden Besteuerungsinkongruenz führt. In diesem Fall würde die Anwendung der Regel dazu führen, dass Staat A in Jahr 1 einen Abzug in Höhe von 180 Geldeinheiten versagt (der Betrag, um den die Zinsabzüge und Abschreibungen von A Co den Betrag der doppelt berücksichtigten Einnahmen von A Co übersteigen), Staat A kann jedoch gestatten, dass diese überschießenden Betriebsausgaben in Jahr 2 vorgetragen werden, um sie mit im folgenden Jahr anfallenden doppelt berücksichtigten Einnahmen zu verrechnen.

11. Falls Staat A die vorrangige Maßnahme nicht anwenden sollte, würde Staat B einen Abzug versagen, soweit dieser eine hybride Besteuerungsinkongruenz bewirkt. In diesem Fall würde die Regel dazu führen, dass Staat B in Jahr 1 einen Abzug in Höhe von 20 Geldeinheiten versagt (der Betrag, um den die Zinsabzüge und Abschreibungen von B Co 1 den Betrag der doppelt berücksichtigten Einnahmen von B Co 1 übersteigen). Staat B kann jedoch gestatten, dass diese überschießenden Betriebsausgaben in die folgenden Jahre vorgetragen werden, um sie mit künftigen doppelt berücksichtigten Einnahmen zu verrechnen.

12. Während es in einfachen Fällen möglich sein kann, jeden einzelnen Einnahme- und Ausgabeposten zu vergleichen, wählen die Steuerverwaltungen im Hinblick auf die Regel für abzugsfähige hybride Zahlungen möglicherweise eine Umsetzungslösung, die den Politikzielen der Regel gerecht wird und im Wesentlichen ähnliche Ergebnisse liefert, sich aber so weit wie möglich auf bestehende innerstaatliche Regelungen und Steuerberechnungen stützt.

## Analyse

### *Der Zinsabzug und die Abschreibung führen zu einem DD-Ergebnis*

13. B Co 1 ist ein hybrider Zahlungsleister, weil die Zinszahlungen und Abschreibungen einen nochmaligen Abzug für A Co (einen Anteilseigner von B Co 1) auslösen, obwohl B Co 1 in Staat B (dem Staat des Zahlungsleisters) ansässig ist. Diese Zahlungen werden als Auslöser für einen doppelten Betriebsausgabenabzug behandelt, soweit sie die doppelt berücksichtigten Einnahmen übersteigen.

## Bestimmung von DD-Ergebnissen nach den Rechtsvorschriften von Staat A und Anwendung der vorrangigen Maßnahme

14. Die vorrangige Maßnahme nach Empfehlung 6 besteht darin, dass der Staat der Muttergesellschaft (in diesem Fall Staat A) den nach inländischem Recht verfügbaren nochmaligen Abzug versagen sollte, soweit dieser die doppelt berücksichtigten Einnahmen übersteigt. Der einzige nach den Rechtsvorschriften von Staat A berücksichtigte Einnahmeposten, der auch nach den Rechtsvorschriften von Staat B als ordentliche Einnahme behandelt wird, ist das Betriebsergebnis von B Co 1. Dementsprechend beläuft sich der im Rahmen der vorrangigen Maßnahme in Jahr 1 versagte Abzug auf 180 Geldeinheiten. Die Versagung eines Abzugs in dieser Höhe hat zur Folge, dass A Co in Jahr 1 Nettoeinnahmen von 250 Geldeinheiten ausweist.

15. Staat A kann A Co gestatten, die überschießenden Betriebsausgaben in das folgende Jahr vorzutragen, so dass sie im folgenden Jahr mit überschießenden doppelt berücksichtigten Einnahmen verrechnet werden können. Die Berechnung dieser Anpassungen wird in der nachstehenden Tabelle veranschaulicht.

| | Staat A<br>A Co | | | Berechnung der Anpassung nach den Rechtsvorschriften von Staat A | | | Vortrag |
|---|---|---|---|---|---|---|---|
| | | Steuer | Verbuchung | | Steuer | Verbuchung | |
| Jahr 1 | Einnahmen | | | Doppelt berücksichtigte Einnahmen | | | |
| | Betriebsergebnis von A Co | 250 | 250 | | | | |
| | Betriebsergebnis von B Co 1 | 100 | 0 | Betriebsergebnis von B Co 1 | | (100) | |
| | Anpassung | 180 | | | | | |
| | Ausgaben | | | Doppelte Betriebsausgabenabzüge | | | |
| | Von B Co 1 gezahlte Zinsen | (100) | 0 | Von B Co 1 gezahlte Zinsen | | 100 | |
| | Abschreibungen | (180) | 0 | Abschreibungen | | 180 | |
| | **Nettogewinn** | | **250** | | | | |
| | **Steuerpflichtige Einkünfte** | **250** | | **Anpassung** | | **180** | **(180)** |

| | Staat A<br>A Co | | | Berechnung der Anpassung nach den Rechtsvorschriften von Staat A | | | Vortrag |
|---|---|---|---|---|---|---|---|
| | | Steuer | Verbuchung | | Steuer | Verbuchung | |
| Jahr 2 | Einnahmen | | | Doppelt berücksichtigte Einnahmen | | | |
| | Betriebsergebnis von A Co | 250 | 250 | | | | |
| | Betriebsergebnis von B Co 1 | 100 | 0 | Betriebsergebnis von B Co 1 | | (400) | |
| | Anpassung | 80 | | | | | |
| | Ausgaben | | | Doppelte Betriebsausgabenabzüge | | | |
| | Von B Co 1 gezahlte Zinsen | (100) | 0 | Von B Co 1 gezahlte Zinsen | | 300 | |
| | Abschreibungen | (180) | 0 | Abschreibungen | | 180 | |
| | **Nettogewinn** | | **250** | | | | |
| | **Steuerpflichtige Einkünfte** | **250** | | **Anpassung** | | **80** | **(260)** |

16. A Co wird in Jahr 1 ein Abzug von 180 Geldeinheiten und in Jahr 2 ein Abzug von 80 Geldeinheiten versagt. Die Anwendung der Regel für abzugsfähige hybride Zahlungen auf den Zweijahreszeitraum hat den Nettoeffekt, dass A Co die im Verlauf des Zweijahres-zeitraums aus den eigenen Aktivitäten resultierenden nicht doppelt berücksichtigten Einnahmen voll versteuern muss und überschießende Betriebsausgaben vortragen kann, die effektiv dem Nettoverlust (für Steuerzwecke) entsprechen, der sich aus der Geschäftstätigkeit von B Co 1 ergibt.

## *Abwehrregel*

17. Die Abwehrregel nach Empfehlung 6 besteht darin, dass der Staat des Zahlungsleisters (in diesem Fall Staat B) den nach inländischem Recht verfügbaren nochmaligen Abzug versagen sollte, soweit dieser die doppelt berücksichtigten Einnahmen übersteigt. In diesem Beispiel ist das Betriebsergebnis von B Co 1 der einzige nach den Rechtsvorschriften von Staat B berücksichtigte Einnahmeposten, der auch nach den Rechtsvorschriften von Staat A als ordentliche Einnahme behandelt wird. Der im Rahmen der vorrangigen Maßnahme in Jahr 1 versagte Abzug beträgt folglich 20 Geldeinheiten. Die Versagung eines Abzugs in dieser Höhe hat zur Folge, dass B Co 1 in Jahr 1 Nettoeinnahmen von 250 Geldeinheiten ausweist.

18. Staat B kann B Co 1 gestatten, die überschießenden Betriebsausgaben in das folgende Jahr vorzutragen, so dass sie im folgenden Jahr mit überschießenden doppelt berücksichtigten Einnahmen verrechnet werden können. Der Effekt dieser Anpassungen wird in der nachstehenden Tabelle veranschaulicht.

| Jahr 1 | Staat B<br>B Co 1 und B Co 2 kombiniert | | | Berechnung der Anpassung nach den Rechtsvorschriften von Staat B | | | Vortrag |
|---|---|---|---|---|---|---|---|
| | | Steuer | Verbuchung | | Steuer | Verbuchung | |
| | Einnahmen | | | Doppelt berücksichtigte Einnahmen | | | |
| | Betriebsergebnis von B Co 1 | 300 | 250 | | | | |
| | Betriebsergebnis von B Co 2 | 250 | 250 | Betriebsergebnis von B Co 1 | (300) | | |
| | Anpassung | 20 | | | | | |
| | Ausgaben | | | Doppelte Betriebsausgabenabzüge | | | |
| | Von B Co 1 gezahlte Zinsen | (200) | (200) | Von B Co 1 gezahlte Zinsen | 200 | | |
| | Abschreibungen | (120) | (120) | Abschreibungen | 120 | | |
| | **Nettogewinn** | | **180** | | | | |
| | **Steuerpflichtige Einkünfte** | **250** | | **Anpassung** | **20** | | **(20)** |

| Jahr 2 | Staat B<br>B Co 1 und B Co 2 kombiniert | | | Berechnung der Anpassung nach den Rechtsvorschriften von Staat B | | | Vortrag |
|---|---|---|---|---|---|---|---|
| | | Steuer | Verbuchung | | Steuer | Verbuchung | |
| | Einnahmen | | | Doppelt berücksichtigte Einnahmen | | | |
| | Betriebsergebnis von B Co 1 | 200 | 250 | | | | |
| | Betriebsergebnis von B Co 2 | 250 | 250 | Betriebsergebnis von B Co 1 | (200) | | |
| | Anpassung | 120 | | | | | |
| | Ausgaben | | | Doppelte Betriebsausgabenabzüge | | | |
| | Von B Co 1 gezahlte Zinsen | (200) | (200) | Von B Co 1 gezahlte Zinsen | 200 | | |
| | Abschreibungen | (120) | (120) | Abschreibungen | 120 | | |
| | **Nettogewinn** | | **180** | | | | |
| | **Steuerpflichtige Einkünfte** | **250** | | **Anpassung** | **120** | | **(140)** |

19. Der Nettoeffekt der Anwendung der Regel für abzugsfähige hybride Zahlungen auf den Zweijahreszeitraum besteht darin, dass B Co 1 die im Zweijahreszeitraum von B Co 2 erhaltenen nicht doppelt berücksichtigten Einnahmen (500 Geldeinheiten) versteuern muss und überschießende Betriebsausgaben vortragen kann, die effektiv dem Nettoverlust (für Steuerzwecke) entsprechen, der sich aus der Geschäftstätigkeit von B Co 1 ergibt.

### *Umsetzungslösungen*

20. Bei solchen Strukturen werden die Steuererklärungen generell nach den Rechtsvorschriften beider Staaten erstellt, so dass die Einnahmen und Ausgaben nach inländischem Recht unter Verwendung nationaler Steuerkonzepte ausgewiesen werden. Die Steuerverwaltungen können diese bestehenden Informationsquellen und Steuerberechnungen als Ausgangspunkt für die Identifizierung von nochmaligen Abzügen und doppelt berücksichtigten Einnahmen nutzen.

21. Staat A könnte A Co beispielsweise verpflichten, die über B Co 1 entstandenen Einnahme- und Abzugsposten getrennt aufzuführen und A Co einen Abzug im Umfang des durch diese Berechnung angepassten Nettoverlusts versagen. Bei der Anwendung der Abwehrregel könnte Staat B vorschreiben, die Verluste von B Co 1 nur mit den Einnahmen von B Co 1 zu verrechnen, und er könnte eine Regelung zur Beschränkung der Verlustnutzung bei Anteilseignerwechsel anwenden, die B Co 1 daran hindert, diese Verluste im Fall einer Änderung der Unternehmenskontrolle vorzutragen.

# Beispiel 6.2

# Verrechnung eines doppelten Betriebsausgabenabzugs mit doppelt berücksichtigten Einnahmen

## Sachverhalt

1. In dem in der nachstehenden Abbildung dargestellten Beispiel gründet A Co eine Betriebsstätte in Staat B. Die Betriebsstätte nimmt ein Darlehen bei einer lokalen Bank auf. Die Zinsen für dieses Darlehen sind sowohl in Staat A als auch in Staat B abzugsfähig. Die Betriebsstätte hat keine weiteren Einkünfte.

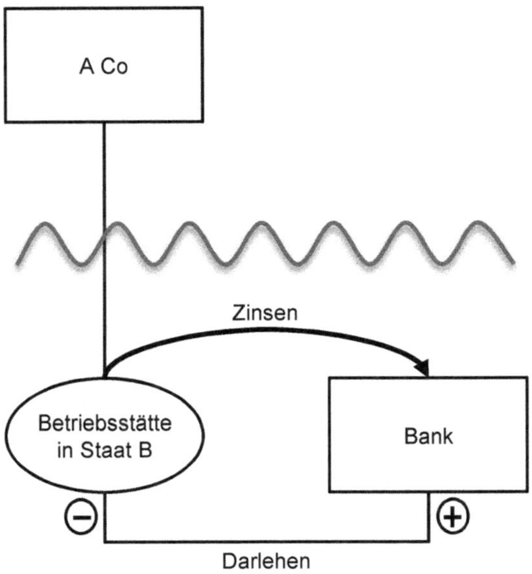


## Frage

2. Gilt die Regel für abzugsfähige hybride Zahlungen für die Zinszahlung der Betriebsstätte?

## Antwort

3. Die Zinszahlung unterliegt der Regel für abzugsfähige hybride Zahlungen, es sei denn:

(a) die Regeln in Staat B verhindern, dass die Zahlung mit Einnahmen verrechnet wird, bei denen es sich nicht um doppelt berücksichtigte Einnahmen handelt, oder

(b) der Steuerpflichtige kann in einer für die Steuerverwaltung zufriedenstellenden Weise nachweisen, dass der Abzug zu nicht ausgleichsfähigen Verlusten geführt hat (d.h. der Abzug kann nicht mit den Einnahmen einer den Rechtsvorschriften des anderen Staats unterliegenden Person verrechnet werden).

## Analyse

### A Co ist ein hybrider Zahlungsleister, der eine Zahlung leistet, die ein DD-Ergebnis bewirkt

4. A Co fällt unter die Definition eines „hybriden Zahlungsleisters", da A Co ein Gebietsfremder ist, der eine Zinszahlung leistet, die nach den Rechtsvorschriften von Staat B (dem Staat des Zahlungsleisters) abzugsfähig ist und nach den Rechtsvorschriften von Staat A (dem Staat der Muttergesellschaft) einen nochmaligen Abzug für A Co auslöst.

5. Die Einkünfte der Betriebsstätte wären auf Grund des Sachverhalts dieses Beispiels vermutlich sowohl in Staat A als auch in Staat B steuerpflichtig, die Zahlung führt jedoch zu einem DD-Ergebnis, weil die Betriebsstätte keine anderen Einnahmen hat, mit denen der Abzug verrechnet werden könnte.

### Das DD-Ergebnis führt zu einer hybriden Besteuerungsinkongruenz, wenn der Abzug nach den Rechtsvorschriften von Staat B mit nicht doppelt berücksichtigten Einnahmen verrechnet werden kann

6. Eine Zahlung führt nach der Regel für abzugsfähige hybride Zahlungen zu einer hybriden Besteuerungsinkongruenz, wenn der Abzug für diese Zahlung mit Einnahmen verrechnet werden kann, bei denen es sich nicht um doppelt berücksichtigte Einnahmen handelt. Es ist nicht erforderlich, dass eine Steuerverwaltung weiß, wie der Betriebsausgabenabzug in dem anderen Staat eingesetzt wurde, bevor sie die Regel anwendet.

7. Nach den Rechtsvorschriften von Staat A kann der Zinsabzug automatisch mit Einnahmen von A Co verrechnet werden, die möglicherweise in Staat B keine Quelle haben. Falls Staat A die vorrangige Maßnahme nach der Regel für abzugsfähige hybride Zahlungen nicht anwendet, kann der Zinsabzug daher mit nicht doppelt berücksichtigten Einnahmen in diesem Staat verrechnet werden. Nach den Rechtsvorschriften von Staat B führt die Zinszahlung zu einem Nettoverlust. Ob dieser Verlust nach den Rechtsvorschriften von Staat B in der Zukunft mit nicht doppelt berücksichtigten Einnahmen verrechnet werden „darf", hängt von den Rechtsvorschriften in Staat B über die Nutzung von Verlusten und anderen Wechselwirkungen zwischen den Rechtsvorschriften von Staat A und Staat B ab.

8. Die Betriebsstätte kann beispielsweise dazu in der Lage sein, einem Organschaftssystem beizutreten, das es ermöglichen würde, den Verlust mit den Einkünften eines anderen Konzernmitglieds zu verrechnen. Alternativ dazu ist die Betriebsstätte möglicherweise in der Lage, eine Investition über einen umgekehrt hybriden Rechtsträger zu strukturieren, um Einkünfte zu erzielen, die nur nach den Rechtsvorschriften des Staats des Zahlungsleisters berücksichtigt werden, oder sie ist möglicherweise in der Lage, Finanzinstrumente oder andere Gestaltungen zu nutzen, bei denen die im Rahmen des Instruments erhaltenen Zahlungen im Staat der Muttergesellschaft nicht als ordentliche Einnahmen berücksichtigt werden. Wenn der Steuerpflichtige nicht nachweisen kann, dass die Wechselwirkung zwischen den Rechtsvorschriften von Staat A und Staat B es praktisch unmöglich macht, den Abzug mit einem Posten zu verrechnen, bei dem es sich nicht um doppelt berücksichtigte Einnahmen handelt, sollte der Abzug so behandelt werden, als führe er zu einer hybriden Inkongruenz nach Empfehlung 6.3.

### Anwendung der vorrangigen Maßnahme

9. In diesem Fall sollte Staat A die vorrangige Maßnahme nach der Regel für abzugsfähige hybride Zahlungen anwenden. Staat A sollte A Co daran hindern, den Abzug mit

den sonstigen Einnahmen von A Co zu verrechnen, und er sollte A Co verpflichten, die überschießenden Betriebsausgaben im Einklang mit den Rechtsvorschriften von Staat A mit doppelt berücksichtigten Einnahmen in anderen Perioden zu verrechnen.

### Anwendung der Abwehrregel

10. Falls Staat A die vorrangige Maßnahme nicht anwendet, sollte Staat B die Betriebsstätte daran hindern, Strukturierungsmöglichkeiten zu nutzen, die es ermöglichen, den Abzug für die Zahlung mit Einnahmen zu verrechnen, bei denen es sich nicht um doppelt berücksichtigte Einnahmen handelt.

### Behandlung von nicht ausgleichsfähigen Verlusten

11. Da die vorrangige Regel dazu dient, einen Abzug im Staat der Muttergesellschaft selbst in Situationen einzuschränken, in denen der Abzug im Staat des Zahlungsleisters nicht genutzt wurde, kann die Regel für abzugsfähige hybride Zahlungen „nicht ausgleichsfähige Verluste" generieren. Dies könnte beispielsweise passieren, wenn A Co seinen Betrieb in Staat B einstellt, und die Betriebsstätte in Staat B zu einem Zeitpunkt abwickelt, an dem sie noch ungenutzte Verlustvorträge aus einem früheren Zeitraum hat. In diesem Fall sieht Empfehlung 6.1(d)(ii) vor, dass die Steuerverwaltung von Staat A gestatten kann, diese überschießenden Betriebsausgaben nach den Rechtsvorschriften von Staat A zu diesem Zeitpunkt mit nicht doppelt berücksichtigten Einnahmen zu verrechnen, sofern der Steuerpflichtige nachweisen kann, dass die Abwicklung der Betriebsstätte in Staat B das Unternehmen A Co daran hindert, diese Verluste in Staat B zu nutzen.

### Umsetzungslösungen

12. Falls Staat A das Unternehmen A Co verpflichtet, für die Betriebsstätte getrennte Konten zu führen, in denen die Einnahmen- und Ausgabenposten ausgewiesen werden, die nach den Rechtsvorschriften von Staat A berücksichtigt werden, könnte Staat A die Möglichkeiten des Steuerpflichtigen einschränken, Nettoverluste der Betriebsstätte von den Einkünften eines Mitglieds des Mutterkonzerns abzuziehen. Wenn A Co andererseits nicht verpflichtet ist, für die Zweigniederlassung getrennte Konten zu führen, könnte Staat A die Steuererklärung und die Steuerdateien in Staat B nutzen, um die Nettoverluste der Zweigniederlassung für die Zwecke von Staat B zu bestimmen und A Co nach Anpassung der nach den Rechtsvorschriften des Staats der Muttergesellschaft nicht berücksichtigten wesentlichen Posten oder Beträge der Einnahmen und Ausgaben einen Abzug im Umfang der nach den Regeln des Staats der Muttergesellschaft berechneten Nettoverluste versagen.

13. Staat B wird von der Zweigniederlassung voraussichtlich verlangen, getrennte Konten zu führen, in denen alle Einnahmen- und Ausgabenbeträge ausgewiesen werden, die nach den Rechtsvorschriften von Staat B der Besteuerung unterliegen. Staat B könnte der Zweigniederlassung untersagen, die Inanspruchnahme eines Abzugs an eine andere Konzerneinheit zu übertragen, und er könnte andere geschäftsvorfallspezifische Regeln einführen, die darauf abzielen, zu verhindern, dass steuerpflichtige Einkünfte auf die Zweigniederlassung übertragen werden, um Nettoverluste in Anspruch nehmen zu können. Regelungen zur Beschränkung der Verlustnutzung bei Anteilseignerwechsel können verhindern, dass der wirtschaftliche Nutzen der Verlustvorträge mit doppelt berücksichtigten Einnahmen eines anderen Steuerpflichtigen verrechnet wird.

# Beispiel 6.3

## Doppelter Betriebsausgabenabzug (DD-Ergebnis) durch die Gewährung von Aktienoptionen

### Sachverhalt

1. In dem in der nachstehenden Abbildung dargestellten Beispiel setzt A Co das Unternehmen B Co 1 als Holdinggesellschaft für seine operative Tochtergesellschaft (B Co 2) ein. B Co 1 ist ein hybrider Rechtsträger (d.h. ein Rechtsträger, der für Steuerzwecke in Staat B als selbstständiger Rechtsträger, nach den Rechtsvorschriften von Staat A jedoch als steuerlich transparenter Rechtsträger behandelt wird). B Co 1 und B Co 2 gehören nach den Rechtsvorschriften von Staat B derselben Organschaft an, was bedeutet, dass der Nettoverlust von B Co 1 mit den Nettoeinnahmen von B Co 2 verrechnet werden kann.

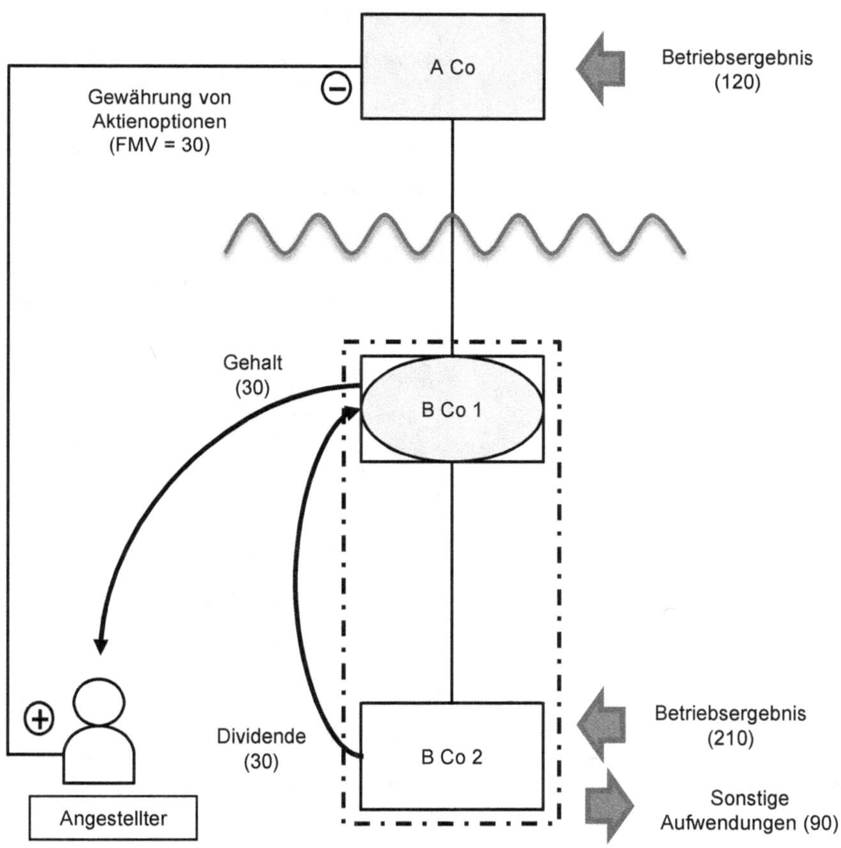


2. B Co 1 hat nur einen Angestellten. Der Angestellte hat Anspruch auf ein Jahresgehalt (von B Co 1 bezahlt). Die Gehaltskosten werden durch eine Dividendenzahlung von B Co 2 finanziert, die nach den Rechtsvorschriften von Staat B von der Steuer befreit ist. Der Angestellte nimmt außerdem an einem Mitarbeiterbeteiligungsprogramm teil, das dem

Angestellten die Möglichkeit bietet, Aktien von A Co mit einem Abschlag gegenüber ihrem Marktwert zu erwerben. Der Marktwert der Aktienoptionen wird als abzugsfähige Personalaufwendung behandelt. Die nachstehende Tabelle legt die Steuerposition von A Co, B Co 1 und B Co 2 im Rahmen dieser Struktur dar.

| **Staat A – A Co** | **Steuer** | **Verbuchung** |
|---|---|---|
| Einnahmen | | |
| Betriebsergebnis (A Co) | 120 | 120 |
| Dividende von B Co 2 | 30 | |
| Ausgaben | | |
| Lohn- und Gehaltszahlungen | (30) | - |
| Gewährung der Aktienoption | (30) | (30) |
| **Nettogewinn** | | **90** |
| **Steuerpflichtige Einkünfte** | **90** | |

| **Staat B – B Co 1** | **Steuer** | **Verbuchung** |
|---|---|---|
| Einnahmen | | |
| Dividende von B Co 2 | | 30 |
| Ausgaben | | |
| Lohn- und Gehaltszahlungen | (30) | (30) |
| Gewährung der Aktienoption | (15) | - |
| **Nettogewinn** | | **0** |
| Steuerpflichtige Einkünfte (Verlust) | (45) | |
| Verlustübertragung an B Co 2 | 45 | |
| **Verlustvortrag** | **0** | |

| **Staat B – B Co 2** | **Steuer** | **Verbuchung** |
|---|---|---|
| Einnahmen | | |
| Betriebsergebnis | 210 | 210 |
| Ausgaben | | |
| Betriebsaufwendungen | (90) | (90) |
| An B Co 1 gezahlte Dividende | - | (30) |
| Verlustübertragung | (45) | - |
| **Nettogewinn** | | **90** |
| **Steuerpflichtige Einkünfte** | **75** | |

## *Ergebnis nach den Rechtsvorschriften von Staat B*

3. B Co 1 wird so behandelt, als seien Personalaufwendungen in Höhe von 45 Geldeinheiten angefallen. Der Baranteil dieser Aufwendungen (d.h. Lohn- und Gehaltszahlungen) wird durch eine steuerbefreite Dividende von B Co 2 finanziert. Der Nettoverlust von B Co 1

wird im Rahmen der Organschaftsregeln von Staat B an B Co 2 übertragen und mit den Nettoeinkünften des Unternehmens verrechnet. B Co 2 hat nach Berücksichtigung der Aufwendungen und der von B Co 1 übertragenen Verluste steuerpflichtige Einkünfte von 75 Geldeinheiten.

### *Ergebnis nach den Rechtsvorschriften von Staat A*

4. A Co erzielt aus seinen Tätigkeiten in Staat A ein Betriebsergebnis von 120 Geldeinheiten. A Co behandelt die von B Co 2 zur Finanzierung der Personalaufwendungen von B Co 1 gezahlte Dividende für Steuerzwecke außerdem als gewöhnliche Einnahme. Staat A gewährt einen Abzug für die Lohn- und Gehaltszahlung und den Wert der Aktienoptionen, verwendet für die Berechnung der aus der Aktienoption resultierenden Aufwendung jedoch eine andere Bewertungsmethode, die zu einem höheren Abzug führt.

5. Die an dieser Struktur beteiligten Rechtsträger haben im Rahmen der Gestaltung einen Nettogewinn von insgesamt 180 Geldeinheiten, die im Rahmen der Gestaltung insgesamt anfallenden steuerpflichtigen Einkünfte betragen jedoch 165 Geldeinheiten. Dies lässt darauf schließen, dass doppelte Betriebsausgabenabzüge in Höhe von mindestens 15 Geldeinheiten mit nicht doppelt berücksichtigten Einnahmen verrechnet werden.

## Frage

6. Welche Anpassungen sollten nach der Regel für abzugsfähige hybride Zahlungen an den Steuererklärungen des Konzerns AB vorgenommen werden?

## Antwort

7. In diesem Fall sollte Staat A die vorrangige Maßnahme nach der Regel für abzugsfähige hybride Zahlungen anwenden und A Co verpflichten, Abzüge in Höhe von 30 Geldeinheiten in eine andere Periode vorzutragen, um sie mit künftigen doppelt berücksichtigten Einnahmen zu verrechnen. Falls Staat A die vorrangige Maßnahme nicht anwendet, sollte Staat B dem Unternehmen B Co einen Abzug in Höhe von 15 Geldeinheiten versagen.

## Analyse

### *Die Gehaltszahlung führt zu einem DD-Ergebnis*

8. Die Frage, ob eine Zahlung ein „DD-Ergebnis“ bewirkt hat, ist in erster Linie eine rechtliche Frage, die anhand einer Analyse der Qualifizierung und der steuerlichen Behandlung der Zahlung nach den Rechtsvorschriften beider Staaten beantwortet werden sollte. Dies erfordert eine Beurteilung der Rechtsgrundlage für den Abzug in einem Staat und einen Vergleich mit den Steuerergebnissen in dem anderen Staat, um zu ermitteln, ob ein Abzug in Bezug auf die gleichen Umstände und auf der gleichen Basis gewährt wurde. Lassen beide Staaten einen Abzug für denselben Ausgabenposten zu, sollte der Abzug so behandelt werden, als führe er zu einem DD-Ergebnis. Die Bezeichnungen der einzelnen Zahlungskategorien (z.B. Fahrtkostenzuschuss, Verpflegungsmehraufwand oder Löhne) sind weniger wichtig als die Ermittlung des Abzugszwecks (z.B. Personalaufwendungen). Wenn ein Fahrtkostenzuschuss in einem Staat als separater steuerlicher Abzugsposten behandelt wird, während er in dem anderen Staat lediglich als Teil des Gehalts oder Lohns des Steuerpflichtigen eingestuft wird, wird die Zahlung trotz der unterschiedlichen Qualifizierung nach den Rechtsvorschriften der einzelnen Staaten dennoch so behandelt, als führe sie zu einem DD-Ergebnis.

9. In diesem Fall werden Lohn- und Gehaltszahlungen sowohl von Staat A als auch von Staat B als abzugsfähig behandelt, und dementsprechend führt eine solche Zahlung generell zu einem DD-Ergebnis. Nach der Regel für abzugsfähige hybride Zahlungen ist die Aufschlüsselung von Lohn- und Gehaltszahlungen (z.B. Verpflegungsmehraufwand, Löhne) nicht wichtig, sofern beide Staaten einen Abzug für denselben Aufwand gewähren. Die endgültige Schlussfolgerung, dass eine Zahlung ein DD-Ergebnis bewirkt hat, sollte jedoch erst nach Anwendung der Regeln hinsichtlich bestimmter Geschäftsvorfälle oder Rechtsträger getroffen werden, die die Geltendmachung eines Abzugs nach den Rechtsvorschriften eines der beiden Staaten verhindern. Es würde beispielsweise nicht zu einem DD-Ergebnis kommen, wenn es sich bei A Co um einen steuerbefreiten Rechtsträger handelt, der nicht berechtigt ist, einen Abzug auf Aufwendungen jedweder Art geltend zu machen.

### Die Gewährung der Aktienoptionen führt zu einem DD-Ergebnis

10. Wenn die Gewährung der Aktienoption sowohl in Staat A als auch in Staat B als abzugsfähige Ausgabe behandelt wird, wird die Gewährung der Aktien so behandelt, als führe sie in beiden Staaten im Umfang des Abzugs zu einem DD-Ergebnis. Staat A und Staat B bewerten die Aktienoptionen unterschiedlich, dies hat jedoch generell keine Auswirkungen auf das Ausmaß der durch eine Zahlung verursachten Besteuerungsinkongruenz.

### Die Zahlung der Dividende führt zu doppelt berücksichtigten Einnahmen

11. Während eine Zahlung generell nach den Rechtsvorschriften beider Staaten als ordentliche Einnahme ausgewiesen werden muss, bevor sie als doppelt berücksichtigte Einnahme behandelt werden kann, sollte eine Zahlung, die im Staat der Muttergesellschaft als ordentliche Einnahme behandelt wird, auch dann als doppelt berücksichtigte Einnahme geltend gemacht werden können, wenn die Zahlung im Staat des Zahlungsleisters Gegenstand einer Steuerentlastung ist, um die Zahlung von einer wirtschaftlichen Doppelbesteuerung zu befreien. In diesem Fall wird die von B Co 2 an B Co 1 gezahlte Dividende als steuerfreie konzerninterne Dividende behandelt. Die Dividende ist für B Co 2 nicht abzugsfähig und löst folglich nach den Rechtsvorschriften des Staats des Zahlungsleisters keine weitere abzugsfähige Ausgabe aus und kann nicht verwendet werden, um das Steuersubstrat von Staat B zu schmälern. Wenn der Dividendenempfänger berechtigt ist, einen Betriebsausgabenabzug auf einen derartigen steuerbefreiten oder unberücksichtigten Eigenkapitalertrag geltend zu machen, werden sowohl in Staat A als auch in Staat B die beabsichtigten steuerpolitischen Ergebnisse erzielt, und die Dividende sollte dementsprechend für die Zwecke der Regel für abzugsfähige hybride Zahlungen selbst dann als doppelt berücksichtigte Einnahme behandelt werden, wenn diese Dividende im Staat der Muttergesellschaft mit dem Anspruch auf eine Anrechnung ausländischer Steuern verbunden ist. Eine solche Entlastung von der Doppelbesteuerung kann jedoch steuerpolitische Fragen aufwerfen, wenn sie denselben Nettoeffekt hat wie die Zulassung eines DD-Ergebnisses. Bei der Feststellung, ob ein Einnahmeposten, der mit einem Anspruch auf eine solche Entlastung von der Doppelbesteuerung verbunden ist, als doppelt berücksichtigte Einnahme behandelt werden sollte, sollten die Staaten versuchen, ein Gleichgewicht zwischen den Regeln zu schaffen, die die Befolgungskosten minimieren, den beabsichtigten Effekt einer solchen Entlastung von der Doppelbesteuerung sichern und die Steuerpflichtigen daran hindern, Strukturen einzurichten, die die Integrität der Regeln beeinträchtigen.

## Anwendung der vorrangigen Maßnahme

12. In diesem Fall sollte Staat A die vorrangige Maßnahme nach der Regel für abzugsfähige hybride Zahlungen anwenden. Staat A sollte die nochmaligen Abzüge von A Co versagen, soweit diese zu einer Besteuerungsinkongruenz führen. Der nochmalige Betriebsausgabenabzug führt nicht zu einer Inkongruenz soweit er die nach den Rechtsvorschriften des Staats der Muttergesellschaft festgelegten doppelt berücksichtigten Einnahmen nicht übersteigt. In diesem Fall beläuft sich der Gesamtbetrag des bei A Co anfallenden nochmaligen Abzugs auf 60 Geldeinheiten, während die doppelt berücksichtigten Einnahmen von A Co 30 Geldeinheiten betragen. Der Gesamtbetrag der nach der Regel für abzugsfähige hybride Zahlungen vorzunehmenden Anpassung beläuft sich daher auf 30 Geldeinheiten.

| Staat A<br>A Co | | | Berechnung der Anpassung nach den Rechtsvorschriften von Staat A | | | Vortrag |
|---|---|---|---|---|---|---|
| | Steuer | Verbuchung | | Steuer | Verbuchung | |
| Einnahmen | | | Doppelt berücksichtigte Einnahmen | | | |
| Betriebsergebnis (A Co) | 120 | 120 | | | | |
| Dividende von B Co 2 | 30 | | Dividende von B Co 2 | | (30) | |
| Anpassung | 30 | | | | | |
| Ausgaben | | | Doppelte Betriebsausgabenabzüge | | | |
| Lohn- und Gehaltszahlungen | (30) | | Lohn- und Gehaltszahlungen | | 30 | |
| Gewährung der Aktienoption | (30) | (30) | Gewährung der Aktienoption | | 30 | |
| Einnahmen | | | | | | |
| **Nettogewinn** | | **90** | | | | |
| **Steuerpflichtige Einkünfte** | **120** | | **Anpassung** | | **30** | **(30)** |

## Anwendung der Abwehrregel

13. Falls Staat A die vorrangige Maßnahme nicht anwendet, sollte Staat B dem Unternehmen B Co einen Abzug für die Zahlung versagen, soweit dies erforderlich ist, um zu verhindern, dass der Abzug mit Einnahmen verrechnet wird, bei denen es sich nicht um doppelt berücksichtigte Einnahmen handelt. Die von B Co 2 an B Co 1 gezahlte Dividende wird nach den Rechtsvorschriften von Staat B als steuerbefreite Einnahme behandelt, diese Zahlung sollte bei der Berechnung der doppelt berücksichtigten Einnahmen aber dennoch berücksichtigt werden, weil sie nach den Rechtsvorschriften von Staat A bei den Einnahmen berücksichtigt wird. In diesem Fall beläuft sich der Gesamtbetrag des bei B Co anfallenden nochmaligen Abzugs auf 45 Geldeinheiten, während die doppelt berücksichtigten Einnahmen von A Co 30 Geldeinheiten betragen. Der Gesamtbetrag der gemäß der Regel für abzugsfähige hybride Zahlungen nach den Rechtsvorschriften von Staat B erforderlichen Anpassung beläuft sich auf 15 Geldeinheiten.

| Staat B<br>B Co 1 | | |
|---|---|---|
| | **Steuer** | **Verbuchung** |
| Einnahmen | | |
| Dividende von B Co 2 | | 30 |
| Anpassung | 15 | |
| Ausgaben | | |
| Lohn- und Gehaltszahlungen | (30) | |
| Gewährung der Aktienoption | (15) | (30) |
| Einnahmen | | |
| **Nettogewinn** | | **0** |
| **Steuerpflichtige Einkünfte (Verlust)** | **(30)** | |

| Berechnung der Anpassung nach den Rechtsvorschriften von Staat B | | | Vortrag |
|---|---|---|---|
| | **Steuer** | **Verbuchung** | |
| Doppelt berücksichtigte Einnahmen | | | |
| Dividende von B Co 2 | | (30) | |
| Doppelte Betriebsausgabenabzüge | | | |
| Lohn- und Gehaltszahlungen | | 30 | |
| Gewährung der Aktienoption | | 15 | |
| **Anpassung** | | **15** | **(15)** |

## *Umsetzungslösungen*

14. Da B Co keine Einkünfte hat und einen begrenzten Betrag von Aufwendungen aufweist, kann es in diesem Fall möglich sein, dass sowohl Staat A als auch Staat B einen direkten Vergleich zwischen der steuerlichen Behandlung der Personalaufwendungen in den beiden Staaten anstellen, um zu bestimmen, ob und inwieweit sie ein DD-Ergebnis bewirken. Bei der Anwendung der Regel für abzugsfähige hybride Zahlungen sollte die Steuerverwaltung in Staat B jede Zahlung, für die eine Nichtberücksichtigung, Steuerbefreiung oder sonstige Form der Steuererleichterung geltend gemacht werden kann, um eine wirtschaftliche Doppelbesteuerung zu verhindern, als doppelt berücksichtigte Einnahme behandeln, sofern diese Zahlung nach den Rechtsvorschriften von Staat A bei den Einnahmen berücksichtigt wird.

# Beispiel 6.4

# Berechnung der doppelt berücksichtigten Einnahmen im Rahmen der Hinzurechnungsbesteuerung

## Sachverhalt

1. In dem in der nachstehenden Abbildung dargestellten Beispiel setzt A Co das Unternehmen B Co 1 als Holdinggesellschaft für seine operative Tochtergesellschaft (B Co 2) ein.

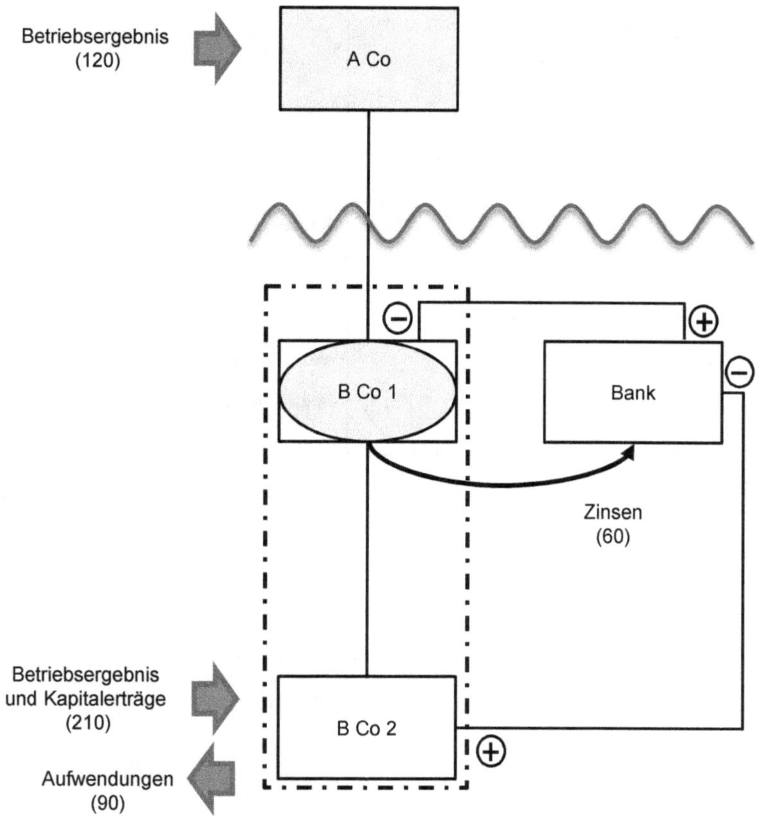


2. B Co 1 ist ein hybrider Rechtsträger (d.h. ein Rechtsträger, der für Steuerzwecke in Staat B als selbstständiger Rechtsträger, nach den Rechtsvorschriften von Staat A jedoch als steuerlich transparenter Rechtsträger behandelt wird). B Co 1 und B Co 2 gehören nach den Rechtsvorschriften von Staat B derselben Organschaft an, so dass etwaige Nettoverluste von B Co 1 im Rahmen der Organschaftsregeln übertragen werden können, um mit den Einnahmen von B Co 2 verrechnet zu werden. B Co 1 nimmt bei einer lokalen Bank ein Darlehen auf. Die Zinsen auf das Darlehen werden sowohl in Staat A als auch in Staat B als abzugsfähige Ausgabe behandelt.

3. B Co 2 wird sowohl von A Co als auch von B Co 1 als selbstständiger steuerpflichtiger Rechtsträger behandelt. Bestimmte Einnahmeposten von B Co 2 werden nach den Vorschriften zur Hinzurechnungsbesteuerung in Staat A jedoch A Co zugerechnet. B Co 2 hat Einlagen in derselben Bank und bezieht Zinseinkünfte, die bei B Co 2 steuerpflichtig sind. Die nachstehende Tabelle legt die Steuerposition des Konzerns AB im Rahmen dieser Struktur dar.

| **Staat A**<br>**A Co** | | | **Staat B**<br>**B Co 1** | | |
|---|---|---|---|---|---|
| | **Steuer** | **Verbuchung** | | **Steuer** | **Verbuchung** |
| Einnahmen | | | Einnahmen | | |
| Betriebsergebnis (A Co) | 120 | 120 | | | |
| Von B Co 2 zugerechnete CFC-Einkünfte | 30 | - | | | |
| Anrechnung der auf die zugerechneten CFC-Einkünfte gezahlten Steuern | 6 | - | | | |
| Ausgaben | | | Ausgaben | | |
| Von B Co 1 gezahlte Zinsen | (60) | - | Gezahlte Zinsen | (60) | (60) |
| **Nettogewinn** | | **120** | **Nettogewinn** | | **(60)** |
| **Steuerpflichtige Einkünfte** | **96** | | Steuerpflichtige Einkünfte (Verlust) | (60) | |
| Besteuerung der Einkünfte (30%) | (28.8) | | | | |
| Anrechnung ausländischer Steuern | 6 | | Verlustübertragung an B Co 2 | 60 | |
| Zu entrichtende Steuern | | (22.8) | **Verlustvortrag** | **0** | |
| **Ergebnis nach Steuern** | | **97.2** | | | |
| | | | **B Co 2** | | |
| | | | Einnahmen | | |
| | | | Betriebsergebnis | 180 | 180 |
| | | | Zinseinkünfte | 30 | 30 |
| | | | Ausgaben | | |
| | | | Betriebsaufwendungen | (90) | (90) |
| | | | Verlustübertragung | (60) | - |
| | | | **Nettogewinn** | | **120** |
| | | | **Steuerpflichtige Einkünfte** | **60** | |
| | | | Besteuerung der Einkünfte (20 %) | (12) | |
| | | | Zu entrichtende Steuern | | (12) |
| | | | **Ergebnis nach Steuern** | | **108** |

### *Ergebnis nach den Rechtsvorschriften von Staat B*

4. B Co 1 entstehen Zinsaufwendungen in Höhe von 60 Geldeinheiten. Der aus diesen Zinsaufwendungen entstehende Nettoverlust wird im Rahmen der Organschaftsregeln von Staat B übertragen und mit den Einnahmen von B Co 2 verrechnet. B Co 2 hat nach Berücksichtigung der Aufwendungen und der von B Co 1 übertragenen Verluste steuerpflichtige Einkünfte von 60 Geldeinheiten.

### *Ergebnis nach den Rechtsvorschriften von Staat A*

5. A Co erzielt aus seinen Tätigkeiten in Staat A ein Nettobetriebsergebnis von 120 Geldeinheiten und ist berechtigt, die bei B Co 1 entstandenen Zinsaufwendungen in Höhe von 60 Geldeinheiten geltend zu machen. A Co wird nach den in Staat A geltenden Vorschriften zur Hinzurechnungsbesteuerung außerdem ein Bruttobetrag von 30 Geldeinheiten für die von B Co 2 bezogenen Zinsen zusammen mit der auf diese Einkünfte fälligen Steuer in Höhe von 6 Geldeinheiten zugerechnet. Diese zugerechneten Einnahmen werden als ordentliche Einnahmen ausgewiesen und nach Anrechnung der in Staat B gezahlten Steuern zum vollen Körperschaftsteuersatz besteuert.

6. Der Nettogewinn des Konzerns beträgt insgesamt 180 Geldeinheiten, während sich die Nettoeinnahmen des Konzerns auf 156 Geldeinheiten belaufen (einschließlich der Anrechnung ausländischer Steuern in Höhe von 6 Geldeinheiten).

## Frage

7. Welche Anpassungen sollten nach der Regel für abzugsfähige hybride Zahlungen an den Steuererklärungen von A Co und B Co 1 vorgenommen werden?

## Antwort

8. Eine Steuerverwaltung kann die Nettoeinkünfte eines beherrschten ausländischen Unternehmens, die einem Anteilseigner dieses Unternehmens im Rahmen der Hinzurechnungsbesteuerung oder einer anderen Berücksichtigung ausländischer Einkünfte zugerechnet werden, als doppelt berücksichtigte Einnahmen behandeln, wenn der Steuerpflichtige der Steuerverwaltung überzeugend darlegen kann, dass diese Einkünfte auf der gleichen Basis berechnet wurden und als ordentliche Einnahmen behandelt werden, die nach den Rechtsvorschriften beider Staaten zum vollen Steuersatz besteuert werden. Diese Einnahmen können selbst dann als doppelt berücksichtigte Einnahmen behandelt werden, wenn damit ein Anspruch auf Anrechnung ausländischer Steuern verbunden ist, durch den ein Betrag im Staat der Muttergesellschaft gegenüber der Besteuerung abschirmt wird.

## Analyse

### *Im Rahmen der Hinzurechnungsbesteuerung zugerechnete Einkünfte können zu doppelt berücksichtigten Einnahmen führen*

9. In diesem vereinfachten Beispiel, in dem nach den Rechtsvorschriften beider Staaten ein einziger Zinseinnahmeposten berücksichtigt wird, entspricht der Betrag an zugerechneten CFC-Einkünften, der als doppelt berücksichtigte Einnahme behandelt werden kann, dem Betrag, der nach den Rechtsvorschriften von Staat A als ordentliche Einnahme berücksichtigt wird (einschließlich der Inanspruchnahme einer Steueranrechnung). In der nachfolgenden Tabelle wird der Effekt einer Anpassung nach der Regel für abzugsfähige hybride Zahlungen unter Berücksichtigung der CFC-Regelung nach den Rechtsvorschriften von Staat A dargelegt.

| Staat A<br>A Co | | |
|---|---|---|
| | Steuer | Verbuchung |
| Einnahmen | | |
| Betriebsergebnis (A Co) | 120 | 120 |
| Von B Co 2 zugerechnete CFC-Einkünfte | 30 | - |
| Anrechnung der auf die zugerechneten CFC-Einkünfte gezahlten Steuern | 6 | - |
| Ausgaben | | |
| Von B Co 1 gezahlte Zinsen | (36) | - |
| **Nettogewinn** | | **120** |
| **Steuerpflichtige Einkünfte** | **120** | |
| Besteuerung der Einkünfte (30%) | (36) | |
| Anrechnung ausländischer Steuern | 6 | |
| Zu entrichtende Steuern | | (30) |
| **Ergebnis nach Steuern** | | **90** |

10. Der Effekt dieser Anpassung besteht darin, dass Staat A dem Unternehmen A Co 1 gestattet, die Zinsaufwendungen abzuziehen, soweit diese Zinsen mit Beträgen verrechnet werden, die nach der CFC-Regelung von Staat A in den Einnahmen berücksichtigt werden. Der Gesamtbetrag der nach den Rechtsvorschriften von Staat A und Staat B berücksichtigten Einnahmen beläuft sich auf 180 Geldeinheiten. Das reduzierte endgültige Steuerniveau in Staat A (25%) ist darauf zurückzuführen, dass Staat A weiterhin die Anrechnung der Steuern auf doppelt berücksichtigte Einnahmen gestattet, obwohl der Nettobetrag der doppelt berücksichtigten Einnahmen nach den Rechtsvorschriften von Staat A null beträgt (nach Verrechnung dieser Einnahmen mit einem nochmaligen Abzug).

11. Nach den Rechtsvorschriften von Staat B entspricht der als doppelt berücksichtigte Einnahme behandelte Betrag den von B Co 2 bezogenen Zinseinnahmen in Höhe von 30 Geldeinheiten. Dementsprechend sollte nach den Rechtsvorschriften von Staat B eine Verlustübertragung in dieser Höhe gestattet werden. In der nachfolgenden Tabelle wird der Effekt der Anpassung auf die Steuerposition von B Co 2 dargelegt.

| Staat B<br>B Co 2 | | |
|---|---|---|
| | **Steuer** | **Verbuchung** |
| Einnahmen | | |
| Anpassung | 30 | |
| Ausgaben | | |
| Von B Co 1 gezahlte Zinsen | (60) | (60) |
| **Nettogewinn** | | **(60)** |
| Steuerpflichtige Einkünfte | (30) | |
| Verlustübertragung an B Co 2 | 30 | |
| **Verlustvortrag** | **0** | |

| Berechnung der Anpassung nach den Rechtsvorschriften von Staat B | | | Vortrag |
|---|---|---|---|
| | **Steuer** | **Verbuchung** | |
| Doppelt berücksichtigte Einnahmen | | | |
| Zinseinkünfte | | (30) | |
| Doppelte Betriebsausgabenabzüge | | | |
| Von B Co 1 gezahlte Zinsen | | 60 | |
| **Anpassung** | | **30** | **(30)** |

| B Co 2 | | |
|---|---|---|
| Einnahmen | | |
| Betriebsergebnis | 180 | 180 |
| Zinseinkünfte | 30 | 30 |
| Ausgaben | | |
| Betriebsaufwendungen | (90) | (90) |
| Verlustübertragung | (30) | - |
| **Nettogewinn** | | **120** |
| **Steuerpflichtige Einkünfte** | **90** | |
| Besteuerung der Einkünfte (20 %) | (18) | |
| Zu entrichtende Steuern | | (18) |
| **Ergebnis nach Steuern** | | **102** |

12. Staat B gestattet B Co 1, Verluste in Höhe von 30 Geldeinheiten an B Co 2 zu übertragen (d.h. den Betrag, der nach der CFC-Regelung von Staat A als ordentliche Einnahme berücksichtigt wird, bei Ausklammerung des Effekts von etwaigen Steueranrechnungen). Der Effekt dieser Anpassung besteht darin, dass Staat A und Staat B im Rahmen der Gestaltung zusätzlich zur Anrechnung ausländischer Steuern Einnahmen von insgesamt 180 Geldeinheiten berücksichtigen.

## *Umsetzungslösungen*

13. In Fällen, in denen doppelt berücksichtigte Einnahmen mit einem Anspruch auf Anrechnung ausländischer Steuern verbunden sind, könnte der Staat der Muttergesellschaft außerdem beschließen, den Betrag der Anrechnung ausländischer Steuern auf die Steuerschuld des im Rahmen der Gestaltung entstehenden Nettobetrags der doppelt berücksichtigten Einnahmen zu begrenzen. Der Effekt dieser CFC-Änderungen wird nachfolgend veranschaulicht:

| Staat A<br>A Co | | |
|---|---|---|
| | **Steuer** | **Verbuchung** |
| Einnahmen | | |
| Betriebsergebnis (A Co) | 120 | 120 |
| Von B Co 2 zugerechnete CFC-Einkünfte | 30 | - |
| Anrechnung der auf die zugerechneten CFC-Einkünfte gezahlten Steuern | 6 | - |
| Ausgaben | | |
| Von B Co 1 gezahlte Zinsen | (36) | - |
| **Nettogewinn** | | **120** |
| **Steuerpflichtige Einkünfte** | **120** | |
| Besteuerung der Einkünfte (30%) | (36) | |
| Anrechnung ausländischer Steuern | 0 | |
| Zu entrichtende Steuern | | (36) |
| **Ergebnis nach Steuern** | | **84** |

14. Eine derartige Anpassung des Anspruchs auf Anrechnung ausländischer Steuern würde Staat A davor schützen, dass DD-Strukturen verwendet werden, um Steueranrechnungen ohne einen entsprechenden Einnahmeposten geltend zu machen. Wenn die Anrechnung ausländischer Steuern in diesen Fällen versagt wird, könnte ein Steuerpflichtiger leichter nachweisen, dass die gemäß der Regelung zur Hinzurechnungsbesteuerung zugerechneten Einnahmen tatsächlich doppelt berücksichtigte Einnahmen sind, die in beiden Staaten auf derselben Basis berechnet wurden und in beiden Staaten zum vollen Steuersatz besteuert werden.

# Beispiel 6.5

# DD-Ergebnis im Rahmen eines Darlehens an eine Personengesellschaft

## Sachverhalt

1. In dem in der nachstehenden Abbildung dargestellten Beispiel ist die Personengesellschaft B ein hybrider Rechtsträger, der sich zu 25% im Besitz von A Co befindet (ein in Staat A ansässiges Unternehmen). Die Personengesellschaft hat keine Einnahmen. A Co vergibt ein Darlehen an die Personengesellschaft B.

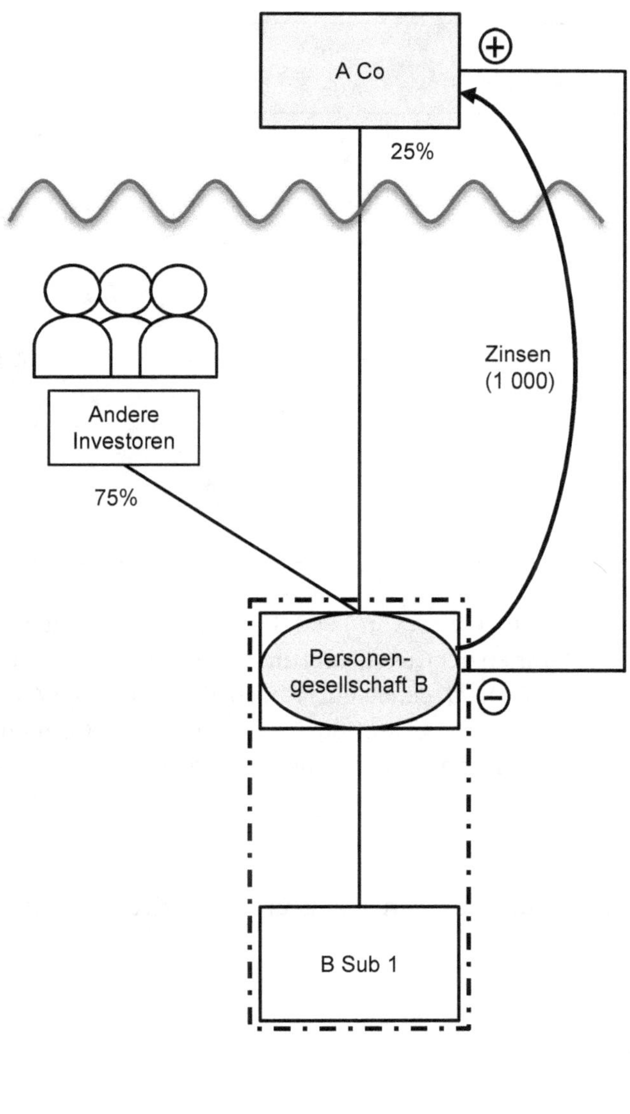

2. Die Steuergesetze von Staat A behandeln die Personengesellschaft B als transparenten Rechtsträger, was bedeutet, dass ein proportionaler Anteil der bei der Personengesellschaft B anfallenden Einnahme-, Gewinn- und Ausgabeposten entsprechend der Beteiligung von A Co an der Personengesellschaft (nur nach den Rechtsvorschriften von Staat A) an A Co übertragen wird. Die Personengesellschaft B wird mit B Sub 1, einem Rechtsträger, der nach den Rechtsvorschriften von Staat B als selbstständiger steuerpflichtiger Rechtsträger behandelt wird, konsolidiert.

3. Die Zinszahlung wird nach den Rechtsvorschriften von Staat B als abzugsfähige Ausgabe behandelt und kann nach den Organschaftsregeln von Staat B mit den Einnahmen von B Sub 1 verrechnet werden. Nach den Rechtsvorschriften von Staat A werden die Einnahmen aus der Zinszahlung und der Abzug für die Zinsausgaben jedoch in derselben Steuererklärung miteinander verrechnet, so dass netto nur 75% der Zinszahlung (effektiv der Anteil der Zinskosten, der wirtschaftlich von den anderen Investoren getragen wird) in den Einnahmen von A Co berücksichtigt werden. Wenn die Zinszahlung im Rahmen des Darlehens 1 000 Geldeinheiten beträgt und die Personengesellschaft keine anderen Einnahmen hat, kann eine vereinfachte Steuerberechnung für A Co (unter der Annahme eines Körperschaftsteuersatzes von 30%) folgendermaßen veranschaulicht werden:

| Staat A<br>A Co | | |
|---|---|---|
| | **Steuer** | **Verbuchung** |
| Einnahmen | | |
| Zinsen | 1 000 | 1 000 |
| Ausgaben | | |
| Zinsen | (250) | - |
| **Nettogewinn** | | **1 000** |
| **Steuerpflichtige Einkünfte** | **750** | |
| Zu entrichtende Steuern (33 %) | | (250) |
| **Ergebnis nach Steuern** | | **750** |

4. Während A Co einen Nettogewinn von 1 000 Geldeinheiten erzielt, werden die steuerpflichtigen Einkünfte im Rahmen der Gestaltung um den Anteil der Zinsaufwendungen für das Darlehen reduziert, der A Co nach den Rechtsvorschriften von Staat A zugerechnet wird. Der Nettoeffekt dieser Zurechnung besteht darin, dass A Co im Rahmen der Gestaltung den Nettogewinn zu einem Satz von 25% anstelle des Regelsatzes von 33% versteuert.

## Frage

5. Ist Empfehlung 6 anwendbar, um den Abzug für einen Teil der Zinszahlung im Rahmen des Darlehens zu versagen?

## Antwort

6. Die Zinszahlung fällt in den Geltungsbereich der Regel für abzugsfähige hybride Zahlungen, weil die Zinszahlung der Personengesellschaft B in Staat B zu einem Abzug führt, der mit Einnahmen von B Sub 1 (nach den Organschaftsregeln von Staat B) und einem nochmaligen Betriebsausgabenabzug für A Co (ein Anteilseigner der Personengesellschaft B) verrechnet werden kann. Der nochmalige Abzug in Staat A sollte folglich nach der vorrangigen Regel versagt werden, soweit dieser die doppelt berücksichtigten Einnahmen des Investors übersteigt. In diesem Beispiel sind die doppelt berücksichtigten Einnahmen von A Co gleich *null*, weil die für das Darlehen gezahlten Zinsen in Staat A keiner Besteuerung unterliegen. Dementsprechend sollte Staat A einen Abzug für den gesamten Betrag der Zinsaufwendungen versagen.

7. Falls Staat A die vorrangige Maßnahme nach Empfehlung 6 nicht anwendet, sollte Staat B die Abwehrregel anwenden, um den Abzug für die Zinszahlung zu begrenzen, soweit dieser nach den Rechtsvorschriften von Staat A zu einem nochmaligen Abzug führt und soweit die Zinszahlung nicht mit doppelt berücksichtigten Einnahmen verrechnet wird. Da die Personengesellschaft B und A Co nicht demselben Konzern angehören, gilt die Abwehrregel jedoch nur, soweit die Inkongruenz im Rahmen einer strukturierten Gestaltung entsteht und die Personengesellschaft B Teil dieser Gestaltung ist. Der im Rahmen der Abwehrregel versagte Abzug beläuft sich auf den Gesamtbetrag der Zinszahlung (d.h. 1 000 Geldeinheiten), da dies der Betrag ist, der erforderlich ist, um die Besteuerungsinkongruenz zu beseitigen.

## Analyse

### *Die Personengesellschaft B ist ein hybrider Zahlungsleister, der eine Zahlung leistet, die ein DD-Ergebnis bewirkt*

8. Die Personengesellschaft fällt unter die Definition eines „hybriden Zahlungsleisters", da sie in Staat B steuerlich ansässig ist und in diesem Staat eine abzugsfähige Zahlung leistet, die für einen Anteilseigner der Personengesellschaft (A Co) nach den Rechtsvorschriften eines anderen Staats (Staat A) einen nochmaligen Abzug bewirkt. Wenn die Personengesellschaft andere Einnahmen hätte, würde es sich wahrscheinlich um doppelt berücksichtigte Einnahmen handeln, die nach den Rechtsvorschriften beider Staaten mit dem Abzug verrechnet werden könnten. In diesem Fall bezieht die Personengesellschaft jedoch keine anderen Einnahmen, und dementsprechend führt der gesamte Betrag der Zinszahlung zu einem DD-Ergebnis.

### *Wenn die Inkongruenz nach den Rechtsvorschriften von Staat A nicht neutralisiert wird, sollte Staat B gemäß der ergänzenden Regel einen Abzug für die Zinszahlung versagen*

9. Im Fall von hybriden Rechtsträgern wie Personengesellschaften ist der Staat der Muttergesellschaft der Staat, in dem der Gesellschafter ansässig ist (Staat A), und Staat A sollte deshalb den gesamten Betrag des Abzugs (250 Geldeinheiten) versagen, um die Inkongruenz zu neutralisieren.

10. Falls Staat A die vorrangige Maßnahme nicht anwendet, sollte Staat B einen Abzug versagen, soweit dies erforderlich ist, um die Besteuerungsinkongruenz zu neutralisieren. Dies hat zur Folge, dass ein Abzug für den gesamten Betrag der Zinszahlung (1 000 Geldeinheiten) versagt wird, weil ein unter diesen Umständen bei der Personengesellschaft

anfallender Abzug, der die doppelt berücksichtigten Einnahmen übersteigt, auf Grund der steuerlichen Transparenz der Personengesellschaft nach den Rechtsvorschriften von Staat A zu einer Besteuerungsinkongruenz führt.

### *Die ergänzende Regel gilt nur, wenn die Personengesellschaft B Teil einer strukturierten Gestaltung ist*

11. Die ergänzende Regel gilt nur, wenn die Inkongruenz innerhalb eines Konzerns oder im Rahmen einer strukturierten Gestaltung entsteht und der Zahlungsleister Teil dieser strukturierten Gestaltung ist. Ein Zahlungsleister ist nicht an einer strukturierten Gestaltung beteiligt, wenn vernünftigerweise nicht angenommen werden kann, dass er sich der hybriden Besteuerungsinkongruenz bewusst war, und wenn er von dem daraus resultierenden Steuervorteil nicht profitiert hat. In diesem Fall ist nicht zwangsläufig davon auszugehen, dass die Personengesellschaft sich der von A Co gewählten steuerlichen Behandlung bewusst ist (weil die Personengesellschaft B nach den Rechtsvorschriften von Staat B nicht als transparent behandelt wird), und sofern der Vorteil der daraus resultierenden Inkongruenz sich nicht in den Kreditkonditionen widerspiegelt, wird die Personengesellschaft nicht so behandelt, als habe sie von dem Steuervorteil profitiert.

### *Umsetzungslösungen*

12. In diesem Fall besteht die einfachste Möglichkeit, zu verhindern, dass ein doppelter Betriebsausgabenabzug nach den Rechtsvorschriften von Staat A mit nicht doppelt berücksichtigten Einnahmen verrechnet wird, darin, dass Staat A das Unternehmen A Co daran hindert, Nettoverluste der Personengesellschaft geltend zu machen. Staat B könnte die Fähigkeit der Personengesellschaft beschränken, die Inanspruchnahme eines Nettoverlustes im Rahmen der Organschaftsregeln von Staat B zu übertragen, und er könnte weitere geschäftsvorfallspezifische Regeln einführen, die die Personengesellschaft B daran hindern, Transaktionen abzuschließen, die darauf abzielen, nicht doppelt berücksichtigte Einnahmen an die Personengesellschaft zu übertragen, um ungenutzte Verluste in Anspruch nehmen zu können.

# Beispiel 7.1

# DD-Ergebnis mit einem doppelt ansässigen Rechtsträger

## Sachverhalt

1. In dem in der nachstehenden Abbildung dargestellten Beispiel hält ein Unternehmen in einem Staat A (A Co 1) sämtliche Anteile am Kapital eines anderen Unternehmens in Staat A (A Co 2). A Co 2 ist in Staat A und in Staat B steuerlich ansässig. A Co 1 wird nach den Rechtsvorschriften von Staat A mit A Co 2 konsolidiert. A Co 2 erwirbt sämtliche Anteile an einem Unternehmen in Staat B (B Co). B Co ist ein umgekehrt hybrider Rechtsträger, der nach den Rechtsvorschriften von Staat A als selbstständiger Rechtsträger, nach den Rechtsvorschriften von Staat B aber als steuerlich transparent behandelt wird.

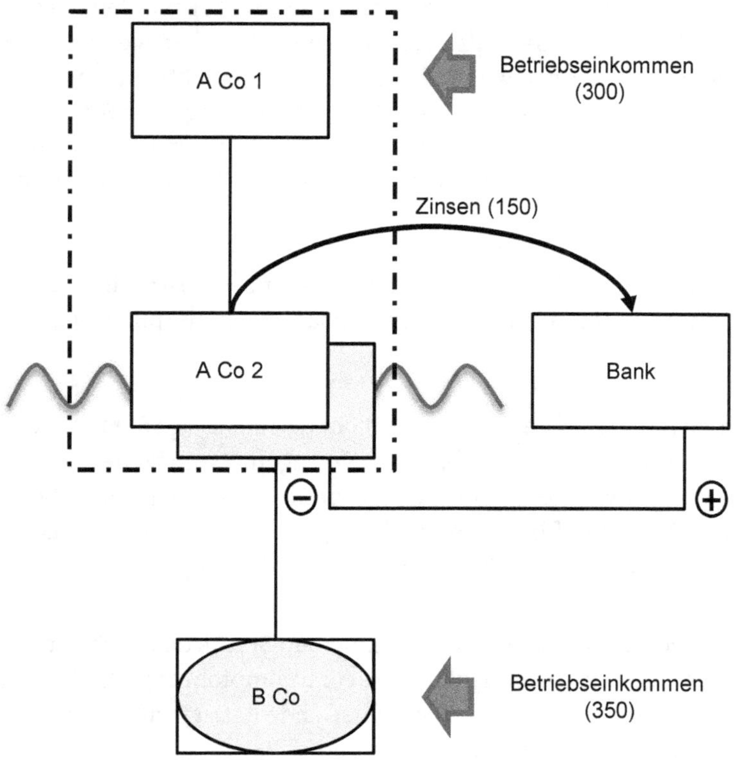


2. A Co 2 nimmt bei einer Bank ein Darlehen auf. Die Zinsen auf dieses Darlehen sind in beiden Staaten A und B abzugsfähig. A Co 2 hat keine weiteren Einnahmen oder Ausgaben. Die nachstehende Tabelle legt die kombinierte Nettoeinkommensposition des Konzerns AB dar.

| Staat A<br>A Co 1 | | | Staat B<br>A Co 1 und B Co kombiniert | | |
|---|---|---|---|---|---|
| | Steuer | Verbuchung | | Steuer | Verbuchung |
| Einnahmen | | | Einnahmen | | |
| Betriebseinkommen von A Co 1 | 300 | 300 | Betriebseinkommen von B Co | 350 | 350 |
| Ausgaben | | | Ausgaben | | |
| Von A Co 2 an die Bank gezahlte Zinsen | (150) | - | Von A Co 2 an die Bank gezahlte Zinsen | (150) | (150) |
| **Nettogewinn** | | **300** | **Nettogewinn** | | **200** |
| **Steuerpflichtige Einkünfte** | **150** | | **Steuerpflichtige Einkünfte** | **200** | |

3. Die steuerlichen Konsolidierungsregelungen von Staat A lassen zu, dass die Zinszahlungen von A Co 2 (150 Geldeinheiten) direkt mit dem Betriebseinkommen von A Co 1 verrechnet werden, wodurch sich die steuerpflichtigen Einkünfte von A Co 1 auf 150 Geldeinheiten belaufen. Nach den Rechtsvorschriften von Staat B werden die steuerpflichtigen Einkünfte von B Co so behandelt, als seien sie von A Co 2 bezogen und werden mit dem Zinsabzug von A Co 2 verrechnet, wodurch sich die steuerpflichtigen Einkünfte des Konzerns in Staat B auf 200 Geldeinheiten belaufen. Der Nettoeffekt dieser Struktur besteht daher darin, dass die Rechtsträger des Konzerns AB einen Nettoertrag von 500 Geldeinheiten erwirtschaften, aber nur steuerpflichtige Einkünfte von 350 Geldeinheiten aufweisen.

## Frage

4. Fallen die oben beschriebenen Besteuerungskonsequenzen in den Geltungsbereich der Anpassungen nach der Regel für doppelt ansässige Steuerpflichtige?

## Antwort

5. Beide Staaten A und B sollten die Regel für doppelt ansässige Steuerpflichtige anwenden, um den steuerlichen Vorteil des Zinsabzugs zu versagen. Wenn beide Staaten dieselbe Regel auf dieselbe Zahlung anwenden, erhöht sich zwar die Gefahr der Doppelbesteuerung, da es keine verlässliche Methode für die Bestimmung der Rangfolge der Regelanwendung gibt, doch stehen Umstrukturierungsalternativen zur Verfügung, die eine Doppelbesteuerung verhindern können.

6. Falls der doppelt ansässige Rechtsträger seinen Status des Rechtsträgers mit doppelter Ansässigkeit aufgibt, können nach der Regel in Empfehlung 7.1 (c), die sich mit nicht ausgleichsfähigen Verlusten befasst, überschießende Betriebsausgaben mit nicht doppelt berücksichtigten Einnahmen verrechnet werden.

## Analyse

### *Anwendung der Regel für doppelt ansässige Steuerpflichtige*

7. A Co 2 ist ein doppelt ansässiger Rechtsträger, und die Zinszahlung löst nach den Rechtsvorschriften beider Staaten, in denen A Co 2 ansässig ist, Abzüge aus. Eine Person gilt als in einem Staat steuerlich ansässig, wenn sie in diesem Staat den Status des unbeschränkt Steuerpflichtigen erworben hat oder ihr weltweites Nettoeinkommen in diesem Staat zu versteuern ist. Eine Person gilt selbst dann als in einem Staat steuerlich ansässig, wenn sie

Teil eines steuerlichen Konsolidierungssystems ist, das sie für die Zwecke des inländischen Rechts als steuerlich transparent behandelt. Wenn also das steuerliche Konsolidierungssystem in Staat A alle Steuerpflichtigen in demselben Konzern wie einen einzigen Steuerpflichtigen behandelt und die Geschäftsvorfälle zwischen ihnen unberücksichtigt lässt, wird A Co 2 für die Anwendung dieser Regel noch immer als steuerlich ansässiges Unternehmen des Landes A behandelt.

8. A Co 2 verfügt über keine weiteren Einkünfte, so dass der Abzug nach den Rechtsvorschriften von Staat A und von Staat B zu einem DD-Ergebnis führt. Das steuerliche Konsolidierungssystem in Staat A und die Fähigkeit von A Co 2, nach den Rechtsvorschriften von Staat B in einen umgekehrt hybriden Rechtsträger zu investieren, haben zur Folge, dass das DD-Ergebnis in allen Fällen zu einer Besteuerungsinkongruenz führt. Dementsprechend sollten Staat A und Staat B den Zinsabzug nach der Regel für doppelt ansässige Steuerpflichtige versagen. Die nachstehende Tabelle stellt den kombinierten Effekt dieser Anpassungen dar.

| **Staat A<br>A Co 1** | | |
|---|---|---|
| | **Steuer** | **Verbuchung** |
| Einnahmen | | |
| Betriebseinkommen von A Co 1 | 300 | 300 |
| Anpassung | 150 | |
| Ausgaben | | |
| Von A Co 2 an die Bank gezahlte Zinsen | (150) | - |
| **Nettogewinn** | | **300** |
| **Steuerpflichtige Einkünfte** | **300** | |

| **Berechnung der Anpassung nach den Rechtsvorschriften von Staat A** | | | **Vortrag** |
|---|---|---|---|
| | **Steuer** | **Verbuchung** | |
| Doppelt berücksichtigte Einnahmen | | | |
| Doppelte Betriebsausgabenabzüge | | | |
| Von A Co 2 an die Bank gezahlte Zinsen | | 150 | |
| **Anpassung** | | **150** | **(150)** |

| **Staat B<br>A Co 1 und B Co** | | |
|---|---|---|
| | **Steuer** | **Verbuchung** |
| Einnahmen | | |
| Betriebseinkommen von B Co | 350 | 350 |
| Anpassung | 150 | |
| Ausgaben | | |
| Von A Co 2 gezahlte Zinsen | (150) | (150) |
| **Nettogewinn** | | **200** |
| **Steuerpflichtige Einkünfte** | **350** | |

| **Berechnung der Anpassung nach den Rechtsvorschriften von Staat B** | | | **Vortrag** |
|---|---|---|---|
| | **Steuer** | **Verbuchung** | |
| Doppelt berücksichtigte Einnahmen | | | |
| Doppelte Betriebsausgabenabzüge | | | |
| Von A Co 2 an die Bank gezahlte Zinsen | | 150 | |
| **Anpassung** | | **150** | **(150)** |

9. Wie der obenstehenden Tabelle zu entnehmen ist, besteht der Nettoeffekt der Anwendung der Regeln für doppelt ansässige Steuerpflichtige in beiden Staaten darin, den Gesamtbetrag der steuerpflichtigen Einkünfte auf 650 Geldeinheiten zu erhöhen. Das ist mehr als die im Rahmen der Gestaltung tatsächlich erwirtschafteten Nettoeinkünfte. A Co 2 stehen aber Umstrukturierungsalternativen zur Verfügung, die die Nettosteuerlast beseitigen. A Co 2 könnte beispielsweise mit dem von ihm bei der Bank aufgenommenen Darlehen A Co 1 einen Kredit zu einem äquivalenten Zinssatz gewähren. Wie in der nachstehenden Tabelle veranschaulicht, besteht der Effekt der Geldweiterverleihung darin, doppelt berücksichtigte Einnahmen entstehen zu lassen, die die Besteuerungsinkongruenz aufheben.

| **Staat A**<br>**A Co 1** | | | **Staat B**<br>**A Co 2 und B Co kombiniert** | | |
|---|---|---|---|---|---|
| | **Steuer** | **Verbuchung** | | **Steuer** | **Verbuchung** |
| Einnahmen | | | Einnahmen | | |
| Betriebseinkommen von A Co 1 | 300 | 300 | Betriebseinkommen von B Co | 350 | 350 |
| | | | Von A Co 1 gezahlte Zinsen | 150 | 150 |
| Ausgaben | | | Ausgaben | | |
| Von A Co 2 an die Bank gezahlte Zinsen | (150) | - | Von A Co 2 an die Bank gezahlte Zinsen | (150) | (150) |
| Von A Co 1 an A Co 2 gezahlte Zinsen | - | (150) | | | |
| **Nettogewinn** | | **150** | **Nettogewinn** | | **300** |
| **Steuerpflichtige Einkünfte** | **150** | | **Steuerpflichtige Einkünfte** | **300** | |

10. Der Nettoeffekt der Geldweiterverleihung an A Co 1 besteht darin, eine doppelt berücksichtigte Einnahme in einer Höhe entstehen zu lassen, die dem doppelten Abzug entspricht, wodurch nach den Rechtsvorschriften beider Staaten alle Besteuerungsinkongruenzen beseitigt werden und gewährleistet wird, dass die im Rahmen der Gestaltung erwirtschafteten Nettogesamteinkünfte nach den Rechtsvorschriften beider Staaten der Besteuerung unterliegen. Auch wenn diese Zinszahlung nach den Rechtsvorschriften von Staat A steuerbefreit ist (da es sich um eine Transaktion zwischen Mitgliedern eines konsolidierten Konzerns handelt), würde sie unter die Definition der doppelt berücksichtigten Einnahme fallen, da der Konsolidierungseffekt in diesem Fall darin besteht, den Zahlungsempfänger von der wirtschaftlichen Doppelbesteuerung von ein und derselben Einnahme zu entlasten.

11. Eine Alternative, um der übermäßigen Besteuerung zu entgehen, die sich aus der Anwendung dieser Regel ergibt, würde darin bestehen, B Co eine Dividende zahlen zu lassen, die nach den Rechtsvorschriften von Staat A steuerpflichtig ist. Auch wenn diese Dividende nach den Rechtsvorschriften von Staat B nicht steuerpflichtig ist (da es sich um eine Zahlung eines steuerlich transparenten Rechtsträgers handelt), würde sie unter die Definition der doppelt berücksichtigten Einnahme fallen, da sie nach den Rechtsvorschriften von Staat B nur deshalb steuerlich unberücksichtigt bleibt, weil der Zahlungsempfänger von den Effekten der Doppelbesteuerung entlastet werden soll. Das ist selbst dort der Fall, wo die Rechtsvorschriften des Ansässigkeitsstaats der Muttergesellschaft eine Anrechnung der auf die Ausschüttung gezahlten ausländischen Steuern gewähren. Der Effekt einer Dividendenzahlung an A Co 2 wird in der nachstehenden Tabelle veranschaulicht.

| Staat A<br>A Co 1 | | | Staat B<br>A Co 2 und B Co kombiniert | | |
|---|---|---|---|---|---|
| | Steuer | Verbuchung | | Steuer | Verbuchung |
| Einnahmen | | | Einnahmen | | |
| Betriebseinkommen von A Co 1 | 300 | 300 | Betriebseinkommen von B Co | 350 | 350 |
| Ausgaben | | | Ausgaben | | |
| Von A Co 2 an die Bank gezahlte Zinsen | (150) | - | Von A Co 2 an die Bank gezahlte Zinsen | (150) | (150) |
| Von B Co gezahlte Dividende | 150 | | | | |
| **Nettogewinn** | | **300** | **Nettogewinn** | | **200** |
| **Steuerpflichtige Einkünfte** | **300** | | **Steuerpflichtige Einkünfte** | **200** | |

12. Der Effekt der Dividendenausschüttung besteht darin, nach den Rechtsvorschriften von Staat A eine zusätzliche doppelt berücksichtigte Einnahme in gleicher Höhe des Zinsabzugs entstehen zu lassen, wodurch alle Besteuerungsinkongruenzen nach den Rechtsvorschriften von Staat A beseitigt werden. Obwohl die Dividende nach den Rechtsvorschriften von Staat B unberücksichtigt bleibt, wird sie dennoch als eine doppelt berücksichtigte Einnahme betrachtet, da ihre Nichtberücksichtigung nach den Rechtsvorschriften von Staat B einfach darauf abzielt, den Steuerpflichtigen in Staat B vor der Doppelbesteuerung derselben wirtschaftlichen Einkünfte zu schützen.

## Behandlung von nicht ausgleichsfähigen Verlusten

13. Ebenso wie die Regel für abzugsfähige hybride Zahlungen hat die Regel für doppelt ansässige Steuerpflichtige das Potenzial, in Situationen, in denen sie den Abzug in beiden Staaten einschränkt oder in denen der im anderen Staat erfolgte Abzug nicht für wirtschaftliche Zwecke genutzt werden kann, „nicht ausgleichsfähige Verluste" zu generieren. Nicht ausgleichsfähige Verluste könnten beispielsweise nach den Rechtsvorschriften von Staat A entstehen, wenn das Betriebseinkommen von B Co nicht ausreichen würde, um den aus dem Bankdarlehen resultierenden Zinsverpflichtungen nachzukommen. Wenn ein doppelt ansässiger Rechtsträger mit überschießenden Betriebsausgaben nach der Regel für doppelt ansässige Steuerpflichtige seinen Status der doppelten Ansässigkeit aufgibt, kann der Ansässigkeitsstaat diese überschießenden Verluste freigeben und gestatten, dass sie mit nicht doppelt berücksichtigten Einnahmen verrechnet werden, wenn dem Ansässigkeitsstaat überzeugend dargelegt werden kann, dass der Steuerpflichtige im anderen Staat nicht länger von etwaigen Vortragsverlusten profitieren kann.

## Umsetzungslösungen

14. Die Staaten könnten doppelt ansässige Rechtsträger vom Beitritt zu einem steuerlichen Konsolidierungs- oder sonstigen Organschaftssystem abhalten und geschäftsvorfallspezifische Regeln einführen, die diese Rechtsträger daran hindern, nicht doppelt berücksichtigte Einnahmen an einen doppelt ansässigen Rechtsträger zu übertragen, um ungenutzte Verluste in Anspruch nehmen zu können.

# Beispiel 8.1

# Regel für strukturierte importierte Besteuerungsinkongruenzen

## Sachverhalt

1. In dem in der nachstehenden Abbildung dargestellten Beispiel ist A Co (ein in Staat A ansässiges Unternehmen) die Muttergesellschaft des Konzerns ABCDE. A Co stellt B Co (einer 100%igen Tochtergesellschaft von A Co mit Sitz in Staat B) im Rahmen eines hybriden Finanzinstruments Finanzierungsmittel bereit. Die Zinszahlungen für das Darlehen sind nach den Rechtsvorschriften von Staat B abzugsfähig, werden nach den Rechtsvorschriften von Staat A aber nicht den ordentlichen Einkünften zugerechnet. B Co verleiht das im Rahmen des hybriden Finanzinstruments zur Verfügung gestellte Geld weiter an C Co und D Co (Unternehmen, die in Staat C bzw. Staat D ansässig sind). C Co wiederum verleiht Geld an E Co weiter (eine 100%ige Tochtergesellschaft von C Co mit Sitz in Staat E).

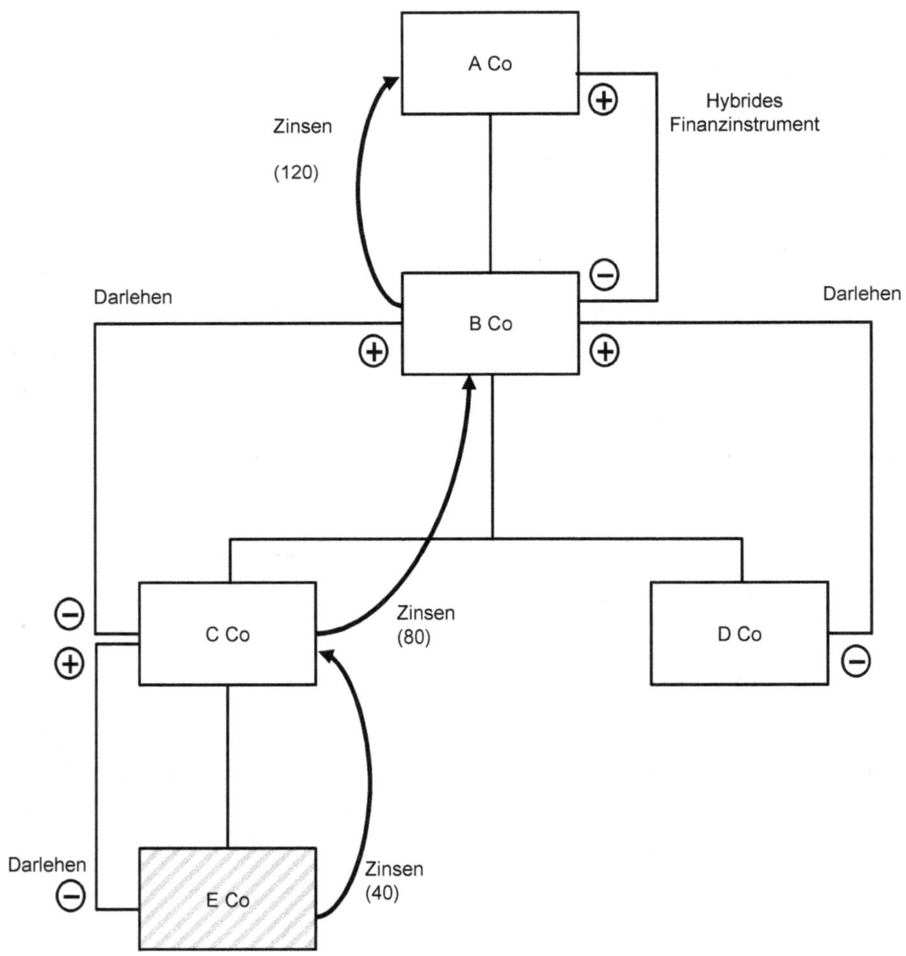

2. Alle Darlehen werden im Rahmen derselben konzerninternen Finanzierungsgestaltung gewährt. Die obenstehende Abbildung veranschaulicht die Finanzierungsstruktur des Konzerns ebenso wie den Gesamtbruttobetrag der in jeder Abrechnungsperiode im Rahmen dieser Struktur geleisteten Zinszahlungen. E Co (der schraffierte Rechtsträger) ist die einzige Konzerneinheit, die in einem Staat ansässig ist, der die in diesem Bericht dargelegten Empfehlungen umgesetzt hat.

## Frage

3. Unterliegen die Zinszahlungen von E Co an C Co den nach der Regel für importierte Besteuerungsinkongruenzen erforderlichen Anpassungen, und wenn ja, wie bestimmt sich die Höhe der nach dieser Regel erforderlichen Anpassung?

## Antwort

4. Die zu einer importierten Besteuerungsinkongruenz führende Zahlung von E Co und die Zahlung im Rahmen des hybriden Finanzinstruments, die zu einem hybriden Betriebsausgabenabzug führt, erfolgen innerhalb derselben strukturierten Gestaltung, die zu einer importierten Besteuerungsinkongruenz führt. Staat E sollte daher nach der Regel für strukturierte importierte Besteuerungsinkongruenzen den Betriebsausgabenabzug für die Gesamthöhe der Zinszahlung versagen. Vgl. das Ablaufdiagramm am Ende dieses Beispiels, in dem die Schritte aufgeführt sind, die es bei der Anwendung der Regel für strukturierte importierte Besteuerungsinkongruenzen zu befolgen gilt.

## Analyse

### *Die von E Co geleistete Zinszahlung und die Zahlung, die zu einem hybriden Betriebsausgabenabzug führt, sind Teil derselben strukturierten Gestaltung*

5. In diesem Fall wurde das im Rahmen des hybriden Finanzinstruments aufgenommene Geld innerhalb derselben konzerninternen Finanzierungsgestaltung an andere Konzernunternehmen weiterverliehen. Alle Leihgeschäfte und damit verbundenen Zahlungen, die im Rahmen der konzerninternen Finanzierungsgestaltung erfolgten (einschließlich des Darlehens an E Co) sollten als Teil derselben strukturierten Gestaltung behandelt werden. Dementsprechend sollten die von B Co im Rahmen des hybriden Finanzinstruments erfolgte Zahlung, die zum hybriden Betriebsausgabenabzug führt, und die von E Co geleistete Zinszahlung, die die importierte Besteuerungsinkongruenz bewirkt und nach den Regeln für importierte Besteuerungsinkongruenzen in Staat E einer Anpassung unterliegt, so behandelt werden, als seien sie im Rahmen derselben strukturierten Gestaltung erfolgt.

### *Staat E sollte nach der Regel für strukturierte importierte Besteuerungsinkongruenzen den Betriebsausgabenabzug für die Gesamthöhe der Zinszahlung versagen*

#### *Schritt 1 – Die Zahlung von B Co im Rahmen des hybriden Finanzinstruments führt zu einem direkten hybriden Betriebsausgabenabzug*

6. A Co hat B Co im Rahmen eines hybriden Finanzinstruments Finanzierungsmittel bereitgestellt. Die Zinszahlungen für dieses Finanzinstrument sind nach den Rechtsvorschriften von Staat B abzugsfähig, werden nach den Rechtsvorschriften von Staat A aber nicht den ordentlichen Einkünften zugerechnet. Daher führen die Zinszahlungen zu einem direkten hybriden Betriebsausgabenabzug für B Co von 120 Geldeinheiten.

### *Schritt 2 – Die Zahlung, die zu einer importierten Besteuerungsinkongruenz führt, und der hybride Betriebsausgabenabzug sind Teil derselben strukturierten Gestaltung*

7. Die Zahlung von B Co im Rahmen des hybriden Finanzinstruments und die Zahlung von E Co, die zu einer importierten Besteuerungsinkongruenz führt, werden als Teil derselben strukturierten Gestaltung behandelt (vgl. die obenstehende Analyse). Die Regel für strukturierte importierte Besteuerungsinkongruenzen verlangt vom Staat des Zahlungsleisters, den Abzug einer Zahlung zu versagen, die zu einer importierten Besteuerungsinkongruenz führt, soweit die Einnahmen aus der Zahlung (direkt oder indirekt) mit einem hybriden Betriebsausgabenabzug im Rahmen derselben strukturierten Gestaltung verrechnet werden.

8. Der Steuerpflichtige sollte die Rückverfolgungsmethode anwenden, um zu bestimmen, inwieweit die Zahlung, die zu einer importierten Besteuerungsinkongruenz führt, indirekt mit dem hybriden Abzug verrechnet wurde. Diese Methode verlangt, dass E Co die Kette der Zahlungen zurückverfolgt, die im Rahmen der strukturierten Gestaltung über eine Reihe zwischengeschalteter Unternehmen zu sich gegenseitig ausgleichenden Einnahmen und Ausgaben geführt haben, um herauszufinden, inwieweit die Zahlung den hybriden Betriebsausgabenabzug direkt oder indirekt finanziert hat. Die mechanische Abfolge der einzelnen Schritte zur Rückverfolgung der Zahlungsströme ist nachstehend beschrieben:

(a) Die Zahlung von B Co an A Co im Rahmen des hybriden Finanzinstruments führt zu einem hybriden Betriebsausgabenabzug (120 Geldeinheiten). C Co hat im Rahmen derselben Gestaltung eine grenzüberschreitende Zahlung an B Co geleistet (80 Geldeinheiten). Beim kleineren dieser beiden Werte (d.h. 80 Geldeinheiten) handelt es sich um den Betrag des indirekten hybriden Betriebsausgabenabzugs, der C Co im Rahmen der Gestaltung gewährt wird, die zu einer importierten Besteuerungsinkongruenz führt.

(b) Der C Co im Rahmen der Gestaltung, die zu einer importierten Besteuerungsinkongruenz führt, gewährte indirekte hybride Abzug beträgt 80 Geldeinheiten, die grenzüberschreitende Zahlung von E Co an C Co innerhalb derselben Gestaltung 40 Geldeinheiten. Beim kleineren dieser beiden Werte (d.h. 40 Geldeinheiten) handelt es sich um den Betrag des indirekten hybriden Betriebsausgabenabzugs, der E Co im Rahmen der Gestaltung gewährt wird, die zu einer importierten Besteuerungsinkongruenz führt. Staat E sollte daher nach der Regel für importierte Besteuerungsinkongruenzen den Betriebsausgabenabzug von 40 Geldeinheiten versagen.

## Ablaufdiagramm 1 (Beispiel 8.1)

**Neutralisierung eines hybriden Betriebsausgabenabzugs nach der Regel für strukturierte und direkt importierte Besteuerungsinkongruenzen**

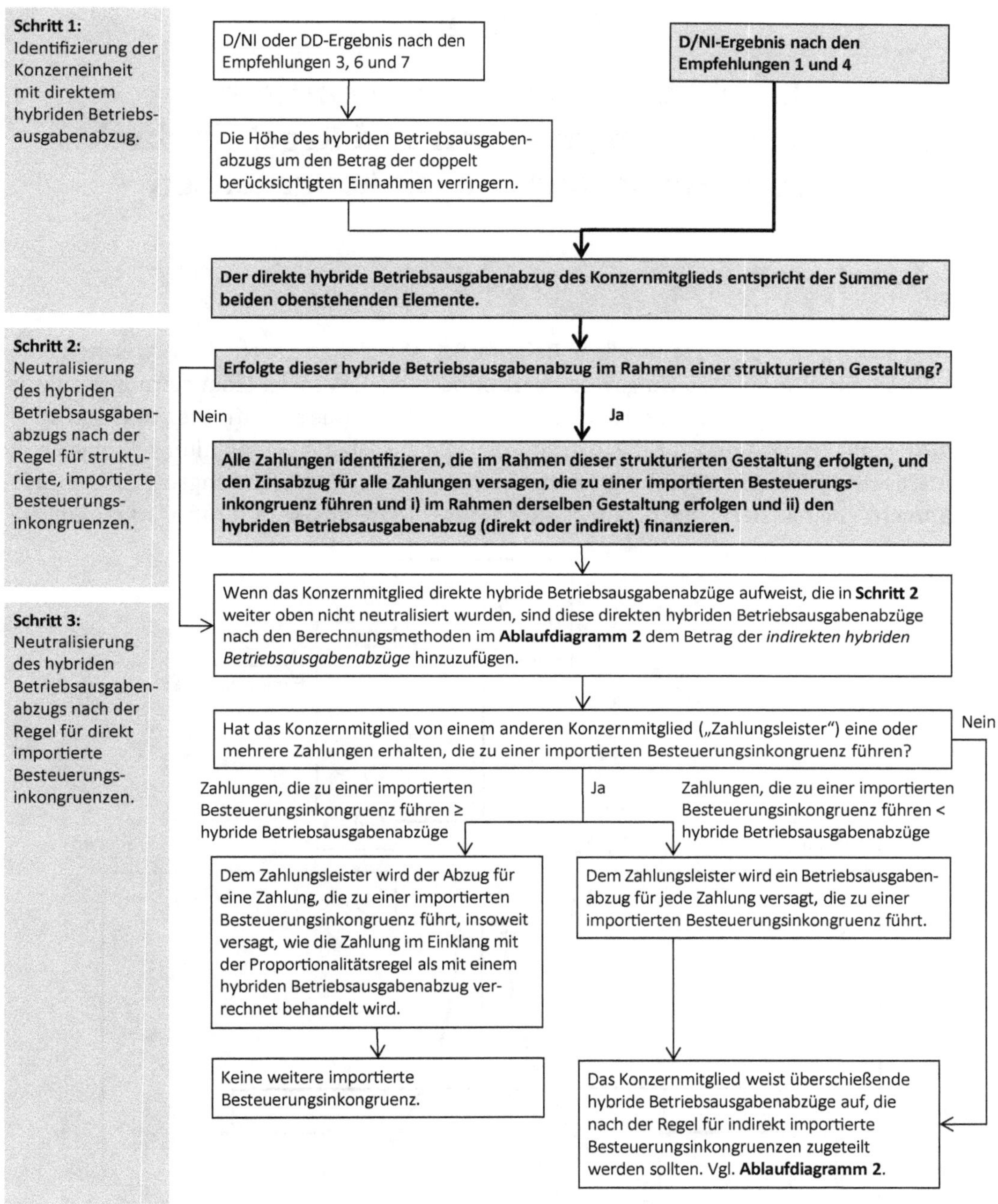

# Beispiel 8.2

# Regel für strukturierte importierte Besteuerungsinkongruenzen und Regel für direkt importierte Besteuerungsinkongruenzen

## Sachverhalt

1. Der Sachverhalt ist derselbe wie in **Beispiel 8.1**, abgesehen davon, dass zwischen B Co und D Co bereits eine Finanzierungsvereinbarung besteht, die von der Finanzierungsstruktur des Konzerns abgekoppelt ist, und dass C Co, D Co und E Co (die schraffierten Rechtsträger) alle in Staaten ansässig sind, die die in diesem Bericht dargelegten Empfehlungen umgesetzt haben. Die nachstehende Abbildung veranschaulicht die in jeder Rechnungslegungsperiode im Rahmen der Finanzierungsstruktur des Konzerns geleisteten Gesamtbruttozinszahlungen.

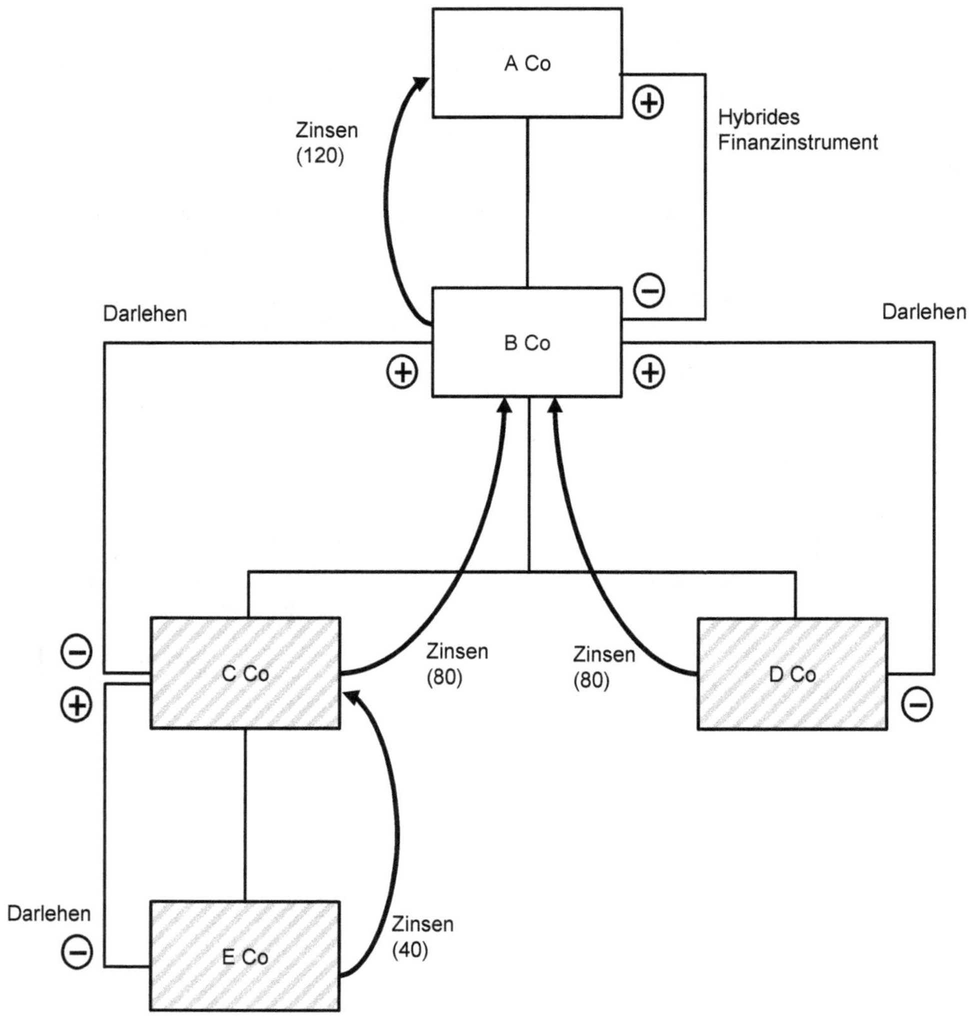

## Frage

2. Unterliegen die Zinszahlungen von C Co, D Co oder E Co den nach der Regel für importierte Besteuerungsinkongruenzen vorgesehenen Anpassungen, und falls ja, wie bestimmt sich die Höhe der nach dieser Regel erforderlichen Anpassung?

## Antwort

3. Die Regel für strukturierte importierte Besteuerungsinkongruenzen findet in Staat C Anwendung, um den Zinsabzug von C Co in seiner Gesamthöhe zu versagen.

4. Die von D Co geleistete Zinszahlung sollte nicht so behandelt werden, als sei sie im Rahmen einer strukturierten Gestaltung erfolgt, sofern das Darlehen an D Co und die übrigen Finanzierungsvereinbarungen des Konzerns nicht im Rahmen derselben Gesamtstruktur, desselben Plans oder derselben Abmachung eingerichtet wurden. Staat D sollte jedoch die Regel für direkt importierte Besteuerungsinkongruenzen anwenden, um den Betriebsausgabenabzug für die Hälfte der Zinszahlung an B Co zu versagen (d.h. ein Abzug von 40 Geldeinheiten nach den Rechtsvorschriften von Staat D).

5. Die von E Co geleistete Zinszahlung ist an einen Zahlungsempfänger gerichtet, der den Hybrid-Mismatch-Regeln unterliegt. Die Zahlung führt also nicht zu einer importierten Besteuerungsinkongruenz und unterliegt auch nicht einer Anpassung nach Empfehlung 8.

6. Vgl. das Ablaufdiagramm am Ende dieses Beispiels, in dem die Schritte aufgeführt sind, die zur Anwendung der Regel für importierte Besteuerungsinkongruenzen zu befolgen sind.

## Analyse

### *Keine Anwendung der Regel für importierte Besteuerungsinkongruenzen in Staat E*

7. Die Regel für importierte Besteuerungsinkongruenzen findet nicht bei Zahlungen an einen Steuerpflichtigen in einem Staat Anwendung, der die Gesamtheit der in diesem Bericht dargelegten Empfehlungen umgesetzt hat. Die Hybrid-Mismatch-Regeln in Staat C werden den Effekt aller, von C Co eingerichteten hybriden Gestaltungen neutralisieren (einschließlich des Effekts aller Gestaltungen, die zu einer importierten Besteuerungsinkongruenz führen), so dass die Einnahmen aus Zahlungen von E Co an C Co nicht mit einem hybriden Abzug verrechnet werden.

### *Die Zinszahlung von D Co erfolgt nicht im Rahmen einer strukturierten Gestaltung, die zu einer importierten Besteuerungsinkongruenz führt*

8. Die von C Co geleisteten Zinszahlungen werden als im Rahmen einer strukturierten Gestaltung erfolgt behandelt, da das hybride Finanzinstrument und das Darlehen zwischen C Co und B Co Teil derselben konzerninternen Finanzierungsgestaltung sind. Das Darlehen zwischen C Co und D Co wurde vor Einrichtung der hybriden Finanzierungsgestaltung abgeschlossen, und sofern nicht nachgewiesen werden kann, dass dieses Darlehen Teil derselben Struktur oder Abmachung ist, wie die Finanzierungsvereinbarungen für die übrigen Teile des Konzerns, sollten die Zinszahlungen von D Co nicht als in den Geltungsbereich der Regeln für strukturierte importierte Besteuerungsinkongruenzen fallend behandelt werden.

### Die Zinszahlungen von C Co und D Co sollten nach der Regel für strukturierte und direkt importierte Besteuerungsinkongruenzen Anpassungen unterliegen

#### Schritt 1 – *Die Zahlung von B Co im Rahmen des hybriden Finanzinstruments bewirkt einen direkten hybriden Abzug*

9. Die Zinszahlungen im Rahmen des hybriden Finanzinstruments bewirken einen direkten hybriden Abzug für B Co von 120 Geldeinheiten.

#### Schritt 2 – *Der hybride Abzug von B Co und die Zahlung von C Co, die zu einer importierten Besteuerungsinkongruenz führt, sind Teil derselben strukturierten Gestaltung*

10. Die von B Co im Rahmen des hybriden Finanzinstruments geleistete Zahlung und die Zahlung von C Co, die zu einer importierten Besteuerungsinkongruenz führt, sollten als Teil derselben strukturierten Gestaltung behandelt werden (vgl. die Analyse in **Beispiel 8.1** weiter oben).

11. Die Regel für strukturierte importierte Besteuerungsinkongruenzen verlangt, dass der Staat des Zahlungsleisters den Abzug für eine Zahlung versagt, die zu einer importierten Besteuerungsinkongruenz führt, soweit die Einnahmen aus der Zahlung (direkt oder indirekt) mit einem hybriden Betriebsausgabenabzug im Rahmen derselben strukturierten Gestaltung verrechnet werden. In diesem Fall weist B Co einen hybriden Abzug von 120 Geldeinheiten auf und hat C Co innerhalb derselben Gestaltung eine grenzüberschreitende Zahlung an B Co von 80 Geldeinheiten geleistet. Folglich wird der Gesamtbetrag der Zahlung, die zu einer importierten Besteuerungsinkongruenz führt, nach der Regel für strukturierte importierte Besteuerungsinkongruenzen als mit dem hybriden Abzug verrechnet behandelt.

#### Schritt 3 – *Die verbleibenden hybriden Betriebsausgabenabzüge von B Co sollten als mit der von D Co geleisteten, zu einer importierten Besteuerungsinkongruenz führenden Zahlung verrechnet behandelt werden*

12. Die Regel für direkt importierte Besteuerungsinkongruenzen sollte in Staat D angewendet werden, um D Co den Abzug für die an B Co geleisteten Zinszahlungen zu versagen, soweit die Einkünfte aus dieser Zahlung mit verbleibenden hybriden Betriebsausgabenabzügen verrechnet werden.

13. Die Leitlinien zur Regel für importierte Besteuerungsinkongruenzen enthalten eine Proportionalitätsformel, die genutzt werden kann, um zu bestimmen, inwieweit eine Zahlung, die zu einer importierten Besteuerungsinkongruenz führt, direkt mit verbleibenden hybriden Betriebsausgabenabzügen verrechnet worden ist. Die Formel lautet wie folgt:

$$\text{Vom Zahlungsleister getätigte Zahlung, die zu einer importierten Besteuerungsinkongruenz führt} \times \frac{\text{Gesamtbetrag der angefallenen verbleibenden hybriden Betriebsausgabenabzüge}}{\text{Gesamtbetrag der erhaltenen Zahlungen, die zu einer importierten Besteuerungsinkongruenz führen}}$$

14. Diesem Beispiel zufolge beträgt das Verhältnis zwischen den verbleibenden hybriden Betriebsausgabenabzügen und den Zahlungen, die zu einer importierten Besteuerungsinkongruenz führen, 40/80 Geldeinheiten, so dass die Hälfte der Zahlungen von D Co an B Co, die zu einer importierten Besteuerungsinkongruenz führen, der Anpassung nach der Regel für direkt importierte Besteuerungsinkongruenzen unterliegen.

## Ablaufdiagramm 1 (Beispiel 8.2)

### Neutralisierung eines hybriden Betriebsausgabenabzugs nach der Regel für strukturierte und direkt importierte Besteuerungsinkongruenzen

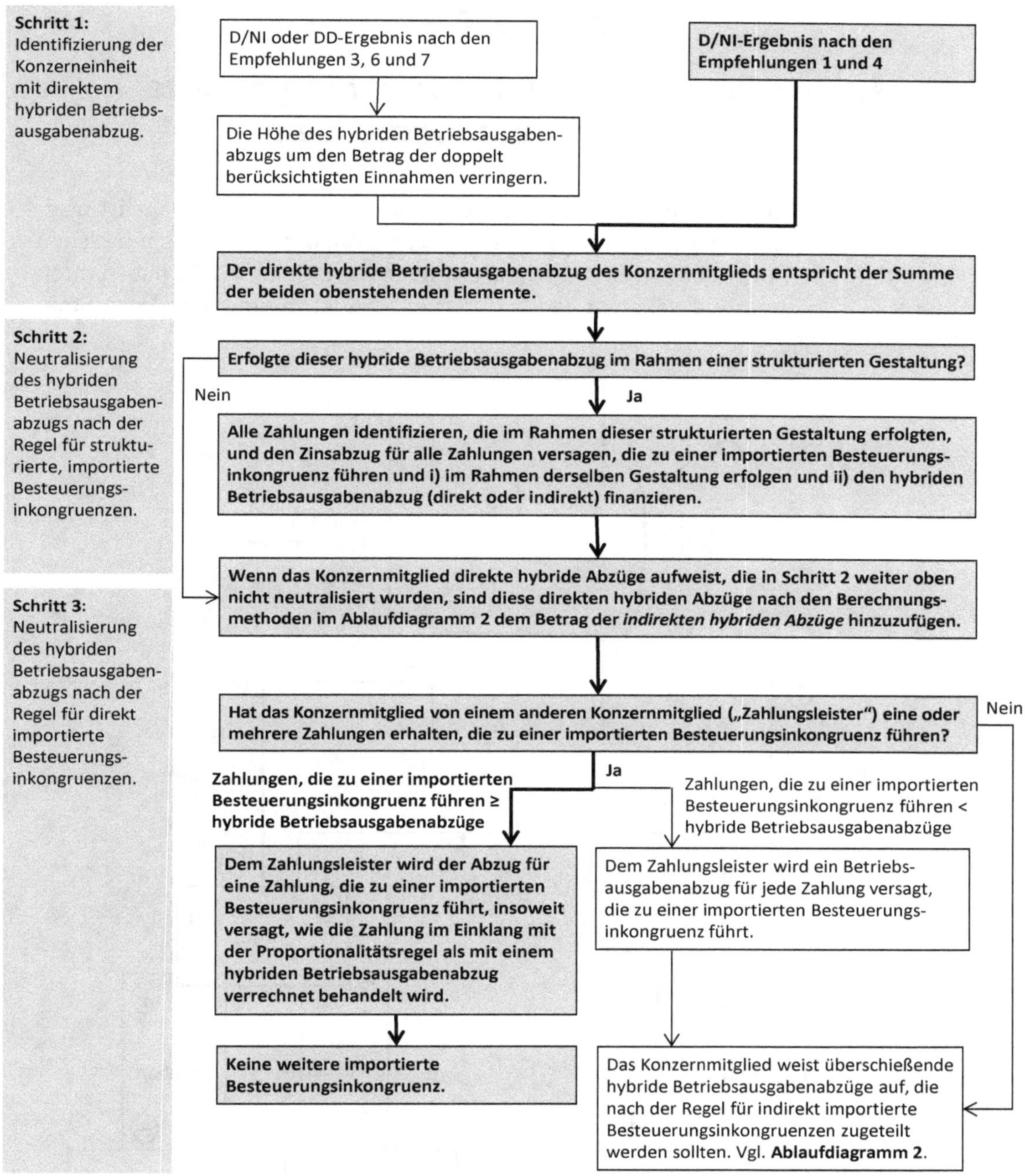

# Beispiel 8.3

## Anwendung der Regel für direkt importierte Besteuerungsinkongruenzen

1. Die nachstehende Abbildung stellt Finanzierungsgestaltungen zwischen Unternehmen dar, die demselben Konzern angehören. In diesem Fall hat A Co C Co ein Darlehen gewährt. C Co hat B Co und D Co ein Darlehen gewährt, und B Co und D Co haben ihren Tochtergesellschaften Geld geliehen. Jedes Unternehmen ist in einem anderen Staat steuerlich ansässig.

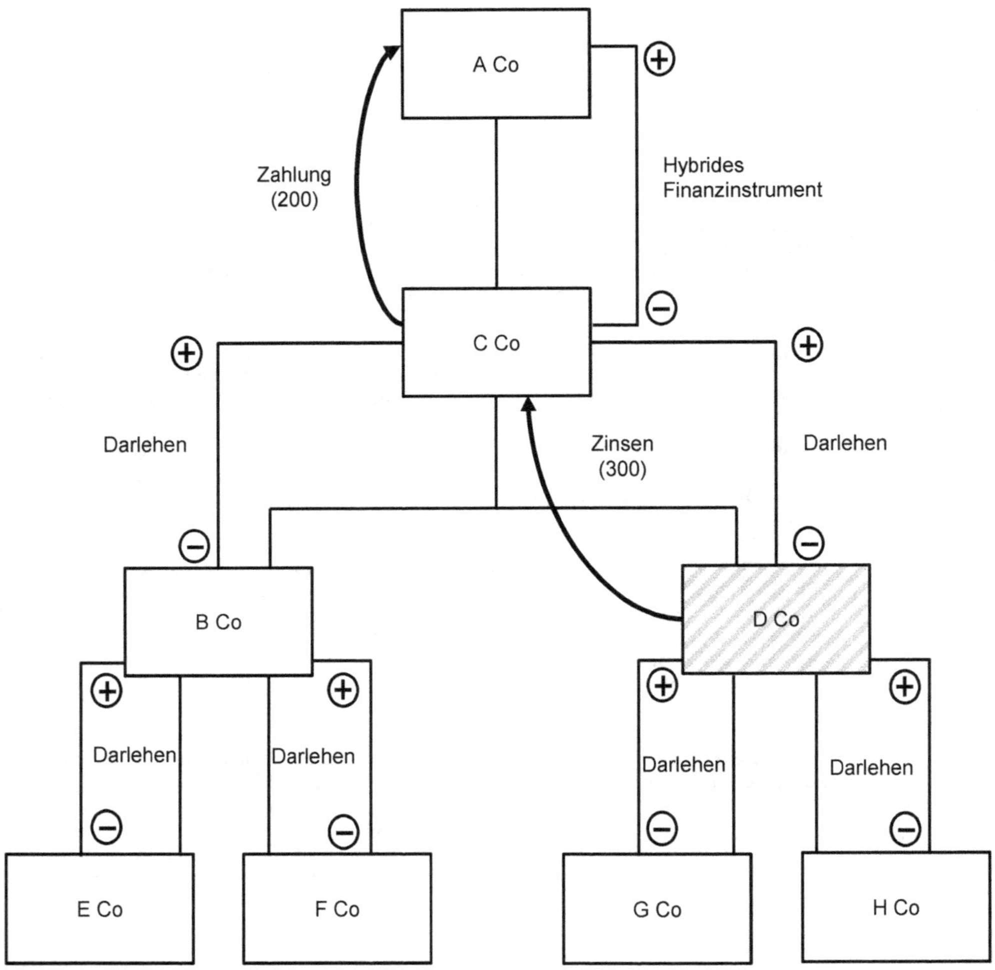


2. Wie in der Abbildung veranschaulicht, handelt es sich bei dem Darlehen zwischen A Co und C Co um ein hybrides Finanzinstrument. Das hybride Finanzinstrument ist aber nicht im Rahmen einer größeren hybriden Gestaltung eingerichtet worden. Der hybride Betriebsausgabenabzug für die im Rahmen des hybriden Finanzinstruments getätigten Zahlungen beträgt 200 Geldeinheiten. D Co (die schraffierte Rechtseinheit) ist die einzige

Konzerneinheit, die in einem Staat ansässig ist, der die in diesem Bericht dargelegten Empfehlungen umgesetzt hat. D Co leistet eine steuerlich abzugsfähige konzerninterne Zinszahlung an C Co in Höhe von 300 Geldeinheiten.

## Frage

3. Unterliegt die Zinszahlung von D Co nach der Regel für importierte Besteuerungsinkongruenzen einer Anpassung, und falls ja, wie bestimmt sich die Höhe der nach dieser Regel erforderlichen Anpassung?

## Antwort

4. Staat D sollte D Co den Zinsabzug in Höhe von zwei Dritteln der C Co gezahlten Zinsen (d.h. 200 Geldeinheiten) versagen. Vgl. das Ablaufdiagramm am Ende dieses Beispiels, das die Schritte skizziert, die in Anwendung der Regel für importierte Besteuerungsinkongruenzen zu befolgen sind.

## Analyse

### *Die Zinszahlungen von D Co sollten nach der Regel für direkt importierte Besteuerungsinkongruenzen einer Anpassung unterliegen*

#### Schritt 1 – *Die Zahlung von C Co im Rahmen des hybriden Finanzinstruments bewirkt einen direkten hybriden Betriebsausgabenabzug*

5. Die Zinszahlungen im Rahmen des hybriden Finanzinstruments führen zu einem direkten hybriden Betriebsausgabenabzug für C Co in Höhe von 200 Geldeinheiten.

#### Schritt 2 – *Die Regel für strukturierte importierte Besteuerungsinkongruenzen findet keine Anwendung*

6. Der Sachverhalt dieses Beispiels basiert auf der Annahme, dass das hybride Finanzinstrument nicht im Rahmen einer größeren hybriden Gestaltung eingerichtet wurde. Daher findet die Regel für strukturierte importierte Besteuerungsinkongruenzen keine Anwendung.

#### Schritt 3 – *Die von D Co getätigte Zahlung, die zu einer importierten Besteuerungsinkongruenz führt, wird nach der Regel für direkt importierte Besteuerungsinkongruenzen als mit dem hybriden Abzug von C Co verrechnet behandelt*

7. Die Regel für direkt importierte Besteuerungsinkongruenzen sollte in Staat D angewendet werden, um D Co den Abzug für die Zinszahlung zu versagen, soweit C Co die Einkünfte aus dieser Zahlung mit verbleibenden hybriden Betriebsausgabenabzügen verrechnet. Die Leitlinien zur Regel für importierte Besteuerungsinkongruenzen enthalten eine Proportionalitätsformel, die genutzt werden kann, um zu bestimmen, inwieweit eine Zahlung, die zu einer importierten Besteuerungsinkongruenz führt, direkt mit dem hybriden Betriebsausgabenabzug eines Kontrahenten verrechnet worden ist. Die Formel lautet wie folgt:

$$\text{Vom Zahlungsleister getätigte Zahlung, die zu einer importierten Besteuerungsinkongruenz führt} \times \frac{\text{Gesamtbetrag der angefallenen verbleibenden hybriden Betriebsausgabenabzüge}}{\text{Gesamtbetrag der erhaltenen Zahlungen, die zu einer importierten Besteuerungsinkongruenz führen}}$$

8. In diesem Fall erhält C Co nur eine Zahlung, die zu einer importierten Besteuerungsinkongruenz führt (von D Co). Dementsprechend wird der Betrag der zu einer importierten Besteuerungsinkongruenz führenden Zahlung von D Co, der mit dem hybriden Betriebsausgabenabzug verrechnet werden soll (und folglich der Betrag des Abzugs, der nach den Rechtsvorschriften von Staat D versagt wird), wie folgt berechnet:

$$\text{Von D Co getätigte Zahlungen, die zu einer importierten Besteuerungsinkongruenz führen} \times \frac{\text{Hybrider Betriebsausgabenabzug von C Co}}{\text{Von C Co erhaltene Zahlungen die zu einer importierten Besteuerungsinkongruenz führen}} = 300 \times \frac{200}{300} = 200$$

**Ablaufdiagramm 1 (Beispiel 8.3)**

**Neutralisierung eines hybriden Betriebsausgabenabzugs nach der Regel für strukturierte und direkt importierte Besteuerungsinkongruenzen**

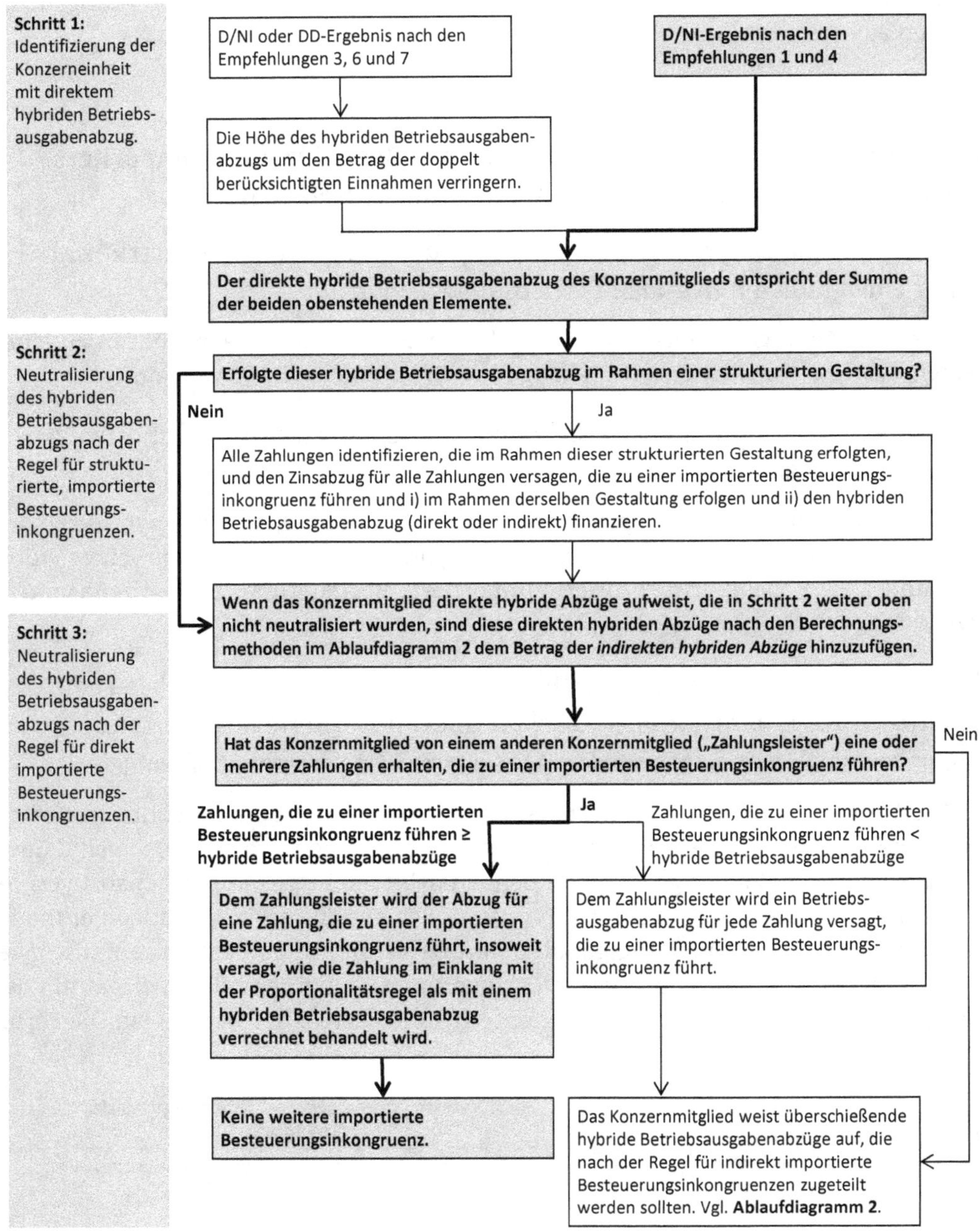

# Beispiel 8.4

## Proportionalität nach der Regel für direkt importierte Besteuerungsinkongruenzen

1. Der in der nachstehenden Abbildung veranschaulichte Sachverhalt entspricht dem in **Beispiel 8.3** mit dem Unterschied, dass beide Unternehmen B Co und D Co (die schraffierten Rechtsträger) in einem Staat ansässig sind, der die im Bericht dargelegten Empfehlungen umgesetzt hat. B Co leistet eine abzugsfähige, konzerninterne Zinszahlung an C Co in Höhe von 100 Geldeinheiten und D Co leistet eine abzugsfähige, konzerninterne Zinszahlung an C Co in Höhe von 300 Geldeinheiten.

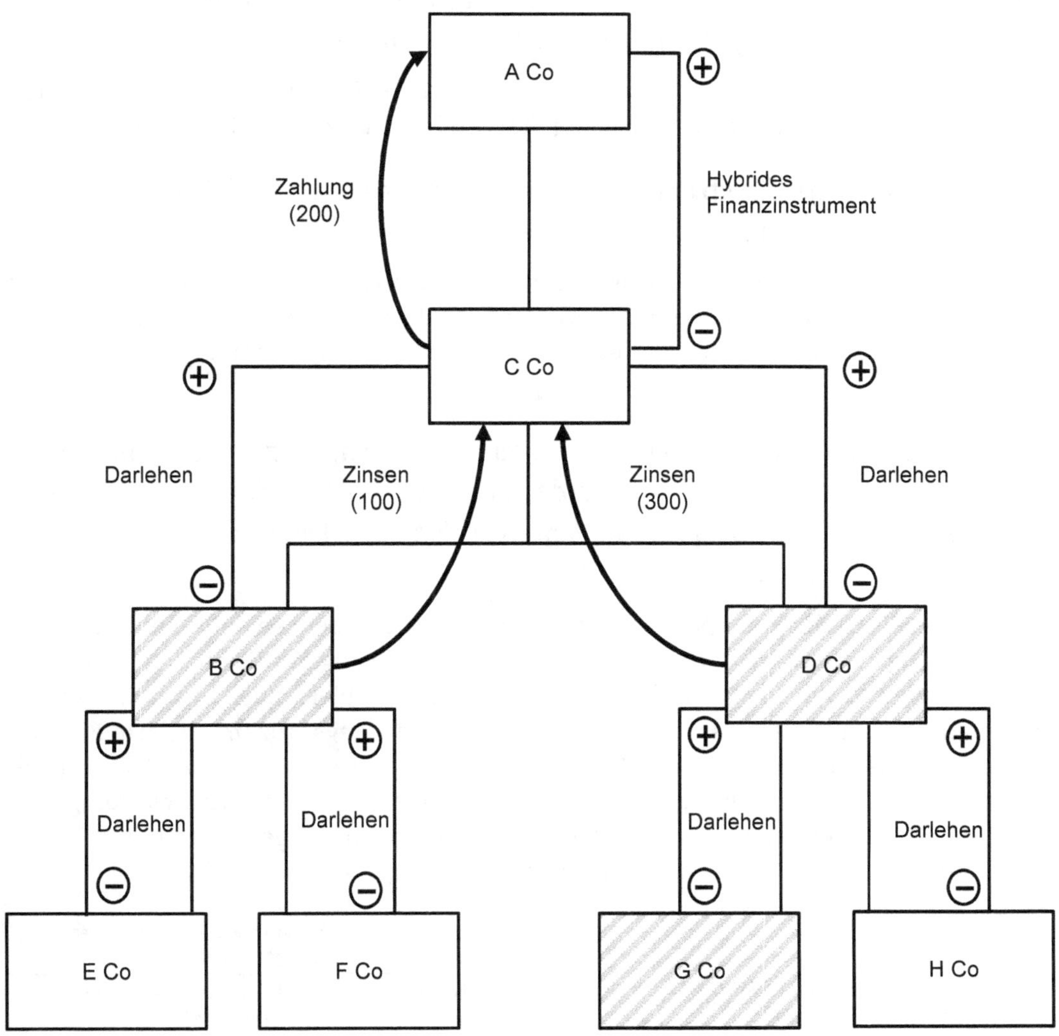

## Frage

2. Unterliegen die Zinszahlungen von B Co oder D Co nach der Regel für importierte Besteuerungsinkongruenzen einer Anpassung, und falls ja, wie bestimmt sich die Höhe der nach der Regel erforderlichen Anpassung?

## Antwort

3. Staat B und Staat D sollten den Steuerpflichtigen einen Betriebsausgabenabzug für die Hälfte der an C Co entrichteten Zinsen (d.h. 50 bzw. 150 Geldeinheiten) versagen. Vgl. das Ablaufdiagramm am Ende dieses Beispiels, das die Schritte skizziert, die in Anwendung der Regel für importierte Besteuerungsinkongruenzen einzuhalten sind.

## Analyse

### *Die von B Co und D Co geleisteten Zinszahlungen sollten nach der Regel für direkt importierte Besteuerungsinkongruenzen einer Anpassung unterliegen*

#### Schritt 1 – *Die Zahlung von C Co im Rahmen des hybriden Finanzinstruments bewirkt einen direkten hybriden Betriebsausgabenabzug*

4. Die Zinszahlungen im Rahmen des hybriden Finanzinstruments führen zu einem direkten hybriden Betriebsausgabenabzug für C Co in Höhe von 200 Geldeinheiten.

#### Schritt 2 – *Die Regel für strukturierte importierte Besteuerungsinkongruenzen findet keine Anwendung*

5. Der Sachverhalt dieses Beispiels basiert auf der Annahme, dass das hybride Finanzinstrument nicht im Rahmen einer größeren hybriden Gestaltung eingerichtet wurde. Daher findet die Regel für strukturierte importierte Besteuerungsinkongruenzen keine Anwendung.

#### Schritt 3 – *Die von B Co und D Co getätigten Zahlungen, die zu einer importierten Besteuerungsinkongruenz führen, werden nach der Regel für direkt importierte Besteuerungsinkongruenzen als mit dem hybriden Betriebsausgabenabzug von C Co verrechnet behandelt*

6. Die Regel für direkt importierte Besteuerungsinkongruenzen sollte in Staat B und in Staat D angewendet werden, um B Co bzw. D Co den Abzug für die an C Co geleisteten Zinszahlungen zu versagen, soweit diese Zahlungen mit verbleibenden hybriden Betriebsausgabenabzügen verrechnet werden. Die Leitlinien zur Regel für importierte Besteuerungsinkongruenzen enthalten eine Proportionalitätsformel, die genutzt werden kann, um zu bestimmen, inwieweit eine Zahlung, die zu einer importierten Besteuerungsinkongruenz führt, direkt mit verbleibenden hybriden Betriebsausgabenabzügen eines Kontrahenten verrechnet wurde. Die Formel lautet wie folgt:

$$\text{Vom Zahlungsleister getätigte Zahlung, die zu einer importierten Besteuerungsinkongruenz führt} \times \frac{\text{Gesamtbetrag der angefallenen verbleibenden hybriden Betriebsausgabenabzüge}}{\text{Gesamtbetrag der erhaltenen Zahlungen, die zu einer importierten Besteuerungsinkongruenz führen}}$$

7. In diesem Fall wird der Anteil jeder zu einer importierten Besteuerungsinkongruenz führenden Zahlung, die als mit einem hybriden Betriebsausgabenabzug verrechnet behandelt werden sollte (und daher nach dem Gesetz für importierte Besteuerungsinkongruenzen im Staat des Zahlungsleisters einer Anpassung unterliegt) wie folgt berechnet:

$$\frac{\text{Hybrider Betriebsausgabenabzug von C Co}}{\text{Von C Co erhaltene Zahlungen, die zu einer importierten Besteuerungsinkongruenz führen}} = \frac{200}{100 + 300} = \frac{200}{400} = \frac{1}{2}$$

8. Die Anwendung dieses Werts nach den Regeln für importierte Besteuerungsinkongruenzen in Staat B und Staat D ergibt, dass der versagte Betriebsausgabenabzug nach den Rechtsvorschriften von Staat B 50 Geldeinheiten (d.h. 1/2 x 100) und nach den Rechtsvorschriften von Staat D 150 Geldeinheiten (d.h. 1/2 x 300) beträgt.

## Ablaufdiagramm 1 (Beispiel 8.4)

### Neutralisierung eines hybriden Betriebsausgabenabzugs nach der Regel für strukturierte und direkt importierte Besteuerungsinkongruenzen

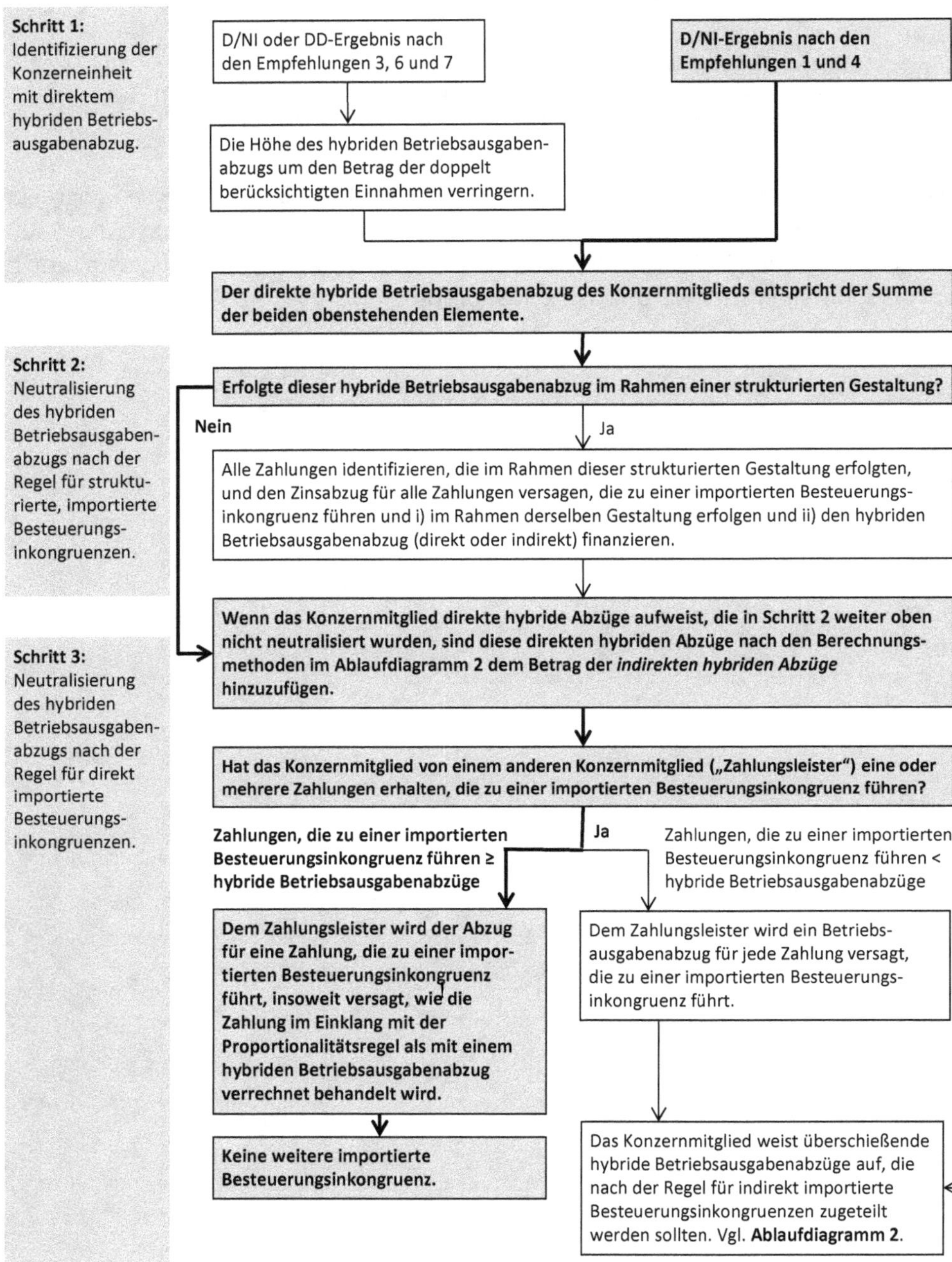

# Beispiel 8.5

## Anwendung der Regel für indirekt importierte Besteuerungsinkongruenzen

1. Der in der nachstehenden Abbildung veranschaulichte Sachverhalt entspricht dem in **Beispiel 8.3** mit dem Unterschied, dass G Co (der schraffierte Rechtsträger) als einzige Konzerneinheit in einem Staat ansässig ist, der die im Bericht dargelegten Empfehlungen umgesetzt hat. G Co leistet eine abzugsfähige konzerninterne Zinszahlung an D Co in Höhe von 200 Geldeinheiten und D Co leistet eine abzugsfähige konzerninterne Zinszahlung an C Co in Höhe von 300 Geldeinheiten.

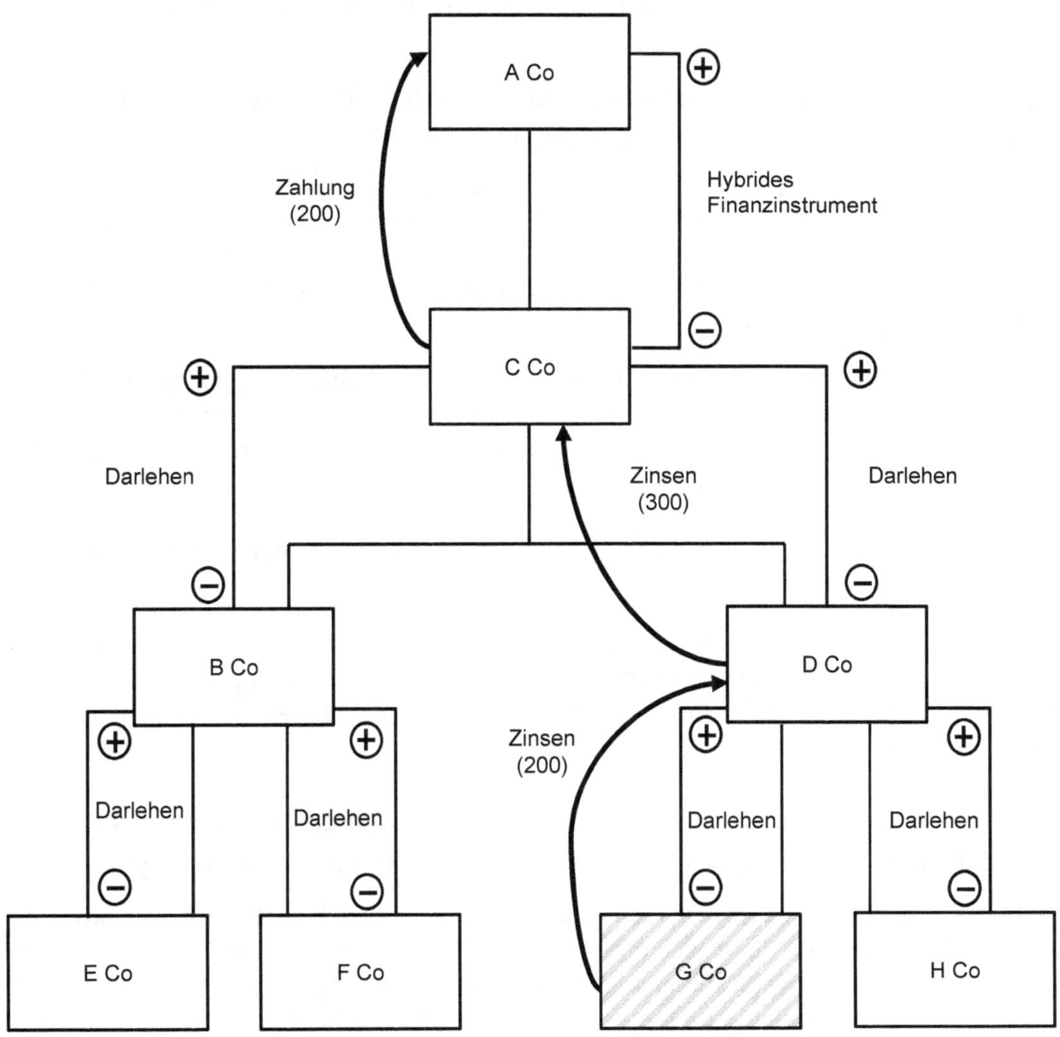

## Frage

2. Unterliegt die Zinszahlung von G Co nach der Regel für importierte Besteuerungsinkongruenzen einer Anpassung, und falls ja, wie bestimmt sich die Höhe der nach der Regel erforderlichen Anpassung?

## Antwort

3. Staat G sollte G Co den Betriebsausgabenabzug für die an C Co gezahlten Zinsen (d.h. 200 Geldeinheiten) versagen. Vgl. die Ablaufdiagramme am Ende dieses Beispiels, die die Schritte skizzieren, die in Anwendung der Regel für importierte Besteuerungsinkongruenzen zu befolgen sind.

## Analyse

### *Der hybride Betriebsausgabenabzug von C Co wird nicht nach der Regel für strukturierte oder direkt importierte Besteuerungsinkongruenzen mit einer Zahlung verrechnet, die zu einer importierten Besteuerungsinkongruenz führt*

#### *Schritt 1 – Die Zahlung von C Co im Rahmen des hybriden Finanzinstruments bewirkt einen direkten hybriden Betriebsausgabenabzug*

4. Die Zinszahlungen im Rahmen des hybriden Finanzinstruments führen zu einem direkten hybriden Betriebsausgabenabzug für C Co in Höhe von 200 Geldeinheiten.

#### *Schritt 2 – Die Regel für strukturierte importierte Besteuerungsinkongruenzen findet keine Anwendung*

5. Der Sachverhalt dieses Beispiels basiert auf der Annahme, dass das hybride Finanzinstrument nicht im Rahmen einer größeren hybriden Gestaltung eingerichtet wurde. Daher findet die Regel für strukturierte importierte Besteuerungsinkongruenzen keine Anwendung.

#### *Schritt 3 – Die Regel für direkt importierte Besteuerungsinkongruenzen findet keine Anwendung*

6. In diesem Fall findet die *Regel für direkt importierte Besteuerungsinkongruenzen* keine Anwendung, da die Konzerneinheiten, die den hybriden Betriebsausgabenabzug *direkt* finanzieren (d.h. B Co und D Co) in Staaten ansässig sind, die die Regeln für importierte Besteuerungsinkongruenzen nicht umgesetzt haben.

### *Die von G Co geleisteten Zinszahlungen sollten nach der Regel für indirekt importierte Besteuerungsinkongruenzen einer Anpassung unterliegen*

7. Da der hybride Betriebsausgabenabzug von C Co nicht nach der Regel für strukturierte oder direkt importierte Besteuerungsinkongruenzen neutralisiert wurde, findet die Regel für indirekt importierte Besteuerungsinkongruenzen Anwendung, um zu bestimmen, inwieweit der überschießende hybride Betriebsausgabenabzug von C Co so behandelt werden sollte, als führe er für ein anderes Konzernmitglied zu einem indirekten hybriden Betriebsausgabenabzug.

### Schritt 1 – C Co weist überschießende hybride Betriebsausgabenabzüge von 200 Geldeinheiten auf

8. In diesem Fall umfasst der Gesamtbetrag des überschießenden hybriden Betriebsausgabenabzugs von C Co den Betrag des direkten hybriden Betriebsausgabenabzugs, der auf Zahlungen im Rahmen des hybriden Finanzinstruments (200 Geldeinheiten) zurückzuführen ist, abzüglich des Betrags an hybriden Betriebsausgabenabzügen, die nach der Regel für strukturierte oder direkt importierte Besteuerungsinkongruenzen neutralisiert wurden (0 Geldeinheiten).

### Schritt 2 – Die überschießenden hybriden Betriebsausgabenabzüge von C Co werden voll mit den finanzierten steuerpflichtigen Zahlungen verrechnet

9. C Co muss diesen überschießenden hybriden Betriebsausgabenabzug zunächst so behandeln, als sei er mit finanzierten steuerpflichtigen Zahlungen anderer Konzernmitglieder verrechnet worden. Eine steuerpflichtige Zahlung gilt insoweit als eine finanzierte steuerpflichtige Zahlung, wie die Zahlung direkt aus den zu einer importierten Besteuerungsinkongruenz führenden Zahlungen anderer Konzerneinheiten finanziert wird. In diesem Fall leistet G Co eine Zahlung, die zu einer importierten Besteuerungsinkongruenz von 200 Geldeinheiten führt, so dass folglich zwei Drittel (d.h. 200/300 Geldeinheiten) der steuerpflichtigen Zahlungen, die D Co an C Co entrichtet, so behandelt werden sollten, als seien sie finanzierte steuerpflichtige Zahlungen.

10. In diesem Fall entspricht die finanzierte steuerpflichtige Zahlung von D Co (200 Geldeinheiten) dem Gesamtbetrag des überschießenden hybriden Betriebsausgabenabzugs von C Co (200 Geldeinheiten). C Co wird daher so behandelt, als verrechne es seine gesamten überschießenden hybriden Betriebsausgabenabzüge mit finanzierten steuerpflichtigen Zahlungen, was für D Co einen indirekten hybriden Betriebsausgabenabzug von 200 Geldeinheiten ergibt.

### Schritt 3 – C Co verfügt über keinen verbleibenden überschießenden hybriden Betriebsausgabenabzug

11. Der überschießende hybride Betriebsausgabenabzug von C Co wird voll mit den finanzierten steuerpflichtigen Zahlungen verrechnet, so dass C Co keinen überschießenden hybriden Abzug aufweist, der mit anderen steuerpflichtigen Zahlungen verrechnet werden könnte.

### Schritt 4 – Der indirekte hybride Abzug von D Co wird im Einklang mit der Regel für direkte importierte Besteuerungsinkongruenzen neutralisiert

12. Der bei D Co in Schritt 2 anfallende indirekte hybride Betriebsausgabenabzug wird so behandelt, als sei er mit Zahlungen von G Co verrechnet worden, die zu einer importierten Besteuerungsinkongruenz führen. Die Höhe des Betriebsausgabenabzugs, der so behandelt wird, als sei er mit zu einer importierten Besteuerungsinkongruenz führenden Zahlungen von G Co verrechnet worden, wird auf derselben Basis berechnet, wie nach der Regel für direkt importierte Besteuerungsinkongruenzen:

$$\text{Von G Co getätigte Zahlungen, die zu einer importierten Besteuerungsinkongruenz führen} \times \frac{\text{Hybrider Betriebsausgabenabzug von D Co}}{\text{Von D Co erhaltene Zahlungen, die zu einer importierten Besteuerungsinkongruenz führen}} = 200 \times \frac{200}{200} = 200$$

## Ablaufdiagramm 1 (Beispiel 8.5)

**Neutralisierung eines hybriden Betriebsausgabenabzugs nach der Regel für strukturierte und direkt importierte Besteuerungsinkongruenzen**

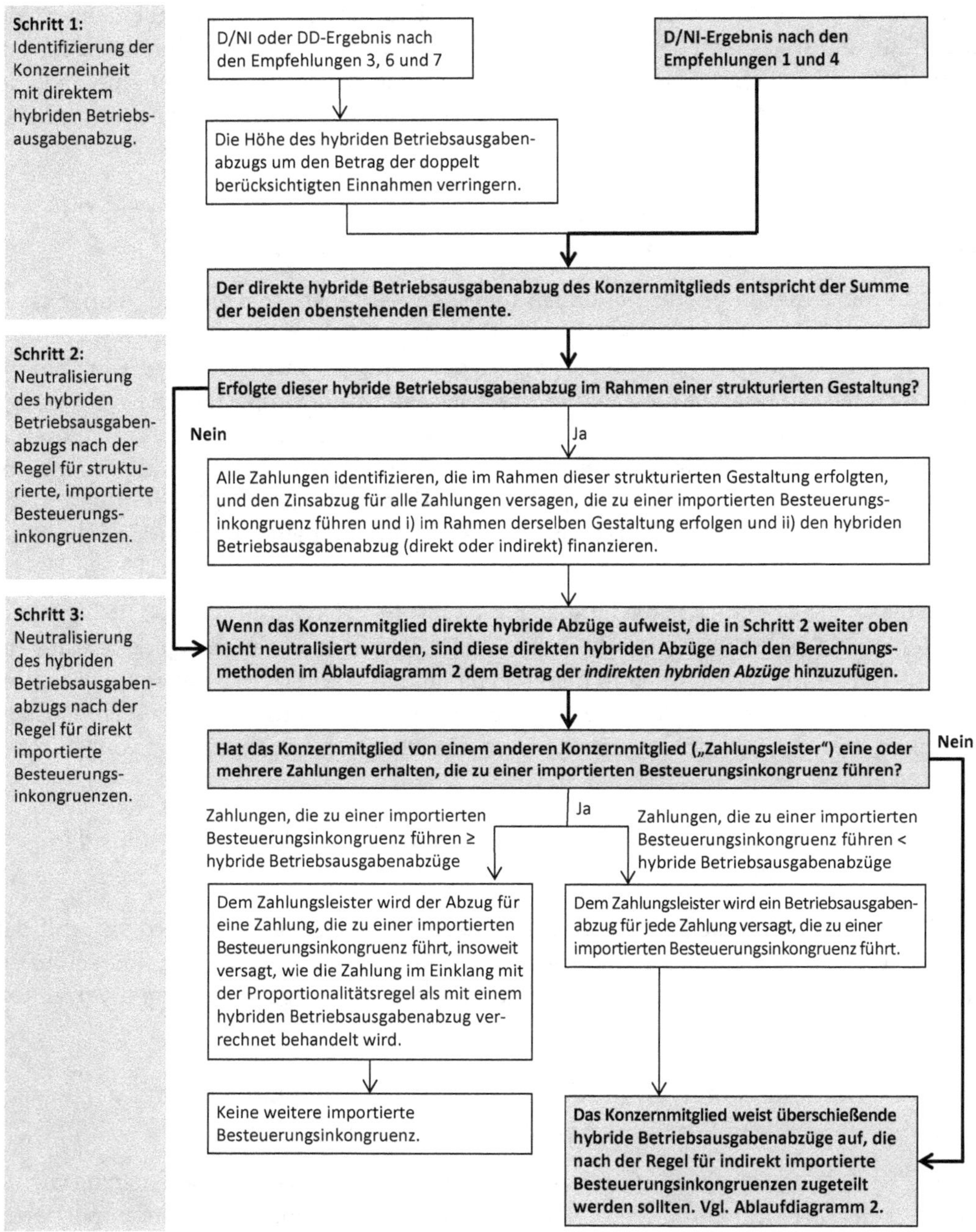

## Ablaufdiagramm 2 (Beispiel 8.5)

### Aufteilung des überschießenden hybriden Betriebsausgabenabzugs nach der Regel für indirekt importierte Besteuerungsinkongruenzen

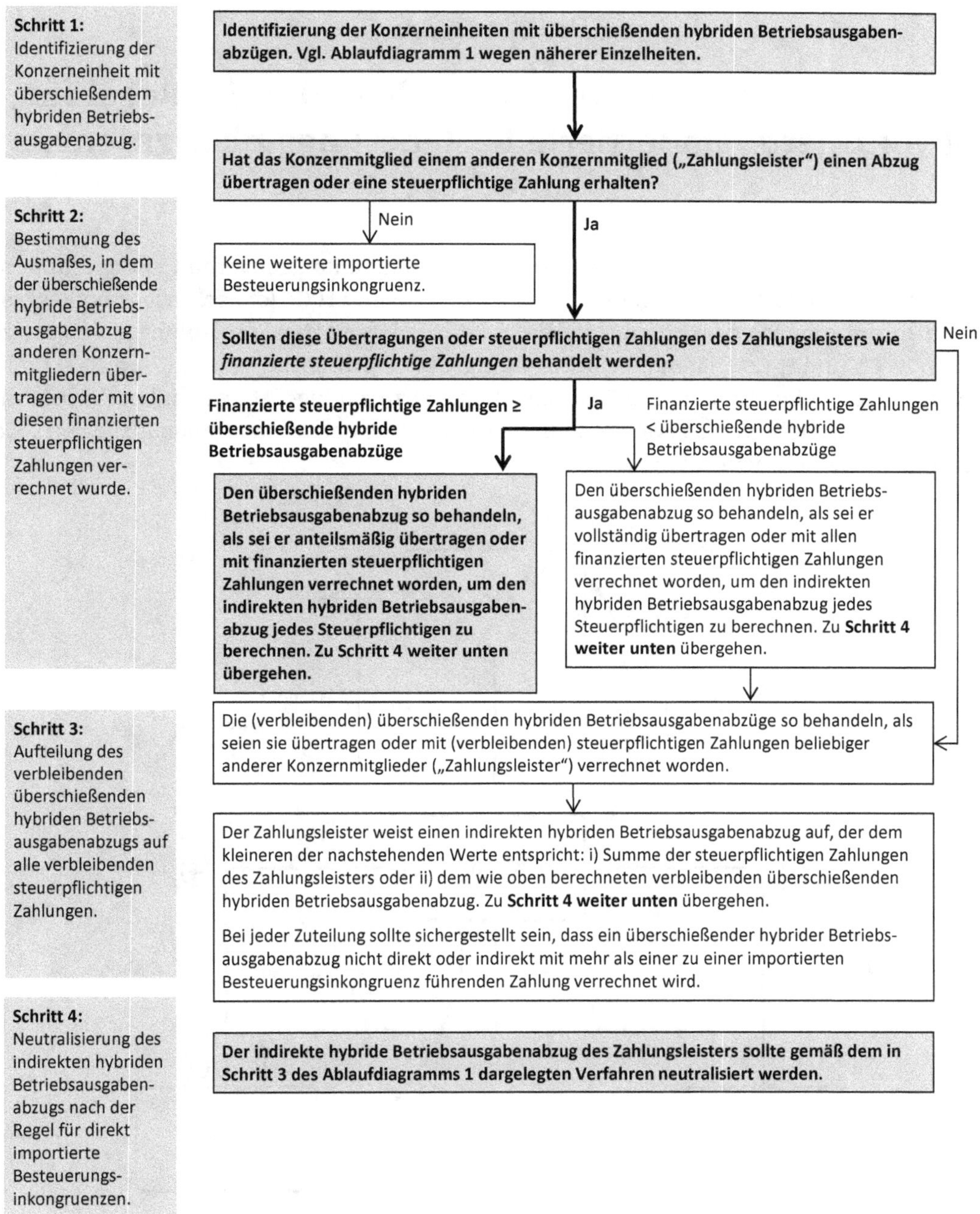

# Beispiel 8.6

## Zahlungen an ein Konzernmitglied, das der Regel für strukturierte, importierte Besteuerungsinkongruenzen unterliegt

1. Der in der nachstehenden Abbildung veranschaulichte Sachverhalt entspricht dem in **Beispiel 8.3** mit dem Unterschied, dass D Co, G Co und H Co (die schraffierten Rechtsträger) alle in Staaten ansässig sind, die die im Bericht dargelegten Empfehlungen umgesetzt haben. G Co und H Co leisten eine abzugsfähige, konzerninterne Zinszahlung an D Co in Höhe von 400 Geldeinheiten und D Co leistet eine abzugsfähige, konzerninterne Zinszahlung an C Co in Höhe von 300 Geldeinheiten. Der hybride Betriebsausgabenabzug von C Co beträgt 400 Geldeinheiten.

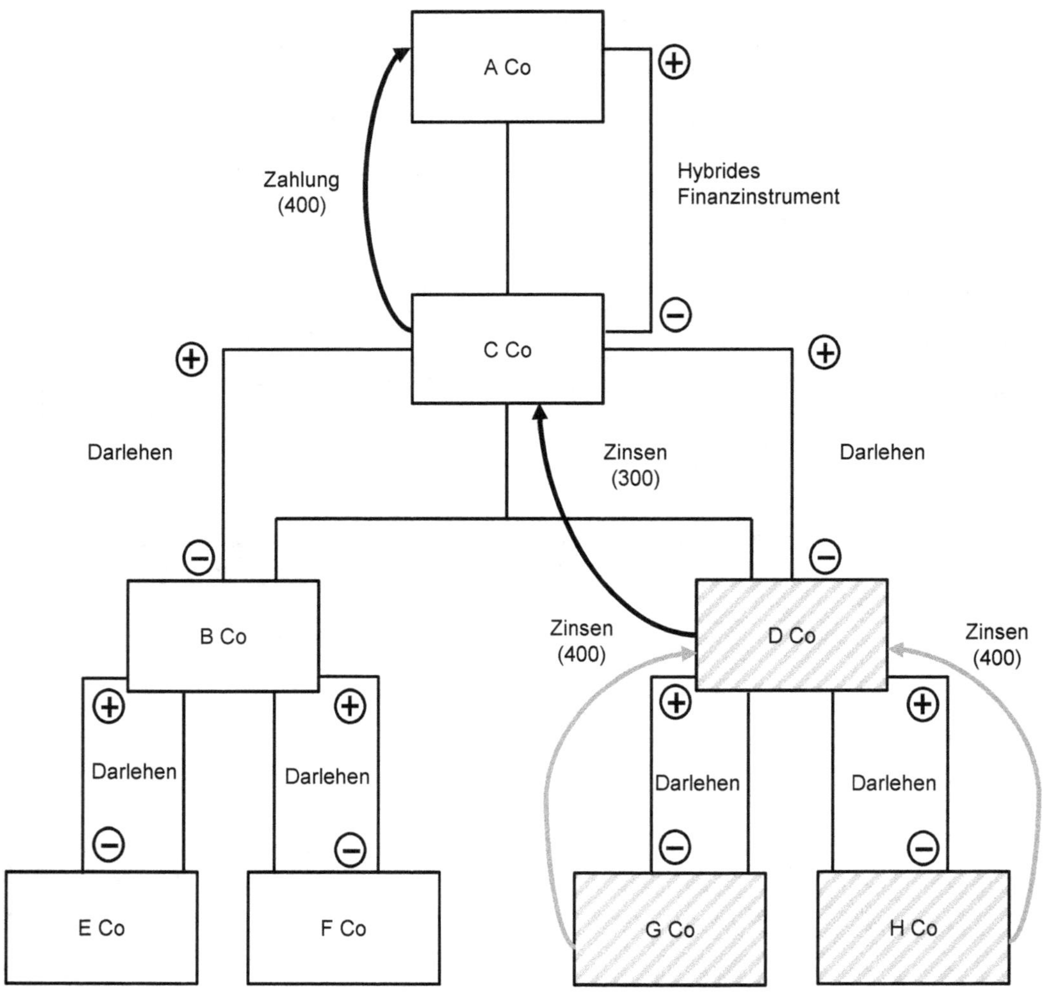

## Frage

2. Unterliegen die Zinszahlungen von G Co, H Co oder D Co nach der Regel für importierte Besteuerungsinkongruenzen einer Anpassung, und falls ja, wie bestimmt sich die Höhe der nach der Regel erforderlichen Anpassung?

## Antwort

3. Staat D sollte D Co jeglichen Abzug für die Zinszahlungen (d.h. 300 Geldeinheiten) an C Co versagen. Es bedarf keiner Anpassung bei den zu einer importierten Besteuerungsinkongruenz führenden Zahlungen von G Co und H Co, da diese Zahlungen an einen Steuerzahler entrichtet werden, der nach den Rechtsvorschriften seines eigenen Staats der Regel für importierte Besteuerungsinkongruenzen unterliegt. Vgl. die Ablaufdiagramme am Ende dieses Beispiels, in denen die Schritte aufgeführt sind, die zur Anwendung der Regel für importierte Besteuerungsinkongruenzen zu befolgen sind.

## Analyse

### *Keine Anwendung der Regel für importierte Besteuerungsinkongruenzen in Staat G oder H*

4. Die Regel für importierte Besteuerungsinkongruenzen findet nicht bei Zahlungen an einen Steuerpflichtigen in einem Staat Anwendung, der die Gesamtheit der in diesem Bericht dargelegten Empfehlungen umgesetzt hat. Die Möglichkeit von D Co, direkte und indirekte Betriebsausgabenabzüge zu generieren, wird durch die Hybrid-Mismatch-Regeln in Staat D aufgehoben, so dass die Einnahmen aus keiner zu einer importierten Besteuerungsinkongruenz führenden Zahlung von G Co oder H Co mit einem indirekten hybriden Betriebsausgabenabzug von D Co verrechnet werden können.

### *Die Zinszahlungen von D Co sollten nach der Regel für importierte Besteuerungsinkongruenzen einer Anpassung unterliegen*

#### Schritt 1 – *Die Zahlung von C Co im Rahmen des hybriden Finanzinstruments bewirkt einen direkten hybriden Betriebsausgabenabzug*

5. Die Zinszahlungen im Rahmen des hybriden Finanzinstruments führen zu einem direkten hybriden Betriebsausgabenabzug für C Co von 400 Geldeinheiten.

#### Schritt 2 – *Die Regel für strukturierte importierte Besteuerungsinkongruenzen findet keine Anwendung*

6. Der Sachverhalt dieses Beispiels basiert auf der Annahme, dass das hybride Finanzinstrument nicht im Rahmen einer größeren hybriden Gestaltung eingerichtet wurde. Daher findet die Regel für strukturierte importierte Besteuerungsinkongruenzen keine Anwendung.

#### Schritt 3 – *Die von D Co getätigte Zahlung, die zu einer importierten Besteuerungsinkongruenz führt, wird nach der Regel für direkt importierte Besteuerungsinkongruenzen als mit dem hybriden Abzug von C Co verrechnet behandelt.*

7. Die Regel für direkt importierte Besteuerungsinkongruenzen sollte in Staat D angewendet werden, um D Co den Abzug für die Zinszahlung zu versagen, soweit C Co die Einkünfte aus dieser Zahlung mit hybriden Betriebsausgabenabzügen verrechnet. In diesem

Fall erhält C Co nur eine Zahlung, die zu einer importierten Besteuerungsinkongruenz führt (von D Co), deren Höhe niedriger ist als der Betrag der hybriden Betriebsausgabenabzüge von C Co. D Co sollte daher ein Betriebsausgabenabzug für den Gesamtbetrag der zu einer importierten Besteuerungsinkongruenz führenden Zahlung versagt werden, und C Co wird überschießende hybride Betriebsausgabenabzüge aufweisen, die gemäß der Regel für indirekt importierte Besteuerungsinkongruenzen zugeteilt werden könnten.

**Ablaufdiagramm 1 (Beispiel 8.6)**

**Neutralisierung eines hybriden Betriebsausgabenabzugs nach der Regel für strukturierte und direkt importierte Besteuerungsinkongruenzen**

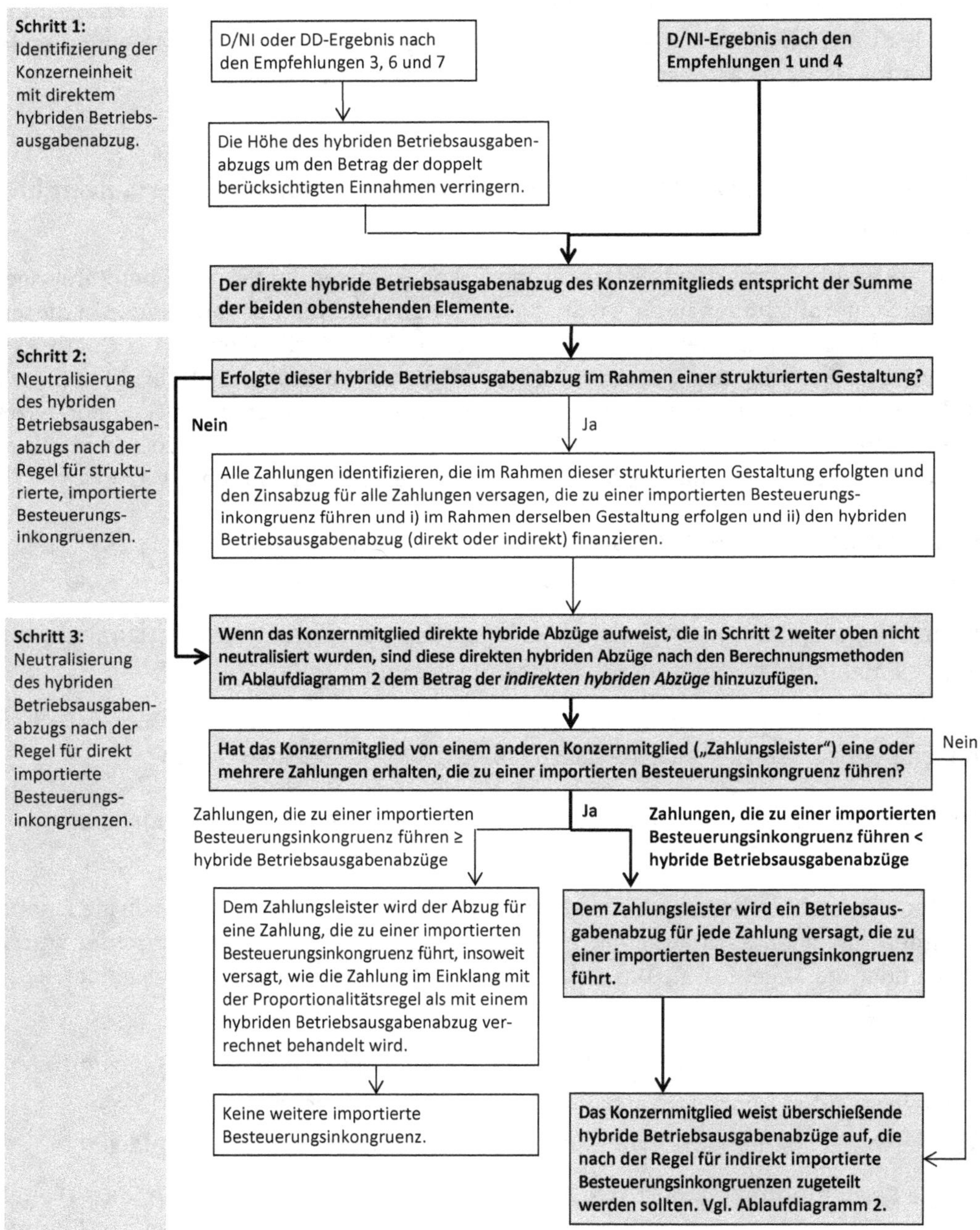

# Beispiel 8.7

## Die Regel für direkt importierte Besteuerungsinkongruenzen hat Vorrang vor der Regel für indirekt importierte Besteuerungsinkongruenzen

1. Der in der nachstehenden Abbildung veranschaulichte Sachverhalt entspricht dem in **Beispiel 8.3** mit dem Unterschied, dass D Co, E Co und F Co (die schraffierten Rechtsträger) alle in Staaten ansässig sind, die die im Bericht dargelegten Empfehlungen umgesetzt haben. E Co und F Co leisten jeweils eine abzugsfähige, konzerninterne Zinszahlung an B Co in Höhe von 100 Geldeinheiten, und D Co leistet eine abzugsfähige, konzerninterne Zinszahlung an C Co in Höhe von 200 Geldeinheiten. Der hybride Betriebsausgabenabzug von C Co beträgt 200 Geldeinheiten.

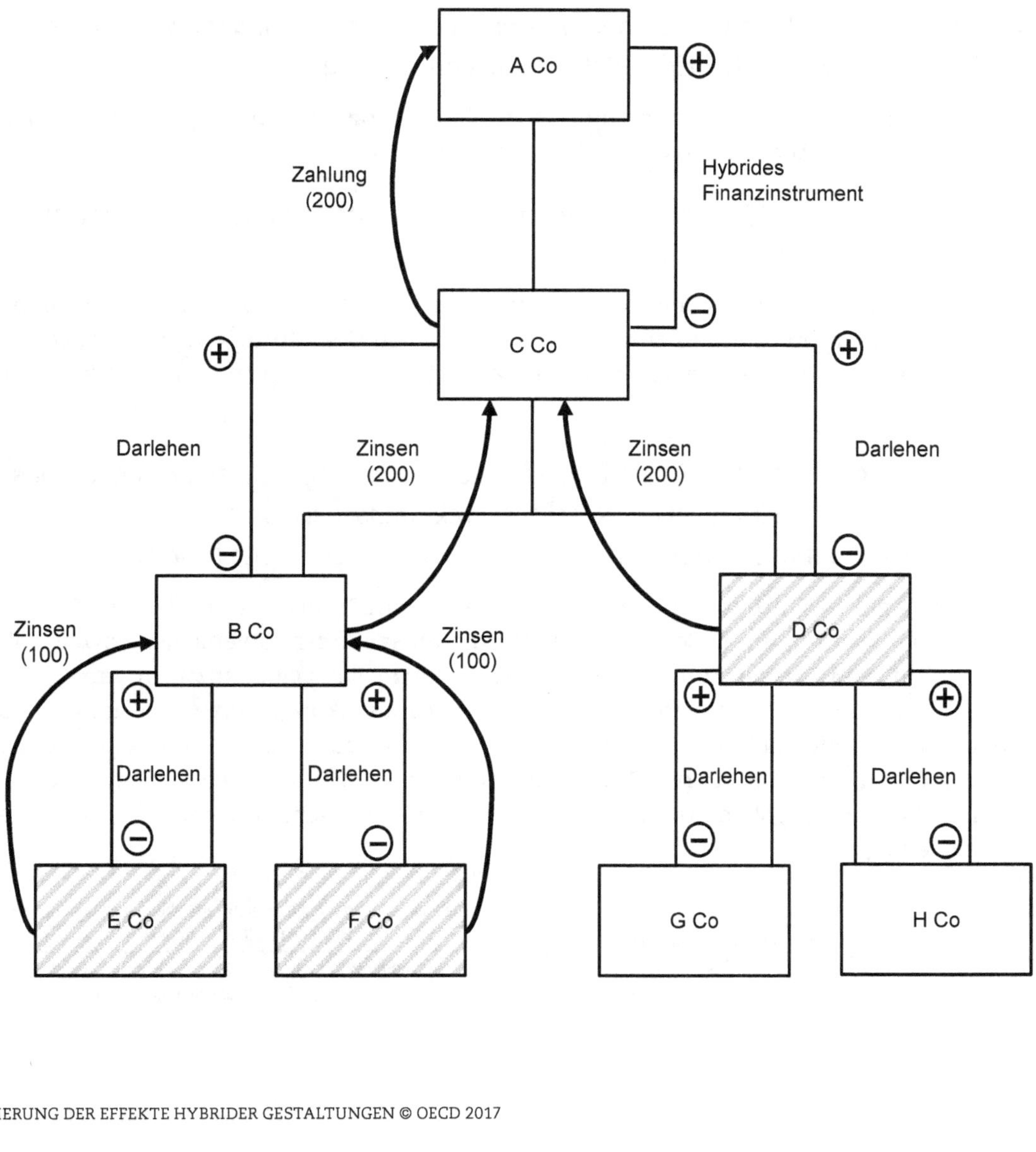

## Frage

2. Unterliegt die Zinszahlung von E Co, F Co oder D Co nach der Regel für importierte Besteuerungsinkongruenzen einer Anpassung, und falls ja, wie bestimmt sich die Höhe der nach dieser Regel erforderlichen Anpassung?

## Antwort

3. Staat D sollte D Co jeglichen Abzug für die Zinszahlungen (d.h. 200 Geldeinheiten) an C Co versagen. C Co weist keinen überschießenden, hybriden Betriebsausgabenabzug auf, so dass die Anwendung der Regel für indirekt importierte Besteuerungsinkongruenzen in Staat E und Staat F keine Versagung eines Abzugs für E Co oder F Co bewirkt. Vgl. das Ablaufdiagramm am Ende dieses Beispiels, in dem die Schritte aufgeführt sind, die es bei der Anwendung der Regel für importierte Besteuerungsinkongruenzen zu befolgen gilt.

## Analyse

### *Die Zinszahlungen von D Co sollten nach der Regel für importierte Besteuerungsinkongruenzen einer Anpassung unterliegen*

#### Schritt 1 – *Die Zahlung von C Co im Rahmen des hybriden Finanzinstruments bewirkt einen direkten hybriden Betriebsausgabenabzug*

4. Die Zinszahlungen im Rahmen des hybriden Finanzinstruments führen zu einem direkten hybriden Abzug für B Co von 200 Geldeinheiten.

#### Schritt 2 – *Die Regel für strukturierte importierte Besteuerungsinkongruenzen findet keine Anwendung*

5. Der Sachverhalt dieses Beispiels basiert auf der Annahme, dass das hybride Finanzinstrument nicht im Rahmen einer größeren hybriden Gestaltung eingerichtet wurde. Daher findet die Regel für strukturierte importierte Besteuerungsinkongruenzen keine Anwendung.

#### Schritt 3 – *Die von D Co getätigte Zahlung, die zu einer importierten Besteuerungsinkongruenz führt, wird nach der Regel für direkt importierte Besteuerungsinkongruenzen als mit dem hybriden Abzug von C Co verrechnet behandelt*

6. Die Regel für direkt importierte Besteuerungsinkongruenzen sollte in Staat D angewendet werden, um D Co den Abzug für die Zinszahlung zu versagen, soweit C Co die Einkünfte aus dieser Zahlung mit hybriden Betriebsausgabenabzügen verrechnet. Die Leitlinien zur Regel für importierte Besteuerungsinkongruenzen enthalten eine Proportionalitätsformel, die genutzt werden kann, um zu bestimmen, inwieweit eine Zahlung, die zu einer importierten Besteuerungsinkongruenz führt, direkt mit verbleibenden hybriden Betriebsausgabenabzügen eines Kontrahenten verrechnet worden ist. Die Formel lautet wie folgt:

$$\text{Vom Zahlungsleister getätigte Zahlung, die zu einer importierten Besteuerungsinkongruenz führt} \times \frac{\text{Gesamtbetrag der angefallenen verbleibenden hybriden Betriebsausgabenabzüge}}{\text{Gesamtbetrag der erhaltenen Zahlungen, die zu einer importierten Besteuerungsinkongruenz führen}}$$

7. In diesem Fall erhält C Co nur eine Zahlung, die zu einer importierten Besteuerungsinkongruenz führt (von D Co). Dementsprechend wird der Betrag der zu einer importierten Besteuerungsinkongruenz führenden Zahlung von D Co, der als mit dem hybriden Betriebsausgabenabzug verrechnet behandelt werden sollte (und folglich der Betrag des Abzugs, der nach den Rechtsvorschriften von Staat D versagt wird), wie folgt berechnet:

$$\begin{array}{c}\text{Von D Co getätigte Zahlungen,}\\ \text{die zu einer importierten}\\ \text{Besteuerungsinkongruenz führen}\end{array} \times \frac{\text{Hybrider Betriebsausgabenabzug von C Co}}{\begin{array}{c}\text{Von C Co erhaltene Zahlungen, die zu einer}\\ \text{importierten Besteuerungsinkongruenz führen}\end{array}} = 200 \times \frac{200}{200} = 200$$

8. Nach dieser Formel werden alle hybriden Betriebsausgabenabzüge von C Co so behandelt, als seien sie mit zu einer importierten Besteuerungsinkongruenz führenden Zahlungen verrechnet worden. C Co weist daher keine überschießenden hybriden Betriebsausgabenabzüge auf, und es gibt keinen Spielraum für die Anwendung der Regel für direkt importierte Besteuerungsinkongruenzen.

## Ablaufdiagramm 1 (Beispiel 8.7)

### Neutralisierung eines hybriden Betriebsausgabenabzugs nach der Regel für strukturierte und direkt importierte Besteuerungsinkongruenzen

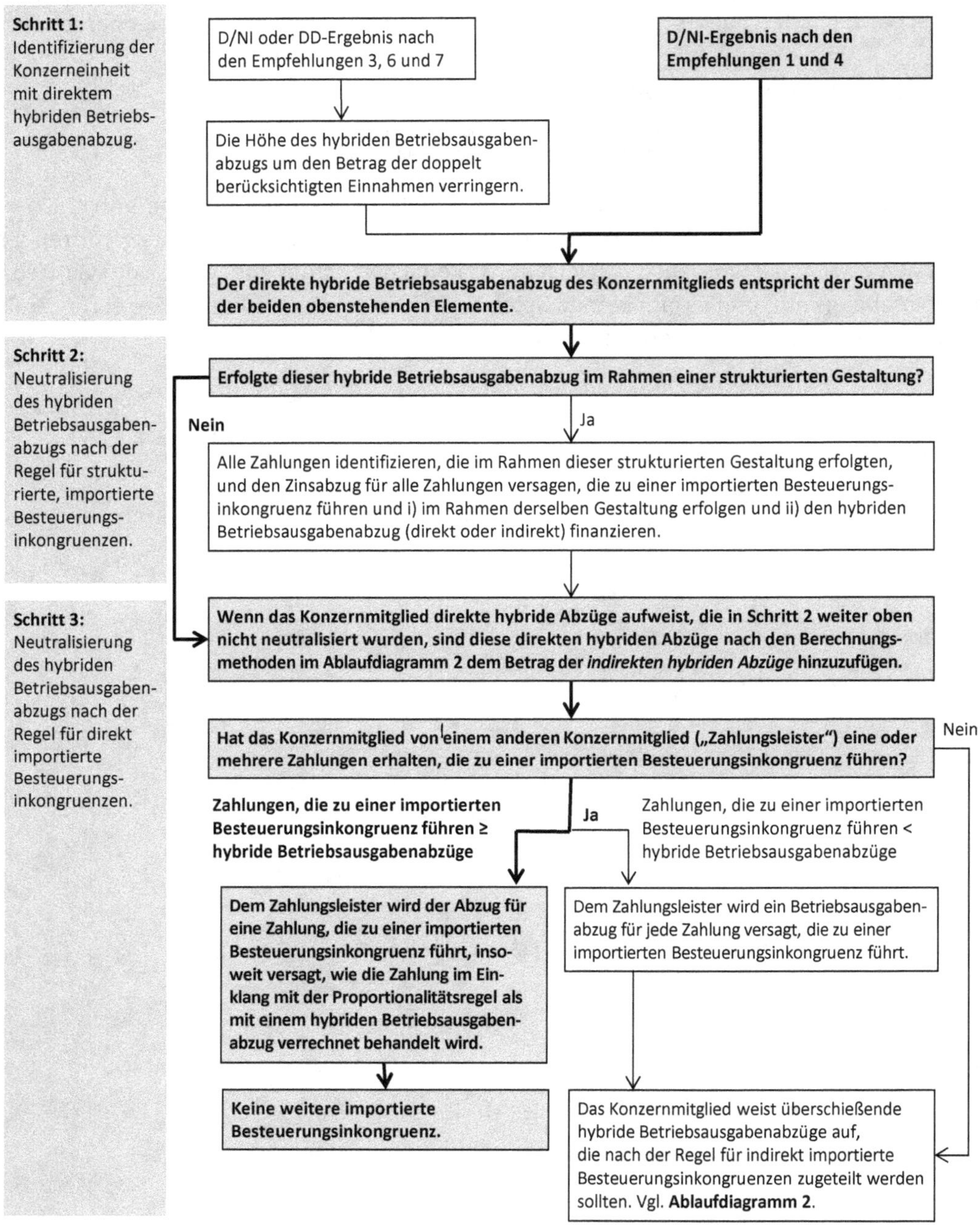

# Beispiel 8.8

## Die überschießenden hybriden Betriebsausgabenabzüge übersteigen die finanzierten steuerpflichtigen Zahlungen

1. Der in der nachstehenden Abbildung veranschaulichte Sachverhalt entspricht dem in **Beispiel 8.3** mit dem Unterschied, dass D Co, E Co und F Co (die schraffierten Rechtsträger) alle in Staaten ansässig sind, die die im Bericht dargelegten Empfehlungen umgesetzt haben. E Co leistet eine abzugsfähige konzerninterne Zinszahlung an B Co in Höhe von 50 Geldeinheiten, während F Co eine abzugsfähige, konzerninterne Zinszahlung an C Co in Höhe von 150 Geldeinheiten leistet. D Co leistet eine steuerlich abzugsfähige konzerninterne Zinszahlung an C Co in Höhe von 200 Geldeinheiten, und B Co tätigt eine Zinszahlung in Höhe von 500 Geldeinheiten. Der hybride Betriebsausgabenabzug von C Co beträgt 500 Geldeinheiten.

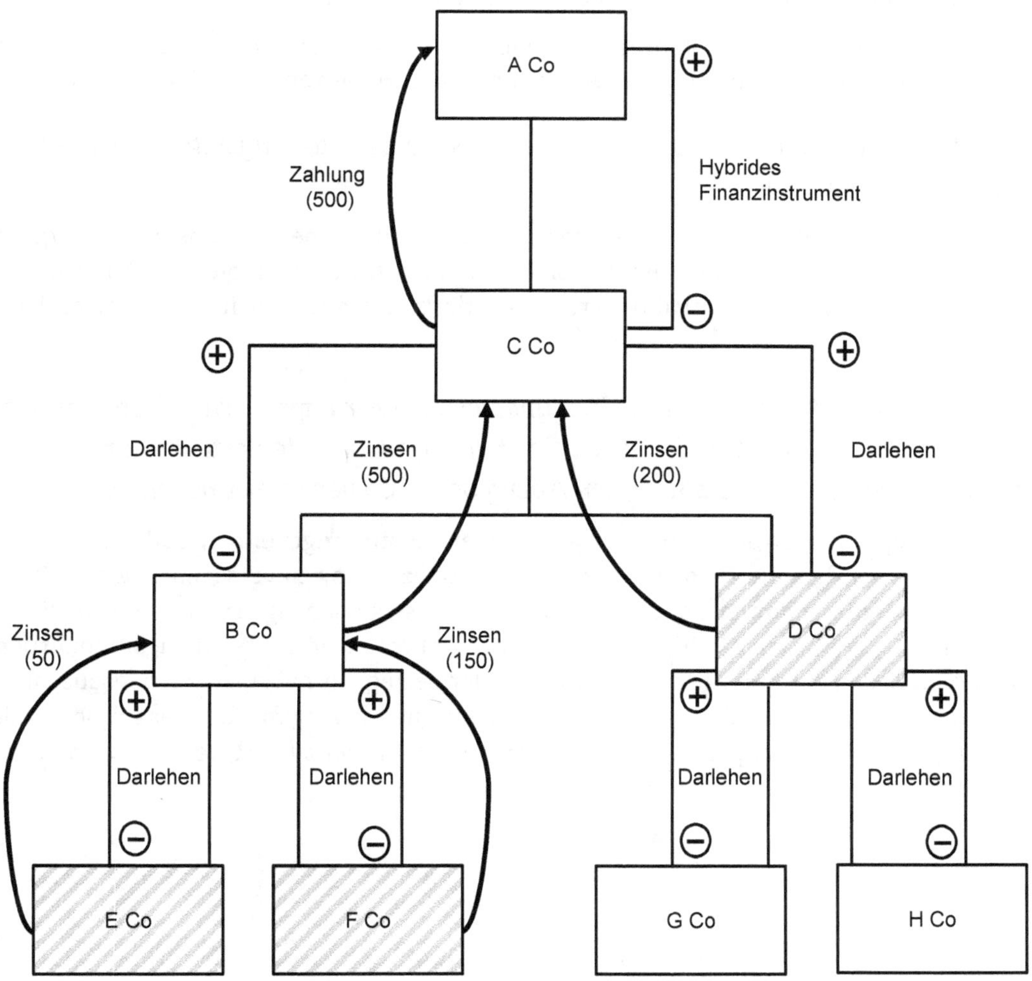

## Frage

2. Unterliegt die Zinszahlung von D Co, E Co oder F Co nach der Regel für importierte Besteuerungsinkongruenzen einer Anpassung, und falls ja, wie bestimmt sich die Höhe der nach dieser Regel erforderlichen Anpassung?

## Antwort

3. Die Staaten D, E und F sollten D Co, E Co und F Co (jeweils) jeglichen Abzug für ihre Zahlungen versagen, die zu einer importierten Besteuerungsinkongruenz führen. C Co und B Co werden so behandelt, als wiesen sie einen verbleibenden hybriden Betriebsausgabenabzug in Höhe von 100 Geldeinheiten auf. Vgl. die Ablaufdiagramme am Ende dieses Beispiels, in denen die Schritte aufgeführt sind, die zur Anwendung der Regel für importierte Besteuerungsinkongruenzen zu befolgen sind.

## Analyse

### *Die Zinszahlungen von D Co sollten nach der Regel für importierte Besteuerungsinkongruenzen einer Anpassung unterliegen*

#### Schritt 1 – *Die Zahlung von C Co im Rahmen des hybriden Finanzinstruments bewirkt einen direkten hybriden Betriebsausgabenabzug*

4. Die Zinszahlungen im Rahmen des hybriden Finanzinstruments führen zu einem direkten hybriden Betriebsausgabenabzug für C Co in Höhe von 500 Geldeinheiten.

#### Schritt 2 – *Die Regel für strukturierte importierte Besteuerungsinkongruenzen findet keine Anwendung*

5. Der Sachverhalt dieses Beispiels basiert auf der Annahme, dass das hybride Finanzinstrument nicht im Rahmen einer größeren hybriden Gestaltung eingerichtet wurde. Daher findet die Regel für strukturierte importierte Besteuerungsinkongruenzen keine Anwendung.

#### Schritt 3 – *Die von D Co getätigte Zahlung, die zu einer importierten Besteuerungsinkongruenz führt, wird nach der Regel für direkt importierte Besteuerungsinkongruenzen als mit dem hybriden Abzug von C Co verrechnet behandelt*

6. Die Regel für direkt importierte Besteuerungsinkongruenzen sollte in Staat D angewendet werden, um D Co den Abzug für die Zinszahlung zu versagen, soweit C Co die Einkünfte aus dieser Zahlung mit hybriden Betriebsausgabenabzügen verrechnet. In diesem Fall erhält C Co nur eine Zahlung, die zu einer importierten Besteuerungsinkongruenz führt (von D Co), deren Höhe niedriger ist als der Betrag der hybriden Betriebsausgabenabzüge von C Co. D Co sollte daher ein Betriebsausgabenabzug für den Gesamtbetrag der Zahlung, die zu einer importierten Besteuerungsinkongruenz führt, versagt werden.

### *Die von E Co und F Co geleisteten Zinszahlungen sollten nach der Regel für indirekt importierte Besteuerungsinkongruenzen einer Anpassung unterliegen*

7. Da der hybride Betriebsausgabenabzug von C Co nicht nach der Regel für strukturierte oder direkt importierte Besteuerungsinkongruenzen vollständig neutralisiert wurde, findet die Regel für indirekt importierte Besteuerungsinkongruenzen Anwendung, um zu bestimmen, inwieweit der überschießende hybride Betriebsausgabenabzug von C Co so behandelt werden sollte, als führe er für ein anderes Konzernmitglied zu einem indirekten hybriden Betriebsausgabenabzug.

#### Schritt 1 – *C Co weist überschießende hybride Betriebsausgabenabzüge von 300 Geldeinheiten auf*

8. In diesem Fall handelt es sich bei dem überschießenden hybriden Betriebsausgabenabzug von C Co um den Betrag des hybriden Betriebsausgabenabzugs, der auf Zahlungen im Rahmen des hybriden Finanzinstruments (500 Geldeinheiten) zurückzuführen ist, abzüglich des Betrags an hybriden Betriebsausgaben, die nach der Regel für strukturierte oder direkt importierte Besteuerungsinkongruenzen neutralisiert wurden (200 Geldeinheiten).

#### Schritt 2 – *Die überschießenden hybriden Betriebsausgabenabzüge von C Co werden mit den finanzierten steuerpflichtigen Zahlungen verrechnet*

9. C Co muss diesen überschießenden hybriden Betriebsausgabenabzug zunächst so behandeln, als sei er mit finanzierten steuerpflichtigen Zahlungen anderer Konzernmitglieder verrechnet worden. Eine steuerpflichtige Zahlung gilt insoweit als eine finanzierte steuerpflichtige Zahlung, wie die Zahlung direkt aus den zu einer importierten Besteuerungsinkongruenz führenden Zahlungen anderer Konzerneinheiten finanziert wird. In diesem Fall erhält B Co eine zu einer importierten Besteuerungsinkongruenz führende Zahlung in Höhe von 50 Geldeinheiten von E Co und von 150 Geldeinheiten von F Co. Folglich sollten zwei Fünftel (d.h. 200/500 Geldeinheiten) der steuerpflichtigen Zahlungen, die B Co an C Co entrichtet, wie finanzierte steuerpflichtige Zahlungen behandelt werden.

10. In diesem Fall ist die finanzierte steuerpflichtige Zahlung von B Co (200 Geldeinheiten) geringer als der Gesamtbetrag des überschießenden hybriden Betriebsausgabenabzugs von C Co (300 Geldeinheiten). C Co behandelt seinen überschießenden hybriden Betriebsausgabenabzug daher als vollständig mit der finanzierten steuerpflichtigen Zahlung von B Co verrechnet, was dazu führt, dass B Co einen indirekten hybriden Betriebsausgabenabzug von 200 Geldeinheiten aufweist.

#### Schritt 3 – *Die verbleibenden überschießenden hybriden Betriebsausgabenabzüge von C Co werden als mit den verbleibenden steuerpflichtigen Zahlungen verrechnet behandelt*

11. C Co weist einen verbleibenden überschießenden hybriden Betriebsausgabenabzug in Höhe von 100 Geldeinheiten auf. Dieser verbleibende überschießende hybride Betriebsausgabenabzug sollte so behandelt werden, als sei er vollständig mit den verbleibenden steuerpflichtigen Zahlungen von B Co verrechnet worden. Diese fiktive Verrechnung führt zu einem weiteren indirekten Betriebsausgabenabzug von 100 Geldeinheiten für B Co. Bei der Anwendung der Regel für importierte Besteuerungsinkongruenzen ist dennoch Vorsicht geboten, um sicherzustellen, dass die Zuteilung hybrider Betriebsausgabenabzüge

in diesem Schritt nicht dazu führt, dass ein und derselbe hybride Betriebsausgabenabzug als mit mehr als einer zu einer importierten Besteuerungsinkongruenz führenden Zahlung verrechnet behandelt wird. Jede Reduzierung des verbleibenden überschießenden hybriden Betriebsausgabenabzugs von C Co (beispielsweise nach Erhalt einer zusätzlichen, zu einer importierten Besteuerungsinkongruenz führenden Zahlung) sollte sich daher in einer entsprechenden Anpassung des Betrags des indirekten, hybriden Betriebsausgabenabzugs von B Co niederschlagen.

### *Schritt 4 – Der indirekte hybride Abzug von B Co wird im Einklang mit der Regel für direkte, importierte Besteuerungsinkongruenzen neutralisiert*

12. B Co behandelt den indirekten hybriden Betriebsausgabenabzug so, als sei er mit Zahlungen von E Co und F Co verrechnet worden, die zu einer importierten Besteuerungsinkongruenz führen. Die Berechnung ist dieselbe wie nach der Regel für direkt importierte Besteuerungsinkongruenzen. Der Anteil des Abzugs, der E Co und F Co auf ihre jeweiligen, zu einer importierten Besteuerungsinkongruenz führenden Zahlungen versagt werden sollte, beträgt 100%, da die indirekten hybriden Betriebsausgabenabzüge von B Co mindestens dem Betrag der zu einer importierten Besteuerungsinkongruenz führenden Zahlungen entsprechen, die B Co von E Co und F Co erhalten hat.

## Ablaufdiagramm 1 (Beispiel 8.8)

### Neutralisierung eines hybriden Betriebsausgabenabzugs nach der Regel für strukturierte und direkt importierte Besteuerungsinkongruenzen

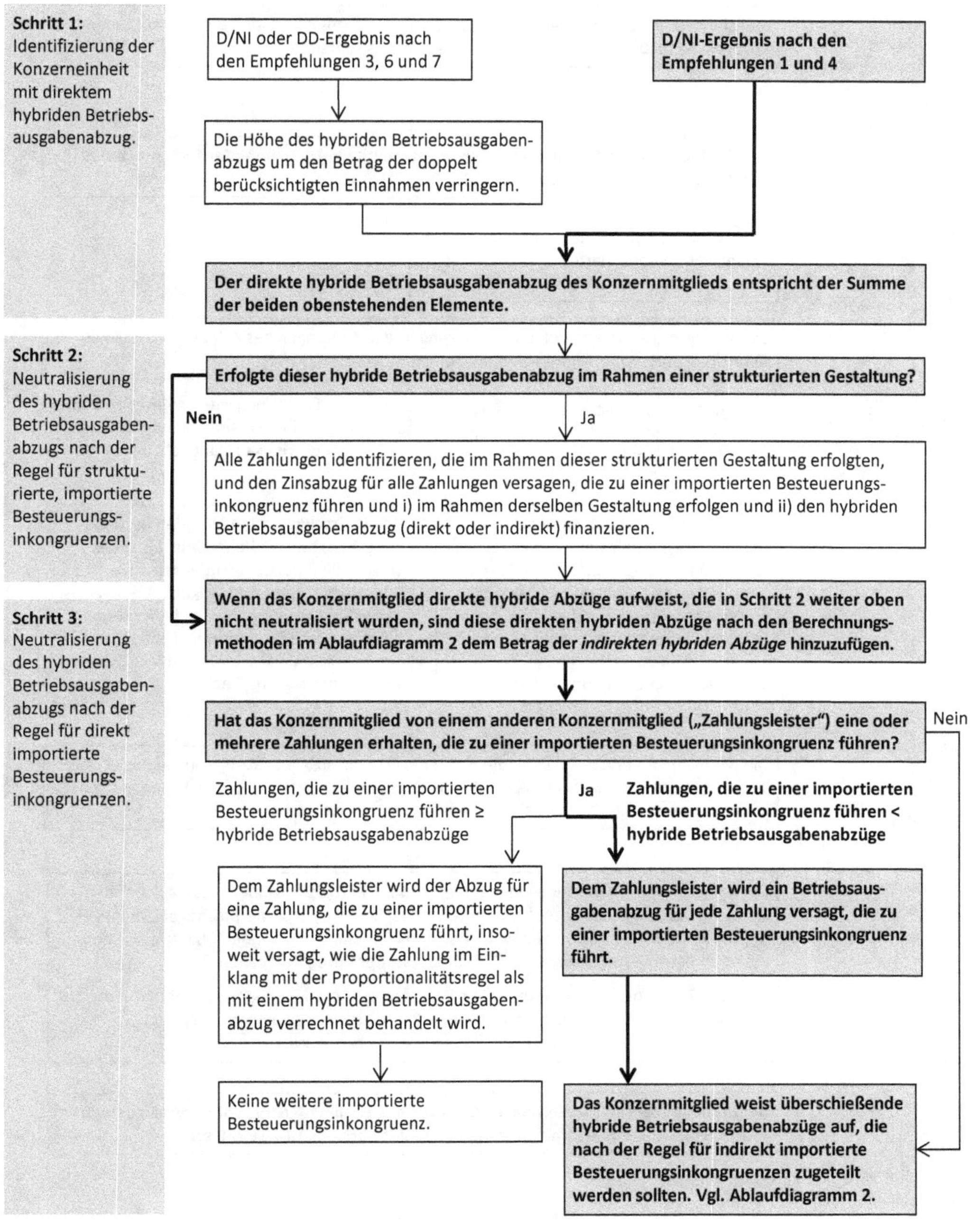

## Ablaufdiagramm 2 (Beispiel 8.8)

### Aufteilung des überschießenden hybriden Betriebsausgabenabzugs nach der Regel für indirekt importierte Besteuerungsinkongruenzen

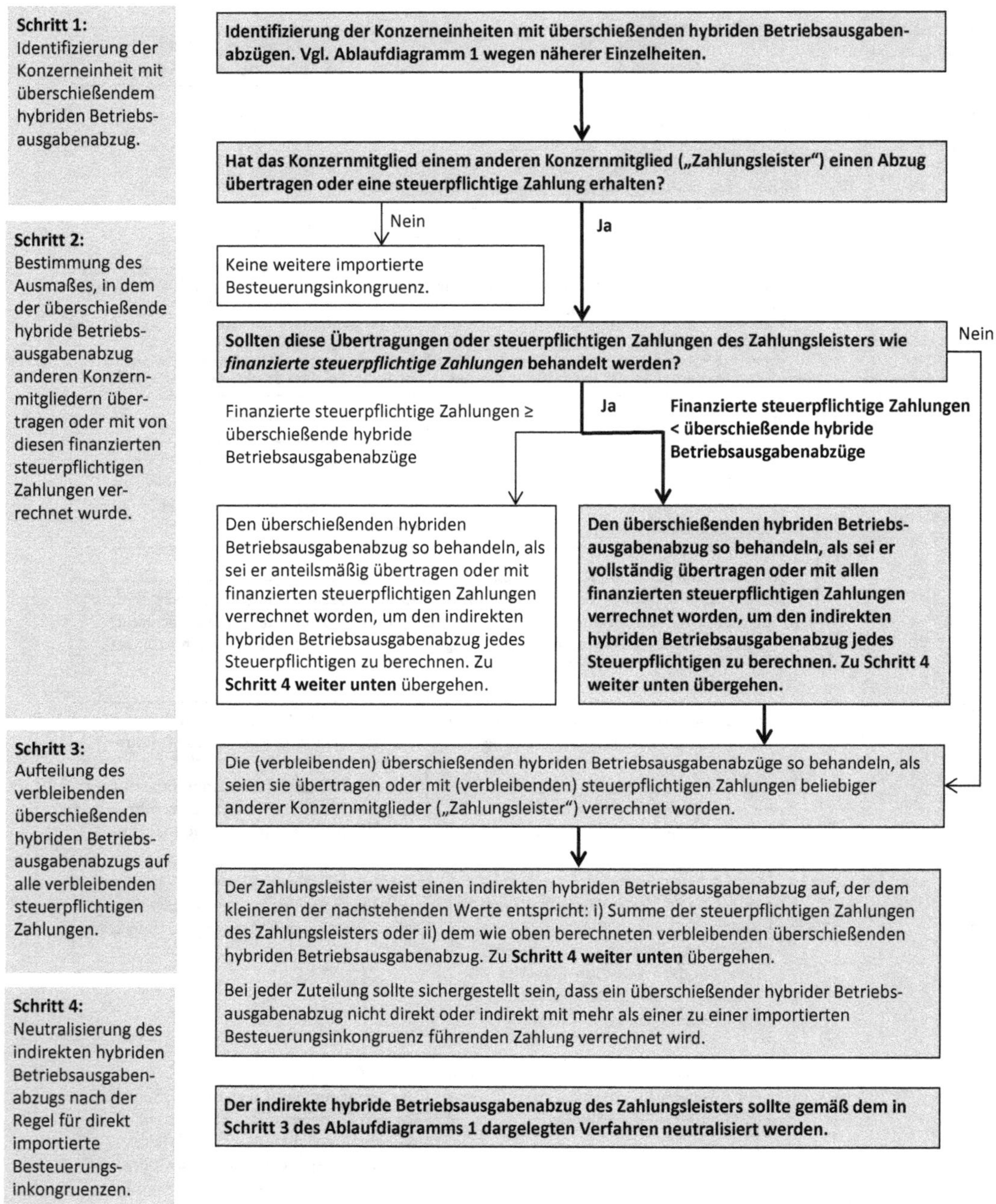

# Beispiel 8.9

## Der überschießende hybride Betriebsausgabenabzug übersteigt die finanzierten steuerpflichtigen Zahlungen nicht

1. Der in der nachstehenden Abbildung veranschaulichte Sachverhalt entspricht dem in **Beispiel 8.3** mit dem Unterschied, dass E Co, F Co und G Co (die schraffierten Rechtsträger) alle in Staaten ansässig sind, die die im Bericht dargelegten Empfehlungen umgesetzt haben. E Co und F Co leisten eine abzugsfähige, konzerninterne Zinszahlung an B Co in Höhe von 200 Geldeinheiten, und B Co leistet eine abzugsfähige, konzerninterne Zinszahlung an C Co in Höhe von 500 Geldeinheiten. G Co leistet eine abzugsfähige konzerninterne Zinszahlung an D Co in Höhe von 200 Geldeinheiten, und D Co leistet eine abzugsfähige, konzerninterne Zinszahlung an C Co in Höhe von 200 Geldeinheiten. Der hybride Betriebsausgabenabzug von C Co beträgt 400 Geldeinheiten.

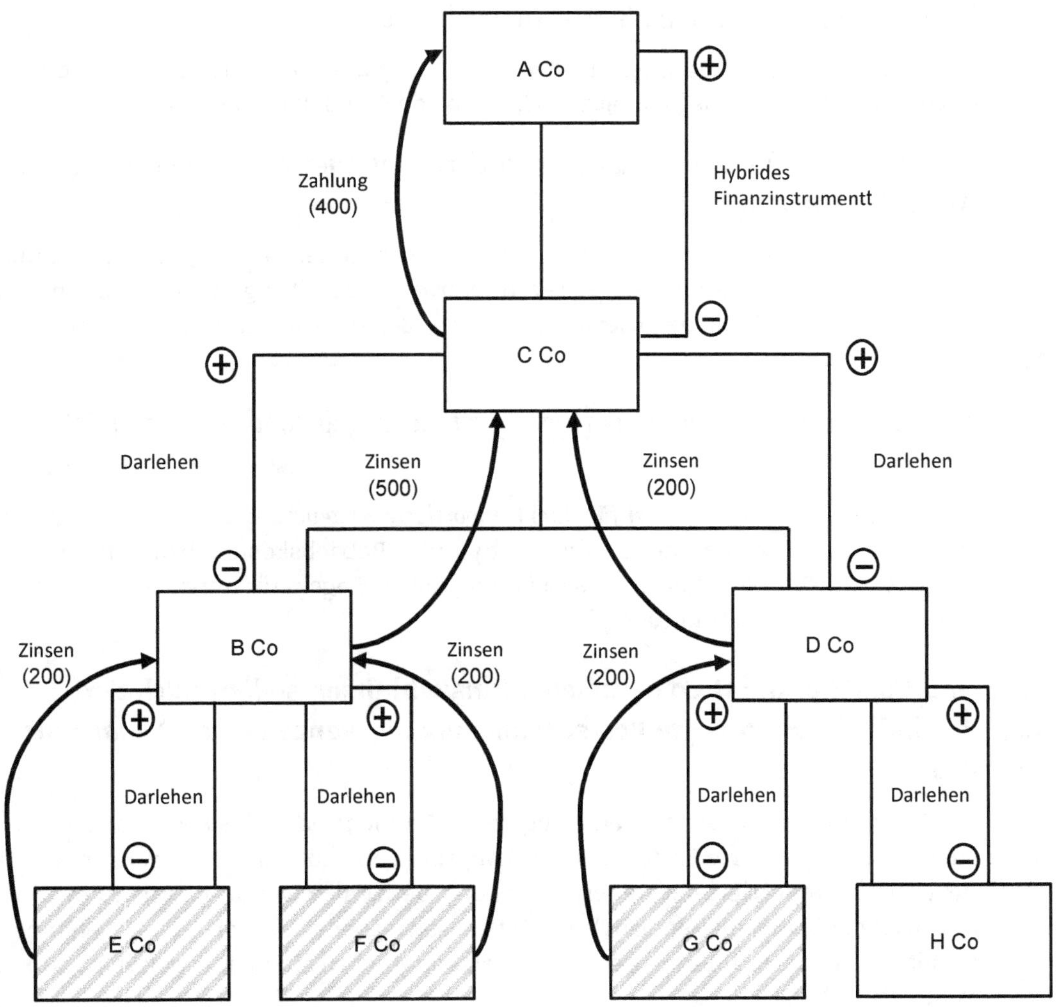

## Frage

2. Unterliegt die Zinszahlung von E Co, F Co oder G Co nach der Regel für importierte Besteuerungsinkongruenzen einer Anpassung, und falls ja, wie bestimmt sich die Höhe der nach dieser Regel erforderlichen Anpassung?

## Antwort

3. Die Staaten E, F und G sollten den Steuerpflichtigen den Betriebsausgabenabzug von zwei Dritteln (133) ihrer Zinszahlungen versagen. Vgl. die Ablaufdiagramme am Ende dieses Beispiels, in denen die Schritte aufgeführt sind, die zur Anwendung der Regel für importierte Besteuerungsinkongruenzen zu befolgen sind.

## Analyse

### *Der hybride Betriebsausgabenabzug von C Co wird nicht nach der Regel für strukturierte oder direkt importierte Besteuerungsinkongruenzen mit einer Zahlung verrechnet, die zu einer importierten Besteuerungsinkongruenz führt*

#### *Schritt 1 – Die Zahlung von C Co im Rahmen des hybriden Finanzinstruments bewirkt einen direkten hybriden Betriebsausgabenabzug*

4. Die Zinszahlungen im Rahmen des hybriden Finanzinstruments führen zu einem direkten hybriden Betriebsausgabenabzug für C Co von 400 Geldeinheiten.

#### *Schritt 2 – Die Regel für strukturierte importierte Besteuerungsinkongruenzen findet keine Anwendung*

5. Der Sachverhalt dieses Beispiels basiert auf der Annahme, dass das hybride Finanzinstrument nicht im Rahmen einer größeren hybriden Gestaltung eingerichtet wurde. Daher findet die Regel für strukturierte importierte Besteuerungsinkongruenzen keine Anwendung.

#### *Schritt 3 – Die Regel für direkt importierte Besteuerungsinkongruenzen findet keine Anwendung*

6. In diesem Fall findet die *Regel für direkt importierte Besteuerungsinkongruenzen* keine Anwendung, da die Konzerneinheiten, die den hybriden Betriebskostenabzug *direkt* finanzieren (d.h. B Co und D Co) in Staaten ansässig sind, die die Regeln für importierte Besteuerungsinkongruenzen nicht umgesetzt haben.

### *Die von E Co, F Co und G Co geleisteten Zinszahlungen sollten nach der Regel für indirekt importierte Besteuerungsinkongruenzen einer Anpassung unterliegen*

7. Da der hybride Betriebsausgabenabzug von C Co nicht nach der Regel für strukturierte oder direkt importierte Besteuerungsinkongruenzen neutralisiert wurde, findet die Regel für indirekt importierte Besteuerungsinkongruenzen Anwendung, um zu bestimmen, inwieweit der überschießende hybride Betriebsausgabenabzug von C Co so behandelt werden sollte, als führe er für ein anderes Konzernmitglied zu einem indirekten hybriden Betriebsausgabenabzug.

### *Schritt 1 – C Co weist überschießende hybride Betriebsausgabenabzüge von 400 Geldeinheiten auf*

8. In diesem Fall handelt es sich bei dem überschießenden hybriden Betriebsausgabenabzug von C Co um den Betrag des hybriden Betriebsausgabenabzugs, der auf Zahlungen im Rahmen des hybriden Finanzinstruments (400 Geldeinheiten) zurückzuführen ist, abzüglich des Betrags an hybriden Betriebsausgaben, der nach der Regel für strukturierte oder direkt importierte Besteuerungsinkongruenzen neutralisiert wurde (0 Geldeinheiten).

### *Schritt 2 – Die überschießenden hybriden Betriebsausgabenabzüge von C Co werden mit den finanzierten steuerpflichtigen Zahlungen verrechnet*

9. C Co muss diesen überschießenden hybriden Betriebsausgabenabzug zunächst so behandeln, als sei er mit finanzierten steuerpflichtigen Zahlungen anderer Konzernmitglieder verrechnet worden. Eine steuerpflichtige Zahlung gilt insoweit als eine finanzierte steuerpflichtige Zahlung, wie die Zahlung direkt aus den zu einer importierten Besteuerungsinkongruenz führenden Zahlungen anderer Konzerneinheiten finanziert wird. In diesem Fall handelt es sich bei den Zinszahlungen von 200 Geldeinheiten, die B Co von E Co und F Co erhält, und der Zahlung von 200 Geldeinheiten, die D Co von G Co bezieht, um Zahlungen, die zu einer importierten Besteuerungsinkongruenz führen. Folglich sollten vier Fünftel (d.h. 400/500 Geldeinheiten) der steuerpflichtigen Zahlungen, die B Co an C Co entrichtet, und die Gesamtheit der Zinszahlungen, die C Co von D Co empfängt (d.h. 200/200), so behandelt werden, als handele es sich um finanzierte steuerpflichtige Zahlungen.

10. In diesem Fall übersteigt die von C Co erhaltene, finanzierte steuerpflichtige Zahlung (600 Geldeinheiten) den überschießenden hybriden Betriebsausgabenabzug von C Co (400 Geldeinheiten). C Co behandelt seinen überschießenden hybriden Betriebsausgabenabzug daher so, als sei er anteilsmäßig mit der finanzierten steuerpflichtigen Zahlung von B Co verrechnet worden. Der hybride Betriebsausgabenabzug von C Co muss zwischen den steuerpflichtigen Zahlungen von B Co und D Co aufgeteilt werden, so dass sich für B Co ein indirekter hybrider Betriebsausgabenabzug von 267 Geldeinheiten und für D Co ein indirekter hybrider Betriebsausgabenabzug von 133 Geldeinheiten ergibt, der wie folgt berechnet wurde:

$$\frac{\text{Finanzierte steuerpflichtige Zahlungen des Zahlungsleisters}}{\text{Von C Co erhaltene, finanzierte steuerpflichtige Zahlungen}} \times \text{Überschießender hybrider Betriebsausgabenabzug von C Co}$$

### *Schritt 3 – C Co verfügt über keinen verbleibenden, überschießenden hybriden Betriebsausgabenabzug*

11. Der überschießende hybride Betriebsausgabenabzug von C Co wird voll mit den finanzierten steuerpflichtigen Zahlungen verrechnet, so dass C Co keinen überschießenden hybriden Abzug aufweist, der mit anderen steuerpflichtigen Zahlungen verrechnet werden könnte.

### *Schritt 4 – Der indirekte hybride Abzug von B Co und D Co wird im Einklang mit der Regel für direkte, importierte Besteuerungsinkongruenzen neutralisiert*

12. Der indirekte hybride Betriebsausgabenabzug von B Co sollte so behandelt werden, als sei er mit den Zahlungen von E Co und F Co verrechnet worden, die zu einer importierten Besteuerungsinkongruenz führen. Die Berechnung ist dieselbe, wie nach der Regel

für direkt importierte Besteuerungsinkongruenzen. Die Leitlinien zur Regel für direkt importierte Besteuerungsinkongruenzen enthalten eine Proportionalitätsformel, die genutzt werden kann, um zu bestimmen, inwieweit eine Zahlung, die zu einer importierten Besteuerungsinkongruenz führt, direkt mit verbleibenden hybriden Betriebsausgabenabzügen eines Kontrahenten verrechnet wurde. Die Formel lautet wie folgt:

$$\frac{\text{Hybride Betriebsausgabenabzüge von B Co}}{\text{Von B Co erhaltene Zahlungen, die zu einer importierten Besteuerungsinkongruenz führen}} = \frac{267}{200 + 200} = \frac{267}{400} = \frac{2}{3}$$

Daher unterliegen zwei Drittel der zu einer importierten Besteuerungsinkongruenz führenden Zahlungen von E Co und F Co nach der Regel für indirekt importierte Besteuerungsinkongruenzen einer Anpassung.

13. Die Berechnung in Bezug auf die zu einer importierten Besteuerungsinkongruenz führenden Zahlungen von G Co ist dieselbe. Der indirekte hybride Betriebsausgabenabzug von D Co sollte so behandelt werden, als sei er gemäß derselben Proportionalitätsformel mit den zu einer importierten Besteuerungsinkongruenz führenden Zahlungen verrechnet worden. Der Anteil des Abzugs, der G Co auf seine zu einer importierten Besteuerungsinkongruenz führenden Zahlungen versagt werden sollte, wird wie folgt berechnet:

$$\frac{\text{Hybride Betriebsausgabenabzüge von D Co}}{\text{Von D Co erhaltene Zahlungen, die zu einer importierten Besteuerungsinkongruenz führen}} = \frac{133}{200} = \frac{2}{3}$$

14. Die Anwendung dieser Werte nach den Regeln für direkt importierte Besteuerungsinkongruenzen der Staaten E, F und G ergibt, dass der versagte Betriebsausgabenabzug nach den Rechtsvorschriften jedes Staats beträgt.

## Ablaufdiagramm 1 (Beispiel 8.9)

**Neutralisierung eines hybriden Betriebsausgabenabzugs nach der Regel für strukturierte und direkt importierte Besteuerungsinkongruenzen**

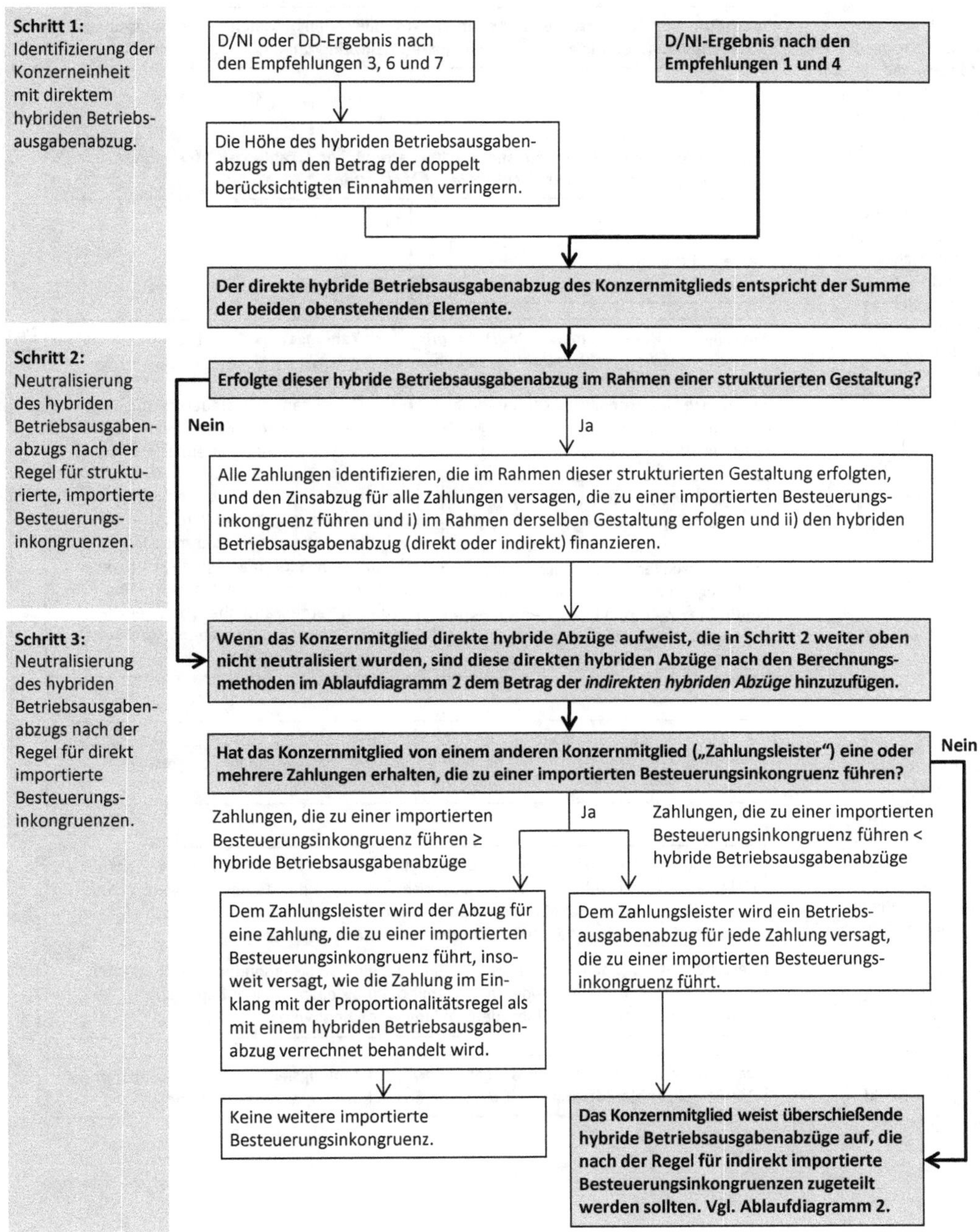

## Ablaufdiagramm 2 (Beispiel 8.9)

### Aufteilung des überschießenden hybriden Betriebsausgabenabzugs nach der Regel für indirekt importierte Besteuerungsinkongruenzen

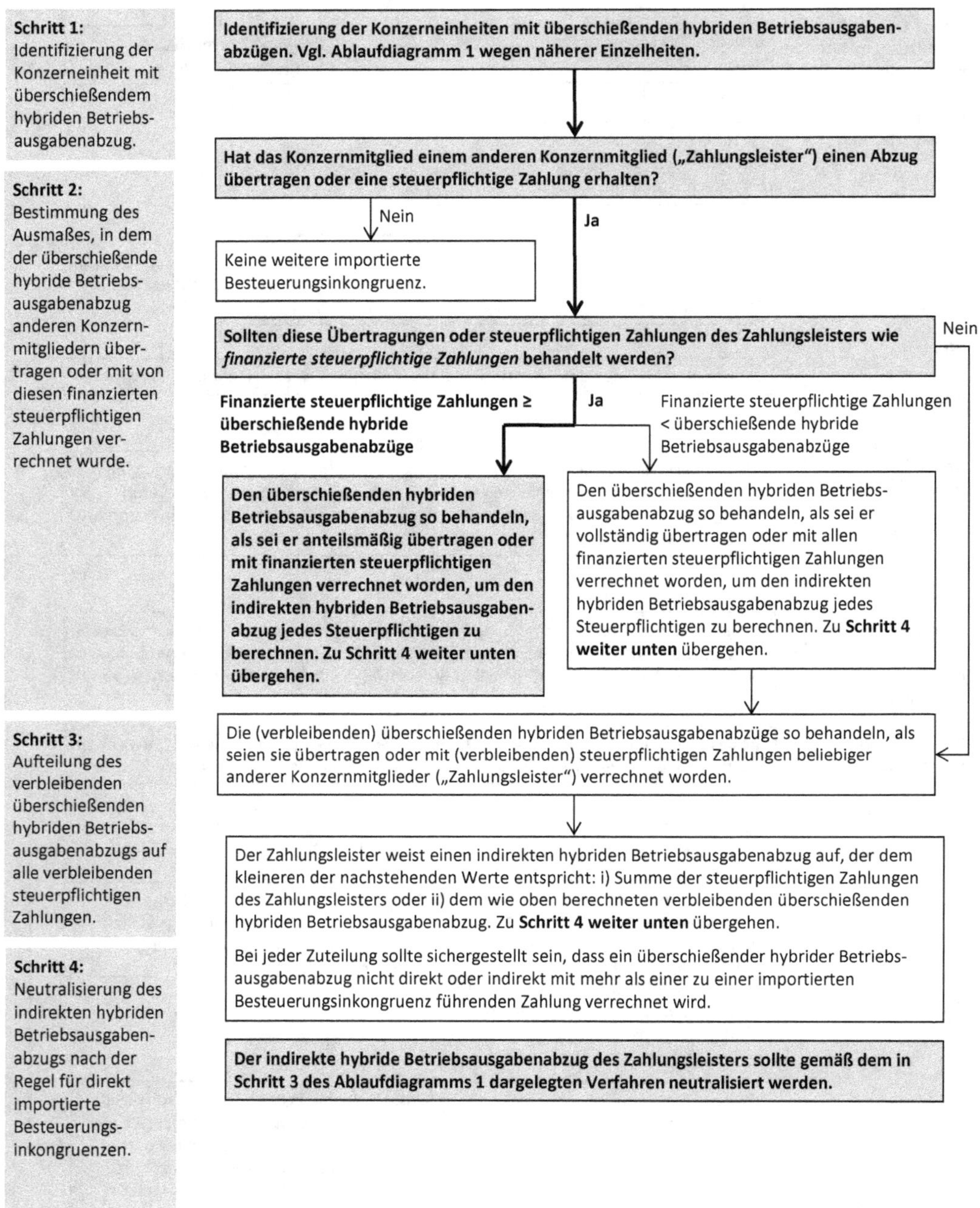

# Beispiel 8.10

## Anwendung der Regel für importierte Besteuerungsinkongruenzen auf Verlustübertragungen bei Organschaften

### Sachverhalt

1. In dem in der nachstehenden Abbildung dargestellten Beispiel sind A Co (ein in Staat A ansässiges Unternehmen), B Co 1 und B Co 2 (in Staat B ansässige Unternehmen) und C Co (ein in Staat C ansässiges Unternehmen) alle Mitglieder des Konzerns ABC. Die Unternehmen B Co 1 und B Co 2 gehören nach den Rechtsvorschriften von Staat B derselben Organschaft an. Die Regeln dieser Organschaft ermöglichen es einem Unternehmen, einen Verlust auf ein anderes zu übertragen.

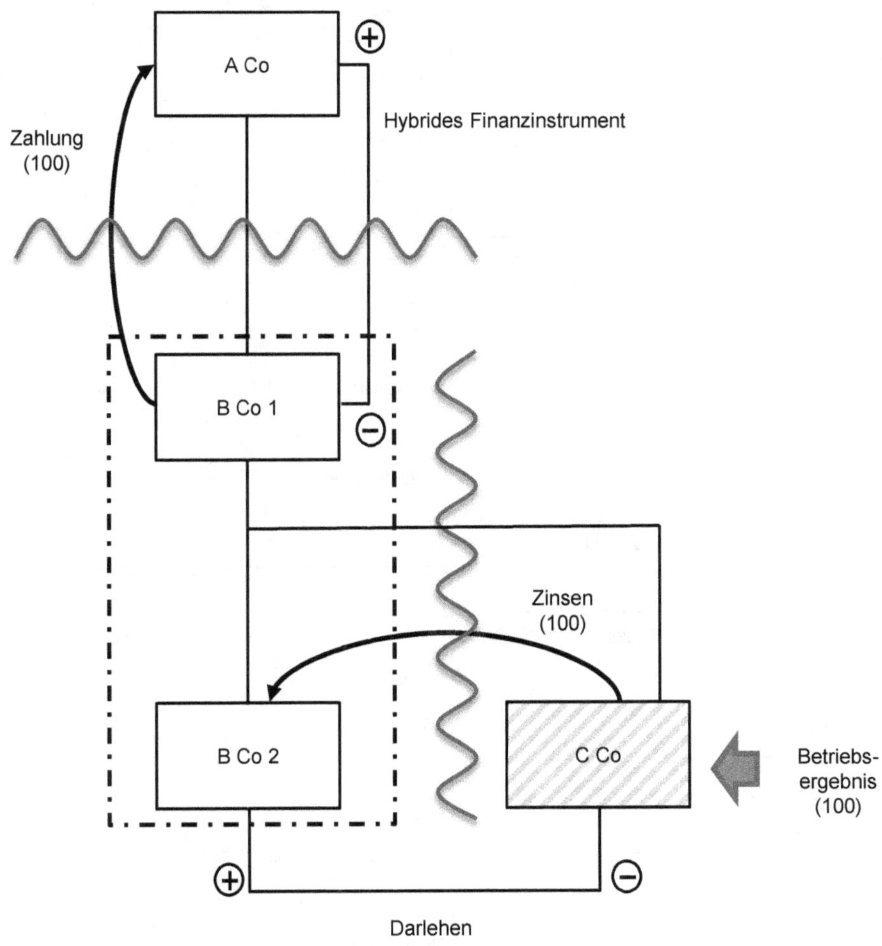

2. C Co erzielt ein Betriebsergebnis von 100 Geldeinheiten und leistet eine Zinszahlung in Höhe von 100 Geldeinheiten an B Co 2. B Co 1 leistet im Rahmen eines hybriden Finanzinstruments eine Zinszahlung von 100 Geldeinheiten an A Co. Die Zinszahlungen im Rahmen des hybriden Finanzinstruments werden nach den Rechtsvorschriften von Staat B als abzugsfähige Zinszahlungen, nach den Rechtsvorschriften von Staat A jedoch als steuerbefreite Dividenden behandelt. Das hybride Finanzinstrument ist aber nicht im Rahmen einer größeren hybriden Gestaltung eingerichtet worden.

3. Staat B behandelt das hybride Finanzinstrument als ein ordentliches Schuldeninstrument und gewährt B Co 1 einen Abzug für die gezahlten Darlehenszinsen. Diese Zinszahlung ist im ordentlichen Einkommen von A Co nicht enthalten. Diese Diskrepanz in der steuerlichen Behandlung hat eine Besteuerungsinkongruenz zur Folge, die zu einem D/NI-Ergebnis und einem Nettoverlust für B Co 1 führt. Der Verlust wird nach der Organschaftsregel von B Co 1 auf B Co 2 übertragen und mit den Einkünften aus der Zinszahlung von C Co verrechnet. Die nachstehende Tabelle veranschaulicht den Effekt dieser Transaktion auf die Mitglieder des Konzerns ABC.

| **Rechtsvorschriften von Staat A**<br>**A Co** | **Steuer** | **Verbuchung** |
|---|---|---|
| Einnahmen | | |
| Dividende | 0 | 100 |
| **Nettogewinn** | | **100** |
| **Steuerpflichtige Einkünfte** | **0** | |

| **Rechtsvorschriften von Staat B**<br>**B Co 1** | **Steuer** | **Verbuchung** |
|---|---|---|
| Einnahmen | | |
| Ausgaben | | |
| Gezahlte Zinsen | (100) | (100) |
| **Nettogewinn** | | **(100)** |
| Steuerpflichtige Einkünfte (Verlust) | (100) | |
| Verlustübertragung an B Co 2 | 100 | |
| **Verlustvortrag** | **0** | |

| **Rechtsvorschriften von Staat C**<br>**C Co** | **Steuer** | **Verbuchung** |
|---|---|---|
| Einnahmen | | |
| Ordentliche Einnahmen | 100 | 100 |
| Ausgaben | | |
| Zinsen | (100) | (100) |
| **Nettogewinn** | | **0** |
| **Steuerpflichtige Einkünfte** | **0** | |

| **B Co 2** | **Steuer** | **Verbuchung** |
|---|---|---|
| Einnahmen | | |
| Zinsen | 100 | 100 |
| Ausgaben | | |
| Verlustübertragung von B Co 1 | (100) | |
| **Nettogewinn** | | **100** |
| **Steuerpflichtige Einkünfte** | **0** | |

4. C Co (der schraffierte Rechtsträger) ist die einzige Konzerneinheit, die in einem Staat ansässig ist, der die in diesem Bericht dargelegten Empfehlungen umgesetzt hat.

## Frage

5. Unterliegen die Zinszahlungen von C Co nach der Regel für importierte Besteuerungsinkongruenzen einer Anpassung, und falls ja, wie bestimmt sich die Höhe der nach der Regel erforderlichen Anpassung?

## Antwort

6. Die Zinszahlung von C Co unterliegt nach der Regel für importierte Besteuerungsinkongruenzen einer Anpassung, da der hybride Betriebsausgabenabzug von B Co 1 indirekt mit den von C Co an B Co 2 gezahlten Zinseinnahmen verrechnet wird. Staat C sollte daher C Co den Abzug für alle Zinszahlungen an B Co 2 versagen. Vgl. die Ablaufdiagramme am Ende dieses Beispiels, in denen die Schritte aufgeführt sind, die zur Anwendung der Regel für importierte Besteuerungsinkongruenzen zu befolgen sind.

## Analyse

### *Der hybride Betriebsausgabenabzug von B Co 1 wird nicht nach der Regel für strukturierte oder direkt importierte Besteuerungsinkongruenzen mit einer Zahlung verrechnet, die zu einer importierten Besteuerungsinkongruenz führt*

#### *Schritt 1 – Die Zahlung von B Co 1 im Rahmen des hybriden Finanzierungsinstruments bewirkt einen direkten hybriden Abzug*

7. Die Zinszahlungen im Rahmen des hybriden Finanzinstruments führen für B Co 1 zu einem direkten hybriden Abzug von 100 Geldeinheiten.

#### *Schritt 2 – Die Regel für strukturierte importierte Besteuerungsinkongruenzen findet keine Anwendung*

8. Der Sachverhalt dieses Beispiels basiert auf der Annahme, dass das hybride Finanzinstrument nicht im Rahmen einer größeren hybriden Gestaltung eingerichtet wurde. Daher findet die Regel für strukturierte importierte Besteuerungsinkongruenzen keine Anwendung.

#### *Schritt 3 – Die Regel für direkt importierte Besteuerungsinkongruenzen findet keine Anwendung*

9. In diesem Fall findet die Regel für direkt importierte Besteuerungsinkongruenzen keine Anwendung, da B Co 1 von keinem anderen Konzernmitglied direkt Zahlungen erhält, die zu einer importierten Besteuerungsinkongruenz führen.

### *Die von C Co geleisteten Zinszahlungen sollten nach der Regel für indirekt importierte Besteuerungsinkongruenzen einer Anpassung unterliegen*

10. Da der hybride Betriebsausgabenabzug von B Co 1 nicht nach der Regel für strukturierte oder direkt importierte Besteuerungsinkongruenzen neutralisiert wurde, findet die Regel

für indirekt importierte Besteuerungsinkongruenzen Anwendung, um zu bestimmen, inwieweit der überschießende hybride Betriebsausgabenabzug von B Co 1 so behandelt werden sollte, als führe er für ein anderes Konzernmitglied zu einem indirekten hybriden Betriebsausgabenabzug.

### *Schritt 1 – B Co 1 weist überschießende hybride Betriebsausgabenabzüge von 100 Geldeinheiten auf*

11. In diesem Fall handelt es sich bei dem überschießenden hybriden Betriebsausgabenabzug von B Co 1 um den Betrag des hybriden Betriebsausgabenabzugs, der auf Zahlungen im Rahmen des hybriden Finanzinstruments (100 Geldeinheiten) zurückzuführen ist, abzüglich des Betrags an hybriden Betriebsausgaben, die nach der Regel für strukturierte oder direkt importierte Besteuerungsinkongruenzen neutralisiert wurden (0 Geldeinheiten).

### *Schritt 2 – Der überschießende hybride Betriebsausgabenabzug von B Co 1 wird als voll mit den finanzierten steuerpflichtigen Zahlungen verrechnet behandelt*

12. B Co 1 hat B Co 2 einen Verlust von 100 Geldeinheiten übertragen. Diese Verlustübertragung wird genauso behandelt wie eine finanzierte steuerpflichtige Zahlung, da sie als mit der zu einer importierten Besteuerungsinkongruenz führenden Zahlung verrechnet behandelt wird. In diesem Fall entspricht der Betrag der Verlustübertragung den Einnahmen aus der zu einer importierten Besteuerungsinkongruenz führenden Zahlung, so dass nach der Regel für indirekt importierte Besteuerungsinkongruenzen 100% des übertragenen Betrags als mit einer finanzierten steuerpflichtigen Zahlung verrechnet behandelt werden sollten.

### *Schritt 3 – B Co 1 verfügt über keinen verbleibenden, überschießenden hybriden Betriebsausgabenabzug*

13. Der überschießende hybride Betriebsausgabenabzug von B Co 1 wird voll mit den finanzierten steuerpflichtigen Zahlungen verrechnet, so dass B Co 1 keinen verbleibenden überschießenden hybriden Abzug aufweist, der mit anderen steuerpflichtigen Zahlungen verrechnet werden könnte.

### *Schritt 4 – Der indirekte hybride Betriebsausgabenabzug von B Co 2 wird im Einklang mit der Regel für direkt importierte Besteuerungsinkongruenzen neutralisiert*

14. B Co 2 behandelt den indirekten hybriden Betriebsausgabenabzug so, als sei er mit Zahlungen von C Co verrechnet worden, die zu einer importierten Besteuerungsinkongruenz führen. Die Höhe des Betriebsausgabenabzugs, der so behandelt wird, als sei er mit zu einer importierten Besteuerungsinkongruenz führenden Zahlungen von C Co verrechnet worden, wird auf derselben Basis berechnet, wie nach der Regel für direkt importierte Besteuerungsinkongruenzen:

$$\text{Von C Co getätigte Zahlungen, die zu einer importierten Besteuerungsinkongruenz führen} \times \frac{\text{Hybrider Betriebsausgabenabzug von B Co 2}}{\text{Von B Co 2 erhaltene Zahlungen, die zu einer importierten Besteuerungsinkongruenz führen}} = 100 \times \frac{100}{100} = 100$$

C Co sollte daher ein Betriebsausgabenabzug in Höhe von 100 Geldeinheiten versagt werden.

## Ablaufdiagramm 1 (Beispiel 8.10)

**Neutralisierung eines hybriden Betriebsausgabenabzugs nach der Regel für strukturierte und direkt importierte Besteuerungsinkongruenzen**

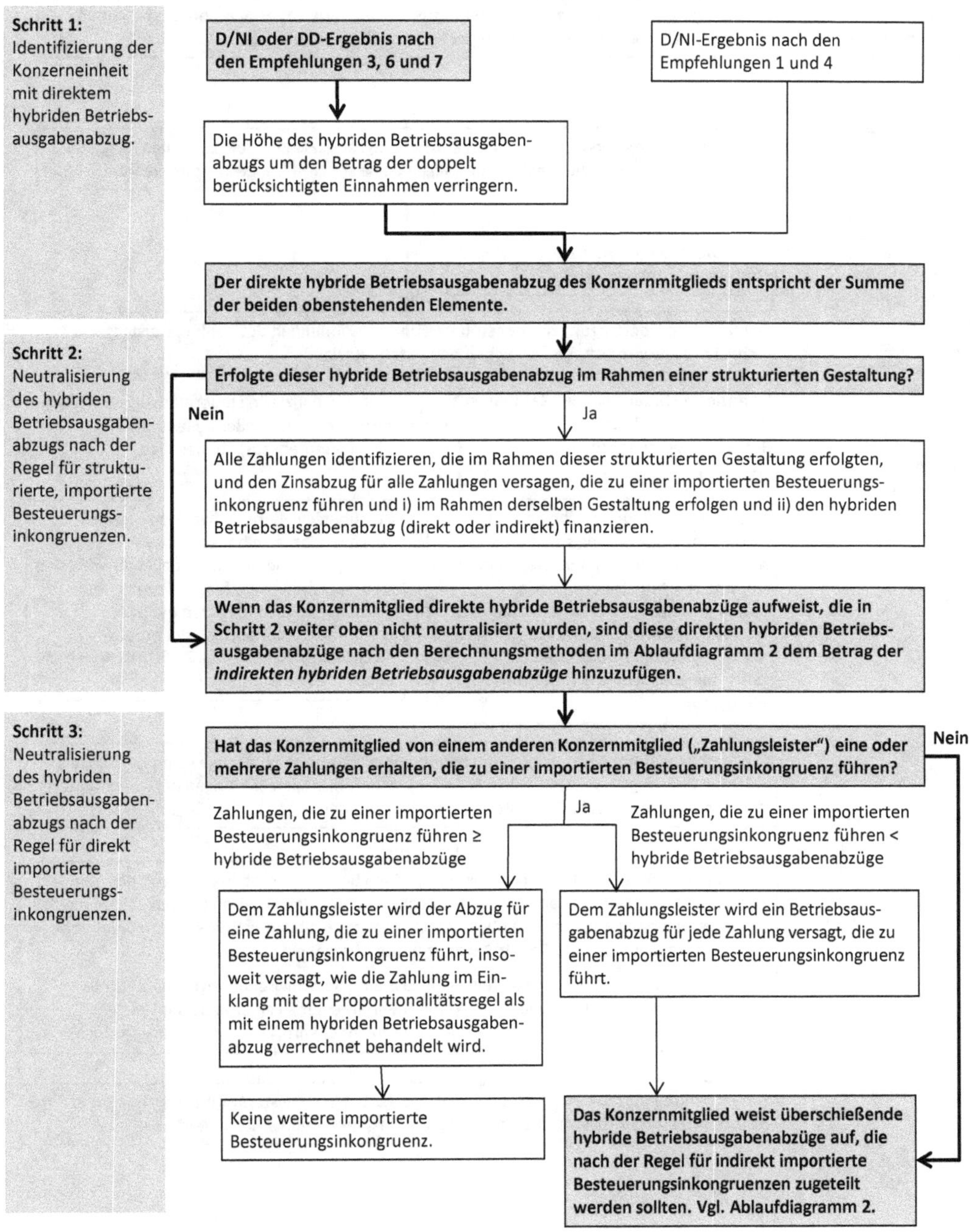

## Ablaufdiagramm 2 (Beispiel 8.10)

### Aufteilung des überschießenden hybriden Betriebsausgabenabzugs nach der Regel für indirekt importierte Besteuerungsinkongruenzen

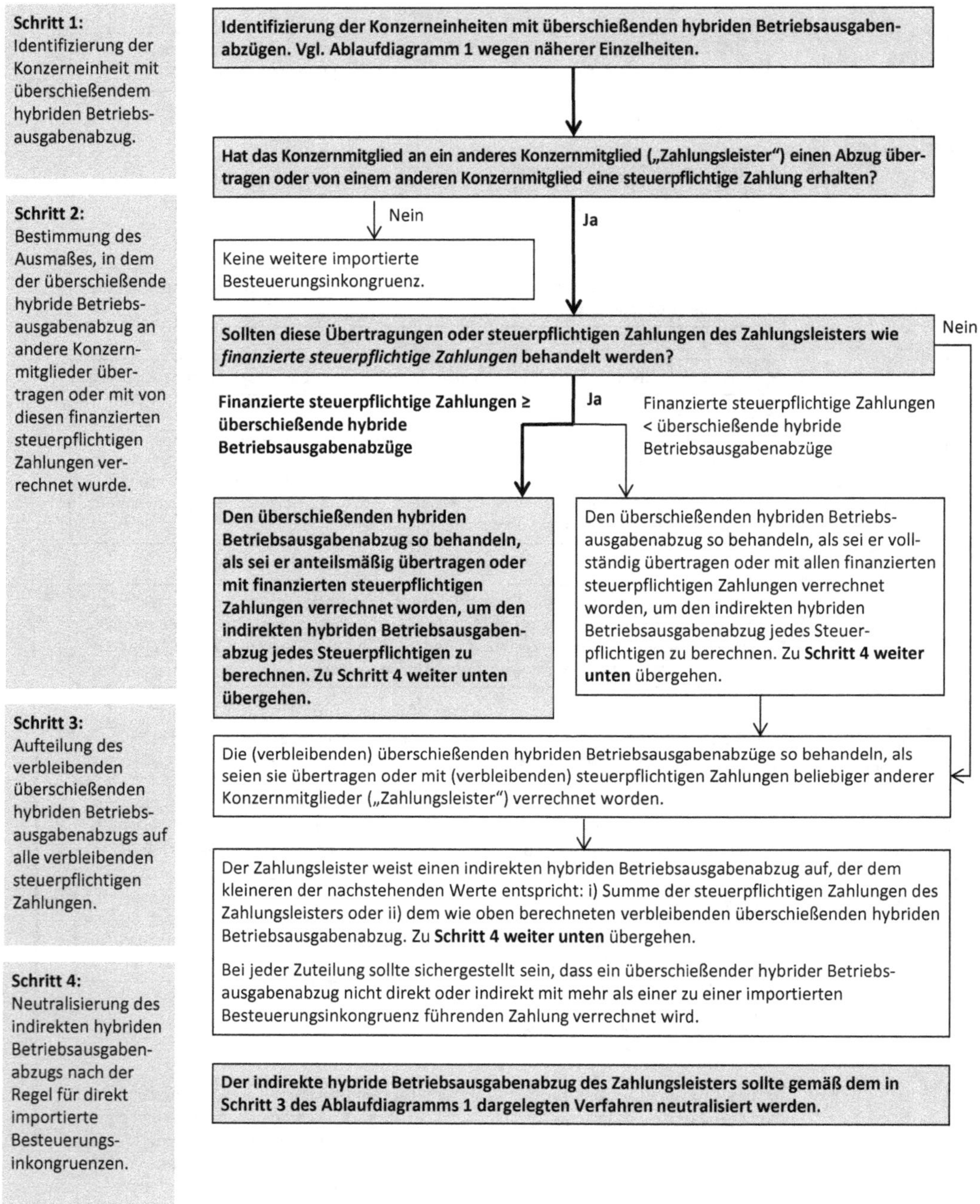

# Beispiel 8.11

## Behandlung doppelt berücksichtigter Einnahmen nach der Regel für importierte Besteuerungsinkongruenzen

### Sachverhalt

1. Die nachstehende Abbildung stellt Finanzierungsgestaltungen zwischen Unternehmen dar, die dem Konzern ABCD angehören. A Co ist in Staat A ansässig und die Muttergesellschaft des Konzerns. B Co 1, C Co und D Co sind alle direkte Tochtergesellschaften von A Co mit Sitz in Staat B, Staat C bzw. Staat D. B Co 2 ist eine 100%ige Tochtergesellschaft von B Co 1 und ebenfalls in Staat B ansässig.

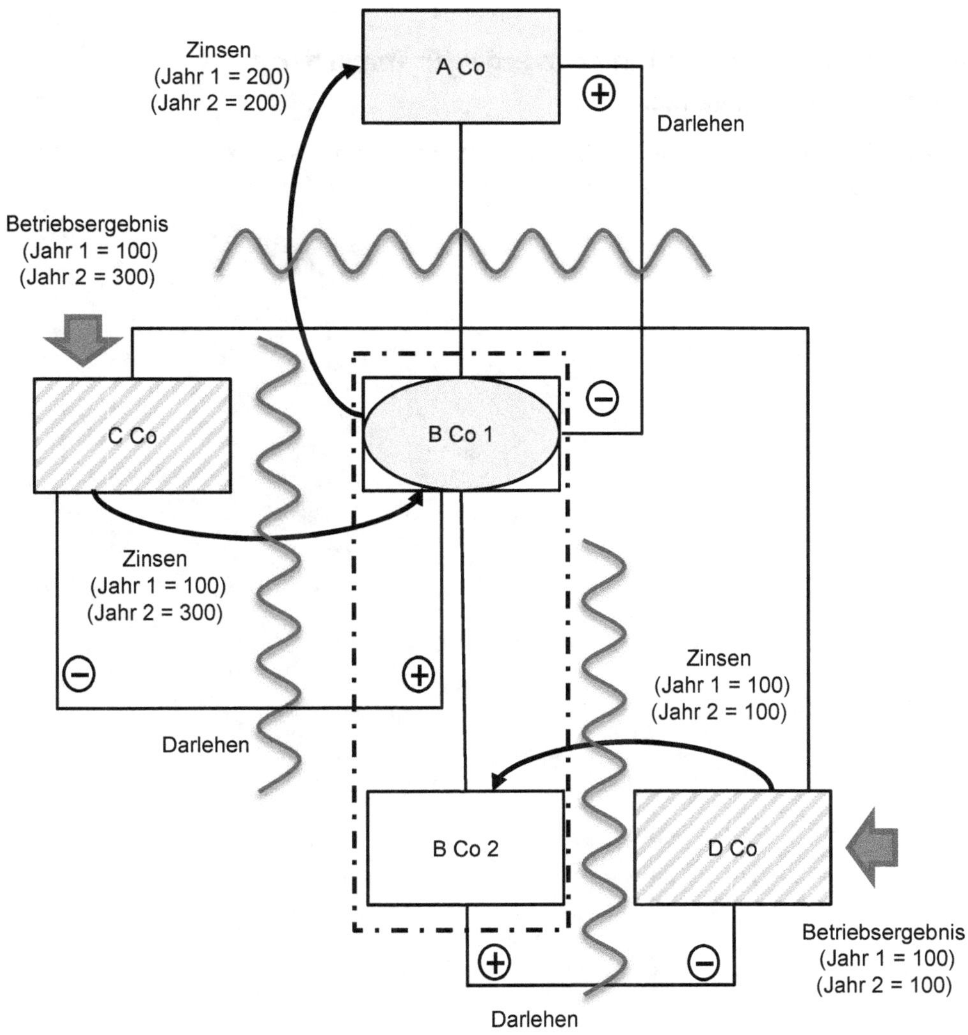

2. Alle Unternehmen werden in allen Staaten für Steuerzwecke wie getrennte Rechtsträger behandelt, mit Ausnahme von B Co 1, das ein hybrider Rechtsträger ist (d.h. ein Rechtsträger, der für Steuerzwecke in Staat B als selbstständiger Rechtsträger, nach den Rechtsvorschriften von Staat A jedoch als steuerlich transparenter Rechtsträger behandelt wird).

3. A Co hat B Co 1 ein Darlehen gewährt. B Co 1 hat C Co ein Darlehen gewährt, und B Co 2 hat D Co Geld geliehen. Alle genannten Finanzierungsvereinbarungen wurden unabhängig voneinander getroffen und sind nicht Teil einer einheitlichen Struktur, Planung oder Abmachung.

4. Da es sich bei B Co 1 um einen hybriden Rechtsträger handelt, sind die Zinszahlungen von B Co 1 an A Co nach den Rechtsvorschriften von Staat B abzugsfähig, werden von A Co nach den Rechtsvorschriften von Staat A aber nicht als Einnahmen berücksichtigt. Aus dem gleichen Grund sind Zinszahlungen von C Co an B Co 1 nach den Rechtsvorschriften von Staat A und Staat B in den Einkünften von A Co und B Co 1 enthalten (d.h. die Zinszahlung führt zu doppelt berücksichtigten Einnahmen). B Co 1 und B Co 2 gehören nach den Rechtsvorschriften von Staat B für Steuerzwecke derselben Organschaft an, was bedeutet, dass der Nettoverlust von B Co 1 mit den Nettoeinnahmen von B Co 2 verrechnet werden kann. Die Körperschaftsteuer beträgt in allen Staaten 30%.

## *Steuerposition vor Anwendung der Regel für importierte Besteuerungsinkongruenzen*

5. Die nachstehenden Tabellen stellen die Steuerposition des Konzerns ABCD im Rahmen dieser Struktur am Ende des ersten Jahres dar.

**Jahr 1**

| Staat A – A Co | Steuer | Verbuchung | Staat B – B Co 1 | Steuer | Verbuchung |
|---|---|---|---|---|---|
| Einnahmen | | | Einnahmen | | |
| Von B Co 1 gezahlte Zinsen | - | 200 | Von C Co gezahlte Zinsen | 100 | 100 |
| Von C Co an B Co 1 gezahlte Zinsen | 100 | - | | | |
| | | | Ausgaben | | |
| | | | An A Co gezahlte Zinsen | (200) | (200) |
| | | | **Nettogewinn** | | **(100)** |
| | | | Steuerpflichtige Einkünfte | (100) | |
| | | | Verlustübertragung an B Co 2 | 100 | |
| | | | **Verlustvortrag** | **0** | |
| | | | **B Co 2** | | |
| | | | Einnahmen | | |
| | | | Von D Co gezahlte Zinsen | 100 | 100 |
| | | | Ausgaben | | |
| | | | Verlustübertragung | (100) | - |
| **Nettogewinn** | | **200** | **Nettogewinn** | | **100** |
| **Steuerpflichtige Einkünfte** | **100** | | **Steuerpflichtige Einkünfte** | **0** | |

**Jahr 1**

| Rechtsvorschriften von Staat C – C Co | Steuer | Verbuchung | Rechtsvorschriften von Staat D – D Co | Steuer | Verbuchung |
|---|---|---|---|---|---|
| Einnahmen | | | Einnahmen | | |
| Betriebsergebnis | 100 | 100 | Betriebsergebnis | 100 | 100 |
| Ausgaben | | | Ausgaben | | |
| An B Co 1 gezahlte Zinsen | (100) | (100) | An B Co 2 gezahlte Zinsen | (100) | (100) |
| **Nettogewinn** | | **0** | **Nettogewinn** | | **0** |
| **Steuerpflichtige Einkünfte** | **0** | | **Steuerpflichtige Einkünfte** | **0** | |

6. Die nachstehenden Tabellen stellen die Steuerposition des Konzerns ABCD im Rahmen dieser Struktur am Ende des zweiten Jahres dar.

| Jahr 2 | Staat A<br>A Co | Steuer | Verbuchung | Staat B<br>B Co 1 | Steuer | Verbuchung |
|---|---|---|---|---|---|---|
| | Einnahmen | | | Einnahmen | | |
| | Von B Co 1 gezahlte Zinsen | - | 200 | Von C Co gezahlte Zinsen | 300 | 300 |
| | Von C Co an B Co 1 gezahlte Zinsen | 300 | - | | | |
| | | | | Ausgaben | | |
| | | | | An A Co gezahlte Zinsen | (200) | (200) |
| | **Nettogewinn** | | **200** | **Nettogewinn** | | **100** |
| | **Steuerpflichtige Einkünfte** | **300** | | **Steuerpflichtige Einkünfte** | **100** | |
| | Besteuerung der Einkünfte (30%) | (90) | | Besteuerung der Einkünfte (30%) | (30) | |
| | Anrechnung der in Staat B gezahlten Steuern | 30 | | | | |
| | Zu entrichtende Steuern | | (60) | Zu entrichtende Steuern | | (30) |
| | **Ergebnis nach Steuern** | | **140** | **Ergebnis nach Steuern** | | **70** |
| | | | | **B Co 2** | | |
| | | | | Einnahmen | | |
| | | | | Von D Co gezahlte Zinsen | 100 | 100 |
| | | | | **Nettogewinn** | | **100** |
| | | | | **Steuerpflichtige Einkünfte** | **100** | |

| Jahr 2 | Rechtsvorschriften von Staat C<br>C Co | Steuer | Verbuchung | Rechtsvorschriften von Staat D<br>D Co | Steuer | Verbuchung |
|---|---|---|---|---|---|---|
| | Einnahmen | | | Einnahmen | | |
| | Betriebsergebnis | 300 | 300 | Betriebsergebnis | 100 | 100 |
| | Ausgaben | | | Ausgaben | | |
| | An B Co 1 gezahlte Zinsen | (300) | (300) | An B Co 2 gezahlte Zinsen | (100) | (100) |
| | **Nettogewinn** | | **0** | **Nettogewinn** | | **0** |
| | **Steuerpflichtige Einkünfte** | **0** | | **Steuerpflichtige Einkünfte** | **0** | |

### *Ergebnis nach den Rechtsvorschriften von Staat A*

7. A Co hat steuerpflichtige Einkünfte von 100 Geldeinheiten in Jahr 1 und 300 Geldeinheiten in Jahr 2. Nach den Rechtsvorschriften von Staat A hat A Co in Jahr 2 Anspruch auf Anrechnung ausländischer Steuern für an B Co 1 in Staat B entrichtete Steuern, so dass sich der Betrag der von A Co bezogenen ordentlichen Einnahmen auf 200 Geldeinheiten beläuft.

### *Ergebnis nach den Rechtsvorschriften von Staat B*

8. In Jahr 1 verzeichnet B Co einen Nettoverlust von 100 Geldeinheiten, während B Co 2 Nettoeinnahmen von 100 Geldeinheiten aufweist. Der Nettoverlust von B Co 1 wird im Rahmen des Organschaftssystems von Staat B übertragen und mit den Nettoeinnahmen von B Co 2 verrechnet, so dass der Konzern nach den Rechtsvorschriften von Staat B so behandelt wird, als habe er im betreffenden Jahr Nettoeinnahmen von null. In Jahr 2 weist B Co 1 Nettoeinnahmen von 100 Geldeinheiten (Zinseinkünfte von 300 Geldeinheiten und ein Abzug von 200 Geldeinheiten) und B Co 2 Nettoeinnahmen von 100 Geldeinheiten auf.

### *Ergebnis nach den Rechtsvorschriften von Staat C und Staat D*

9. C Co und D Co* weisen Einnahmen auf, die ihren Ausgaben entsprechen, und verzeichnen daher in keinem der beiden Jahre Nettoeinnahmen.

### ***Inkongruenz bei den Steuerergebnissen***

10. Insgesamt generiert der Konzern ABCD in dem Zweijahreszeitraum einen Nettogewinn von 600 Geldeinheiten. Die in jedem Staat berücksichtigten steuerpflichtigen Einkünfte belaufen sich insgesamt ebenfalls auf 600 Geldeinheiten, wovon aber 100 Geldeinheiten durch Steuergutschriften für im Ausland gezahlte Steuern abzuziehen sind. Folglich beläuft sich der Gesamtbetrag der im Rahmen dieser Struktur berücksichtigten ordentlichen Einnahmen auf 500 Geldeinheiten.

## Frage

11. Unterliegen die Zinszahlungen von C Co und D Co nach der Regel für importierte Besteuerungsinkongruenzen einer Anpassung, und falls ja, wie bestimmt sich die Höhe der nach der Regel erforderlichen Anpassung?

## Antwort

12. Da es sich bei den Zinszahlungen von C Co an B Co 1 um doppelt berücksichtigte Einnahmen handelt, werden sie nicht so behandelt, als seien sie mit einem hybriden Betriebsausgabenabzug verrechnet worden. Daher bedarf es nach der Regel für importierte Besteuerungsinkongruenzen keiner Anpassung für die von C Co geleisteten Zahlungen.

13. Die Regel für indirekt importierte Besteuerungsinkongruenzen findet bei Zinszahlungen von D Co an B Co 2 Anwendung. Staat D sollte daher D Co jeglichen Abzug für die in Jahr 1 erfolgten Zinszahlungen (100 Geldeinheiten) an B Co 2 versagen, in Jahr 2 ist hingegen keine Anpassung erforderlich. Vgl. die Ablaufdiagramme am Ende dieses Beispiels, in denen die Schritte aufgeführt sind, die zur Anwendung der Regel für importierte Besteuerungsinkongruenzen zu befolgen sind.

* Anmerkung des Übersetzers: Im Originaltext heißt es „Country C and D", was aber wahrscheinlich ein Fehler ist.

## Analyse

### *Die Zinszahlungen von B Co 1 erfolgen nicht im Rahmen einer strukturierten Gestaltung*

14. Das Darlehen zwischen A Co und B Co 1 wird unabhängig von den anderen konzerninternen Finanzierungsvereinbarungen abgeschlossen. Soweit ein solches Darlehen nicht im Rahmen einer größeren Struktur, Planung oder Abmachung aufgenommen wurde, die darauf ausgerichtet war, den Effekt einer Besteuerungsinkongruenz in Staat C oder D zu importieren, sollte die Zinszahlung von B Co 1 an A Co nicht so behandelt werden, als sei sie im Rahmen einer strukturierten, zu einer importierten Besteuerungsinkongruenz führenden Gestaltung erfolgt.

### *Die Zinszahlungen von C Co an B Co 1 werden nicht mit einem hybriden Betriebsausgabenabzug verrechnet*

15. Wie in den oben dargelegten Fakten erläutert, führen die Zinszahlungen von B Co 1 an A Co nach der Regel für nicht berücksichtigte Zahlungen zu einem D/NI-Ergebnis. Indessen wird nach der Regel für nicht berücksichtigte Zahlungen kein hybrider Betriebsausgabenabzug herbeigeführt, soweit die Abzüge, die auf eine derartige Zahlung zurückzuführen sind, mit doppelt berücksichtigten Einnahmen verrechnet werden. In diesem Fall sind die Zinszahlungen von C Co an B Co 1 doppelt berücksichtigte Einnahmen und können daher nicht so behandelt werden, als führten sie zu einer importierten Besteuerungsinkongruenz. Folglich bedarf es nach der Regel für importierte Besteuerungsinkongruenzen bei den zu einer importierten Besteuerungsinkongruenz führenden Zahlungen von C Co in keinem Jahr einer Anpassung.

### *Der hybride Betriebsausgabenabzug von B Co 1 wird nicht nach der Regel für strukturierte oder direkt importierte Besteuerungsinkongruenzen mit einer Zahlung verrechnet, die zu einer importierten Besteuerungsinkongruenz führt*

#### Schritt 1 – *Die nicht berücksichtigte hybride Zahlung von B Co 1 führt zu einem direkten hybriden Betriebsausgabenabzug*

16. Die Zinszahlung von B Co 1 an A Co ist eine unberücksichtigte hybride Zahlung. Jeder für diese Zahlung geltend gemachte Abzug ist ein direkter hybrider Betriebsausgabenabzug, soweit er die doppelt berücksichtigten Einnahmen des Zahlungsleisters übersteigt. In diesem Fall übersteigt die unberücksichtigte Zinszahlung von B Co 1 in Jahr 1 (200 Geldeinheiten) die doppelt berücksichtigten Einnahmen von C Co 1 in jenem Jahr (100 Geldeinheiten), so dass B Co 1 in Jahr 1 einen hybriden Betriebsausgabenabzug von 100 Geldeinheiten verzeichnet.

#### Schritt 2 – *Die Regel für strukturierte importierte Besteuerungsinkongruenzen findet keine Anwendung*

17. Der Sachverhalt dieses Beispiels basiert auf der Annahme, dass die unberücksichtigte hybride Zahlung nicht im Rahmen einer größeren strukturierten, zu einer importierten Besteuerungsinkongruenz führenden Gestaltung erfolgt. Daher findet die Regel für strukturierte importierte Besteuerungsinkongruenzen keine Anwendung.

### *Schritt 3 – Die Regel für direkt importierte Besteuerungsinkongruenzen findet keine Anwendung*

18. In diesem Fall findet die Regel für direkt importierte Besteuerungsinkongruenzen keine Anwendung, da B Co 1 von keinem anderen Konzernmitglied direkt Zahlungen erhält, die zu einer importierten Besteuerungsinkongruenz führen.

## *Die von D Co in Jahr 1 geleistete Zinszahlung sollte nach der Regel für indirekt importierte Besteuerungsinkongruenzen einer Anpassung unterliegen*

19. Da der hybride Betriebsausgabenabzug von B Co 1 nicht nach der Regel für strukturierte oder direkt importierte Besteuerungsinkongruenzen neutralisiert wurde, findet die Regel für indirekt importierte Besteuerungsinkongruenzen Anwendung, um zu bestimmen, inwieweit der überschießende hybride Betriebsausgabenabzug von B Co 1 so behandelt werden sollte, als führe er für ein anderes Konzernmitglied zu einem indirekten hybriden Betriebsausgabenabzug.

### *Schritt 1 – B Co 1 weist überschießende hybride Betriebsausgabenabzüge von 100 Geldeinheiten auf*

20. In diesem Fall handelt es sich bei dem überschießenden hybriden Betriebsausgabenabzug von B Co 1 um den Betrag des hybriden Betriebsausgabenabzugs, der im Rahmen des hybriden Finanzinstruments entsteht (100 Geldeinheiten), abzüglich des Betrags der nach der Regel für strukturierte oder direkt importierte Besteuerungsinkongruenzen neutralisierten hybriden Betriebsausgaben (0 Geldeinheiten).

### *Schritt 2 – Der überschießende hybride Betriebsausgabenabzug von B Co 1 wird als voll mit den finanzierten steuerpflichtigen Zahlungen verrechnet behandelt*

21. B Co 1 hat B Co 2 einen Verlust von 100 Geldeinheiten übertragen. Diese Verlustübertragung wird genauso behandelt wie eine finanzierte steuerpflichtige Zahlung, da der übertragene hybride Betriebsausgabenabzug mit der zu einer importierten Besteuerungsinkongruenz führenden Zahlung verrechnet wird. In diesem Fall entspricht der Betrag der Verlustübertragung der zu einer importierten Besteuerungsinkongruenz führenden Zahlung, so dass nach der Regel für indirekt importierte Besteuerungsinkongruenzen der Betrag als zu 100% mit einer finanzierten steuerpflichtigen Zahlung verrechnet behandelt werden sollte.

### *Schritt 3 – B Co 1 verfügt über keinen verbleibenden, überschießenden hybriden Betriebsausgabenabzug*

22. Der überschießende hybride Betriebsausgabenabzug von B Co 1 wird voll mit den finanzierten steuerpflichtigen Zahlungen verrechnet, so dass B Co 1 keinen verbleibenden überschießenden hybriden Abzug aufweist, der mit anderen steuerpflichtigen Zahlungen verrechnet werden könnte.

### *Schritt 4 – Der indirekte hybride Betriebsausgabenabzug von B Co 2 wird im Einklang mit der Regel für direkt importierte Besteuerungsinkongruenzen neutralisiert*

23. B Co 2 behandelt den indirekten hybriden Betriebsausgabenabzug so, als sei er mit Zahlungen von C Co verrechnet worden, die zu einer importierten Besteuerungsinkongruenz

führen. Die Höhe des Betriebsausgabenabzugs, der so behandelt wird, als sei er mit einer zu einer importierten Besteuerungsinkongruenz führenden Zahlung von C Co verrechnet worden, wird auf derselben Basis berechnet, wie nach der Regel für direkt importierte Besteuerungsinkongruenzen:

$$\text{Von D Co getätigte Zahlungen, die zu einer importierten Besteuerungsinkongruenz führen} \times \frac{\text{Hybrider Betriebsausgabenabzug von B Co 2}}{\text{Von B Co 2 erhaltene Zahlungen, die zu einer importierten Besteuerungsinkongruenz führen}} = 100 \times \frac{100}{100} = 100$$

C Co sollte daher ein Betriebsausgabenabzug in Höhe von 100 Geldeinheiten versagt werden.

## *Steuerposition nach Anwendung der Regel für importierte Besteuerungsinkongruenzen*

24. Die Anpassung nach der Regel für importierte Besteuerungsinkongruenzen hat zur Folge, dass D Co ein Abzug für die Gesamthöhe der Zinszahlungen in Jahr 1 versagt wird. Hierdurch wird der Gesamtbetrag der ordentlichen Einnahmen in dieser Struktur mit der Höhe der Gesamteinnahmen im Rahmen der Gestaltung in Einklang gebracht. Die nachstehenden Tabellen stellen die Steuerposition des Konzerns ABCD nach Anwendung der Regel für importierte Besteuerungsinkongruenz am Ende des ersten Jahres dar.

**Jahr 1**

| Staat A – A Co | Steuer | Verbuchung | Staat B – B Co 1 | Steuer | Verbuchung |
|---|---|---|---|---|---|
| Einnahmen | | | Einnahmen | | |
| Von B Co 1 gezahlte Zinsen | - | 200 | Von C Co gezahlte Zinsen | 100 | 100 |
| Von C Co an B Co 1 gezahlte Zinsen | 100 | - | | | |
| | | | Ausgaben | | |
| | | | An A Co gezahlte Zinsen | (200) | (200) |
| | | | **Nettogewinn** | | **(100)** |
| | | | Steuerpflichtige Einkünfte | (100) | |
| | | | Verlustübertragung an B Co 2 | 100 | |
| | | | **Verlustvortrag** | **0** | |
| | | | **B Co 2** | | |
| | | | Einnahmen | | |
| | | | Von D Co gezahlte Zinsen | 100 | 100 |
| | | | Ausgaben | | |
| | | | Verlustübertragung | **(100)** | - |
| **Nettogewinn** | | **200** | **Nettogewinn** | | **100** |
| **Steuerpflichtige Einkünfte** | **100** | | **Steuerpflichtige Einkünfte** | **0** | |

**Jahr 1**

| Rechtsvorschriften von Staat C – C Co | Steuer | Verbuchung | Rechtsvorschriften von Staat D – D Co | Steuer | Verbuchung |
|---|---|---|---|---|---|
| Einnahmen | | | Einnahmen | | |
| Betriebsergebnis | 100 | 100 | Betriebsergebnis | 100 | 100 |
| Ausgaben | | | Ausgaben | | |
| An B Co 1 gezahlte Zinsen | (100) | (100) | An B Co 2 gezahlte Zinsen | - | (100) |
| **Nettogewinn** | | **0** | **Nettogewinn** | | **0** |
| **Steuerpflichtige Einkünfte** | **0** | | **Steuerpflichtige Einkünfte** | **100** | |

## Ablaufdiagramm 1 (Beispiel 8.11)

**Neutralisierung eines hybriden Betriebsausgabenabzugs nach der Regel für strukturierte und direkt importierte Besteuerungsinkongruenzen**

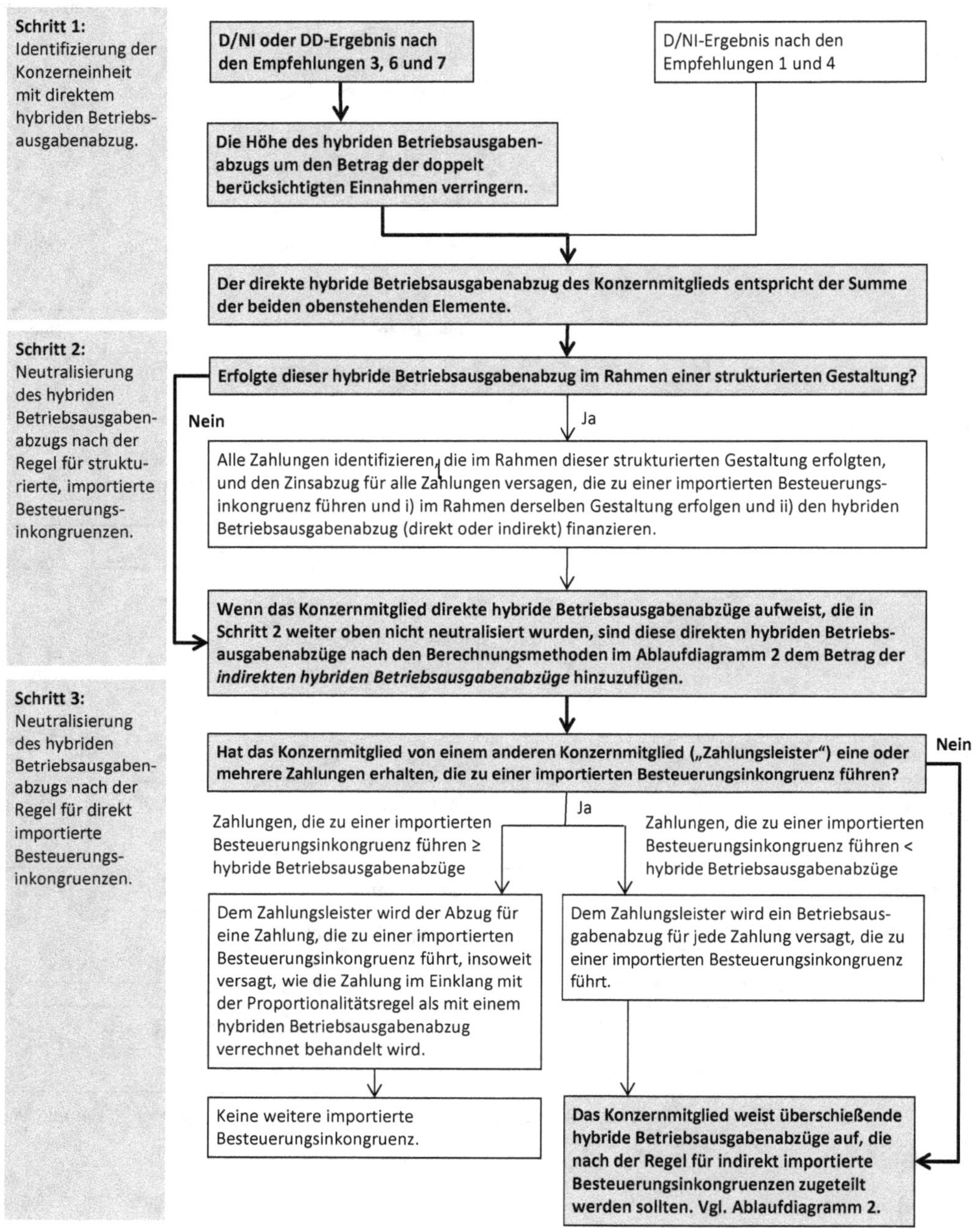

## Ablaufdiagramm 2 (Beispiel 8.11)

### Aufteilung des überschießenden hybriden Betriebsausgabenabzugs nach der Regel für indirekt importierte Besteuerungsinkongruenzen

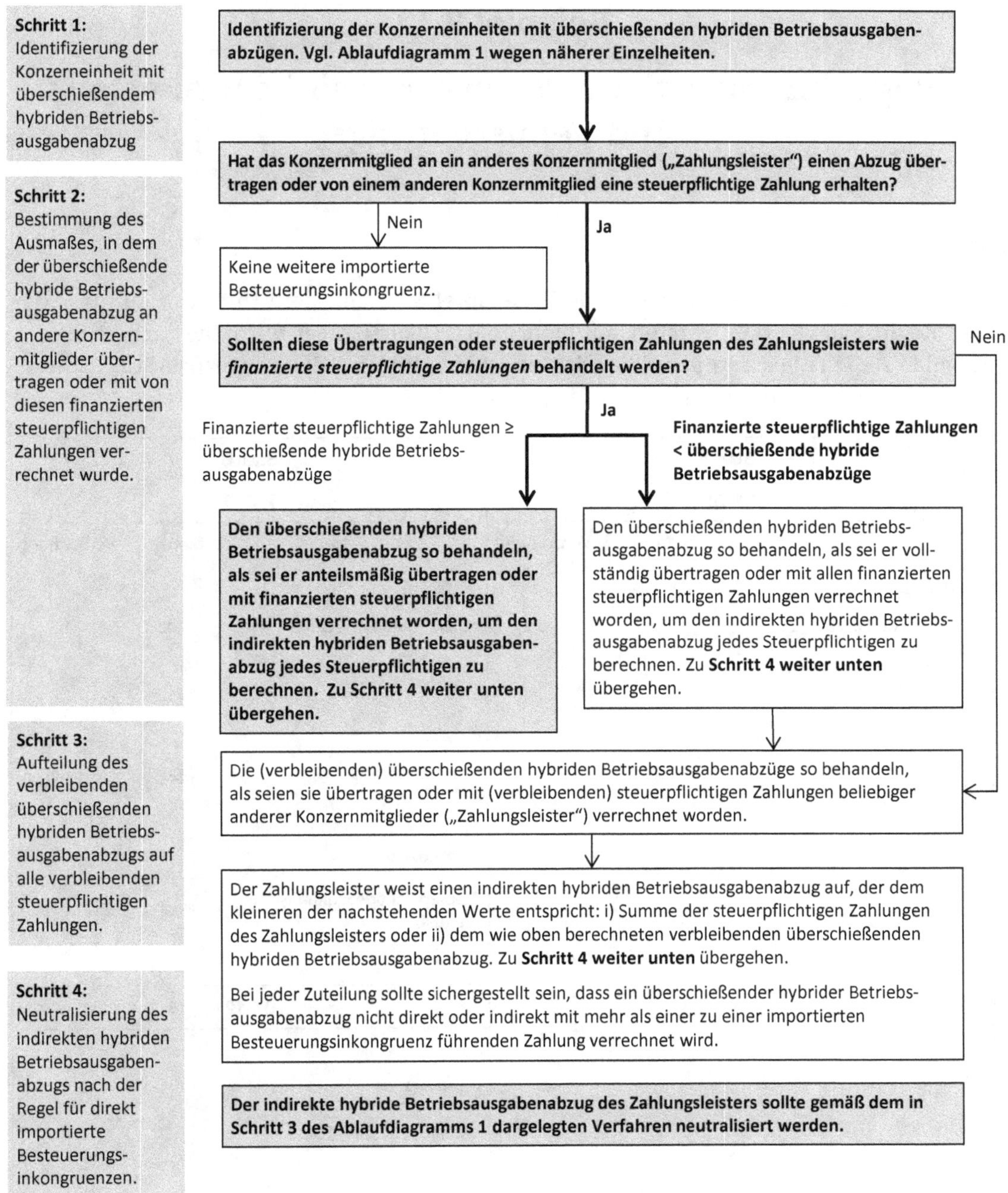

# Beispiel 8.12

# Regel für importierte Besteuerungsinkongruenzen und Verlustvorträge

## Sachverhalt

1. Der Sachverhalt ist derselbe wie in **Beispiel 8.11**, mit dem Unterschied, dass der Nettoverlust von B Co 1 im ersten Jahr nicht an B Co 2 übertragen wird. Die nachstehenden Tabellen stellen die Steuerposition jedes einzelnen Mitglieds des Konzerns ABCD in dieser Struktur am Ende des ersten Jahres dar.

| | **Staat A** | | | **Staat B** | | |
|---|---|---|---|---|---|---|
| | **A Co** | | | **B Co 1** | | |
| | | **Steuer** | **Verbuchung** | | **Steuer** | **Verbuchung** |
| **Jahr 1** | Einnahmen | | | Einnahmen | | |
| | Von B Co 1 gezahlte Zinsen | - | 200 | Von C Co gezahlte Zinsen | 100 | 100 |
| | Von C Co an B Co 1 gezahlte Zinsen | 100 | - | | | |
| | | | | Ausgaben | | |
| | | | | An A Co gezahlte Zinsen | (200) | (200) |
| | | | | **Nettogewinn** | | **(100)** |
| | | | | **Steuerpflichtige Einkünfte (Verlust)** | **(100)** | |
| | | | | **B Co 2** | | |
| | | | | Einnahmen | | |
| | | | | Von D Co gezahlte Zinsen | 100 | 100 |
| | **Nettogewinn** | | **200** | **Nettogewinn** | | **100** |
| | **Steuerpflichtige Einkünfte** | **100** | | **Steuerpflichtige Einkünfte** | **100** | |

| Jahr 1 | Rechtsvorschriften von Staat C<br>C Co | | | Rechtsvorschriften von Staat D<br>D Co | | |
|---|---|---|---|---|---|---|
| | | Steuer | Verbuchung | | Steuer | Verbuchung |
| | Einnahmen | | | Einnahmen | | |
| | Betriebsergebnis | 100 | 100 | Betriebsergebnis | 100 | 100 |
| | Ausgaben | | | Ausgaben | | |
| | An B Co 1 gezahlte Zinsen | (100) | (100) | An B Co 2 gezahlte Zinsen | (100) | (100) |
| | **Nettogewinn** | | **0** | **Nettogewinn** | | **0** |
| | **Steuerpflichtige Einkünfte** | **0** | | **Steuerpflichtige Einkünfte** | **0** | |

2. Die nachstehenden Tabellen stellen die Steuerposition jedes einzelnen Mitglieds des Konzerns ABCD in dieser Struktur am Ende des zweiten Jahres dar.

| Jahr 2 | Staat A<br>A Co | | | Staat B<br>B Co 1 | | |
|---|---|---|---|---|---|---|
| | | Steuer | Verbuchung | | Steuer | Verbuchung |
| | Einnahmen | | | Einnahmen | | |
| | Von B Co 1 gezahlte Zinsen | - | 200 | Von C Co gezahlte Zinsen | 300 | 300 |
| | Von C Co an B Co 1 gezahlte Zinsen | 300 | - | | | |
| | | | | Ausgaben | | |
| | | | | An A Co gezahlte Zinsen | (200) | (200) |
| | **Nettogewinn** | | **200** | **Nettogewinn** | | **100** |
| | **Steuerpflichtige Einkünfte** | **300** | | Steuerpflichtige Einkünfte | 100 | |
| | Besteuerung der Einkünfte (30%) | (90) | | Verlustvortrag | (100) | |
| | | | | Bereinigtes Einkommen | 0 | |
| | Zu entrichtende Steuern | | (90) | Zu entrichtende Steuern | | 0 |
| | **Ergebnis nach Steuern** | | **110** | **Ergebnis nach Steuern** | | **100** |
| | | | | **B Co 2** | | |
| | | | | Einnahmen | | |
| | | | | Von D Co gezahlte Zinsen | 100 | 100 |
| | | | | **Nettogewinn** | | **100** |
| | | | | **Steuerpflichtige Einkünfte** | **100** | |

| Jahr 2 | Rechtsvorschriften von Staat C<br>C Co | | | Rechtsvorschriften von Staat D<br>D Co | | |
|---|---|---|---|---|---|---|
| | | **Steuer** | **Verbuchung** | | **Steuer** | **Verbuchung** |
| | Einnahmen | | | Einnahmen | | |
| | Betriebsergebnis | 300 | 300 | Betriebsergebnis | 100 | 100 |
| | Ausgaben | | | Ausgaben | | |
| | An B Co 1 gezahlte Zinsen | (300) | (300) | An B Co 2 gezahlte Zinsen | (100) | (100) |
| | **Nettogewinn** | | 0 | **Nettogewinn** | | 0 |
| | **Steuerpflichtige Einkünfte** | 0 | | **Steuerpflichtige Einkünfte** | 0 | |

## *Ergebnis nach den Rechtsvorschriften von Staat A*

3. A Co hat Nettoeinnahmen von 100 Geldeinheiten in Jahr 1 und 300 Geldeinheiten in Jahr 2. A behandelt diese Beträge wie ordentliche Einnahmen.

## *Ergebnis nach den Rechtsvorschriften von Staat B*

4. In Jahr 1 verzeichnet B Co 1 einen Nettoverlust von 100 Geldeinheiten (Zinseinkünfte von 100 Geldeinheiten und ein Abzug von 200 Geldeinheiten), während B Co 2 Nettoeinnahmen von 100 Geldeinheiten aufweist. Der Nettoverlust von B Co 1 wird in das folgende Jahr übertragen und in Jahr 2 mit den doppelt berücksichtigten Einnahmen verrechnet. Dementsprechend verzeichnet B Co 1 in Jahr 2 ein bereinigtes steuerpflichtiges Einkommen von 0 Geldeinheiten (Zinseinkünfte von 300 Geldeinheiten, ein Abzug von 200 Geldeinheiten und eine Verlustübertragung von 100 Geldeinheiten) und B Co 2 Nettoeinnahmen von 100 Geldeinheiten.

## *Ergebnis nach den Rechtsvorschriften von Staat C und Staat D*

5. C Co und D Co* weisen Einnahmen auf, die ihren Ausgaben entsprechen, und verzeichnen daher in keinem der beiden Jahre Nettoeinnahmen.

# Frage

6. Unterliegen die Zinszahlungen von D Co nach der Regel für importierte Besteuerungsinkongruenzen einer Anpassung, und falls ja, wie bestimmt sich die Höhe der nach der Regel erforderlichen Anpassung?

# Antwort

7. Da B Co 1 seinen Verlust aus Jahr 1 nach den Organschaftsregeln nicht an B Co 2 überträgt, werden die Einnahmen von B Co 2 aus der zu einer importierten Besteuerungsinkongruenz führenden Zahlung mit keinem hybriden Betriebsausgabenabzug verrechnet. Folglich bedarf es nach der Regel für importierte Besteuerungsinkongruenzen keinerlei Anpassungen für

* Anmerkung des Übersetzers: Im Originaltext heißt es „Country C and D", was aber wahrscheinlich ein Fehler ist.

die von C Co an D Co geleisteten Zahlungen. Vgl. die Ablaufdiagramme am Ende dieses Beispiels, in denen die Schritte aufgeführt sind, die zur Anwendung der Regel für importierte Besteuerungsinkongruenzen zu befolgen sind.

## Analyse

### *Die Zinszahlungen von B Co 1 erfolgen nicht im Rahmen einer strukturierten Gestaltung*

8. Das Darlehen zwischen A Co und B Co 1 wird unabhängig von den anderen konzerninternen Finanzierungsvereinbarungen abgeschlossen. Soweit ein solches Darlehen nicht im Rahmen einer größeren Struktur, Planung oder Abmachung aufgenommen wurde, die darauf ausgerichtet war, den Effekt einer Besteuerungsinkongruenz in Staat C oder D zu importieren, sollte die Zinszahlung von B Co 1 an A Co nicht so behandelt werden, als sei sie im Rahmen einer strukturierten, zu einer importierten Besteuerungsinkongruenz führenden Gestaltung erfolgt.

### *Der hybride Betriebsausgabenabzug von B Co 1 wird nicht nach der Regel für strukturierte oder direkt importierte Besteuerungsinkongruenzen mit einer Zahlung verrechnet, die zu einer importierten Besteuerungsinkongruenz führt*

#### Schritt 1 – *Die nicht berücksichtigte hybride Zahlung von B Co 1 führt zu einem direkten hybriden Betriebsausgabenabzug*

9. Die Zinszahlung von B Co 1 an A Co ist eine unberücksichtigte hybride Zahlung. Jeder für diese Zahlung geltend gemachte Abzug ist ein direkter hybrider Betriebsausgabenabzug, soweit er die doppelt berücksichtigten Einnahmen des Zahlungsleisters übersteigt. In diesem Fall übersteigen die unberücksichtigten Zinszahlungen von B Co 1 in Jahr 1 (200 Geldeinheiten) die doppelt berücksichtigten Einnahmen von B Co 1 im betreffenden Jahr (100 Geldeinheiten); dementsprechend verzeichnet B Co 1 in Jahr 1 einen hybriden Betriebsausgabenabzug von 100 Geldeinheiten.

#### Schritt 2 – *Die Regel für strukturierte importierte Besteuerungsinkongruenzen findet keine Anwendung*

10. Der Sachverhalt dieses Beispiels basiert auf der Annahme, dass die unberücksichtigte hybride Zahlung nicht im Rahmen einer größeren strukturierten, zu einer importierten Besteuerungsinkongruenz führenden Gestaltung erfolgt. Daher findet die Regel für strukturierte importierte Besteuerungsinkongruenzen keine Anwendung.

#### Schritt 3 – *Die Regel für direkt importierte Besteuerungsinkongruenzen findet keine Anwendung*

11. In diesem Fall findet die Regel für direkt importierte Besteuerungsinkongruenzen keine Anwendung, da B Co 1 von keinem anderen Konzernmitglied direkt Zahlungen erhält, die zu einer importierten Besteuerungsinkongruenz führen.

### *Die von D Co in Jahr 1 geleistete Zinszahlung sollte nach der Regel für indirekt importierte Besteuerungsinkongruenzen einer Anpassung unterliegen*

12. Da der hybride Betriebsausgabenabzug von B Co 1 nicht nach der Regel für strukturierte oder direkt importierte Besteuerungsinkongruenzen neutralisiert wurde, findet die Regel für indirekt importierte Besteuerungsinkongruenzen Anwendung, um zu bestimmen, inwieweit der überschießende hybride Betriebsausgabenabzug von B Co 1 so behandelt werden sollte, als führe er für ein anderes Konzernmitglied zu einem indirekten hybriden Betriebsausgabenabzug.

### *Schritt 1 – B Co 1 weist überschießende hybride Betriebsausgabenabzüge von 100 Geldeinheiten auf*

13. In diesem Fall handelt es sich bei dem überschießenden hybriden Betriebsausgabenabzug von B Co 1 um den Betrag des hybriden Betriebsausgabenabzugs, der im Rahmen des hybriden Finanzinstruments entsteht (100 Geldeinheiten), abzüglich des Betrags der nach der Regel für strukturierte oder direkt importierte Besteuerungsinkongruenzen neutralisierten hybriden Betriebsausgaben (0 Geldeinheiten).

### *Schritt 2 – Der überschießende hybride Betriebsausgabenabzug von B Co 1 wird weder übertragen noch mit einer steuerpflichtigen Zahlung eines anderen Konzernmitglieds verrechnet*

14. Der überschießende hybride Betriebsausgabenabzug von B Co 1 wird weder nach der Organschaftsregel übertragen noch mit einer steuerpflichtigen Zahlung eines anderen Konzernmitglieds verrechnet. Daher wird der hybride Betriebsausgabenabzug nicht so behandelt, als führe er für ein anderes beliebiges Konzernmitglied zu einem indirekten hybriden Betriebsausgabenabzug. Allerdings weist B Co 1 einen überschießenden hybriden Betriebsausgabenabzug auf, der – in einen Nettoverlust umgewandelt – in den nachfolgenden Veranlagungszeitraum übertragen wird. Der übertragene Verlust sollte so behandelt werden, als führe er in diesem Zeitraum zu einem hybriden Betriebsausgabenabzug (vgl. die Analyse in **Beispiel 8.15**). Da der hybride Betriebsausgabenabzug in diesem Fall aber in Bezug auf eine unberücksichtigte Zahlung aufgetreten ist und mit den doppelt berücksichtigten Einnahmen im Folgejahr verrechnet wird, ist der Nettoeffekt des hybriden Betriebsausgabenabzugs neutralisiert und wird in Jahr 2 keine importierte Besteuerungsinkongruenz generiert. Die Übertragung des Nettoverlustes hebt die Anrechnung der ausländischen Steuer auf, die A Co andernfalls in Jahr 2 hätte in Anspruch nehmen können, wodurch der Gesamtbetrag der ordentlichen Einnahmen im Rahmen der Struktur mit dem Gesamtertrag des Konzerns in Einklang gebracht wurde.

## Ablaufdiagramm 1 (Beispiel 8.12)

### Neutralisierung eines hybriden Betriebsausgabenabzugs nach der Regel für strukturierte und direkt importierte Besteuerungsinkongruenzen

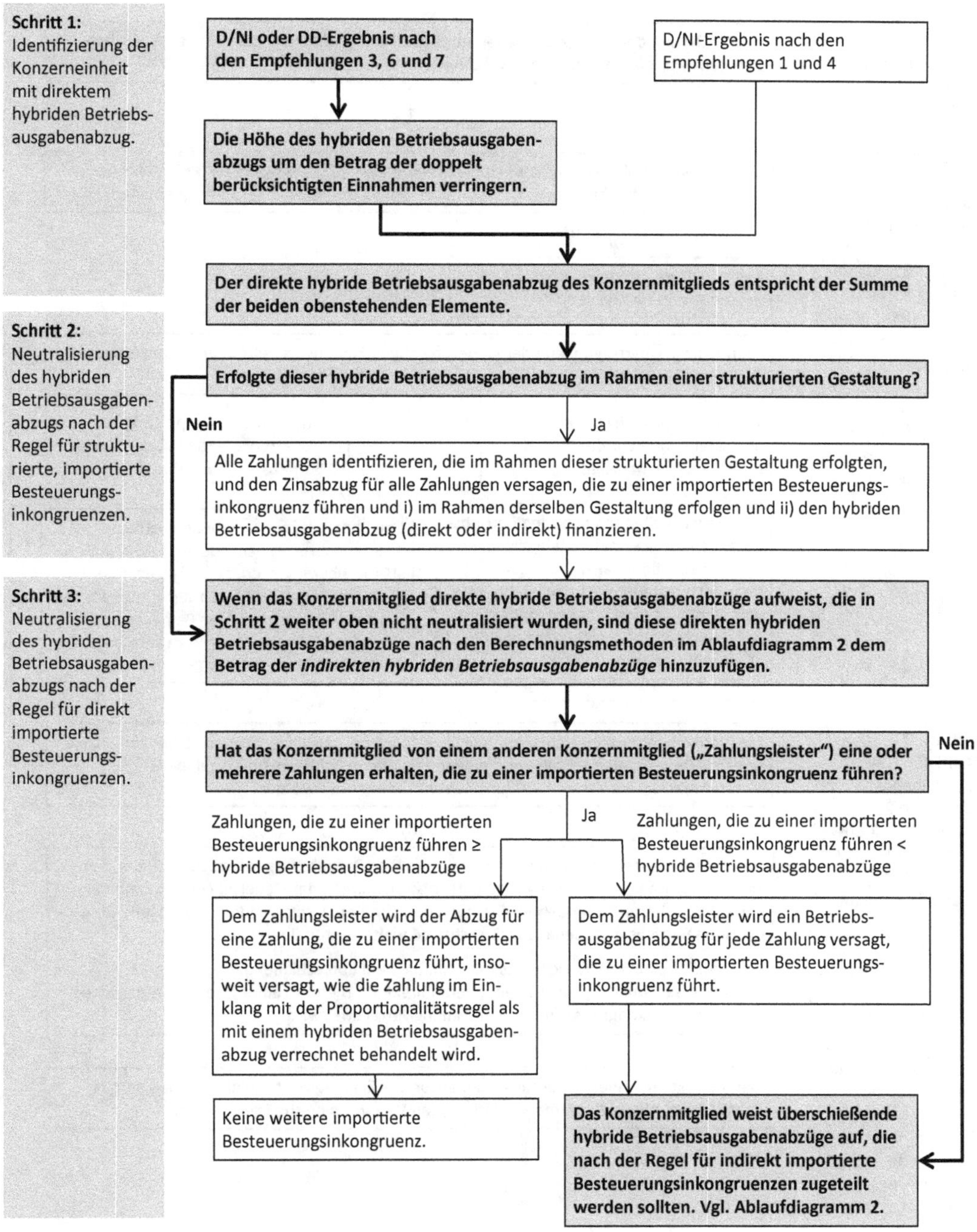

## Ablaufdiagramm 2 (Beispiel 8.12)

### Aufteilung des überschießenden hybriden Betriebsausgabenabzugs nach der Regel für indirekt importierte Besteuerungsinkongruenzen

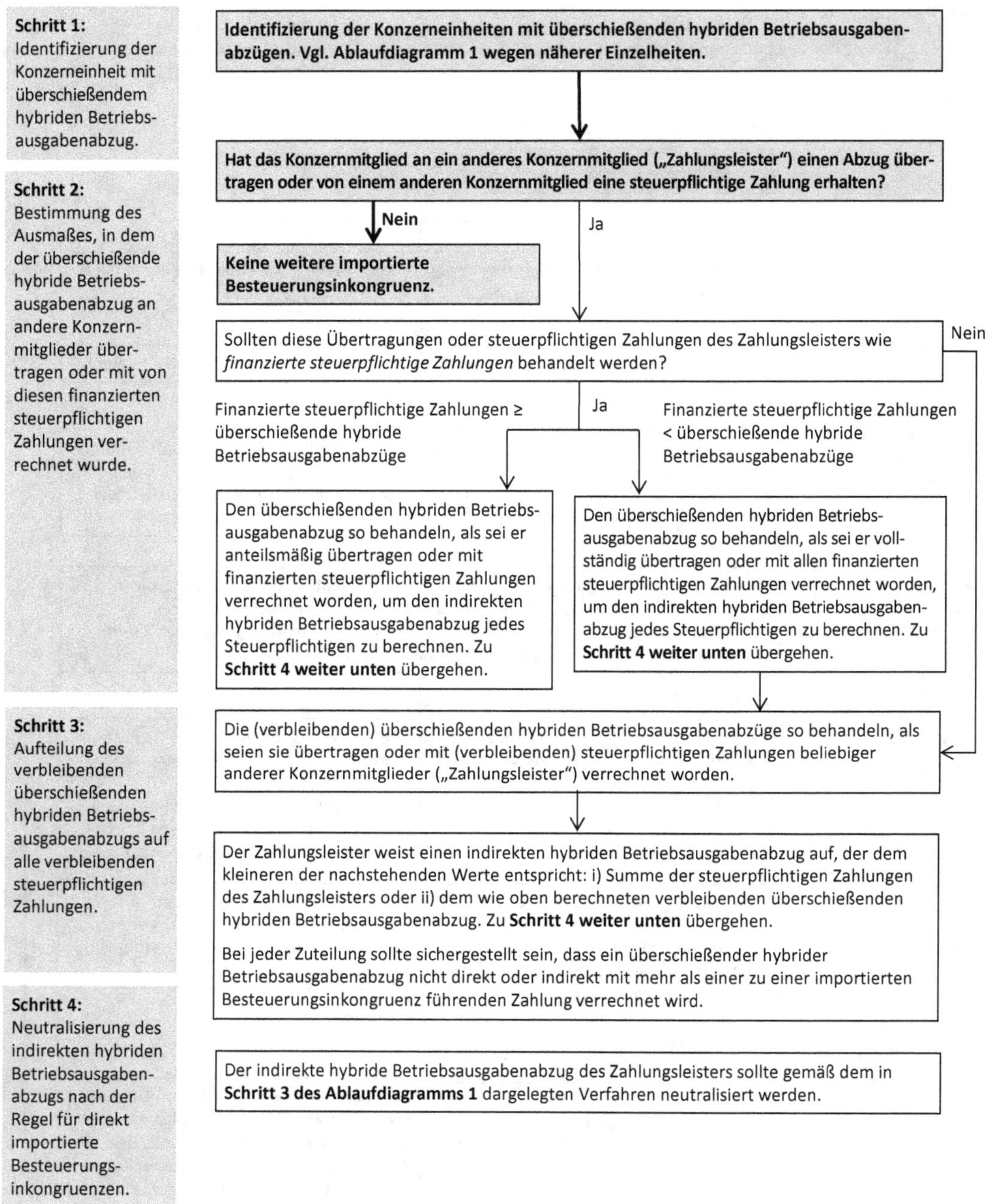

# Beispiel 8.13

# Abzugsfähige hybride Zahlungen, umgekehrt hybride Rechtsträger (Reverse Hybrids) und die Regel für importierte Besteuerungsinkongruenzen

## Sachverhalt

1. Die nachstehende Abbildung stellt konzerninterne Finanzierungsgestaltungen zwischen Unternehmen dar, die dem Konzern ABCD angehören. A Co ist die Muttergesellschaft des Konzerns und in Staat A ansässig. B Co 1 und C Co sind beide direkte Tochtergesellschaften von A Co und haben ihren Sitz in Staat B bzw. Staat C. B Co 2, ein in Staat B ansässiges Unternehmen, ist eine 100%ige Tochtergesellschaft von B Co 1, und D Co, ein in Staat D ansässiges Unternehmen, ist eine Tochtergesellschaft von C Co.

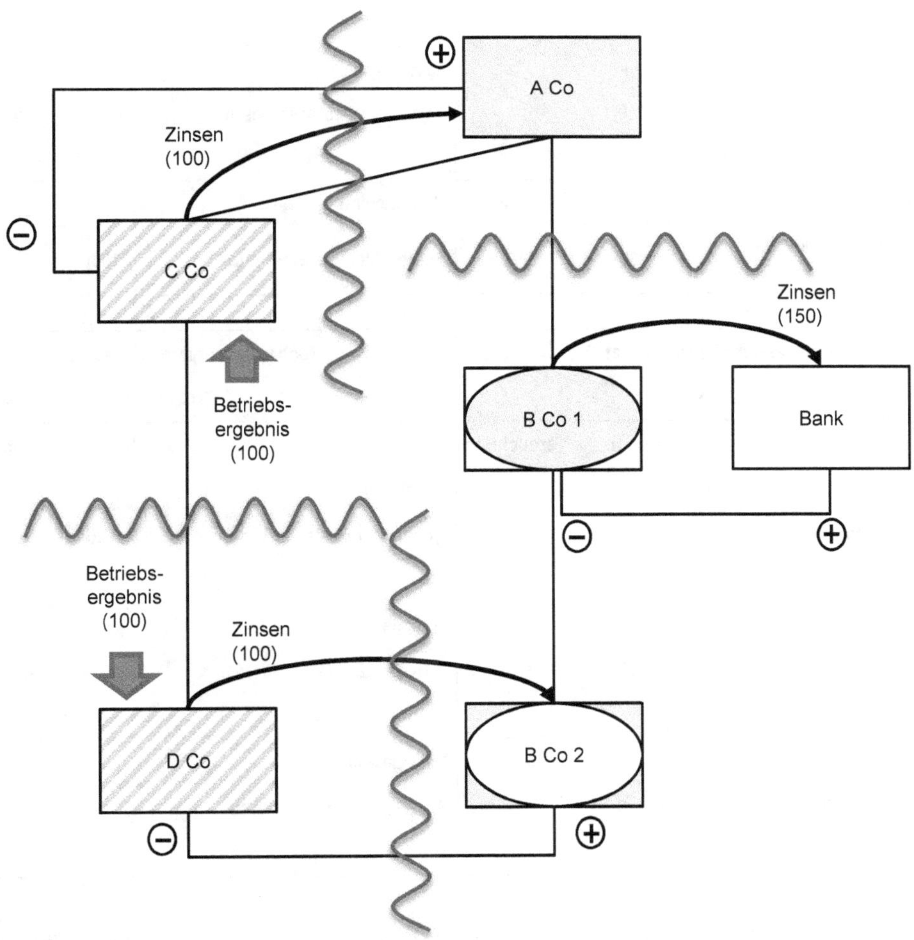

2. B Co 1 ist ein hybrider Rechtsträger, d.h. ein Rechtsträger, der für Steuerzwecke in Staat B wie ein selbstständiger Rechtsträger und in Staat A wie ein steuerlich transparenter Rechtsträger behandelt wird. B Co 2 ist ein umgekehrt hybrider Rechtsträger, was bedeutet, dass er nach dem Steuerrecht von Staat A und Staat D wie ein selbstständiger Rechtsträger behandelt wird, nach den Rechtsvorschriften von Staat B hingegen wie ein steuerlich transparenter Rechtsträger.

3. Die Finanzierungsvereinbarungen für den Konzern werden in der obenstehenden Abbildung veranschaulicht. Jede dieser Finanzierungsvereinbarungen wird unabhängig voneinander eingegangen, und alle sind nicht Teil einer einheitlichen Struktur, Planung oder Abmachung. C Co zahlt Zinsen in Höhe von 100 Geldeinheiten für das Darlehen von A Co, und D Co zahlt Zinsen in Höhe von 100 Geldeinheiten für das Darlehen von B Co 2. B Co 1 entrichtet Zinsen von 150 Geldeinheiten für sein Bankdarlehen. Die untenstehende Tabelle veranschaulicht die Nettoeinnahmen und -ausgaben der Konzerneinheiten.

| **Staat A**<br>**A Co** | | | **Staat B**<br>**B Co 1 und B Co 2 kombiniert** | | |
|---|---|---|---|---|---|
| | **Steuer** | **Verbuchung** | | **Steuer** | **Verbuchung** |
| Einnahmen | | | Einnahmen | | |
| Von C Co gezahlte Zinsen | 100 | 100 | Von D Co gezahlte Zinsen | 100 | 100 |
| Ausgaben | | | Ausgaben | | |
| Von B Co 1 gezahlte Zinsen | (150) | - | Von B Co 1 gezahlte Zinsen | (150) | (150) |
| **Nettogewinn** | | **100** | **Nettogewinn** | | **(50)** |
| **Steuerpflichtige Einkünfte (Verlust)** | **(50)** | | **Steuerpflichtige Einkünfte** | **(50)** | |

| **Rechtsvorschriften von Staat C**<br>**C Co** | | | **Rechtsvorschriften von Staat D**<br>**D Co** | | |
|---|---|---|---|---|---|
| | **Steuer** | **Verbuchung** | | **Steuer** | **Verbuchung** |
| Einnahmen | | | Einnahmen | | |
| Betriebsergebnis | 100 | 100 | Betriebsergebnis | 100 | 100 |
| Ausgaben | | | Ausgaben | | |
| An A Co gezahlte Zinsen | (100) | (100) | An B Co 2 gezahlte Zinsen | (100) | (100) |
| **Nettogewinn** | | **0** | **Nettogewinn** | | **0** |
| **Steuerpflichtige Einkünfte** | **0** | | **Steuerpflichtige Einkünfte** | **0** | |

4. Da B Co 1 nach den Rechtsvorschriften von Staat A wie ein transparenter Rechtsträger behandelt wird, werden die Steuerpositionen von A Co und B Co 1 kombiniert. Die Kombination der Konten von A Co und B Co 1 bedeutet, dass die Zahlung von 150 Geld-

einheiten von B Co 1 an die Bank sowohl in Staat A als auch in Staat B abzugsfähig ist (DD-Ergebnis). Nach den Rechtsvorschriften von Staat B werden die Positionen von B Co 1 und B Co 2 kombiniert, da B Co 2 ein umgekehrt hybrider Rechtsträger (Reverse Hybrid) ist; folglich wird die Zahlung von 100 Geldeinheiten von C Co an B Co 2 so behandelt, als sei sie direkt von B Co 1 bezogen worden. Bei dieser Zahlung handelt es sich dennoch nicht um doppelt berücksichtigte Einnahmen.

5. Staat C und Staat D haben das gesamte Spektrum der in diesem Bericht dargelegten Empfehlungen umgesetzt. Für die Zwecke dieses Beispiels wird unterstellt, dass die Regel für strukturierte importierte Besteuerungsinkongruenzen keine Anwendung findet.

## Frage

6. Unterliegen die Zinszahlungen von C Co oder D Co nach der Regel für importierte Besteuerungsinkongruenzen einer Anpassung, und falls ja, wie bestimmt sich die Höhe der nach der Regel erforderlichen Anpassung?

## Antwort

7. Staat C und Staat D sollten die Regel für direkt importierte Besteuerungsinkongruenzen anwenden, um einen Abzug für die Hälfte der Zinszahlungen von C Co und D Co zu versagen. Vgl. das Ablaufdiagramm am Ende dieses Beispiels, in dem die Schritte aufgeführt sind, die zur Anwendung der Regel für importierte Besteuerungsinkongruenzen zu befolgen sind.

## Analyse

### *Die Zinszahlungen von B Co 1 erfolgen nicht im Rahmen einer strukturierten Gestaltung*

8. Das Bankdarlehen von B Co 1 wird unabhängig von den konzerninternen Finanzierungsvereinbarungen erteilt. Soweit ein solches Darlehen nicht im Rahmen einer größeren Struktur, Planung oder Abmachung abgeschlossen wurde, die darauf ausgerichtet war, den Effekt einer Besteuerungsinkongruenz in Staat C oder D zu importieren, sollte die Zinszahlung von B Co 1 an die Bank nicht so behandelt werden, als sei sie im Rahmen einer strukturierten, zu einer importierten Besteuerungsinkongruenz führenden Gestaltung erfolgt.

### *Die Zinszahlung von C Co und D Co wird mit demselben hybriden Betriebsausgabenabzug verrechnet*

9. B Co 1 leistet eine abzugsfähige hybride Zahlung von 150 Geldeinheiten, die zu einem DD-Ergebnis führt. Der daraus resultierende hybride Betriebsausgabenabzug wird automatisch mit den Einkünften aus der Zinszahlung von C Co an A Co und der Zinszahlung von D Co an B Co 2 verrechnet. Da es sich aber um eine DD-Struktur handelt, werden die Zahlungen von C Co und D Co effektiv mit demselben hybriden Betriebsausgabenabzug verrechnet, und diese beiden Zahlungen sollten bei der Anwendung des Proportionalitätsansatzes nach der Regel für direkt importierte Besteuerungsinkongruenzen berücksichtigt werden.

### *Die von C Co und D Co geleisteten Zinszahlungen sollten nach der Regel für direkt importierte Besteuerungsinkongruenzen einer Anpassung unterliegen*

#### Schritt 1 – *Die abzugsfähige hybride Zahlung von B Co 1 führt zu einem direkten hybriden Abzug nach den Rechtsvorschriften von Staat A und von Staat B*

10. Die Zinszahlung von B Co 1 an die Bank ist eine abzugsfähige hybride Zahlung. Jeder für diese Zahlung geltend gemachte Abzug ist ein direkter hybrider Betriebsausgabenabzug, soweit er die doppelt berücksichtigten Einnahmen des Zahlungsleisters übersteigt. In diesem Fall wird die abzugsfähige Zahlung durch keinerlei doppelt berücksichtigte Einnahmen reduziert, so dass die Zinszahlung von B Co 1 nach den Rechtsvorschriften von Staat A und von Staat B zu einem direkten hybriden Betriebsausgabenabzug von 150 Geldeinheiten führt.

#### Schritt 2 – *Die Regel für strukturierte importierte Besteuerungsinkongruenzen findet keine Anwendung*

11. Der Sachverhalt dieses Beispiels basiert auf der Annahme, dass die abzugsfähige hybride Zahlung nicht im Rahmen einer strukturierten, zu einer importierten Besteuerungsinkongruenz führenden Gestaltung erfolgt. Daher findet die Regel für strukturierte importierte Besteuerungsinkongruenzen keine Anwendung.

#### Schritt 3 – *Die von C Co und D Co getätigten Zahlungen, die zu einer importierten Besteuerungsinkongruenz führen, sollten nach der Regel für direkt importierte Besteuerungsinkongruenzen als mit dem gleichen hybriden Betriebsausgabenabzug verrechnet behandelt werden*

12. Die Regel für direkt importierte Besteuerungsinkongruenzen sollte in Staat C und in Staat D angewendet werden, um C Co bzw. D Co den Abzug für die an A Co bzw. B Co 2 geleisteten Zinszahlungen zu versagen. Da Staat C und Staat D die Regel für direkt importierte Besteuerungsinkongruenzen auf denselben hybriden Abzug anwenden, sollten sie die Proportionalitätsregel hinzuziehen, um zu bestimmen, inwieweit die zu einer importierten Besteuerungsinkongruenz führende Zahlung mit demselben hybriden Abzug verrechnet wurde.

13. Die Leitlinien zur Regel für importierte Besteuerungsinkongruenzen enthalten eine Proportionalitätsformel, die genutzt werden kann, um zu bestimmen, inwieweit eine Zahlung, die zu einer importierten Besteuerungsinkongruenz führt, direkt mit den hybriden Betriebsausgabenabzügen eines Kontrahenten verrechnet worden ist. Die Formel lautet wie folgt:

$$\text{Vom Zahlungsleister getätigte Zahlung, die zu einer importierten Besteuerungsinkongruenz führt} \times \frac{\text{Gesamtbetrag der angefallenen verbleibenden hybriden Betriebsausgabenabzüge}}{\text{Gesamtbetrag der erhaltenen Zahlungen, die zu einer importierten Besteuerungsinkongruenz führen}}$$

14. Wie weiter oben beobachtet, wird in diesem Fall ein und derselbe hybride Betriebsausgabenabzug mit zwei zu einer importierten Besteuerungsinkongruenz führenden Zahlungen (von C Co und D Co) verrechnet, wobei der Betrag dieser Zahlungen, die als mit dem hybriden Abzug verrechnet behandelt werden sollten, wie folgt berechnet wird:

$$\frac{\text{Hybrider Betriebsausgabenabzug von B Co 1}}{\text{Von A Co und B Co 2 erhaltene Zahlungen, die zu einer importierten Besteuerungsinkongruenz führen}} = \frac{150}{100 + 100} = \frac{150}{200} = \frac{3}{4}$$

15. Die Anwendung dieses Werts nach den Regeln für importierte Besteuerungsinkongruenzen in Staat C und in Staat D ergibt, dass der nach den Rechtsvorschriften von Staat C versagte Betriebsausgabenabzug 75 Geldeinheiten (d.h. 3/4 x 100) und der nach den Rechtsvorschriften von Staat D versagte Betriebsausgabenabzug 75 Geldeinheiten (d.h. 3/4 x 100) beträgt.

Die Nettoeinnahmen der Konzernunternehmen nach Anwendung der Regel für importierte Besteuerungsinkongruenzen sind in der nachstehenden Tabelle dargestellt.

| **Staat A**<br>**A Co** | | | **Staat B**<br>**B Co 1 und B Co 2 kombiniert** | | |
|---|---|---|---|---|---|
| | **Steuer** | **Verbuchung** | | **Steuer** | **Verbuchung** |
| Einnahmen | | | Einnahmen | | |
| Von C Co gezahlte Zinsen | 100 | 100 | Von D Co gezahlte Zinsen | 100 | 100 |
| Ausgaben | | | Ausgaben | | |
| Von B Co 1 gezahlte Zinsen | (150) | - | Von B Co 1 gezahlte Zinsen | (150) | (150) |
| **Nettogewinn** | | **100** | **Nettogewinn** | | **(50)** |
| **Steuerpflichtige Einkünfte (Verlust)** | **(50)** | | **Steuerpflichtige Einkünfte** | **(50)** | |

| **Rechtsvorschriften von Staat C**<br>**C Co** | | | **Rechtsvorschriften von Staat D**<br>**D Co** | | |
|---|---|---|---|---|---|
| | **Steuer** | **Verbuchung** | | **Steuer** | **Verbuchung** |
| Einnahmen | | | Einnahmen | | |
| Betriebsergebnis | 100 | 100 | Betriebsergebnis | 100 | 100 |
| Ausgaben | | | Ausgaben | | |
| An A Co gezahlte Zinsen | (25) | (100) | An B Co 2 gezahlte Zinsen | (25) | (100) |
| **Nettogewinn** | | **0** | **Nettogewinn** | | **0** |
| **Steuerpflichtige Einkünfte** | **75** | | **Steuerpflichtige Einkünfte** | **75** | |

## Ablaufdiagramm 1 (Beispiel 8.13)

### Neutralisierung eines hybriden Betriebsausgabenabzugs nach der Regel für strukturierte und direkt importierte Besteuerungsinkongruenzen

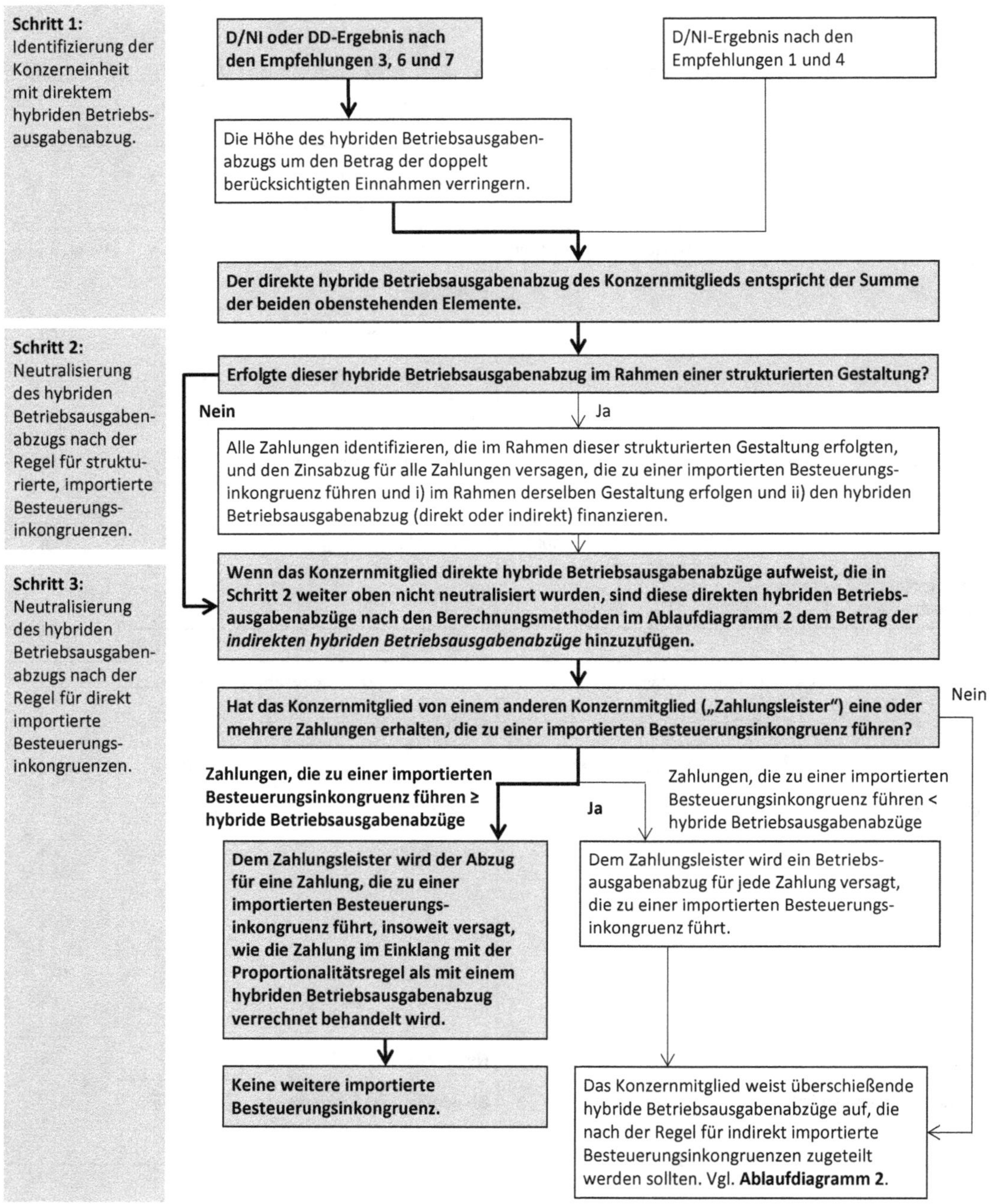

# Beispiel 8.14

# Abzugsfähige hybride Zahlungen, Organschaftsregel und Regel für importierte Besteuerungsinkongruenzen

## Sachverhalt

1. Der in der nachstehenden Abbildung veranschaulichte Sachverhalt entspricht dem in **Beispiel 8.13** mit dem Unterschied, dass B Co 2 kein umgekehrt hybrider Rechtsträger (Reverse Hybrid), sondern für die Zwecke der steuerlichen Behandlung nach den Rechtsvorschriften von Staat B ein Mitglied derselben Organschaft ist. Als Mitglied einer Organschaft berechnen die Unternehmen ihre Einnahmen (oder Verluste) so, als seien sie eigenständige Rechtsträger, können aber etwaige Nettoverluste an ein anderes Mitglied der Organschaft übertragen und sie mit den Einnahmen dieses Mitglieds in derselben Abrechnungsperiode verrechnen. Die Struktur und Finanzierungsvereinbarungen der Organschaft sind in der nachstehenden Abbildung veranschaulicht.

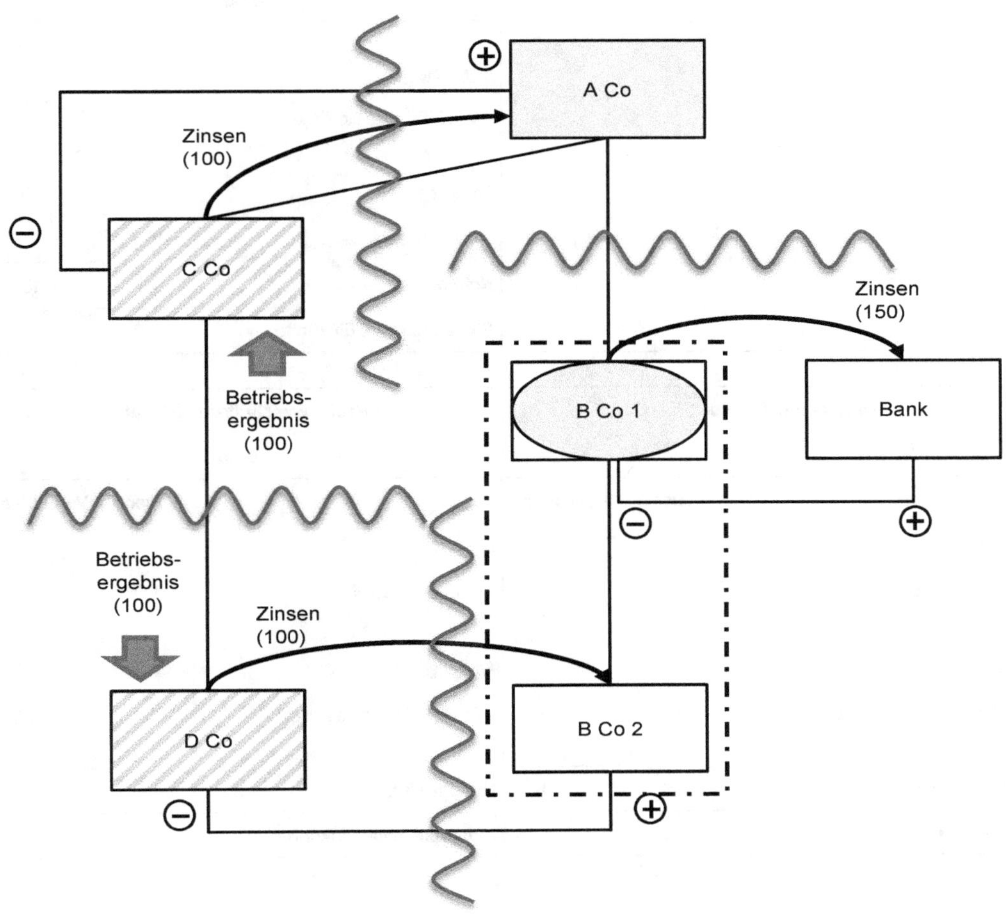

2. Die Nettoeinnahmekonten der Rechtsträger im Konzern ABCD entsprechen denen in **Beispiel 8.13** und sind in der nachstehenden Tabelle dargelegt. Anders als im obenstehenden Beispiel, sind die Konten von B Co 1 und B Co 2 nicht kombiniert.

| Staat A<br>A Co | | | Staat B<br>B Co 1 | | |
|---|---|---|---|---|---|
| | Steuer | Verbuchung | | Steuer | Verbuchung |
| Einnahmen | | | | | |
| Von C Co gezahlte Zinsen | 100 | 100 | | | |
| Ausgaben | | | Ausgaben | | |
| Von B Co 1 gezahlte Zinsen | (150) | - | Von B Co 1 gezahlte Zinsen | (150) | (150) |
| **Nettogewinn** | | **100** | **Nettogewinn** | | **(150)** |
| **Steuerpflichtige Einkünfte (Verlust)** | **(50)** | | Steuerpflichtige Einkünfte (Verlust) | (150) | |
| | | | Verlustübertragung an B Co 2 | 100 | |
| | | | **Verlustvortrag** | **(50)** | |
| | | | **B Co 2** | | |
| | | | Einnahmen | | |
| | | | Von D Co gezahlte Zinsen | 100 | 100 |
| | | | Ausgaben | | |
| | | | Verlustübertragung | (100) | |
| | | | **Nettogewinn** | | **100** |
| | | | **Steuerpflichtige Einkünfte** | **0** | |

| Rechtsvorschriften von Staat C<br>C Co | | | Rechtsvorschriften von Staat D<br>D Co | | |
|---|---|---|---|---|---|
| | Steuer | Verbuchung | | Steuer | Verbuchung |
| Einnahmen | | | Einnahmen | | |
| Betriebsergebnis | 100 | 100 | Betriebsergebnis | 100 | 100 |
| Ausgaben | | | Ausgaben | | |
| An A Co gezahlte Zinsen | (100) | (100) | An B Co 2 gezahlte Zinsen | (100) | (100) |
| **Nettogewinn** | | **0** | **Nettogewinn** | | **0** |
| **Steuerpflichtige Einkünfte** | **0** | | **Steuerpflichtige Einkünfte** | **0** | |

## Frage

3. Unterliegen die Zinszahlungen von C Co oder D Co nach der Regel für importierte Besteuerungsinkongruenzen einer Anpassung, und falls ja, wie bestimmt sich die Höhe der nach der Regel erforderlichen Anpassung?

## Antwort

4. Staat C sollte die Regel für direkt importierte Besteuerungsinkongruenzen anwenden, um einen Abzug für alle Zinszahlungen von C Co zu versagen. Staat D sollte die Regel für indirekt importierte Besteuerungsinkongruenzen anwenden, um einen Abzug für die Hälfte der Zinszahlungen von D Co zu versagen. Vgl. das Ablaufdiagramm am Ende dieses Beispiels, in dem die Schritte aufgeführt sind, die es bei der Anwendung der Regel für importierte Besteuerungsinkongruenzen zu befolgen gilt.

## Analyse

5. Das Bankdarlehen von B Co 1 wird unabhängig von den anderen konzerninternen Finanzierungsvereinbarungen erteilt. Soweit ein solches Darlehen nicht im Rahmen einer größeren Struktur, Planung oder Abmachung abgeschlossen wurde, die darauf ausgerichtet war, den Effekt einer Besteuerungsinkongruenz in Staat C oder D zu importieren, sollte die Zinszahlung von B Co 1 an die Bank nicht so behandelt werden, als sei sie im Rahmen einer strukturierten, zu einer importierten Besteuerungsinkongruenz führenden Gestaltung erfolgt.

### *Die Zinszahlungen von C Co und D Co werden mit demselben hybriden Betriebsausgabenabzug verrechnet*

6. B Co 1 leistet eine abzugsfähige hybride Zahlung von 150 Geldeinheiten, die zu einem DD-Ergebnis führt. Der daraus resultierende hybride Abzug wird mit den Einkünften aus der Zinszahlung von C Co an A Co und der Zinszahlung von D Co an B Co 2 verrechnet (nach Übertragung im Rahmen des Organschaftssystems von Staat B). Da es sich hierbei aber um eine DD-Struktur handelt, werden die Zahlungen von C Co und D Co effektiv mit demselben hybriden Betriebsausgabenabzug verrechnet. Dementsprechend sollten die Besteuerungskonsequenzen der zu einer importierten Besteuerungsinkongruenz führenden Zahlung in Staat C bei der Anwendung der Regel für indirekt importierte Besteuerungsinkongruenzen in Staat D berücksichtigt werden.

### *Die von C Co geleistete Zinszahlung sollte nach der Regel für indirekt importierte Besteuerungsinkongruenzen einer Anpassung unterliegen*

#### *Schritt 1 – Die abzugsfähige hybride Zahlung von B Co 1 führt zu einem direkten hybriden Abzug nach den Rechtsvorschriften von Staat A und von Staat B*

7. Die Zinszahlung von B Co 1 an die Bank ist eine abzugsfähige hybride Zahlung. Jeder für diese Zahlung geltend gemachte Abzug ist ein direkter hybrider Betriebsausgabenabzug, soweit er die doppelt berücksichtigten Einnahmen des Zahlungsleisters übersteigt. In diesem Fall wird die abzugsfähige Zahlung durch keinerlei doppelt berücksichtigte Einnahmen reduziert, so dass die Zinszahlung von B Co 1 nach den Rechtsvorschriften von Staat A und von Staat B zu einem direkten hybriden Betriebsausgabenabzug von 150 Geldeinheiten führt.

### *Schritt 2 – Die Regel für strukturierte importierte Besteuerungsinkongruenzen findet keine Anwendung*

8. Der Sachverhalt dieses Beispiels basiert auf der Annahme, dass die abzugsfähige hybride Zahlung nicht im Rahmen einer strukturierten, zu einer importierten Besteuerungsinkongruenz führenden Gestaltung erfolgt. Daher findet die Regel für strukturierte importierte Besteuerungsinkongruenzen keine Anwendung.

### *Schritt 3 – Die hybriden Betriebsausgabenabzüge von B Co 1 sollten als mit der von C Co geleisteten, zu einer importierten Besteuerungsinkongruenz führenden Zahlung verrechnet behandelt werden*

9. Dieser hybride Betriebsausgabenabzug wird automatisch mit den Einkünften der Zinszahlungen von C Co an A Co verrechnet (vgl. die Analyse in **Beispiel 8.13**). In diesem Fall ist der Betrag des hybriden Betriebsausgabenabzugs von A Co (150 Geldeinheiten) größer als die Zahlung von C Co (100 Geldeinheiten), die zu einer importierten Besteuerungsinkongruenz führt. Folglich sollte nach der Regel für direkt importierte Besteuerungsinkongruenzen der von C Co beantragte Abzug nach der Regel für importierte Besteuerungsinkongruenzen in seiner Gesamtheit versagt werden, was einen überschießenden, hybriden Betriebsausgabenabzug von 50 Geldeinheiten ergibt.

## ***Die von D Co geleistete Zinszahlung sollte nach der Regel für indirekt importierte Besteuerungsinkongruenzen einer Anpassung unterliegen***

### *Schritt 1 – B Co 1 weist überschießende hybride Betriebsausgabenabzüge von 50 Geldeinheiten auf*

10. In diesem Fall handelt es sich bei dem überschießenden hybriden Betriebsausgabenabzug von B Co 1 um den Betrag des hybriden Betriebsausgabenabzugs, der auf die abzugsfähige hybride Zahlung (150 Geldeinheiten) zurückzuführen ist, abzüglich des Betrags an hybriden Betriebsausgaben, der nach der Regel für strukturierte oder direkt importierte Besteuerungsinkongruenzen neutralisiert wurde (100 Geldeinheiten).

### *Schritt 2 – Die überschießenden hybriden Betriebsausgabenabzüge von B Co 1 werden mit den finanzierten steuerpflichtigen Zahlungen verrechnet*

11. B Co 1 hat B Co 2 einen Verlust von 100 Geldeinheiten übertragen. Diese Verlustübertragung wird genauso behandelt wie eine finanzierte steuerpflichtige Zahlung, da B Co 2 direkter Empfänger einer zu einer importierten Besteuerungsinkongruenz führenden Zahlung ist. In diesem Fall erhält B Co 1 keine weiteren steuerpflichtigen Zahlungen, so dass der verbleibende, überschießende hybride Abzug als vollständig an B Co 2 übertragen behandelt werden sollte.

### *Schritt 3 – B Co 1 verfügt über keinen verbleibenden überschießenden hybriden Betriebsausgabenabzug*

12. Da der überschießende hybride Betriebsausgabenabzug von B Co 1 mit einer zu einer importierten Besteuerungsinkongruenz führenden Zahlung verrechnet wird, weist B Co 1 keine verbleibenden hybriden Abzüge auf.

### *Schritt 4 – Der indirekte hybride Betriebsausgabenabzug von B Co 2 wird im Einklang mit der Regel für direkt importierte Besteuerungsinkongruenzen neutralisiert*

13. B Co 2 sollte den daraus resultierenden indirekten hybriden Betriebsausgabenabzug so behandeln, als sei er mit Zahlungen von D Co verrechnet worden, die zu einer importierten Besteuerungsinkongruenz führen. Die Berechnung ist dieselbe, wie nach der Regel für direkt importierte Besteuerungsinkongruenzen und der Anteil des Abzugs für die Zinszahlung, der versagt werden sollte, wird wie folgt berechnet:

$$\frac{\text{Hybrider Betriebsausgabenabzug von B Co 2}}{\text{Von B Co 2 erhaltene Zahlungen, die zu einer importierten Besteuerungsinkongruenz führen}} = \frac{50}{100} = \frac{1}{2}$$

Daher sollte die Hälfte der von D Co geleisteten Zinszahlung nach der Regel für indirekt importierte Besteuerungsinkongruenzen einer Anpassung unterliegen. Die nachstehenden Tabellen veranschaulichen die Nettoeinnahmekonten der Konzernmitglieder nach Anwendung der Regeln für importierte Besteuerungsinkongruenzen.

| **Staat A**<br>**A Co** | | | **Staat B**<br>**B Co 1** | | |
|---|---|---|---|---|---|
| | **Steuer** | **Verbuchung** | | **Steuer** | **Verbuchung** |
| Einnahmen | | | | | |
| Von C Co gezahlte Zinsen | 100 | 100 | | | |
| Ausgaben | | | Ausgaben | | |
| Von B Co 1 gezahlte Zinsen | (150) | - | Von B Co 1 gezahlte Zinsen | (150) | (150) |
| **Nettogewinn** | | **100** | **Nettogewinn** | | **(150)** |
| **Steuerpflichtige Einkünfte (Verlust)** | **(50)** | | Steuerpflichtige Einkünfte (Verlust) | (150) | |
| | | | Verlustübertragung an B Co 2 | 100 | |
| | | | **Verlustvortrag** | **(50)** | |
| | | | **B Co 2** | | |
| | | | Einnahmen | | |
| | | | Von D Co gezahlte Zinsen | 100 | 100 |
| | | | Ausgaben | | |
| | | | Verlustübertragung | (100) | |
| | | | **Nettogewinn** | | **100** |
| | | | **Steuerpflichtige Einkünfte** | **0** | |

| Rechtsvorschriften von Staat C<br>C Co | | | Rechtsvorschriften von Staat D<br>D Co | | |
|---|---|---|---|---|---|
| | **Steuer** | **Verbuchung** | | **Steuer** | **Verbuchung** |
| Einnahmen | | | Einnahmen | | |
| Betriebsergebnis | 100 | 100 | Betriebsergebnis | 100 | 100 |
| Ausgaben | | | Ausgaben | | |
| An A Co gezahlte Zinsen | 0 | (100) | An B Co 2 gezahlte Zinsen | (50) | (100) |
| **Nettogewinn** | | **0** | **Nettogewinn** | | **0** |
| **Steuerpflichtige Einkünfte** | **100** | | **Steuerpflichtige Einkünfte** | **50** | |

## Ablaufdiagramm 1 (Beispiel 8.14)

### Neutralisierung eines hybriden Betriebsausgabenabzugs nach der Regel für strukturierte und direkt importierte Besteuerungsinkongruenzen

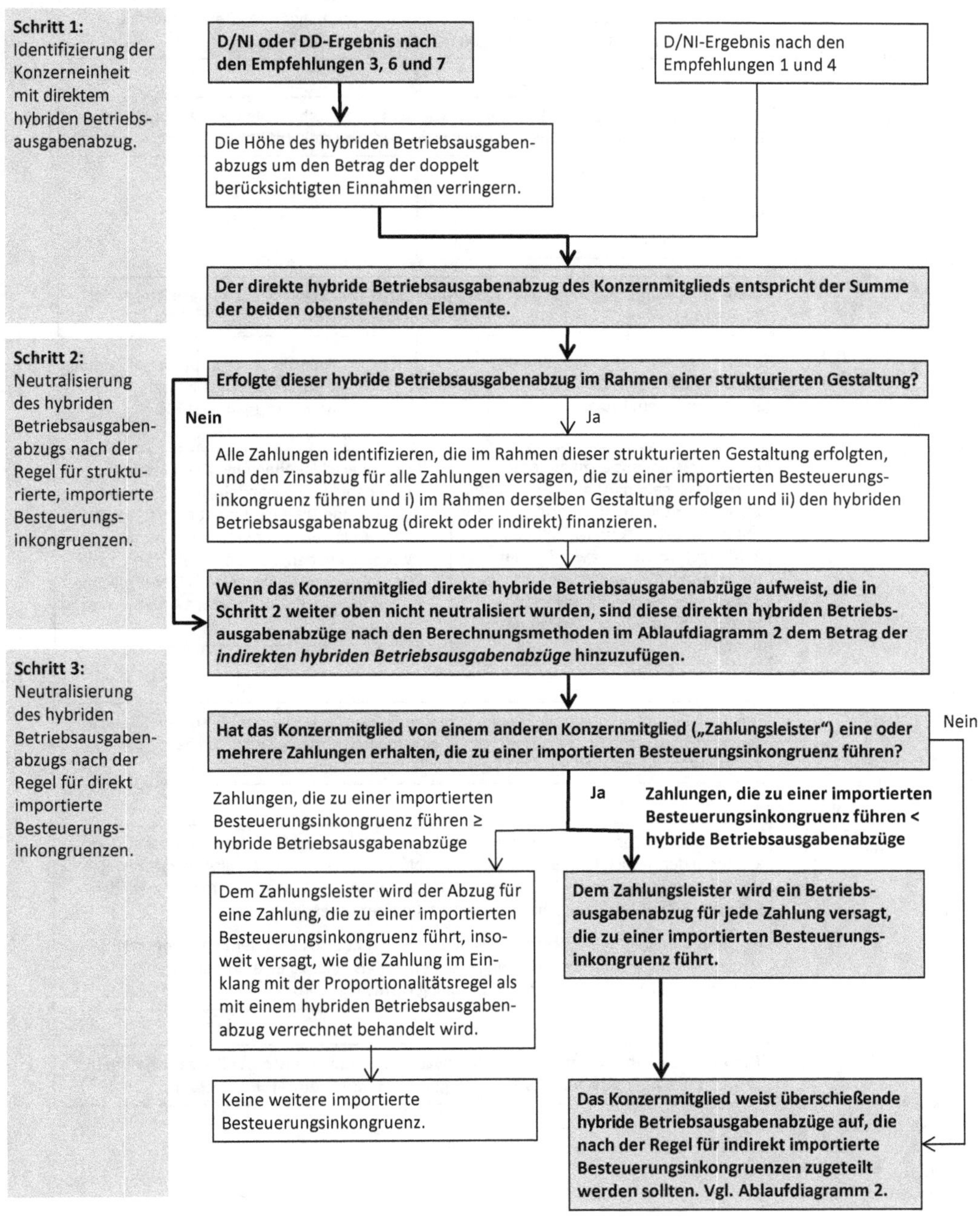

## Ablaufdiagramm 2 (Beispiel 8.14)

### Aufteilung des überschießenden hybriden Betriebsausgabenabzugs nach der Regel für indirekt importierte Besteuerungsinkongruenzen

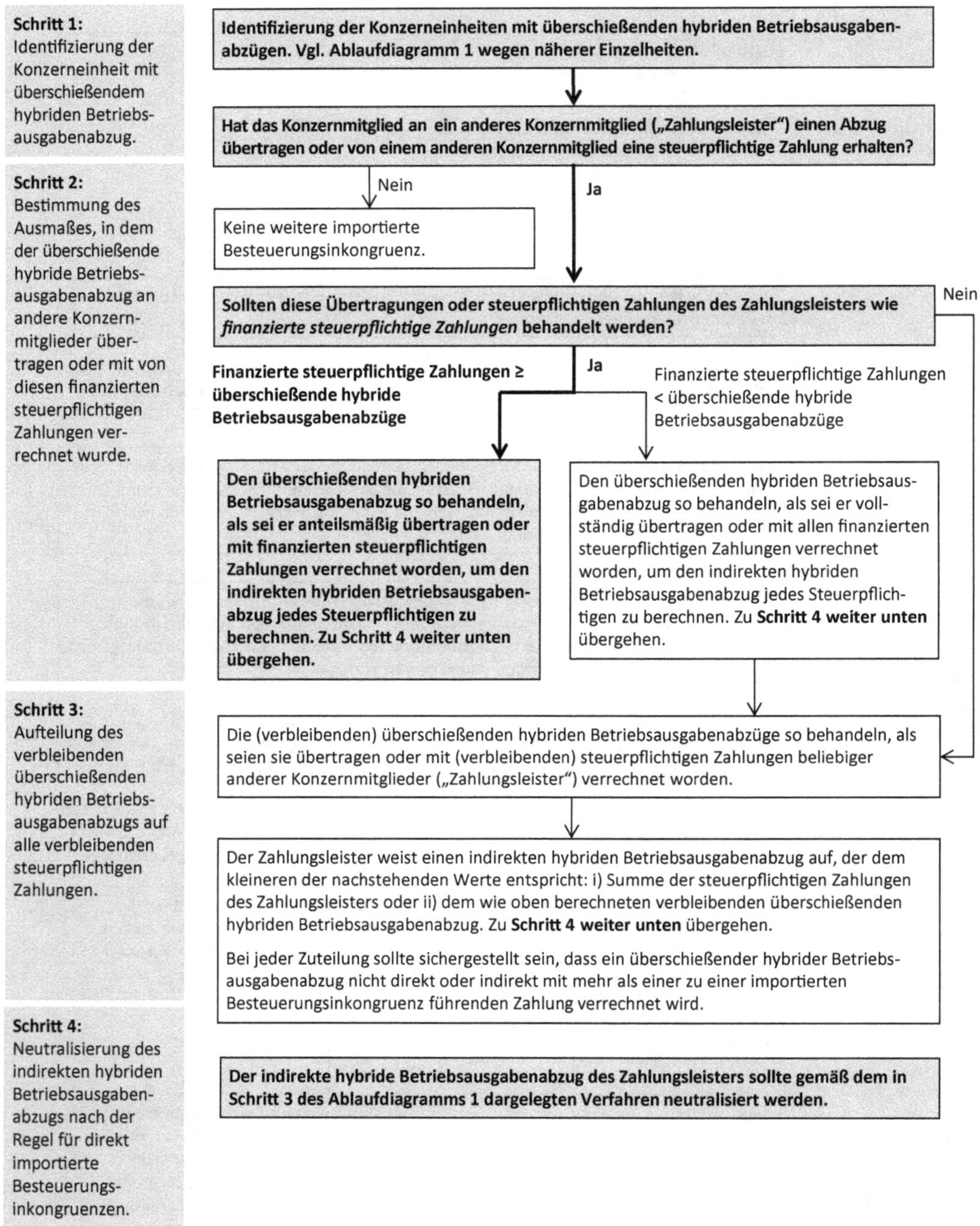

# Beispiel 8.15

## Interaktion zwischen dem doppelten Betriebsausgabenabzug und der Regel für importierte Besteuerungsinkongruenzen

### Sachverhalt

1. Die nachstehende Abbildung stellt konzerninterne Finanzierungsgestaltungen zwischen Unternehmen dar, die dem Konzern ABCDE angehören. A Co ist die Muttergesellschaft des Konzerns und in Staat A ansässig. B Co 1 und C Co sind direkte Tochtergesellschaften von A Co und haben ihren Sitz in Staat B bzw. Staat C. D Co (ein in Staat D ansässiges Unternehmen) ist eine direkte Tochtergesellschaft von C Co, und E Co (ein in Staat E ansässiges Unternehmen) ist eine direkte Tochtergesellschaft von D Co. B Co 2 ist eine 100%ige Tochtergesellschaft von B Co 1 und ebenfalls in Staat B ansässig.

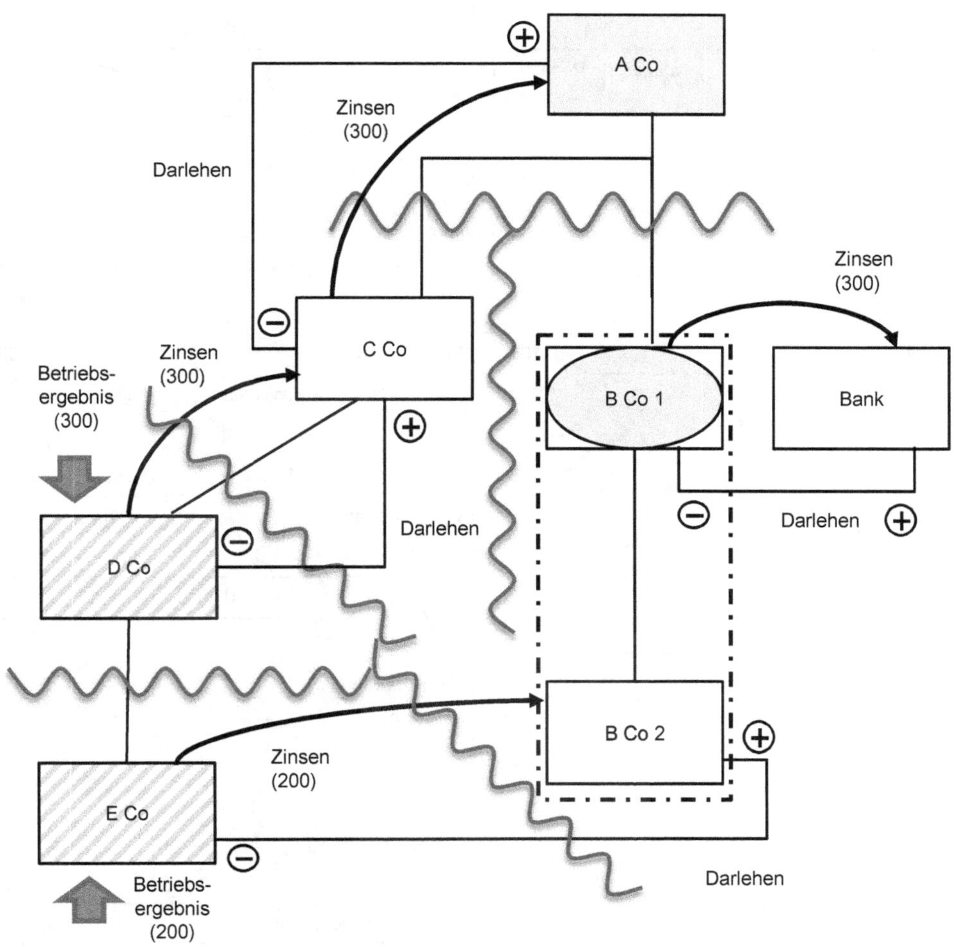

2. Alle Unternehmen werden in allen Staaten für Steuerzwecke wie getrennte Rechtsträger behandelt, mit Ausnahme von B Co 1, das ein hybrider Rechtsträger ist (d.h. ein Rechtsträger, der für Steuerzwecke in Staat B als selbstständiger Rechtsträger, nach den Rechtsvorschriften von Staat A jedoch als steuerlich transparenter Rechtsträger behandelt wird).

3. A Co hat C Co ein Darlehen gewährt, und C Co hat Geld an D Co weiterverliehen. B Co 1 nahm bei einer lokalen Bank ein Darlehen auf. B Co 2 hat E Co ein Darlehen erteilt. D Co und E Co erzielen beide ein Betriebsergebnis. All diese Finanzierungsvereinbarungen werden unabhängig voneinander eingegangen und sind nicht Teil einer einheitlichen Struktur, Planung oder Abmachung. Die obenstehende Abbildung veranschaulicht das Betriebsergebnis und die Bruttozinszahlungen für jede Konzerneinheit.

4. Da B Co 1 ein hybrider Rechtsträger ist, sind die Zinszahlungen von A Co und von B Co 1 an die lokale Bank nach den Rechtsvorschriften von Staat A und Staat B abzugsfähig. B Co 1 und B Co 2 gehören nach den Rechtsvorschriften von Staat B für Steuerzwecke derselben Organschaft an, was bedeutet, dass der Nettoverlust von B Co 1 übertragen werden kann, um mit den Nettoeinnahmen von B Co 2 verrechnet zu werden.

## *Steuerposition vor Anwendung der Regel für importierte Besteuerungsinkongruenzen*

5. Die nachstehende Tabelle legt die Steuerposition des Konzerns ABCDE dar (vor Anwendung der Regel für importierte Besteuerungsinkongruenzen).

| **Staat A**<br>**A Co** | | | **Staat B**<br>**B Co 1** | | |
|---|---|---|---|---|---|
| | **Steuer** | **Verbuchung** | | **Steuer** | **Verbuchung** |
| Einnahmen | | | | | |
| Von C Co gezahlte Zinsen | 300 | 300 | | | |
| Ausgaben | | | Ausgaben | | |
| Von B Co 1 gezahlte Zinsen | (300) | - | Von B Co 1 gezahlte Zinsen | (300) | (300) |
| **Nettogewinn** | | **300** | **Nettogewinn** | | **(300)** |
| **Steuerpflichtige Einkünfte** | **0** | | Steuerpflichtige Einkünfte (Verlust) | (300) | |
| | | | Verlustübertragung an B Co 2 | 200 | |
| | | | **Verlustvortrag** | **(100)** | |
| | | | **B Co 2** | | |
| | | | Einnahmen | | |
| | | | Von D Co gezahlte Zinsen | 200 | 200 |
| | | | Ausgaben | | |
| | | | Verlustübertragung | (200) | |
| | | | **Nettogewinn** | | **200** |
| | | | **Steuerpflichtige Einkünfte** | **0** | |

| **Rechtsvorschriften von Staat C**<br>**C Co** | | |
|---|---|---|
| | **Steuer** | **Verbuchung** |
| Einnahmen | | |
| Von D Co gezahlte Zinsen | 300 | 300 |
| Ausgaben | | |
| An A Co gezahlte Zinsen | (300) | (300) |
| **Nettogewinn** | | **0** |
| **Steuerpflichtige Einkünfte** | **0** | |

| **Rechtsvorschriften von Staat D**<br>**D Co** | | |
|---|---|---|
| | **Steuer** | **Verbuchung** |
| Einnahmen | | |
| Betriebsergebnis | 300 | 300 |
| Ausgaben | | |
| An B Co 2 gezahlte Zinsen | (300) | (300) |
| **Nettogewinn** | | **0** |
| **Steuerpflichtige Einkünfte** | **0** | |

| **Rechtsvorschriften von Staat E**<br>**E Co** | | |
|---|---|---|
| | **Steuer** | **Liquide Mittel** |
| Einnahmen | | |
| Betriebsergebnis | 200 | 200 |
| Ausgaben | | |
| An B Co 1 gezahlte Zinsen | (200) | (200) |
| **Nettogewinn** | | **0** |
| **Steuerpflichtige Einkünfte** | **0** | |

### *Ergebnis nach den Rechtsvorschriften von Staat A*

6. A Co verfügt über steuerpflichtige Nettoeinkünfte von null (Zinseinkünfte von 300 Geldeinheiten und ein Abzug von 300 Geldeinheiten).

### *Ergebnis nach den Rechtsvorschriften von Staat B*

7. B Co 1 weist für Steuerzwecke einen Nettoverlust von 300 Geldeinheiten aus (ein Abzug von 300 Geldeinheiten), während B Co 2 Nettoeinkünfte von 200 Geldeinheiten verzeichnet. Der Nettoverlust von B Co 1 wird innerhalb des Organschaftssystems übertragen und in Höhe der Nettoeinkünfte von B Co 2 mit diesen verrechnet.

### *Ergebnis nach den Rechtsvorschriften von Staat C, Staat D und Staat E*

8. C Co, D Co und E Co weisen Einnahmen auf, die ihren Ausgaben entsprechen und verzeichnen daher in keinem der beiden Jahre Nettoeinkünfte.

### *Inkongruenz bei den Steuerergebnissen*

9. Insgesamt generiert die Vereinbarung einen Nettogewinn für den Konzern ABCDE von 200 Geldeinheiten, wenngleich die im Rahmen dieser Struktur erfassten steuerpflichtigen Gesamteinkünfte null betragen. Staat D und Staat E haben die in diesem Bericht dargelegten Empfehlungen umgesetzt.

## Frage

10. Unterliegen die Zinszahlungen von D Co oder E Co nach der Regel für importierte Besteuerungsinkongruenzen einer Anpassung, und falls ja, wie bestimmt sich die Höhe der nach der Regel erforderlichen Anpassung?

## Antwort

11. Die Regel für indirekt importierte Besteuerungsinkongruenzen findet bei der Zinszahlung von 200 Geldeinheiten von E Co an B Co 2 und der Zinszahlung von 300 Geldeinheiten von D Co an C Co Anwendung. Folglich sollte Staat D nach anteilsmäßiger Aufteilung des überschießenden hybriden Abzugs von 300 Geldeinheiten auf diese Zahlungen D Co den Abzug von 180 Geldeinheiten für die Zinszahlungen an C Co versagen, und Staat E sollte E Co den Abzug von 120 Geldeinheiten für die an B Co 2 gezahlten Zinsen versagen. Vgl. die Ablaufdiagramme am Ende dieses Beispiels, in denen die Schritte aufgeführt sind, die zur Anwendung der Regel für importierte Besteuerungsinkongruenzen zu befolgen sind.

## Analyse

### *Die Zinszahlungen von B Co 1 erfolgen nicht im Rahmen einer strukturierten Gestaltung*

12. Das Bankdarlehen von B Co 1 wird unabhängig von den konzerninternen Finanzierungsvereinbarungen erteilt. Soweit ein solches Darlehen nicht im Rahmen einer größeren Struktur, Planung oder Abmachung abgeschlossen wurde, die darauf ausgerichtet war, den Effekt einer Besteuerungsinkongruenz in Staat C oder D zu importieren, sollte die Zinszahlung von B Co 1 an die Bank nicht so behandelt werden, als sei sie im Rahmen einer strukturierten, zu einer importierten Besteuerungsinkongruenz führenden Gestaltung erfolgt.

### *Der hybride Betriebsausgabenabzug wird nicht nach der Regel für strukturierte oder direkt importierte Besteuerungsinkongruenzen mit einer Zahlung verrechnet, die zu einer importierten Besteuerungsinkongruenz führt*

#### *Schritt 1 – Die abzugsfähige hybride Zahlung von B Co 1 führt zu einem direkten hybriden Abzug nach den Rechtsvorschriften von Staat A und von Staat B*

13. Die Zinszahlung von B Co 1 an die Bank ist eine abzugsfähige hybride Zahlung. Jeder für diese Zahlung geltend gemachte Abzug ist ein direkter hybrider Betriebsausgabenabzug, soweit er die doppelt berücksichtigten Einnahmen des Zahlungsleisters übersteigt. In diesem Fall wird die abzugsfähige Zahlung nicht durch etwaige doppelt berücksichtigte Einnahmen reduziert, so dass die Zinszahlung von B Co 1 nach den Rechtsvorschriften von Staat A und Staat B zu einem direkten hybriden Betriebsausgabenabzug von 300 Geldeinheiten führt.

### *Schritt 2 – Die Regel für strukturierte importierte Besteuerungsinkongruenzen findet keine Anwendung*

14. Der Sachverhalt dieses Beispiels basiert auf der Annahme, dass die abzugsfähige hybride Zahlung nicht im Rahmen einer strukturierten, zu einer importierten Besteuerungsinkongruenz führenden Gestaltung erfolgt. Daher findet die Regel für strukturierte importierte Besteuerungsinkongruenzen keine Anwendung.

### *Schritt 3 – Die Regel für direkt importierte Besteuerungsinkongruenzen findet keine Anwendung*

15. In diesem Fall findet die Regel für direkt importierte Besteuerungsinkongruenzen keine Anwendung, da die Konzerneinheiten, denen die Verluste übertragen werden oder die den hybriden Betriebsausgabenabzug direkt finanzieren (d.h. B Co 2 und C Co), in Staaten ansässig sind, die die Regeln für importierte Besteuerungsinkongruenzen nicht umgesetzt haben.

## ***Die von D Co und E Co geleisteten Zinszahlungen sollten nach der Regel für indirekt importierte Besteuerungsinkongruenzen einer Anpassung unterliegen***

16. Da der hybride Betriebsausgabenabzug von B Co 1 nicht nach der Regel für strukturierte oder direkt importierte Besteuerungsinkongruenzen neutralisiert wurde, findet die Regel für indirekt importierte Besteuerungsinkongruenzen Anwendung, um zu bestimmen, inwieweit der überschießende hybride Betriebsausgabenabzug von B Co 1 so behandelt werden sollte, als führe er für ein anderes Konzernmitglied zu einem indirekten hybriden Betriebsausgabenabzug.

### *Schritt 1 – B Co 1 und A Co weisen überschießende hybride Betriebsausgabenabzüge von 300 Geldeinheiten auf*

17. Beim überschießenden hybriden Betriebsausgabenabzug eines Konzernmitglieds handelt es sich um den Betrag des hybriden Betriebsausgabenabzugs, der auf die abzugsfähige hybride Zahlung (300 Geldeinheiten) zurückzuführen ist, abzüglich des Betrags an hybriden Betriebsausgaben, der nach der Regel für strukturierte oder direkt importierte Besteuerungsinkongruenzen neutralisiert wurde (0 Geldeinheiten).

### *Schritt 2 – Der überschießende hybride Betriebsausgabenabzug wird mit den finanzierten steuerpflichtigen Zahlungen verrechnet*

18. Sowohl B Co 1 als auch A Co müssen den überschießenden hybriden Betriebsausgabenabzug zunächst so behandeln, als sei er übertragen oder mit finanzierten steuerpflichtigen Zahlungen anderer Konzerneinheiten verrechnet worden, die wie folgt berechnet werden:

(a) Eine steuerpflichtige Zahlung gilt insoweit als eine finanzierte steuerpflichtige Zahlung, wie die Zahlung direkt aus den zu einer importierten Besteuerungsinkongruenz führenden Zahlungen anderer Konzerneinheiten finanziert wird. In diesem Fall handelt es sich bei den Zinszahlungen von 300 Geldeinheiten, die A Co von C Co erhält, um finanzierte steuerpflichtige Zahlungen.

(b) B Co 1 hat B Co 2 einen Verlust von 200 Geldeinheiten übertragen. Diese Verlustübertragung wird genauso behandelt wie eine finanzierte steuerpflichtige Zahlung, da B Co 2 ein direkter Empfänger einer zu einer importierten Besteuerungsinkongruenz führenden Zahlung ist.

Folglich entspricht der Gesamtbetrag der finanzierten steuerpflichtigen Zahlungen 500 Geldeinheiten.

19. In diesem Fall übersteigt der Betrag der finanzierten steuerpflichtigen Zahlungen (500 Geldeinheiten) den Betrag des überschießenden hybriden Betriebsausgabenabzugs (300 Geldeinheiten). Sowohl A Co als auch B Co 1 sollten den überschießenden hybriden Abzug daher so behandeln, als sei er anteilsmäßig mit den finanzierten steuerpflichtigen Zahlungen und dem im Rahmen des Organschaftssystems an B Co 2 übertragenen Verlust verrechnet worden. Daher gilt:

(a) B Co 2 weist einen indirekten hybriden Betriebsausgabenabzug von 120 Geldeinheiten aus (d.h. 300/500 x 200).

(b) C Co weist einen indirekten hybriden Betriebsausgabenabzug von 180 Geldeinheiten aus (d.h. 300/500 x 300).

### *Schritt 3 – C Co verfügt über keinen verbleibenden überschießenden hybriden Betriebsausgabenabzug*

20. Der überschießende hybride Betriebsausgabenabzug von C Co ist übertragen oder voll mit den finanzierten steuerpflichtigen Zahlungen verrechnet worden, so dass C Co keinen verbleibenden überschießenden hybriden Betriebsausgabenabzug aufweist, der mit anderen steuerpflichtigen Zahlungen verrechnet werden könnte.

### *Schritt 4 – Die indirekten hybriden Betriebsausgabenabzüge von B Co 2 und C Co werden im Einklang mit der Regel für direkt importierte Besteuerungsinkongruenzen neutralisiert*

21. B Co 2 sollte den daraus resultierenden indirekten hybriden Betriebsausgabenabzug so behandeln, als sei er mit Zahlungen von D Co verrechnet worden, die zu einer importierten Besteuerungsinkongruenz führen. Die Berechnung ist dieselbe, wie nach der Regel für direkt importierte Besteuerungsinkongruenzen und der Anteil des Abzugs für die Zinszahlung, die versagt werden sollte, wird wie folgt berechnet:

$$\frac{\text{Hybrider Betriebsausgabenabzug von B Co 2}}{\text{Von B Co 2 erhaltene Zahlungen, die zu einer importierten Besteuerungsinkongruenz führen}} = \frac{120}{200} = \frac{3}{5}$$

Folglich sollte D Co nach der Regel für importierte Besteuerungsinkongruenzen der Abzug von 120 Geldeinheiten (3/5 x 200) versagt werden.

22. Die Berechnung in Bezug auf E Co ist dieselbe. C Co behandelt den indirekten hybriden Betriebsausgabenabzug so, als sei er mit Zahlungen von E Co verrechnet worden, die zu einer importierten Besteuerungsinkongruenz führen. Die Berechnung ist dieselbe, wie nach der Regel für direkt importierte Besteuerungsinkongruenzen, und der Anteil des Abzugs, der G Co für die Zinszahlungen versagt werden sollte, wird wie folgt berechnet:

$$\frac{\text{Hybrider Betriebsausgabenabzug von C Co}}{\text{Von C Co erhaltene Zahlungen, die zu einer importierten Besteuerungsinkongruenz führen}} = \frac{180}{300} = \frac{3}{5}$$

Folglich sollte D Co nach der Regel für importierte Besteuerungsinkongruenzen der Abzug von 180 Geldeinheiten (3/5 x 300) versagt werden.

23. Die nachstehende Tabelle legt die Steuerposition des Konzerns ABCDE dar (nach Anwendung der Regel für importierte Besteuerungsinkongruenzen).

| **Staat A<br>A Co** | | | **Staat B<br>B Co 1** | | |
|---|---|---|---|---|---|
| | **Steuer** | **Verbuchung** | | **Steuer** | **Verbuchung** |
| Einnahmen | | | | | |
| Von C Co gezahlte Zinsen | 300 | 300 | | | |
| Ausgaben | | | Ausgaben | | |
| Von B Co 1 gezahlte Zinsen | (300) | - | Von B Co 1 gezahlte Zinsen | (300) | (300) |
| **Nettogewinn** | | **300** | **Nettogewinn** | | **(300)** |
| **Steuerpflichtige Einkünfte** | **0** | | Steuerpflichtige Einkünfte (Verlust) | (300) | |
| | | | Verlustübertragung an B Co 2 | 200 | |
| | | | **Verlustvortrag** | **(100)** | |
| | | | **B Co 2** | | |
| | | | Einnahmen | | |
| | | | Von D Co gezahlte Zinsen | 200 | 200 |
| | | | Ausgaben | | |
| | | | Verlustübertragung | (200) | |
| | | | **Nettogewinn** | | **100** |
| | | | **Steuerpflichtige Einkünfte** | **0** | |

| Rechtsvorschriften von Staat C<br>C Co | | |
|---|---|---|
| | **Steuer** | **Verbuchung** |
| Einnahmen | | |
| Von D Co gezahlte Zinsen | 300 | 300 |
| Ausgaben | | |
| An A Co gezahlte Zinsen | (300) | (300) |
| **Nettogewinn** | | **0** |
| **Steuerpflichtige Einkünfte** | **0** | |

| Rechtsvorschriften von Staat D<br>D Co | | |
|---|---|---|
| | **Steuer** | **Verbuchung** |
| Einnahmen | | |
| Betriebsergebnis | 300 | 300 |
| Ausgaben | | |
| An B Co 2 gezahlte Zinsen | (120) | (300) |
| **Nettogewinn** | | **300** |
| **Steuerpflichtige Einkünfte** | **180** | |

| Rechtsvorschriften von Staat E<br>E Co | | |
|---|---|---|
| | **Steuer** | **Liquide Mittel** |
| Einnahmen | | |
| Betriebsergebnis | 200 | 200 |
| Ausgaben | | |
| An B Co 1 gezahlte Zinsen | (80) | (200) |
| **Nettogewinn** | | **0** |
| **Steuerpflichtige Einkünfte** | **120** | |

## Ablaufdiagramm 1 (Beispiel 8.15)

### Neutralisierung eines hybriden Betriebsausgabenabzugs nach der Regel für strukturierte und direkt importierte Besteuerungsinkongruenzen

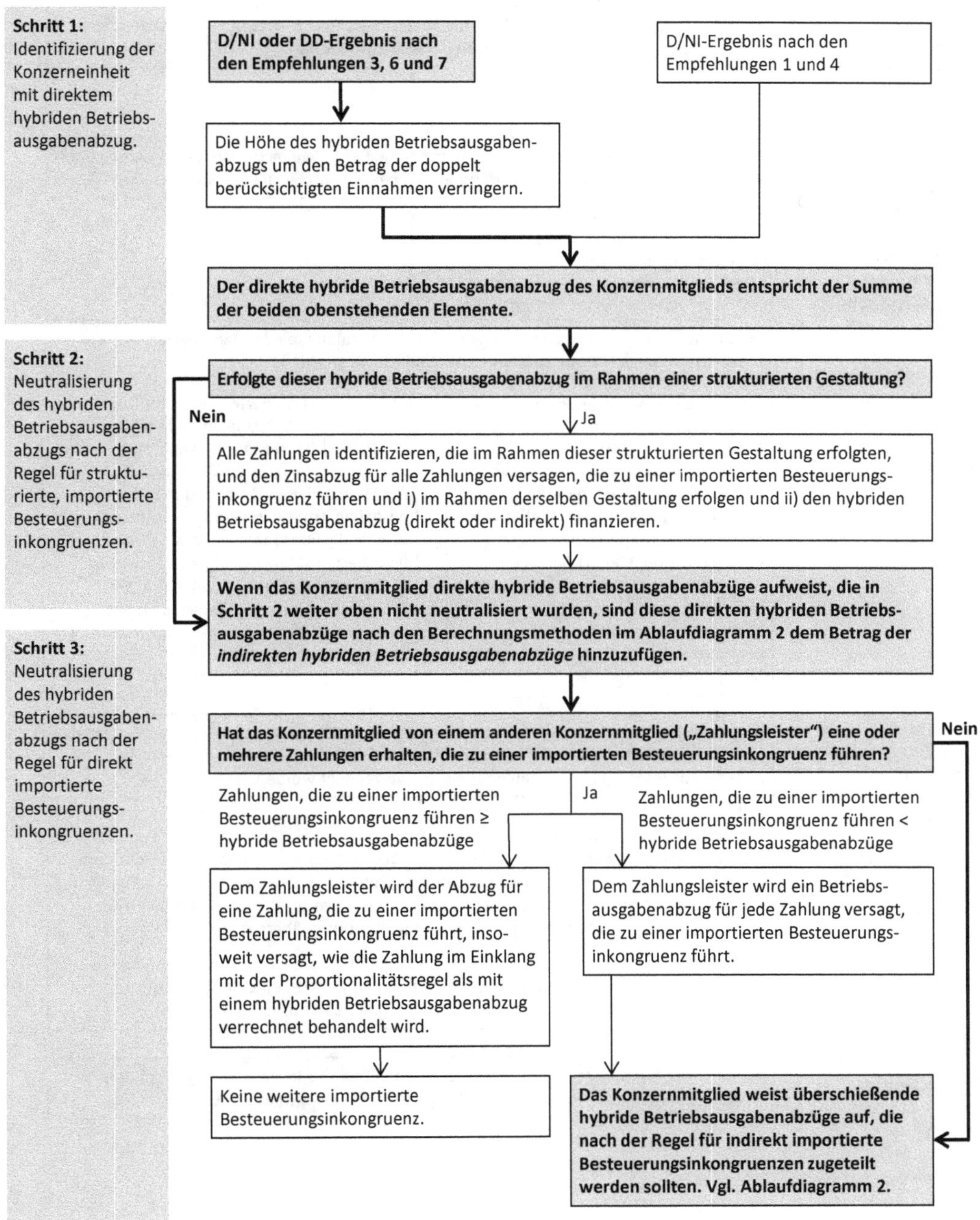

## Ablaufdiagramm 2 (Beispiel 8.15)

### Aufteilung des überschießenden hybriden Betriebsausgabenabzugs nach der Regel für indirekt importierte Besteuerungsinkongruenzen

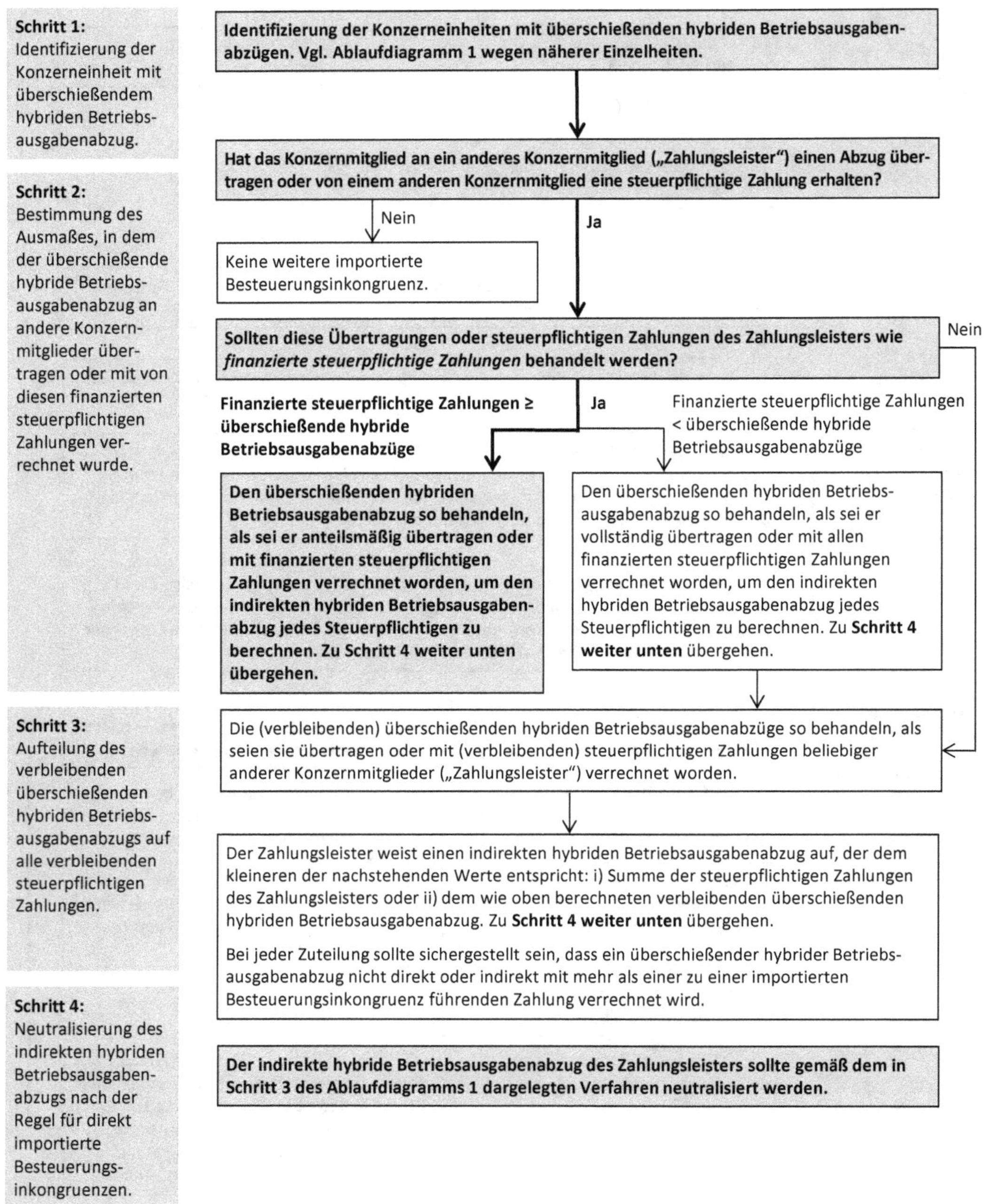

# Beispiel 8.16

# Übertragung hybrider Abzüge nach den Regeln für importierte Besteuerungsinkongruenzen

## Sachverhalt

1. In dem in der nachstehenden Abbildung veranschaulichten Beispiel ist B Co eine 100%ige Tochtergesellschaft von A Co, und C Co ist wiederum eine 100%ige Tochtergesellschaft von B Co. A Co, B Co und C Co sind jeweils in Staat A, Staat B und Staat C ansässig.

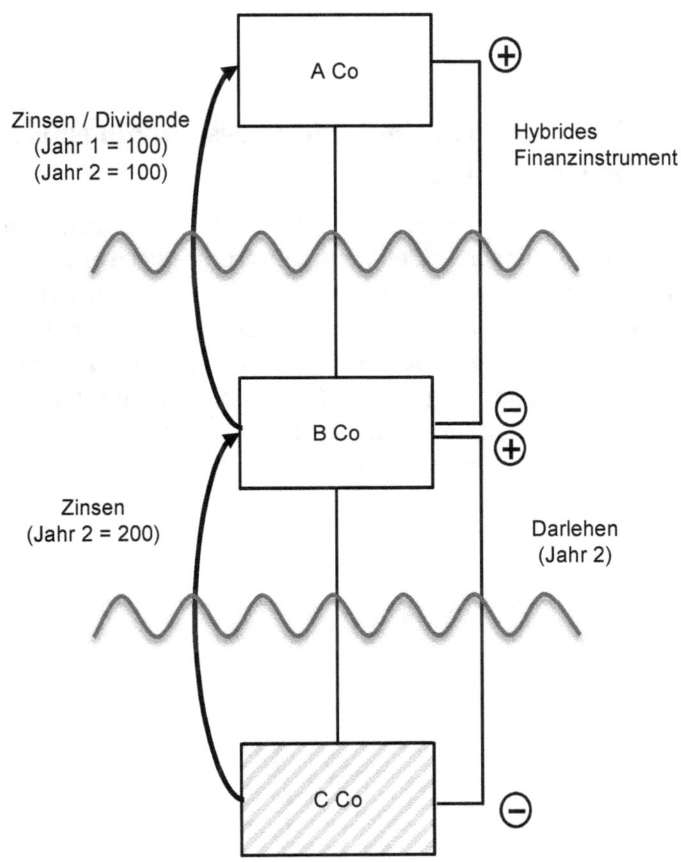


2. In Jahr 1 vergibt A Co im Rahmen eines hybriden Finanzinstruments ein Darlehen an B Co. Die Zinszahlungen im Rahmen des hybriden Finanzinstruments werden nach den Rechtsvorschriften von Staat B als abzugsfähige Zinsausgaben, nach den Rechtsvorschriften von Staat A jedoch als steuerbefreite Dividendenzahlungen behandelt. Die Zahlungen entsprechen 100 Geldeinheiten pro Jahr. Am Ende des ersten Jahres verzeichnet B Co eine Nettoverlustübertragung von 100 Geldeinheiten.

3. In Jahr 2 nimmt C Co ein ordentliches Darlehen bei B Co auf. Die Zinszahlungen für das Darlehen belaufen sich in Jahr 2 auf 200 Geldeinheiten.

4. Nur Staat C hat die in diesem Bericht dargelegten Empfehlungen umgesetzt.

## Frage

5. Unterliegen die Zinszahlungen von C Co nach der Regel für importierte Besteuerungsinkongruenzen einer Anpassung, und falls ja, wie bestimmt sich die Höhe der nach der Regel erforderlichen Anpassung?

## Antwort

6. B Co überträgt einen hybriden Betriebsausgabenabzug von 100 Geldeinheiten aus Jahr 1. Die Regel für direkt importierte Besteuerungsinkongruenzen findet auf die Zinszahlung von 200 Geldeinheiten von C Co an B Co Anwendung, und Staat C sollte C Co den Abzug für alle an B Co gezahlten Zinsen versagen.

## Analyse

### *Anwendung der Regel für direkt importierte Besteuerungsinkongruenzen auf Zinszahlungen von C Co an B Co*

7. Wie im oben dargelegten Sachverhalt erörtert, führen die Zinszahlungen von B Co an A Co in Jahr 1 im Rahmen eines hybriden Finanzinstruments zu einem D/NI-Ergebnis. Der hybride Betriebsausgabenabzug von B Co wird in Jahr 2 übertragen und im darauffolgenden Jahr mit den Einnahmen aus den Zinszahlungen von C Co verrechnet. Die Regel für direkt importierte Besteuerungsinkongruenzen findet auf die gesamte Zinszahlung von C Co an B Co Anwendung, da diese Zahlung (von 200 Geldeinheiten) direkt mit dem Abzug für die im Rahmen des hybriden Finanzinstruments in Jahr 1 (100 Geldeinheiten) und in Jahr 2 (100 Geldeinheiten) gezahlten Zinsen verrechnet wird.

# Beispiel 9.1
# Koordinierung der vorrangigen/ergänzenden Regeln

## Sachverhalt

1. In dem in der nachstehenden Abbildung dargestellten Beispiel hält A Co sämtliche Anteile am Kapital einer ausländischen Tochtergesellschaft (B Co). B Co ist ein hybrider Rechtsträger, der für die Besteuerung in Staat A nicht berücksichtigt wird. B Co nimmt ein Darlehen bei A Co auf und zahlt Zinsen auf dieses Darlehen, dessen Laufzeit fünf Jahre beträgt. Die Zinsen sind alle zwölf Monate zum 1. Oktober jedes Jahres nachträglich zu entrichten.

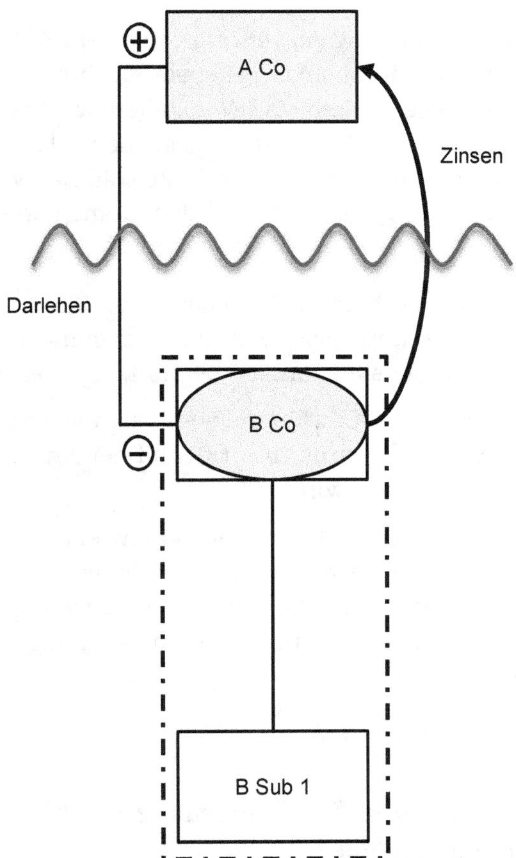


2. B Co wird nach den Rechtsvorschriften von Staat A als transparent behandelt, und Staat A lässt die selbstständige Existenz von B Co unberücksichtigt (weil A Co der einzige Anteilseigner an B Co ist). Die Nichtberücksichtigung von B Co bedeutet, dass das Darlehen (und folglich auch die Zinsen auf das Darlehen) zwischen A Co und B Co nach den Rechtsvorschriften von Staat A ignoriert wird. Nach den Rechtsvorschriften von Staat B gehören B Co und B Sub 1 für Steuerzwecke demselben Konzern an, wodurch es

B Co möglich ist, den steuerlichen Vorteil des Zinsabzugs an B Sub 1 abzutreten, wo er mit nicht doppelt berücksichtigten Einnahmen verrechnet werden kann.

3. Im Jahr 2 der Gestaltung setzt Staat A die Hybrid-Mismatch-Regeln um, so dass die Zinszahlung durch die Anwendung der in Empfehlung 3 beschriebenen Regel für nicht berücksichtigte hybride Zahlungen als Einnahme von A Co erfasst wird. Diese Einnahmen in Staat A werden periodengerecht berücksichtigt. Im Jahr 3 der Gestaltung setzt auch Staat B die Hybrid-Mismatch-Regeln mit Wirkung zum Beginn des Veranlagungszeitraums in Staat B um, der im Jahr 4 beginnt. Der Veranlagungszeitraum für Staat A ist das Kalenderjahr (1. Januar bis 31. Dezember), wohingegen der Veranlagungszeitraum von B Co vom 1. Juli bis zum 30. Juni des Folgejahres läuft.

## Frage

4. Welcher Anteil der Zahlung muss nach der Hybrid-Mismatch-Regel von A Co und B Co in den Jahren 3 bis 5 der Gestaltung berücksichtigt werden?

## Antwort

5. Ein Staat, der die ergänzende bzw. Abwehrregel in einem Zeitraum anwendet, in dem der Kontrahentenstaat die Hybrid-Mismatch-Regeln einführt (Übergangsphase), sollte die Anwendung der Abwehrregel in dem Maße einstellen, wie die Inkongruenz durch die Einführung der vorrangigen Regel im Kontrahentenstaat neutralisiert wird. Dies sollte keine Auswirkungen auf die Anpassungen haben, die in Zeiträumen vor der Übergangsphase nach den ergänzenden Regeln vorgenommen wurden. Dementsprechend gilt:

(a) Staat A sollte:

- von A Co verlangen, eine Zahlung in den ordentlichen Einnahmen zu berücksichtigen, soweit sie in einer Abrechnungsperiode, die am oder nach dem Tag der Einführung der Hybrid-Mismatch-Regeln in Staat A beginnt, zu einer Inkongruenz führt, und
- A Co eine Steuerentlastung für während der Übergangsphase geleistete Zahlungen gewähren, soweit die Inkongruenz auf Grund der Anwendung der vorrangigen Regel in Staat B neutralisiert wird.

(b) Staat B sollte die vorrangige Regel auf den Betrag anwenden, der nach seinen Rechtsvorschriften als nach Inkrafttreten der Hybrid-Mismatch-Regeln in Staat B gezahlt behandelt wird, und zugleich alle Zahlungen berücksichtigen, die zuvor nach den Rechtsvorschriften des Staats A in einer früheren Rechnungsperiode den Einnahmen zugerechnet wurden.

## Analyse

### *Die Abwehrregel gilt nur, wenn die Inkongruenz nicht im Staat des Zahlungsleisters neutralisiert wird*

6. Empfehlung 3.1(b) sieht vor, dass eine nicht berücksichtigte Zahlung eines hybriden Zahlungsleisters in den ordentlichen Einnahmen berücksichtigt werden muss, soweit sie zu einem D/NI-Ergebnis führt. Diese Regel gilt jedoch nur, soweit die Besteuerungsinkongruenz nicht im Staat des Zahlungsleisters neutralisiert wurde. Dementsprechend sollte Staat A von der Anwendung der Abwehrregel absehen, falls und wenn Staat B Hybrid-Mismatch-Regeln einführt, die die Abzugsfähigkeit der nicht berücksichtigten hybriden Zahlung ausschließen.

## *Koordinierung der vorrangigen und der ergänzenden Regel*

7. Schwierigkeiten bei der Anwendung der Regel und das Risiko der Doppelbesteuerung könnten jedoch in Situationen auftreten, in denen der Kontrahentenstaat Hybrid-Mismatch-Regeln an einem Tag einführt, der mitten in der Abrechnungsperiode des Steuerpflichtigen liegt (Übergangsphase). Um eine angemessene Koordinierung der vorrangigen und der ergänzenden Regel sicherzustellen, ohne die innerstaatlichen Regeln des Kontrahentenstaats über Gebühr zu beeinträchtigen, sollten der Staat des Zahlungsleisters und der Staat des Zahlungsempfängers die Koordinierungsregeln folgendermaßen anwenden:

(a) Die ergänzende bzw. Abwehrregel gilt für jeden Betrag, der nach den Rechtsvorschriften des Staats des Zahlungsempfängers (Staat A) als in einem Zeitraum vor Beginn der Übergangsphase gezahlt behandelt wird.

(b) Die vorrangige Regel gilt für jeden Betrag, der nach den Rechtsvorschriften des Staats des Zahlungsleisters (Staat B) als während der Übergangsphase gezahlt behandelt wird (nach Berücksichtigung aller Beträge, die gemäß Absatz (a) oben unter die ergänzende Regel fallen).

(c) Alle anderen Zahlungen, die zu einer hybriden Besteuerungsinkongruenz führen und nicht durch Absatz (b) oben erfasst sind, fallen unter die ergänzende Regel.

8. Eine Tabelle, die den Effekt dieser Anpassungen in den Jahren 3 bis 5 darstellt, ist unten abgebildet. Die Tabelle zeigt die Zahlungen aufgelaufener Zinseinkünfte oder die Aufwendungen für das Darlehen in jedem Kalenderjahr sowie die Besteuerung der Einkünfte, die für die im Rahmen des Darlehens geleisteten Zahlungen gilt. In dieser Tabelle wird unterstellt, dass die Zinszahlung 100 Geldeinheiten pro Jahr beträgt und dass B Co und A Co keine weiteren Einkünfte oder Ausgaben außer der nicht berücksichtigten hybriden Zahlung haben. Beide Staaten besteuern die Einkünfte und Ausgaben im Rahmen eines Schuldinstruments periodengerecht.

| | Staat A<br>A Co | | | Staat B<br>B Co 1 | | | Insgesamt |
|---|---|---|---|---|---|---|---|
| | | Steuer | Verbuchung | | Steuer | Verbuchung | |
| Jahr 2 | Einnahmen | | | Einnahmen | | | |
| | Von B Co 1 gezahlte Zinsen | 100 | 100 | | | | |
| | | | | Ausgaben | | | |
| | | | | An A Co gezahlte Zinsen | (100) | (100) | |
| | **Nettorendite** | | **100** | **Nettorendite** | | **(100)** | **0** |
| | **Steuerpflichtige Einnahmen** | **100** | | **Steuerpflichtige Einnahmen** | **(100)** | | **0** |

| | Staat A<br>A Co | | | Staat B<br>B Co 1 | | | Insgesamt |
|---|---|---|---|---|---|---|---|
| Jahr 3 | | Steuer | Verbuchung | | Steuer | Verbuchung | |
| | Einnahmen | | | Einnahmen | | | |
| | Von B Co 1 gezahlte Zinsen | 50 | 100 | | | | |
| | | | | Ausgaben | | | |
| | | | | An A Co gezahlte Zinsen | (50) | (100) | |
| | **Nettorendite** | | **100** | **Nettorendite** | | **(100)** | **0** |
| | **Steuerpflichtige Einnahmen** | **50** | | **Steuerpflichtige Einnahmen (Verlust)** | **(50)** | | **0** |

| | Staat A<br>A Co | | | Staat B<br>B Co | | | Insgesamt |
|---|---|---|---|---|---|---|---|
| Jahr 4 | | Steuer | Verbuchung | | Steuer | Verbuchung | |
| | Einnahmen | | | Einnahmen | | | |
| | Von B Co 1 gezahlte Zinsen | | 75 | | | | |
| | | | | Ausgaben | | | |
| | | | | An A Co gezahlte Zinsen | | (75) | |
| | **Nettorendite** | | **75** | **Nettorendite** | | **(75)** | **0** |
| | **Steuerpflichtige Einnahmen** | **0** | | **Steuerpflichtige Einnahmen** | **0** | | **0** |

9. In Jahr 3 laufen 100 Geldeinheiten an Zinsen auf das Darlehen auf. Die vorrangige Regel ist in Staat B noch nicht eingeführt worden, so dass die aufgelaufenen Zinsen nach den Rechtsvorschriften von Staat A in voller Höhe in den Einnahmen berücksichtigt werden (vgl. Absatz 7(a) weiter oben).

10. In Jahr 4 wird die vorrangige Regel in Staat B eingeführt und tritt zu Beginn des Veranlagungszeitraums von Staat B (der am 1. Juli beginnt) in Kraft.

(a) In diesem Fall wendet Staat B die vorrangige Maßnahme nach seinen eigenen Rechtsvorschriften an, ohne eine Anpassung vorzunehmen (vgl. Absatz 7(b) weiter oben). Da Staat B Aufwendungen im Rahmen eines Finanzinstruments für Steuerzwecke periodengerecht anerkennt:

- unterliegen die Zinsen, die nach dem Inkrafttreten der Regeln auflaufen, der Anpassung nach der vorrangigen Regel und
- liegt der Anteil der Zinszahlung, der vor dem Inkrafttreten der Hybrid-Mismatch-Regeln aufgelaufen ist (50 Geldeinheiten), außerhalb des Geltungsbereichs der vorrangigen Regel, da er als in einem früheren Veranlagungszeitraum bezogen behandelt wird.

(b) Staat A sollte die ergänzende Regel anwenden, soweit die Inkongruenz nicht durch die vorrangige Regel in Staat B beseitigt wurde (vgl. Absatz 7(c) weiter oben). Dies bedeutet, dass Staat A die ergänzende Regel während der Übergangsphase weiter anwenden sollte, soweit der Betriebsausgabenabzug für die Zahlung nicht nach den Rechtsvorschriften von Staat B versagt wurde.

Wenn es in der Praxis übermäßig aufwendig wäre, von A Co die Ermittlung des tatsächlichen Zahlungsbetrags zu verlangen, der nach der vorrangigen Regel angepasst wurde, kann die Höhe der Zahlung, die in den Geltungsbereich der ergänzenden Regel fällt, auf der Grundlage des während der Übergangsphase nach den Rechtsvorschriften von Staat A aufgelaufenen Betrags berechnet werden, in dem die vorrangige Regel keine Anwendung findet (in diesem Fall 1. Januar bis 30. Juni). Dies führt dazu, dass nur die Hälfte der aufgelaufenen Zinszahlung in Staat A nach der Hybrid-Mismatch-Regel als Einnahme berücksichtigt wird.

11. In Jahr 5 wird das Darlehen fällig, und die letzte Zahlung an aufgelaufenen Zinsen für das Darlehen wird geleistet. Die ergänzende Regel findet in Staat A keine Anwendung, da alle im Rahmen des Instruments geleisteten Zahlungen von der vorrangigen Regel in Staat B erfasst werden.

## *Abweichungen beim Zeitpunkt der Verbuchung von Zahlungen*

12. Die vorstehend aufgeführte Tabelle wurde auf der Annahme berechnet, dass sowohl Staat A als auch Staat B dieselben Regeln im Hinblick auf die Berücksichtigung der Einnahmen und Ausgaben im Rahmen eines Finanzinstruments anwenden. Abweichungen beim Zeitpunkt der Verbuchung von Einnahmen und Ausgaben zwischen den Staaten haben jedoch Auswirkungen auf die Beträge, die unter die vorrangige und die ergänzende Regel fallen. Der Effekt dieser Abweichungen lässt sich veranschaulichen, indem die Tatsachen in diesem Beispiel geändert werden, so dass Staat B statt der periodengerechten Gewährung des Betriebsausgabenabzugs nur Abzüge für Zinsen gewährt, wenn die Beträge tatsächlich ausgezahlt werden. Eine Tabelle, die den Effekt dieser Anpassungen in den Jahren 3 bis 5 auf der Grundlage dieser veränderten Annahme darstellt, ist nachstehend abgebildet.

| | Staat A<br>A Co | | | Staat B<br>B Co 1 | | | Insgesamt |
|---|---|---|---|---|---|---|---|
| **Jahr 2** | | **Steuer** | **Verbuchung** | | **Steuer** | **Verbuchung** | |
| | Einnahmen | | | Einnahmen | | | |
| | Von B Co 1 gezahlte Zinsen | 100 | 100 | | | | |
| | | | | Ausgaben | | | |
| | | | | An A Co gezahlte Zinsen | (100) | (100) | |
| | **Nettorendite** | | **100** | **Nettorendite** | | **(100)** | **0** |
| | **Steuerpflichtige Einnahmen** | **100** | | **Steuerpflichtige Einnahmen** | **(100)** | | **0** |

| | Staat A<br>A Co | | | Staat B<br>B Co 1 | | | Insgesamt |
|---|---|---|---|---|---|---|---|
| | | Steuer | Verbuchung | | Steuer | Verbuchung | |
| Jahr 3 | Einnahmen | | | Einnahmen | | | |
| | Von B Co 1 gezahlte Zinsen | 0 | 100 | | | | |
| | | | | Ausgaben | | | |
| | | | | An A Co gezahlte Zinsen | (25) | (100) | |
| | **Nettorendite** | | **100** | **Nettorendite** | | **(100)** | **0** |
| | **Steuerpflichtige Einnahmen** | **0** | | **Steuerpflichtige Einnahmen (Verlust)** | **(25)** | | **(25)** |

| | Staat A<br>A Co | | | Staat B<br>B Co | | | Insgesamt |
|---|---|---|---|---|---|---|---|
| | | Steuer | Verbuchung | | Steuer | Verbuchung | |
| Jahr 4 | Einnahmen | | | Einnahmen | | | |
| | Von B Co 1 gezahlte Zinsen | | 75 | | | | |
| | | | | Ausgaben | | | |
| | | | | An A Co gezahlte Zinsen | 25 | (75) | |
| | **Nettorendite** | | **75** | **Nettorendite** | | **(75)** | **0** |
| | **Steuerpflichtige Einnahmen** | **0** | | **Steuerpflichtige Einnahmen** | **25** | | **25** |

13. Wie oben zeigt die Tabelle die Zahlungen aufgelaufener Zinsen für das Darlehen in jedem Kalenderjahr sowie die für diese Zahlungen im selben Zeitraum geltende Besteuerung der Einkünfte. Es wird unterstellt, dass die Zinszahlung 100 Geldeinheiten pro Jahr beträgt (entrichtet am 1. Oktober jedes Jahres) und dass B Co und A Co keine weiteren Einkünfte oder Ausgaben außer der nicht berücksichtigten hybriden Zahlung haben.

14. In Jahr 3 ist die vorrangige Regel in Staat B noch nicht eingeführt worden, so dass die Zahlung nach den Rechtsvorschriften von Staat A in voller Höhe in den Einnahmen berücksichtigt wird (vgl. Absatz 7(a) weiter oben).

15. In Jahr 4 wird die vorrangige Regel in Staat B eingeführt, die zu Beginn des Veranlagungszeitraums von Staat B (der am 1. Juli beginnt) in Kraft tritt.

(a) In diesem Fall sollte der nach der vorrangigen Regel versagte Abzugsbetrag eine Zahlung nicht berücksichtigen, soweit sie in einem früheren Zeitraum bereits nach der ergänzenden Regel angepasst wurde. Da Staat A Einkünfte im Rahmen eines

Finanzinstruments periodengerecht verbucht, wurden 25% der Zinszahlung bereits in Jahr 3 in den Einnahmen berücksichtigt (vgl. Absatz 7(b) weiter oben).

(b) Staat A wendet die ergänzende Regel während der Übergangsphase nicht an, da die Zahlung für diesen Zeitraum nach den Rechtsvorschriften von Staat B in voller Höhe von der vorrangigen Regel erfasst wird (vgl. Absatz 7(c) weiter oben).

16. In Jahr 5 wird das Darlehen fällig, und die letzte Zahlung an aufgelaufenen Zinsen für das Darlehen wird geleistet. Die ergänzende Regel findet in Staat A keine Anwendung, da alle im Rahmen des Instruments geleisteten Zahlungen von der vorrangigen Regel in Staat B erfasst werden. Die vorrangige Regel in Staat B versagt einen Betriebsausgabenabzug für die gesamte Zinszahlung (100 Geldeinheiten), wodurch B Co effektiv zusätzliche steuerpflichtige Einkünfte in Höhe von 25 Geldeinheiten entstehen und der im Vorjahr wegen der zeitlichen Abweichungen bei der Verbuchung der Zahlungen auf Grund des Zeitpunkts entstandene Vorteil rückgängig gemacht wird.

# Beispiel 9.2

# Betriebsausgabenabzug für Zinszahlungen, die einer allgemeinen Abzugsbeschränkung unterliegen

## Sachverhalt

1. In dem in der nachstehenden Abbildung dargestellten Beispiel besitzt A Co (ein in Staat A ansässiges Unternehmen) sämtliche Anteile am Kapital von B Co (einem in Staat B ansässigen Unternehmen). A Co hat 2,5 Mio. Geldeinheiten in Form von Eigenkapital und 7,5 Mio. Geldeinheiten in Form von Fremdkapital investiert. Das Fremdkapital besteht aus zwei verzinslichen Darlehen, das zu einem regulären fremdüblichen Zinssatz von 10% pro Jahr verzinst wird. Die Darlehenssumme des vorrangigen Darlehens beträgt 5 Mio. Geldeinheiten und die Darlehenssumme des nachrangigen Darlehens beträgt 2,5 Mio. Geldeinheiten.

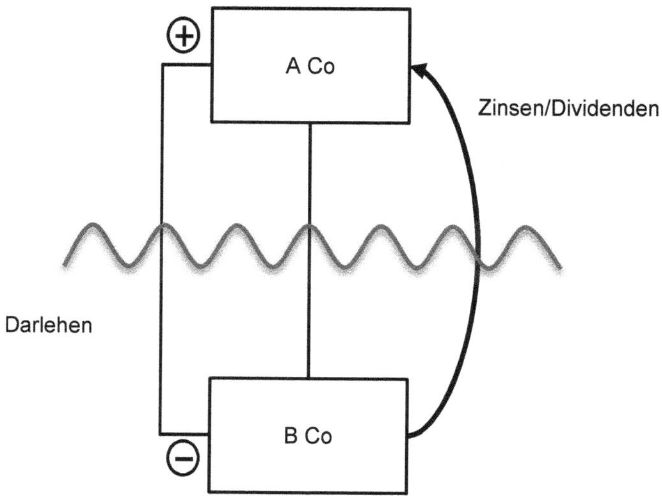


2. Das nachrangige Darlehen wird nach den Rechtsvorschriften von Staat A als Eigenkapitalinstrument behandelt (d.h. als Beteiligung), und Zinszahlungen werden als Dividendeneinkünfte behandelt. Staat A befreit im Ausland erzielte Dividendeneinkünfte nach innerstaatlichem Recht von der Steuer und hat keine spezifische Beschränkung für diese Befreiung gemäß Empfehlung 2.1 eingeführt. Das nachrangige Darlehen wird nach den Rechtsvorschriften von Staat B als Schuldinstrument behandelt, und Zinszahlungen für das Darlehen werden im Allgemeinen als abzugsfähig behandelt.

3. Staat B hat eine Unterkapitalisierungsvorschrift eingeführt, die Zinsabzüge für Darlehen versagt, soweit die Verschuldungsquote des Schuldners das Verhältnis von 2:1 übersteigt. Die Verschuldungsquote von B Co beträgt 3:1, dementsprechend unterliegt ein Drittel der Zinsaufwendungen, die B Co entstehen, einer Beschränkung nach der Unterkapitalisierungsvorschrift von Staat B.

## Frage

4. Fallen die Zinszahlungen für das nachrangige Darlehen in den Geltungsbereich der Regel für hybride Finanzinstrumente und wenn ja, welche Anpassungen sind nach der Regel vorzunehmen?

## Antwort

5. Die Zinszahlungen für das Darlehen führen zu einem D/NI-Ergebnis, bei dem es sich um eine hybride Besteuerungsinkongruenz handelt. Dies ist auch dann der Fall, wenn die Abzugsfähigkeit der Zinsen auf Grund der Unterkapitalisierungsvorschrift in technischer Hinsicht begrenzt ist.

6. Die vorrangige Empfehlung nach der Regel für hybride Finanzinstrumente lautet, dass Staat B den Betriebsausgabenabzug für die Zahlung versagen sollte, soweit er zu einem D/NI-Ergebnis führt. Dementsprechend sollte B Co ein Abzug für die für das nachrangige Darlehen gezahlten Zinsen versagt werden. Die Wechselwirkung zwischen der Regel zur Zinsabzugsbeschränkung und der Regel für hybride Finanzinstrumente ist eine Frage der Umsetzung im innerstaatlichen Recht, allerdings sollte die Wechselwirkung zwischen diesen Regeln nicht dazu führen, dass die Regel für hybride Finanzinstrumente zur Versagung der steuerlichen Abzugsfähigkeit von Zinsen für ein nicht hybrides Darlehen eingesetzt wird.

7. Wenn Staat B die empfohlene Maßnahme nicht anwendet, sollte Staat A die gesamte Zinszahlung für das nachrangige Darlehen als ordentliche Einnahme behandeln, um das D/NI-Ergebnis zu neutralisieren.

## Analyse

### *Die Vereinbarung ist ein Finanzinstrument zwischen nahestehenden Dritten*

8. Empfehlung 1 gilt nur für Zahlungen, die im Rahmen eines *Finanzinstruments* geleistet werden. Das Darlehen erfüllt die Definition eines *Finanzinstruments*, da es in Staat A als Eigenkapitalinstrument und in Staat B als Schuldinstrument behandelt wird. B Co ist eine 100%ige Tochtergesellschaft von A Co, und daher sind A Co und B Co nahestehende Dritte.

### *Eine im Rahmen eines Finanzinstruments geleistete Zahlung führt zu einer hybriden Besteuerungsinkongruenz*

9. Wie im **Beispiel 1.1** ist das D/NI-Ergebnis, zu dem es in diesem Fall kommt, die Folge des Anspruchs von B Co auf einen Betriebsausgabenabzug für die an A Co gezahlten Zinsen sowie der Tatsache, dass die Zinszahlung auf der Seite von A Co als steuerbefreite Dividende behandelt wird. Die Regel für hybride Finanzinstrumente stützt sich auf die Konditionen der Gestaltung und ihre zu erwartende steuerliche Behandlung und nicht auf Einzelheiten bezüglich der Art und Weise, wie die Zahlungen im Rahmen eines Finanzinstruments von den an der Gestaltung Beteiligten tatsächlich berücksichtigt wurden. Die Tatsache, dass ein Steuerpflichtiger auf der Grundlage der Gesamtverschuldung oder des Zinsaufwands einer allgemeinen Zinsabzugsbeschränkung unterliegt, ist für eine Steueranalyse auf der Grundlage der Konditionen des Instruments im Allgemeinen nicht relevant. Dies ist selbst dann der Fall, wenn die Regel zur Zinsabzugsbeschränkung durch das nachrangige Darlehen ausgelöst wurde.

### Vorrangige Empfehlung – Versagung des Abzugs im Staat des Zahlungsleisters

10. In diesem Fall werden die von B Co an A Co geleisteten Zinszahlungen nach den Rechtsvorschriften von Staat A als steuerbefreite Dividendeneinkünfte behandelt. Eine vollständige Versagung des Abzugs ist daher erforderlich, um das D/NI-Ergebnis zu neutralisieren.

11. Die Anpassung beschränkt sich auf die Neutralisierung der Besteuerungsinkongruenz. Um eine Doppelbesteuerung nach der Regel für hybride Finanzinstrumente zu vermeiden, sollte die Wechselwirkung zwischen der Regel zur Zinsabzugsbeschränkung und der Regel für hybride Finanzinstrumente koordiniert werden, um ein Gesamtergebnis zu erreichen, das auf Nachsteuerbasis verhältnismäßig ist. Der Mechanismus für die Koordinierung der Wechselwirkung zwischen den beiden Regeln ist in den innerstaatlichen Gesetzesvorschriften zu regeln, allerdings sollte die Wechselwirkung zwischen diesen Regeln nicht dazu führen, dass die Regel für hybride Finanzinstrumente zur Versagung der steuerlichen Abzugsfähigkeit von Zinsen für ein nicht hybrides Darlehen eingesetzt wird.

### Abwehrregel – Verpflichtung zur Berücksichtigung der Zahlung im Staat des Zahlungsempfängers

12. Wenn Staat B die empfohlene Maßnahme nicht anwendet, sollte A Co die abzugsfähige Zahlung nach den Rechtsvorschriften von Staat A als ordentliche Einnahme behandeln. Staat A sollte die Anwendung der Regel nicht beschränken, um dem Umstand Rechnung zu tragen, dass ein Teil der für das nachrangige Darlehen gezahlten Zinsen der Regel zur Zinsabzugsbeschränkung unterliegen könnte, sofern es nicht die allgemeine Politik von Staat B ist, den Steuerpflichtigen zu gestatten, Zinseinkünfte neu zu qualifizieren, die nach einer Regel zur Zinsabzugsbeschränkung als nicht abzugsfähig behandelt werden.

# Beispiel 10.1

## Die hybride Besteuerungsinkongruenz ist in die Bedingungen der Gestaltung eingerechnet

### Sachverhalt

1. In dem in der nachstehenden Abbildung dargestellten Beispiel sind A Co (ein in Staat A ansässiges Unternehmen) und B Co (ein in Staat B ansässiges Unternehmen) fremde Dritte. A Co leiht B Co im Rahmen eines Darlehens mit jährlicher Zinszahlung einen Betrag von 0,3 Mio. Geldeinheiten. Die Anleihe wird nach den Rechtsvorschriften von Staat B als Fremdkapitalinstrument, nach den Rechtsvorschriften von Staat A aber als Eigenkapitalinstrument (d.h. als Aktien) behandelt. Nach innerstaatlichem Recht befreit Staat A im Ausland erzielte Dividendeneinkünfte generell von der Steuer. Daher führt die Zahlung zu einem D/NI-Ergebnis, bei dem es sich um eine hybride Besteuerungsinkongruenz handelt.

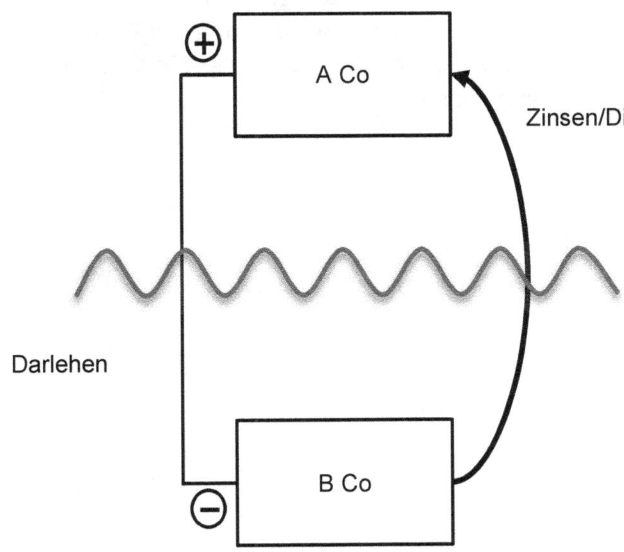


2. Die Formel für die Berechnung der Zinszahlung für das Fremdkapitalinstrument sieht einen Abschlag gegenüber dem Marktzinssatz vor, der in Bezug auf den Körperschaftsteuersatz in Staat A berechnet wird (d.h. die Zinsformel lautet *Marktzinssatz x (1-Steuersatz)*). Das bedeutet, dass die jährliche Zinszahlung für das hybride Finanzinstrument (bei Annahme eines Körperschaftsteuersatzes von 30% in Staat A) 12 600 Geldeinheiten beträgt, während der Marktzinssatz für das Darlehen 6% betragen dürfte (d.h. 18 000 Geldeinheiten pro Jahr).

## Frage

3. Haben die Parteien eine strukturierte Gestaltung im Sinne von Empfehlung 1 und 10 eingerichtet?

## Antwort

4. Der Steuervorteil ist in die Bedingungen des hybriden Finanzinstruments eingerechnet, und das Instrument ist daher eine strukturierte Gestaltung.

## Analyse

### *Das Steuerergebnis ist in die Bedingungen des Instruments eingerechnet*

5. In Empfehlung 10.1 wird erläutert, dass eine Vereinbarung als strukturierte Gestaltung behandelt wird, wenn der aus einer hybriden Besteuerungsinkongruenz resultierende Steuervorteil in die Bedingungen des Instruments eingerechnet ist. In diesem Fall sehen die Bedingungen des Instruments explizit eine Formel vor, durch die der sonst zu zahlende Marktzins um den Betrag des aus dem Darlehen resultierenden Steuervorteils gesenkt wird.

### *Der Steuerpflichtige ist an der strukturierten Gestaltung beteiligt*

6. A Co und B Co sind an der Gestaltung beteiligt, weil sie an dem Finanzinstrument direkt beteiligt sind. Da der Steuervorteil in die Berechnung des Zinssatzes eingepreist ist, kann vernünftigerweise davon ausgegangen werden, dass sie sich der daraus folgenden Besteuerungskonsequenzen bewusst sind.

# Beispiel 10.2

# Back-to-Back-Darlehen, die über einen als Intermediär fungierenden fremden Dritten geleitet werden

## Sachverhalt

1. In dem in der nachstehenden Abbildung dargestellten Beispiel ist B Co (ein in Staat B ansässiges Unternehmen) eine 100%ige Tochtergesellschaft von A Co (einem in Staat A ansässigen Unternehmen). A Co beabsichtigt, nachrangige Fremdmittel an B Co zu vergeben, wird jedoch darauf hingewiesen, dass diese Gestaltung in Staat B unter die Hybrid-Mismatch-Regeln fallen würde, weil A Co und B Co nahestehende Personen sind.

2. A Co wird geraten, die Finanzierung über C Co, eine unabhängige Drittpartei, die ebenfalls in Staat A ansässig ist, zu leiten. Das Darlehen von C Co an B Co wird über eine Back-to-Back-Darlehensstruktur finanziert. Durch diese Strukturierung der Finanzierung wird die Transaktion mit dem hybriden Finanzinstrument zwischen fremden Dritten durchgeführt. Das Darlehen zwischen C Co und B Co wird nach den innerstaatlichen Rechtsvorschriften von Staat C als Eigenkapital, nach den innerstaatlichen Rechtsvorschriften von Staat B jedoch als gewöhnliches Fremdkapitalinstrument behandelt.

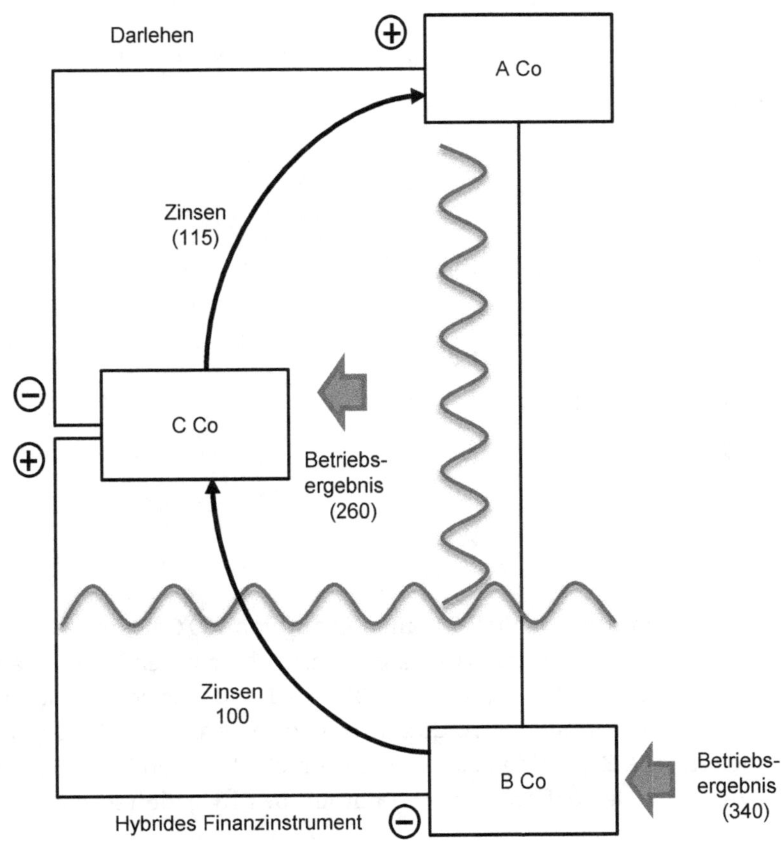

3. Die nachstehende Tabelle veranschaulicht die Besteuerungskonsequenzen für die an der oben aufgeführten Gestaltung beteiligten Parteien.

| Rechtsvorschriften von Staat A<br>A Co | | |
|---|---|---|
| | **Steuer** | **Verbuchung** |
| Einnahmen | | |
| Von C Co gezahlte Zinsen | 115 | 115 |
| **Nettogewinn** | | **115** |
| **Steuerpflichtige Einkünfte** | **115** | |
| Zu entrichtende Steuern (20%) | | (23) |
| **Ergebnis nach Steuern** | | **92** |

| Rechtsvorschriften von Staat B<br>B Co | | |
|---|---|---|
| | **Steuer** | **Verbuchung** |
| Einnahmen | | |
| Betriebsergebnis | 340 | 340 |
| Ausgaben | | |
| Zahlung an C Co im Rahmen des hybriden Finanzinstruments | (100) | (100) |
| **Nettogewinn** | | **240** |
| **Steuerpflichtige Einkünfte** | **240** | |
| Zu entrichtende Steuern (20%) | | (48) |
| **Ergebnis nach Steuern** | | **192** |

| Rechtsvorschriften von Staat C<br>C Co | | |
|---|---|---|
| | **Steuer** | **Verbuchung** |
| Einnahmen | | |
| Betriebsergebnis | 260 | 260 |
| Zahlung an B Co im Rahmen des hybriden Finanzinstruments | - | 100 |
| Ausgaben | | |
| An A Co1 gezahlte Zinsen | (115) | (115) |
| **Nettogewinn** | | **245** |
| **Steuerpflichtige Einkünfte** | **145** | |
| Zu entrichtende Steuern (20%) | | (29) |
| **Ergebnis nach Steuern** | | **216** |

4. Im Rahmen der Gestaltung macht B Co einen Abzug von 100 Geldeinheiten für eine im Rahmen des hybriden Finanzinstruments geleistete Zinszahlung geltend. Diese Zahlung wird nach den Rechtsvorschriften von Staat C als steuerbefreite Dividende behandelt und von C Co bei den Einnahmen nicht berücksichtigt. C Co zahlt einen abzugsfähigen Zinsbetrag in Höhe von 115 Geldeinheiten an A Co, der nach den Rechtsvorschriften von Staat A als Einnahme berücksichtigt wird. Der Nettoeffekt der im Rahmen des hybriden Finanzinstruments

getätigten Zahlung besteht darin, dass der Gesamtbetrag der steuerpflichtigen Einkünfte durch die Gestaltung um den Betrag der Zahlung (100 Geldeinheiten) gesenkt wird, wobei der daraus resultierende Steuervorteil (20 Geldeinheiten) durch die Zinszahlungen für das Darlehen zwischen C Co und A Co geteilt wird.

## Frage

5. Sollten die Zahlungen im Rahmen des hybriden Finanzinstruments als Teil einer strukturierten Gestaltung im Sinne von Empfehlung 1 und 10 behandelt werden?

## Antwort

6. Die Zinszahlungen im Rahmen des hybriden Finanzinstruments sollten als Teil einer strukturierten Gestaltung behandelt werden, weil:

(a) der aus der Inkongruenz resultierende Steuervorteil in die Bedingungen der Gestaltung eingerechnet wurde,

(b) die Gegebenheiten und Umstände darauf schließen lassen, dass die Gestaltung mit der Absicht entwickelt wurde, eine hybride Besteuerungsinkongruenz herbeizuführen, und

(c) die Beteiligten einen unnötigen Schritt in die Struktur eingefügt haben, um die Inkongruenz herbeizuführen.

7. Darüber hinaus ist es in derartigen Fällen wahrscheinlich, dass die Bedingungen der Gestaltung Bestimmungen enthalten, die es ermöglichen, die Vereinbarung ohne Kosten für die kündigende Partei aufzulösen, wenn die Steuervergünstigung im Rahmen der Struktur nicht mehr gegeben ist.

## Analyse

### *Die Inkongruenz ist in die Bedingungen des Instruments eingerechnet*

8. Bei der Prüfung, ob die Inkongruenz in die Vereinbarung eingerechnet ist, werden die Bedingungen der Gestaltung untersucht. Dies umfasst sowohl das hybride Finanzinstrument, als auch das Darlehen von A Co an C Co.

9. In diesem Fall scheint C Co für das Darlehen einen über dem Marktzins liegenden Zinssatz zu bezahlen. Dieser Zinssatz soll A Co den aus der Besteuerungsinkongruenz resultierenden Vorteil sichern. Die Tatsache, dass C Co durch die Gestaltung einen negativen Vorsteuerertrag erzielt, und das Vorhandensein von Bedingungen, die es ermöglichen, die Struktur aufzulösen, wenn der Steuervorteil nicht länger gegeben ist, sind weitere Anzeichen dafür, dass der aus der Inkongruenz resultierende Steuervorteil in die Gestaltung eingerechnet wurde.

### *Die Gegebenheiten und Umstände lassen darauf schließen, dass es sich um eine strukturierte Gestaltung handelt*

10. Wie in Empfehlung 10.1 dargelegt, kann die Feststellung, ob die hybride Besteuerungsinkongruenz in die Gestaltung eingerechnet wurde, auf der Basis der Bedingungen des zugrunde liegenden Instruments oder der Gegebenheiten und Umstände der Gestaltung erfolgen. Dieser Fall enthält eine Reihe von in Empfehlung 10.2 aufgeführten Faktoren, die auf die Existenz einer strukturierten Gestaltung hindeuten.

### *Die Gestaltung wurde mit der Absicht entwickelt, eine hybride Besteuerungsinkongruenz herbeizuführen*

11. In diesem Szenario wurde A Co vor der Einrichtung der Gestaltung geraten, das Darlehen über einen als Intermediär fungierenden fremden Dritten an seine Tochtergesellschaft zu vergeben, um den Effekt der gemäß der Regel für hybride Finanzinstrumente vorgesehenen Prüfung in Bezug auf nahestehende Personen in Staat B zu vermeiden. Deshalb kann davon ausgegangen werden, dass die Gestaltung mit der Absicht entwickelt wurde, es A Co zu ermöglichen, die hybride Besteuerungsinkongruenz zu nutzen, ohne in den Geltungsbereich der Hybrid-Mismatch-Regeln zu fallen.

### *Die Gestaltung fügt einen Schritt ein, um eine hybride Besteuerungsinkongruenz herbeizuführen*

12. Die Gestaltung enthält einen oder mehrere zusätzliche Schritte (d.h. das Back-to-Back-Darlehen), durch die der Effekt der Regeln für nahestehende Personen vermieden wird, selbst wenn es keinen offensichtlichen wirtschaftlichen, geschäftlichen oder sonstigen Grund gibt, der erklären könnte, weshalb die Finanzierung über einen Dritten geleitet wurde.

### *Negativer Vorsteuerertrag*

13. C Co erhält im Rahmen des hybriden Finanzinstruments von B Co eine Zinszahlung in Höhe von 100 Geldeinheiten, ist jedoch verpflichtet, für das im Rahmen derselben Gestaltung aufgenommene Back-to-Back-Darlehen Zinsen in Höhe von 115 Geldeinheiten an A Co zu zahlen. Diese Struktur ist für C Co nur dann wirtschaftlich sinnvoll, wenn der aus der hybriden Besteuerungsinkongruenz resultierende Steuervorteil in Höhe von 20 Geldeinheiten in den Gesamtertrag eingerechnet wird.

### *Änderung der Bedingungen der Gestaltung, wenn die hybride Besteuerungsinkongruenz nicht mehr gegeben ist*

14. Wenn die Bedingungen der Gestaltung es einem oder beiden Beteiligten ermöglichen, die Gestaltung zu beenden, falls die aus dem Geschäftsvorfall resultierenden Steuervergünstigungen nicht mehr gegeben sind, ist dies ebenfalls ein starkes Indiz dafür, dass die Gestaltung mit der Absicht strukturiert wurde, ein D/NI-Ergebnis herbeizuführen.

# Beispiel 10.3

# Die Gestaltung wird als ein steuerbegünstigtes Produkt vermarktet

## Sachverhalt

1. In dem in der nachstehenden Abbildung dargestellten Beispiel zeichnet C Co (ein in Staat C ansässiges Unternehmen) Anleihen, die von B Co (einem in Staat B ansässigen nicht verbundenen Unternehmen) emittiert werden. Da das zugrunde liegende Instrument nach den jeweiligen Rechtsvorschriften von Staat A und Staat B unterschiedlich behandelt wird, führen die Zinszahlungen zu einer hybriden Besteuerungsinkongruenz, die ein D/NI-Ergebnis bewirkt.

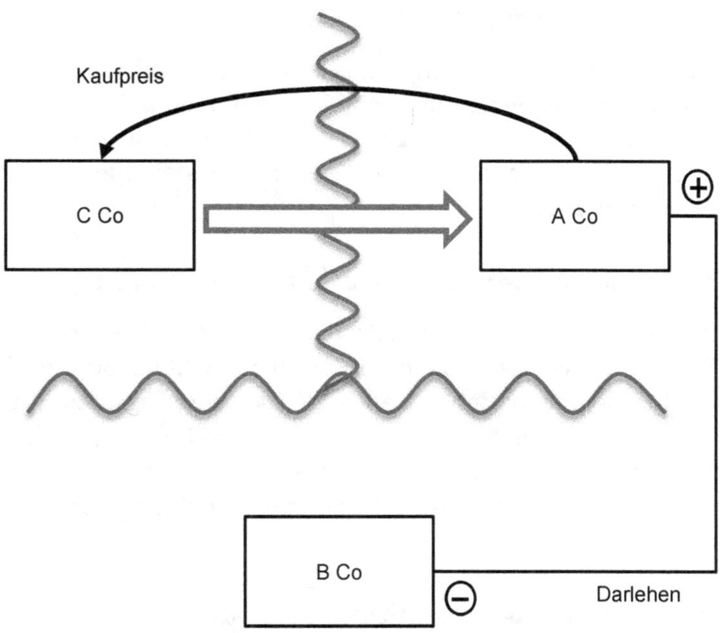


2. C Co zeichnete diese Anleihen nach Erhalt einer unverbindlichen Vorabinformation (Investment Memorandum), die eine Zusammenfassung der zu erwartenden steuerlichen Behandlung des Instruments enthält (insbesondere einen Verweis auf die Tatsache, dass Zahlungen im Rahmen des Instruments in Staat A steuerlich geltend gemacht werden können). Ein ähnliches Investment Memorandum wurde an eine Reihe anderer potenzieller Investoren in Staat A gesendet. Im Anschluss daran verkauft C Co die Anleihe an A Co, ein in Staat A ansässiges nicht verbundenes Unternehmen.

## Frage

3. Sollten die Zahlungen im Rahmen des hybriden Finanzinstruments als Teil einer strukturierten Gestaltung im Sinne von Empfehlung 1 und 10 behandelt werden, und ist A Co an dieser strukturierten Gestaltung beteiligt?

## Antwort

4. Die ursprüngliche Emission der Anleihen führt zu einer strukturierten Gestaltung, weil der Sachverhalt darauf schließen lässt, dass die Anleihe als steuerbegünstigtes Produkt und hauptsächlich an Personen vermarktet wurde, die von der Inkongruenz profitieren können. C Co ist an dieser Gestaltung beteiligt, weil das Unternehmen die Anleihe bei der Erstemission erwirbt. Andererseits ist A Co möglicherweise nicht an der strukturierten Gestaltung beteiligt, wenn das Unternehmen für die Anleihe den Marktpreis bezahlt und vernünftigerweise nicht angenommen werden kann, dass es sich der Besteuerungsinkongruenz bewusst war.

## Analyse

### *Vermarktung als steuerbegünstigtes Produkt*

5. Das Investment Memorandum enthält eine Beschreibung der für den Inhaber zu erwartenden Besteuerungskonsequenzen, insbesondere einen Verweis auf die Tatsache, dass die Zahlungen im Rahmen des Instruments in Staat A steuerlich geltend gemacht werden können. Dies ist ein Beleg dafür, dass das Instrument als steuerbegünstigtes Produkt an Investoren vermarktet wurde.

### *Vermarktung an eine bestimmte Kategorie von Investoren*

6. Um die Definition einer strukturierten Gestaltung zu vermeiden, müsste der Emittent in diesem Fall außerdem nachweisen, dass das Instrument nicht hauptsächlich an Investoren in Staaten vermarktet wurde, in denen sie von der Besteuerungsinkongruenz profitieren könnten. Falls sich die Mehrheit der Investoren sowohl im Hinblick auf die Anzahl als auch wertmäßig in Staaten befindet, in denen keine Steuervergünstigung entsteht, ist dies ein Beleg dafür, dass die Gestaltung auf breiter Basis an eine vielfältige Gruppe von Investoren vermarktet wurde.

### C Co *ist an der strukturierten Gestaltung beteiligt*

7. C Co ist an der strukturierten Gestaltung beteiligt, weil vernünftigerweise angenommen werden kann, dass sich das Unternehmen zum Zeitpunkt der Zeichnung der Anleihen der Inkongruenz bewusst war.

### A Co *ist möglicherweise nicht an der strukturierten Gestaltung beteiligt*

8. A Co ist sich der Besteuerungsinkongruenz möglicherweise nicht bewusst, wenn das Unternehmen die Anleihe zu fremdvergleichskonformen Bedingungen und zum Marktpreis von C Co erwirbt.

# Beispiel 10.4

# Ein Begünstigter eines Treuhandvermögens ist an einer strukturierten Gestaltung beteiligt

## Sachverhalt

1. In dem in der nachstehenden Abbildung dargestellten Beispiel tätigt ein in Staat A errichtetes Treuhandvermögen eine Investition, die zu einer hybriden Besteuerungsinkongruenz führt und vom Emittenten als steuerbegünstigtes Produkt vermarktet wurde (vgl. **Beispiel 10.3**). Das Treuhandvermögen ist steuerlich transparent und rechnet die Zahlung einem Begünstigten zu, der in Staat A ansässig ist. Der Begünstigte hat keine Kenntnis von der Investition des Treuhänders.

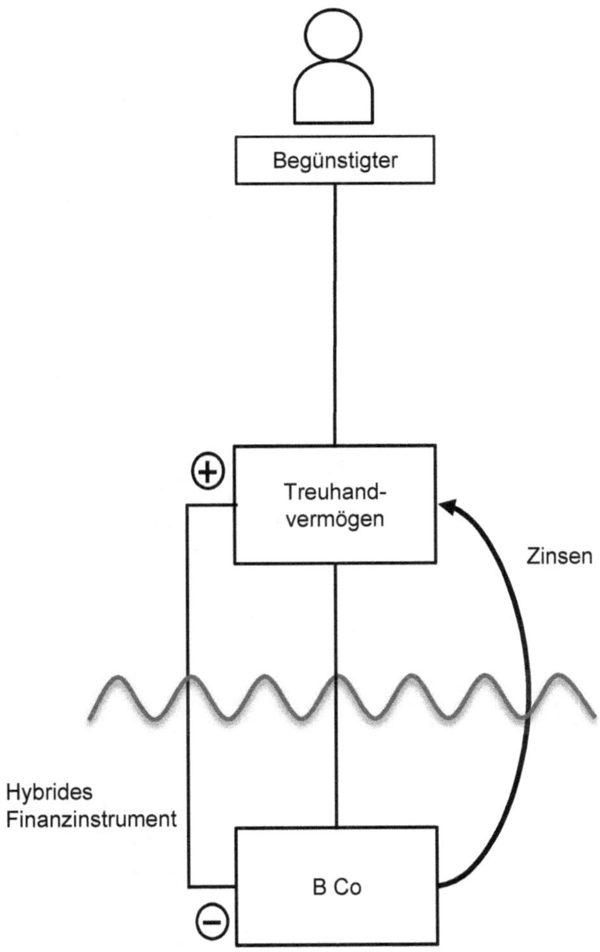

## Frage

2. Ist der Begünstigte an der strukturierten Gestaltung im Sinne von Empfehlung 10.3 beteiligt?

## Antwort

3. Der Begünstigte ist an der Gestaltung beteiligt, weil die auf der Ebene des Treuhandvermögens entstehenden Besteuerungskonsequenzen dessen Begünstigten zugeschrieben werden.

## Analyse

4. Obwohl der Begünstigte nicht direkt an der Gestaltung beteiligt ist, werden die Besteuerungskonsequenzen der Investition nach den Rechtsvorschriften von Staat A dem Begünstigten zugerechnet. Diese Besteuerungskonsequenzen sollten die Tatsache widerspiegeln, dass die Bedingungen der von dem Treuhandvermögen getätigten Investition zu einer hybriden Besteuerungsinkongruenz geführt haben.

# Beispiel 10.5
## Importierte Besteuerungsinkongruenz

### Sachverhalt

1. In dem in der nachstehenden Abbildung dargestellten Beispiel nimmt ein in Staat A ansässiger Fonds, der auf die Kreditvergabe an mittlere Unternehmen spezialisiert ist (Fonds), Verhandlungen auf, um Borrower Co, einem in Staat C ansässigen Unternehmen, ein unbesichertes Darlehen zu gewähren, das zur Finanzierung des Betriebskapitals von Borrower Co dient.

2. Nach Beginn der Verhandlungen über das Darlehen werden C Co und der Fonds von ihrem Steuerberater darauf hingewiesen, dass das Darlehen auf Grund der Nachrangigkeit nach den Rechtsvorschriften von Staat A als Eigenkapitalinstrument (d.h. als Aktie), nach den Rechtsvorschriften von Staat C jedoch als Fremdkapital behandelt wird. Um die negativen Effekte der Hybrid-Mismatch-Regeln in Staat C zu vermeiden, strukturiert der Fonds das Darlehen über eine Back-to-Back-Gestaltung mit einer 100%igen Tochtergesellschaft in Staat B. Staat B behandelt nachrangige Darlehen dieser Art ebenfalls als Fremdkapital, hat die Hybrid-Mismatch-Regeln jedoch nicht umgesetzt. Das Darlehen zwischen dem Fonds und B Co bewirkt folglich eine Besteuerungsinkongruenz, und die gesamte Darlehensvereinbarung führt nach den Rechtsvorschriften von Staat C zu einer importierten Inkongruenz.

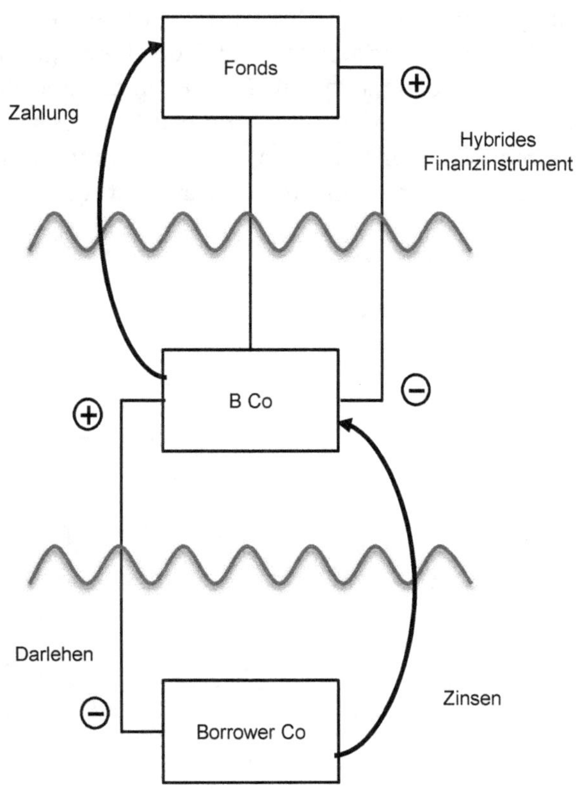

## Frage

3. Ist Borrower Co an der strukturierten Gestaltung im Sinne von Empfehlung 10.3 beteiligt?

## Antwort

4. Borrower Co sollte als Beteiligter der strukturierten Gestaltung behandelt werden.

## Analyse

5. Borrower Co sollte als Beteiligter der strukturierten Finanzierungsvereinbarung behandelt werden, wenn Borrower Co ausreichend in die Konzeption der Gestaltung einbezogen wird, um ihre Funktionsweise zu verstehen und ihre Steuereffekte vorherzusehen.

6. Im Gegensatz zu dem in **Beispiel 4.1** beschriebenen Sachverhalt ist Borrower Co bereits zu dem Zeitpunkt in die Finanzierungsgespräche mit A Co einbezogen, an dem die beteiligten Parteien das Potenzial einer hybriden steuerlichen Behandlung erkennen. Die potenziellen Auswirkungen der Regel für hybride Finanzinstrumente werden dann abgeschwächt, indem ein weiterer Rechtsträger (B Co) in die Darlehensstruktur eingeführt wird. Selbst wenn Borrower Co die genauen Einzelheiten der Finanzierungsvereinbarungen zwischen A Co und B Co möglicherweise nicht kennt, kann vernünftigerweise davon ausgegangen werden, dass Borrower Co (oder ein anderer Teil des Konzerns von Borrower Co) sich der Tatsache bewusst war, dass B Co und A Co demselben Konzern angehören und dass das Darlehen indirekt von A Co finanziert wurde. Borrower Co ist sich außerdem der Tatsache bewusst, dass B Co aus steuerlichen Gründen in die Struktur eingefügt wurde, insbesondere um zu verhindern, dass Borrower Co seinen Zinsabzug nach der Regel für hybride Finanzinstrumente verliert. Obwohl Borrower Co nicht direkt in das hybride Finanzinstrument zwischen A Co und B Co einbezogen ist und keine direkten Kenntnisse darüber besitzt, ist Borrower Co daher ausreichend an der Gesamtkonzeption der Gestaltung beteiligt, um zu verstehen, wie die Gestaltung strukturiert wurde (als Back-to-Back-Finanzierungsvereinbarung über einen Intermediär), und um die Steuerergebnisse für die an der Gestaltung beteiligten Parteien vorherzusehen (Vermeidung der Versagung des Abzugs in Staat C bei Bewahrung der Steuerergebnisse nach den Rechtsvorschriften von Staat A).

# Beispiel 11.1

# Anwendung der Regeln für nahestehende Personen auf treuhänderisch gehaltenes Vermögen

## Sachverhalt

1. In dem in der nachstehenden Abbildung dargestellten Beispiel ist die natürliche Person A der Treugeber eines Treuhandvermögens, das zu Gunsten der nahen Familienangehörigen von A errichtet wurde. Nach Maßgabe des Treuhandvertrags hat der Treugeber keine verbrieften oder bedingten wirtschaftlichen Ansprüche auf die Einkünfte oder Vermögenswerte des Treuhandvermögens und keine Befugnis, den Treuhandvertrag zu ändern, er ist jedoch befugt, Treuhänder für das Treuhandvermögen zu ernennen. A ernennt eine unabhängige Bank zum Treuhänder des Treuhandvermögens. Alle Stammaktien von A Co befinden sich im Besitz des Treuhandvermögens. A geht mit A Co ein Geschäft in Form eines hybriden Finanzinstruments ein.

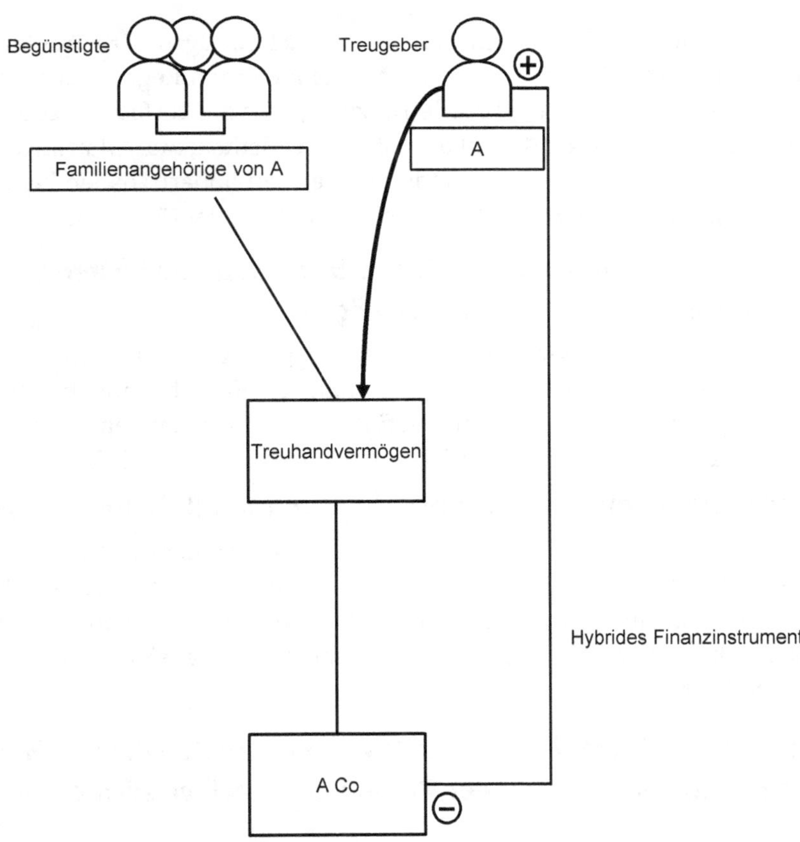

## Frage

2. Ist A eine nahestehende Person von A Co im Sinne von Empfehlung 11?

## Antwort

3. Das Treuhandvermögen hält alle Stimmrechts- und Eigenkapitalanteile an A Co, und A wird so behandelt, als hielte er entweder eine *indirekte Stimmrechtsbeteiligung an* A Co (auf Grund seines Rechts, Treuhänder für das Treuhandvermögen zu ernennen) oder eine *indirekte Kapitalbeteiligung an* A Co (weil es sich bei den Begünstigten des Treuhandvermögens um nahe Familienangehörige von A handelt). Ferner kann A als A Co nahestehend betrachtet werden, wenn die Umstände des Falls darauf hindeuten, dass das Treuhandvermögen dem beherrschenden Einfluss von A unterliegt.

## Analyse

### *Das Treuhandvermögen besitzt alle Stimmrechts- und Kapitalanteile an A Co*

4. Auch wenn das Treuhandvermögen steuerlich transparent ist, wird es nach den Regeln für nahestehende Personen in Empfehlung 11 als Person behandelt. Das Treuhandvermögen hält alle Stammaktien an A Co und verfügt somit über 100% der Stimmrechts- und Kapitalanteile an dem Unternehmen.

### *A wird so behandelt, als hielte er 100% der Stimmrechtsanteile an dem Treuhandvermögen*

5. Als Treugeber des Treuhandvermögens hat A nach Maßgabe des Treuhandvertrags das alleinige Recht, Treuhänder zu ernennen, was nach den Regeln für nahestehende Personen als Stimmrecht zu werten ist. Die Tatsache, dass die Verfassungsdokumente (in diesem Fall der Treuhandvertrag) A nicht die Befugnis verleihen, Ausschüttungen zu genehmigen oder die Bedingungen des Treuhandvermögens zu ändern, haben keinen Einfluss auf die Feststellung, dass A 100% der Stimmrechtsanteile an dem Treuhandvermögen hält.

### *Die Familienangehörigen von A werden so behandelt, als hielten sie 100% der Kapitalanteile an dem Treuhandvermögen*

6. Als die benannten Begünstigten des Treuhandvermögens werden die Familienangehörigen von A als Inhaber der Kapitalanteile an dem Treuhandvermögen behandelt. Nach Maßgabe der in Empfehlung 11.3 aufgeführten Kriterien für gemeinsames Handeln wird A als Inhaber aller von seinen Familienangehörigen gehaltenen Eigenkapitalanteile betrachtet.

### *A ist der indirekte Inhaber der Stimmrechts- und Kapitalanteile an A Co*

7. Bei der Bestimmung der Stimmrechts- und Wertanteile einer Person an einer anderen Person werden auch Beteiligungen berücksichtigt, die indirekt über andere gehalten werden. Da A der Inhaber der Stimmrechts- und Kapitalanteile an dem Treuhandvermögen ist bzw. als deren Inhaber betrachtet wird, gilt er als – indirekter – Inhaber sämtlicher Stimmrechts- und Kapitalanteile an A Co.

### *A könnte so behandelt werden, als hielte er eine direkte Stimmrechts- oder Kapitalbeteiligung, wenn A und der Treuhänder nachweislich gemeinsam handeln*

8. Vorbehaltlich genauerer Informationen kann A auch als A Co direkt nahestehend betrachtet werden, wenn nachgewiesen werden kann, dass der Treuhänder faktisch nach As Weisungen handelt.

# Beispiel 11.2

## Nahestehende Personen und Konzerne – Gesellschafter einer Personengesellschaft

### Sachverhalt

1. In dem in der nachstehenden Abbildung dargestellten Beispiel sind A, B, C und D die vier Gesellschafter einer in Staat B ansässigen Personengesellschaft. Alle Entscheidungen der Gesellschaft erfordern einstimmig gefasste Beschlüsse. Alle Gesellschafter verfügen über dasselbe Stimmrecht und einen gleich großen Anteil am Gewinn der Gesellschaft. Die Gesellschaft wird nach den Rechtsvorschriften von Staat B als steuerlich transparent behandelt.

2. Die Personengesellschaft hält eine bedeutende Beteiligung an einem Unternehmen mit Sitz in Staat A (A Co). Die Gesellschaft vergibt ein Darlehen an A Co. Die Art und Weise, wie dieses Darlehen nach den Rechtsvorschriften von Staat A und Staat B besteuert wird, bewirkt eine Besteuerungsinkongruenz.

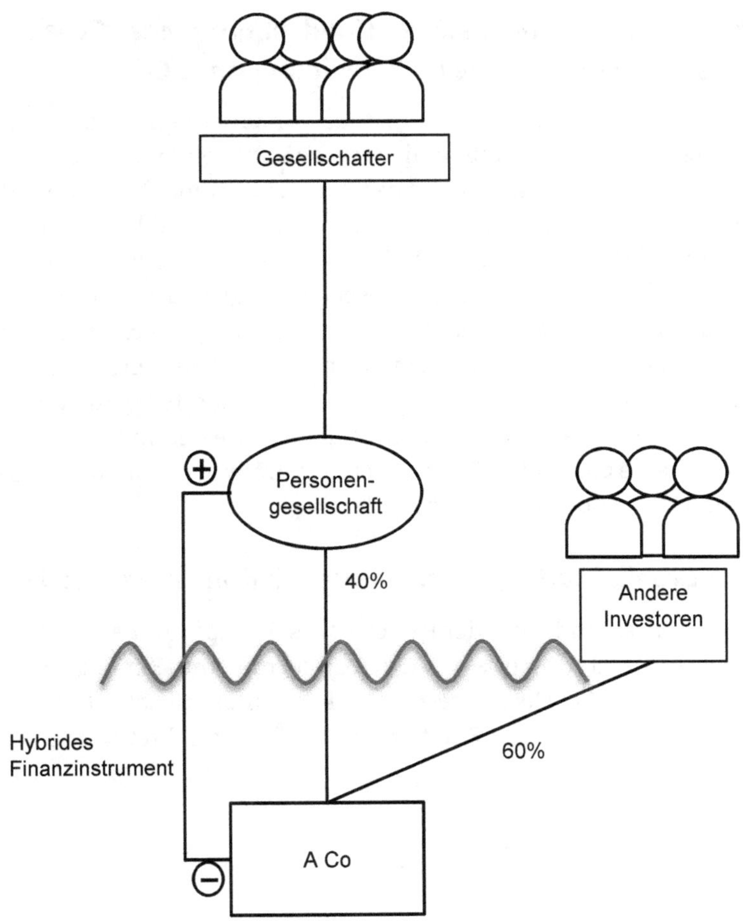

## Frage

3. Sind die Gesellschafter nahestehende Personen von A Co im Sinne von Empfehlung 11?

## Antwort

4. Die Gesellschafter werden als A Co direkt nahestehend behandelt, weil in diesem Fall jeder einzelne Gesellschafter so behandelt wird, als handle er hinsichtlich der bedeutenden Beteiligung der Gesellschaft an A Co gemeinsam mit den anderen Gesellschaftern.

## Analyse

### *Die indirekte Beteiligung eines einzelnen Gesellschafters an A Co ist zu gering, um ihn der Regel für nahestehende Personen zu unterwerfen*

5. Auch wenn die Personengesellschaft steuerlich transparent ist, wird sie nach den Regeln für nahestehende Personen in Empfehlung 11 als Person behandelt. Die Gesellschaft hält 40% der Stammaktien an A Co und verfügt somit über 40% der Stimmrechts- und Kapitalanteile an dem Unternehmen. Diese Beteiligung wird den Gesellschaftern in gleich großen Anteilen proportional zu ihrem Stimmrechts- und wertmäßigen Anteil an der Gesellschaft zugerechnet. Allerdings ergibt sich in diesem Fall für jeden Gesellschafter nur eine indirekte Beteiligung von 10% an A Co, was zu niedrig ist, um den einzelnen Gesellschafter den Regeln für nahestehende Personen zu unterwerfen.

### *Nach den Kriterien für gemeinsames Handeln wird jeder Gesellschafter so behandelt, als hielte er eine direkte Beteiligung an A Co*

6. In diesem Fall werden die Anteile an A Co von einer Person gehalten, die nach den Rechtsvorschriften von Staat B als steuerlich transparent behandelt wird, so dass die Anteile an A Co sowie die Zahlungen im Rahmen des Finanzinstruments so behandelt werden, als wären sie direkt den Gesellschaftern entsprechend ihrer Beteiligung an der Gesellschaft zugeflossen. Da in diesem Fall der Besitz bzw. die Kontrolle der Anteile an A Co von der Personengesellschaft verwaltet wird und diese Verwaltung oder Kontrolle eine Verbindung mit der Gestaltung aufweist, die zu der Besteuerungsinkongruenz geführt hat (weil sowohl die Kapitalbeteiligung als auch das Finanzinstrument von derselben Person gehalten werden), wird jeder der Gesellschafter nach Maßgabe der Kriterien für gemeinsames Handeln in Empfehlung 11.3(d) so behandelt, als hielte er die Anteile der anderen Gesellschafter und dementsprechend eine ausreichend große Beteiligung an A Co, um in den Geltungsbereich der Regel für nahestehende Personen zu fallen.

### *Die einzelnen Gesellschafter untereinander sind nicht nahestehend*

7. Die Gesellschafter sind zwar der Personengesellschaft und A Co nahestehend, nicht aber untereinander. Es gibt weder eine dritte Person mit einer Beteiligung von mindestens 25% an zwei oder mehr Gesellschaftern noch können die Gesellschafter als Angehörige desselben Konzerns im Sinne von Empfehlung 11.1(b) betrachtet werden.

# Beispiel 11.3

## Nahestehende Personen und Konzerne – Berechnung von Stimmrechts- und Wertanteilen

### Sachverhalt

1. In dem in der nachstehenden Abbildung dargestellten Beispiel ist A Co die oberste Muttergesellschaft eines Konzerns. Sie hat zwei 100%ige Tochtergesellschaften, B Co und C Co, und hält einen Anteil von 20% an den Stammaktien von D Co. B Co hält 25% der Stammaktien von E Co. C Co und D Co sind mit 20% bzw. 40% an F Co beteiligt.

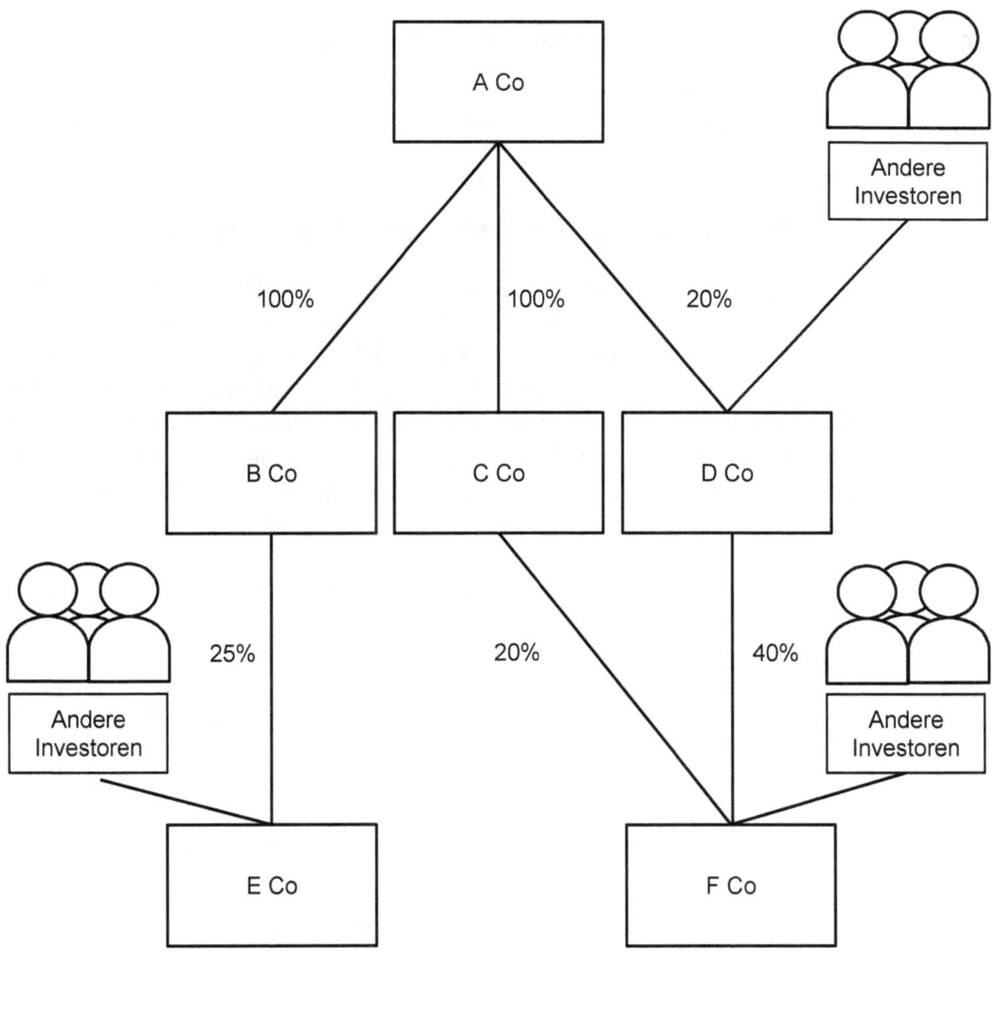

## Frage

2. Welche Gesellschaften in dieser Konzernstruktur sind nahestehende Personen im Sinne von Empfehlung 11?

## Antwort

3. A Co, B Co, C Co, E Co und F Co sind nahestehende Personen. D Co steht F Co, aber keiner der anderen Konzerngesellschaften nahe (sofern sich nicht beispielsweise die anderen Stammaktien von D Co in Streubesitz befinden).

## Analyse

### *Nahestehend auf Grund einer direkten Beteiligung*

4. A Co ist wegen ihrer direkten Beteiligung von 100% eine nahestehende Person von B Co und C Co. D Co steht F Co aus dem gleichen Grund nahe.

### *Nahestehend auf Grund einer indirekten Beteiligung*

5. A Co steht E Co über eine indirekte Beteiligung von 25% an den Stimmrechten und am Wert von E Co nahe. Darüber hinaus ist A Co auf Grund einer indirekten Beteiligung von 28% an F Co auch eine nahestehende Person von F Co.

### *Nahestehend auf Grund der Zugehörigkeit zum selben Konzern*

6. A Co hält weder direkt noch indirekt mehr als 25% der Stimmrechts- oder wertmäßigen Anteile an D Co. A Co könnte aber D Co dennoch nahe stehen, wenn beide als demselben Konzern zugehörig betrachtet werden. Dieser konkrete Fall könnte unter das zweite Kriterium in Empfehlung 11.1(b) fallen, wenn A Co eine Beteiligung hält, die ihr einen beherrschenden Einfluss auf D Co verschafft. Wenn beispielsweise der Anteilsbesitz von D Co ansonsten – d.h. abgesehen von der 20%igen Beteiligung von A Co – breit gestreut ist, könnte A Co selbst mit einer Minderheitsbeteiligung beherrschenden Einfluss auf D Co ausüben.

# Beispiel 11.4

# Gemeinsames Handeln – Aggregierung von Beteiligungen im Rahmen einer Gesellschaftervereinbarung

## Sachverhalt

1. In dem in der nachstehenden Abbildung dargestellten Beispiel halten A Co und eine Reihe anderer Investoren, darunter C, zusammen 100% des Eigenkapitals und der Stimmrechte von B Co. A Co ist Mehrheitsgesellschafter mit einer Beteiligung von 40%, während die anderen Investoren jeweils 5% der Anteile an B Co halten. Die Gesellschafter sind eine Gesellschaftervereinbarung eingegangen, die dem Mehrheitsgesellschafter ein Vorkaufsrecht bei einer Veräußerung der Anteile einräumt und Mitveräußerungsrechte und -pflichten für den Fall vorsieht, dass ein Angebot für eine Mehrheit der Anteile an der Gesellschaft unterbreitet wird.

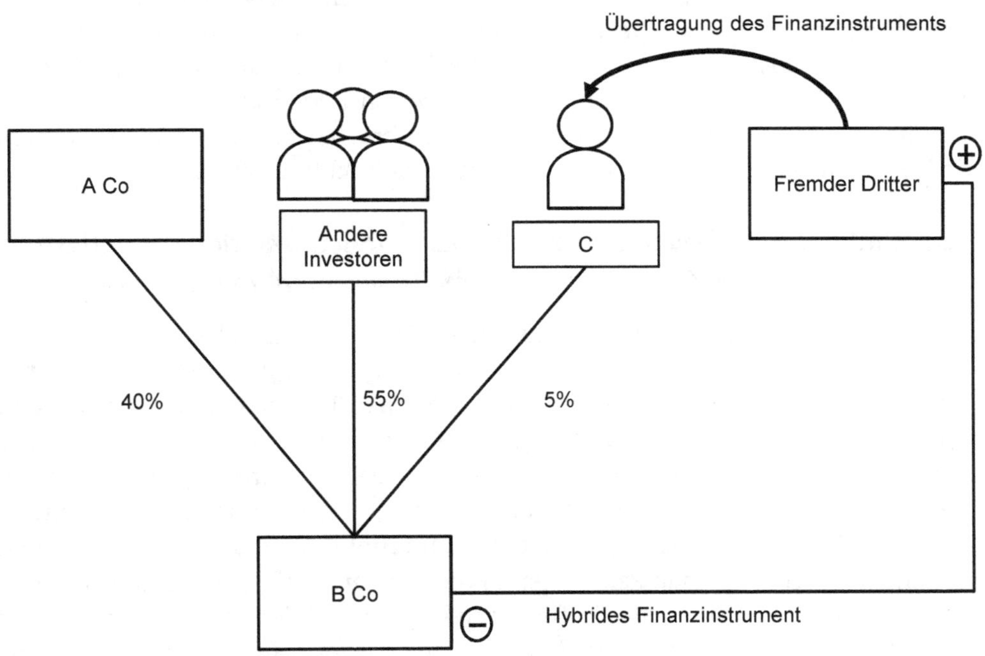


2. B Co begibt ein Finanzinstrument, das C (einer der Minderheitsgesellschafter) von einem fremden Dritten erwirbt. Dieses Instrument führt zu einer hybriden Besteuerungsinkongruenz mit einem D/NI-Ergebnis.

## Frage

3. Handeln die an B Co beteiligten Investoren gemeinsam im Sinne von Empfehlung 11.3(c), so dass C als B Co nahestehend behandelt werden sollte?

## Antwort

4. Regelungen, die in Gesellschaftervereinbarungen üblich sind und keinen wesentlichen Effekt auf den Wert oder die Kontrolle der von einem Gesellschafter gehaltenen Beteiligungen haben, werden nicht als Vereinbarungen über eine gemeinsame Kontrolle im Sinne von Empfehlung 11.3(c) behandelt.

5. Falls aber die Gesellschaftervereinbarung einen wesentlichen Effekt auf den Wert von Cs Beteiligung hat, gilt C im Hinblick auf den Erwerb des Finanzinstruments als nahestehende Person gemäß den Kriterien für gemeinsames Handeln, selbst wenn zwischen der Gesellschaftervereinbarung und der Transaktion, die zu der hybriden Besteuerungsinkongruenz geführt hat, keinerlei Verbindung oder Zusammenhang besteht.

## Analyse

### *Die Bestimmungen der Gesellschaftervereinbarung entsprechen dem üblichen Standard*

6. Das Recht, Anteile an B Co zum Marktpreis zu erwerben, sowie Mitveräußerungsrechte und -pflichten stellen bei Gesellschaften mit beschränktem Gesellschafterkreis relativ standardmäßige Bestimmungen von Gesellschaftervereinbarungen dar. Derartige Bestimmungen haben im Allgemeinen keinen wesentlichen Effekt auf den Wert des Eigenkapitalanteils des Inhabers und sollten dementsprechend für die Zwecke der Prüfung auf ein Vorliegen gemeinsamen Handelns nicht berücksichtigt werden.

### *Zwischen inkongruenzbegründenden Transaktionen und der Vereinbarung über eine gemeinsame Kontrolle muss kein Zusammenhang bestehen*

7. Die Kriterien für das Vorliegen gemeinsamen Handelns beinhalten keine definitionsmäßigen Beschränkungen des Inhalts der Vereinbarung über eine gemeinsame Kontrolle, und mit den Kriterien für gemeinsames Handeln können Transaktionen zwischen anderweitig nicht nahestehenden Steuerpflichtigen erfasst werden, selbst wenn die Vereinbarung über eine gemeinsame Kontrolle in der Transaktion, die zu der Inkongruenz geführt hat, keine Rolle gespielt hat. Falls also die Gesellschaftervereinbarung einen wesentlichen Effekt auf den Wert von Cs Beteiligung hat, gilt C im Hinblick auf den Erwerb des Finanzinstruments als nahestehende Person gemäß den Kriterien für gemeinsames Handeln, selbst wenn zwischen der Gesellschaftervereinbarung und der Transaktion, die zu der hybriden Besteuerungsinkongruenz geführt hat, keinerlei Verbindung oder Zusammenhang besteht.

# Beispiel 11.5

## Gemeinsames Handeln – Rechte oder Beteiligungen unter gemeinsamer Verwaltung durch eine Person(engruppe)

### Sachverhalt

1. In dem in der nachstehenden Abbildung dargestellten Beispiel stellt eine Investmentgesellschaft in Form einer Personengesellschaft mit breitem Gesellschafterkreis zusätzliche Finanzierungsmittel für das Unternehmen A Co bereit, an dem sie bereits mit 80% beteiligt ist. Die Konditionen der Darlehensvereinbarung bewirken eine Besteuerungsinkongruenz für einen Investor in dieser Personengesellschaft.

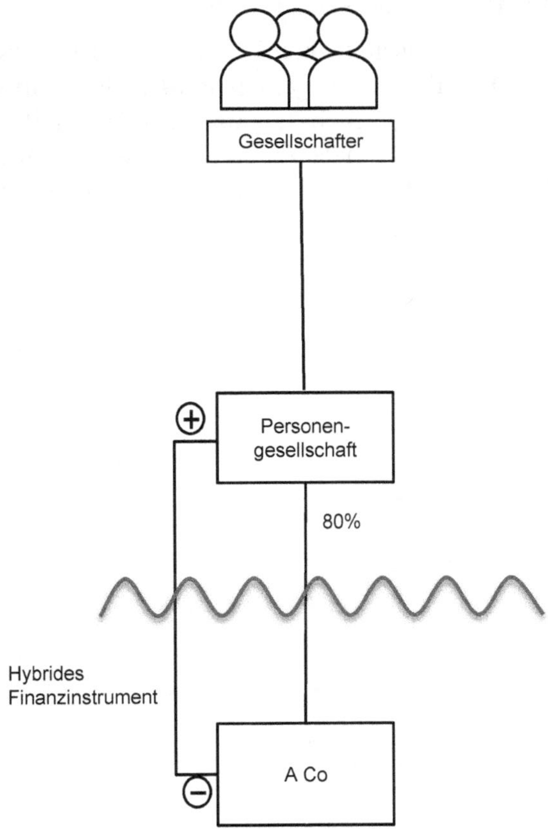


2. Die Bestimmungen des Gesellschaftsvertrags verleihen dem unbeschränkt haftenden Gesellschafter das vorrangige Recht, über die Kapitalanlagen der Gesellschaft zu entscheiden. Der unbeschränkt haftende Gesellschafter muss seine Entscheidungen in gutem Glauben und im besten Interesse aller Gesellschafter treffen.

## Frage

3. Ist der Gesellschafter eine nahestehende Person von A Co gemäß der Regel zur Aggregierung von Beteiligungen in Empfehlung 11.3?

## Antwort

4. In diesem Fall wird der an dem hybriden Finanzinstrument beteiligte Gesellschafter als nahestehende Person von A Co gemäß der Regel zur Aggregierung von Beteiligungen in Empfehlung 11.3(d) behandelt. Dies ist selbst dann der Fall, wenn nicht davon ausgegangen werden kann, dass die Personengesellschaft im Hinblick auf die Besteuerungsinkongruenz mit allen anderen Gesellschaftern gemeinsam handelt.

## Analyse

5. Entsprechend der Analyse in **Beispiel 11.2**, in dem die Eigenkapitalanteile und der Schuldtitel von derselben Investmentgesellschaft gehalten werden, hat die gemeinsame Verwaltung oder Kontrolle der Eigenkapitalbeteiligung zur Folge, dass jeder der Gesellschafter gemäß dem Kriterium für gemeinsames Handeln in Empfehlung 11.3(d) so behandelt wird, als hielte er die Anteile der anderen Gesellschafter.

6. Die Tatsache, dass die Gesellschaft einen breiten Gesellschafterkreis hat und ansonsten die Kriterien für einen Organismus für gemeinsame Anlagen in Wertpapieren (OGAW) erfüllt, ermöglicht es ihr dennoch nicht, sich auf die für Empfehlung 11.3(d) geltende Ausnahmeregelung zu berufen, da diese Ausnahmeregelung nur für Investoren gilt, bei denen es sich um OGAW handelt, und nicht für Investoren in einen OGAW.

# ORGANISATION FÜR WIRTSCHAFTLICHE ZUSAMMENARBEIT UND ENTWICKLUNG

Die OECD ist ein einzigartiges Forum, in dem Regierungen gemeinsam an der Bewältigung von wirtschaftlichen, sozialen und umweltbezogenen Herausforderungen der Globalisierung arbeiten. Die OECD steht auch ganz vorne bei den Bemühungen um ein besseres Verständnis neuer Entwicklungen und unterstützt Regierungen, Antworten auf diese Entwicklungen und die Anliegen der Regierungen zu finden, beispielsweise in den Bereichen Corporate Governance, Informationswirtschaft oder Bevölkerungsalterung. Die Organisation bietet den Regierungen einen Rahmen, der es ihnen ermöglicht, ihre Erfahrungen mit Politiken auszutauschen, nach Lösungsansätzen für gemeinsame Probleme zu suchen, gute Praktiken aufzuzeigen und auf eine Koordinierung nationaler und internationaler Politiken hinzuarbeiten.

Die OECD-Mitgliedsländer sind: Australien, Belgien, Chile, Dänemark, Deutschland, Estland, Finnland, Frankreich, Griechenland, Irland, Island, Israel, Italien, Japan, Kanada, Korea, Lettland, Luxemburg, Mexiko, Neuseeland, die Niederlande, Norwegen, Österreich, Polen, Portugal, Schweden, Schweiz, die Slowakische Republik, Slowenien, Spanien, die Tschechische Republik, Türkei, Ungarn, das Vereinigte Königreich und die Vereinigten Staaten. Die Europäische Union beteiligt sich an der Arbeit der OECD.

OECD Publishing sorgt für eine weite Verbreitung der Ergebnisse der statistischen Datenerfassungen und Untersuchungen der Organisation zu wirtschaftlichen, sozialen und umweltpolitischen Themen sowie der von den Mitgliedstaaten vereinbarten Übereinkommen, Leitlinien und Standards.

OECD PUBLISHING, 2, rue André-Pascal, 75775 PARIS CEDEX 16
(23 2015 29 5 P) ISBN 978-92-64-26315-4 – 2016

www.ingramcontent.com/pod-product-compliance
Lightning Source LLC
LaVergne TN
LVHW080118011026
849160LV00013B/1129
* 9 7 8 9 2 6 4 2 6 3 1 5 4 *